RENCONTRES
548

Série *Civilisation médiévale*
dirigée par Richard Trachsler et Estelle Doudet
48

Littérature urbaine

Actes du colloque « “Littérature urbaine” : donnée culturelle médiévale ou concept de l’histoire littéraire ? », organisé du 6 au 9 septembre 2021 à Moscou par l’Institut de littérature mondiale de l’Académie des sciences de la Russie (Moscou) et l’université orthodoxe Saint-Tikhon (Moscou), publiés avec le soutien du Centre d’études franco-russe de Moscou (USR 3060 CNRS – UMIFRE 15 MEAE) et du Centre de recherches sur les littératures et la sociopoétique (CELIS EA 4280) de l’université Clermont Auvergne.

Littérature urbaine

Donnée culturelle médiévale ou concept de l'histoire littéraire ?

Sous la direction de Ludmilla Evdokimova
et Françoise Laurent

PARIS
CLASSIQUES GARNIER
2022

Ludmilla Evdokimova est directeur des recherches à l'Institut de littérature mondiale et professeur à l'université orthodoxe Saint-Tikhon (Moscou). Elle a effectué des recherches sur la poésie à la fin du Moyen Âge, l'opposition de la forme-prose et de la forme-vers, les arts poétiques et la pratique littéraire, la traduction, les doctrines médiévales des styles.

Françoise Laurent est professeur de langue et de littérature médiévales à l'université Clermont Auvergne. Ses travaux portent principalement sur l'hagiographie et l'historiographie des XIIe et XIIIe siècles, composées en territoire anglo-normand, mais ses recherches s'intéressent aussi au style, aux arts poétiques et à la versification en langue vernaculaire.

ISBN 978-2-406-13248-6 (livre broché)
ISBN 978-2-406-13249-3 (livre relié)
ISSN 2103-5636

INTRODUCTION

Le présent volume rassemble vingt-six articles issus du colloque « "Littérature urbaine" : donnée culturelle médiévale ou concept de l'histoire littéraire ? » qui s'est tenu à Moscou du 6 au 9 septembre 2021, et qui a été organisé par l'Institut de littérature mondiale et l'Université orthodoxe Saint-Tikhon, en collaboration avec l'Université Clermont Auvergne et le Centre de Recherche sur les Littératures et la Sociopoétique (CELIS).

Dans le cadre d'une réflexion sur la production littéraire médiévale, la notion de « littérature urbaine » prend des significations diverses suivant les pays et est utilisée différemment selon les auteurs. Aussi cette multiplicité de points de vue invite-t-elle à revenir sur la question des caractéristiques qui permettent d'inclure une œuvre dans un corpus de textes qualifiés ou non d'« urbains ».

Le concept de littérature urbaine est d'un emploi fréquent dans les pays germaniques où il apparaît, d'abord par sa thématique et ses valeurs, ensuite par sa forme, comme le signe de l'avènement de la culture bourgeoise. Ainsi, Herman Pleij relie étroitement la production littéraire des Flandres et les valeurs qu'elle promeut, comme l'utilitarisme, l'approche pratique des choses, l'habileté, la passion de l'étude, le soin de l'économie, pour citer quelques-unes d'entre elles, aux idées de Max Weber sur l'éthique protestante du capitalisme. Selon lui, ces valeurs ne sont pas nées dans la ville médiévale et n'en sont pas issues, mais elles remontent, pour partie à la philosophie antique et à sa doctrine économique (*oeconomia*), pour partie à la littérature religieuse et monastique dont l'influence est sensible dans l'incitation au travail assidu, pour partie, enfin, à la littérature chevaleresque avec l'apparition de la figure de l'aventurier défiant le monde et le destin. Or, ce sont là, comme le souligne d'ailleurs H. Pleij, les mêmes valeurs qui ont contribué à la prospérité de la Hollande au XVIIe siècle, et dont la formation et la diffusion ont accompagné la lutte pour l'indépendance. « L'éthique de la classe moyenne, conclut-il, fut le produit spécifique du sol hollandais, elle est née et s'est développée ensemble avec la passion de l'indépendance » ; c'est à ce moment qu'elle s'est formée comme système[1].

Plus tard, des spécialistes de la littérature des Flandres ont engagé avec Herman Pleij une polémique qui, nous semble-t-il, ne touche pas au fondement même de sa pensée. Ainsi, dans un article relativement récent consacré aux poètes rhétoriqueurs, Jan Dumolyn et Jelle Haemers reviennent pour la préciser sur la notion de classe moyenne, laquelle s'oppose, selon eux, aux élites urbaines et au peuple que H. Pleij avait préféré réunir en un seul groupe social. Les deux critiques considèrent, d'autre part, que la notion de morale bourgeoise ne recouvre pas la pluralité des doctrines éthiques caractéristiques de la ville médiévale[2]. Dans un article tout à fait récent, Laura Crombie reprend les termes du débat avec H. Pleij en les appliquant à l'étude de deux vies de saint en rapport avec la corporation des maçons de la ville de Gand, au sein et à l'attention de laquelle elles ont été composées. Tout en contestant le concept de morale bourgeoise, l'auteure relève dans ces textes un éloge des vertus laborieuses et une sacralisation du travail, conformes aux valeurs de l'éthique protestante dont c'est là la thèse principale[3].

1 Herman Pleij, « The Rise of Urban Literature in Low Countries », dans *Medieval Dutch Literature in Its European Context*, Erik Kooper dir., New York, Cambridge University Press, 1994, p. 62-77, ici p. 74. Voir, de plus, Herman Pleij, « La littérature dans les villes aux XVe et XVIe siècles », dans *La ville en Flandre : culture et société, 1477-1787*, Jan Van der Stock dir., Bruxelles, Crédit communal, 1991, p. 172-182. Dans le sillage de Pleij, Ben Parsons et Bas Jongenelen analysent les poèmes d'Anthonis de Roovere (c. 1430-1482), rhétoriqueur flamand parmi les plus connus, en le décrivant comme « poète urbain » (*stadsdichter*) qui exprime la « nouvelle morale bourgeoise » (Ben Parsons, Bas Jongenelen, « "Many Tongues He Must Acquire" : Anthonis de Roovere and Public Voice in the Four Rondelen », *Dutch Crossing. Journal of Low Countries Studies*, 2016, p. 1-9. « https://www.tandfonline.com/doi/full/10.1080/03096564.2016.1139780 » (consulté le 24/4/2022) – Ludmilla Evdokimova a reçu pour le travail sur ce volume le soutien de la Fondation du développement de l'Université orthodoxe Saint-Tikhon de Moscou dans le cadre du projet « Genèse du texte littéraire à la fin du Moyen Âge et au début de la Modernité : interaction des styles et des genres ».

2 Jan Dumolyn, Jelle Haemers, « "Let Each Man Carry on with his Trade and Remain Silent". Middle-Class Ideology in the Urban Literature of the Late Medieval Low Coutries », *Cultural and Social History*, v. 10, 2013, p. 169-189.

3 Laura Crombie, « Craft Guild Ideology and Urban Literature : the *Four Crowned Martyrs* and the *Lives of Saints Nazarius and Celsus* as Told by the Masons'Guild of Fifteenth-Century Ghent », *Urban History*, v. 45, 2018, Cambridge University Press 2017, p. 404-425.

L'approche sociologique de la littérature de la fin du Moyen Âge n'est pas étrangère non plus aux travaux d'Ursula Peters qui montre qu'en Allemagne l'opposition de *bürgerlich/ritterlich* (bourgeois/chevaleresque) s'est formée sous l'influence de l'écrivain et théologien August Schlegel qui associe le *bürgerlich*, premier terme de cette opposition, à l'esprit prosaïque, à l'absence de fantaisie, au didactisme et à la satire des idéaux chevaleresques. Au XXe siècle, selon U. Peters, les connotations modernes en lien avec la puissance du capital financier ont complété le sémantisme du terme *bürgerlich* qui a servi, alors, à qualifier la classe moyenne des citadins du XVe siècle dont l'existence est bien connue, avant de s'appliquer à la population urbaine des XIIIe et XIVe siècles. Se fixant sur le puy d'Arras et le Consistoire de Toulouse, l'auteure émet l'hypothèse que leur public devait réunir les représentants des couches diverses de la société, le mode de vie des poètes des cours princières et ceux de ces associations étant, selon elle, vraisemblablement semblable[4].

Fridriech Wolfzettel, qui consacre plusieurs articles à l'étude de la poésie française, est porté à croire que certains traits formels des œuvres poétiques médiévales sont attribuables à un milieu urbain. Il en est ainsi de la structure plus libre des strophes, dont témoignent, par exemple, les poèmes de Rutebeuf, et qui signalerait, selon lui, une destination plus large des textes, bien différente de celle des chansons courtoises aux strophes complexes, conçues à l'attention d'un cercle étroit d'auditeurs. Suivant cette même démarche comparative avec la tradition courtoise, il relève d'autres caractéristiques formelles et thématiques où s'illustre, pour lui, le caractère urbain des textes : une tendance à la narration, à l'autobiographisme et un certain subjectivisme qui se manifestent déjà dans la poésie du XIIIe siècle. Littérature urbaine et littérature courtoise sont présentées dans ses travaux suivant une relation dichotomique : la première préfigure la poésie plus tardive et parfois moderne ; la seconde devient de plus en plus conventionnelle et, à partir du XIIIe siècle, tombe en disgrâce[5].

---

4 Ursula Peters, *Literatur in der Stadt : Studien zu den sozialen Voraussetzungen und kulturellen Organisationsformen städtischer Literatur im 13. und 14. Jahrhundert*, Tübingen, 1983, p. 7-16, 63-77, 219-224.

5 Friedrich Wolfzettel, *La Poésie lyrique du Moyen Âge au Nord de la France (en annexe : France et Italie). Études choisies*, Paris, Champion, 2015, en particulier, les articles « Rutebeuf et le problème des formes strophiques non-lyriques dans la poésie lyrique en ancien français » (p. 71-82) ; « À propos de la poésie religieuse en France : piété, poétique et fonction sociale »

En France, l'expression de « littérature urbaine » est plus rarement employée, et sa signification n'est pas univoque. Certains chercheurs l'évitent préférant parler non pas d'un phénomène présentant une unité sociale, culturelle ou littéraire, mais de « la représentation » de la ville dans les textes européens. Dans son introduction au volume intitulé *Les villes au Moyen Âge en Europe occidentale*, Marie-Françoise Alamichel, s'attache à la « présence » des villes dans la littérature avec leur réalité géographique, leurs aménagements, leur toponymie, les éloges ou les blâmes que l'espace et les milieux urbains suscitent, et elle évoque la naissance de textes qui sont, pour elle, spécifiquement urbains, comme les genres dramatiques et la chronique des cités où elle voit l'expression de la conscience des citadins en opposition avec le milieu aristocratique[6]. En d'autres termes, la littérature urbaine se définirait, suivant cette perspective, par sa thématique, par sa forme et par ses fonctions, et en rapport avec des intérêts sociaux des auteurs et des destinataires.

Les images de la ville que livrent les textes du Moyen Âge sont, il est vrai, fort utiles pour aborder l'étude de la littérature urbaine en tant que production et émanation de l'espace urbain ou en relation avec lui. Il en est de même des données topographiques, prosopographiques, statistiques, politiques et sociales, auxquelles se sont beaucoup intéressés les historiens et les historiens de l'Art[7], et qui sont d'une très grande importance pour aborder la littérature urbaine et circonscrire le corpus de textes qui en relèvent.

(p. 103-118); « Quelques thèses sur le thème de la ville dans la poésie lyrique du Moyen Âge français » (p. 119-137); « Une rhétorique de l'abondance : poétique et fonctions historiques du lyrisme de Guillaume de Machaut aux Grands rhétoriqueurs » (p. 141-164).

6 Marie-Françoise Alamichel, « Introduction », dans *Les villes au Moyen Âge en Europe occidentale (ou comment demain peut apprendre d'hier)*, Marie-Françoise Alamichel dir., Laboratoire du LISAA, 2018 (Collections numériques du LISAA. Mémoire et territoire), « https://lisaa.u-pem.fr/fileadmin/Fichiers/LISAA/LISAA_editeur/Memoire_et_territoire/Ville_au_Moyen_Age/ouvrage_complet_villes_v18-06.pdf », p. 9-26 (consulté le 24/4/2022). Pour Jean-Pierre Bordier, « La ville et le poète au XIIIe siècle », dans *Précis de littérature médiévale*, Daniel Poirion dir., Paris, PUF, 1983, p. 161-166, le terme de « littérature urbaine » est cité (en particulier, p. 162), mais il y reçoit des définitions diverses, analogues à celles qu'en donne Marie-Françoise Alamichel.

7 Il n'est pas possible en raison du grand nombre d'ouvrages consacrés à la ville de les citer tous ici. Nous renvoyons aux titres qui figurent dans cette introduction, ainsi qu'aux œuvres recensées dans la bibliographie générale. En matière d'histoire de l'art, voir en particulier le livre d'Ambre Vilain, *Imago urbis. Les sceaux de villes au Moyen Âge*, CTHS/INHA, Paris, 2018 (L'art et l'essai) où est analysée toute la complexité du langage sigillaire et où est révélé l'intérêt de celui-ci pour énoncer un discours sur la ville et de son *universita*.

Parmi les études historiques de premier plan, se distingue le second tome de la vaste enquête de Georges Duby sur l'histoire de la France urbaine, intitulé *La ville médiévale des Carolingiens à la Renaissance*, confié à André Chédeville, Jacques Le Goff et Jacques Rossiaud[8]. Ce collectif qui offre une riche synthèse des travaux de ces quarante dernières années analyse l'ascension urbaine sur une période allant du Xe au début du XVIe siècle, et s'attache à son épanouissement au milieu du XIIIe siècle où la ville devient le lieu du pouvoir et de la culture dominante. Jacques Le Goff montre que, en marge de l'opposition médiévale traditionnelle des systèmes de valeurs entre courtoisie et vilainie, la ville ne secrète pas de modèles éthiques pour l'ensemble de la société. Elle est un espace né d'une association entre différents acteurs sociaux : les nobles, dont les prérogatives seigneuriales se sont adaptées à des conditions nouvelles[9], l'Église, « formidablement présente[10] », et les laïcs, qui, tous, participèrent au développement des agglomérations et à la naissance de formes neuves de la sociabilité, qu'est l'*urbanitas*, « base culturelle de la nouvelle société urbaine » et « élément fondamental de son ascension sociale et de son pouvoir politique[11] ». « *Urbanitas* », comme l'écrit Pierre Bouet dans son article traitant des relations entre les écrivains de langue latine des XIe et XIIe siècles, et les villes normandes, ce terme « exprime parfaitement cet idéal de l'homme civilisé qui se réalise dans l'*urbs*[12] ».

L'attention portée par Thierry Dutour à la complexité de la vie sociale dans les villes de l'espace francophone à la fin du Moyen Âge va, nous semble-t-il, dans le même sens. L'historien, en effet, revient pour en montrer les limites sur une thèse simpliste, acceptée depuis longtemps dans l'historiographie française, selon laquelle les chevaliers sont liés uniquement au mode de vie rurale et habitent dans les châteaux, alors que les bourgeois résident dans les villes. Pour dépasser cette dichotomie, T. Dutour propose de revenir aux conditions de vie des représentants divers des nobles, sans se limiter aux constatations d'ordre général sur celles de la noblesses :

8 *Histoire de la France urbaine*, sous la direction de Georges Duby, t. II : *La ville médiévale des Carolingiens la Renaissance*, André Chédeville, Jacques Le Goff et Jacques Rossiaud dir., Paris, Éditions du Seuil, 1980.

9 *Ibid.*, p. 241-247.

10 *Ibid.*, p. 335-343.

11 *Ibid.*, p. 371.

12 Pierre Bouet, « L'image des villes normandes chez les écrivains normands de langue latine des XIe et XIIe siècles », dans *Les villes normandes au Moyen Âge*, Pierre Bouet et François Neveux dir., Caen, Presses universitaires de Caen, 2006, p. 319-336, ici p. 321.

> il y aurait avantage, écrit-il, à considérer comme citadins ceux qui habitent en ville, sans leur refuser cette qualité au motif que leur qualification sociale ou leurs activités les excluent de la population de ceux dont on postule qu'ils sont les « vrais » citadins, enfin à envisager ensemble ce que l'on a longtemps voulu séparer et souvent opposé : villes et campagnes, nobles et bourgeois (et tous les notables qui ne sont ni nobles, ni bourgeois et sont pourtant des notables)[13].

La figure d'Eustache Deschamps dont les fonctions variées à la cour l'obligeaient à vivre en ville aussi bien qu'à la campagne offre un exemple pertinent de ce double mode de vie, propre, selon T. Dutour, à d'autres représentants de l'élite politique.

L'expansion des villes et le développement d'un véritable réseau urbain[14] s'accompagnent, en outre, de la naissance d'élites, concept sur lequel s'est penché notamment le XXVIIe Congrès de la Société des historiens médiévistes français, qui s'est tenu à Rome en mai 1996[15], et où est mise au jour l'existence d'une oligarchie urbaine entre les mains de laquelle se concentre le pouvoir politique, financier et culturel, en particulier en France, en Italie et dans le sud de l'Allemagne. Cette question, qu'aborda déjà dans les années 1950, Marie Ungureanu pour la ville d'Arras[16], est aussi au cœur des travaux de Boris Bove qui étudie une frange de l'élite urbaine de Paris au tournant des XIIIe et XIVe siècles, celle des échevins, riches industriels habités par un fort sentiment identitaire[17]. Que la ville soit créatrice d'identités sociales et qu'elle les conforte

13 Voir Thierry Dutour, « Les nobles et la ville dans l'espace francophone à la fin du Moyen Âge. État de la question et proposition de réflexion », dans *Les nobles et la ville dans l'espace francophone*, Thierry Dutour dir., Paris, PUPS, 2010, p. 17-56, surtout p. 31-33 et 51, ici p. 54. À consulter aussi, dans le même volume, Bernard Ribémont, « Ville et noblesse au regard de la littérature médiévale », dans *ibid.*, p. 221-242. Voir, en outre, Thierry Dutour, *La ville mediévale : origines et triomphe de l'Europe urbaine*, Paris, Le Grand Livre du mois, 2003, surtout p. 201-231 (ch. 8 « Créations urbaines »).

14 Voir, par exemple, François Neveux, « La constitution d'un réseau urbain en Normandie », dans *Les villes normandes au Moyen Âge*, *op. cit.*, p. 45-60.

15 *Les Élites urbaines au Moyen Âge*, Paris, Publications de la Sorbonne, Rome, École française de Rome, 1997.

16 Marie Ungureanu, *La bourgeoisie naissante. Société et littérature bourgeoises d'Arras au XIIe et XIIIe siècles*, préface de M. Lucien Febvre, Arras, Imprimerie centrale de l'Artois, 1955 (Mémoires de la Commission des monuments historiques du Pas-de-Calais).

17 Boris Bove, *Dominer la ville. Prévôts des marchands et échevins parisiens de 1260 à 1350*, Paris, Éditions du Comité des Travaux historiques et scientifiques, 2004. Pour l'étude des élites normandes, voir Bruno Sintic, « Les élites sociales et politiques dans les petites villes de Normandie orientale (1450-1540) », dans *Les villes normandes au Moyen Âge*, *op. cit.*, p. 289-304.

– perspective qui inclut aussi la religion et les modalités particulières de religiosité que le cadre urbain suscite –, la question intéresse, bien sûr, directement l'histoire littéraire et la production d'œuvres composées à l'intention et à la demande, sans doute, de ces élites urbaines soucieuses de reconnaissance sociale et jalouses de leurs prérogatives.

Comme le démontre le volume *Marquer la ville. Signes, traces, empreintes du pouvoir (XIIIe-XVIe siècle)*, où est proposée une sémiologie des espaces urbains[18], la ville, en qualité d'espace public, porte la trace topographique, spirituelle et symbolique, des pouvoirs qui s'y exercent et qu'elle façonne en retour, celui du roi avec, par exemple, la cérémonie des entrées royales, et celui de l'Église qui, comme l'écrit Dominique Iogna-Prat, « investit la ville et [...] que la ville transforme[19] ». Elle porte aussi l'empreinte des gestes et des mouvements de ceux qui la parcourent, « les citadins [qui] marquent la ville qu'ils habitent et dont ils usent[20] », ainsi que celle des pratiques sonores « qui participent, écrit Patrick Boucheron, à la délimitation des espaces urbains » :

> Des cloches aux cris, il existe bien un marquage sonore des territorialités, qui oriente et ordonne les parcours de la ville – que l'on songe par exemple au *Dit des cris de Paris* du XIIIe siècle, déambulation chantée dans les rues de la capitale[21].

Empreinte, marquage, trace, signe, ce concept essentiel de la culture médiévale qui s'incarne dans des pratiques sociales propres à la ville, les œuvres littéraires sont-elles à même de les illustrer et quels sont les traits spécifiques de la littérature « urbaine » ? Les articles du volume tendent précisément à définir ce concept par des voies tout à la fois diverses et concordantes, qu'il s'agisse d'examiner les liens existant entre le milieu des villes et les genres littéraires, d'aborder la question de l'imaginaire

18 *Marquer la ville. Signes, traces, empreintes du pouvoir (XIIIe-XVIe siècle)*, Patrick Boucheron et Jean-Philippe Genet dir., Paris, Rome, Publication de la Sorbonne-École française de Rome, 2013 (Histoire ancienne et médiévale).

19 Dominique Iogna-Prat, « L'Église, la ville et la morphologie de l'espace urbain (1200-1600), dans *Marquer la ville. Signes, traces, empreintes du pouvoir (XIIIe-XVIe siècle)*, *op. cit.*, p. 127-162, ici p. 127-162, ici p. 134. Voir aussi *Religion et société urbaine au Moyen Âge. Études offertes à Jean-Louis Biget par ses anciens élèves*, réunies par Patrick Boucheron et Jacques Chiffoleau, préface de Pierre Toubert, Paris, Publications de la Sorbonne, 2000.

20 Patrick Boucheron, « Introduction générale », dans *Marquer la ville. Signes, traces, empreintes du pouvoir (XIIIe-XVIe siècle)*, *op. cit.*, p. 16.

21 *Ibid.*, p. 17.

dont les œuvres sont porteuses, de saisir la naissance d'un style et d'une poétique de la ville, ou encore d'apprécier l'existence d'un public de lecteurs urbains, quatre axes qui forment l'architecture du volume.

Suivant un lieu commun ancien et persistant, il est courant d'associer à la « littérature urbaine » le genre théâtral qui offre, effectivement, de précieuses informations sur la place occupée dans la ville par le jeu dramatique comme phénomène social. C'est à ce dessein que répond, par exemple, un article de Matthieu Bonicel et de Katell Lavéant[22], paru dans le numéro 59 de la revue *Médiévales*, où est évaluée la fonction sociale du théâtral à partir d'une documentation constituée des pièces comptables et judiciaires de la ville d'Avignon et des provinces du Nord dans une période allant de 1450 à 1550. Les deux auteurs ont pu mettre en avant la matérialité des jeux, à savoir leur coûts et les lieux urbains de leurs représentations, ainsi que leur impact symbolique sur le public des villes. L'article d'Estelle Doudet qui s'est penchée dans le présent volume sur la question de l'association du théâtre et de la ville s'inscrit dans cette perspective[23]. À partir de la conception du « théâtre, art des villes », *topos* de la critique littéraire des érudits français et allemands de la fin du XIXe siècle et du début du XXe siècle, E. Doudet compare deux approches du théâtre, radicalement différentes et enracinées, toutes deux, dans des traditions nationales. En France postrévolutionnaire et républicaine le théâtre médiéval apparaît comme une expression de la culture « laïque », « populaire » et non-professionnelle, alors que, en Allemagne, sous l'influence du protestantisme, les fonctions didactiques du théâtre sont mises au premier plan, et que ses liens avec la religion, ainsi que le professionnalisme de ses acteurs sont affirmés. E. Doudet montre que, dans les ouvrages de la seconde moitié du XXe siècle influencés par les idées de Jürgen Habermas sur l'« ouverture », l'*Öffentlichkeit*, de la société bourgeoise, la vision évolutionniste du théâtre comme art « réaliste » et « moderne » s'efface et qu'une nouvelle vision apparaît, qu'elle propose d'appeler « spatialisante ». La ville médiévale du début de l'époque de la Modernité n'est donc plus pensée comme le « berceau »

22 Matthieu Bonicel et Katell Lavéant, « Le théâtre dans la ville : pour une histoire sociale des représentations dramatiques », *Théâtres du Moyen Âge*, *Médiévales*, n° 59, automne 2010, p. 91-105.

23 Estelle Doudet, « Le théâtre, art des villes. Du récit des évolutions à l'exploration numérique des espaces », p. 39-49.

de la culture urbaine, mais comme le lieu de l'interaction de groupes socioculturels qui, tantôt, concluent une union entre eux, tantôt, entrent en concurrence les uns avec les autres. Ce regard sur l'histoire culturelle et sur le théâtre médiéval aboutit à des conclusions qui peuvent, vraisemblablement, s'étendre à d'autres genres littéraires, et il donne naissance à des pratiques nouvelles pour l'étude des documents d'archives, ainsi qu'à l'utilisation de diverses ressources électroniques[24].

Malgré sa dimension idéologique et historique et par-delà la place que la critique accorde au genre théâtral, l'expression de « littérature urbaine » ressortit à un phénomène littéraire plus large, illustré par un corpus de textes des XIIIe-XVe siècles écrits en diverses langues européennes et marqués par les influences variées qu'a exercées sur eux la cité médiévale. C'est le cas de la nouvelle, genre qui, à partir des *Cent Nouvelles* de Boccace jusqu'aux *Cent Nouvelles Nouvelles* de Philippe de Vigneulles ou encore aux *Cent Nouvelles Nouvelles* anonymes, questionne, selon Nelly Labère, les espaces sociaux et symboliques de la ville[25].

Les auteurs de notre volume attirent aussi l'attention sur les thèmes récurrents conditionnés par le poids de la ville, et sur ceux qui, à notre connaissance, n'avaient pas été évoqués ou recensés comme tels jusque-là. Il en est ainsi des rapports entre la société et le poète ou l'écrivain qui, dans bien de cas, sont intégrés aux élites urbaines et à ceux qui gouvernent la cité. Catherine Gaullier-Bougassas a montré comment la bibliothèque des échevins de Rouen, l'une des plus anciennes bibliothèques liées à une institution urbaine laïque en France, témoigne de la volonté de ce groupe social de s'illustrer comme élite savante et de se rapprocher de la monarchie française[26]. La mise en valeur de la prospérité sociale et culturelle des élites, s'associe, par voie de conséquence, à la thématique du bon gouvernement et à l'image de la cité comme espace où règnent les lois et les règles. Ce thème est manifeste dans *Artus de Bretagne*, dans l'*Éloge de Nurenberg* par Hans Rosenplüt, dans les *Leys d'Amors* de Guillaume Molinier et dans une version du *Roman des Sept*

24 *Ibid.*, L'article renvoie notamment à Jürgen Habermas, *Strukturwandel der Öffentlichkeit. Untersuchungen zu einer Kategorie der bürgerliche Gesellschaft*, Neuwied am Rhein / Berlin, Luchterhand, 1962.

25 Nelly Labère, « Quitter la ville… Des *Cent Nouvelles* aux *Cent Nouvelles Nouvelles* : la nouvelle urbaine », p. 141-158.

26 Catherine Gaullier-Bougassas, « La bibliothèque des échevins de Rouen au XVe siècle : quelle littérature pour une élite urbaine laïque ? », p. 485-500.

Sages qui « investit, écrit Yasmina Foehr-Janssens, la puissance de Rome et la science antique de bon gouvernement[27] ». Il n'est pas absent non plus des pièces du théâtre religieux analysées par Catherine Vincent qui évoque la question du « bien commun » et celle de la nécessité d'observer les lois, avec tout l'arsenal d'un vocabulaire juridique spécialisé[28]. Le thème du bon gouvernement est décliné dans le théâtre religieux à sa façon, puisque la ville est pensée surtout comme le centre du diocèse, toutefois le thème unit ces pièces à d'autres genres relevant de la littérature urbaine. Quant ce témoin majeur de l'activité parisienne des années 1339 à 1382 qu'est le recueil dramatique des *Miracles de Nostre Dame par personnages*, il est rattaché, selon Ilsiona Nuh, à l'activité religieuse et littéraire du puy des orfèvres de Paris[29].

L'intégration du poète à la société est sous-entendue aussi, selon Vanessa Obry, dans les résumés rimés de Perot de Neele, ainsi que dans l'éloge de « l'état moyen » par Eustache Deschamps analysé par Miren Lacassagne et Thierry Lassabatère[30]. Elle n'est pas absente non plus chez certains auteurs de nouvelles, comme Philippe de Vigneulles étudié par Irina Staf[31]. Expression d'une autre forme de lien entre la ville et le poète, il peut aussi s'avérer que celui-ci se pose en exclu de la société urbaine, comme c'est le cas de certains écrivains arrageois, Jean Bodel et Adam de la Halle, par exemple, ou encore de François Villon[32], dont le « moi » et l'œuvre se

27 Voir, dans le présent volume, les articles de Christine Ferlampin-Acher, « *Artus de Bretagne* et la ville : l'embourgeoisement du roman arthurien », p. 51-67 ; de Partick Del Duca, « L'image de la ville dans la littérature allemande médiévale (XIIe-XVe siècles) », p. 89-104 ; de Yasmina Foehr-Janssens, « Culture urbaine et quête de sagesse : Rome, Constantinople et les mutations de la clergie dans le *Roman des Sept Sages* et ses continuations », p. 225-244 ; de Ludmilla Evdokimova, « *Leys d'Amors* et lois juridiques : la place du poète dans la ville idéale », p. 427-455.

28 Voir Catherine Vincent, « Y a-t-il un "théâtre hagiographique urbain" à la fin du Moyen Âge ? Exemples à Langres, Metz et Paris », p. 121-140.

29 Ilsiona Nuh, « Performances théâtrales et formes littéraires dans les *Miracles de Nostre Dame par personnages* », p. 159-174.

30 Voir, dans le présent volume, les articles de Vanessa Obry, « De la cour à la ville : art du résumé et usage des textes dans le catalogue de Perot de Neele (Paris, BnF, fr. 375) », p. 507-524 ; de Thierry Lassabatère et Miren Lacassagne, « Expression littéraire et sentiment politique de la ville : pour une poésie urbaine d'Eustache Deschamps », p. 367-386.

31 Irina Staf, « La nouvelle et la chronique urbaine au Moyen Âge tardif : Franco Sacchetti et Philippe de Vigneulles ». p. 105-120.

32 Voir les articles de Françoise Laurent, « Le salut du lépreux. Les *Congés* de Jean Bodel : une expression de la poésie urbaine ? », p. 347-365 ; et de Madeleine Jeay, « Mises en scène de l'oligarchie urbaine à Arras et Paris au XIIIe siècle », p. 69-87.

situent exactement à l'articulation de l'identité collective et de l'identité individuelle. Dans le cadre de la littérature urbaine sont dès lors mis au jour deux types de rapports entre l'écrivain et la société, rapports de force et de domination de l'un par l'autre qui peuvent s'inverser en fonction des conditions sociales et politiques du pays ou de l'époque.

Qu'il s'agisse de l'intégration sociale ou non de l'auteur, ou du gouvernement de la cité, ces deux thèmes ne sont pas sans rapport, probablement, avec la place que certains poètes occupaient réellement dans la société et avec le public auquel ils s'adressaient. Ainsi, plusieurs articles ont souligné leurs liens avec les milieux aisés, notamment les magistrats de la ville. Selon Madeleine Jeay, les familles les plus fortunées d'Arras furent les mécènes des poètes résidant dans la ville[33] ; Denis Hüe constate, lui aussi, que les membres du Puy de Londres comptaient des représentants des riches familles bourgeoises de la cité, proches du gouvernement[34] ; et Catherine Vincent souligne le fait que les magistrats participaient à la mise en scène du théâtre religieux dont les pièces pouvaient être destinées aux « élites citadines[35] ». Plus largement, la réflexion sur le poète et sur sa place dans la société urbaine est aussi, vraisemblablement, conditionnée dans les derniers siècles du Moyen Âge par la structuration politique et professionnelle de la cité, ainsi que par un changement du statut de l'auteur lorsqu'écrire devient un métier en une période qui voit, il ne faut pas le négliger, la composition des premiers arts poétiques en langues vulgaires.

Au sein de la ville, l'espace de la taverne, dessiné plus que décrit, constitue un autre motif attendu et bien exploité par les auteurs dont les œuvres s'inscrivent dans un chronotope urbain, pour reprendre la terminologie de Bakhtine. Natalia Dolgorukova examine sur un temps long la tradition littéraire attaché à ce lieu, depuis la littérature goliardique jusqu'à la poésie macaronique en passant par le fabliau et les jeux arrageois, tout un corpus de textes que l'espace de la taverne fédère et qui offrent d'elle une image complexe où domine le principe du renversement des valeurs[36]. C'est dans la taverne, en effet, que se rassemblent ceux dont

33 Voir M. Jeay, « Mises en scène de l'oligarchie urbaine à Arras et Paris au XIIIe siècle », art. cité.

34 Voir D. Hüe, « Le Puy de Londres : poésie française et bourgeoisie anglaise à la fin du XIIIe siècle », p. 457-482.

35 Voir C. Vincent, « Y a-t-il un "théâtre hagiographique urbain" à la fin du Moyen Âge ? », art. cité.

36 Natalia Dolgorukova, « *In taberna quando sumus* : chronotope de la taverne dans les textes des XIIe-XIVe siècles », p. 245-266.

« les mœurs et les actions contreviennent, écrit Christopher Lucken, aux convenances et aux valeurs qui paraissent devoir régir le monde courtois et sa littérature » ; c'est là que les discours construits le cèdent aux cris et à la « fantaisie verbale » quand « l'ivresse des mots entraîne, écrit l'auteur, l'appel du vin », autre motif récurrent de cette production littéraire[37]. L'image de la taverne est aussi rattachée au très ancien *topos* de la littérature européenne, celui de la ville comme espace du péché qu'Olga Togoeva montre à l'œuvre dans le *Mesnagier de Paris* : Sodome renaît en Paris où règne la décadence morale et où l'homme souffre, autant d'images de la ville héritées de la culture cléricale du XIIe siècle, et reprises aux textes juridiques et judiciaires des XIVe-XVe siècles[38].

Certains articles se sont attachés plus particulièrement aux sources des formes littéraires de la littérature urbaine. Valeria Russo a montré comment les éléments doctrinaux et stylistiques d'origine cléricale des traités d'amour se conjuguent avec des enseignements pratiques et un discours amoureux en lien avec le public urbain auquel ils s'adressent[39]. Mettant en valeur une esthétique rattachée à un cadre et à un public nouveaux, F. Laurent analyse les *Congés* de Jean Bodel en lien avec l'héritage des *saluts* courtois, transformation d'un genre mineur de la poésie provençale où, par exemple, dans la chanson célèbre de Bernard de Ventadorn, consacrée à l'alouette – PC 70,43 *Can vey la lauzeta mover* – apparaît le thème d'adieu à l'amour, à la dame, à la poésie et à l'ami du poète, ce « Tristan » identifié par plusieurs critiques à Raimbaut d'Orange[40]. Suivant la même perspective, D. Hüe, de son côté, suggère que la production littéraire du Puy de Londres, selon lui, le plus ancien des puys, était proche de la poésie amoureuse de la cour de Champagne[41].

---

37 Christopher Lucken, « Bruits et cris de la ville. Le "paysage sonore" de la "littérature urbaine" », p. 387-404.

38 Olga Togoeva, « La ville comme *spelunca latronum* dans le traité didactique *Le Mesnagier de Paris* », p. 215-224.

39 Valeria Russo, « La philosophie discrète de la bourgeoisie courtoise : Lire des *traités d'amour* à la fin du XIIIe siècle dans le Nord-Est de la France », p. 525-543.

40 F. Laurent, « Le salut du lépreux. Les *Congés* de Jean Bode », art. cité – Pour l'identification de Tristan mentionné dans la tornade de de cette chanson voir Walter I. Pattison, *The Life and Works of the Troubadours Raimbaut d'Orange*, Minneapolis, 1952 ; Maurice Delbouille, « Les senhals littéraires désignant Raimbaut d'Orange et la chronologie de ses témoignages », *Cultura Neolatina*, t. 17, 1957, p. 49-73 ; Gérard Gouiran, « Avant-propos », dans *L'amour et la guerre. L'Œuvre de Bertran de Born*, éd. Gérard Gouiran, Aix-en-Provence, Publications Université de Provence, 1985, 2 vol., ici t. I, p. LXX.

41 Voir D. Hüe, « Le Puy de Londres », art. cité.

Le rapport qu'entretiennent la littérature urbaine et la littérature aristocratique peut aussi apparaître sous forme d'opposition ou, plus exactement, de déformation ou de parodie de celle-ci. La quête d'aventure, qui innerve les textes de Guillot de Paris ou Watriquet de Couvin, est analysée par Jacqueline Cerquiglini-Toulet[42] ; les romans de *Marques* et de *Laurin* se servent, selon Y. Foehr-Janssens, des structures du roman de chevalerie pour construire une représentation des rapports de force entre les acteurs sociaux[43] ; le *Tournoiement as dames de Paris* de Pierre Gencien, mis en évidence par Madeleine Jeay, ne relève pas d'un simple geste d'inversion satirique, mais fait signe vers l'univers littéraire du *Conte du Graal* de Chrétien de Troyes afin de mettre en valeur un groupe social[44].

Les origines de la littérature urbaine sont aussi à chercher dans la littérature scolaire et savante. En témoignent notamment les *Leys d'Amors* de Guillaume Molinier avec ses poèmes grammaticaux signalés par Ludmilla Evdokimova[45], ainsi que les formes métriques très travaillées auxquelles Vanessa Obry s'attache dans son article[46]. Le goût spécifique pour les listes, caractéristique d'Eustache Deschamps ou encore de Guillot de Paris avec ses énumérations des rues de Paris, trouve, lui aussi, un parallèle dans la littérature savante si l'on en juge, par exemple, par la liste des métiers établie dans le *Dictionarius* de Jean de Garlande. À l'appui de l'article d'Elsa Marguin-Hamon, pour qui la « place inédite accordée à la ville comme milieu distinct justifiant des modalités d'écriture spécifiques s'insère dans une conception renouvelée, sociopoétique pourrait-on dire, des styles », cet auteur pourrait en quelque sorte être considéré comme le premier théoricien de la littérature urbaine comme en témoignent l'attention qu'il consacre aux citadins dont il fait une catégorie particulière de la population, et les conseils qu'il prodigue en matière de vocabulaire à utiliser pour tenir un discours sur eux[47]. À l'exception de ce goût pour les listes, des réflexions

42 Voir J. Cerquiglini-Toulet, « Géopolitique : le dit et la ville », art. cité.

43 Voir Y. Foehr-Janssens, art. cité.

44 Voir M. Jeay, « Mises en scène de l'oligarchie urbaine à Arras et Paris au XIIIe siècle », art. cité.

45 Voir L. Evdokimova, « *Leys d'Amors* et lois juridiques », art. cité.

46 Voir V. Obry, « De la cour à la ville : art du résumé et usage des textes dans le catalogue de Perot de Neele », art. cité.

47 Voir, dans le présent volume, Elsa Marguin-Hamon, « La ville, ses mots et ses choses selon Jean de Garlande (XIIIe siècle). Pour une sociopoétique de l'écriture médiolatine », p. 405-424. Pour la liste des rues chez Guillot de Paris et quelques textes analogues, voir

similaires à celles de Jean de Garlande se laissent lire dans certains poèmes d'Eustache Deschamps qui, parallèlement aux nobles, aux clercs et au petit peuple, cite les marchands, ainsi que d'autres corporations « socio-professionnelles » de la ville[48].

Les listes de Deschamps consacrées à la description des villes sont toutefois, selon toute vraisemblance, directement inspirées aussi de la poésie occitane tardive ou, encore plus probablement, de la poésie italienne du temps et, notamment, par le genre des « plaisirs » (*plazer*) et des « ennuis » (*enueg, noie*) construits sur des listes d'objets ou de données « plaisant » ou « déplaisant » au *je* lyrique. À son époque, Raymond T. Hill consacra un article à ces genres poétiques mineurs qui apparurent initialement en Provence avant d'être développés en Italie où, aux XIIIe-XIVe siècles, ils acquièrent une large popularité et où, intégrant quelques variations, ils prennent en particulier la forme de listes d'objets que le poète souhaiterait posséder, ou auxquels il adresse ses imprécations ou ses bénédictions. Pour R. T. Hill, cette poésie des listes d'objets ou de sujets « agréables » ou « désagréables » au *je* lyrique trouve un écho dans quelques poèmes de Deschamps, et précisément dans les textes construits sur des listes d'imprécations ou de choses nuisibles ou utiles à la santé, auxquels s'ajoute un unique poème d'adieu à Paris avec le chapelet des plaisirs que réserve cette ville (ballade n° 871)[49].

Veronica Novak, « Parcours urbain – représentation de l'espace aux XIIIe-XVIIe siècles à travers les rues de Paris », *Historia urbana*, v. 19, 2011, p. 85-103, qui les place dans le contexte des premiers guides en français. Le même contexte est évoqué également par Laurent Vissière, « Goûter la ville. Réflexions sur la poésie ambulatoire de Paris au Moyen Âge », dans *L'Œuvre littéraire du Moyen Âge aux yeux de l'historien et du philologue*, Ludmilla Evdokimova, Victoria Smirnova dir., Paris, Classiques Garnier, 2014, p. 277-292.

48 Pour l'analyse des poèmes de Deschamps sur les « états du monde » et le vocabulaire qu'il emploie voir Thierry Lassabatère, *La Cité des Hommes. Eustache Deschamps, expression poétique et vision politique*, Paris, Champion, 2011, p. 345-353, avec renvoi, en particulier, au chant royal n° 394 où les marchands sont cités à côté des nobles et de l'Église, ou encore le *Lay des douze estas du monde* (n° 309) où les marchands apparaissent ensemble avec plusieurs artisans et d'autres groupes professionnels qui habitent en ville. Les numéros des poèmes de Deschamps sont cités ici et plus loin d'après l'édition Eustache Deschamps, *Œuvres complètes*, éd. Auguste-Henri-Édouard Queux de Saint-Hilaire et Gaston Renaud, Paris, Firmin Didot, 1878-1903, t. I-XI.

49 Raymond Thompson Hill, « The *Enueg* and *Plazer* in Medieval French and Italian », *PMLA*, v. 30, 1915, p. 42-63, surtout p. 45-49, où, à part la ballade n° 871 de Deschamps, consacrée à l'adieu à Paris, sont citées les ballades n° 802, 806, 1287, 1288 (suite d'imprécations ; dans la dernière ballade, sous forme de liste des armes, dont doit périr le maudit ; Eustache Deschamps, *Œuvres complètes*, éd. citée, t. IV, p. 315-316, 321-322 ; t. VII, p. 33-34, 35-36), n° 962 (moyens qui contribuent à la santé ; t. VI, p. 100-101), n° 1290,

Aussi, le rondeau de Deschamps consacré à l'adieu à Bruxelles (n° 502) où le poète énumère les plaisirs qu'on y trouve est-il lié, sans doute, à la même tradition :

> Chanter, dancer et tous esbastement [...] / bains [...] jolys, / Les estuys, les fillettes plaisans ; / [...] Belles chambres, vins de Rin et molz liz, / Connins, plouviers et capons et fesans, / Compaignie douce et courtoises gens... (t. IV, p. 6, rondeau n° 502).

Ces poèmes d'adieu aux villes se rapprochent du genre du *plazer* tel qu'il apparaît chez un devancier direct de Deschamps, Folgore da San Gimignano (1270-1334), dans ses poèmes consacrés aux éloges des mois de l'année (*Sonetti de'mesi*), composés, pense-t-on, durant les premières décennies du XIVe siècle. La liste des « plaisirs » mise à part, le rondeau d'adieu à Bruxelles de Deschamps épouse la forme poétique brève des « sonetti », poésie que Deschamps connaissait dans une de ses versions nationales, et qui a certainement influencé les listes de ses poèmes dédiés aux villes.

1291 (moyens qui contribuent à l'épidémie et qui s'opposent à sa propagation ; t. VII, p. 38-39, 40-41) ; virelai n° 1196 (les vices qui « déplaisent » au poète ; t. VI, p. 178-179), rondeau n° 1326 (liste des ennuis que le voyageur rencontre en Bohème). Pour les poèmes de Deschamps en rapport avec l'usage des listes, mais en dehors de lien avec les genres de *plazer* et d'*enueg* (ballades n° 871 d'adieu à Paris, n° 1326 sur les ennuis qui attendent le voyageur en Bohème, ainsi que d'autres poèmes analogues, comprenant les listes de ce qui semble agréable ou désagréable), voir Madeleine Jeay, *Le Commerce des mots. L'usage des listes dans la littérature médiévale (XIIe-XVe siècles)*, Genève, Droz, 2006, p. 395-397. La chanson célèbre de Bertran de Born consacré à la louange de la guerre (PC 80,8a *Be-m platz lo gais temps de pascor* – « Je trouve un grand plaisir dans le joyeux temps de la saison nouvelle » ; nous citons l'édition et la traduction de Gérard Gouiran : Gérard Gouiran, *L'amour et la guerre. L'Œuvre de Bertran de Born*, éd. citée, t. II, p. 730) semble être un des exemples, parmi les plus anciens, du genre de *plazer*. Pratiquement au même moment, le poète appelé Monge de Montaudon (vers 1155-1220) compose trois poèmes sur les ennuis et un poème sur les plaisirs qui acquièrent chez lui le caractère des genres poétiques mineurs. Voir *Der Monch von Montaudon, ein provenzalischer Troubadour*, hrsgb. von Emil Philippson, Halle, Max Niemeyer, 1873 (*enueg* : n° 16-19 ; *plazer* : n° 20) ; Irénée-Marie Cluzel, « Monge de Montaudon », dans *Dictionnaire des lettres françaises. Le Moyen Âge*, Paris, Fayard, 1992, p. 1022-1024. Pour l'influence du poème de Bertran de Born et la formation du genre du *plazer*, voir Patricia H. Stäblein, « Introduction. His Art », dans *Troubadour Bertran de Born*, éd. William D. Paden, Tilde Sankovich, Patricia H. Stäblein, Berkeley, Los Angeles and London, University of California Press, 1986, p. 62-63. Pour l'influence de Bertran de Born sur Folgore da San Gimignano et les poèmes consacrés aux plaisirs voir Anna V. Toporova, *Les débuts de la lyrique italienne*, Moscou, Institut de littérature mondiale, 2001, p. 148-164 (en russe : А. В. Топорова, *Ранняя итальянская лирика*, Москва, ИМЛИ, 2001).

En complément de l'étude des genres et des formes littéraires, des auteurs du présent volume attirent aussi l'attention sur les traits de style caractéristiques des œuvres composées en milieu urbain. Ils ont été sensibles, par exemple, à la coloration juridique de certains textes, dont le poids est manifeste, selon C. Vincent, dans les *Miracles de sainte Geneviève*, et perceptible, pour L. Evdokimova, dans les *Leys d'Amors* de Guillaume Molinier. L'influence des juristes sur le style des œuvres littéraires de la fin du Moyen Âge – chez Eustache Deschamps, en particulier, et chez les écrivains, liés de près ou de loin à la Basoche, corporation professionnelle des juristes – a déjà été mise en lumière dans les ouvrages de Karin Becker[50]. Elle se trouve donc illustrée dans les *Miracles de sainte Geneviève* et les *Leys d'Amors* qui, complétant le corpus des textes des XIIIe-XVe siècles marqués par l'influence du discours juridique, rappellent le rôle que la corporation urbaine des juristes a joué dans la littérature de l'époque.

Parmi les autres traits de style, caractéristiques des œuvres composées en milieu urbain, J. Cerquiglini-Toulet souligne, à propos du genre du dit, dont l'apparition coïncide avec le développement de la population urbaine, la technique des comptes et des décomptes élevée en principe esthétique, puisqu'il s'agit de « compter » pour « conter », d'énumérer pour mieux fixer la mémoire des lieux. Dans ce genre qui fait de Paris non plus le cadre, mais le sujet des œuvres, les auteurs vont aussi, selon C. Lucken, jouer avec « la vacuité du discours publicitaire », avec ce tapage où s'illustre la prospérité des villes avec leur monde grouillant « dépourvu de toute harmonie et de toute équité[51] ».

Madeleine Jeay, quant à elle, relève l'« épaisseur du fond réel », ainsi que la tendance à l'autobiographisme qui lui est associée ; ces deux traits corroborent les analyses de Friedrich Wolfzettel[52] et, dans le contexte

50 Voir C. Vincent, « Y a-t-il un "théâtre hagiographique urbain" à la fin du Moyen Âge ? », art. cité ; L. Evdokimova, « *Leys d'Amors* et lois juridiques », art. cité – Pour la coloration juridique des œuvres de Deschamps considéré comme précurseur des écrivains de la Basoche voir Karin Becker, *Le Lyrisme d'Eustache Deschamps. Entre poésie et pragmatisme*, Paris, Classiques Garnier, 2012, p. 43-58 ; 184-190. Voir, en outre, son article où sont cités plusieurs textes à coloration juridique écrits par les juristes, notamment les pièces du théâtre comique : « La mentalité juridique dans la littérature française (XIIIe-XVe siècles) », *Le Moyen Âge*, t. 103, 1997, p. 309-327. Voir Marie Bouhaïk-Gironès, *Les clercs de la Basoche et le théâtre comique (Paris, 1420-1550)*. Voir aussi le compte rendu du dernier ouvrage par Tania Van Hemelryck, *Revue belge de philologie et d'histoire*, t. 88, 2010, p. 614-615.

51 J. Cerquiglini-Toulet, art. cité, p. 338-339, 346 ; C. Lucken, art. cité.

52 Voir plus haut, p. 9.

des *Congés*, celles de F. Laurent qui souligne aussi l'élargissement du vocabulaire poétique caractéristique de la poésie d'Arras[53]. Il convient, toutefois, de rappeler que ces deux traits d'écriture sont perceptibles déjà dans la poésie des troubadours tardifs, en particulier, dans les chansons et *sirventes* de Bertran de Born. Dans la chanson adressée à Rassa, Geoffroi de Bretagne (PC 80,37 *Rassa, tant creis e mont'e poia* – « Rassa, tant croît, monte et s'élève le mérite de celle »), le poète compare le dos de la femme à qui il adresse sa louange, au dos du lapin (*sembla conil per l'esquina*, v. 17), comparaison qui a provoqué de très nombreux commentaires. Dans la complainte sur la mort du Jeune Roi Henri Plantagenêt (PC 80,26 *Mon chan fenis ab dol et ab maltraire* – « Je mets fin à mon chant dans le deuil et dans la souffrance »), il mentionne aussi le tissu fin et précieux de ses vêtements (*bel boucaran* – « beau bougran »), son pourpoint (*perponh*) et ses armes personnelles, et dresse en quelques vers le tableau des festins offerts dans sa vaste demeure, se souvenant de la musique des violes et des chants, ainsi que des amis qui s'y réunissaient (strophes 2-3). Les *sirventes* de Bertran ne sont pas avares non plus de détails précis, comme dans l'ode à la guerre déjà mentionnée (PC 80,8a; voir n. 17) où le tableau du combat contient plusieurs marques distinctives et expressives de la guerre, comme, par exemple, les éclaireurs qui chassent les habitants avec leurs troupeaux, les chevaux qui hennissent, les guerriers tués qui tombent dans l'herbe au fond des fossés[54]. À cet égard, comme à d'autres, il est inévitable que les poètes, marqués par l'influence des villes et écrivant en milieu urbain, aient développé des tendances déjà esquissées précédemment, mais à l'attention d'un tout autre public.

---

53 F. Laurent, art. cité.

54 Gérard Gouiran, *L'amour et la guerre. L'Œuvre de Bertran de Born*, éd. citée, t. II, p. 18-21 (chanson adressée à Rassa); p. 27-28 (la revue des traductions et des interprétations de la comparaison du dos de la belle avec le dos du lapin); p. 240-245 (la complainte sur la mort du Jeune Roi); p. 730-735 (l'ode à la guerre). Voir de plus, le commentaire sur la comparaison du dos de la belle et du dos du lapin dans *Troubadour Bertran de Born*, éd. William D. Paden, Tilde Sankovich, Patricia H. Stäblein, éd. citée, p. 199, n. 28. Voir les vers de l'ode à la guerre : li *corredor / Fant las gens e l'aver fugir* (v. 11-12) – « les éclaireurs mettent en fuite hommes et leurs troupeaux » (Gérard Gouiran, *L'amour et la guerre. L'Œuvre de Bertran de Born*, éd. citée, t. II, p. 732-733) ; *auch bruïr / Cavals voitz per l'ombratge* (v. 44-45) – « entendre [...] hennir les chevaux démontés sous l'ombrage » ; *E vei cazer per los fossatz / Paucs e grans per l'erbatge* (v. 47-48) – « Je vois tomber humbles et grands dans l'herbe des fossés » (*ibid.*, p. 734-735).

Les images des villes transmises dans les textes des XIIIe-XVe siècles et leur typologie, où il serait possible de voir un signe distinctif ou non de la littérature urbaine, ont également intéressé les auteurs du volume. Si les villes sont absentes de la poésie occitane, elles apparaissent assez tôt dans le roman[55] et pénètrent plus tard dans la poésie, en particulier, chez Deschamps. Mais s'il est vrai que la fréquence de représentations urbaines correspond, semble-t-il, à l'époque de l'essor des villes, leur présence confirme-t-elle pour autant l'appartenance des textes à la littérature « urbaine » ? Patrick Del Duca signale qu'il faut tenir compte du discours émis par l'auteur sur la ville et sur les citadins, et conclut que si son jugement est négatif, le texte n'appartient pas à la littérature de la ville, même si elle y est décrite. J. Cerquiglini-Toulet oppose, pour sa part, la description panoramique d'une ville, caractéristique de la littérature des *mirabilia*, et la description de l'intérieur, opposition qui, dans d'autres contextes, a été évoquée par des chercheurs, et qui semble, en effet, un moyen pertinent de définir un corpus de textes urbains, même s'il peut y avoir quelques exceptions[56].

55 On pense notamment aux romans de Chrétien de Troyes que Justine Breton a étudiés suivant cette perspective dans son article « Le chevalier et la ville : la perspective urbaine de Chrétien de Troyes », dans *Lire, écrire, pratiquer la ville. Régimes d'exemplarité en espace urbain*, Nathalie Roelens et Thomas Vercruysse dir., Paris, Gallimard, Éditions Kimé, 2016, p. 120-132. Chez Chrétien de Troyes, la ville n'est, selon l'auteure, qu'un espace de transition, un lieu de passage.

56 Partick Del Duca, « L'image de la ville dans la littérature allemande médiévale (XIIe-XVe siècles) », art. cité ; J. Cerquiglini-Toulet, « Géopolitique : le dit et la ville », art. cité – Sur une échelle plus générale et par rapport plutôt à l'époque moderne, la vue de la ville d'en haut et celle qu'en a un promeneur ont été opposées par Michel de Certeau, « Marches dans la ville », dans *L'invention du quotidien*, Paris, Gallimard, t. I (*Arts de faire*), 1990, ch. 7 (1re éd. 1980). Voir également l'article de Karen Newman qui utilise l'opposition de Michel de Certeau dans une large revue des représentations de villes en littérature allant au moins jusqu'au XVIIe siècle, où quelques textes médiévaux, principalement en anglais, sont cités, aussi bien que certaines miniatures ; selon cette chercheuse, la vue de la ville par les yeux de celui qui la perçoit en marchant devient plus fréquent à la limite du Moyen Âge et de l'époque moderne (Karen Newman, « The Medieval and Early Modern City in Literature », dans *The Cambridge Companion the City in Literature*, Kevin R. McNamara dir., New York, Cambridge University Press, 2014, p. 42-56, surtout, p. 46-49). – Rappelons que la ville est décrite à deux reprises dans le *Conte de Graal* de Chrétien de Troyes, et que ces descriptions ne sont pas panoramiques : d'abord, Perceval voit la ville ruinée par la guerre en passant par ses rues (v. 1707-1731) ; ensuite Gauvain passe par la ville prospère avec ses boutiques des commerçants et ses artisans (v. 5685-5711). Mais ce roman appartient-il à la littérature urbaine ? Jean-Guy Gouttebroze souligne que la position de Chrétien vis-à-vis de la ville fut double : d'une part, il partage

Nous sommes amenées à penser qu'une image de la ville ne peut suffire à elle seule à désigner un texte comme urbain. En effet, certains textes analysés dans notre volume, n'en contiennent pas, et pourtant d'autres paramètres font ressortir leurs liens avec la ville, soit qu'ils expriment les intérêts des milieux citadins, soit qu'ils portent l'empreinte de leur mentalité morale ou religieuse, comme c'est le cas pour les *Leys d'Amors* de Guillaume Molinier, pour la première rédaction des *Vie des pères* et pour les *Congés* de Jean Bodel[57], ou encore pour les sermons délégués aux personnages des jeux dramatiques qui, I. Nuh l'a montré, décalquent la forme du sermon universitaire, prouvant ainsi que « le théâtre s'empare des mêmes formes littéraires circulant dans l'espace public urbain[58] ».

Les images de la ville n'étant pas suffisantes, il convient donc de chercher d'autres indices permettant d'affirmer que l'auteur d'une œuvre en question appartient à un milieu des bourgeois.

Les sources de la littérature urbaine précédemment évoquées – courtoise, d'une part, savante et scolaire, d'autre part –, ainsi que plusieurs des thèmes discutés lors du colloque et abordés dans ce volume, mettent principalement l'accent sur la littérature de la fin du Moyen Âge. Aussi serait-il aisé de conclure que la littérature urbaine, même si son émergence date du XIIIe siècle, reste un concept rattaché étroitement à la littérature du XIVe-XVe siècles et à l'influence spécifique des milieux

---

les goûts et les idées du public aristocratique et ironise sur les citadins, d'autre part, remarque que la ville est devenue à son époque l'endroit où le commerce et les métiers prospèrent. Voir Jean-Guy Gouttebroze, « L'image de la ville dans l'œuvre romanesque de Chrétien de Troyes », *Razo*, 1979 (*L'image de la ville dans la littérature et l'histoire médiévale*), p. 38-46. Voir, de plus, Jacques Le Goff, « Guerriers et bourgeois conquérants. L'image de la ville dans la littérature française du XIIe siècle », dans *Culture, Science et Développement. Mélanges en l'honneur de Charles Mozaré*, Toulouse, Privat, 1979, p. 113-136. – Pour les représentations des villes dans les textes du Moyen Âge consulter également Élodie Lecuppre-Desjardins, « L'autre et la ville : l'apport des témoignages étrangers dans la connaissance des villes des anciens Pays-Bas à la fin du Moyen Âge », dans *Le verbe, l'image et les représentations de la société urbaine au Moyen Âge. Actes du colloque international tenu à Marche-en Famenne du 24 au 27 octobre 2001*, Marc Boone, Élodie Lecuppre-Desjardins, Jean-Pierre Sosson dir., Garant, Antwerpen-Apeldoom, 2002, p. 55-74.

57 Voir les articles cités de L. Evdokimova « *Leys d'Amors* et lois juridiques », de C. Donnat-Aracil, « De la courtoisie à la bourgeoisie : la première *Vie des Pères*, une œuvre religieuse urbaine ? », et de F. Laurent, « Le salut du lépreux. Les *Congés* de Jean Bodel », art. cité.

58 I. Nuh, « Performances théâtrales et formes littéraires dans les *Miracles de Nostre Dame par personnages* », art. cité.

urbains : influence sociale, lorsque la production littéraire se fait la médiatrice des intérêts des milieux citadins ; influence intellectuelle, lorsqu'elle exprime un intérêt pour la poésie scolaire ou la jurisprudence ; influence religieuse et morale, lorsqu'elle reflète une mentalité. L'union entre ces trois types d'influence qu'il est difficile de séparer les unes des autres est plus particulièrement analysée dans la première rédaction des *Vie des pères* par Claire Donnat-Aracil, et dans le *Mesnagier de Paris* par Karin Ueltschi[59] dont les études respectives signalent le poids exercé communément par la culture sociale, la religion et la morale sur les œuvres de leurs corpus.

Suivant un mouvement inverse, la production littéraire peut aussi contribuer à changer les usages. La ville est un espace où, à la fin du Moyen Âge, les populations urbaines se rapprochent et s'observent, comme le montre Dominique Demartini, pour qui les œuvres de Christine de Pizan sont marquées par le phénomène naissant de la mode qui participerait à l'effacement des frontières entre les différentes couches sociales, notamment, entre les dames de cour et les dames de la bourgeoisie aisée[60]. La réflexion qui y est menée démontre qu'une littérature influencée initialement par l'imaginaire urbain entretient des affinités avec une littérature de cour avec laquelle elle se croise parfois. Pour Fabienne Pomel dont l'article creuse le sillage des *Gender studies*, les œuvres de Christine de Pizan appartiennent à la littérature urbaine car le modèle qu'elles utilisent – celui de la *Cité de Dieu* de saint Augustin – contribue à la création de l'« idéal de vie citoyenne en communauté », idéal marqué, selon l'auteure, par une vision féminine[61]. Jonathan Dumont, pour sa part, aborde la littérature bourguignonne par l'analyse du rapport de force entre le prince et ses sujets en lien avec les formes du discours curial[62].

La position de certains auteurs, placés entre la cour et la ville, contribue à cette interaction entre deux imaginaires. Il en est ainsi

---

59 Voir les articles de Claire Donnat-Aracil, « De la courtoisie à la bourgeoisie : la première *Vie des Pères* », art. cité ; et de Karin Ueltschi, « Un livre de la parfaite bourgeoisie : la discrétion comme urbanité (*Le Menagier de Paris*) », p. 199-214.

60 Dominique Demartini, « Christine de Pizan, la reine, les nobles dames et les Parisiennes », p. 283-301.

61 Fabienne Pomel, « L'architecte et l'oiseleur : usages genrés de la ville et métaphore de la cité chez Christine de Pizan », p. 303-324.

62 Jonathan Dumont, « Le prince et l'*ethos* marchand dans la littérature curiale des Anciens Pays-Bas », p. 267-282.

d'Eustache Deschamps ou encore de Jean Molinet, poète absent de notre volume, mais dont l'œuvre tout en étant nettement tournée vers la cour, l'est aussi, dans une certaine mesure, vers la ville. On sait que Jean Molinet, étant au service des ducs de Bourgogne, composa plusieurs poèmes solennels en l'honneur des représentants de la maison ducale, et comme le suggèrent les travaux de Jelle Koopmans, de Marie Bouhaïk-Gironès et de Katell Lavéant, il semble avéré aussi que ces textes comiques et obscènes que sont, par exemple, *Le present d'un cat nonne* et le *Mandement de la froidure* furent destinées à des fêtes organisées précisément dans un cadre urbain[63].

Bien des œuvres de Molinet annoncent d'ailleurs la poésie de la Renaissance, par le mépris avec lequel le poète traite les formes poétiques médiévales, en jouant dans ses virelais et la plupart de ses rondeaux d'une thématique légère et, parfois, ouvertement obscène. Dans le *Dictier de Tournay*, par exemple, où le poète reproche à la ville d'avoir trahi le duc de Bourgogne, il énumère les poèmes composés dans son puy, en désignant les chants royaux et les virelais en dialecte picard pour en souligner le caractère provincial, et en mentionnant avec dédain leurs créateurs, tous artisans de la ville, peintres, savetiers, maçons auxquels sont associés les curateurs :

> Tes cantz reaulx, tes vielaix et dictiers / Tes jeux de farse et tes brocars couvertz / Qu'en ton pourpris plaqueurs et chavetiers, / Maugrieux garchons, machons et curatiers / Ont proféré par ricmes et par vers / Du franc lion qui est pasture aux vers / Feront, espoir, ton bruit pericliter[64].

---

63 Jelle Koopmans, « *Le present d'un cat nonne* ou un texte ludique », *Jean Molinet et son temps. Actes des rencontres internationales de Dunkerque, Lille et Gand (8-10 novembre 2007)*, Jean Devaux, Estelle Doudet, Élodie Lecuppre-Desjardins dir., Turnhout, Brepols, 2013, p. 59-66 ; Marie Bouhaïk-Gironès et Katell Lavéant « Le Mandement de froidure de Jean Molinet : la culture joyeuse, un pont entre la cour de Bourgogne et les milieux urbains », dans *ibid.*, p. 67-82, surtout p. 74.

64 Jean Molinet, *Les faictz et dictz de Jean Molinet*, éd. Noël Dupire, Paris, SATF, 1936-1939, t. I-III, ici t. I, p. 189. Voir le commentaire de ces vers dans l'article de Claude Thiry, « "Tournay tournee ou ung fol te tourna" : le regard de Jean Molinet sur Tournai, Gand et Valenciennes », dans *Le verbe, l'image et les représentations de la société urbaine au Moyen Âge. Actes du colloque international tenu à la Marche-en-Famenne du 24 au 27 octobre 2001*, Marc Boone, Élodie Lecuppre-Desjardin, Jean-Pierre Sosson dir., Antwerp, Garant, 2002, p. 29-54. Pour le jugement de Molinet sur les rondeaux et d'autres formes de la poésie médiévale, voir Ludmilla Evdokimova, *L'Échelle des styles. Le haut et le bas dans la poésie française à la fin du Moyen Âge*, Paris, Classiques Garnier, 2019, p. 144-145.

Les poèmes de Molinet reflètent aussi sa connaissance de la nouvelle culture humaniste venue d'Italie, transmise, par exemple, par la *Genealogie deorum gentilium* de Boccace[65]. Dans son œuvre, les tendances, y compris celles qui annoncent la littérature de la Renaissance, se mêlent à l'héritage légué pas la tradition, comme dans le poème *Donet baillé au roys Loys Douzieme*, exposé ironique de la grammaire de Donat, lié à la poésie scolaire, mais pourtant dédié au roi. Les pièces du théâtre attestent, elles aussi, que, durant la même période, dans la ville médiévale tardive, les divers groupes sociaux se côtoient et que des traditions littéraires différentes se croisent. La ville étant, selon les termes d'E. Doudet, « le réseau des communautés », elles semblent bien, elles aussi, se situer au croisement de ces réseaux, quand, représentées par des écoliers, elles s'adressent au large public des nobles et des bourgeois pour les inviter à « venir à l'école[66] ». Au tournant des XVe-XVIe siècles, la littérature urbaine en tant que phénomène social et, dans une certaine mesure, littéraire semble donc être en passe de perdre l'autonomie qu'elle avait auparavant. À moins qu'il ne faille parler d'une étape plus avancée de l'évolution de la littérature urbaine, quand les auteurs, issus des milieux citadins, visent un public varié et qu'ils mêlent dans leurs œuvres différentes traditions, tout en restant marqués par l'influence sociale, intellectuelle, religieuse ou morale de la ville et de ses habitants.

Enfin, dans certains textes, la littérature urbaine annonce même ce qu'on pourrait appeler les tout débuts de l'humanisme par quoi sont influencés l'anonyme d'*Artus de Bretagne*, roman écrit à la limite des XIIIe et XIVe siècles qu'étudie Christine Ferlampin-Acher, et un auteur comme Guillaume Flamang qui composa la *Passion de saint Didier* analysée par Catherine Vincent[67].

L'ensemble des Actes rassemblés dans ce volume prouve que, loin de se réduire aux cadres étroits de certains genres, comme le dit, le théâtre et la nouvelle, qualifiés aisément d'« urbains » par la critique, et loin de n'être que le miroir de la ville dont elle offrirait un reflet précis,

65 Françoise Joukovsky-Micha, « La mythologie dans les poèmes de Jean Molinet », *Romance Philology*, t. 21, 1967-1968, p. 286-302.

66 Voir l'article d'E. Doudet, « Le théâtre, art des villes », art. cité.

67 C. Vincent, « Y a-t-il un "théâtre hagiographique urbain" à la fin du Moyen Âge ? », art. cité ; Ch. Ferlampin-Acher, « *Artus de Bretagne* et la ville », art. cité.

la littérature urbaine s'origine d'une tradition antérieure et, dans le même temps, touche à ce qui lui est le plus contemporain. Par là, elle est porteuse d'une poétique et de données culturelles et sociales que la Renaissance ne manquera pas d'exploiter et de réaliser.

Ludmilla EVDOKIMOVA
Institut de littérature mondiale,
Université orthodoxe Saint-Tikhon
(Moscou)

Françoise LAURENT
Université Clermont Auvergne
– CELIS

PREMIÈRE PARTIE

MILIEU URBAIN ET GENRES LITTÉRAIRES

LE THÉÂTRE, ART DES VILLES

Du récit des évolutions à l'exploration numérique des espaces

> Il y a aujourd'hui trois cent quarante-huit ans six mois et dix-neuf jours que les Parisiens s'éveillèrent au bruit de toutes les cloches sonnant à grande volée dans la triple enceinte de la Cité, de l'Université et de la Ville[1].

Dès les premières lignes, *Notre-Dame de Paris* plonge son lectorat dans un Moyen Âge éloigné par l'écoulement du temps mais rendu familier par sa culture urbaine. La ville médiévale est évoquée à travers les manifestations théâtrales auxquelles se presse la « foule des bourgeois et des bourgeoises[2] ». L'un des spectacles, joué au Palais de Justice, est un drame didactique célébrant l'actualité politique. Mais la pièce de Gringoire ennuie tant les invités venus des cités des Flandres que ces derniers rejoignent dans les rues la foule qui applaudit aux grimaces de Quasimodo.

Paru en 1831, le roman est contemporain d'un paradigme interprétatif qui s'est développé entre 1800 et 1950, liant la floraison du théâtre à l'expansion urbaine du XIIIe au XVIe siècle. Dans cette perspective, la ville a été vue comme le creuset d'un théâtre vivant qui se serait différencié de l'idéalisme et de l'artificialité des performances de cour par sa dimension participative et festive[3]. Au XIXe siècle, les écrivains français n'ont pas été les seuls à penser de la sorte. Dans *Geschichte der romantischen Literatur*, August Wilhelm Schlegel a également fait appel au théâtre pour illustrer l'évolution qu'il voyait entre la « *ritterliche Literatur* », propre à la culture chevaleresque des temps féodaux, et

1 Victor Hugo, *Notre-Dame de Paris* [1831], *Romans*, éd. Jacques Seebacher, Paris, Gallimard, 1975, p. 9-10.

2 *Ibid.*

3 Dans *Notre-Dame de Paris*, le cardinal de Bourbon se tient à distance de la « rustique cohue » du public roturier (p. 29). Flatterie adressée aux puissants, la moralité de Gringoire figure quant à elle la tragédie classique, alors cible des attaques des dramaturges romantiques.

une « *bürgerliche Literatur* » annonciatrice de la modernité grâce à son réalisme, sa valeur éducative et sa piété[4].

Cette commune approche de l'histoire du théâtre a toutefois été marquée de chaque côté du Rhin par des divergences. Trois d'entre elles affleurent dans l'ouverture de *Notre-Dame de Paris.* La première touche à la sociologie supposée du théâtre urbain médiéval. La fiction d'Hugo insiste sur l'union des bourgmestres flamands et du petit peuple parisien, qui, d'un même mouvement, s'échappent de la salle où est jouée la pièce en l'honneur de la monarchie. De fait, du XIXe à la fin du XXe siècle, le théâtre en moyen français a été généralement fantasmé comme un art à la fois « bourgeois » et « populaire », marginalisant noblesse et clergé. Sous l'influence successive de Schlegel et de Marx, l'historiographie allemande a davantage questionné l'adjectif « *bürgerlich* » pour en définir les contours. Une autre différence tient à l'équivalence symbolique établie après la Révolution française entre culture urbaine et culture laïque. Alors que les historiens allemands ont vu dans la spiritualité un trait essentiel des « *städischen Literaturen* » avant comme après la Réforme[5], les spécialistes hexagonaux ont eu tendance à minimiser la religiosité de nombreuses manifestations urbaines, telles que la « fête des fous » et les « mystères » évoqués dans le roman hugolien, au profit de leur caractère festif. Un troisième écart apparaît dans la valeur didactique prêtée au théâtre des villes. Cette caractéristique a longtemps été jugée définitoire de la littérature urbaine par les médiévistes germanophones, héritage probable d'une culture réformée qui a fortement valorisé le rôle social de l'éducation. En revanche, la recherche francophone est demeurée plus réservée à l'égard des spectacles didactiques et allégoriques comme celui que figure la pièce de Gringore[6].

S'appuyant sur ces points de tension, la présente étude cherchera à comprendre comment l'écheveau notionnel noué en France et en Allemagne, au fil des XIXe et XXe siècles, autour de l'idée du « théâtre, art des villes » se trouve aujourd'hui déplacé et, dans une certaine mesure,

4 August Wilhelm Schlegel, *Vorlesungen über schöne Litteratur und Kunst. Dritter Teil (1803-1804), Geschichte der romantischen Litteratur,* Heilbronn, Henninger, 1884, t. II « https://digi.ub.uni-heidelberg.de/diglit/schlegel1884bd3/0001 » (consulté le 24/4/2022).

5 Friedrich Ranke, "Von der Ritterlichen zur Bürgerlichen Dichtung (1230-1430)", *Annalen der Deutschen Literatur,* Hanz Otto Burger éd., Stuttgart, J. B. Metzler, 1952, « https://doi.org/10.1007/978-3-476-99181-2_4 » (consulté le 24/4/2022).

6 Estelle Doudet, *Moralités et jeux moraux, le théâtre allégorique en français (*XVe-XVIe *siècle),* Paris, Classiques Garnier, 2018, p. 11-18 et 215-240.

remplacé par d'autres approches et d'autres technologies. Pour ce faire, je proposerai d'abord une enquête comparative sur les usages des notions de *städtische Literatur* et de littérature urbaine appliquées au théâtre dans les études critiques en français et en allemand depuis les années 1980. Une fois mise au jour l'inflexion de l'ancien récit évolutionniste vers une nouvelle pensée des espaces du théâtre et de la ville, j'esquisserai dans un second temps une étude de cas sur le théâtre didactique – restreint ici au théâtre éducatif – afin de montrer comment l'approche épistémologique du théâtre en tant que littérature urbaine est actuellement renouvelée par l'apport de technologies telles que la cartographie numérique des sources et l'expérimentation en réalité virtuelle d'espaces scéniques urbains.

LE THÉÂTRE, ART DES VILLES
Héritages et réinventions d'un paradigme interprétatif en France et en Allemagne (1980-2020)

LE THÉÂTRE, LITTÉRATURE URBAINE : UN CONSENSUS ?

Le théâtre et la cité; *City and Spectacle in Medieval Europe*; *Performance, Drama, Spectacle and the Medieval City*[7] : les intitulés des ouvrages publiés par des collectifs scientifiques internationaux depuis plusieurs décennies ont contribué à rendre consubstantiels le théâtre et la ville. Sur ce point, quelle que soit la langue d'étude, le consensus historiographique semble entier : depuis ses origines antiques et médiévales, le théâtre européen serait la ville autant que la ville le théâtre[8], « le théâtre et la ville sont liés par un rapport de récurrence, d'inclusion réciproque et d'institution mutuelle[9] ». Pour convaincant qu'il soit, ce consensus ne laisse pas de

7 *Le théâtre et la cité dans l'Europe médiévale*, Jean-Claude Aubailly et Edelgard DuBruck dir., *Fifteenth-Century Studies*, t. 13, 1988 ; *City and Spectacle in Medieval Europe*, Barbara A. Hanawalt et Kathryn L. Reyerson dir., Minneapolis, University of Minnesota Press, 1994 (Medieval Studies at Minnesota) ; *Performance, Drama, Spectacle and the Medieval City*, Adrian P. Tudor, Mario Longtin et Catherine Emerson dir., Louvain, Peeters, 2010.

8 Je reprends un titre de Christian Biet, « Le théâtre *et* la ville, le théâtre *est* la ville », dans *La Ville en scène en France et en Europe (1552-1709)*, Berne, Peter Lang, 2011, p. 11-30.

9 Goulven Oiry, *La comédie française et la ville (1550-1650). L'Iliade parodique*, Paris, Garnier, 2015, p. 29.

poser question. La localisation habituelle des spectacles dans les villes implique-t-elle que le théâtre serait porteur de valeurs sociales et de systèmes de représentations typiquement urbains ? Plus largement, la désignation du théâtre comme une littérature urbaine médiévale ne renforce-t-elle pas un cadre de pensée qui masque des réalités plus complexes ?

Ces questions sont liées au tournant épistémologique pris depuis la fin du XXe siècle par les spécialistes des productions théâtrales des XIIIe-XVIe siècles. De nouveaux points de vue remettent en question les notions-clefs dont j'ai cité quelques exemples en introduction. Deux cas de restructuration notionnelle seront plus précisément évoqués ici : le premier, important surtout pour l'historiographie française, revient sur le rapport des villes, du théâtre populaire et de la laïcité. Le second, lancé en Allemagne dans les années 1980, redéploie l'idée de « théâtre bourgeois » au prisme des réflexions habermassiennes sur la « *bürgerliche Öffentlichkeit* ». À travers ces deux cas, il s'agira de montrer comment l'ancien récit évolutionniste du « théâtre, art des villes » s'est effacé pour laisser actuellement place à une approche spatialisante.

DE L'ÉGLISE À LA VILLE : LE RÉCIT FRANÇAIS DE LA LAÏCISATION POPULAIRE

La tradition historiographique française sur le théâtre médiéval se distingue de la tradition allemande par la place centrale qu'y a longtemps tenu le processus de laïcisation, entendu comme un double phénomène d'urbanisation et de modernisation. Alors que le couple notionnel « *ritterlich/bürgerlich* », commenté de Friedrich Ranke à Erich Köhler, a fait de la dévotion un élément-clef de la morale pratique des urbains – et plus tard de l'esprit protestant du capitalisme selon Max Weber –, c'est l'opposition ecclésiastique/laïc qui a été choisie en France comme moteur d'une interprétation évolutionniste restée usuelle jusqu'aux années 1990.

Ce récit historiographique a trouvé dans le théâtre en ancien français son terrain d'élection en s'appuyant sur les sources conservées. Au *Jeu d'Adam*, unique exemple de la production spectaculaire en français au XIIe siècle, peut-être conçu pour un public clérical[10], succèdent en effet les quatre jeux arrageois et la pièce de Rutebeuf produits en ville, ou plutôt dans une ville, la métropole financière et marchande qu'a été Arras au

10 *Le Jeu d'Adam*, éd. Véronique Dominguez, Paris, Champion, 2012 (Champion Classiques), p. 46-64.

XIIIe siècle. Dès lors, il a paru licite d'affirmer qu'on « voit apparaître un nouveau théâtre, un théâtre de la ville, un théâtre urbain qui a bel et bien quitté l'église[11] ». Encore fallait-il penser la succession aléatoire des pièces retrouvées – moins d'une dizaine de textes dramatiques ont survécu pour l'ensemble des langues vernaculaires d'Europe avant 1300 – comme une progression étroitement connectée à l'urbanisation, entraînant une précoce rupture spatiale, sociale et thématique des arts du spectacle avec « l'église[12] ». C'est sur cette hypothèse fragile qu'a été construite la téléologie de l'histoire du théâtre français, fruit de l'idéal républicain de la laïcité bourgeoise.

L'érosion de ce cadre idéologique depuis une quinzaine d'années permet désormais de mieux détecter les zones d'ombre créées par l'image du « théâtre, art des villes » dans les études françaises. Outre la marginalisation des sources attestant de l'importance des activités théâtrales dans les couvents et dans les églises jusqu'au XVIe siècle et après, a été minimisé le rôle crucial joué par les cours aristocratiques dans la promotion des compagnies théâtrales. C'est pourtant dans les comptes de la cour royale française que sont mentionnés, à la fin du XIVe siècle, des « joueurs de farces » que nous appellerions aujourd'hui des comédiens professionnels. C'est dans ceux de la principauté de Bourgogne qu'au début du XVe siècle sont désignés des farceurs ducaux, acteurs et dramaturges rémunérés régulièrement par la cour. C'est enfin dans l'entourage des princes qu'ont gravité la plupart des célébrités de la scène au début du XVIe siècle, de Pierre Gringore à Jean de Pontalais[13]. Il apparaît aujourd'hui combien l'invisibilisation du théâtre de cour, animé par des artistes de métier, a renforcé en retour la vision popularisante des théâtres de ville, qui ont été envisagés essentiellement sous l'angle de l'amateurisme des acteurs, de l'esthétique bigarrée des grands spectacles et du caractère participatif des performances. Dans une perspective rousseauiste caractéristique de la culture post-révolutionnaire et prégnante jusqu'au milieu du XXe siècle[14], la fête médiévale des citadins a été substituée au théâtre moderne des comédiens, faussant les réalités plus complexes que documentent les archives des XIVe-XVIe siècles.

---

11 Charles Mazouer, *Le Théâtre au Moyen Âge*, Paris, SEDES, 1998, p. 89.

12 Marie Bouhaïk-Gironès, « Le théâtre de l'Église (XIIe-XVIe siècles) » et Jelle Koopmans, « Le théâtre dans l'église : mythes et réalités », dans *Le théâtre de l'Église (XIIe-XVIe siècles)*, Paris, LAMOP, 2011, en ligne.

13 Jelle Koopmans, « Les parties du discours ou les mots pour le dire », dans *Vers une poétique du discours dramatique médiéval*, Xavier Leroux éd., Paris, Champion, 2011, p. 289-323.

14 Mona Ozouf, *La Fête révolutionnaire (1789-1799)*, Paris, Gallimard, 1976.

BÜRGERSPIEL.
LE RÉCIT ALLEMAND DE LA MODERNITÉ BOURGEOISE

Qu'il s'agisse d'étudier les jeux arrageois ou les *Fastnachspiele* de Nuremberg, l'émergence de diverses formes de « *urbane Theaterspiel* » a également été mise en rapport avec l'éveil d'une « *bürgerliche Weltsanchauung* » propre à la « culture communale ». Cette approche sociologique est déjà présente chez Louis Petit de Julleville, fondateur de l'histoire universitaire du théâtre en France dans les années 1880, aussi bien qu'en Allemagne un siècle plus tard :

> Ce grand mouvement communal, [...] cette révolution qui pourrait s'appeler l'organisation de la bourgeoisie.
> *War das urbane Theaterspiel der "burgerspil"*[15].

Les décennies 1980 et 1990 marquent à cet égard un tournant que les médiévistes allemands ont été les premiers à prendre. Les perspectives parfois différentes développées dans les travaux publiés en RFA et les recherches menées en RDA, puis le bouleversement intellectuel lié à la réunification les ont amenés à questionner les enjeux des approches marxiste et non-marxiste pour la culture médiévale. En témoigne, par exemple, l'enquête importante de Kurt Ruh sur la catégorie de « *bürgerliche Literatur* » et sur ses usages pour l'étude de la poésie et du théâtre allemand des XIIIe-XVIe siècles[16]. Dans le même temps, l'opposition de la culture chevaleresque associée à la cour (« *ritterlich-höfisch* ») et de la nouvelle vision du monde que refléterait le théâtre des villes précapitalistes comme Arras, Berne ou Nuremberg a elle aussi été repensée sous l'influence de la pensée habermassienne exposée dans *Strukturwandel der Öffentlichkeit*[17]. Certes, le récit par lequel qu'Habermas tentait d'expliquer le développement historique de l'espace public restait

15 Louis Petit de Julleville, *Les Comédiens en France*, Paris, 1885, p. 43 ; Erich Kleinschmidt, « Literatur und städtische Gemeinschaft. Aspekte einer literarischen Stadtkultur in der Frühen Neuzeit », dans *Literatur in der Stadt, Bedingungen und Beispiele städtischer Literatur des 15. bis 17. Jahrhunderts*, Horst Brunner dir., Göppingen, Kümmerle Verlag, 1982, p. 73-93. Le terme "Burgerspil" est tiré du chroniqueur bâlois Johann Gast en 1545, cité p. 82.

16 Kurt Ruh, « Versuch einer Begriffsbestimmung von "städtischer Literatur" im deutschen Spätmittelalter », dans *Über Bürger, Stadt und städtischer Literatur. Bericht über Kolloquien der Kommission zur Erforschung der Kultur des Spätmittelalters 1975-1977*, Joseph Fleckenstein und Karl Stackmann dir., Göttingen, Vandenhoeck und Ruprecht, 1980, S. 311-328.

17 Jürgen Habermas, *Strukturwandel der Öffentlichkeit. Untersuchungen zu einer Kategorie der bürgerliche Gesellschaft*, Neuwied am Rhein / Berlin, Luchterhand, 1962. Nicolas Offenstadt, « Le Moyen Âge de Jürgen Habermas. Enquête sur une réception allemande », dans

fortement téléologique, allant jusqu'à exclure le Moyen Âge « féodal » de l'ère de la représentativité bourgeoise qui s'imposerait aux XVIIIe et XIXe siècles, avant la reféodalisation (*Refeudaliesierung*) des sociétés de consommation à la fin du XXe siècle. Ces biais ont toutefois eu pour avantage d'inciter les spécialistes de littérature allemande à opérer une déterritorialisation de la notion d'*Öffentlichkeit* vers l'époque de la Réforme puis vers le XVe siècle[18]. Sous leur impulsion, la ville prémoderne a cessé d'être vue comme le creuset d'une mentalité bourgeoise que refléteraient les chroniques urbaines et le théâtre, et a été repensée comme un lieu d'interaction entre divers groupes socio-culturels tantôt alliés, tantôt concurrents.

UNE SCÈNE PARTAGÉE. DU RÉCIT ÉVOLUTIONNISTE À LA SPATIALISATION DES ENQUÊTES

De ce nouveau paradigme a découlé, entre 1990 et 2010, un changement général des méthodes de travail sur les spectacles européens des XIIIe-XVIe siècles. Si l'on prend l'exemple des jeux arrageois en ancien français, la transformation des points de vue est frappante entre l'étude de Marie Ungureanu en 1955, fondée sur l'opposition traditionnelle d'une *ritterliche Literatur* idéalisante s'effaçant devant une *bürgerliche Literatur* réaliste et satirique[19], et sa critique par Ursula Peters, qui, s'appuyant sur la pensée d'Habermas, écarte en 1983 le grand récit de la modernisation au profit d'une analyse de l'action spécifique des confréries[20]. Un nouveau pas est franchi par l'étude de Carol Symes en 2007, qui abandonne l'ancienne hypothèse d'une séparation entre les productions culturelles « bourgeoises », « populaires » et « aristocratiques » pour postuler « une scène commune », un espace public urbain construit par les interactions de communautés socialement diverses[21].

L'Espace public au Moyen Âge. Débats autour de Jürgen Habermas, Patrick Boucheron et Nicolas Offenstadt dir., Paris, PUF, 2011, p. 77-96.

18 Voir les travaux de Bernd Thum, Hedda Ragotzky et Horst Wenzel dans *Höfische Repräsentation. Das Zeremoniell und die Zeichen*, Tübingen, Niemeyer, 1990.

19 Marie Ungureanu, *La Bourgeoisie naissance, société et littérature bourgeoise à Arras aux XIIe-XIIIe siècles*, préface de M. Lucien Febvre, Arras, Imprimerie centrale de l'Artois, 1955 (Commission des Monuments historiques du Pas-de-Calais).

20 Ursula Peters, *Literatur in der Stadt, Studien zu den sozialen Voraussetzungen und kulturellen Organisationsformen städtischer Literatur im 13. und 14. Jahrhundert*, Tübingen, M. Niemeyer Verlag, 1983, p. 63-96; le livre d'Habermas est cité p. 79.

21 Carol Symes, *A Common Stage, Theater and Public Life in Medieval Arras*, Cornell University Press, 2007.

Ce tournant conceptuel a également eu un fort impact sur les pratiques concrètes de la recherche. Pour comprendre un théâtre qui n'est plus défini comme « de la ville » mais « dans les villes[22] », les analystes du début du XXIe siècle sollicitent les archives d'une manière qui se veut différente de la lecture folkloriste des érudits du XIXe siècle. Sous l'influence du *materialist turn* et du *global turn* des sciences humaines, ils traitent à parts égales le matériel documentaire – comptabilités municipales, règlements des associations, témoignages de spectateurs, textes dramatiques – afin de saisir le phénomène théâtral dans toutes ses dimensions. Au tournant des décennies 2010-2020 s'est clairement affirmé le désir de réunir l'histoire urbaine et l'histoire des spectacles en une histoire socio-culturelle des villes[23].

Florissant à l'époque de *Notre-Dame de Paris*, le récit évolutionniste du « théâtre, art des villes » paraît désormais s'effacer. Avec lui disparaît une bonne part de la dynamique progressiste qui avait attribué aux arts dramatiques « des villes du Moyen Âge » le rôle ambivalent d'une origine primitive. La narration évolutionniste a laissé place à une pensée des espaces[24], renforcée en français par la traduction de l'*Öffentlichkeit* par l'image de « l'espace public[25] ». Étendant ses études du XIVe au XVIIe siècle, la nouvelle génération de la recherche francophone aborde les scènes et les villes à la fois en tant que lieux concrets de performances et en tant qu'espaces symboliques de visibilité. Sont analysés ensemble l'esthétique des fictions divertissantes, satiriques et édifiantes, le *self-fashioning* des groupes culturels qui y ont participé, et la communication de messages variés par le théâtre, de la célébration au débat public. Sollicitant un autre usage des sources, cette approche invite aussi à intégrer des technologies numériques permettant de réfléchir, par le biais du sensible, aux relations entre l'art théâtral et l'espace urbain.

22 Matthieu Bonicel et Katell Lavéant, « Le théâtre dans la ville : pour une histoire sociale des représentations dramatiques », *Médiévales*, n° 59, 2010, p. 91-105.

23 Quelques exemples récents hors études médiévales : Jean-Claude Yon, « Le théâtre et la ville au XIXe siècle, quelques réflexions sur le cas parisien », dans *Théâtre et ville, espaces partagés*, Florence Fix dir., Dijon, 2018, p. 119-129 ; Goulven Oiry, *La comédie française*, *op. cit.*, p. 211 ; Olivier Spina, *Une ville en scène, pouvoirs et spectacles à Londres sous les Tudors (1525-1603)*, Paris, Garnier, 2013, p. 31.

24 Sur ce *spatial turn*, voir Barney Warf et Santa Arias dir., *The Spatial Turn. Interdisciplinary perspectives*, Londres and New York, Routledge, 2009.

25 Patrick Boucheron, « Espace public et lieux publics : approche en histoire urbaine », *L'Espace public*, *op. cit.*, p. 99-118.

THÉÂTRE DIDACTIQUE, ESPACES URBAINS ET TECHNOLOGIES NUMÉRIQUES
Une étude de cas

Afin donner une idée de ces nouvelles pratiques de recherche, j'esquisserai ici une brève étude de cas nourrie de mes travaux en cours à l'Université de Lausanne[26]. Son objet est le théâtre didactique, et plus précisément scolaire, joué aux XVᵉ et XVIᵉ siècles dans les villes d'expression française, en particulier dans les régions actuelles de la Confédération helvétique. Ces dernières illustrent le cas intéressant d'un territoire plurilingue riche à cette époque d'importants foyers théâtraux régionaux (Genève, Berne, Lucerne, etc.) ; d'autre part, les traditions historiographiques modernes y sont à la fois germanophones et francophones, ce qui permet à nouveau de comparer différents usages de la notion de « littérature urbaine » pour définir le théâtre citadin entre 1450 et 1550.

THÉÂTRES SCOLAIRES, THÉÂTRES URBAINS, DE L'INVISIBLE À LA CARTOGRAPHIE

Dans l'historiographie allemande, le « *didaktisches Theater* » est un composant central des « *städtischen Literaturen* », notamment aux XVᵉ et XVIᵉ siècles. Le tournant épistémologique des années 1980 et 1990 n'a nullement affaibli la vitalité de la recherche dans ce domaine, et les études sont toujours nombreuses sur les spectacles scolaires en tant que miroirs de la *Stadtgemeinde*[27] et sur l'apport des enseignants à la vie théâtrale des cités germanophones du XIVᵉ siècle à la Réforme[28]. Rien de tel en revanche dans l'historiographie française. Le théâtre « didactique » sous ses différentes formes – drames allégoriques visant à persuader et à

26 Ces travaux s'inscrivent dans un programme qui lie le projet de recherche *Médialittérature. Poétiques et pratiques de la communication publique en français (XVᵉ-XVIᵉ s.)*, Fonds national suisse, 2020-2024, « https://medialitt.hypotheses.org » (consulté le 24/4/2022) à la formation dans l'*Atelier de recherche créative en histoire des arts du spectacle*, lauréat du Fonds d'Innovation pédagogique de l'UNIL en 2020, « https://wp.unil.ch/archas/ » (consulté le 24/4/2022).

27 E. Kleinschmidt, « Literatur und städtische Gemeinschaft », art. cité.

28 U. Peters, *Literatur in der Stadt*, *op. cit.*, p. 264-290.

édifier le public, jeux par des élèves dans et hors de leurs établissements, spectacles estudiantins satiriques investissant les cités – y est resté peu visible jusqu'à une date récente[29].

Parmi les obstacles conceptuels pouvant expliquer ce manque d'intérêt, le paradigme popularisant a sans doute joué un rôle non négligeable. La même décennie 1830 où *Notre-Dame de Paris* ridiculisait le drame allégorique de Gringoire par le rire de la fête des fous, Jules Michelet appelait, dans ses cours au Collège de France, à réinventer le théâtre « vraiment populaire » sur le modèle des mystères, « où parfois la moitié d'une ville s'amusait à amuser l'autre », y voyant la forme par excellence de « l'éducation nationale[30] ». L'évaluation de la place réelle du théâtre éducatif dans les cultures urbaines des XVe et XVIe siècles ne pouvait qu'en être minimisée ; elle s'accommodait bien mieux de la vision élitaire associée au théâtre renaissant puis classique. Aussi la naissance dans les collèges de genres comme la tragédie et la comédie en français dans les années 1550 continue-t-elle à être présentée aujourd'hui comme un moment-clef de l'histoire du théâtre français, alors que l'apparition, dans ces mêmes collèges, de nouveaux genres comme la moralité et la sottie dans les années 1420 n'est jamais commentée comme telle. J'ai pourtant la conviction que l'approche spatialisante liée aux problématiques de l'espace public ainsi que les nouvelles recherches en cours sur les archives urbaines rendront à court terme leur visibilité aux spectacles éducatifs dans la culture théâtrale en moyen français. Les bases de données permettant la géolocalisation des sources la concrétisent déjà sur nos écrans[31].

29 Une réévaluation des théâtres didactiques est en cours grâce aux travaux de Jelle Koopmans sur les étudiants (par exemple, « Polémiques universitaires sur la scène », dans *Le Théâtre polémique français (1450-1550)*, Marie Bouhaïk-Gironès, Jelle Koopmans et Katell Lavéant dir., Rennes, PUR, 2008, p. 77-87) ; de Katell Lavéant sur les petites écoles (par exemple « Le théâtre dans la formation oratoire des écoliers au XVIe siècle », *Revue de synthèse*, t. 133, 6e série, n° 2, 2012, p. 235-250), et de Mathieu Ferrand, spécialiste du théâtre de collège en latin et en français (par exemple *Le Théâtre des collèges parisiens au début du XVIe siècle*, Genève, Droz, 2021). Pour une histoire longue des théâtres scolaires du XIVe au XVIIIe siècle, voir l'ouvrage collectif de Marie Demeilliez, Estelle Doudet, Mathieu Ferrand et Éric Syssau, *Le Théâtre au collège*, *European Drama and Performance Studies*, n° 11, 2018, not. Estelle Doudet, « Introduction », p. 11-25.

30 Jules Michelet, *L'Étudiant*, Paris, Calmann Lévy, 1877, p. 257-258 [cours au Collège de France, 1838-1848].

31 Voir par exemple l'outil *MAPerformance* réalisé par Simon Gabay, « https://github.com/MAPerformance » (consulté le 24/4/2022).

La familiarisation des chercheuses et chercheurs avec les bases relationnelles, désormais fondées sur des standards interopérables comme le DublinCore, a eu pour corollaire de relancer la collecte et l'analyse des mentions de représentations dans la documentation urbaine, qui avait connu un temps de latence chez les médiévistes français au cours du XXe siècle[32]. L'outil d'archivage numérique a ici clairement interagi avec la pratique de recherche. Ce type de technologie peut-il également contribuer à développer le nouveau cadre épistémologique des études européennes sur « le théâtre, art des villes » ? Certaines fonctionnalités permettent de le penser. De plus en plus nombreuses sont les bases de données dotées d'outils de *mapping* pointant la présence des anciennes performances théâtrales sur des cartes régionales ou bien visualisant, dans la topographie de telle ou telle ville, les lieux de spectacle à une époque donnée. Utile pour les périodes où les pièces étaient jouées dans des lieux architecturaux précis, ce type de cartographie offre des perspectives de développement inédites pour l'histoire du théâtre occidental avant 1600, lorsque la localisation des performances interagissait avec les différents espaces urbains des cités. Ainsi, les archives de la petite ville d'Yverdon documentent diverses représentations données par les élèves de l'école municipale entre 1440 et 1490[33]. À la lecture de ces mentions dispersées, nous aurions tendance à les placer dans la même catégorie de spectacles urbains. Mais en contextualisant ces données grâce à la visualisation cartographique, il apparaît que ces représentations avaient une portée différente quand elles étaient présentées dans ou autour de la maison du directeur de l'école, par exemple lors des fêtes liées à l'Épiphanie, ou bien en place publique lorsque les écoliers étaient inclus dans la communication politique de la municipalité, à l'instar du spectacle qu'ils jouèrent lors de la fête d'hommage aux soldats alliés venus de Berne offrir une aide militaire à la ville en 1443[34]. Cette riche diversité de pratiques, concrétisées dans la topographie, engage dès lors à affiner les notions de littérature urbaine et de *städtische Literatur* pour ce type de théâtre.

32 Parmi les bases pionnières, on peut citer REED pour le théâtre anglais et CESAR pour le théâtre français. La production théâtrale en ancien et moyen français est documentée via des bases générales, ou spécifiques à des régions comme la base des premiers théâtres en Suisse romande en cours de réalisation par Natalia Wawrzyniak dans le projet *Médialittérature*.

33 Eva Pibiri, *Sous la férule des maîtres. Les écoles d'Yverdon (XIVe-XVIe s.)*, Lausanne, Université de Lausanne, 1998 (Cahiers lausannois d'histoire médiévale, 23), p. 145-151.

34 Archives communales d'Yverdon, BA 5, c. c. 1443, f° 10r.

DES SCÈNES SCOLAIRES AUX PLACES DE VILLES : UNE EXPÉRIENCE VIRTUELLE DES ESPACES

Une autre difficulté d'interprétation posée par les spectacles scolaires des XVe et des XVIe siècles est la relation particulière qu'ils établissaient avec leurs publics. Deux obstacles semblent se dresser : la langue latine était apparemment peu accessible au grand public citadin ; les lieux des représentations ont longtemps été imaginés comme internes aux établissements et donc imperméables à l'extérieur. De nouvelles recherches invitent toutefois à nuancer le premier point[35]. Quant au second, j'essaierai de montrer qu'il peut être réinterrogé grâce à une démarche empirique articulant pratique théâtrale et expérimentation dans des espaces urbains recréés en réalité virtuelle.

La célèbre anecdote du « menu peuple » de Metz molestant en 1502 les jeunes acteurs d'un *Térence* en latin a souvent été citée par les historiens du théâtre français, Louis Petit de Julleville en tête, pour suggérer que le théâtre scolaire et estudiantin relevait alors davantage de la culture cléricale que de la culture urbaine puisque les spectateurs peu lettrés ne pouvaient en comprendre le sens[36]. En réalité, comme l'ont montré les études de Mathieu Ferrand[37], le choix de la langue latine sur les tréteaux ne contrevenait pas à la communication avec des publics citadins. Il s'adaptait au contraire à la grande variété des spectacles produits par le monde éducatif, des petites écoles municipales aux collèges universitaires. Les spectacles réguliers d'écoliers, tantôt en latin tantôt en français, avaient souvent le rôle de preuve, publiquement donnée aux instances dirigeantes et à la population d'une cité, de la bonne maîtrise par les jeunes de compétences rédactionnelles et oratoires, ce qui était l'un des objectifs de la pratique

35 Mathieu Ferrand, *Le théâtre dans les collèges parisiens au début du XVIe siècle*, Genève, Droz, 2021.

36 « Le diemenche penultieme jour de janvier fut commenciez ung jeuz après disney a la court l'Evesque en la basse salle nommey Terance. Et le jouoient plusieurs gens d'eglise et jonnes clersons, tout en latin [...] tellement que quant le menu peuple, qui n'estoit point clerc, ne pouvoit entendre ce que les personnaiges disoient, il se esmeu et se esleva... », continuation par Pierre Aubrion du *Journal* de Jean Aubrion, citée par Louis Petit de Julleville, *Répertoire du théâtre comique en France au Moyen Âge*, Paris, Hachette, 1886, p. 356, note 2. L'historien commente : « L'Antiquité, la première fois qu'elle parut sur les tréteaux, y fut huée du peuple », manière d'opposer la culture urbaine « populaire » du Moyen Âge à la culture élitaire de la Renaissance. En réalité, il est possible que la pièce ait été un spectacle hagiographique sur Térence, évêque de Metz.

37 Mathieu Ferrand, « Le théâtre des collèges, la formation des étudiants et la transmission des savoirs aux XVe et XVIe siècles », *Camenulae*, n° 3, 2009 [en ligne].

théâtrale dans les formations suivant le *modus parisiensis*[38]. Quand il était mis en scène par des étudiants prompts à transformer l'espace public en un lieu de débats, le jeu dramatique en latin ne diminuait nullement l'impact de leur polémique ; il identifiait au contraire les groupes d'acteurs sociaux qui soutenaient les revendications catégorielles de l'université[39].

L'attention renouvelée portée par la recherche francophone à la dramaturgie des théâtres scolaires montre en outre que n'y était pas rare l'adresse, fictive ou réelle, au public urbain. Le monde de la ville apparaît parfois sous les traits d'une personnification allégorique, à l'instar de Lyon campée dans *Lyon Marchant* de Barthélemy Aneau et les élèves du collège lyonnais de la Trinité en 1541[40], ou du Monde, personnification de l'orgueil des puissants dans *Le Chastiement du monde* joué au collège de Navarre à Paris en 1428. Dans cette pièce mêlant fous et allégories, le factotum de l'établissement « crie de rue en rue », appelant nobles et bourgeois à « venir à l'escole[41] » pour y être éduqués par la satire. Ces composants dramaturgiques rejoignent de fait les témoignages des archives sur l'ouverture des institutions éducatives aux observateurs extérieurs, ainsi que sur la propension avérée des écoliers et des étudiants à circuler dans l'espace urbain – « *circuire libere per vilam* » dit l'ordonnance du cardinal d'Estouteville réformant l'université de Paris en 1452 –, au grand dam des instances de contrôle qui redoutaient les débordements liés à leurs spectacles[42].

---

38 Cette forme de validation publique des formations éducatives était fréquente dans les villes européennes. Dans les comptes de la ville de Dinant, près de Namur, en 1560, une gratification a ainsi été donnée « au maistre d'escolle pour ses enffans ayans juweit une moralité en latin, bien aggreable au peuple. » (Estelle Doudet, *Moralités et jeux moraux*, *op. cit.*, p. 532). Sur le *modus parisiensis*, une approche pédagogique répandue à partir du XIVe siècle, Gabriel Codina Mir, *Aux sources de la pédagogie des jésuites, le « modus parisiensis »*, Rome, Institutum Historicum S.I., 1968.

39 En 1508, des étudiants toulousains jouent sur la place de la cathédrale *L'Estrif du Pourveu et de l'Ellectif* ; la pièce est en français car leur attaque réagit à l'intervention du pouvoir royal francophone dans l'élection d'un nouvel évêque. En 1516, d'autres rédigent à Paris le *Dialogus super abolitione Pracmaticae* ; le jeu est en latin afin de dénoncer la fragilisation du pouvoir des clercs, réaffirmé par le biais de la langue savante.

40 Estelle Doudet, « Pédagogie de l'énigme, le *Lyon Marchant* de Barthélemy Aneau (1541) », *Théâtre et pédagogie au XVIe siècle, les jeux scolaires de Barthélemy Aneau*, *Cahiers de recherche médiévales et humanistes*, n° 22, 2011, p. 129-144.

41 *Moralité en foulois du Chastiement du Monde*, éd. Jonathan Beck, *Recueil de moralités d'expression française*, t. II, Paris, Classiques Garnier, 2019, p. 186, v. 155-157.

42 Mathieu Ferrand, « *Et de ne jouer n'en peut venir que bien.* L'interdiction et le contrôle du théâtre universitaire à Paris (1450-1550) », dans *La Permission et la Sanction. Théories légales*

Enclins à imaginer le théâtre scolaire comme une pratique culturelle de l'entre-soi protégée par les murs des institutions, les historiens ont peu interrogé jusqu'ici la diversité des conditions matérielles de ce type de performances, d'autant que les informations, dispersées dans une documentation hétérogène, sont lacunaires et difficiles à synthétiser. En conséquence, et malgré la persistance des réflexions sur le « didactisme » de ces productions, l'impact possible de leurs interactions avec des citadins tantôt invités à l'intérieur tantôt rencontrés à l'extérieur des lieux dédiés au milieu éducatif a été peu pris en compte dans l'interprétation des pièces.

Mieux saisir ces interactions a été l'objectif de l'Atelier de recherche créative sur l'histoire des arts du spectacle à Lausanne en 2020-2021[43]. Cette formation à la recherche par la pratique théâtrale a proposé de remettre en jeu *Abraham sacrifiant* (1550) en confrontant des expérimentations pratiques dans plusieurs types de lieux où la pièce a pu ou aurait pu être représentée. La pièce de Théodore de Bèze illustre bien la tension entre les certitudes construites par l'historiographie théâtrale – il s'agirait d'un tournant entre théâtre « médiéval » et « renaissant » car c'est la première tragédie à porter ce titre en français – et le manque de connaissances sur la relation aux publics auxquelles s'est adressé le spectacle, que l'on imagine avoir été joué soit dans les locaux de l'Académie de Lausanne, soit dans la cathédrale, soit sur une place de la ville[44].

Le processus de recherche, mis en œuvre par des étudiants et les étudiantes en master de l'Université de Lausanne encadrés par des historiens et historiennes et un metteur en scène, a consisté à réfléchir sur ces possibles. Les participants et participantes ont été invités à développer eux-mêmes plusieurs interprétations de la pièce en la travaillant dans les sites historiques conservés aujourd'hui ; dans une salle de l'université actuelle ; et sur des tréteaux au cœur d'une place « médiévale ». Ce

---

et pratiques du théâtre (XIVe-XVIIe siècle), Marie Bouhaïk-Gironès, Jelle Koopmans et Katell Lavéant dir., Paris, Classiques Garnier, 2017, p. 85-109.

43 ARCHAS, lauréat 2020 du Fonds d'Innovation pédagogique de l'UNIL, conception et direction E. Doudet, site : « https://wp.unil.ch/archa » (consulté le 24/4/2022); présentation vidéo : « https://www.youtube.com/watch?v=9Wrx50BRoyQ&t=2s » (consulté le 24/4/2022).

44 Voir les hypothèses anciennes de localisation dans *Abraham sacrifiant*, éd. Keith Cameron, Kathleen Hall et Francis Higman, Genève, Droz, 1967, et les nouveaux apports de l'étude des archives de l'Académie de Lausanne, Karine Crousaz, *L'Académie de Lausanne, entre humanisme et Réforme (ca 1537-1560)*, Leiden, Brill, 2012.

dernier lieu a été concrétisé par un environnement de réalité virtuelle immersive construit, avec son architecture urbaine et son ambiance sonore, à partir de la synthèse de plusieurs dizaines de sources textuelles et iconographiques des XIVe-XVIIe siècles[45].

Afin de respecter l'état lacunaire des archives, la précision des détails (éclairages, texture des matériaux, habits et comportements des personnages virtuels) a été maintenue volontairement à un certain degré de généralité, ce qui a permis, en outre, de rappeler aux participants et aux participantes que la réalité virtuelle ne leur donnait pas dans ce cas accès à une reconstitution archéologique précise, mais plutôt à une évocation historiquement informée. Ce choix de laisser une certaine liberté à l'appropriation imaginaire et sensible de l'espace urbain virtuel est allé de pair avec ma proposition d'un usage interactif de la réalité virtuelle.

ARCHAS détourne en effet les dispositifs centrés sur le spectateur, aujourd'hui usuels dans la recherche et la médiation culturelle – les utilisateurs visitent des sites historiques disparus grâce à des casques HMD –, pour offrir des possibilités plus riches, les personnes qui l'utilisent pouvant tour à tour se promener dans une ville et vivre l'expérience d'un comédien ou d'une comédienne sur une scène. À cet effet, nous avons développé les capacités d'autonomie sans fil des casques en croisant divers types de casques (HTC Vive, Oculus Quest) afin d'assouplir leurs liens à l'ordinateur portable, celui-ci accueillant les logiciels et la plateforme Steam VR qui projettent les espaces immersifs dans les casques. Les participants et participantes ont ainsi pu librement se déplacer et/ou jouer dans le cadre de trois mètres sur trois proposé par la technologie Vive ; le fait que ces dimensions correspondent grossièrement à l'espace autrefois disponible pour un jeu urbain sur tréteau a renforcé leur appropriation du rôle d'acteurs et d'actrices d'un spectacle du passé. Les manettes qui permettent le positionnement dans l'espace peuvent également être intégrées à la pratique théâtrale, aidant les joueurs et les joueuses à prendre conscience de leur *gestus* dramatique et à élaborer des choix d'interprétation susceptibles de faire réagir le public. Assistent en effet à la représentation des spectateurs virtuels dotés de diverses capacités de réaction, telles que mouvements d'approche ou de départ, gestes, rires, huées, dont la durée et l'intensité sont réglées par les metteurs en scène de chaque atelier.

45 Designer : Archéovision.

La notion de « littérature urbaine » est intimement liée aux évolutions de l'historiographie moderne du théâtre car ce dernier a été généralement défini comme un art des villes, fleurissant au même rythme que l'urbanisation européenne des XIIIe-XVIe siècles. La puissance de ce lieu commun est telle qu'elle masque en partie les interprétations différentes que les traditions historiographiques allemandes et françaises ont données au fil des XIXe et XXe siècles d'une constellation d'idées plus ou moins cohérentes. Tout à tour vues comme bourgeoises ou populaires, laïques ou pieuses, festives ou didactiques, les *städtische Literaturen*, et en particulier le théâtre, ont contribué à alimenter un récit évolutionniste faisant du « Moyen Âge » tantôt l'autre, tantôt l'annonce de la modernité. La sortie de cette dynamique évolutionniste au profit d'une approche par les espaces – lieux urbains et *Öffentlichkeit* – a marqué un tournant épistémologique, d'abord en allemand dans les années 1980, puis chez la majorité des médiévistes européens.

La « littérature urbaine » et ses réalités n'en demeurent pas moins malaisées à cerner. Une telle notion suppose d'une part des conceptions de la ville qui sont rarement explicitées – est-elle un lieu cohérent, un ensemble d'institutions, un réseau de communautés ? D'autre part, l'approche par les espaces rend particulièrement sensibles les difficultés à visualiser aujourd'hui ce qu'ont pu être les spectacles urbains d'autrefois. Pour dépasser cet embarras, il peut être utile d'intégrer plus largement aux méthodologies de la médiévistique, déjà pionnière dans le domaine de la philologie numérique, certaines technologies telles que la géolocalisation des données d'archive et l'essai en réalité virtuelle de formes possibles d'interactions entre performeurs et récepteurs[46]. Ce type d'expérimentation est encore trop souvent considéré comme un simple moyen de diffuser la recherche fondamentale vers le grand public curieux. Mais même s'il a une dimension ludique indéniable, cet outil n'est en rien un à-côté de la démarche scientifique. Mon expérience du travail en réalité virtuelle est que celui-ci contribue à la construction

46 Certains programmes de recherche, comme V-Espace, prennent actuellement pour objet la reconstitution en réalité virtuelle des interactions sociales dans les salles et sur les scènes des spectacles urbains au XVIIIe siècle (Jeffrey Leichman et Françoise Rubellin, « White paper NEH Award HAA-255998-17, VESPACE 2018 »). L'état lacunaire de la documentation sur les comportements des spectateurs et sur le jeu des acteurs rend pour l'instant difficile un travail de même ampleur pour les représentations données dans les villes des XIVe-XVIe siècles.

de nouveaux protocoles de production et d'évaluation des savoirs en histoire littéraire. Plus sensibles et plus réflexifs que les approches qui ont jusqu'ici présidé à l'analyse des anciens théâtres urbains, ces usages du numérique participent au développement épistémologique de nos recherches, en mettant à l'épreuve leurs présupposés tacites et en explorant leurs zones d'incertitude.

Estelle DOUDET
Universités de Lausanne
et Grenoble Alpes
Institut universitaire de France

ARTUS DE BRETAGNE ET LA VILLE

L'embourgeoisement du roman arthurien ?

Célébrée dans les romans d'Antiquité, la ville est absente de nombreux romans arthuriens, ancrés dans un imaginaire féodal qui préfère le château et dans un passé qui a effacé, ruiné la ville romaine. Quand par exception la ville est présente, elle est tenue à l'écart, avec deux modèles dessinés par Chrétien de Troyes dans *Le Conte du Graal*, deux villes étapes, la cité *gaste* de Blanchefleur, et la commune qu'affronte Gauvain : la ville se dit en négatif, sur le mode du manque dans le premier cas, par la condamnation dans le second. Au XIIIe siècle cependant, l'essor urbain fait « effet » sur certains romans arthuriens, comme en atteste par exemple le *Roman de Ségurant* où l'espace sauvage tend à s'urbaniser, le bâti et l'art de vivre des villes se retrouvant dans des lieux écartés, tandis que sont mentionnés des marchands (et non des bourgeois)[1]. Parallèlement l'espace de création des romans arthuriens, pour autant qu'on puisse le cerner, est susceptible de suivre les cours, du château isolé à la ville, l'élargissement du lectorat à la bourgeoisie restant marginal. Que l'on considère la présence de la ville dans les textes, les milieux où sont produites ou appréciées les œuvres, les valeurs engagées, le roman arthurien ne semble pas relever d'une littérature urbaine. En revanche, le roman néo-arthurien, produit après les grands cycles en prose du dernier quart du XIIIe siècle, renouvelle, sans constituer un corpus nécessairement identifié par le lectorat comme tel, le chronotope dessiné par Chrétien et élargi par les cycles en prose, et pourrait constituer, à une époque où recule la féodalité, un champ plus prometteur[2] : composé

---

1 Voir dans *Romania* mon compte rendu à paraître de : Emanuele Arioli, *Ségurant ou le chevalier au Dragon* (XIIIe-XIVe *siècles). Étude d'un roman arthurien retrouvé*, Paris, Champion, 2019.

2 Voir *La matière arthurienne tardive en Europe 1270-1530 / Late Arthurian Tradition in Europe*, Christine Ferlampin-Acher dir., Rennes, PUR, 2020, p. 177-430, et Christine Ferlampin-Acher, « *Artus de Bretagne* et ses suites, *Perceforest, Isaïe le Triste, Le Conte du*

postérieurement et adoptant un espace-temps autre, il pourrait s'ouvrir à de nouveaux lieux, dont la ville. *Artus de Bretagne* est un de ces romans (néo-) arthuriens tardifs en prose, composé vers 1300, vraisemblablement par un clerc de l'entourage du duc Jean II de Bretagne, qui raconte comment Arthur, le fils du duc de Bretagne, descendant de Lancelot, épouse, au terme d'aventures variées, Florence, une princesse orientale, avec l'aide de la fée Proserpine et du clerc Estienne[3]. Renouvelant la matière de Bretagne autour d'un chevalier dont les premières amours, au bord de l'étang, avec la jeune Jeannette relèvent du modèle idyllique (rapidement rejeté), produit vraisemblablement en milieu curial, dans une Bretagne où l'essor des villes est tardif et les communes encore inexistantes[4], *Artus de Bretagne*, à première vue, reste peu ouvert sur la ville. Pourtant une lecture plus attentive suggère qu'il propose une représentation de la ville duelle : d'une part, il la tient à l'écart, d'autre part Argençon est édifiée en haut lieu du récit, comme ville idéale. Après avoir analysé ces deux représentations, on proposera quelques pistes interprétatives afin d'évaluer et discuter l'embourgeoisement du personnel romanesque et des valeurs mises en récit.

LA MISE À L'ÉCART DES VILLES

L'enfance bretonne du héros ne donne lieu à aucune évocation de ville ; Nantes se confond avec la cour qui s'y trouve, et Artus rentrant de la forêt, passe directement des bois à la table ducale (§ 15, 1) ; le mariage avec Peronne donne lieu à des fêtes, où la ville n'est que l'extension de la cour festive (§ 15, 44-47). Par la suite Artus va en Orient, des villes sont mentionnées sans être décrites : même Paris ne donne lieu qu'à une mention lapidaire (§ 438, 5) ; les cités orientales ne sont que des noms, et l'onomastique confond souvent villes et contrées (Boesme, Marcidoine).

Papegaut : les romans néo-arthuriens en prose français constituent-ils un corpus ? », dans *Studi sulla Letteratura Cavalleresca in Francia e in Italia (secoli XIII-XVI)*, Margherita Lecco dir., Alessandria, Edizioni dell'Orso, 2017, p. 29-44.

3 Dir. Christine Ferlampin-Acher, Paris, Champion, 2017. Traduction *ead.*, Paris, Champion, 2021.

4 Voir Jean-Pierre Leguay, *Un réseau urbain au Moyen Âge : les villes du duché de Bretagne aux XIVe et XVe siècles*, Paris, Maloine, 1981.

De nombreuses épreuves secondaires ont lieu dans des manoirs isolés. Les aventures principales, féeriques, excluent la ville : la Porte Noire comme Hurtebise sont des places fortes. La Porte Noire et la Blanche Tour, aux désignations génériques, constituent les deux pôles de l'aventure autour de la féerie et de la guerre épique. La Blanche Tour, même si on y trouve des maisons et de « grans salles » (§ 456, 59), des églises et une tour, ne joue que le rôle d'une forteresse (avec un pin à coloration épique § 457, 102), lieu du pouvoir militaire et politique. Sa description, focalisée par le regard de l'assiégeant, souligne la verticalité du lieu, de la profondeur des fossés aux tours dressées, et sa clôture (§ 457, 33-42). Aucune activité autre que guerrière et religieuse (pour enterrer les morts § 459, 450) n'est évoquée : le « grant marchié de chevaus » métaphorise la prise des chevaux sur le champ de bataille (§ 458, 133). Le cor guerrier et non la cloche se fait entendre (§ 457, 61-63). Une fois la paix faite, une fondation de chanoines assurera la mémoire du roi de Morival mort au combat : Artus, devenu roi, se confond avec le roi Arthur, et reproduit un geste fondateur familier à celui-ci, avec peut-être une insistance sur la rente, plus contemporaine (« Si i fist puis li bons roys Artus [...] une eglyse de chanoinnes bien jusques a XL, et leur assit a chascun bien IIC livrees de terre chascun an. » § 460, 54-57) : l'avenir n'est pas à la ville.

Deux épisodes adoptent cependant un cadre plus explicitement urbain, à la Roche et à Chastillon / la Broche, dans des aventures proches des mauvaises coutumes et reprenant les deux modèles urbains du *Conte du Graal*. L'épisode de la Roche où Artus est assiégé par la commune dans une tour est une réécriture de l'aventure de Gauvain à Escavalon et celui de Chastillon, avec son héroine Blancheflor, reprend Beaurepaire. À la Roche, aux hommes du félon duc de Bigorre s'est jointe la « comune de la ville » alertée par le « maire » et la cloche, symbole communal, sans que l'on sache s'il s'agit d'une commune instituée, jurée, ou d'une simple organisation sous tutelle du seigneur (§ 126, 61). Comme à Escavalon, le héros est dans une tour, la cloche sonne (*Conte du Graal*, v. 56), la « comune » est armée de « maces », de « haches » (*Artus* § 126, 63, *CG*, v. 51, v. 59), un « maire » est mentionné (*CG*, v. 22). L'aventure d'Escavalon a, semble-t-il, posé problème au copiste de Chrétien Guiot, qui supprime l'étonnant et burlesque combat de Gauvain armé d'un jeu d'échecs. Cette réticence de Guiot suggère que la commune et la dégradation d'un loisir noble n'étaient guère compatibles avec l'horizon d'attente du roman arthurien, à moins qu'il ait été gêné par Excalibur placée dans les mains de Gauvain (v. 16). L'auteur d'*Artus* n'arme pas son héros d'un jeu d'échecs et au contraire nous le montre jouant à ce jeu dans la tour (§ 131), l'objet signalant le flegme héroïque, mais aussi le détournement de l'épisode d'Escavalon qui n'a peut-être pas surpris que Guiot. Par ailleurs si la commune est bien présente au début du siège, très vite elle disparaît du récit, le neveu du duc ayant réuni des troupes (§ 132) et le texte glissant vers un autre intertexte, la chanson de geste[5] (ce qui conforterait l'idée que l'épisode de la commune chez Chrétien a été reçu comme un écart par rapport à l'horizon d'attente du roman arthurien) : Artus et ses compagnons, détruisant le plancher de la tour, accèdent aux cuisines, dans une scène burlesque rappelant Raynouard aux cuisines. Affamés, ils sont attirés par la fumée odorante,

> Et quant Artus [...] oÿ les keux aus mortiers et demander vins et espices, si dist a Brisebare : « Amis, il fait bon leens ! Cil keu sont moult embesoignié [...] et vraiement je leur vueil aler aidier. » Et quant Gouvernau l'oÿ, si dist qu'il torneroit volentiers la haste. [...] « Or n'i a nient, dist Artus, vraiement je y vueil aler. Si metrai du sel en la poree. – Vous estes bons keus, dist Bauduin. Vous vendréz tripes. » Lors coururent aus haches [...] « Filz a putainz ! Vuidiéz de ceens ! » [...] Si furent tuit esbaihi et demanderent les uns as autres quelz deables l'avoit mis leens. Si s'enfuioient qui miex miex. (§ 129, 30-§ 131, 17)

La scène, mêlant violence physique et verbale, ne manque pas de sel, mais elle coïncide avec le retrait de la commune du récit. Celle-ci n'est plus mentionnée, les troupes que le duc a appelées interviennent et le siège se termine par un épisode merveilleux, qui confirme la disqualification guerrière de la commune : le clerc Estienne déclenche une fumée magique qui met l'ennemi en fuite et fait apparaître des renforts, illusion optique qui sème la panique chez l'adversaire (§ 132-133). De la fumée des cuisines à celle du clerc, du jeu des chevaliers qui s'amusent à être cuisiniers à l'apparition fictive et ludique qui fait un couard du courageux, *Artus* a conservé de l'épisode d'Escavalon la dimension carnavalesque, peut-être appelée par le cadre urbain de l'épisode. L'hypothèse que l'imaginaire urbain de la commune « contaminerait » en quelque sorte les chevaliers qui lui sont confrontés, est cependant douteuse : c'est

5 Voir mon article « La présence des chansons de geste dans *Artus de Bretagne*, entre réminiscence et récriture », dans *Le souffle épique. Mélanges Bernard Guidot*, Muriel Ott dir., Orléans, Paradigme, 2010, p. 407-424.

la parodie épique qui permet de convoquer la cuisine et le bas corporel ; Artus et ses compagnons ont dans bien d'autres occasions hors de la ville de tels débordements qui renvoient à une chevalerie virile, des temps anciens[6]. La commune comme instance intervenant dans le jeu militaire et politique est remplacée par la ville comme lieu d'abondance où l'on mange bien, comme chez Chrétien (les bourgeois d'Escavalon sont gras, les cuisines de la Roche gourmandes) et où l'on peut, provisoirement, changer de rôle social et se divertir. La commune dans *Artus* est donc tenue à l'écart et l'on notera qu'il n'est pas question de bourgeois (*Artus* ne retient pas la critique de Chrétien contre les gras bourgeois qui n'ont pas mangé que du poisson v. 24-25), et que le dénouement pacifique est l'œuvre du clerc, nous y reviendrons.

Plus loin l'épisode de la Broche, sur un autre mode, confirme la mise à l'écart de la commune. Tandis que le héros est en route pour la Porte Noire, l'entrelacement envoie Gouvernau au château de la Broche[7] où vit l'orpheline Blancheflor dont le père a été tué par le monstre Malegrape. Là une aventure qui combine mauvaise coutume et royauté provisoire oblige le chevalier à se battre : s'il vainc il sera seigneur du château auprès de Blancheflor et devra à son tour affronter les passants. Le vaincu « sera menéz a la justice tout a pié pour faire crier : "Vez ci le chevalier vaincu" ». Gouvernau remporte le combat : son adversaire « fu rendus a la justice » « a une cité qui estoit prez d'iluecques » (§ 85). Cet épisode a pour acmé le combat contre le monstre, mais l'espace n'oppose pas simplement civilisation et monde sauvage habité par Malegrepe. Il est triple, juxtaposant la forêt, le château de Blancheflor dont l'accès est commandé par la « coustume », le « treu » (§ 85, 22), et à proximité, Chasteillon, un château, et plus largement une ville où le monstre vient manger un boucher « devant eulz toz » § 114, 16-17) et où les gens « s'enfremoient en leurs maisons et fremoient les huis » (§ 115, 11) : c'est vraisemblablement là qu'est « criée » la justice. L'espace civilisé est double, avec un château et une coutume qui relèvent de la

6 Voir Jane Taylor, « Artus de Bretagne, célébrer le tournoi d'antan », dans *Artus de Bretagne. Du manuscrit à l'imprimé* (XIVe-XIXe s.), Christine Ferlampin-Acher dir., Rennes, PUR, 2015, p. 57-67, et mon article « Des excentriques tournoyants : étude de quelques armes non conventionnelles dans *Artus de Bretagne* », dans *Armes et jeux militaires dans l'imaginaire médiéval*, Catalina Girbea dir., Paris, Garnier, 2016, p. 149-167.

7 Certains copistes ont confondu Broche et Roche : l'onomastique rapproche les deux épisodes.

tradition arthurienne, et une « ville », avec ses métiers, ses maisons, sa foule, ses bâtiments, où l'on commerce et exerce la justice. Le centre de l'aventure est le château de la Broche, comme attendu dans un roman arthurien, mais le tiers lieu, qui dédouble l'espace civilisé, témoigne à la fois du développement des villes, et de leur mise à l'écart dans *Artus* puisque Chastillon ne fusionne pas avec la Broche. La ville est à nouveau associée à la nourriture, non plus des « keux » comme à la Roche, mais d'un boucher ; elle n'est jamais affamée, l'auteur rejette le motif de la *gaste* cité (la Tour Ténébreuse, en revanche, qui n'est pas urbaine, est affamée par le duc de Bigorre).

Imposée, peut-être, par le développement urbain, mais tenue à l'écart, en partie sous la contrainte du modèle arthurien, la ville, et surtout la commune, sont dans ces épisodes des espaces transitoires. À l'inverse, la cité d'Argençon, valorisée, retient durablement l'attention.

ARGENÇON, LES LUMIÈRES DE LA VILLE

Comme la Roche, Argençon est tenue par une orpheline en détresse : le modèle de Beaurepaire associé à Blancheflor est peut-être activé ici par le nom, lui aussi floral, de Marguerite, mais *Artus* tient à l'écart le modèle de la *gaste* cité et sa poétique des ruines. La Roche et Argençon prospèrent. Quand Artus s'approche d'Argençon, la description en deux temps (la contrée puis la cité), focalisée par son regard qui se rapproche, est topique (*laudatio* de la contrée fertile, hyperboles avec les cinq cents tours, etc.) :

D'abord :

> Si vit Artus la terre d'Argençon, la plus bele et la plus riche et plenteureuse de tous biens, et vit les villes, les tours et les chastiaus bateillieres grans et biaus, plains de bois et de rivieres, prez, vignes et teres gaaignables, plainz de dames et de bourgois qui chascun jour aloient en riviere, les faucons sus les poins, espreviers, ostoirs et gerfaus [...] La cité d'Argence [...] reluisoit contre le soleil et estoit avironnee de fosséz grans et haus et parfons, si plains d'yaue que nulz n'i entrast sans morir. (§ 184, 12)

Puis :

> Si vit les haus murs aus querniaus et plus de VC tours qui l'avironnoient, a chaus et a sablon, fondéz de pierre dure et de ciment, et vit ces hautes eglise covertes de plonc, et les pommiaus doréz reluire contre le soleil, et les hautes maisons aus borgois reluire, fremees as haus murs et aus querniaus, dont les grosses chaines aloient de l'une maison a l'autre. Si prisa moult durement la noblece et la richece du païs et dist qu'ele estoit bien a droit nommee Argence, qu'ele sambloit bien estre d'argent. (§ 184, 12-25)

Entrecoupée par la mention de la convoitise du neveu du duc, la description évite le *topos* de la cité *gaste* car la ruine n'est qu'une menace et le danger est évalué non à l'aune des ravages subis, mais à celle de la richesse qui décuple l'avidité du félon. Plusieurs traits méritent d'être retenus :

– inscrite harmonieusement (en témoigne le loisir bourgeois) dans un pays qui la nourrit et qu'elle protège (comme dans la réalité), la ville n'est pas isolée, le *topos* de la ville assiégée est déconstruit ;
– la ville est placée sous le signe d'un relatif brassage humain : hommes et femmes en sortent pour se promener, les bourgeois ont adopté (comme dans la réalité) la pratique noble de la chasse à l'oiseau : la ville est le lieu d'une élite qu'unit un mode de vie plus que les origines ;
– l'imaginaire de la cité est vertical (des fossés aux tours), à la fois solide, lapidaire, et immatériel, lumineux ; en l'absence de vitraux, les métaux associent richesses matérielles, esthétique et bénéfices spirituels (avec les églises).

Cependant une fois qu'Artus a pénétré à l'intérieur de la cité, l'impression est autre :

> Si chevaucha Artus par la cité et n'i faisoit on riens ne que le jour du Noël, ainz estoient tous les ouvreoirs clos et ne faisoient riens. Si regardoient Artus parmi ces rues chevauchier une grant compagnie de chevaliers et de bourgois, qui estoient mus et taisans et enchaperonnéz, et bien sambloient estre correcié, et pluseurs se seoient devant leur huis, jambes levees sus autres, leur mains sus leur joes, ne ne faisoient samblant de chose nule [...]. Si vit une compagnie de chevaliers et borgois jusques a XXXV en un destour, qui ne faisoit pas moult grant samblant d'estre lié, et parloient ensamble a moult grant conseil. (§ 184, 36-50)

L'inactivité, alors que l'on est en été (l'ultimatum est posé à la fête de Marie-Madeleine, le 22 juillet), évoque l'hiver et Noël. Les postures – le silence, le capuchon rabattu, la mine affligée, la main sur la joue (topique), mais aussi, plus original, la position assise, les jambes croisées – suggèrent l'inquiétude, mais loin de la ville *gaste* et déserte, la cité est peuplée. Chevaliers et bourgeois ne sont pas opposés comme dans l'épisode de *Perlesvaus* où le héros est victime d'un bourgeois qui lui dérobe l'épée de saint Jean-Baptiste[8]. Au § 199, 10-11 sont énumérés « tuit si homme [ceux qui soutiennent Artus], nobles et bourgois, et toute la commune ». « Commune » désigne-t-il toute la population, la population non noble, ou une partie de celle-ci, ou bien la « commune » au sens d'« association, ensemble organisé (apparaissant comme une personne morale) de personnes liées par une charte, voire par un serment[9] » ? Il n'est pas question de charte ou de serment. Les nobles, devant la gravité de la situation, ont constitué un « conseil » (§ 186) qui a décidé de refuser l'hommage au traitre ; le § 184 montre 25 bourgeois et chevaliers en conseil (dans la rue). Ces conseils se superposent-ils ? Sont-ils institutionnalisés ? Le texte ne précise pas, mais il semble qu'il s'agisse plus d'une réponse aux circonstances que d'une institution pérenne. Ce qui prime c'est une unanimité dont la cloche est l'emblème : « toute la commune fu estormie » (§ 198, 3), « si fu li gros sains sonnéz, et s'assambla toute la commune devant l'ostel » (§ 198, 4-6). « Pueple », « communs », « commune » ne sont peut-être pas interchangeables. Selon Estienne,

> [...] il est bien voirs que li communs du paÿs de la terre d'Argençon, tant de nobles, bourgois comme de la menue gent, si orent et virent et cuidierent avoir a seigneur propre terrien monseigneur Vuitier [...] de qui damoisele Marguerite fu fille et drois hoirs [...] et tuit li baron de la terre d'Argençon, chevaliers et borjois et tout l'autre pueple, si la tiennent pour droit hoir de la terre. (§ 201, 15-25)

Le « communs du paÿs de la terre d'Argençon » inclut le pays alentour (mentionné en ouverture), ce qui n'est pas le cas de la « commune ». Sont énumérés « nobles, bourgois, menue gent », « baron, chevaliers, bourjois,

8 Le bourgeois de *Perlesvaus* vole à Gauvain l'épée de saint Jean Baptiste pour qu'elle enrichisse les reliques (*Le Haut Livre du Graal*, éd. Armand Strubel, Paris, Lettres Gothiques, p. 318).

9 *DMF* : *Dictionnaire du Moyen Français*, version 2015 (*DMF* 2015). ATILF – CNRS & Université de Lorraine. Site internet : « http://www.atilf.fr/dmf », entrée « commune » (consulté le 24/4/2022).

l'autre pueple ». Le corps social n'est pas structuré par les trois ordres traditionnels, le « pueple » inclut des bourgeois qui sont l'élite urbaine, le reste de la population n'ayant pas de désignation catégorielle fixe (« menue gent », « autre pueple »). « Les bonnes gens » (§ 184, 32) coïncident, semble-t-il, avec la « commune ». Le clergé n'est pas mentionné ici : le temporel et le spirituel sont bien distingués, mais l'évêque et l'abbaye de Saint-Germain sont souvent mentionnés dans l'épisode, soutenant Marguerite. Les cloches des églises et les « sains » de la commune ne semblent pas se confondre, mais l'unanimité règne sans dissonance à Argençon, dans les prières, les offices, les processions, avant et après la victoire (§ 207, 1-16 ; § 212, 13-18). Les prérogatives de la commune ne sont pas décrites. La justice n'est pas rendue par des bourgeois, elle conserve la forme d'un jugement de Dieu, où l'on jure sur les reliques : elle se distingue de la justice qu'on criait à la Roche, humiliant publiquement le condamné. La possibilité que la justice communale recoure à l'ordalie ne doit pas surprendre : elle est attestée sous Philippe le Bel à l'époque d'*Artus*[10]. Les reliques sont importantes : elles apportent la richesse, encouragent la circulation des hommes et des biens et confortent l'unité morale et spirituelle de la cité. Toutes les versions du texte mentionnent la châsse de saint Vincent, attendu comme patron des vignerons dans une ville entourée de vignes. La mention du bras de saint Georges (ou saint Grégoire dans certains témoins) diversifie les reliques et accroît le prestige de la cité.

Même si, *topos* de l'orpheline oblige, Argençon est une ville en détresse, c'est surtout un espace de liesse : avant même la victoire d'Artus, l'espoir que soulève son arrivée est l'occasion d'une scène de ferveur collective. L'espace public (qui se confond avec la rue, en l'absence de mentions de places) concurrence la salle du château comme espace narratif. La rue devient spectacle ; le roman se fait l'écho de pratiques attestées, exposition de tentures et d'objets comme des coupes, le long des murs, jet de fleurs par les fenêtres (§ 213, 5), jongleurs envahissant les rues (§ 213, 4). La joie n'est pas une manifestation éphémère : elle est mémorable et contribue à construire la communauté urbaine.

> Et lors geterent les borjois parmi les rues dras d'or et de soie, couvertoirs de vair et d'ermine, coupes, hanas et afiches, qui flamboioient contre le soleil,

10 Jean-François le Marignier, *La France médiévale. Institutions et société*, Paris, Armand Colin, 1970, p. 184.

> et de ces grans coutespointes de cendal et de bouqueran. De grant joie et de grant feste li peust souvenir qui la fust. (§ 212, 18-23)

Lors du deuxième passage à Argençon, l'arrivée de Florence évoque les entrées princières par le faste de l'accueil, sans que soient mentionnés des spectacles dramatiques accessoires :

> Et quant il furent prez de la cité, si issirent li borgois sus les grans destriers, les espreviers sus les poins. Si furent bien C et L, tuit d'unes robes parties d'escarlate et de vert. Si avoient les trompes devant eus. Si vint encontre eulz li archevesques d'Argence et moult de clers en sa route.

Est soulignée l'esthétique de la scène qui a besoin des bourgeois comme acteurs et comme spectateurs :

> Si fu li temps clers et biax. Si feroit li solax sus ces eglises, qui estoient couvertes de plonc, et li creniaux reflambooient por les escus que li bourgois y avoient mis, bacinés, lances, haubers, por moustrer la vertu de la ville. Si furent les rues encortinees de dras d'or et de soie et de cendal vermeil qui donnoit couleur au vert. Si estoit trop bele chose a veoir. Si sonnoient les sains aus grans eglises. En tele maniere entra Florence en la cité d'Argens. [...] Et adonc veissés les bourgois monter aus fenestres pour veoir Florence. (§ 354, 34-§ 355, 4)

La bourgeoisie, ses trompes qui sonnent et les ornements étincelants des rues, réjouissent l'ouïe et l'œil, tout comme le clergé, avec ses cloches sonores et l'éclat du toit des églises. La bourgeoisie représente la richesse, mais aussi la « vertu », la force, symbolisée par les pièces d'armures, coûteuses mais aussi guerrières, placées sur les créneaux, espace stratégique[11]. Les tenues des bourgeois évoquent les livrées seigneuriales (ont-elles été accordées par Marguerite, dont le nom suggérerait la couleur verte[12] ?). Qu'elles renvoient, vu la date d'*Artus*, à l'« ensemble de vêtements délivrés par une ville aux officiers municipaux » (*DMF*), est plus douteux : elles constituent néanmoins les bourgeois en groupe social prestigieux, dont le faste participe à la mise en place d'une esthétique urbaine spectaculaire, esthétique qui dans *Artus* n'apparaît pas dans les scènes de cour.

---

11 Sur les bourgeois et les armes, voir Boris Bove, *Dominer la ville, Prévôts des marchands et échevins parisiens de 1260 à 1350*, Paris, Comité des Travaux Historiques et Scientifiques, 2004, p. 580.

12 Sur le goût du vert jusqu'au XIIIe siècle, voir Michel Pastoureau, *Vert. Histoire d'une couleur*, Paris, Seuil, 2013, p. 241 *sq.*

La ville est donc un espace de joie, de fête, de spectacle (défilé ou quintaine, mais aussi dans l'exercice de la justice lors du duel), et non d'activité économique (ou même politique, l'institutionnalisation des conseils restant douteuse). Cette fête ne relève cependant pas que du spectacle fastueux donné par une élite. Artus est conduit en ce lieu par le « vilain », que l'on prend pour un fou :

> Et les bonnes gens le regardoient et montoient aus fenestres pour lui regarder et disoient : « C'est un fols ! » et quant aucuns le metoit a raison, il ne disoit riens fors : « Or est venus qui aunera ! » (§ 184, 32-34)

Avec ce personnage qui médiatise une parodie du héraut du tournoi de Noauz chez Chrétien de Troyes, serait introduite, comme dans *Amadas et Idoine* où la rue se réjouit au passage d'un fou, une culture carnavalesque caractéristique de l'esprit de la ville et célébrant les cycles vitaux, en relation avec une ville lumière, dont le seigneur porte un nom de fleur et les bourgeois des livrées vertes. Cependant le désordre carnavalesque est nettement circonscrit au « vilain », venu d'ailleurs, comme si le roman, ne pouvant éviter les joyeux débordements urbains, choisissait de les désigner comme extérieurs, liés à la campagne (le « vilain ») ou à la chevalerie (le « fou » accompagne Artus) : le roman est structuré par les aventures d'un héros restaurateur des rythmes saisonniers et de la lumière solaire, sous la protection d'une fée nommée Proserpine d'après la déesse antique des saisons[13] ; le chevalier, plus que le rythme festif saisonnier, suivi par le « pueple » par exemple pendant les manifestations carnavalesques, assure le cycle du temps naturel.

Un bourgeois est distingué, différent du bourgeois trompeur de *Perlesvaus*. Il fait partie du groupe de chevaliers et de bourgeois soucieux que croise Artus à son arrivée (§ 184). Immédiatement désigné comme « monseigneur Aimmeri du Puis » (§ 184, 55), avec un titre[14] et un nom suggérant un haut rang, il n'est désigné clairement comme « bourgois » qu'à la ligne suivante. Il propose au héros de l'héberger : « Sire, je sui en saisine de recevoir les gentis hommes en mon hostel, et veéz le ci. Si vous pri que vous ne brisiéz pas ma saisine et que vous descendéz et prenéz mon hostel. » (§ 184, 56-59) Artus commence par

13 Introd. à l'éd. citée, p. CXCIV-CC.

14 Artus l'appelle « sire », une « épithète d'honneur » pour un bourgeois. Voir B. Bove, *Dominer la ville*, *op. cit.*, p. 401.

refuser, mais il cède au *vilain* qui l'a conduit à Argençon et lui enjoint d'accepter. L'hôtel est suffisamment vaste pour qu'il y ait une chambre pour Artus, une autre pour Estienne et ses compagnons, et un logement pour Marguerite l'orpheline que protège le bourgeois, qui reçoit même le roi d'Orcanie somptueusement (§ 196, 17-20) : il est donc riche, son mode de vie est proche de celui de la noblesse. La « saisine » qui lui permet de recevoir les nobles, terme juridique, évoque un droit communal qui se superpose à la largesse féodale, dans la mesure où il n'est pas question d'argent. Aimeri n'est associé à aucun métier, on ne sait d'où lui vient sa richesse. Sa promotion, l'aspiration de la bourgeoisie à la noblesse invitent à s'interroger sur un hypothétique embourgeoisement du roman.

ARTUS, « ROMAN BOURGEOIS » ET « BOURGEOIS GENTILHOMME » Le risque de l'anachronisme

La comparaison d'*Artus* avec les romans arthuriens en prose comme *Perlesvaus, Lancelot* ou *Tristan*, suggère une plus forte présence de la ville et des bourgeois, qu'on pourrait rapprocher d'une nouvelle poétique romanesque, avec une tendance à relever des détails accentuant l'individualisation des personnages et la prise en compte de leur subjectivité, et contribuant à l'effet de réel, qu'il s'agisse du poussin que mange une comtesse malade (§ 273, 16)[15], des vêtements qui parsèment le roman de gravures de mode, de gestes (se pousser du coude, prendre par le cou) et d'une possible sensibilité aux idiolectes dont témoigneraient les injures[16]. L'embourgeoisement du roman courtois serait attesté thématiquement par la présence de la ville, et poétiquement par le

15 Voir Jean Dufournet, « Jacques Raguier ou les malheurs d'un joyeux vivant (Du *Lais*, huitain 19, au *Testament*, huitain 101) », dans *id.*, *Nouvelles recherches sur Villon*, Paris, Champion, 1980, p. 89-90 : Taillevent et le *Ménagier de Paris* recommandent les poussins pour les malades.

16 Voir mes art. « De la *geste* au geste : jeux de main et caresses dans *Artus de Bretagne* », *Cahiers de Recherches Médiévales et Humanistes*, t. 30, 2016, p. 297-313 ; « De quelques noms d'oiseaux : remarques sur les insultes dans *Artus de Bretagne* », dans *Aimer, haïr, menacer, flatter… au Moyen Âge*, Juhani Hämä et Elina Suomela-Hämä dir., Paris, Champion, 2017, p. 181-192.

détail réaliste et l'individualisation des personnages qui fissurerait les idéaux incarnés par des types et l'exclusive nobiliaire. D'un même élan, on rapprocherait de ce supposé embourgeoisement la relative mobilité sociale des personnages d'*Artus*, de la noble mère de Jeannette contrainte à mendier, au *vilain* qui finit chambellan, en passant par le clerc devenu chevalier. La prudence s'impose cependant.

Si *Artus* est contemporain de la poussée des villes, la représentation urbaine y est contrastée, entre condamnation et mise à l'écart des communes de la Roche et Chastillon, et opulence éclatante d'Argençon, où se déroule la fin du roman, qui tend vers l'utopie, au nom quasi allégorique (§ 184, 24) et où s'opérerait la réunion pacifique des trois ordres traditionnels (que déconstruisaient pourtant en amont les énumérations des catégories sociales de la ville) : à la toute fin du roman, trois paragraphes successifs racontent trois mariages simultanés, au palais, à l'abbaye Saint-Germain et chez Ameri le bourgeois (§ 462-464). Néanmoins cette utopie coïncide avec la fin escamotée du roman et les enchantements d'Estienne : elle reste à la marge du chronotope romanesque. Par ailleurs, comme le dit Robert l'Ardennais, c'est pour parer à une situation de crise que se sont unis « nobles et borjois, hommes a la damoisele qui la est » (§ 193, 13-16). La commune est ici un corps dont les membres sont unis, dans une relation de type féodal, à titre individuel (en l'absence de commune comme personne morale), en situation de crise. Après la victoire, sous les fleurs que jettent des fenêtres les bourgeois, on conduit Marguerite au palais : « Aimmeris li bourjois aloit devant, le chaperon avalé, la verge ou poing, et faisoit la voie devant. Si li rioit tous le cuers de joie » (§ 213, 7-9). Dans cette scène les rôles sont bien différenciés : les bourgeois aux fenêtres, les nobles qui défilent, et Aimeri qui assure, en tête certes, le service d'ordre. Après les mariages il disparaît du récit. La commune reste de fait une force brutale, impulsive, que la noblesse doit contrôler :

> Si vint la nouvele a la commune dehors que on voloit tuer Artus, et saillent avant et froissent l'uis du palais, et eussent tué duc et neveu se ne fust li rois d'Orcanie qui a moult grant paine les en tensa (§ 204, 18-21).

Par ailleurs l'harmonie sociale se fait au prix d'une sélection drastique. Les ouvroirs sont fermés lors de l'arrivée d'Artus et ne semblent pas rouvrir, la ville passant du deuil à la fête chômée. Elle n'est pas un espace où l'on travaille et produit. Si les objets de luxe sont nombreux, aucune mention n'est faite de marchés ou de marchands, d'artisans ou de boutiques ; l'argent et l'or ne sont que décoratifs, il n'est pas question d'impôts ou de prix. Les marchands n'apparaissent qu'hors des villes, profiteurs de guerre (§ 56, 7), assassinés au retour d'une foire (§ 273) ou dans une « loge » entre deux montagnes (§ 142, 3), quand leur présence ne se réduit pas à un emploi métaphorique, injurieux ou proverbial et peu valorisant[17]. La seule notation, discrète, renvoyant vraisemblablement à l'activité des bourgeois d'Argençon, porte sur les « offices » : le duc « a mis toutes les gens ma damoisele hors de leur offices, et y a mis les sieues gens » (§ 201, 28-29) ; le duc, en retour, accuse un chambellan d'avoir séduit Marguerite (§ 202, 14). Le seul *vilain* mentionné à Argençon est un étranger, qui conduit Artus : il représente à la fois la ville qui attire le peuple des campagnes à qui elle peut offrir des promotions, mais aussi et surtout le potentiel carnavalesque de l'espace urbain, marginalisé et canalisé quand le *vilain* est promu chambellan.

La sociologie de la ville est sélective, élitiste, la description de celle-ci idéalise (y compris dans les épisodes de mise à l'écart de la commune) en gommant les encombrements, la saleté, la misère, tout comme les vices que les moralistes associent à l'espace urbain. Au contraire, un *locus terribilis* non urbain, la Tour Ténébreuse, affamée par le duc, emprunte autant à l'imaginaire de la ville qu'à l'Enfer ses meules de moulin emballées, son bruit, sa pollution, ses fumées sombres[18], à l'opposé de la ville idéale d'Argençon où la richesse est convertie en beauté, évoquée à la fois à partir d'objets concrets et de notations lumineuses et immatérielles. La cité est ordre et harmonie. Le désordre carnavalesque est tenu à l'écart, relégué à la Roche (dans la scène de cuisine), ou canalisé lors de l'entrée du *vilain*. La violence est régulée. À Argençon, un chevalier ne manie par une *renge* de charrette ou une broche[19], mais se bat dans les règles et affronte une quintaine (§ 469, 249), ce qui évite les mêlées ; le tournoi final a lieu hors les murs (après qu'on a passé « par une porte qui issoit aus chans » § 467, 9), alors qu'à l'époque ces manifestations tendaient à

17 Il en va ainsi pour *pelletier* (§ 379, 46, § 388, 12), *pigneresse*, (peigneuse de laine § 143, 3), *marchié*, *marcheant* (§ 143, 10, § 235, 14).

18 Voir mon art. « Le *locus horribilis* dans *Artus de Bretagne* (XIVe s.) : de l'Enfer au moulin, le renouvellement d'un *topos* », dans *Le locus terribilis : topique et expérience de l'horrible*, Julian Muela Ezquerra dir., Berne, Peter Lang, 2013, p. 49-72.

19 Voir « Des excentriques tournoyant », art. cité.

se déplacer des champs vers les villes[20]. Les manifestations de chagrin sont pondérées (silence et main sur la joue). La ville idéale est à l'image de celui qui épousera Marguerite, le clerc Estienne : mesurée[21]. Seules les manifestations de liesse et de richesse y sont hyperboliques, mais elles sont toujours régulées par des mises en scène et encadrées par les murs, les rues ou Aimeri et sa « verge ».

Argençon n'est pas tant le lieu où le roman de chevalerie s'embourgeoise que l'espace où le clerc assure sa supériorité par rapport au chevalier. Même si c'est Artus qui libère la ville, le tournoi final est interrompu par un enchantement du clerc, qui met fin à la mêlée. *Artus* met en roman le traditionnel débat du clerc et du chevalier[22], avec le clerc Estienne en double du poète, facteur d'enchantements illusoires et dénouant l'action en produisant une fumée (noire comme l'encre) : Artus est poussé hors d'Argençon par le clerc, soucieux de préserver son ami certes, horizon d'attente romanesque oblige, mais aussi, peut-être parce que la ville idéale n'est pas compatible avec l'irrépressible violence chevaleresque.

Argençon, comme la rivalité entre le clerc et le chevalier, contribue à une relative désarthurianisation d'*Artus* (qui assurera certainement son succès à la Renaissance) : la ville remplace la cour. Le récit se déroulant après la mort du roi Arthur, il n'est évidemment pas question de la cour de celui-ci, mais aucune cour ne vient la remplacer comme épicentre narratif et comme haut lieu des valeurs courtoises. Il n'existe pas de lieu d'où parte et où revienne Artus, circulant entre la Bretagne et l'Orient : dans les versions qui poursuivent ses aventures sur quelques folios jusqu'à sa mort, il se déplace beaucoup, sans être associé à une cour notable. Les cours de Vienne et Corinthe, à l'occasion des tournois, sont des lieux où l'on échange propos discourtois et horions (dans la scène où l'automate accorde la couronne de fleurs à Artus), et où se presse une foule de chevaliers : elles sont l'antithèse de la ville idéale et héritent de certains traits caractérisant traditionnellement l'espace urbain. Sans

---

20 Voir Boris Bove, « Les joutes bourgeoises à Paris, entre rêve et réalité (XIIIe-XIVe s.) », *Cahiers du centre d'histoire médiévale*, t. 2, Lyon, 2003, p. 135-163.

21 Voir mon art. « Estienne et Artus dans *Artus de Bretagne* : "Sire chevalier, moult a en vous bonne damoisele", de l'opposition binaire entre les genres à la diversité des virilités », dans *Le genre en littérature. Les reconfigurations Masculin/Féminin du Moyen Âge à l'extrême contemporain*, actes du colloque organisé à Rennes 2, 16-17 mars 2018, Fabienne Pomel et Marie-Françoise Berthu-Courtivron dir., Rennes, Presses universitaires de Rennes, 2021, p. 113-127.

22 Éd. citée, introd. p. CLXXXVIIICXCIII.

qu'il soit possible de développer ici, la cour itinérante, exclusivement chevaleresque et fortement arthurienne, n'est plus centrale ni idéale. La ville rêvée, inscrite territorialement, l'a remplacée, ce qui contribue à la désarthurianisation du texte, qu'accentue la bipolarité héroïque.

Dans cette construction, le clerc joue un rôle essentiel. Si l'horizon d'attente du roman arthurien oblige Artus à libérer Argençon, il n'y restera pas. Certes le texte n'insiste pas sur le rôle d'Estienne à Argençon et ne le montre pas administrant la ville, mais une notation ponctuelle lors d'une cour à Corinthe suggère que le clerc est celui à qui il revient de faire régner la paix dans les villes. À l'occasion de cette fête (§ 157-158), le texte escamote le cadre urbain en une phrase qui fait déborder la cour sur la rue, sans que la ville soit vraiment associée, en l'absence de mention de bourgeois :

> Si s'assist li roys et l'emperere, et Florence entr'eulz II, et li autre roy l'un deça, l'autre dela, et jougleor et menestrel s'efforçoient de feste faire, dames et damoiseles a danser et chevaliers de joster et de brisier lances, et toute la cité fu estormie et encourtinee de dras d'or flamboians comme le soleil. (§ 159, 8-19)

Le texte enchaîne sur l'absence d'Estienne :

> [...] et ainsi comme il estoient en tel deduit estes vous monseigneur Pierre Brisebarre, qui descent au perron, et maistre Estiene fu demouréz a Chastiau Regnalt a II lieues d'iluec pour faire la pais de la vile des borjois et de la menue gent, quar moult y avoit grant descort. (§ 159, 19)

Il n'est pas question ailleurs d'un Château Renaut, au nom réaliste (cette ville se trouve plutôt sur l'itinéraire décrit au § 428 quand Artus revient en Bretagne en passant par Blois et Orléans !). Le « grant descort » entre « la vile des borjois et [...] la menue gent » introduit en quelques mots la diversité de la population urbaine gommée – comme à Argençon – dans la description de la fête. Cette mention, que rien ne relaie, montre Estienne se retirant de la cour et de son exclusive nobiliaire pour assurer une tâche de maintien de l'ordre, qui rappelle la réalité des heurts entre les oligarchies urbaines et le reste de la population, réalité absente du roman. Le clerc Estienne, fils de roi, précepteur puis conseiller de Florence, apparaît ici comme un officier du roi, réglant un conflit urbain : c'est en plein cœur d'un Orient de fantaisie qu'*Artus* intègre cette notation réaliste. S'il s'agit peut-être du souvenir d'une mission exercée par l'auteur, la notation pose surtout le clerc comme figure urbaine. Estienne a été « aus escoles » à Athènes (§ 32), il épouse la dame d'Argençon : c'est le plus citadin des personnages du roman, qui fait peut-être écho à cette nouvelle clergie, qui, « puisant à pleines mains dans le savoir qu'il soit antique ou médiéval, [...] façonnait un homme nouveau, échappant aux vieux clivages des *ordines*[23] ». Avec Estienne les valeurs chevaleresques incarnées par Artus et ses compagnons sont renvoyées à un passé rude et violent, alors que le savoir et les manières du clerc sont univoquement appréciées : il incarne un raffinement qui tire la courtoisie de la cour vers la ville, et prépare la « civilité », l'« urbanité » ou la « bonne policie ». L'idéal amoureux s'en trouve redessiné : à côté de l'amour féerique et de l'amour courtois, associés aux chevaliers et ambivalents (la fée Proserpine dénigre l'amant courtois qui « muse » ; les pulsions de Gouvernau, à l'Île Perdue, détournent les codes courtois), le texte raconte les amours librement choisies et consenties, placées sous le signe de l'admiration intellectuelle, du commerce social, de la beauté, qui unissent le clerc et Marguerite.

Cette voie étroite qui ouvre le roman arthurien à la clergie (non merlinienne) et à la ville est originale. Elle ne prépare pas un nouvel horizon d'attente, c'est plutôt une expérience poétique isolée, marquée par la désarthurianisation du roman de chevalerie, à laquelle apparemment les continuations d'*Artus* au XVe siècle n'ont pas adhéré : elles tiennent la ville à l'écart et dégradent Estienne, peint comme un « maistre » d'école – comme on en voyait en ville – diabolique[24]. Plus qu'un embourgeoisement du roman arthurien, *Artus* constate l'inactualité de la chevalerie et condamne sa violence (non sans en constater la séduction), et propose en regard un nouveau modèle, qui passe par la promotion conjointe d'une ville idéale, harmonieusement riche, belle et élitiste, et du clerc, savant, élégant, pondéré. La ville d'Argençon est un idéal élitiste de concorde : si le modèle arthurien s'en trouve invalidé, les idéaux antiques et prérenaissants s'y laissent deviner.

Christine FERLAMPIN-ACHER
Université Rennes 2 – CELLAM

23 Christiane Deluz, « Quelques aspects de la nouvelle clergie dans la société des XIVe et XVe siècles », dans *Le clerc au Moyen Âge*, Aix-en-Provence, Presses universitaires de Provence, 1995 (*Senefiance*, 37).

24 Voir mon art. « Grandeur et décadence du clerc Estienne dans *Artus de Bretagne* », dans *Le clerc au Moyen Âge*, *op. cit.*

MISES EN SCÈNE DE L'OLIGARCHIE URBAINE À ARRAS ET PARIS AU XIIIe SIÈCLE

Au XIIIe siècle, les familles du patriciat urbain d'Arras et de Paris sont mises en scène dans une série de textes qui offrent une image de l'oligarchie s'implantant dans ces villes. Pour la première des deux cités, on connaît le rôle que jouent les personnages liés au pouvoir dans le *Jeu de la Feuillée* d'Adam de la Halle et ses *Congés*, comme dans ceux de Jean Bodel et de Baude Fastoul, mais aussi dans les *Chansons et Dits artésiens* qui nous intéresseront particulièrement ici[1]. Pour la seconde, cette image passe par l'énumération des bourgeoises parisiennes présentée par le *Tournoiement as dames de Paris* de Pierre Gencien[2].

Dans les *Chansons et Dits artésiens*, datés de 1218 à 1227 pour la pièce XXIII et de 1234 à 1265 pour les autres[3], on peut compter plus de quatre-vingts familles identifiées, pour une centaine de bourgeois nommés. Ces pièces ont une portée satirique qui vise les lignages dominants, tout en empruntant un ton parfois accusatoire pour dénoncer des comportements répréhensibles touchant essentiellement les deux vices majeurs que sont l'usure et la corruption avec la panoplie des fraudes qu'elle implique. Dans le *Tournoiement as dames*, Pierre Gencien, lui-même riche bourgeois, fait le récit d'un tournoi vu en songe dans son sommeil et qui s'est tenu entre deux troupes de dames, les femmes, filles et sœurs

1 *Chansons et Dits artésiens du XIIIe siècle*, éd. Alfred Jeanroy et Henri Guy, Genève, Slatkine Reprints, 1976 (1re éd. Bordeaux, 1898). *Les chansons et dits* sont un ensemble de 24 textes rassemblés dans le ms. BnF fr. 12615, f° 197r^o-216r^o, que l'on peut dater du premier quart du XIIIe siècle pour les plus anciens, à 1265 pour le plus récent.

2 Mario Pelaez, « *Le tornoiement as dames de Paris*, poemetto in antico francese di Pierre Gencien », *Studj romanzi*, t. 14, 1917, p. 5-68 ; Andrea Pulega, *Ludi e spettacoli nel Medioevo : I tornei di dame*, Milano, Istituto editoriale cisalpino-La Goliardica, 1970.

3 Roger Berger, *Littérature et société arrageoises au XIIIe siècle. Les chansons et dits artésiens*, Arras, Commission départementale des monuments historiques du Pas-de-Calais, 1981 (Mémoires de la Commission départementale des monuments historiques du Pas-de-Calais, 21), p. 5.

des bourgeois parisiens. On verra que si l'inversion sociale et sexuelle peut relever dans ce texte de la parodie, celle-ci reste bienveillante à l'égard des personnages nommés. Elle contraste en cela avec la satire souvent acerbe qui caractérise les pièces arrageoises.

Malgré la différence de ton entre les deux productions, elles ont en commun d'offrir une représentation du patriciat urbain au XIIIe siècle dont littéraires et historiens se doivent de tenir compte. En effet, pour comprendre leur portée, il est essentiel de les situer dans le contexte politique et social de chacune des deux villes.

LA SATIRE DE L'OLIGARCHIE ARRAGEOISE

La vision de l'oligarchie arrageoise projetée par les *Chansons et Dits* s'inscrit dans le cadre de la puissance économique de la ville fondée sur le commerce et le prêt à usure : dès 1208, Innocent III s'adresse à l'évêque pour se plaindre des usuriers qui y sévissent[4]. Jusqu'à la fin du XIIIe siècle où Arras s'incline devant la suprématie de la finance italienne et où elle perd le monopole de la draperie, sa richesse est d'abord basée sur le négoce international, puis sur la capacité des marchands de prêter à intérêt[5]. Ils traitent avec les villes environnantes ou de puissants débiteurs comme le comte de Flandres. À cette domination économique, se joint le pouvoir politique puisque les plus fortunées des familles accèderont à l'échevinat[6]. À Arras, comme c'est le cas à Paris, le pouvoir économique des riches négociants leur a permis de contrôler l'échevinage de leurs villes respectives et donc d'acquérir aussi le pouvoir politique et de constituer un véritable patriciat :

4 Georges Bigwood, « Les Financiers d'Arras. Contribution à l'étude des origines du capitalisme moderne », *Revue belge de philologie et d'histoire*, t. 3, 1924, p. 465-508, ici p. 466.

5 Marie Ungureanu, *La Bourgeoisie naissante. Société et littérature bourgeoises d'Arras aux XIIe-XIIIe siècles*, préface de M. Lucien Febvre, Arras, Imprimerie centrale de l'Artois, 1955 (Mémoires de la Commission des Monuments historiques du Pas-de-Calais). L'auteure y donne un portrait global de la prédominance économique et sociale des grandes familles bourgeoises d'Arras.

6 S'ajoute le fait que certaines de ces familles occuperont des charges honorifiques et des fonctions administratives à la cour royale : G. Bigwood, « Les financiers d'Arras », art. cité, p. 500.

> Il y a patriciat lorsque l'élite économique se confond avec l'élite politique pour former localement une élite sociale fermée qui règne sans partage dans sa ville[7].

Il faut noter cependant que la complexité des institutions politiques, sociales et culturelles, source de mobilité sociale mais aussi de conflits, pose des limites à toute forme d'hégémonie de ce patriciat. Arras est constituée de deux entités : la Cité épiscopale sous la suzeraineté des rois de France depuis l'annexion de l'Artois par Philippe Auguste en 1191, et la Ville proprement dite autour de l'abbaye de Saint-Vaast, territoire gouverné par l'abbé sous l'autorité du comte de Flandre et administré par l'oligarchie marchande[8]. La chanson III met précisément en scène les jeux de pouvoir entre les droits de la bourgeoisie, le châtelain d'Arras à qui les échevins se sont opposés en refusant les sergents qu'il venait de nommer, et Gui de Châtillon, comte de Saint-Pol, qui passe par-dessus les prérogatives de ce dernier pour mater les rebelles, particulièrement Ermenfroi Crespin dont il a fait saisir les biens et Adam de Givenchi, l'un des plus gros financiers.

L'accession à l'échevinat constitue un enjeu majeur puisque c'est le conseil des échevins qui a la haute main sur les finances publiques en procédant à la répartition des impôts[9]. Ce conseil compte douze membres et se renouvelle tous les quatorze mois par cooptation. Sous son caractère burlesque de parodie de chanson de geste, la chanson XXIII, la plus ancienne du recueil[10], illustre l'enjeu qu'est la possibilité d'entrer à l'échevinage à travers le conflit entre la commune et le seigneur, Eustache de Neuville, à propos de la désignation des échevins. Les tisserands flamands dont la pièce s'amuse à brocarder l'accent et qui demeurent au quartier du Jardin dont les rues sont bien identifiées dans le texte, partent à l'assaut du château de Neuville. Simon Banin, le plus vaillant d'entre eux, affirme clairement leur intention : « Jou sera eskepin ains feste saint Joant[11]. »

---

7 Boris Bove, *Dominer la ville. Prévôts des marchands et échevins parisiens de 1260 à 1350*, Paris, Comité des Travaux Historiques et Scientifiques, 2004, p. 20.

8 Sur l'organisation politique et administrative de la ville, voir R. Berger, *Littérature et société arrageoises*, *op. cit.*, p. 55-69.

9 Sur le fonctionnement et les prérogatives de l'échevinat, *ibid.*, p. 67-77.

10 R. Berger la date du tout début du XIIIe siècle, entre le 6 août 1218 et le 2 février 1227, *ibid.*, p. 241.

11 Pièce XXIII, p. 92-97, v. 40.

Le fait est que, dès le début du XIIe siècle, dominent déjà les familles qui s'imposeront au cours du siècle suivant : les Crespin[12], Louchard, Huquedieu, Poucin, Nazart, Bretel, Lanstier[13], Waghon, Wion[14]. Elles développeront entre elles des liens d'alliance matrimoniale, renforçant ainsi la domination du groupe oligarchique qu'elles vont constituer : ainsi, parmi les dynasties dominantes, Robert Crespin est marié à Maroie, la fille d'Audefroi Louchard[15].

Elles occupent déjà les hautes fonctions administratives de la ville dans leur seul intérêt, qu'il s'agisse de favoriser leur office de prêteurs ou leurs responsabilités fiscales dans la gestion du prélèvement de l'impôt. Ces deux points sont ceux sur lesquels se concentre la satire dans les *Chansons et Dits* en dénonçant la fraude fiscale et la pratique de l'usure.

La source de fraude la plus évidente découle de la façon dont sont évalués les revenus : chaque contribuable en inscrit le montant dans un billet qu'il dépose sous serment en présence de deux témoins, brevet qui sera dépouillé par les échevins responsables de la répartition de la taille[16]. Cette situation entraîne plusieurs types de tricheries : sous-évaluer la valeur de ses immeubles ou ne pas déclarer la totalité de ses rentes, soulager parents et amis et grever les autres, se faire clerc pour échapper à l'impôt et bien entendu, fermer les yeux sur les falsifications. Quatre pièces s'intéressent à la question des impôts à la suite du scandale provoqué par la levée d'aides par Louis IX destinées aux frais de la croisade. Réclamées aux villes d'Artois en une seule

12 Les Crespin, parmi les plus puissants à Arras au XIIIe siècle, sont mentionnés dans le *Jeu de la Feuillée*, éd. citée, v. 218-219 et 794-795.

13 La femme de Mathieu Lanstier, citée dans le *Jeu de la Feuillée* (éd. citée, v. 296), était la fille d'Audefroi Louchard, ce qui permet d'observer comment se constituaient des dynasties d'usuriers à Arras.

14 Sur ces familles, voir M. Ungureanu, *La bourgeoisie naissante*, *op. cit.*, p. 25 ; Jean Lestocquoy, « Deux familles de financiers d'Arras, Louchard et Wagon », *Revue belge de philologie et d'histoire*, t. 32, 1954, p. 51-76. Dans le *Jeu de la Feuillée*, Adam de la Halle associe dans une même accusation d'avarice les Crespin, les Lanstier, Guillaume Wagon, et Jacques Louchard, éd. citée, v. 218-219, 240-242, 794-795.

15 On peut trouver dans R. Berger, *Littérature et société arrageoises*, *op. cit.*, p. 94-96, un tableau des alliances entre les familles.

16 Sur la lourdeur des ponctions fiscales et les diverses pratiques de fraude et leur répression, voir Adolphe-Henri Guesnon, *La satire à Arras au XIIe siècle; La bataille d'enfer et de paradis*, Genève, Slatkine Reprints, 1977 (1re éd. Paris, 1900), p. 9-11 ; Claire Billen, « Quand les jongleurs disent la fraude fiscale », *Baetica. Estudios de Arte, Geografía e Historia*, t. 36-37, 2014-2015, p. 73-88.

fois par son neveu Robert, elles ont suscité du mécontentement et des pratiques d'évitement[17]. Après un préambule typique des visées morales affichées par les ménestrels – « Doit on des mauvais recorder / Por faire leur vie amender » –, l'auteur de la chanson II hésite à nommer ceux qui

> Par faus eskevinage
> Va no cités a rage,
> De coi li païs est destruis ;
> En Arras, voir, assés en truis[18].

Son affirmation qu'il pourrait courir des risques à les désigner n'est pourtant qu'une forme de prétérition puisqu'il nomme aussitôt les Frékinois, une branche des Crespin, famille qui a suscité l'indignation lors de l'affaire de la taille royale dont l'imposition est mal répartie, ainsi que les Cosset et les Poucin. Les frères Poucin sont énumérés, chacun accompagné d'un qualificatif élogieux à prendre par antiphrase : Jacques est sage et courtois, Cholard n'est pas menteur, Paquet connaît la loi. Jacques Louchard, gratifié du qualificatif ironique de prudhomme, obtiendra le pardon en enfer, car il est à la fois très coupable et très puissant. Quant à Robert Maraduit, il est plein de courtoisie et de loyauté. Les prétendus éloges se poursuivent, dont certains évoquent des événements précis. La mention qu'Henri Nazart sait bien rédiger un testament fait allusion au privilège qu'avait l'échevinage de recevoir les « ordonnances de dernière volonté » et d'en garantir l'exécution[19]. Audefroi Louchard que l'auteur prétend ne pas oser nommer, car il est de trop grand lignage, aurait bien réparti la taille, tandis que Guillaume as Paus, cité dans toutes les pièces qui ont trait aux impôts, lui a sans doute joué un mauvais tour puisque le montant de sa contribution a gonflé.

La pièce XIII porte également sur l'affaire de la taille prélevée par Robert d'Artois, s'en prenant elle aussi nommément aux administrateurs communaux : « Tailleur / Ont fait taille vilaine a peu d'honneur[20]. » On retrouve, également en première place, les Crespin qui ont déshonoré leur quartier de l'Estrée : ils « Ont fait taille faire / Dont Arras

17 Marie Ungureanu, *La bourgeoisie naissante*, *op. cit.*, p. 216-217.
18 Pièce II, p. 34-36, v. 6-7 et 18-21.
19 Avant 1248.
20 Pièce XIII, p. 60, v. 10-11.

est esmus[21]. » L'un d'entre eux s'est fait tonsurer pour échapper à l'impôt[22]. La vitupération contre le « faus eskevinage[23] », ceux qui « Voloient abatre / Arras et tout sucier l'argent[24] », débouche sur une complainte à propos de la « felenie / Orgueus et vilenie, / Cele qui naist dedens le cors », autant de vices internes qui détruisent la ville[25].

La pièce XXIV prend la forme d'un pamphlet consacré au scandale des fausses déclarations : la fraude est devenue la loi à Arras, le mensonge y règne, les bourgeois se parjurent[26]. Au nombre important de ceux qui sont mis en cause, correspond un véritable catalogue de pratiques frauduleuses en matière fiscale. Le point de départ est la prétendue levée par le roi des prohibitions touchant les jeux : dorénavant seront permis la « *grieske* », les échecs, les tables, le « galet », l'escrime, la « poire faucon », les billes, la crosse. Le seul qui reste prohibé est celui du « dire vrai » : « Ki voir dira il ert honis / Et hors de le vile banis[27]. » Malgré leur réaction « De maltalent, de duel et d'ire / Por çou que n'ose nus voir dire[28] », les honnêtes bourgeois se résigneront à exclure la vérité de leur vie. Jean le Borgne et Colart Liénart donnent l'exemple du sacrifice : d'un trait de plume, ils biffent de leur brevet de déclaration d'impôts la moitié de leur avoir, tandis que Jean Hukedieu et Jean Cosset remplacent de bons deniers artésiens par des deniers douaisiens qui en valent le quart. Les marcs d'argent de Heuvin le Clop deviennent des livres, une diminution de cinquante pour cent. Les Louchard, Jean le Borgne et Colart Liénart, bien d'autres encore, font de faux serments, déclarant des sommes bien inférieures à leurs revenus réels. La déclaration de Guillaume as Paus est garantie par deux témoins muets. Henri Wagon prétend qu'une mauvaise spéculation l'a ruiné : il s'agissait d'exporter des laines en Angleterre, alors que chacun sait qu'elles viennent de ce pays ! Le prétexte allégué par Wagon Wion pour démontrer sa prétendue pauvreté est encore

21 *Ibid.*, v. 30-31. On retrouve aussi Guillaume as Paus.

22 Dans le *Jeu de la Feuillée*, Adam de la Halle fait allusion aux manipulations fiscales de Jean Crespin qui sera très « dolans s'on le taille », éd. citée, v. 480.

23 Pièce II, p. 35, v. 18.

24 Pièce XIII, p. 60, v. 16-17.

25 *Ibid.*, p. 62, v. 89-91.

26 Selon R. Berger, la fraude n'a pas pris les proportions démesurées que leur donnent les pièces, *Littérature et société arrageoises*, *op. cit.* p. 78.

27 Pièce XXIV, p. 98-99, v. 33-34.

28 *Ibid.*, p. 101, v. 149-150.

plus dérisoire : « Il est keüs en grant poverte ; / Avant ier perdi deus oisiaus[29]. » Dans l'abondante énumération de bourgeois faussaires et parjures, on reconnaît Ermenfroi de Paris attaqué comme avare dans le *Jeu de la Feuillée* et Robert Aurri, de la famille de Rikece, personnage central de la même pièce. Deux bourgeoises, Tasse Lanstier et Marote la Mairesse, ont, elles aussi, fait un serment fantaisiste et déclaré très peu d'argent.

Avant de conclure, l'auteur se départit de sa causticité ironique pour laisser libre cours à l'indignation. Avec la complicité des échevins, les malversations des bourgeois arrageois ont soustrait jusqu'à vingt-sept mille livres au produit de l'impôt[30]. La pièce se termine avec une liste de douze membres de l'échevinage formellement accusés d'exaction dont quatre sont morts après avoir dû s'exiler. Le point final sera une insulte lancée à ces prévaricateurs, responsables du clapier qu'est devenu l'échevinat sous leur gouverne :

> Mais nequedent dirai je : « bouse »
> De ces eskevins trestout douze.
> Ore est li clapoire effondree
> Dont Arras est en le cendree[31].

Les pièces XVIII et XIX touchent d'autres formes de fraude. La première a été rédigée au plus fort du conflit entre la papauté et l'empereur Frédéric II, dans l'interrègne entre le décès de Grégoire IX, le 22 août 1241, et l'élection d'Innocent IV, le 25 juin 1243. Alors que sera permis le mariage au troisième degré de parenté, la papauté ordonne aux célibataires de plus de quarante ans de s'enrôler avant un an dans l'armée levée par le Saint Siège pour combattre l'empereur. Cette exigence déclenche une série d'unions non permises auparavant, par exemple celles de Sawale Doucet, de Thibaut Amion et de Sawale le Borgne. Quant à la seconde obligation, elle sert de prétexte pour railler les célibataires endurcis, matamores au service du pape, mais surtout pour démasquer ceux qui se sont empressés de se marier afin d'échapper à la guerre.

La portée de la seconde pièce est plus difficile à évaluer, car la critique tourne au burlesque sur la fin. Elle se situe dans le contexte du

29 *Ibid.*, p. 101, v. 124-125.
30 *Ibid.*, p. 102, v. 205-206.
31 *Ibid.*, p. 103, v. 237-240.

commerce de la laine entre Arras et l'Angleterre. L'auteur met en scène un Anglais venu percevoir l'argent de la vente de sacs de laine par sa tante. Les noms d'une bonne vingtaine de débiteurs récalcitrants qui refusent d'acquitter leur dette sont mentionnés. L'hypothèse de Roger Berger que la pièce a pu être composée « à l'occasion du *potus in Pentecostem* des jongleurs et bourgeois qui se tenait le 18 juin en 1242 », permet de saisir les allusions à la folie qui la terminent[32]. Afin de récupérer son argent, le neveu plaidera à Sotinghehem, la ville des sots qu'est devenue Arras, dont le seigneur est saint Acaire, le patron des fous. Le registre carnavalesque propre à ce type de festivités n'enlève rien au sérieux des accusations portant sur les transactions financières dans lesquelles sont impliqués les bourgeois de la ville, notamment sur leur pratique de l'usure et de l'enrichissement frauduleux[33].

L'auteur de la pièce XIV utilise l'image du « jeu de la piloke », un bâton orné de poils que les jeunes filles se passent de l'une à l'autre, pour évoquer la façon dont se sont transmis les héritages. Six familles sont visées à travers quinze de leurs membres dont les noms se retrouvent aussi dans les affaires de fraude fiscale. L'auteur laisse deviner la nature frauduleuse des opérations lorsqu'il leur suggère en conclusion de restituer leurs biens aux personnes lésées avant que la mort ne les surprenne :

Por çou devroit cascuns entendre
A sen vivant de ses tors rendre,
Ançois ke de mal fust souspris
Ne k'il fust de l'anemi pris[34].

C'est précisément le propos de la pièce VI qui prend le ton de l'ironie mordante pour s'en prendre à l'usurier qui, au moment de mourir, fait restitution de ses biens gagnés illicitement. Il est comparé à la vieille qui se fait dérober une tourte par une truie et, alors qu'elle vient de la perdre, en fait offrande pour l'âme de son mari. Le marchand « Ki va l'usure costïant » ira directement en enfer[35]. L'auteur de la pièce XXII

---

32 Roger Berger, *Littérature et société arrageoises*, *op. cit.*, p. 214.

33 Sur le commerce de l'argent à Arras, *ibid.*, p. 106-109 ; et Alain Derville, « La finance arrageoise : usure et banque », dans *Arras au Moyen Âge. Histoire et littérature*, Marie-Madeleine Castellani et Jean-Pierre Martin dir., Arras, Artois Presses Université, 1994, p. 37-52.

34 Pièce XIV, p. 64-65, v. 73-76.

35 Pièce VI, p. 46, v. 34.

passe aussi par la métaphore pour illustrer la tromperie à Arras. Laurent Wagon, dont la famille est connue dès le début du XIIIe siècle au premier rang des usuriers d'Arras[36], décide de faire un moulin à vent, symbole de tromperie, dont les éléments seront constitués par un fraudeur : « n'i avra bauke ne rain / Ne soit faite d'un menteeur / Plain de truffe, fort venteeur[37]. » Le texte tisse habilement les termes techniques désignant les mécanismes du moulin et ceux qui se rattachent à la tromperie, avec une trentaine de patronymes parmi lesquels Jean Bretel, le poète des jeux-partis qui « Plus set d'engien que ne set loutres[38] ». Les autres usuriers visés sont les Louchard, créanciers des villes voisines et du comte de Flandre à qui Audefroi Louchard a prêté 10 825 livres dans la seule année 1226[39], Jakemon le Noir prêteur des villes de Calais et Montreuil-sur-Mer et Simon Faverel dont la famille a prêté à Robert d'Artois. Les Crespin, « prêtent à Bruges, en 1299, 14 595 livres s'ajoutant aux 84 405 dont ils renouvellent les lettres, et prêtent au roi de France 8 800 livres[40] ».

La question que posent ces pièces est celle de la portée accusatoire de dénonciations pour lesquelles les auteurs ont gardé l'anonymat, mais qui pouvaient sans doute être identifiés, car ils appartenaient à la communauté. Elles n'hésitent pas à cibler les familles les plus puissantes, dont les deux qui semblent dominer le patriciat arrageois, les Crespin et les Louchard. Les documents corroborent les accusations contre eux évoquées dans les pièces et qui, par exemple, ont conduit à l'exil de Robert Crespin pour émission de faux brevets fiscaux. On peut y voir le témoignage d'une réelle insatisfaction : dans la deuxième moitié du XIIIe siècle, une vingtaine d'années après la dernière des pièces satiriques arrageoises, on observe des manifestations de mécontentement populaire, par exemple en 1285 à l'égard des échevins et des personnages importants de la Ville. À partir de 1302, le patriciat sera forcé de partager le pouvoir municipal avec le commun[41]. Cependant, pour aussi

36 A.-H. Guesnon, *La satire à Arras au XIIIe siècle*, *op. cit.*, p. 75.

37 Pièce XXII, p. 88, v. 4-6. Le *bauke* désigne une poutre et le *rain* est une pièce de bois plus mince.

38 *Ibid.*, p. 89, v. 65.

39 J. Lestocquoy, « Deux familles de financiers d'Arras », art. cité, p. 52.

40 *Ibid.*, p. 55. Sur les activités usuraires des Crespin, voir G. Bigwood, « Les financiers d'Arras », art. cité, p. 470.

41 Sur ces tensions, voir M. Ungureanu, *La bourgeoisie naissante*, *op. cit.*, p. 32 et 52-54.

virulente que soit la satire, cela n'empêche pas qu'existent des liens et de la connivence entre les poètes et le patriciat arrageois. Plusieurs de ses membres figurent dans les *Congés* de Jean Bodel, Baude Fastoul et Adam de la Halle comme dans son *Jeu de la Feuillée*. Le trouvère Robert de le Piere est échevin d'Arras. Jean Bretel, le maître des jeux-partis, le prince du Puy, n'est-il pas également marchand de draps et sergent de l'abbaye de Saint-Vaast ? Cette familiarité oblige à nuancer la violence et le sérieux de la dénonciation, d'autant plus que certaines familles riches dont le nom est récurrent dans les *Chansons et dits satiriques* sont connues pour leur générosité à l'égard des poètes. Dans un registre différent, celui des chansons, on les retrouve louées dans les envois. En outre, dès la fin du XIIe siècle, la Confrérie Notre-Dame des Ardents, instituée par les jongleurs, s'ouvre aux bourgeois qui sont à même de financer ses cérémonies. On y retrouve les lignages rencontrés dans les scandales de fraude fiscale ou d'usure, notamment les Crespin, Louchard, Doucet ou Cosset[42]. Ces noms figurent également dans la pièce XV, parodie sur les charités et confréries d'Arras où « nus n'i puet entrer s'on ne le set lordin », s'il n'est stupide[43]. Les pièces V, sur saint Tortu, le patron des ivrognes, signée par Jean Auris, et la pièce XVII qui raille les membres de la confrérie des Audouins, c'est-à-dire les maris soumis, offrent des exemples plus convenus. Leur ton de raillerie complice évoque celui des libations confraternelles et invite au parallèle avec le *Jeu de la Feuillée* pour une mise en scène similaire des bourgeois d'Arras : le passage sur la roue de Fortune désigne Ermenfroi Crespin et Jacques Louchard parmi ceux à qui elle a accordé ses faveurs et qui « sont de le vile signeur[44] ».

On voit combien peut être étroit le lien entre les patriciens et les poètes dans la première pièce du recueil qui montre Dieu descendu à Arras chez le Prince du Puy afin que ces derniers le réconfortent en lui apprenant à chanter des motets. Comme dans les autres pièces, la tonalité est ironique et les éloges antiphrastiques, mais on y voit des poètes reconnus comme Robert de le Piere, Gillebert de Berneville et Jean Bretel côtoyer Phelipot Verdière, important financier d'Arras ou bien l'aîné des Poucins, dont la famille est compromise dans le scandale de l'impôt,

42 Les Nazart, Wion, Wagon, Huckedieu appartiennent aussi à la Confrérie Notre-Dame des Ardents : M. Ungureanu, *La naissance de la bourgeoisie*, *op. cit.*, p. 76-77.

43 Pièce XV, p. 65, v. 8.

44 Adam de la Halle, *Le Jeu de la Feuillée*, éd. citée, v. 791.

mais généreuse à l'égard des poètes. Les autres textes du corpus arrageois, ceux d'Adam de la Halle, les jeux partis et les chansons, témoignent des liens entre les poètes et les familles riches. Audefroi Louchart est juge de plusieurs jeux-partis d'Adam de la Halle, Bretel lui adresse une chanson, Fastoul le nomme et Gillebert de Berneville plaisante sur sa fortune dans un jeu-parti avec Thomas Hérier. Cuvelier adresse une chanson à Wagon Wion, tandis que Pierre Wion agit comme juge d'un jeu-parti de Bretel[45]. Adam de la Halle adresse plusieurs chansons à Robert Nazart et dans ses *Congés*, remercie les Poucin, notamment l'aîné, Jacques, en qui, dit-il, il a trouvé un père[46].

Dans son ouvrage sur la performance théâtrale à Arras au Moyen Âge, Carol Symes voit dans ces textes des exercices en autodérision dans le cadre protégé de la confrérie, par exemple lors de célébrations à la mémoire de confrères décédés[47]. Leur performance a pu servir d'exutoire par l'expression de tensions qui ont conduit aux réformes que l'on vient d'évoquer, à la fin du XIIIe siècle et au début du XIVe, afin d'intégrer le commun peuple dans la gouvernance de la ville.

LA PARADE DES FAMILLES DU PATRIARCAT PARISIEN

Pierre Gencien, qui s'identifie en clôture du *Tournoiement as dames*, fait donc le récit d'un tournoi qu'il a vu en songe dans son sommeil, entre deux troupes de dames, les femmes, filles et sœurs des bourgeois parisiens. La pièce, contemporaine des personnes mentionnées, peut être datée des années 1270. Les participantes des paroisses Saint-Merri, Saint-Germain l'Auxerrois et du Pont au Change sont conduites par Péronnelle des Champs, celles des paroisses Saint-Gervais et Saint-Jean de Grève par Geneviève d'Asnières. Défilent ainsi quatre-vingt-onze combattantes dont l'énumération et la description lors de leurs

45 On peut aussi mentionner Jakemon le Noir salué par Baude Fastoul ou Robert Cosset d'une famille riche et lettrée salué dans les *Congés* de Jean Bodel.

46 Il célèbre la munificence de plusieurs grands bourgeois, dont Robert et Colart Nazart.

47 Carol Symes, *A Common Stage. Theater and Public Life in Medieval Arras*, Ithaca, Cornell University Press, 2007, p. 223.

affrontements, constituent l'essentiel du texte. La présentation se fait selon un même code : identification de la combattante, détails sur son allure et la monture qu'elle chevauche, description de ses armoiries. Le tournoi se tient à Lagny-sur-Marne, lieu doublement motivé. En effet, c'est là que se sont tenus les grands tournois de 1179 et 1183, le premier organisé par le comte Henri de Champagne et auquel ont participé Henri le Jeune, fils d'Henri II Plantagenêt et Guillaume le Maréchal qui s'est illustré au cours du second. C'est aussi là qu'est située la rencontre du *Tournoiement as dames* de Huon d'Oisy dont s'est inspiré Pierre Gencien[48]. Si le lieu choisi pour la rencontre renvoie à l'univers littéraire, l'appartenance des troupes de combattantes les situe dans le réel des quartiers parisiens où leurs époux exerçaient leurs activités.

Deux tiers des dames énumérées appartiennent à des familles de premier plan. Le *Tournoiement* est avant tout, à travers le jeu parodique apparent, une célébration de la bourgeoisie parisienne dans laquelle Pierre Gencien occupe lui-même un rang éminent. Écuyer du roi de 1274 à 1298, il a agi comme fournisseur de produits de luxe à la cour[49]. Il est issu d'une famille de changeurs connue dès le début du XIIIe siècle, qui a donné des échevins à la ville. Comme pour les personnages énumérés dans les pièces satiriques arrageoises, le contexte politique et social dans lequel s'inscrit la bourgeoisie de Paris, donne son sens à la joute des dames parisiennes.

La structure administrative de Paris a connu une mutation dans les années qui ont précédé le *Tournoiement*. La municipalité a été créée par Louis IX dans les années 1260, alors que l'administration se scindait entre le prévôt et l'échevinage. À la date de la rédaction du *Tournoiement*, la communauté des bourgeois de Paris a acquis une forte conscience d'elle-même[50]. Au cours du XIIIe siècle, le statut de « bourgeois de

48 Alfred Jeanroy, « Notes sur le *Tournoiement des dames* », *Romania*, t. 28, 1899, p. 232-244, ici p. 240-244).

49 Bénédicte Milland-Bove, « Lectures croisées du *Tournoiement as Dames de Paris* », *Cahiers de Recherches Médiévales et Humanistes*, t. 14 spécial, 2007, p. 259-275, ici p. 260. Un indice de la proximité de Pierre Gencien avec les sphères du pouvoir est le fait que le manuscrit Vatican Regina lat. 1522 du *Tournoiement* a été illustré par le maître du BnF fr. 146 du *Roman de Fauvel*.

50 Joseph Morsel, « Comment peut-on être parisien ? Contribution à l'histoire de la genèse de la communauté parisienne au XIIIe siècle », dans *Religion et société urbaine au Moyen Âge. Études offertes à Jean-Louis Biget par ses anciens élèves*, Patrick Boucheron et Jacques Chiffoleau dir., Paris, Publications de la Sorbonne, 2000, p. 363-381.

Paris » a progressivement remplacé la catégorie de « bourgeois du roi » ou de tout autre seigneur comme l'évêque. À Paris comme à Arras, les échevins ont exercé des professions reliées aux métiers du textile, ce qui les a conduits à se dégager de la production artisanale et par la suite, à se lancer dans le négoce et de là, à développer une activité financière. Ils sont devenus créanciers de leurs clients, notamment de la noblesse et des princes. Les prêteurs parisiens ont bénéficié de la présence de la cour et du commerce de luxe qui en résultait. De la même façon qu'à Arras, la situation a eu pour effet de renforcer la corrélation entre pouvoirs économique et politique. D'une part les lignages de la grande bourgeoisie parisienne sont entrés, depuis le règne de Philippe Auguste, au service de la monarchie, et de l'autre, les membres de l'hôtel du roi ont occupé l'échevinage dès sa création. Par ailleurs, plusieurs traits contribuent à la mainmise de certaines familles sur l'échevinat : le fait que les échevins soient reconduits plusieurs fois dans leurs fonctions et par ailleurs, les alliances familiales entre les magistrats municipaux. Il semblerait pourtant, selon Boris Bove, qu'aucune de ces familles qui dominent le patriciat n'ait réussi à confisquer le pouvoir à son profit[51]. Plusieurs facteurs contribuent à poser des limites à la domination de l'oligarchie parisienne. La taille même de la ville ne permet pas la domination d'un seul groupe social. Une seconde limite vient du partage de pouvoir entre le roi qui exerce les fonctions de police et de justice, l'Université qui règne sur la rive gauche et les institutions ecclésiastiques. Enfin l'importance démographique de Paris conduit à des besoins d'approvisionnement qui excèdent les capacités financières des marchands. La domination des riches négociants et financiers s'exerce essentiellement au cœur de la ville et dans les paroisses et lieux – Saint-Merri, Saint-Gervais, la place de Grève – qui correspondent précisément à ceux d'où viennent les combattantes du *Tournoiement.*

Les deux tiers d'entre elles « appartiennent à des familles échevinales, à des lignages alliés ou à des dynasties bourgeoises connues, dont on trouve de nombreuses traces dans les archives[52] ». La pièce de Pierre Gencien est destinée au groupe social qu'elle met en scène, la bourgeoisie commerçante de Paris, dont elle constitue une célébration à travers ses

51 B. Bove, *Dominer la ville*, *op. cit.*, p. 220.

52 B. Bove, « Les joutes bourgeoises à Paris, entre rêve et réalité (XIIIe-XIVe s. », dans *Le tournoi au Moyen Âge, Cahiers du centre d'histoire médiévale*, n° 2, 2003, p. 135-163, ici p. 138.

femmes. Dans cette optique, leur identification représente un réel enjeu. Elle s'opère à travers leurs patronymes, mais aussi les armoiries décrites avec réalisme et précision.

La grande majorité des participantes sont identifiées par le nom du mari, du père ou du frère. À part les deux organisatrices du tournoi, Péronnelle des Champs et Geneviève d'Asnières, seules quelques-unes ont droit à leur propre dénomination et sont désignées également par leur prénom : Agnès de Moroit, Jehanne d'Iabonne, « Maheut la fame Maci[53] », Ysabeau de Paci et Eudeline la Sommelière dont le cas est intéressant, car il montre le passage du surnom relié à l'activité du mari, au patronyme proprement dit qui se transmet d'une génération à l'autre :

> Eudeline la Sommeliere
> Est apelee en son droit non,
> De son seigneur est le seurnon,
> Qui fu filz Gui le Sommelier[54].

Le système de nomination à double entrée, prénom et nom, témoigne de la position sociale des combattantes : « Le patronyme est le premier marqueur de la distinction bourgeoise, car porter un nom connu, c'est la première étape de la notabilité[55] ». Le nom de famille apparaît dans les lignages échevinaux dès la seconde moitié du XIIe siècle. Les marchands et banquiers parisiens sont les premiers à adopter cette pratique à la suite des lignages nobles[56]. Un exemple caractéristique est celui de la famille de l'auteur, Gencien, dont le patronyme s'est avéré suffisamment prestigieux pour avoir été adopté comme nom de baptême par des familles alliées[57]. On peut noter la différence avec les jouteuses qui sont simplement nommées d'après l'activité de leur mari, comme la Coquillère ou la Cristallière. Ou bien, pire encore, qui sont désignées par le nom du mari féminisé et précédé de l'article féminin comme La Gyffarde ou la Potine dont le nom fait l'objet d'un commentaire ironique[58].

53 *Le tournoiement des dames de Paris*, éd. citée, v. 1340.

54 *Ibid.*, v. 944-947.

55 B. Bove, *Dominer la ville*, *op. cit.*, p. 340.

56 *Ibid.*, p. 339.

57 *Ibid.*, p. 343-344.

58 Il s'agit de la même dame que la Perrine, femme de Tornefusee, dit Potin. On trouve aussi la Crespine, la Biguesse, épouse de Jean Bigue, la Barbette, celle de Simon Barbette et la Marquette.

Si ces désignations contrastent, par leur caractère pittoresque qui porte au comique, avec « le raffinement de l'onomastique romanesque[59] », on peut être plus nuancé pour l'ensemble des familles énumérées qui voient sans doute avec fierté leurs patronymes exhibés par Gencien. On peut noter à ce propos que l'activité exercée par les époux ou les pères n'est que rarement précisée. Les métiers mentionnés ne sont pas tout à fait représentatifs de ceux qui sont exercés par les grands bourgeois parisiens reliés au commerce des tissus et de l'argent. Ils font référence aux liens que ceux-ci entretiennent avec la cour, soit, comme l'orfèvre, le tailleur de pierres précieuses ou le pâtissier, pour fournir les objets raffinés qu'elle demande, soit pour y exercer les fonctions reliées à la maison du roi, comme le panetier ou le sommelier en charge des provisions. On peut étendre aux bourgeois parisiens la remarque de Michèle Gally à propos de la propension à nommer ses compatriotes qui concerne ceux d'Arras : cette tendance inscrit « le verbe lyrique dans l'épaisseur d'une communauté réelle[60] ».

L'autre élément, relié à l'identification, qui affiche le prestige des familles, est l'usage d'armoiries décrites avec une attention précise par l'auteur. Sur les vingt-six écus présentés, ce qui représente près du tiers des combattantes, vingt-quatre appartiennent à des familles bourgeoises de Paris. Sept d'entre eux concernent des familles échevinales, deux seulement étant imaginaires[61]. Tout comme ces bourgeois peuvent se plaire à voir défiler leurs noms, ils éprouvent la même satisfaction à reconnaître leurs armes décrites par Gencien en bon connaisseur de l'héraldique. La combinaison de ces deux modes d'identification les situe clairement aux niveaux supérieurs de la grande bourgeoisie. L'adoption des armoiries est pour eux une façon de s'approprier une pratique aristocratique qui signale leur sentiment d'appartenir à une élite.

C'est par rapport à cette posture d'appropriation qu'il faut évaluer la portée du biais parodique adopté par Pierre Gencien, ne serait-ce qu'avec son emprunt ironique au motif du songe qu'il s'amuse à répéter : il note à plusieurs reprises qu'il se réveille puis se rendort afin de poursuivre son récit. Ainsi, le fait qu'il s'agisse d'un tournoi de femmes ne suffit pas pour

59 B. Bove, « Les joutes bourgeoises à Paris », art. cité, p. 151.

60 Michèle Gally, *Parler d'amour au puy d'Arras. Lyrique en jeu*, Orléans, Paradigme, 2004, p. 41.

61 B. Bove, *Dominer la ville*, *op. cit.*, p. 351.

voir dans le *Tournoiement as dames de Paris* un simple geste d'inversion satirique. Certaines sont visées tout au plus par des pointes ironiques, par exemple la fille d'Eustache la Raguise qui porte l'épée parce qu'elle vient d'être adoubée, mais tient en main une massue, l'attribut du vilain ou du fou. On peut ajouter, mention à connotation négative, qu'elle arrive du côté gauche du narrateur. Il s'agit de détails qui contribuent au caractère parodique de la pièce en renvoyant à l'univers romanesque courtois pastiché à plusieurs reprises, comme l'est la scène de la rencontre de Perceval avec les chevaliers dans le *Conte du Graal*. Le dialogue entre la cavalière et le narrateur qui la voit arriver, reproduit celui du jeune sauvage avec les magnifiques créatures qui émergent de la forêt : « Venistes vous ensi en vie ? » – Nenil, sire, ce ne puet estre / Que fame puist ensique nestre[62] ». Pastiche qu'on peut aussi observer dans le portrait de la femme de Jean des Nés, conforme à la rhétorique courtoise : les parties du corps sont déclinées en descendant depuis le visage avec les attributs convenus : « Chief blont, cler front, petis sorcis, / Yex vairs rians, col blanc polis[63] ». Quant à la référence au bourgeois Pierre Brichart comme modèle d'art équestre, elle est un bel exemple de raillerie sans méchanceté :

> Onques nul ior Pierre Brichart
> Ne vi aussi bien chevauchier[64].

Le récit des joutes permet l'emprunt à des formules épiques et une référence à la *Chanson de Roland* avec l'évocation du héros trahi par Ganelon[65]. Toutefois, l'auteur ne perd pas de vue le contexte bourgeois de son récit. Il mesure la valeur de ces « gentes » combattantes à leur richesse : la femme de Jean Bigue est « Riches d'argent et de grans rentes » et Péronelle des Champs « en orfaverie / Avoit esté tous iors norrie » et non pas en clergie ou en chevalerie[66]. Bénédicte Milland-

62 *Le tournoiement des dames de Paris*, éd. citée, v. 76-78. Les vers correspondants du *Conte du Graal* sont les suivants : « Fustes vos ensin nez ? – Nenil, vallez, ce ne puet estre / Que nule riens puise ansin nestre » (Chrétien de Troyes, *Le conte du Graal*, éd. Charles Méla, Paris, Le Livre de Poche, 1994, v. 276-278). Perceval fournit par ailleurs à Pierre Gencien l'occasion d'un jeu étymologique à propos de la femme d'Aliaume le Cristallier : « Son oeil si a non Perceval / Qui tout perce quanqu'il ataint », v. 190-191.

63 *Le tournoiement des dames de Paris*, éd. citée, v. 755-756.

64 *Ibid.*, v. 144-145.

65 *Ibid.*, v. 1624-1630.

66 *Ibid.*, v. 372, 155-156.

Bove qui relève ces détails note que par ailleurs, comme dans l'univers romanesque, les combattantes s'affrontent pour la gloire et non pour s'emparer d'un butin[67]. Le propos est certainement pour Pierre Gencien de maintenir une distance ironique par rapport au registre littéraire propre à l'aristocratie, tout en faisant valoir la bonne connaissance qu'il en a et la capacité précisément de l'emprunter pour en jouer. Il s'agit d'une posture conforme à l'image favorable qu'il donne de lui et de sa famille, comme un « Jones hom non pas ancien », « uns homs des plus preus du monde[68] ». Ainsi il décrit de façon très avantageuse les exploits de sa femme qui conduit la troupe de la place de Grèves.

Contrairement aux pièces arrageoises, on ne peut voir de la satire dans le *Tournoiement*. Comme B. Bove l'a montré, la visée affichée par Pierre Gencien est avant tout de s'approprier des pratiques de la noblesse, notamment le langage héraldique, pour conforter l'image que la bourgeoisie parisienne a d'elle-même. C'est à elle que la pièce est destinée, comme un miroir divertissant de la communauté qu'elle constitue, non sans occulter toutefois les tensions internes qui peuvent y exister. Il n'est pas interdit de comprendre ainsi l'affrontement ludique entre les différents quartiers de Paris ou l'ironie de l'auteur à l'égard de certaines personnes, par exemple la raillerie à l'égard de l'obésité de la « fame au Quoquillier », si pesante qu'elle faisait plier l'échine de son destrier[69]. L'impression dominante est celle cependant d'une glorification du patriciat parisien à travers la beauté, l'élégance, la bravoure de ses femmes, et surtout leur richesse qui témoigne du succès de leurs maris, constamment proclamées tout au long du *Tournoiement*.

S'il y a une œuvre arrageoise dont on pourrait rapprocher ce dernier, c'est le *Jeu de la Feuillée* d'Adam de la Halle où l'on voit Robert Sommeillon participer à des tournois de la Table Ronde. Dans les deux textes, la référence arthurienne est conforme à l'évolution des tournois qui, à partir du XIIIe siècle, se plaisent à reproduire la matière de Bretagne et dont les participants incarnent les héros[70]. Cette évolution va voir, à partir du XIIIe siècle, des villes organiser des joutes lors de fêtes à teneur

67 B. Milland-Bove, « Lectures croisées du *Tournoiement as Dames de Paris* », art. cité, p. 266.

68 *Le tournoiement des dames de Paris*, éd. citée, v. 975 et 973.

69 *Ibid.*, v. 502 ; v. 500-510 pour le passage.

70 Roger Sherman Loomis, « Chivalric and Dramatic Imitations of Arthurian Romance », dans *Medieval Studies in Memory of A. Kingsley Porter*, Wilhelm R. W. Koehler dir., Cambridge, Harvard University Press, 1939, t. I, p. 79-97.

chevaleresque auxquelles participent des bourgeois éventuellement mêlés à des représentants de l'aristocratie. Ainsi lors des fêtes de l'Épinette qui se tiennent à Lille, ont lieu des tournois destinés à la grande bourgeoisie, mais où pouvaient être impliqués des nobles de haut rang : en 1294, Jean de Luxembourg, seigneur de Fauquemont fut désigné « roi de l'épinette[71] ». Dans le même esprit d'appropriation urbaine des rituels aristocratiques, on peut mentionner la fête du roi Gallehaut qui s'est tenue à Tournai en 1331[72]. Dans le *Jeu de la Feuillée*, le détournement comique des prétentions chevaleresques de Robert Sommeillon « Qui set d'armes et de cheval », joute « amont et aval / Par le païs a tavle ronde », n'est pas sans renvoyer à la réalité[73]. Le rapprochement avec le *Tournoiement* de Pierre Gencien s'impose d'autant plus que, par ses relations économiques et culturelles, Paris peut être considérée comme une ville du nord[74]. Un indice d'un sentiment de parenté entre la pièce parisienne et les productions arrageoises est le fait que le manuscrit Vatican Reg. 1522 où le *Tournoiement* est conservé, comporte également un important ensemble de jeux-partis qui la précède immédiatement[75].

On ne peut terminer cette évocation de la façon dont est représentée l'oligarchie urbaine à Arras et à Paris au XIIIe siècle, sans faire un saut, pour conclure, deux siècles plus tard. En effet, l'esprit de dérision qui émane des *Chansons et dits* se retrouvera dans la vision du monde parisien qui se dégage de la poésie de Villon. Une semblable poétique du nom propre est à l'œuvre dans la série des legs satiriques du *Lais* et du *Testament*. Toutefois, si on retrouve chez lui les accusations touchant l'argent et l'avarice, la plupart des railleries touchent les mœurs sexuelles et la débauche des personnages énumérés. D'autre part, l'éventail des personnes et des fonctions visées est plus diversifié, car il correspond

71 Juliet Vale, *Edward III and Chivalry. Chivalric Society and its Context (1270-1350)*, Woodbridge, The Boydell Press, 1982, p. 26-30. Concernant les fêtes urbaines où se tenaient des tournois, voir Fred Hennebert, *Archives Tournaisiennes historiques et littéraires : Recueil concernant Tournai et le Tournaisis*, Tournai, Renard-Dosson, 1842, p. 115-116; Évelyne van den Neste, *Tournois, joutes, pas d'armes dans les villes de Flandre à la fin du Moyen Âge (1300-1486)*, Paris, École des Chartes, 1996.

72 *Ibid.*, p. 35.

73 Adam de la Halle, *Le Jeu de la Feuillée*, éd. citée, v. 721-723.

74 B. Bove, *Dominer la ville*, *op. cit.*, p. 79-81 : les drapiers parisiens entretiennent des rapports étroits avec leurs homologues flamands.

75 Vatican Reg. 1522, f° 139va-170rb ; le *Tournoiement* occupe les folios 170rb-182va : les deux textes sont de la même main et leur association est d'origine, contrairement à l'ajout d'un passage du *Roman de la Rose* (f° 1ra-139rb).

globalement aux différentes couches de la bourgeoisie de la ville et en donne un tableau plus complet. Le groupe de loin le plus nombreux est celui du milieu judiciaire et basochien avec les responsables de la police, les avocats, notaires et procureurs. La question restée ouverte à propos de la satire arrageoise, se pose également au sujet de la portée réellement accusatrice de brocards qui pourraient n'être qu'une forme de jeu complice, dans le cadre des productions théâtrales de la Basoche[76]. À côté du milieu de la Basoche, on trouve des représentants du patriciat financier et une série de commerçants et d'artisans. Comme dans les pièces arrageoises, le premier groupe compte de riches bourgeois, parfois reliés à l'échevinat, certains impliqués dans les métiers d'argent, l'usure ou la perception des impôts. Un certain nombre sont en possession d'offices royaux. Le second groupe, auquel appartiennent les compagnes de la Belle Heaumière, est représenté par deux barbiers et des métiers de bouche : boucher, rôtisseur, pâtissier, tavernier. Toute cette variété contribue à l'effet de réalisme de la poésie de Villon et à la fiction d'autobiographie qu'elle entretient. Celle-ci passe par l'image d'exclu, de marginalisé qu'il projette, proche, dans une certaine mesure, de celle de l'Adam de la Halle qui vitupère contre Arras, « vile de plait / Et de haïne et de detrait[77] », mais bien éloignée de celle du patricien Pierre Gencien chez qui les subtilités de la parodie servent à mettre en valeur son groupe social.

Madeleine JEAY
McMaster University
Hamilton Canada

76 Michael Freeman, dans *François Villon in his Works : The Villain's Tale*, Amsterdam-Atlanta, Rodopi, 2000, p. 80-81 ; *id.*, « François Villon et une leçon de son école », dans *Villon hier et aujourd'hui*, Jean Dérens, Jean Dufournet et Michael Freeman dir., Paris, Bibliothèque historique de la ville de Paris, 1993, p. 29-41 (p. 37-40).

77 Adam de la Halle, « Le Congé », dans *id., Œuvres complètes*, éd. Pierre-Yves Badel, Paris, Libraire Générale Française, 1995, v. 13-14.

L'IMAGE DE LA VILLE DANS LA LITTÉRATURE ALLEMANDE MÉDIÉVALE

(XIIe-XVe siècles)

Le XIIe siècle est marqué par l'expansion économique des centres urbains et par un modèle à la fois politique, social et culturel qui, comme l'a souligné Francine Mora-Lebrun, « remplace peu à peu celui du monastère[1] ». La ville acquiert ainsi une dimension nouvelle qui trouve un écho dans la littérature de langue française, notamment dans les romans écrits à la cour des Plantagenêt : il suffit de songer à l'éloge de Londres dans le *Roman de Brut* de Wace, où Brutus fonde une nouvelle Troie, une cité « mult bien faite et bien asise » (v. 1258)[2], ou à Thomas d'Angleterre qui, dans son *Tristan*, souligne la puissance de Londres, la vie heureuse qu'y mènent ses habitants, l'importance commerciale de la Tamise ainsi que l'esprit industrieux des hommes de Londres, leur « grant engin » (v. 2805-2817)[3]. C'est sans doute dans les romans d'Antiquité que cette poétique de la ville atteint un apogée : la ville y est présentée comme exemplaire, elle a valeur de modèle absolu et reflète par sa beauté et sa puissance la grandeur et la noblesse du souverain qui y règne. Comme l'a démontré Catherine Croizy-Naquet dans l'ouvrage qu'elle a consacré aux descriptions des villes de Thèbes, Troie et Carthage, il existe un véritable décalage entre la ville médiévale historique du XIIe siècle et « l'auréole mythique » qui caractérise les villes dans les descriptions qui en sont faites dans les romans d'Antiquité[4].

---

1 Francine Mora-Lebrun, *« Mettre en romanz ». Les romans d'antiquité du XIIe siècle et leur postérité (XIIIe-XIVe siècle)*, Paris, Champion, 2008, p. 285.

2 Texte cité d'après l'édition suivante : *Wace's Roman de Brut : A History of the British*, Text and Translation by Judith Weiss, Exeter, University of Exeter Press, 1999, p. 32.

3 Texte cité d'après l'édition suivante : *Tristan et Yseut. Les premières versions européennes*, édition publiée sous la direction de Christiane Marchello-Nizia, Paris, Gallimard, 1995 (Bibliothèque de la Pléiade), p. 199.

4 Catherine Croizy-Naquet, *Thèbes, Troie et Carthage. Poétique de la ville dans le roman antique au XIIe siècle*, Paris, Champion, 1994, p. 29.

LES VILLES DANS LES ROMANS D'ANTIQUITÉ

L'Empire connaît également un développement urbain, il faut toutefois souligner que la majorité des villes allemandes demeurent beaucoup plus modestes que les villes françaises ou anglaises, et surtout que les villes du nord de l'Italie qui font également partie de l'*Imperium Romanum* sur lequel règne l'empereur allemand. Vers 1150, seuls 2 % de la population allemande environ vivent dans un cadre urbain. Même si le nombre de citadins augmente durant tout le Moyen Âge, ce phénomène est lent et, vers 1400, à peine quinze villes allemandes comptent plus de 10 000 habitants[5] si bien qu'aucune d'entre elles ne peut rivaliser avec Londres, dont la population est néanmoins tombée à 40 000 habitants après l'épidémie de peste noire de 1348[6], ou avec Paris qui accueille encore plus de 200 000 habitants au milieu du XIVe siècle[7]. Ainsi, Cologne, la plus grande ville allemande de l'Empire, compte au début du XIVe siècle environ 35 000 habitants, suivie par Augsbourg, Lubeck, Magdebourg et Nuremberg (entre 20 et 30 000 habitants), tandis que la plupart des autres cités de l'espace germanophone ont souvent une population qui ne dépasse pas 5 000 habitants.

Imitant les modèles de langue française dont ils s'inspirent, les auteurs allemands de romans décrivent également des cités modèles, souvent bien éloignées de la réalité qu'ils connaissent. À titre d'exemple, la description de Carthage, que donne Heinrich von Veldeke dans son *Eneasroman*, reste proche de sa source anglo-normande[8]. À travers certains ajouts propres au texte allemand, l'adaptateur insiste toutefois sur la sagesse dont Didon

5 Voir Ernst Schubert, *Einführung in die deutsche Geschichte im Spätmittelalter*, Primus, Darmstadt, 1998, p. 97 (2e éd.).

6 Voir Jean-Philippe Genet, « Londres est-elle une capitale ? », dans *Les villes capitales au Moyen Âge. Actes des congrès de la Société des historiens médiévistes de l'enseignement supérieur public, 36e congrès*, Paris, Édition de la Sorbonne, 2019, p. 155-185, ici p. 176.

7 Voir Danielle Chadych et Dominique Leborgne, *Atlas de Paris : Évolution d'un paysage urbain*, Paris, Parigramme, 2007, p. 69.

8 Pour une comparaison détaillée de la description de la ville chez Virgile, l'anonyme anglo-normand et Heinrich von Veldeke, on peut se reporter à Hartmut Kugler, *Die Vorstellung der Stadt in der Literatur des deutschen Mittelalters*, München, Artemis, 1986, p. 38-57. Au sujet des deux versions médiévales, l'auteur souligne que l'évocation du grand marché, où l'on vend des fourrures, des draps, des épices, des pierres précieuses et de la vaisselle (Voir *Roman d'Énéas*, v. 444-454), a disparu de l'adaptation allemande. En effet, depuis l'époque ottonienne la place dédiée au marché dans l'Empire se trouve

a fait preuve lors de la fondation de la cité ainsi que sur la puissance de la reine. Il convient de noter que, contrairement à la description de la ville dans le *Roman d'Énéas*, Carthage n'est plus un chantier mais une ville totalement achevée, affichant sa richesse et son faste. Cette ville apparaît comme une citadelle puissante, quasi imprenable, tandis que la description établit un parallèle entre la ville et sa fondatrice, exaltant la puissance de l'une comme de l'autre. Ainsi, comme l'a justement noté Harmut Kugler, Veldeke n'évoque ni les marchands ni les artisans de Carthage mais uniquement la reine et les cohortes d'hommes armés qui lui obéissent[9]. Il existe donc un lien métonymique évident entre Carthage et Didon, lien beaucoup plus marqué dans le roman allemand que dans l'œuvre anglo-normande :

> *Ir* [= *Dido*] *dienite livte unde lant,*
> *daz si da niemannen vant,*
> *der ir gitorste wider sten,*
> *wan diu bůrch was sogitan,*
> *daz si ez allez mite betwanch. (Eneasroman*, v. 349-353)[10]

> « Le pays et ses gens lui [= Didon] étaient soumis, si bien que personne n'osait lui résister, car la ville était ainsi faite qu'elle pouvait venir à bout de tout ennemi. »

Si tout le pays est au service de Didon, c'est-à-dire la reconnaît comme suzeraine, et si personne n'ose lui résister, cela tient à la cité qui est fortifiée de telle sorte que grâce à elle Didon soumet « tout » (v. 353 : « allez »). Le rapport de causalité entre la puissance de la cité et celle de Didon est propre à l'œuvre allemande et absente de la source (voir *Roman d'Énéas*, v. 399-402)[11]. Dans l'œuvre allemande, la plupart des changements opérés par rapport au texte source visent à mettre en évidence le rôle politique joué par la reine de Carthage.

---

généralement en dehors de l'enceinte fortifiée de la ville, tandis qu'un tel dualisme est inconnu en France. Voir H. Kugler, *op. cit.*, p. 49 *sq.*

9 *Ibid.*, p. 47.

10 Texte cité d'après l'édition suivante : Heinrich von Veldeke, *Eneasroman. Die Berliner Bilderhandschrift*, herausgegeben von Hans Fromm, mit den Miniaturen der Handschrift und einem Aufsatz von Dorothea und Peter Diemer, Frankfurt am Main, Deutscher Klassiker Verlag, 1992 (Bibliothek des Mittelalters, 4).

11 Voir *Le roman d'Énéas. Édition bilingue. Édition et traduction d'après le manuscrit A*, présentation et notes par Wilfrid Besnardeau et Francine Mora-Lebrun, Paris, Champion, 2018.

L'adaptateur évoque également sept comtes puissants qui veillent sur les sept tours de la ville. Ces sept seigneurs ont dû se soumettre à Didon et lui prêter l'hommage vassalique. Revendiquant un pouvoir universel, Didon a même fait élever au cœur de Carthage un temple dédié à Junon, déesse protectrice de Carthage et rivale de Rome. La puissante Carthage, et à travers elle Didon, affirme donc ses prétentions à prendre la place de Rome. Ce n'est donc pas tant une ville médiévale qui est décrite ici qu'une cité aspirant à devenir la capitale du monde antique. Le cours de l'histoire viendra cependant démentir ces visées politiques. La description de Carthage met l'accent sur la beauté de la ville et en fait une cité idéale, bien éloignée des forteresses de l'Europe occidentale de cette fin de XIIe siècle. Par contre, elle contient une faille qui préfigure la fin de Didon et du royaume carthaginois : ce n'est pas Carthage qui règnera sur le monde mais Rome à qui de nombreux pays devront verser un tribut (*Eneasroman*, v. 426-430). Cette puissance est donc éphémère et finalement illusoire, à l'image de l'amour passionnel que Didon éprouve pour Éneas.

LES GENS DES VILLES
Entre condamnation morale et timide réhabilitation

La plupart des villes mentionnées dans les romans des XIIe et XIIIe siècles le sont dans une perspective similaire à celle que nous venons de voir : une ville puissante et fortifiée est à l'image du seigneur qui y règne ou du caractère dangereux que recèle l'aventure qui attend le héros osant y pénétrer. Ainsi en est-il de la cité de Brandigan qui, dans *Érec et Énide* de Chrétien de Troyes, attend Érec à la fin de son parcours royal. Lorsque la ville est décrite hors de ce cadre conventionnel et symbolique, le regard que porte l'auteur courtois, au service de la noblesse, sur cet îlot de liberté et d'émancipation économique peut être des plus critiques. C'est dans une pareille perspective qu'apparaît la cité d'Orléans dans le roman de Wolfram von Eschenbach intitulé *Willehalm*, texte que le poète allemand a adapté au début du XIIIe siècle de la chanson de geste anonyme des

Aliscans à la demande du landgrave Hermann Ier de Thuringe. Après une première bataille perdue contre les païens et un repli dans la ville d'Orange, Guillaume/Willehalm décide de se rendre à la cour du roi de France afin de demander l'envoi d'une armée de secours à son souverain. Il franchit les lignes ennemies qui assiègent la forteresse d'Orange et se met en route pour Laon. Il traverse la Loire et arrive dans la cité d'Orléans où il se trouve aux prises avec le seigneur de la ville. Dans la chanson des *Aliscans*, l'action met en scène un noble, le châtelain qui est maître de la ville. Lorsque celui-ci est informé de l'arrivée de Guillaume, il se rend à la rencontre du chevalier et le traite avec un grand orgueil (*Aliscans*, v. 2524 : « Il li demande par mout grant estoutie »)[12]. Ne sachant à qui il a affaire et soupçonnant Guillaume d'être un espion ou un voleur, le châtelain bafoue toutes les règles de courtoisie et d'hospitalité, et attaque Guillaume. Cette scène de confrontation avec un mauvais noble n'est pas rare dans les chansons, épopées ou romans du XIIe siècle et permet au héros d'éliminer un homme indigne de sa caste, un châtelain « plein de perfidie » (*Aliscans*, v. 2540 : « Li chastelains fu pleins de felenie ») et bouffi d'orgueil (*Aliscans*, v. 2541 *sq.* : « Com plus li quens envers lui s'umelie / Tant li fet plus orgueil et estoutie »)[13]. Guillaume tue le châtelain d'un seul coup d'épée, rétablissant ainsi l'ordre courtois et la bonne chevalerie que l'agresseur avait bafoués. Aussitôt les bourgeois sonnent l'alerte et tirent des flèches en direction du comte Guillaume. Celui-ci n'a cependant aucun mal à venir à bout de ces gens, les massacrant avec son épée et provoquant ainsi leur fuite. S'ensuivent un combat entre Guillaume et son frère Hernaut, et, après que les deux hommes se sont reconnus, la réconciliation des deux parents. Ce passage est caractéristique d'une littérature de cour qui oppose la bonne à la mauvaise noblesse et qui n'éprouve que mépris envers les non-nobles, incapables de se battre de manière chevaleresque et tout juste bons à se faire massacrer par le héros.

Dans l'adaptation qu'il fait de ce passage, Wolfram opère de profonds changements et, développant les potentialités sociales de sa source, va bien plus loin que l'auteur anonyme français dans le portrait qu'il

12 Texte cité d'après l'édition suivante : *Aliscans*, texte établi par Claude Régnier, présentation et notes de Jean Subrenat, traduction revue par Andrée et Jean Subrenat, Paris, Champion, 2007 ; « Il lui demande avec une grande insolence ».

13 « Plus le comte se fait conciliant devant lui, plus l'autre se conduit avec orgueil et insolence. »

dresse de la population citadine. Lorsqu'il arrive à Orléans, le margrave Willehalm est d'emblée confronté à « un homme puissant » (*Willehalm*, 112, 22 : *ein gewaltic man*)[14] qui détient sa fonction du roi. Il ne s'agit cependant nullement d'un châtelain comme dans le texte français, mais d'un juge entouré de ses hommes (*Willehalm*, 113, 10 : *der rihtær und die sinen*)[15]. Celui-ci exige de Willehalm qu'il s'acquitte d'un droit de passage, comme s'il s'agissait d'un marchand. Le margrave rétorque qu'il n'a aucune taxe à payer, qu'il ne transporte aucune marchandise pas plus qu'il n'est accompagné de bêtes de somme, ajoutant qu'il est chevalier. Il précise même qu'il n'a causé aucun dommage sur sa route, n'a pas nui aux récoltes et a emprunté les chemins balisés (faisant sans doute allusion aux dégâts que créent les groupes de jeunes chevaliers en quête d'aventures). Le juge insiste et réclame le paiement d'une somme éhontée (113, 15-17 : *der sprach, er müeste zollen / mit also grozem vollen, / daz er des schaden enpfünde*)[16] tandis que ceux qui composent la « milice de la ville » (*Willehalm*, 113, 13 : *diu comune von der stat*) l'encerclent et, sur ordre du juge, saisissent son cheval par la bride. Le narrateur dénonce le péché commis ici par le juge et, parodiant le langage épique qui recourt souvent aux images relatives aux échanges d'argent pour souligner la violence d'un combat, il ajoute qu'il n'aurait pas aimé percevoir la taxe que le juge allait recevoir. En effet, aussitôt Willehalm sort son épée et tranche la tête de l'impertinent. S'ensuit la même scène de tumulte que dans la source : les bourgeois sonnent l'alarme et tentent d'empêcher Willehalm de s'échapper. Celui-ci se fraye néanmoins un chemin à coups d'épée et quitte la ville sans se presser. Puis, après avoir poussé son cri de guerre, il fait volte-face et attaque ses poursuivants qui, pris de panique, prennent la fuite dans toutes les directions.

Tandis que Willehalm poursuit son chemin vers Laon, son frère Ernalt, comte de Narbonne, a été réveillé par le vacarme qui a retenti par toutes les rues de la ville. La femme du juge tombe à ses pieds et lui demande de venger la perte de son mari, ainsi que la honte qui a été infligée au roi, se lamentant que le droit d'emprunter « les routes du roi

14 Texte cité d'après l'édition suivante : Wolfram von Eschenbach, *Willehalm*, Text der Ausgabe von Werner Schröder, völlig neubearbeitete Übersetzung, Vorwort und Register von Dieter Kartschoke, Berlin / New York, Walter de Gruyter, 1989.

15 « Le juge et ses hommes. »

16 « Il [= le juge] déclara qu'il devrait s'acquitter d'une taxe si élevée qu'il en ressentirait tout le poids. »

de Rome » (*Willehalm*, 115, 24 : *von des rœmischen küneges strazen*) lui a rapporté une taxe bien terrible. Aussitôt Ernalt la blâme pour la faute commise et lui rappelle que seuls les marchands transportant des biens doivent s'acquitter de cet impôt qui leur assure une protection. Puis il maudit ces gens qui ont traité un chevalier comme un marchand, avant de se mettre à la poursuite du fuyard qu'il doit rattraper au nom du roi. C'est donc à contrecœur qu'Ernalt, ses chevaliers et ses écuyers partent à la recherche du meurtrier du juge, accompagnés par les hommes en armes de la commune.

Wolfram a procédé ici à de nombreuses modifications qui reflètent le mouvement d'émancipation que connaissent certaines villes allemandes de l'Empire en ce début de XIIIe siècle, ainsi que l'ascension économique qui en est la condition. Il est notable que le châtelain ait été remplacé par un juge tenant son pouvoir du roi de Rome, c'est-à-dire de l'empereur. En effet, la première phase dans ce phénomène d'émancipation des villes est l'octroi par l'empereur du droit d'exercer la basse justice (la haute justice demeurant aux mains du roi ou du seigneur local). L'image négative du roi Louis dans le roman est donc accentuée par le fait qu'il a accordé une telle autonomie à une commune qui en abuse en tentant d'extorquer de l'argent à un chevalier seul et sans appui. Toutefois, c'est bien la politique de l'empereur allemand qui est visée et dénoncée ici. Certaines villes, à l'origine fondées par des familles nobles comme celles des Wittelsbach ou des Zähringen pour le sud de l'espace germanophone, profitent de leur ascension économique pour se voir accorder par l'empereur le droit d'exercer leur propre juridiction ainsi que d'autres privilèges relatifs à la liberté de commerce. Elles disposent dès lors de leur propre conseil municipal et de leur propre tribunal pour les affaires relevant de la basse justice, ce qui exclut le meurtre et l'assassinat, le vol, le brigandage, le viol et l'incendie. En Bavière, région d'origine de Wolfram, cette émancipation commence à la fin du XIIe siècle : ainsi Frédéric Ier Barberousse accorde-t-il dès 1156 à la ville d'Augsbourg des droits qui la libèrent de la tutelle judiciaire qu'exerce l'évêque qui est le seigneur de la ville. Les nouvelles normes attestées dès 1276 touchent le droit lié au commerce, au voisinage, à la construction d'un immeuble, à l'héritage et à la famille. Il en ira de même en 1219 à Nuremberg, lorsque l'empereur Frédéric II accordera à la ville, qui se trouve au pied de la forteresse du châtelain, une série de privilèges qui la libéreront de la juridiction seigneuriale[17]. Une politique semblable sera menée quelques années plus tard par l'empereur à Kempten au détriment de l'abbé qui règne sur la ville.

C'est une situation similaire que dénonce ici Wolfram, se faisant le porte-parole d'une noblesse qui se voit dépouillée de son pouvoir par des communes qui, conscientes de leur poids économique, n'hésitent plus à défier le pouvoir local. C'est d'ailleurs bien le péché d'*avaritia* que commet ici le juge en voulant rançonner le chevalier. L'empereur met donc en péril l'ordre ancien au profit d'une plèbe qui transgresse sans vergogne les lois qu'elle est censée faire appliquer. À l'inverse de cette plèbe citadine, le chevalier incarne l'ordre et le droit voulus par Dieu. Non seulement Willehalm souligne qu'il n'a commis aucun dégât dans les campagnes, mais son comportement est également beaucoup plus louable que dans l'hypotexte. Contrairement au héros de la chanson de geste française, qui met en pièces la piétaille qui le poursuit, Willehalm s'abstient de tuer les bourgeois lors de sa contre-attaque, se comportant comme un chevalier chrétien qui ne fait couler que le sang des païens :

> *het er sünde niht ervorht*
> *da wære von im der schade geworht,*
> *des den werlichen ie gezam.*
> *einem er eine lanzen nam ;*
> *[S]in strit begund in leiden.*
> *wider in die scheiden*
> *daz swert wart gestecket.*
> *in die stat getrecket*
> *wart da von al dem comune.* (*Willehalm*, 114, 27 – 115, 5)

> « S'il n'avait pas craint de commettre un péché, il leur aurait causé les mêmes préjudices que ceux que l'on a lorsque l'on combat vraiment. Il se contenta de prendre la lance de l'un d'entre eux. Sa résistance eut raison d'eux : ils remirent leurs épées dans les fourreaux et tous les gens de la commune retournèrent dans la ville. »

---

17 Nous reviendrons plus bas sur l'émancipation de la ville de Nuremberg, commune voisine du village d'Obereschenbach qui a sans doute vu la naissance de Wolfram. Il est intéressant de noter que la seule date attestée pour l'écriture de *Willehalm* est 1217, année de la mort de Hermann de Thuringe, tandis que la Grande Lettre de Franchise de Nuremberg date de novembre 1219. Wolfram a sans doute commencé la rédaction de son roman avant 1217 et l'aura poursuivie durant les années qui suivirent. Il est cependant impossible de déterminer si ce passage du roman, qui condamne la cupidité et l'esprit mercantile des bourgeois, est une réaction directe à l'émancipation de Nuremberg ; il semble néanmoins que les deux événements soient très proches l'un de l'autre chronologiquement.

Cette attitude résolument conservatrice et favorable à la noblesse est maintenue de manière conséquente par Wolfram. Ainsi, dans les *Aliscans*, lorsque Guillaume arrive à Laon et est éconduit par le roi qui refuse de le recevoir, il est accueilli chez un bourgeois généreux qui répond au nom de Guimar. Celui-ci fait installer le cheval de Guillaume à l'écurie et offre l'hospitalité au chevalier, lui servant des mets raffinés que Guillaume refusera de toucher afin de rester fidèle au serment qu'il a prêté à Guibourc. Cette noblesse d'âme du « franc borgois » (*Aliscans*, v. 2938), qui détonne avec l'attitude de la cour, semble avoir heurté Wolfram. L'adaptateur allemand conserve la scène en précisant toutefois que le marchand Wimar « est d'origine chevaleresque » (*Willehalm*, 131, 1 : *Des was von ritters art geborn*). Dès lors, sa grandeur d'âme et sa générosité, pendants de la perfidie du juge, ne s'expliquent que par son sang noble (sans doute sa mère noble aura-t-elle épousé un riche marchand, provoquant ainsi la déchéance sociale de son fils, phénomène courant au XIIIe siècle au sein de la noblesse appauvrie). Le marchand n'est donc une figure positive chez Wolfram que si du sang noble coule dans ses veines. Le margrave reconnaît d'ailleurs les qualités morales de son hôte, notamment sa bonté (*Willehalm*, 135, 14 : *iuwer güete ist an mir worden schin*)[18] et lui rend hommage en lui dévoilant son identité.

Les marchands, tels qu'ils apparaissent dans les textes des XIIe et XIIIe siècles, sont souvent perçus comme des gens potentiellement malhonnêtes. Ceci est bien sûr particulièrement perceptible dans la littérature cléricale et didactique qui met au pilori les vices des différents états. Dans ses sermons, Berthold de Ratisbonne exhorte les artisans et les marchands des villes à faire preuve d'honnêteté et à ne pas chercher à abuser leurs concitoyens. S'il reconnaît une certaine utilité aux marchands qui vont chercher dans des pays lointains, comme la Hongrie, la France ou dans des contrées outre-mer, des biens que l'on peut y acheter à bas prix pour les ramener en Allemagne par bateau ou dans des chariots, il s'empresse de leur rappeler qu'ils doivent pratiquer leur commerce en restant honnêtes et sans fausser les poids qui leur servent à peser leurs marchandises. De la même façon, il somme les orfèvres, les forgerons, les vendeurs de nourriture à ne

18 « Vous avez fait preuve de bonté envers moi ». Le concept de *güete* recouvre les notions de bonté, de perfection et de noblesse.

pas frauder et, pour ces derniers, à ne pas vendre de viande pourrie ou de poissons avariés[19].

Même si les villes de l'Empire commencent à s'émanciper de la tutelle seigneuriale dès la fin du XIIe siècle, ni la ville ni ses occupants ne sont considérés comme dignes d'être des objets de représentation littéraire. Durant le haut Moyen Âge, la littérature allemande est avant tout courtoise et féodale, jamais elle ne met en avant le dynamisme économique ni l'aspiration à la liberté qui émanent des villes.

LA RÉHABILITATION DES VILLES À LA FIN DU MOYEN ÂGE

Il faudra attendre le XVe siècle pour que les choses changent et que la ville devienne l'objet même de la poésie. En 1447, Hans Rosenplüt compose un *Éloge de Nuremberg* (*Lobspruch auf Nürnberg*) long de 396 vers[20]. À cette époque la cité compte environ 40 000 habitants et constitue avec Cologne et Augsbourg l'une des plus grandes villes d'Allemagne. Nuremberg a obtenu ses premiers privilèges dès le XIe siècle et en

19 On pourra, par exemple, se reporter au sermon intitulé « Les dix chœurs des anges et de la chrétienté » dans lequel Berthold dénonce les péchés propres à chaque état (« Von zehen kœren der engele unde der kristenheit », dans : Berthold von Regensburg, *Vollständige Ausgabe seiner Predigten*, mit Anmerkungen von Franz Pfeiffer und Joseph Strobl, Wien, W. Braumüller, 1862-1880 (reprint : Berlin, Walter de Gruyter, 1965), Bd. I, p. 140-156, voir en particulier les p. 146-151. Une traduction partielle du sermon est disponible dans l'édition suivante : Berthold de Ratisbonne, *Péchés et vertus. Scènes de la vie du XIIIe siècle*, textes présentés, traduits et commentés par Claude Lecouteux et Philippe Marcq, Paris, Desjonquères, 1991, p. 21-37. Les fraudes et délits perpétrés par les commerçants et artisans des villes y ont une place de choix : Berthold, insistant sur le fait que chacun doit exercer son métier avec probité, y énumère les ruses auxquelles les différents corps de métiers ont recours. Qu'il s'agisse d'utiliser des étoffes gâtées, des métaux impurs, des balances et des poids faussés, ou d'user de faux serments pour vanter le prix ou la qualité d'une marchandise, le prédicateur franciscain n'épargne personne et qualifie tous ces fraudeurs de trompeurs et de renégats qui devront craindre le jugement divin. Voir Berthold von Regensburg, *Vollständige Ausgabe seiner Predigten*, éd. citée, p. 147 : *Sô bist dû ein trügener unde bist aptrünnic worden* ; « Ainsi, tu es devenu un trompeur et un renégat [à Dieu] ».

20 Texte cité d'après l'édition suivante : Hans Rosenplüt, *Reimpaarsprüche und Lieder*, herausgegeben von Jörn Reichel, Tübingen, Niemeyer, 1990 (Altdeutsche Textbibliothek, 105), p. 220-234 : « Der Lobspruch auf Nürnberg ».

novembre 1219 l'empereur Frédéric II lui accorde la Grande Lettre de Franchise (*der Große Freiheitsbrief*)[21], afin de permettre à la ville de compenser sa situation géographique rendue difficile par les sols environnants qui sont à la fois sablonneux et très peu fertiles. L'éloge écrit par Rosenplüt mentionne d'ailleurs que la ville est « située sur un sol sablonneux et infertile » (*Lobspruch auf Nürnberg*, v. 291 : *Auf einem durren sande gelegen*), et s'étonne que dans de telles conditions un marché aux vins, tel que l'on n'en trouve dans aucun autre royaume, puisse se tenir une fois par semaine dans la cité (*Lobspruch auf Nürnberg*, v. 292-296). Le conseil de la ville est mentionné pour la première fois en 1256 et un siècle plus tard, en 1356, l'empereur Charles IV stipule dans la Bulle d'Or que tout nouveau souverain, désormais élu par les sept princes électeurs, devra tenir sa première cour plénière à Nuremberg. L'un de ses fils, l'empereur Sigismond, décide en 1424 de transférer les insignes impériaux à Nuremberg qui les conservera jusqu'à l'arrivée dans la région des troupes révolutionnaires françaises en 1796.

Ses murs puissants, ses nombreuses tours (dont on raconte qu'il y en a autant que de jours de l'année) et ses cinq portes sont le reflet de cet apogée économique et politique. La ville se trouve à l'orée d'une extraordinaire période de floraison commerciale et artistique. Le premier moulin à papier au nord des Alpes y a été construit en 1390 et, avec l'invention de l'imprimerie, le commerce du livre deviendra un autre atout de la cité. Enfin, c'est ici que vont bientôt œuvrer Albrecht Dürer et tous les artistes travaillant dans son atelier.

---

21 Ce document, aujourd'hui conservé dans les Archives d'État de la ville de Nuremberg, confirme et renforce les droits et privilèges de la cité. Ainsi les taxes ne sont plus prélevées par le souverain mais par un représentant de la commune, ce qui met les habitants à l'abri de l'arbitraire des agents impériaux. Par ailleurs, les marchands de Nuremberg ne dépendent plus de la juridiction de l'évêque de Bamberg mais uniquement de celle du roi, et ne peuvent plus être condamnés à livrer un duel judiciaire. Lors des foires de Nördlingen et de Donauwörth, ils sont désormais autorisés à utiliser une monnaie d'argent ou d'or frappée à Nuremberg. Enfin, la Grande Lettre de Franchise les dispense de taxes douanières dans les régions allant de Passau à Worms, ce qui constitue une mesure destinée à favoriser l'exportation de leurs marchandises. Ces privilèges, que la ville a sans doute dû acheter à prix d'or auprès de l'empereur, visent à compenser sa situation géographique peu enviable, notamment la pauvreté d'un sol peu propice à l'agriculture. Dès lors, seuls les marchands et artisans peuvent assurer la prospérité d'une cité au carrefour de nombreuses voies commerciales. Voir *Die Urkunden der deutschen Könige und Kaiser*, 14. Band, Teil III : *Die Urkunden Friedrichs II. (1218-1220)*, bearbeitet von Walther Koch, unter Mitwirkung von Klaus Höflinger, Joachim Spiegel und Christian Friedl, Hannover, Hahn, 2010 (MGH), p. 304-307.

L'éloge de la ville de Nuremberg par Hans Rosenplüt ne trouve pas sa source dans le genre des éloges hérité de l'Antiquité[22], mais dans des textes beaucoup plus actuels, comme par exemple une vie des saints anonyme, intitulée *Der Heiligen Leben* (*Les vies des saints*) et composée vers 1400. Dans la partie consacrée à saint Sebald, saint patron de Nuremberg, la formule indiquant que la cité abrite des gens sages et un conseil si avisé qu'on n'en trouve pas d'autres dans le pays[23] est également caractéristique de l'éloge et l'allusion à la sagesse du conseil sera reprise par Hans Rosenplüt. Toutefois, c'est sans doute le texte anonyme intitulé « Sag von Nürnberg » (le *Dit de Nuremberg*), composé en 1426, qui se rapproche le plus de l'éloge écrit par Rosenplüt. Il traite essentiellement du transfert des insignes impériaux à Nuremberg à l'initiative du roi Sigismond en 1424[24].

Dans son panégyrique d'un nouveau genre[25], Rosenplüt exploite des éléments empruntés à ces textes visant à commémorer la mémoire des saints ou le transfert des *regalia*, mais il les insère dans un éloge célébrant la puissance économique de la cité, l'importance de ses œuvres

---

22 La rhétorique antique n'accorde qu'une place secondaire au panégyrique urbain, ce genre étant le plus souvent comparé à l'éloge individuel. Ainsi Quintilien soutient-il que l'on doit louer les villes à l'instar des hommes qui y habitent, comparant la figure du fondateur de la cité à celle du père. Voir Quintilien, *Institutionis oratoriae*, liber III, cap. 7, 26 : « *Laudantur autem urbes similiter atque homines. Nam pro parente est conditor* ». L'auteur souligne que les vertus et vices des habitants sont les mêmes que pour des personnes individuelles : « *et virtutes ac vitia circa res gestas eadem quae in singulis* ». Selon Quintilien, les principales caractéristiques des *Laudes urbium* sont l'évocation du fondateur, les faits et réalisations des habitants, la position de la cité et les fortifications qui la protègent, les édifices publics, la situation géographique de la ville et la région qui l'entoure. Voir H. Kugler, *Die Vorstellung der Stadt in der Literatur des deutschen Mittelalters*, *op. cit.*, p. 26-28.

23 Voir *Der Heiligen Leben*, Band I : *Der Sommerteil*, hrsgb. Margit Brand, Kristina Freienhagen-Baumgardt, Ruth Meyer, Werner Williams-Krapp, Tübingen, Walter de Gruyter, 1996 (Texte und Textgeschichte, 44), p. 439 : *Und vint man als klug weis leut do und ain als weisen rat, als man in dem lant iendert vint, das sich ritter und kneht und ander stet noch in rihten* (« Et l'on y trouve des gens si avisés et un conseil d'une sagesse telle qu'on ne trouve son pareil nulle part ailleurs dans le pays, si bien que les chevaliers, les écuyers et d'autres villes se conforment à ce qu'ils disent »).

24 En ce qui concerne les sources utilisées par Hans Rosenplüt, on pourra se référer à : Claudia Esch / Matthias Kirchhoff, « Hat so gedicht Hans Rosenplüt ? Der "Lobspruch auf Bamberg" als Vehikel von Gedächtnis, politischer Affirmation und Geschäftsinteressen », *Zeitschrift für deutsches Altertum und deutsche Literatur*, Bd. 143, 2014, p. 444-466, voir en particulier les p. 445-449.

25 Hans Rosenplüt évoque « un nouveau poème » (v. 3 : *ein newes geticht*), à comprendre d'après l'éditeur J. Reichel comme un poème d'un nouveau genre, *ein Gedicht neuer Art*. Voir H. Rosenplüt, *Reimpaarsprüche und Lieder*, *op. cit.*, p. 322.

caritatives et son émancipation politique. Il montre un ensemble uni par des institutions et des œuvres de bienfaisance qui assurent la cohésion de ce tout harmonieux et bien ordonné, un tout qui s'oppose à la société féodale des seigneurs violents et destructeurs.

Cet éloge contient notamment un hymne au bon gouvernement de la ville tel qu'il est assuré par le conseil municipal[26]. Dès le prologue, l'auteur souligne la sagesse du conseil, l'obéissance de la communauté et l'éducation des prêtres, tous unis pour faire respecter l'ordre et la morale (v. 10-14). Le caractère actuel et polémique du texte n'est pas seulement dirigé contre la noblesse[27], mais aussi contre les corporations interdites à Nuremberg depuis la révolte des artisans de 1348-1349[28]. L'auteur dénonce les villes dirigées par plusieurs instances, car dans de tels lieux l'ordre et la loi sont souvent anéantis (v. 350 *sq.*)[29]. À Nuremberg un unique berger incarne l'autorité, un berger qui n'a jamais « fait le fier avec son troupeau » et veille avec loyauté sur l'ensemble des animaux :

> *In Nurmberg ist newr ein hirt*
> *Der nie mit dem vihe hat gestolzirt*
> *Und also getreulich zugehutt hat*
> *Der großen hert, der ganzen stat,*
> *Das sie kein unziffer nie mocht vergiften,*
> *Das oft geschicht auf hohen stiften*
> *Und auch wo einfeltig zunft sein.* (*Lobspruch auf Nürnberg*, v. 355-361)

> « À Nuremberg, il n'y a qu'un berger qui n'a jamais fait le fier avec son troupeau et qui a gardé ce grand troupeau, toute la ville, avec une telle loyauté qu'aucune vermine n'a jamais pu l'empoisonner comme cela se produit souvent dans les résidences épiscopales et aussi là où se trouvent des corporations ignorantes. »

À travers cette comparaison biblique, assimilant le conseil municipal qui veille nuit et jour sur les clercs comme sur les laïcs au Christ qui protège ses brebis, cet éloge constitue un hymne à la liberté, une attaque

---

26 Au sujet du gouvernement des villes dans l'Empire, on pourra se reporter à Dominique Adrian, « Penser la politique dans les villes allemandes du Moyen Âge. Traités de gouvernement et réalités urbaines », *Histoire urbaine*, n° 38, 2013, p. 175-194.

27 Voir *Lobspruch auf Nürnberg*, v. 236-240 : *Hette einer groß gut geraubt und gestolen / Man hieß in edel und hielt in wert, / Der nie mit eren hette gewunnen swert.* (« Si quelqu'un avait volé et pillé beaucoup de biens, on le tiendrait pour noble et en haute estime alors qu'il n'a jamais fait honneur à son épée »).

28 Voir H. Rosenplüt, *Reimpaarsprüche und Lieder*, *op. cit.*, p. 326.

29 Voir également le vers 364 : *Bei vil hirten wirt oft ubel gehutt* (« Avec plusieurs bergers, le troupeau est souvent mal gardé »).

contre l'ordre figé des corporations qui interdit toute mobilité sociale en contrôlant le nombre d'artisans par métier, et contre la puissance des évêques. Le conseil est le bon Pasteur, prêt à donner sa vie pour soustraire ses brebis au loup (Jn 10, 11-12). Rosenplüt évoque par ailleurs le roi David qui, disposant de cinq pierres[30], tue le loup (c'est-à-dire David) avec la première, car celui-ci voulait exterminer son troupeau (1 Sm, 17, 40). Cette assimilation emblématique de David au bon pasteur, fréquente au Moyen Âge[31], est étendue ici à la ville de Nuremberg, nouveau David qui protège son troupeau de l'emprise du Malin.

Le conseil, qualifié là encore de sage et de circonspect (*Lobspruch auf Nürnberg*, v. 365 : *der weise, fursichtig rat*), est également le garant de la paix : il empêche les querelles et assure le calme au sein de la cité, si bien que celle-ci ne désire pas d'autre berger. L'auteur insiste sur le fait que cet éloge n'est pas dû au hasard ou à l'arbitraire (*Lobspruch auf Nürnberg*, v. 377 : *Nu lob ich Nurmberg nicht nach gedunken*). La ville est présentée comme un havre de paix propice au bonheur :

> *In frides garten wechst gluck und selde.*
> *Wo unfride ist, da hagelts und schawert.*
> *Ein iglich creatur, die trawert,*
> *Wenn es in unfride sucht sein speise* (*Lobspruch auf Nürnberg*, v. 388-391)
>
> « Dans le jardin de la paix croissent le bonheur et la félicité. Là où sévit la discorde, il grêle et il pleut. Chaque créature qui cherche sa pitance en temps de discorde en est fort marrie. »

Les villes du sud de l'Empire ne disposent pas, contrairement à celles des régions septentrionales, de traités théoriques définissant un système politique performant voire idéal et, en l'absence de tout modèle, « chaque ville doit organiser son régime selon les contingences du moment[32] ». Rosenplüt donne dans son panégyrique l'image d'une cité politiquement autonome, libérée de la tutelle de la noblesse ou des corporations, régie

30 Hans Rosenplüt n'en évoque que trois : *Kunig David tott mit dreien stein / den grosten wolf, der im sein hert / Gemordet wolt haben mit dem swert* (v. 352-354 ; « Le roi David tua de trois pierres le gigantesque loup qui, de son épée, voulait massacrer son troupeau »).

31 Voir 1 Sm, 17, 32-37. À ce sujet, on peut également se reporter à : Martine Dulaey, « L'histoire de David lue par les écrivains des premiers siècles chrétiens », *Revue d'études augustiniennes et patristiques*, t. 60, 2014, p. 175-212.

32 D. Adrian, « Penser la politique dans les villes allemandes du Moyen Âge. Traités de gouvernement et réalités urbaines », art. cité, ici p. 188.

par un conseil municipal conscient du bien commun et prenant en compte les besoins des moins fortunés. Cependant, il ne donne aucun détail sur la façon dont ces édiles sont désignés ni si sur leur mode de travail et de prise de décisions.

Si l'on entend par littérature urbaine des types de textes tournés vers les valeurs propres de la ville et de ses habitants, force est de constater que, pour ce qui concerne l'espace germanophone, cette littérature ne coïncide ni avec l'essor des villes de la fin du XIIe siècle ni avec les romans antiques ou arthuriens mettant en scène des descriptions de villes. Les XIIe et XIIIe siècles sont marqués par une littérature qui, pour le domaine allemand, dénonce l'esprit mercantile des marchands et des patriciens des villes et oppose à leur prétendue cupidité ou fourberie la grandeur d'âme et les nombreuses autres vertus associées à la noblesse ou à une ascendance noble. Si la ville est évoquée, l'optique demeure délibérément aristocratique et courtoise. L'analyse comparée des *Aliscans* et de *Willehalm* a montré que ce phénomène de rejet des valeurs urbaines d'une bourgeoisie naissante est nettement plus marqué dans la littérature allemande que dans celle relevant du domaine francophone. En cela, l'espace germanophone accuse un retard marqué par rapport à d'autres parties de l'Europe, notamment à l'espace anglo-normand. Il est ainsi permis de songer à la *Descriptio Londoniae*, composée en 1173 par William Filzstephen : cet éloge de la ville dépeint très concrètement les différentes activités urbaines telles que les écoles, ateliers, marchés, auberges, ainsi que ce qui permet de se divertir (sports, théâtres et jeux)[33].

Il faut attendre le XVe siècle pour qu'apparaisse une littérature urbaine dans laquelle s'affirment le sens du bien commun, la revendication à incarner la science et la culture, ainsi qu'une forme de gouvernement juste et sage. Le panégyrique écrit par Hans Rosenplüt au sujet de la cité de Nuremberg, ville impériale jouissant à ce titre d'une véritable autonomie politique, est très révélateur de cette émancipation urbaine et d'une nouvelle assurance due à la richesse, à la prospérité et à la puissance qu'ont apportées le commerce et l'artisanat florissants. Cette puissance

33 Voir Carl Joachim Classen, *Die Stadt im Spiegel der* Descriptiones *und* Laudes urbium *in der antiken und mittelalterlichen Literatur bis zum Ende des zwölften Jahrhunderts*, Hildesheim / New York Olms, 1980 (Beiträge zur Altertumswissenschaft, 2).

urbaine va à l'encontre des valeurs de la noblesse et s'inscrit délibérément dans un projet de société qui rejette les valeurs aristocratiques liées aux combats, voire aux rapines. Ce qui compte dès lors n'est plus la bravoure ou la quête de l'honneur, mais l'exercice du pouvoir avec sagesse et circonspection. Dans le texte de Rosenplüt, le noble incarne la violence, la dévastation et le pillage tandis que la ville est présentée comme un havre de paix où règnent l'ordre et la sécurité.

Patrick DEL DUCA
Université Clermont Auvergne

LA NOUVELLE
ET LA CHRONIQUE URBAINE
AU MOYEN ÂGE TARDIF

Franco Sacchetti et Philippe de Vigneulles

La notion du discontinu, ou de la fragmentation, principe crucial de la littérature et des arts de la Renaissance, explicité dans les années 1980[1], trouve son accomplissement dans les travaux remarquables de Michel Jeanneret. L'historien suisse se penche entre autres sur le recueil de nouvelles de la Renaissance qui représente, selon lui, un des modèles de référence du « récit modulaire » proliférant aux XVe et XVIe siècles :

> Les volumes de nouvelles, à l'exemple du Décaméron, débitent eux aussi la matière narrative en modules indépendants ; en Italie comme en France, ils [...] se contentent de regrouper, plus au moins adaptées, plus ou moins organisées, des histoires qui, de la sorte, passent d'une anthologie à l'autre[2].

M. Jeanneret considère le *novelliere* comme une forme à part, bien que flexible de l'intérieur. Sa structure créée par Boccace devient en effet la source essentielle d'inspiration pour la plupart des successeurs du grand florentin. Mais on peut dire que le livre de nouvelles, protéiforme et en marge des « grands » genres littéraires de l'époque, évolue non seulement par imitation plus ou moins avouée du modèle boccaccien, mais aussi par sa fragmentation. Nombreux sont les nouvellistes qui tirent leur profit non de l'édifice entier du *Décaméron*, mais de quelques-uns de ses éléments. Ainsi on assiste le plus souvent à la rupture entre la *cornice* et les histoires racontées chez les premiers héritiers de Boccace ; le modèle

---

1 Voir, par exemple, l'article de Claudie Balavoine, « Bouquets de fleurs et colliers de perles : sur les recueils de formes brèves au XVIe siècle », dans *Les formes brèves de la prose et le discours discontinu (XVIe-XVIIe siècles)*, Jean Lafond dir., Paris, J. Vrin, 1984, p. 51-71.

2 Michel Jeanneret, *Perpetuum mobile. Métamorphoses des corps et des œuvres, de Vinci à Montaigne*, Paris, Macula, 1997, p. 232-233.

se disloque formellement en deux[3]. En revanche, le livre de nouvelles post-boccaccien, forme mouvante, renoue avec ses sources médiévales (*exempla*) ou s'épanche dans les recueils de facéties humanistes. Ce processus du « morcellement » de la structure décaméronienne devient particulèrement manifeste si on se penche sur son appropriation par le milieu urbain aux XIVe-XVe siècles. Les *Cento novelle*, « l'épopée des marchands », au dire de Vittore Branca[4], ont été diffusées et transcrites à cette époque surtout par des copistes *per passione* appartenant à ce même milieu commercial de la ville[5]. Et les premières tentatives de créer un recueil similaire montrent que la nouvelle se plie aux techniques de la chronique urbaine, genre médiéval renouvelé au XIVe siècle en langue vulgaire par Giovanni Villani[6].

Il s'agit avant tout d'emprunts directs. Ser Giovanni[7], le premier de la suite infinie des imitateurs de Boccace, reprend à peu près la moitié des nouvelles de son *Pecorone* (vers 1385) dans la *Nuova Cronica* de Villani en les modifiant légèrement[8]. Le livre qui s'inscrit dans le sillage du *Décaméron* et qui est composé « *per dare alcuna scintilla di refrigerio e di consolazione* » aux amants[9] s'avère une compilation de sujets tirés de l'histoire de Florence. On retrouve l'interaction similaire de ces deux formes narratives dans les *Novelle* du marchand lucquois Giovanni Sercambi (vers 1400), auteur des *Croniche di parte de' facti du*

3 La nouvelle encadrée ne fait son réapparition triomphante qu'au début XVIe siècle en Italie, sous l'influence des dialogues de Bembo et de Castiglione ; en France il a fallu attendre la parution du *Décaméron* traduit par Antoine Le Maçon (1545) pour que la structure de l'*Heptaméron* prenne les allures boccacciennes. Voir Mireille Huchon, « Définition et description : le projet de l'*Heptaméron* entre le *Caméron* et le *Decaméron* », dans *Les visages et les voix de Marguerite de Navarre*, Marcel Tetel dir., Paris, Klincksieck, 1995, p. 51-66.

4 Vittore Branca, « L'epopea dei mercatanti », *Lettere italiane*, v. 8, n° 1, 1956, p. 9-33.

5 Marco Cursi, *Il Decameron : scritture, scriventi, lettori. Storia di un testo*, Roma, Viella, 2007.

6 Voir, entre autres, Jérémie Rabiot, « "Fatta fedelmente volgarizzare". Documents traduits et insérés dans la *Nuova cronica* de Giovanni Villani (Florence, XIVe siècle) », *Médiévales*, t. 75, 2018, p. 49-66.

7 Ou Malizio Barattone. Voir Pasquale Stoppelli, « Malizia Barattone (Giovanni di Firenze) autore del "Pecorone" », *Filologia e critica*, t. 2, 1977, p. 1-34.

8 Marina Marietti, « De la chronique à la nouvelle : la réécriture de Giovanni Villani par l'auteur du *Pecorone* », *Arzanà. Cahiers de littérature médiévale italienne*, n° 6, 2000 (*La Mémoire du texte. Intertextualités italiennes*), p. 105-138 ; voir la table des correspondances dans Felice Messina, « Dalla cronaca alla novella, tra *historia* e *fabula* : paradigmi interpretativi e forme di riscrittura della *Nuova cronica* di Giovanni Villani » (thèse inédite, Università degli Studi di Napoli « L'Orientale », 2017), p. 98-101.

9 « Pour donner une étincelle de rafraîchissement et de consolation… ». Ser Giovanni, *Il Pecorone*, a cura di Enzo Esposito, Ravenna, Longo, 1974, p. 62.

Lucha[10]. Les deux œuvres écrites dans les mêmes années attestent plusieurs parallélismes, jusqu'à la présentation du texte ; de plus, les douze nouvelles du *Novelliero* passent presque telles quelles dans l'histoire des « faits lucquois[11] ». Christian Bec remarque judicieusement que « si le *Décaméron* est l'épopée des marchands, on peut dire que *Novelliere* en est la chronique[12] ». La structure du livre subit des changements significatifs par rapport au modèle. Sercambi adopte le cadre boccaccien, mais il en élimine un élément majeur, le dialogue ; le cercle des devisants cède la place à un seul conteur qui porte le nom d'*Attore* et dont le rôle se réduit au divertissement de la compagnie anonyme par des « *exempli* » profitables. Même la représentation de la peste que fuit la compagnie tranche avec celle du prologue du *Décaméron* : Ilaria Tufano a bien montré que l'idée d'une épidémie-châtiment, colère divine provoquée par les péchés des habitants de la ville, est commune à l'œuvre nouvellistique de Sercambi et aux chroniques urbaines[13]. La nouvelle naissante rejoint la chronique tout comme « la chronique tend à se rapprocher ou même à coïncider avec les formes élémentaires, pré-boccacciennes, de la nouvelle[14] ».

Les *Trecento novelle* de Franco Sacchetti, marchand florentin et admirateur de Boccace, portent une marque incontestable de cette convergence de la nouvelle et de la chronique locale. L'attitude de l'auteur envers le *Décaméron* se révèle polémique[15], surtout en ce qui concerne le lecteur visé. Messer Giovanni écrit pour les amoureuses, « *in soccorso e rifugio*

---

10 *Le Croniche* di Giovanni Sercambi lucchese, 3 vol., a cura di Salvatore Bongi, Lucca, Giusti, 1892 (Fonti per la storia d'Italia. Scrittori. Secolo XIV-XV).

11 Fabrizio Mari, « Giovanni Sercambi : Storia e finzione in un narratore toscano medievale » (thèse inédite, Durham University, 2012), p. 233-248, « http://etheses.dur.ac.uk/6389/ » (consulté le 24/4/2022).

12 Christian Bec, *Les marchands écrivains. Affaires et humanisme à Florence : 1375-1434*, Paris, La Haye, Mouton, 1967, p. 182.

13 Ilaria Tufano, « Dalla cronaca alla novella », *Rassegna europea di letteratura italiana*, n° 29-30, 2007, p. 157-168 ; et « La peste del 1348 nelle cronache italiane », *Rassegna europea della letteratura italiana*, n° 24, 2004, p. 33-46 ; Giovanni Cherubini, « La peste nera : l'accertamento storiografico », dans *La peste nera : dati di una realtà ed elementi di una interpretazione*, dans *Atti del III Convegno storico internazionale*, Todi 10-13 ottobre 1993, Spoleto, Fondazione CISAM, 1994, p. 383-402. Voir Giovanni Villani : *E tali son fatti i giudizi di Dio per pulire i peccati de' viventi* (Giovanni Villani, *Nuova Cronica*, a cura di Giuseppe Porta, Parma, Fondazione Pietro Bembo, Ugo Guanda éd., 1991, p. 681).

14 Alberto Varvaro, « Tra cronaca e novella », dans *La novella italiana. Atti del Convegno di Caprarola*, 14-24 settembre 1988, Roma, Salerno editrice, 1989, p. 169.

15 Voir, entre autres, Bruno Porcelli, « Boccaccio in Sacchetti », *Giornale storico della letteratura italiana*, vol. 176, 1999, p. 355-362.

di quelle che amano[16] », érigeant son édifice de la culture nouvelle sur le fondement de l'amour. Le service des dames assimilées aux Muses du Parnasse dans l'Introduction à la Quatrième journée lui permet de hisser son livre au rang de la poésie, c'est-à-dire de la *favola*, de la fiction poétique qu'il fait valoir dans le XIVe livre de sa *Genealogia deorum gentilium*[17]. C'est précisément cette dimension poétique du *Décaméron* que désapprouve Sacchetti : selon lui, Boccace écrit pour les choses de la chair (« *per una materiale cosa*[18] »). Les *Trecento novelle* ne comportent pas d'histoires d'amour[19], ni de fragments en vers, ni de descriptions de la nature, attribut incontournable des passe-temps raffinés de la *lieta brigata* boccacienne. L'auteur se propose de consoler non les dames, mais tous les malheureux réduits à la misère et au « *povero e infelice stato* » par la pestilence et les guerres civiles. Il exclut de son livre les jeunes narrateurs nobles (et fictifs) ; ses personnages, gens de tous les états et toutes les conditions[20], demeurent dans la réalité calamiteuse, s'identifiant aux lecteurs qui, grâce aux histoires à faire rire, sont désormais pourvus d'un moyen pour alléger leur sort.

Cette cohérence « réaliste » du livre sacchettien est riche de conséquences. Avant tout, le marchand florentin restitue le sens originel, pour ainsi dire étymologique de la nouvelle qui est un fait divers : il écrit pour les amateurs d'inconnu et d'inouï, « *immaginando come la gente è vaga di udire* cose nuove[21] ». Ses récits des « choses nouvelles » qui ont eu lieu récemment ou dans le passé ne sont plus ni des fables, comme chez Boccace, ni des *exempla*, comme chez Sercambi, mais les

16 « Pour le secours et le refuge de celles qui aiment ».

17 L'analyse détaillée de l'Introduction à la IVe Journée à l'aune de la *Généalogie* est proposée par exemple par Chiara Cassiani : « Boccaccio e le favole dei poeti. A proposito dell'*Introduzione* della quarta giornata », *Filologia antica e moderna*, v. 22-23, 2012-2013, p. 163-172 ; voir aussi Pauline Pionchon, « *La Généalogie des dieux païens* entre le *Décaméron* et les nouvelles des humanistes du premier XVe siècle », *Cahiers d'études italiennes*, n° 10, 2009, p. 55-78.

18 Franco Sacchetti, *Il Trecento novelle*, a cura di Emilio Faccioli, Torino, Einaudi, 1970, p. 1.

19 Tout comme le *Pecorone*, voir Marina Marietti, « De la chronique à la nouvelle », art. cité, p. 105.

20 … *Si tratterà di* […] *condizioni di genti, come di* […] *marchesi e conti e cavalieri, e di* […] *grandi e piccoli, e così di grandi donne, mezzane e minori, e d'ogni altra generazione* (« … Il sera question […] des conditions des gens, tels que […] marquis et comtes et chevaliers, et des […] grands et petits, et aussi des dames, grandes, moyennes et basses, et de tout autre lignage ». Franco Sacchetti, éd. citée, p. 1).

21 « En réalisant comment les gens sont avides à entendre *les choses nouvelles* » (*Ibid.*).

narrations véridiques d'événements réels, dont lui-même a été parfois le témoin ou l'acteur[22]. En reprenant un mot ironique de Boccace qui invite les éventuels détracteurs de ses récits à en présenter « les originaux » (*Decameron*, IV, Introd[23].), Sacchetti le réinterprète en allégant la vérité historique :

> *E perché molti e spezialmente quelli, a cui in dispiacere toccano, forse diranno, come spesso si dice : « queste son favole », a ciò rispondo che ce ne saranno forse alcune, ma nella verità mi sono ingegnato di comporle. Ben potrebbe essere, come spesso incontra, che una novella sarà intitolata in Giovanni, e uno dirà : ella intervenne a Piero ; questo serebbe piccolo errore, ma non sarebbe che la novella non fosse stata*[24]...
>
> « Et parce que beaucoup de gens, et surtout ceux qui sont déçus, diront peut-être, comme on le dit souvent, "ce sont des fables", je réponds qu'il y en a peut-être, mais je me suis efforcé de les composer véridiquement. Il se pourrait bien, comme c'est souvent le cas, qu'une nouvelle soit attribuée à Giovanni, et que l'on dise : "elle est intervenue à Piero" ; ce serait une petite erreur, mais ce ne serait pas que la nouvelle n'ait pas eu lieu... »

Ici, la notion de *favola* ne renvoie pas à la fiction poétique qui conduit l'auteur auprès les Muses de Parnasse, mais à ces récits ineptes des vieilles femmes dont parle Boccace dans la *Généalogie* XIV, 9. On la retrouve, par exemple, dans la nouvelle 32[25] : un dominicain invente une *fable* pour démontrer que l'usure n'est pas un péché. Les paroissiens effarés

---

22 Voir l'analyse des stratégies narratives induites par ce principe dans Irena Prosenc Šegula, « "E io scrittore" : stratégies narratives et vérité historique dans le *Trecentonovelle* de Franco Sacchetti », *Cahiers d'études italiennes*, n° 6, 2007 (*La Nouvelle italienne du Moyen Âge à la Renaissance*), p. 47-57.

23 « Le défi polémique de Boccace met en évidence le fait que le recueil narratif n'est pas simplement un livre de contes, mais un livre de contes narrés, c'est-à-dire, dans lequel le datum performatif et l'enveloppe du commentaire font partie intégrante de cette vérité spécifique dont le *Décaméron* témoigne, et à laquelle aucun prétendu "original" ne peut être opposé. » Renzo Bragantini, « Apologie del vero : poetiche novellistiche, da Boccaccio al Cinquecento », *Italianistica*, vol. 46, 2017, ici p. 34.

24 Franco Sacchetti, éd. citée, p. 2.

25 Dans l'argument de la nouvelle (« *Meglio seppe comporre una sua favola uno frate, del quale parlerò in questo capitolo, che non seppono comporre la loro gli ambasciadori di Casentino...* » (« Un frère, dont je parlerai dans ce chapitre, a su mieux composer sa fable que les ambassadeurs de Casentino n'ont su composer la leur ») et dans le discours du moine annonçant au peuple : « *E perché non crediate che io dica favole, perché la materia è grande, se io averò il tempo, io ne predicherò domenica mattina* » (« Et pour que vous ne pensiez que je raconte des fables, car l'affaire est grande, je prêcherai le dimanche matin, si j'ai le temps ». Éd. citée, p. 85). Voir les nouvelles 147, 158, 210, où le terme signifie toujours « mensonge », « ineptie ».

traitent le prédicateur d'escroc (*ciurmatore*), et l'auteur, tout en appréciant la blague, condamne à la fois les usuriers et le peuple qui préfère les balivernies aux saintes Écritures[26].

La fiction et la moralisation, deux éléments assurant la cohérence du livre de nouvelles chez Boccace et Sercambi, sont donc absents de la structure des *Trecento novelle.* En abandonnant la fable poétique, Sacchetti se débarasse du cadre fictif ; celui-ci se fond dans les récits se manifestant tantôt par la mention d'une compagnie dont l'auteur-narrateur est le membre (nouv. 37, 112 *et al.*), tantôt par la réaction des assistants à un bon mot de quelques personnages (nouv. 7, 11, 20 *et al.*). La moralité finale présente parfois dans le livre se rapproche plutôt d'un conseil pour le quotidien : elle n'est jamais présentée comme une vérité générale extrinsèque au récit, mais comme un jugement personnel de l'auteur qui, lui aussi, fait partie de la communauté urbaine à laquelle il s'adresse.

Les historiens notent volontiers la présence appuyée de la parole d'auteur dans les *Trecento novelle*, de ce « je » qui traverse le texte à tous ses niveaux et qui en devient un élément structurel principal[27], suppléant l'absence d'un cadre fictionnel[28]. En plus de tirer des leçons des événements narrés, le « je » en devient un témoin ou un personnage : il pleure la mort du badin Basso della Penna (nov. 21), il voit de ses propres yeux, vers 1390, Ferrantino degli Argenti, ancien prévôt de Florence reconnaissable par les « croupières d'une taille démesurée » de son cheval (nov. 34), il assiste trois fois aux disputes engagées par Bernardino di Nerino dit Croce (nov. 37) ou

26 *Questo frate poté essere uno valentre uomo, però che egli avea mostrato, o voluto mostrare al populo, quanto era leggiero, e che correano piú tosto alle frasche e alle cose nuove che a quelle della Santa Scrittura* (« Ce frère était peut-être un homme de bien, car il avait montré, ou voulait montrer au peuple, combien celui-ci était léger, et qu'il courait plus volontiers aux sornettes et aux nouveautés qu'à la Sainte Écriture ». *Ibid.*, p. 88).

27 « L'élégante construction "multiplanaire" du *Décaméron* cède la place à une disposition linéaire réglée par l'auteur. [...] Parmi les éléments qui acquièrent une profondeur rhétorique, il faut noter la centralité de l'auteur, prêt à prendre les traits de la voix narrante, du personnage ou du témoin, dans un habile jeu de fonctions, qui subvertit les équilibres et les pratiques prévisibles... » (Flora Di Legami, « Novellistica del tardo Trecento. Studi e questioni critiche », dans *I cantieri dell'italianistica. Ricerca, didattica e organizzazione agli inizi del* XXI *secolo. Atti del XVIII congresso dell'ADI – Associazione degli Italianisti* (Padova, 10-13 settembre 2014), a cura di Guido Baldassarri *et al.*, Roma, Adi editore, 2016, p. 4). Voir Lucia Battaglia Ricci, *Palazzo Vecchio e dintorni : Studio su Franco Sacchetti e le fabbriche di Firenze.* Roma, Salerno éd., 1990, p. 53 *sq.*

28 Il est à noter que le libraire Antoine Vérard en faisant paraître en 1485 son édition du *Décaméron* traduit par Laurent de Premierfait met en valeur lui aussi le rôle de l'auteur-narrateur, témoin des faits exposés, au dépens de la *cornice* élaborée de Boccace.

il reproduit le récit d'un bon tour joué par son père Benci Sacchetti qu'il a entendu de sa propre bouche (nov. 98), etc. L'expression « *io, scrittore* » apparaît plus de trente fois dans ses nouvelles. Ce « paradigme rhétorique », loin de témoigner de la conscience d'auteur ou de l'influence d'un humanisme naissant[29] – « *io, scrittore* » ne signifie pas tant « moi, l'écrivain », mais « moi écrivant » – tient lui aussi à la convergence de la narration nouvellistique et chronicale aux débuts de la Renaissance. Il suffit de comparer le *Proemio* de Sacchetti au *Prolago* de Giovanni Villani à sa chronique :

> … *Io Franco Sacchetti fiorentino* […] *mi proposi di scrivere la presente opera e raccogliere tutte quelle novelle, le quali, e antiche e moderne, di diverse maniere sono state per li tempi, e alcune ancora che io vidi e fui presente, e certe di quelle che a me medesimo sono intervenute.*
>
> « Moi, Franco Sacchetti florentin […] me propose d'écrire l'œuvre présente et de recueillir toutes ces nouvelles, lequelles, tant anciennes que modernes, se sont produites dans le temps de diverse manière ; il y en a encore celles que j'ai vues et auxquelles j'ai assisté, et aucunes qui sont arrivées à moi-même. »

> … *Io Giovanni cittadino di Firenze, considerando la nobiltà e grandezza della nostra città a' nostri presenti tempi, mi pare che si convegna di raccontare e fare memoria dell'origine e cominciamento di così famosa città, e delle mutazioni averse e filici, e fatti passati di quella* […][30].
>
> « … Moi, Giovanni, citoyen de Florence, considérant la noblesse et la grandeur de notre ville au temps présent, je crois qu'il est opportun de raconter et de mémoriser l'origine et le début de cette fameuse ville, ainsi que les changements défavorables et avantageux et l'histoire passée de cette ville. »

Villani, tout comme Sacchetti, inclut volontiers dans sa narration des histoires vécues par lui-même ; et surtout, il utilise à plusieurs reprises cette même expression « *io scrittore* » qui sous-tend la structure et le style des *Trecento novelle*. « *E io scrittore ebbi di ciò testimonianza da quegli mercatanti ch'erano presenti* […] *in su la detta nave ; e io scrittore a queste cose fui presente ; e io scrittore, trovandomi per lo Comune di Firenze uficiale con altri onorevoli cittadini sopra fare edificare le dette mura*[31] » : ces phrases et

29 Voir, par exemple, Flora Di Legami, « Novellistica de tardo Trecento », art. cité, p. 6.

30 Giovanni Villani, *Nuova Cronica*, éd. citée, p. 1-2.

31 « Et moi, l'écrivain, j'en ai eu le témoignage de la part des marchands qui étaient présents […] sur ledit navire ; et moi, l'écrivain, j'ai assisté à ces choses ; et moi, l'écrivain, me trouvant au nom de la Commune de Florence en tant que fonctionnaire avec d'autres honorables citoyens pour construire les dits murs » (*Ibid.*, p. 175, 251, 345).

d'autres similaires rendent le chroniqueur témoin oculaire des événements décrits, grâce à qui le récit gagne une grande crédibilité et atteint la vérité historique[32]. Ce trait, fort nouveau par rapport aux chroniques médiévales dont l'autorité était assurée par les sources livresques, se révèle être un dispositif rhétorique commun à la nouvelle et à la chronique.

Enfin, on ne peut ignorer le caractère local, cette « florentinité » des nouvelles de Sacchetti dont parle Valerio Marucci[33] et qui les rapproche encore de la *Cronica* de Villani, ainsi que des autres chroniques urbaines italiennes. « *E non è da maravigliare se la maggior parte delle dette novelle sono fiorentine* [...] *che a quelle sono stato prossima*[34] », écrit Sacchetti dans son prologue. Contrairement à Sercambi et à Ser Giovanni, le citadin florentin restreint la matière de ses récits aux événements qui ont eu lieu dans sa commune natale ou dans les lieux qu'il a lui-même visités. Mais il serait hasardeux de considérer cette « couleur locale » des récits de Sacchetti, « couleur » qui est totalement absente du *Décaméron* et qui a remplacé les emprunts directs à la chronique de Villani dans *Pecorone*, comme un trait individuel de la rhétorique et du style de l'écrivain. Il s'agirait plutôt d'une caractéristique typologique des livres de nouvelles du XIVe-XVe siècles, comme le prouvent les *Cent nouvelles nouvelles* bourguignonnes et leurs éponymes écrites par Philippe de Vigneulles.

Bien que composées dans un milieu curial et non urbain, les *Cent nouvelles nouvelles* présentent de nombreuses analogies avec le livre de Sacchetti. Les deux auteurs imitent le modèle du *Décaméron*[35], mais en le reprenant selon les mêmes principes narratifs. Ils abandonnent le cadre fictionnel[36] en faveur de la vérité historique, traitant la nouvelle

32 Le cas de Villani n'est point unique : on retrouve des tournures analogues chez les autres chroniqueurs de l'époque, par exemple chez Agnolo di Tura de Siène (Ilaria Tufano, « Dalla cronaca alla novella », art. cité, p. 162).

33 Valerio Marucci, « Introduzione », dans Franco Sacchetti, *Il Trecentonovelle*, Roma, Salerno éd., 1996, p. XVI.

34 « Et il n'est pas étonnant que la plupart desdites nouvelles soient florentines [...] car elles me sont proches » (Franco Sacchetti, éd. citée, p. 1).

35 Selon Luciano Rossi, la structure du livre, notamment les *incipit* et l'ordre des nouvelles, témoigne d'une connaissance approfondie du *Décaméron.* Voir Luciano Rossi, « Pour une édition des *Cent Nouvelles nouvelles* : de la copie de Philippe le Bon à l'édition d'Antoine Vérard », *Le Moyen français*, v. 22, 1988, p. 69-77 ; et *id.*, « Per il testo delle *Cent Nouvelles nouvelles* : la centesima novella e i racconti dell'*acteur* », *Medioevo romanzo*, v. 8, 1981-1983, p. 401-418.

36 On sait que le cadre des *Cent nouvelles nouvelles* est pour ainsi dire implicite : en affichant le nom de chaque narrateur en tête de « sa » nouvelle, l'auteur anonyme crée un cercle

comme le récit d'un fait divers et non comme une fable : le rédacteur bourguignon, négligeant la série des synonymes du mot *novella* proposée par Boccace (*cento novelle o favole o parabole o istorie che dire le vogliamo*[37]), en conserve un seul, l'*histoire*, et y ajoute le terme *chapitre* : « Sensuyt la table de ce present livre, intitulé des Cent Nouvelles. Lequel en soy contient cent chapitres ou histoires ou pour mieulx dire nouvelles[38] ». Si les événements décrits par Boccace ont eu lieu dans le passé (« ja long temps a »), « l'estoffe » du livre bourguignon est « de fresche mémoire », ce qui la rend plus véridique. Mais la similarité la plus flagrante entre les livres de nouvelles, italien et bourguignon, réside dans le caractère surtout local des histoires : « Et pource que les cas descriptz et racomptez ou dit livres de Cent Nouvelles advindrent la pluspart es marches et metes d'Ytalie [...] se peut tresbien et par raison fondée en assez apparente verité ce present livre intituler de Cent Nouvelles nouvelles, jasoit que advenues soient es parties de France, d'Alemaigne, d'Angleterre, de Haynau, de Brabant et aultres lieux[39] », c'est-à-dire dans les terres du duc de Bourgogne et dans les alentours.

Mais l'œuvre en français la plus proche des *Trecento novelle* est certes le livre de Philippe de Vigneulles, riche drapier-chaussetier de Metz, connu aussi comme historien : tout comme Sercambi, il est l'auteur d'une vaste chronique de sa ville natale[40].

Dans le prologue de ses *Cent nouvelles nouvelles*[41] Philippe indique son modèle, le livre bourguignon qu'il connaît par l'édition d'Antoine Vérard (1486)[42] ou par quelque édition du début du XVIe siècle qui le

de devisants réels, non fictifs, qui sont présumés participer aux passe-temps « bons et prouffitables » de Monseigneur le duc Philippe le Bon.

37 « cent nouvelles, fables, paraboles ou histoires, comme on voudra les appeler ».

38 *Les Cent Nouvelles nouvelles*, éd. Franklin P. Sweetser, Genève, Droz, 1996, p. 1 [1re éd. 1966].

39 *Ibid.*, p. 22.

40 *La chronique de Philippe de Vigneulles*, éd. Charles Bruneau, 4 vol., Metz, Société d'histoire et d'archéologie de la Lorraine, 1927-1933. Voir, entre autres, Pierre Demarolle, « Philippe de Vigneulles chroniqueur : une manière d'écrire l'histoire », *Revue des langues romanes*, t. 97, 1993, p. 57-73.

41 Le seul manuscrit qui nous est parvenu (Bibl. municipale de Metz, ms. 1562), exécuté par un copiste et corrigé par l'auteur, est gravement mutilé.

42 Philippe en mentionnant le « daulphin » qui « fuit depuis roy Loys de France xj^e^ de ce nom » (Philippe de Vigneulles, *Les Cent nouvelles nouvelles*, éd. Charles H. Livingston, Genève, Droz, 1972, p. 57) cite l'interpolation faite par Vérard dans le prologue des *Cent nouvelles nouvelles* ; il qualifie ses récits de « contes », terme employé par Vérard dans le titre de la liste

reproduit. Pour défendre son précurseur des attaques des « simple gens » ignorants qui considèrent son œuvre comme pleine de mensonges, le chaussetier se propose de l'imiter et en 1505 il commence à noter

> … pluseurs adventures, advenues la pluspart tant à la noble cité de Mets comme au pays environ, comme moy mesme en a sceu et veu la plus grant partie ou du moins je les ouy dire et racompter à gens digne de foy et de creance. Lesquelles adventures et nouvelles ay depuis tousjours multipliez jusques au nombre de cent et dix et, puis les ay mis en escript par ordre l'une après l'autre au moins mal que j'ay peu ou sceu […] pour monstrer que, se les adventures qui se font en divers lieux et que journellement adviennent venoient à la congnoissance d'aucun bon facteur, ilz en pourroient faire et composer ung livre aussi bon que ceulx qui ont esté faict devant, veu et consideré que seulement moy, qui n'as guieres veu ne hanté, vous en a trouvé cent et plus, la pluspart advenues de mon temps[43].

On voit que la conception de la nouvelle de Philippe est basée sur les mêmes prémisses que celles du courtisan bourguignon et de Sacchetti. La nouvelle est traitée comme un fait divers, une « adventure », une histoire qui a eu lieu naguère. « …C'est une piteuse nouvelle et adventure qui m'est advenue depuis vostre despart », dit le personnage de la première nouvelle[44] ; « Au temps que mon pere, dont Dieu ait l'ame, estoit jeune et encor à marier, advint ceste adventure, comme depuis je luy ay ouy compter… », commence l'auteur la nouvelle 25[45] ; « Je me suis trouvez n'a mie loing temps en une bonne compaignie en laquelle se disoient pluseurs bons nouvelletez pour rire », poursuit-il dans la nouvelle 55[46]. Philippe insiste sur la véridicité de ses histoires : l'expression *il est vray, il est bien vray* apparaît sur presque chaque page du livre. Un bon nombre de

des nouvelles (« nouveaux comptes a plaisance » ; la formule est reproduite dans la deuxième édition vérardienne et connaît un grand succès au XVIe siècle, voir : Alexandra Velissariou, « Le paratexte des *Cent Nouvelles nouvelles*, du Moyen Âge au XXe siècle : titres, préfaces et introductions », dans *Autour des Cent Nouvelles nouvelles. Sources et rayonnements, contextes et interprétations*, Jean Devaux et Alexandra Velissariou dir., Paris, Honoré Champion, 2016, p. 197-198). Son *Journal* et sa *Chronique* de 1515 contiennent la même phrase : « …En celle dite année mil. v c et xv ja Philippe de Vigneulle […] composai ung livre contenant cent nowelles ou contes joieulx » (Charles Livingston, « Préface de l'éditeur », dans Philippe de Vigneulles, éd. citée, p. 21). Enfin, Ch. Livingston suppose à juste titre que Philippe, en illustrant son œuvre, essaie de reproduire même l'aspect extérieur de l'édition de Vérard, et il y voit la cause principale du dommage subi par le manuscrit (*ibid.*, p. 24).

43 Philippe de Vigneulles, *Les Cent nouvelles nouvelles*, éd. citée, p. 57-58.

44 *Ibid.*, p. 60.

45 *Ibid.*, p. 128. *Cf.* la nouvelle 98 de Sacchetti racontée à l'écrivain par son père.

46 *Ibid.*, p. 231.

ses personnages est également mentionné dans sa *Chronique*, tel l'orfèvre dénommé Jehan figurant dans la nouvelle 26, dans la *Chronique*[47] et dans le *Journal*[48], le prêcheur Jehan Clerey (nouv. 37) qui, selon la *Chronique*, a visité Metz en 1495 et 1502[49], ou Maistre Jehan Regnault, curé de Saint-Gigoulf (nouv. 49)[50]. Comme chez Sacchetti, les sources orales des nouvelles et les témoignages vécus dominent nettement les sources livresques. En outre, Philippe encourage ses lecteurs (ou ses auditeurs) non seulement à tirer la morale de ses récits pour fuir le mal et « l'inconvenient », mais aussi à corriger leurs fautes, s'ils en trouvent :

> Sy prie et supplye à tous ceulx et celles qui les liront ou orront qu'ilz preignent le bien qu'ilz y verront et fuyent le mal qu'ilz y trouveront et qu'ilz me pardonnent les faultes qui y sont et les mettent à leurs corrections et amandement et vuellent supplyer mon ygnorance et mon simple entendement[51].

À première vue, cette invitation du drapier de Metz à améliorer ses récits serait une référence au prologue des *Confabulationes* de Poggio Bracciolini : l'humaniste italien invite les lecteurs à orner ses facéties (*modo ipsi eadem ornatius politiusque describant*[52]) pour servir aux progrès de l'éloquence. Néanmoins le sens de ce fragment est, à notre avis, tout à fait différent. Philippe mentionne, en effet, un « bon facteur » qui pourrait rédiger à partir de ses histoires un livre aussi bon que ceux de ses dévanciers ; mais ici, il s'adresse à son public, aux citoyens (et citoyennes) de Metz dont la capacité de faire briller le style des nouvelles serait bien douteuse. Il s'agirait plutôt de la matière des récits, de ces « adventures » qu'on pourrait exposer avec davantage d'exactitude, c'est-à-dire toujours de cette vérité historique dont Philippe tire son mérite. Son attitude est beaucoup plus proche de la suggestion de Sacchetti – il se peut que l'aventure attribuée à Giovanni soit arrivée à Piero – que du souci humaniste de l'épanouissement de la rhétorique.

---

47 *La chronique de Philippe de Vigneulles*, éd. citée, v. IV, p. 174, 475.

48 *Gedenkbuch des Metzer Bürgers Philippe von Vigneulles aus den Jahren 1471 bis 1522*, Stuttgart, Literarischer Verein, 1852, p. 195.

49 *La chronique de Philippe de Vigneulles*, éd. citée, v. III, p. 359 ; v. IV, p. 17.

50 *Ibid.*, v. IV, p. 40.

51 Philippe de Vigneulles, *Les Cent nouvelles nouvelles*, éd. citée, p. 58. Le même motif se retrouve dans la *Chronique* (*La chronique de Philippe de Vigneulles*, *op. cit.*, v. IV, p. 198) et dans le *Journal* (*Gedenkbuch des Metzer Bürgers Philippe von Vigneulles*, éd. citée, p. 283).

52 « Qu'ils les reprennent d'une manière plus polie et ornée ».

Mais l'élément principal qui rapproche les nouvelles de Philippe des *Cent nouvelles nouvelles* bourguignonnes et des *Trecento novelle* est le caractère local des histoires rassemblées. La remarque de Charles Livingston affirmant que « dans aucune autre collection de contes, italiens ou français, l'élément local ne figure, croyons-nous, de façon aussi suivie et aussi complète[53] » est certes une exagération. Mais A. Kotin a bien raison de constater que « Metz est le facteur principal qui rénove et actualise le récit traditionnel[54] ». Selon Philippe, « en la noble cité de Mets [...] adviengnent souvent pluseurs chose estrange, de quoy les une donnent cause de rire et les aultre de pleurer[55] » (nouv. 18). La « noble cité » fonctionne comme une mine inépuisable de faits nouveaux, de mœurs et coutumes, de bons tours et de bons mots que l'auteur enregistre pour divertir et édifier son auditoire. C'est le caractère local des histoires qui les rend authentiques, l'espace urbain faisant figure de garant de la vérité narrative. Un personnage de la nouvelle 55, après avoir écouté les récits des merveilles advenues dans les pays lointains, propose à la compagnie de changer de sujet :

> Messeigneurs, ne parlons plus de choses si estranges, mais parlons de chose de ces pays cy et qui se pevent prouver, car [...] vous dictes avoir veu beaucop de bestes estranges et de choses difficiles à croire, mais n'y avons point esté et n'en sçavons nous[56].

À la suite de Sacchetti et des chroniqueurs italiens du début de la Renaissance, Philippe, le narrateur unique de ses nouvelles parlant à la première personne, fait figure de témoin des événements relatés. Il mentionne son nom dans le prologue de ses nouvelles, ainsi que dans sa *Chronique*, en se qualifiant de « simple d'entendement[57] ». Mais le souci de véridicité l'amène à renforcer encore, par rapport à Sacchetti, l'élément oral de ses récits qui se manifeste à deux niveaux de la narration. Tout d'abord, le lecteur présumé de son livre est présenté en tant qu'auditeur plutôt qu'en

53 Charles Livingston, « Préface de l'éditeur », dans Philippe de Vigneulles, éd. citée, p. 29.

54 Armine Avakian Kotin, *The Narrative Imagination. Comic Tales by Philippe de Vigneulles*, Lexington, University Press of Kentucky, 1977, p. 98.

55 Philippe de Vigneulles, *Les Cent nouvelles nouvelles*, éd. citée, p. 102.

56 *Ibid.*, p. 231.

57 *Ibid.*, p. 57. Voir chez Sacchetti : « ... *io Franco Sacchetti fiorentino, come uomo discolo e grosso* » (« ... moi, Franco Sacchetti florentin, en tant qu'homme ignare et grossier », Franco Sacchetti, *Il Trecento novelle*, éd. citée, p. 1).

tant que lecteur : les formules « comme avés ouy », « comme vous orrés » abondent dans le texte. Il serait légitime d'attribuer cette particularité à l'influence des pratiques de lecture : la lecture à haute voix reste à l'époque la façon de lire la plus répandue parmi les citadins. Toutefois au gré de ces mentions la parole d'auteur-narrateur crée un cercle « virtuel » d'auditeurs rassemblés autour de lui et prêts à assumer ce rôle au fil du temps. « Le lecteur est le destinataire d'histoires transmises oralement par les conteurs et recueillies à l'écrit par Philippe ; mais il sera aussi amené, s'il le désire, à trasmettre ces histoires en les lisant à d'autres personnes, en devenant conteur à son tour. L'objectif de l'auteur est manifestement de consigner par écrit des nouvelles qui pourront ensuite servir de base à une performance orale, à une lecture à voix haute ou à une récitation[58] ». Le modèle de cette circulation orale des nouvelles se fixe parallèlement au niveau du récit : presque toutes les nouvelles de Philippe sont entendues « en bonne compagnie ». Le processus de la « dissolution » du cadre dans le tissu des récits est bien plus manifeste chez Philippe que chez Sacchetti. En rapportant le récit du curé Jehan Regnault (nouv. 49) l'auteur ne manque pas de préciser : « … Je vueil icy mettre une hystoire qui luy advint en son jeune eaige comme luy, qui est homme de credite, l'ait par pluseurs fois racomptez et recitez en pluseurs bonnes compaignies en l'affermant pour vraie[59] ». Le protagoniste de la nouvelle 70 relate son stratagème « en mainte bonne compaignie[60] ». La réplique ridicule d'une femme mécontente de son mari (nouv. 46) est maintes fois répétée « en maintes bonnes compaignies[61] », etc. Le drapier, suivant ses dires, a entendu la plupart de ses histoires en assistant (comme Sacchetti) aux assemblées amicales de ses concitoyens.

Les livres de nouvelles des premiers successeurs de Boccace, tant italiens que français, présentent donc une série d'éléments communs qui peuvent être considérés comme typologiques. L'étape initiale de l'évolution de la nouvelle forme narrative est caractérisée par l'abandon

58 Alexandra Velissariou, « Les nouvelles de Philippe de Vigneulles (1471-1528) et leur témoignage sur la société messine », dans *Le texte médiéval dans le processus de communication*, Ludmilla Evdokimova et Alain Marchandisse dir., Paris, Classiques Garnier, 2019, p. 284.

59 *Philippe de Vigneulles, Les Cent nouvelles nouvelles*, éd. citée, p. 212.

60 *Ibid.*, p. 285.

61 *Ibid.*, p. 205.

de l'histoire encadrante à cause du renoncement à la fiction, à la *favola* boccaccienne. Ainsi la représentation du récit oral, sur laquelle est fondée la structure dialogique du *Décaméron*, perd sa fonction essentielle, mais sans disparaître totalement : elle peut devenir implicite comme dans les *Cent nouvelles nouvelles* du XVe siècle, ou se déplacer au niveau des récits racontés et de la parole d'auteur. Le principe de la vérité historique triomphant fait renouer la nouvelle avec son sens étymologique et extra-littéraire d'un fait divers « nouveau » ; l'ensemble de ces faits divers plus ou moins structuré par l'auteur prend les apparences d'une chronique locale divertissante et édifiante.

Jean-Claude Mühlethaler caractérise judicieusement la nouvelle comme une « petite histoire » tout en l'opposant à la narration chronicale :

> Au contraire des chroniques, qui gardent la mémoire des hauts faits des rois et princes, [la nouvelle] rapporte un épisode en apparence insignifiant, mais qui se veut significatif, soit parce que le récit dévoile un trait de caractère, soit parce qu'il rappelle un comportement admirable[62].

Selon lui, la petite histoire préfigure l'anecdote au sens voltairien[63], elle « est l'une des formes historiques dans lesquelles s'est matérialisée la curiosité mondaine, ferment (parfois envahissant) de la vie en société[64] ». Mais, à notre avis, l'interaction des deux formes narratives apparaît à la fois plus organique et plus complexe ; elle diffère selon les étapes de l'évolution de la nouvelle. Le *Décaméron* ou l'*Heptaméron* de Marguerite de Navarre englobent en effet la « petite histoire » dans une structure plus vaste, fondée sur le dialogue ; mais les livres de nouvelles « mineures » des XIVe et XVe siècles, surtout ceux qui proviennent d'un milieu urbain, témoignent de la convergence et de l'interférence du récit court et de cette nouvelle forme de la chronique apparue au XIVe siècle en Italie, notamment chez Giovanni Villani. Le récit des faits contemporains, le caractère strictement local des événements exposés, l'accent mis sur le

62 Jean-Claude *Mühlethaler*, « La nouvelle et la "petite histoire" : de Boccace à Marguerite de Navarre », dans *Écrire l'histoire : histoire, littérature, esthétique*, CNRS Éditions vol. 17, 2017, p. 31-38, ici p. 31. « https://doi.org/10.4000/elh.1157 » (consulté le 24/4/2022).

63 « Les anecdotes sont un champ resserré où l'on glane après la vaste moisson de l'histoire ; ce sont de petits détails longtemps cachés, et de là vient le nom d'*anecdotes* ; ils intéressent le public quand ils concernent des personnages illustres ». (*Voltaire*, *Le siècle de Louis XIV*, dans *Œuvres complètes*, Paris, Garnier, 1878, t. XIV, p. 421).

64 Jean-Claude *Mühlethaler*, art. cité, p. 37.

témoignage personnel, le « je » omniprésent de l'auteur-narrateur qui fonctionne comme le principe structurant du livre et en garantit la véridicité – telles sont les caractéristiques communes d'une chronique de Villani et des nouvelles de Sacchetti ou de Philippe de Vigneulles. On a vu que la structure du livre des nouvelles subit de profondes modifications par rapport au modèle boccaccien invoqué peu ou prou par les nouvellistes.

Enfin, les œuvres des premiers disciples de Boccace ont encore un point commun. Tous ces textes, à l'exception du *Pecorone* publié (et réécrit) par Ludovico Domenichi en 1558[65] et les *Cent nouvelles nouvelles* bourguignonnes publiées (et modifiées) par Antoine Vérard, ont été négligés par les imprimeurs de la Renaissance. La première édition des *Trecento novelle* de Sacchetti paraît en 1724[66], et une quinzaine de manuscrits parvenus jusqu'à nous proviennent des deux copies exécutées dans les années 1550 pour Vincenzo Borghini, historien et philologue, membre de l'Académie Florentine et unique possesseur d'un manuscrit endommagé contenant 222 nouvelles. Le projet de Borghini de publier une édition de 133 nouvelles choisies de Sacchetti ne s'est jamais réalisé. Le nom du nouvelliste florentin est absent de la *Libraria* de Francesco Doni, mais il apparaît en 1574 dans la *Lezione sopra comporre delle novelle* de Francesco Bonciani, lui aussi membre de l'Académie, qui a été sans doute au courant des études de Borghini. Il se peut que les histoires de Sacchetti aient circulé oralement, mais finalement les *Trecento novelle*, ainsi que toute la production littéraire du florentin, ont été « retirées » du processus littéraire de la Renaissance pour n'y reprendre sa place qu'au XVIIIe siècle.

L'histoire du manuscrit des *Cent nouvelles nouvelles* de Philippe de Vigneulles, conservé par ses enfants et ses héritiers, est décrite dans le détail par Ch. Livingston dans l'introduction à la première édition de ce texte important[67]. La *Chronique* du drapier de Metz, vendue en 1752 à la ville par l'un de ses descendants, n'a paru qu'en 1838[68] ; le manuscrit original a disparu à la suite d'un incendie en 1944.

---

65 *Il Pecorone di ser Giovanni Fiorentino, nel quale si contengono cinquanta novelle antiche, belle d'inventione e di stile*, Milano, Appresso di Giovann'Antonio de gli Antonij, M D LVIII.

66 *Delle novelle di Franco Sacchetti cittadino fiorentino*, Firenze, 1724 (en fait Naples, 1725 : voir l'Introduction de Michelangelo Zaccarello dans son édition critique des *Trecento novelle*, Firenze, 2014, p. XVI).

67 Charles Livingston, « Préface de l'éditeur », dans Philippe de Vigneulles, éd. citée, p. 22.

68 Voir *Les Chroniques de la ville de Metz*, recueillies, mises en ordre et publiées, pour la première fois, par Jean François Huguenin, de Metz, Metz, S. Lamort, 1838.

Ainsi les livres de Sacchetti et de Philippe de Vigneulles représentent une étape nécessaire de l'évolution du *novelliere* du modèle boccaccien aux recueils du XVIe siècle, l'étape qu'on peut considérer comme « urbaine », caractérisée par la convergence et l'interaction entre le récit court et la chronique. Mais cette étape se révèle latente, voire ratée : méconnus par les libraires et les imprimeurs de la Renaissance, les textes des deux auteurs n'ont pas réussi à influencer le développement du genre en processus de la formation.

Irina STAF
Institut de littérature mondiale
(Moscou)

Y A-T-IL UN « THÉÂTRE HAGIOGRAPHIQUE URBAIN » À LA FIN DU MOYEN ÂGE ?

Exemples à Langres, Metz et Paris

Marquée par une ruralité dominante, la société médiévale eut à relever le défi de l'émergence de la ville : Jacques Le Goff a très vite attiré l'attention sur le phénomène[1]. Cette nouveauté qui se distingue dans le paysage par un habitat dense, enclos dans de hautes murailles percées de portes ou de poternes, s'imposa comme source de dynamisme au sein du monde féodal, selon un processus sans doute moins conflictuel qu'il a longtemps été suggéré. Aucun secteur de l'activité créatrice n'y échappa : les formes littéraires nées de la ville et pour la ville rompent avec la lyrique courtoise ; le rire citadin explose dans le fabliau ou la farce ; la parole « clérico-bourgeoise[2] » triomphe dans des productions variées, dont les jeux théâtraux hagiographiques, qu'ils se déploient en de grands mystères ou se limitent à de brèves scènes. En effet, à côté des Passions, le XVe siècle a vu fleurir de nombreux mystères consacrés à la vie de saints ou saintes, qui, sans être directement centrés sur une ville, se consacrent à la figure protectrice d'une cité, à Langres, saint Didier ou à Metz, saint Clément, pour ne citer que ces deux exemples auxquels peuvent s'ajouter les *Miracles* de sainte Geneviève de Paris « par personnages[3] ». Tous partagent le même attachement à une ville et connurent, par des processus divers, sous la forme de performances ou

1 Jacques Le Goff, « L'apogée de la France urbaine médiévale », dans *Histoire de la France urbaine*, t. II, Georges Duby dir., Paris, Le Seuil, 1980, p. 183-405.

2 Paul Zumthor, *Essai de poétique médiévale*, Paris, Le Seuil, 2000.

3 *La Vie et Passion de monseigneur sainct Didier, martir et evesque de Lengres… par maistre Guillaume Flamang*, éd. Jean Carnandet, Paris, Librairie de Techener, 1855 : abrégé ensuite en Saint Didier (pas de numérotation des vers ; on se fonde sur cette édition, faute de plus récente). *Le Mystère de saint Clément de Metz*, éd. Frédéric Duval, Genève, Droz, 2011 : abrégé ensuite en Saint Clément. *Les « Miracles de Sainte Geneviève ». Ein Beitrag*

de lectures privées (l'hypothèse est avancée pour les *Miracles de sainte Geneviève*[4]), une large diffusion.

Les œuvres ainsi retenues, parmi tant d'autres, pour les trois villes de Langres, Metz et Paris, relèvent de la production hagiographique vernaculaire qui, sous des formes variées (textes plus ou moins longs, en prose ou en vers) connaît un grand essor depuis le XIIIe siècle, pour ce qui est du domaine français, moins précoce que le monde anglo-normand[5]. Elles justifient que, dans l'ample réflexion sur la notion de « littérature urbaine » qui se déploie au fil des pages de ce volume, place soit ménagée à travers quelques exemples à un « genre » de la littérature hagiographique, le drame religieux[6]. Autrement dit, on se demandera si les productions qui se rattachent ainsi à l'histoire d'une ville par l'origine de leur commande, leur rédaction, les auditoires ciblés ou la thématique développée, autorisent à avancer le concept d'un « théâtre hagiographique urbain ». La prise en compte de plusieurs exemples ouvre à la confrontation des caractères d'urbanité qui s'y décèlent : se font-ils écho ou se singularisent-ils d'un texte à l'autre ? Ces divers jeux centrés sur une figure qui illustre la vie chrétienne de la cité constituent une forme d'expression jusqu'alors peu représentée dans les réécritures hagiographiques. Leurs propos sont d'autant plus intéressants qu'ils s'inscrivent dans le cadre d'un discours contraint, puisant à des textes antérieurs en latin ou en vernaculaire qui font autorité et entendent rapporter des faits « historiques », comme le rappelle Frédéric Duval dans l'introduction de son édition du *Mystère de saint Clément de Metz*[7].

---

zur Geschichte des Heiligenspieles im mittelalterlichen Frankreich, hrsgb. Clotilde Sennewaldt, Frankfurt/Main, M. Diesterweg, 1937 : abrégé ensuite en *Sainte Geneviève*.

4 Gabriela Parussa, « Le manuscrit 1131 de la Bibliothèque Sainte-Geneviève de Paris : un montage signifiant ? », dans *Mouvances et jointures, du manuscrit au texte médiéval*, Milena Mikhaïlova dir., Orléans, Paradigme, 2005, p. 22-51.

5 Paul Meyer, « Légendes hagiographiques en français », *Histoire littéraire de la France*, v. XXXIII, Paris, 1906, p. 328-458 et Anne Françoise Leurquin-Labie, Geneviève Lobrichon-Brunel et Martine Thiry-Stassin, « L'hagiographie en langue française », dans *Hagiographies : histoire internationale de la littérature hagiographique latine et vernaculaire en Occident des origines à 1550*, v. II, Guy Philippart dir., Turnhout, Brepols, 1996, p. 291-371. Françoise Laurent, *Plaire et édifier : les récits hagiographiques composés en France et en Angleterre aux XIIe et XIIIe siècles*, Paris, Champion, 1998. À consulter également le site JONAS de l'IRHT, « http://jonas.irht.cnrs.fr » (consulté le 24/4/2022).

6 Marc Van Uytfanghe, « L'hagiographie : un "genre" chrétien ou antique tardif ? », *Analecta Bollandiana*, v. 111, 1993, p. 135-188 ; Guy Philippart, « Hagiographes et hagiographie, hagiologues et hagiologie : des mots et des concepts », *Hagiographica. Rivista di agiografia e biografia della Società internazionale per lo studio del Medio Evo latino*, v. 1, 1994, p. 1-16.

7 *Le Mystère de saint Clément*, éd. citée, p. 49.

Pour argumenter du point de vue de l'historien, l'enquête se penchera tout d'abord sur des données relatives à l'auteur, quand il est connu, et au paratexte afin de tenter de saisir le contexte de naissance des œuvres et les horizons de réception. Elle se concentrera ensuite sur le texte lui-même, examinant si peuvent s'y observer des formes d'éloges urbains comparables à ceux qui sont produits à la même époque, notamment en Allemagne et en Italie, en référence au genre hérité de la culture classique. Enfin, en fonction de ces premières analyses, le propos s'achèvera sur une discussion de l'application à ces productions du concept de « littérature urbaine[8] ». Peuvent-elles venir ajouter leurs voix à celles de la lyrique, à l'origine de la problématique, ou encore à celles du roman, de la nouvelle, de la chronique, voire de l'épopée tardive[9] ?

DES ŒUVRES NÉES EN VILLE ET POUR LA VILLE

DES AUTEURS ISSUS DU MILIEU URBAIN

Des trois textes retenus, un seul peut être attribué en toute certitude à un auteur : le *Mystère de saint Didier de Langres*, dû à Guillaume Flamang[10]. Peut-être originaire de Flandres, ce dernier est prébendé de la cathédrale de Langres en 1477, encore inscrit comme chanoine-prêtre de la même institution en 1495, puis repéré curé d'une petite paroisse près de Chaumont avant de se retirer, pour la fin de ses jours, à l'abbaye de Clairvaux. Il laisse une œuvre fournie et variée, puisqu'on lui attribue divers textes hagiographiques, dont une *Vie de saint Bernard*, ainsi qu'une chronique rimée des évêques de Langres et plusieurs épitaphes.

L'identité de l'auteur (des auteurs ?) du *Mystère de saint Clément* de Metz, dont le manuscrit qui en conservait le texte a brûlé en 1945, n'a, quant à

8 Cet article a tiré profit de Pierre Valli, « Le théâtre hagiographique : un prisme d'étude pour la société urbaine », Master 1re année, Catherine Vincent dir., Université Paris Nanterre, 2020 et Master 2e année, 2021.

9 On suit la référence avancée par l'argumentaire du colloque : Friedrich Wolfzettel, *La Poésie lyrique du Moyen Âge au Nord de la France. Études choisies*, Paris, Champion, 2015.

10 Sur Guillaume Flamang, voir « Flameng (Guillaume) », *Dictionnaire d'histoire et de géographie ecclésiastiques*, Paris, Letouzey, 1971, t. XVII, col. 347-349 ; *Dictionnaire des lettres françaises, Le Moyen Âge*, Paris, le Livre de Poche, 1992, p. 623.

elle, pas pu être percée. Mais, pour Frédéric Duval, il y a peu de doute que celui-ci ait été Lorrain, voire Messin, en raison de traits de langue présentés par le texte et du choix de Clément, l'un des saints les plus vénérés de la cité[11]. L'auteur, qui a peut-être écrit sur commande, comme il en est pour celui du *Mystère des Trois Doms* à Romans au tout début du XVIe siècle[12], est informé de la tradition hagiographique la plus récente qui s'attache à Clément : pour l'écriture du Mystère, il serait en effet davantage tributaire de deux Vies françaises dont la plus ancienne date du XIVe siècle que des Vies latines antérieures[13]. Sur la foi de détails qui attestent une familiarité avec le contexte économique et politique de la ville et de signes de rajeunissement de la langue, Frédéric Duval propose de situer la représentation qui fut à l'origine de ce témoin manuscrit entre 1467 et 1477, tandis qu'une version antérieure (première ?) du Mystère pourrait dater de la fin du XIVe siècle[14].

L'auteur des *Miracles de sainte Geneviève par personnages* n'est pas davantage connu. Là encore, il faut s'en remettre aux indices que livre le témoin qui en a conservé le texte[15]. Ce manuscrit a été copié par un clerc de l'abbaye, peut-être le prieur d'un établissement dépendant, situé près de Meaux, à Marizy. Il se compose d'un ensemble de textes en prose et de jeux dont certains se rattachent à l'abbaye génovéfaine et au contexte parisien, telle la *Vie* rimée de saint Fiacre (saint très vénéré en Brie où l'abbaye est possessionnée de longue date) et le *Geu de saint Denys*[16].

S'ADRESSER À TOUTE LA SOCIÉTÉ URBAINE

Les trois œuvres considérées sont donc toutes issues du milieu des clercs de la ville dont elles célèbrent une figure tutélaire. Elles se nourrissent du terreau de la culture urbaine, d'une culture savante, ouverte à l'humanisme dans le cas de Guillaume Flamang[17], et s'adressent prioritairement aux

11 *Le Mystère de saint Clément*, éd. citée, p. 112-119.

12 *Le Mystère des trois Doms joué à Romans en MDIX…*, par feu Paul-Émile Giraud et Ulysse Chevalier, Lyon, Brun, 1887, p. XXIX-XL.

13 *Le Mystère de saint Clément*, éd. citée, p. 34-46.

14 *Ibid.*, p. 119.

15 Paris, Bibliothèque Sainte-Geneviève, ms. 1131 ; « https://archive.org/details/MS1131 » (consulté le 24/4/2022).

16 Gabriela Parussa, « Le manuscrit 1131 de la Bibliothèque Sainte-Geneviève de Paris… », art. cité.

17 Francis Bar, « Un cas de style "humanistique" : le *Mystère de saint Didier* », dans *Actes du Xe congrès international de linguistique et philologie romanes, Strasbourg, 1962*, Georges Straka dir., Paris, Klincksieck, 1965, vol. II, p 589-604.

élites citadines qui furent, sans doute, à l'origine de leur commande. De nombreux signes indiquent l'étroite association de ce groupe social à la production de tels textes. C'est ainsi que le *Mystère de saint Didier* est conservé par une copie manuscrite dont le colophon, daté du 30 mai 1507, apprend qu'elle est due à « Philibert Prevost procureur ès cours de Lengres et Estienne Roland son serviteur[18] ». La mention attire l'attention sur le monde des gens de robe, de ces juristes susceptibles de se retrouver dans les procédés de transposition des hypotextes latins ou vernaculaires. Les *Miracles* de sainte Geneviève en offrent des exemples éloquents : ils se réfèrent aux procédures de la justice royale de la fin du Moyen Âge dans plusieurs scènes qui réécrivent des épisodes rapportés par la tradition latine la plus ancienne en des termes dans lesquels les contemporains peuvent se reconnaître sans peine. Ainsi, l'un d'eux rapporte la colère des bourgeois de Paris face à une Geneviève qui dénonce leur volonté de fuir devant les Huns. C'est l'occasion de mettre en garde contre la tentation de se faire justice soi-même : les bourgeois renoncent à tuer Geneviève car « Le prince tantost le saroit / Qui a amende nous trairoit[19] ». Plusieurs autres récits de miracles qui évoquent la résolution de conflits (par exemple, entre un bourgeois et son valet) ou le jugement de l'âme le font en usant d'un vocabulaire que ne renieraient pas les magistrats du temps, conformément à la judiciarisation de la vie religieuse à la fin du Moyen Âge[20]. Rappelons aussi que les élites urbaines considéraient comme un honneur de participer aux performances, en incarnant tel ou tel personnage proche de leur statut social ou supérieur. Les riches archives relatives au *Mystère des trois Doms* font état de la participation à la performance de plusieurs notaires, du juge de la ville, de l'official, d'un chanoine ou encore d'un chaussetier, entre autres ; de même, les sources qui documentent la *Passion de Reims* de 1490[21].

18 *La Vie et Passion de monseigneur sainct Didier*, éd. citée, p. III, n. 2 et p. 444.

19 *Les « Miracles de Sainte Geneviève »*, éd. citée, p. 72-88 (« Comment par ses prieres Nostre Seigneur garda la cité de Paris que les Hondres venoient destruire… ») ; citation p. 85, v. 849-851.

20 *Ibid.*, p. 94-105 (« Cy apres est de une nonnain de Bourges… ») ; p. 105-118 (« Cy apres est comment 1 enfant noiez fut resuscitez par les prieres madame Sainte Genevieve ») ; p. 119-123 (« Comment madame saincte Genevíefve pria ung bourgois d'Orlïens qu'il pardonnast a son varlet son meffait… ») ; p. 157-166 (« Cy apres est de une fame […] qui […] avoit emblé les soullers de la dicte Vierge »).

21 *Le Mystère des trois Doms…*, p. XXXVIII-LX et p. 595. Graham A. Runnalls, *Les mystères dans les provinces françaises*, Paris, Champion, 2003, p. 265-290.

Le *Mystère de saint Didier* de Langres se montre quant à lui explicite dans sa description des membres de la société urbaine à laquelle il s'adresse : « A Lengres sont communement / Nobles, gentilz borgeoys, marchantz[22] ». D'autres secteurs d'activité que la justice sont donc bien présents à l'esprit de l'auteur. Ce petit monde, auquel il ne faut pas oublier de joindre les membres du clergé, au premier rang desquels les chanoines cathédraux – puisque les trois villes concernées sont des chefs-lieux de diocèse – participe d'une culture commune où l'héritage antique, avant tout romain, est bien présent. Les textes n'hésitent pas à y faire appel soit pour le discréditer quand l'Empire est encore païen, soit pour l'exalter, comme on le lit de nouveau dans le *Mystère de saint Didier* pour Langres. La cité, qui se prépare à subir l'attaque des Wandres (sans doute une transposition des Vandales), fait appel à l'empereur Honorius ; ce dernier décide de faire intervenir son préfet d'Arles, Marien, afin de venger la mort de Didier en martyr. Le texte abandonne ici les vers pour un bref passage en prose qui évoque la cité :

> La noble cité de Lengres qui de tout temps (comme il appert par les Commentaires de César) a eu bonne confédération au sénat et peuple romain[23].

Mais le théâtre hagiographique est loin de limiter ses destinataires aux seuls groupes dominants des sociétés urbaines. Le trait a été souligné par tous les spécialistes[24]. Les trois textes considérés apportent la preuve de la place ménagée aux gens de métier et, parmi eux, aux artisans du bâtiment. Maçons et charpentiers sont au cœur du miracle dit « du four à chaux » de Geneviève, qui évoque l'action de la sainte en faveur de la construction d'une église dédiée à saint Denis et ses compagnons[25]. Il en va de même dans le *Mystère de saint Clément* qui détaille avec un luxe de précision l'outillage de ces deux mêmes corps de métier : « Veniés atout vos instrument / Soie, cognie, hache, martel » ; plus loin, le valet

22 *La Vie et Passion de monseigneur sainct Didier*, éd. citée, p. 15.

23 *Ibid.*, p. 284-285.

24 *Le Mystère de saint Clément*, éd. citée, p. 34-35 : Frédéric Duval rappelle (p. 34), citant G. A. Runnalls, que le Mystère médiéval se fonde sur un savoir autorisé à la fois « textuel et populaire » : Graham A. Runnalls, « Form and Meaning in Medieval Religious Drama », dans *Littera et Sensus : Essays on Form and Meaning in Medieval French Literature Presented to John Fox*, David A. Trotter dir., Exeter, University of Exeter, 1989, p. 101.

25 *Les « Miracles de Sainte Geneviève »*, éd. citée, p. 124-144 (« Cy apres est comment madame Sainte Genevieve fist faire une eglise a Lestree, suz les corps sains de monseigneur Saint Denys et sez compaignons… »).

maçon montre à son maître qu'il est prêt à travailler : « Maistre : vecy ligne et fizel / Le plonc, truellë et martel[26]. ».

Enfin les *Miracles de sainte Geneviève*, dans leur évocation des bienfaits qui émanent de son tombeau, ont garde d'oublier le monde des errants, lépreux ou infirmes, bien présent derrière les murailles des villes[27]. Il en va de même dans le *Mystère de saint Clément*[28]. Ces misérables assistaient-ils aux performances ? Leur présentation est-elle là pour rappeler la précarité de la condition humaine et les risques de « tomber en pauvreté » ? Pour inciter les plus riches à ne pas les oublier dans leurs aumônes ? Autant de motifs qui ne s'excluent pas l'un l'autre.

Conçu en ville, pour l'ensemble de la société urbaine dont certains membres participent en personne à la performance, le théâtre hagiographique est l'expression de cette collectivité[29] ; en conséquence, bien qu'il soit centré sur le saint ou la sainte dont il retrace les hauts faits, il se livre avec plus ou moins d'insistance à la glorification de la cité dans laquelle s'est illustrée cette figure tutélaire, source d'unité.

LA GLORIFICATION DE LA CITÉ

La glorification de chaque ville, qui émaille les textes ici ou là, sans être appuyée, repose sur la mise en valeur de plusieurs éléments communs : la parure monumentale, l'histoire et le mode de gouvernement collégial.

EN SA PARURE MONUMENTALE

L'apparence extérieure de la cité, qui fait sa gloire, est décrite de manière très stéréotypée, sans précision, au point que les propos sont quasiment interchangeables. Le *Mystère de saint Didier* est le plus loquace en la matière. L'un des premiers passages en ce sens, qui figure dès le début

26 *Le Mystère de saint Clément*, éd. citée, p. 292, v. 2673 et suiv. ; citations respectivement p. 292, v. 2686-2687 et p. 296-297, v. 2761-2762.

27 *Les « Miracles de Sainte Geneviève »*, éd. citée, p. 149-157 (« Miracles de pluseurs malades / En farses pour estre mains fades »).

28 *Le Mystère de saint Clément*, éd. citée, exemples p. 490-500, v. 6350 à 6553.

29 P. Zumthor, *Essai de poétique médiévale*, *op. cit.*, p. 514.

de la première journée, est mis dans la bouche du métropolitain dont dépend le siège de Langres, l'archevêque de Lyon. Convié par le chapitre à l'élection du nouvel évêque, Didier, celui-ci accompagne l'expression de son accord pour une telle mission d'un éloge de cette cité suffragante où se glisse l'évocation de son site imposant, sur une éminence rocheuse :

Lengres est lustre lumineux,
Louange, lyesse louable,
Lieu limitté, laborieux,
Longue latitude légale,
Roche resplandissant, reale,
Reigle, repoz, riche ressort,
Redondant richesse regale,
Ray rendant rayant reconfort[30].

Il faut attendre la troisième journée du *Mystère* pour voir nommer les éléments classiques qui distinguent la ville de la campagne environnante : la densité de l'habitat, les murailles et les tours.

Veesci maisons innumerables,
Je croy que c'est Lengres, n'est-ce pas ?
Veesci les murs inexpugnables
Et les tours faictes par compas[31].

De plus, l'action offre l'occasion d'évoquer un autre élément caractéristique de la ville, les portes, tant au moment de l'invasion des Wandres que pour l'exécution de Didier : c'est contre la porte près de laquelle Didier a été décapité que son bourreau, pris de folie, se fracasse la tête[32].

Dans le *Mystère de saint Clément*, la présentation de Metz se fait encore plus vague : elle s'attache surtout à rapporter la situation de la cité au sein d'une campagne fertile et à expliquer l'étymologie de son nom par le fait que celle-ci soit placée au milieu de trois autres villes dont elle revendique être la « mère », Toul, Verdun et Trèves.

Mediomatrë ait a nom
Celle citey de grant renom,
Qui tant vault dire en verités

---

30 *La Vie et Passion de monseigneur sainct Didier*, éd. citée, p. 34.

31 *Ibid.*, p. 371.

32 *Ibid.*, p. 242 (les vainqueurs se font apporter les clés de la porte de la ville) ; p. 259 (mort du bourreau).

Comme mere de trois cités,
Car elle est en milieu des trois.
Et païs d'entour sont grand bois,
Rivieres plaines de poissons,
Vignes, maisons, chasteaulx, dongons,
Noble vallee et planturеuse, [...][33]

En revanche, se retrouve une allusion à la bonne défense du lieu, assurée par des bourgeois renommés au maniement des armes :

Ceste cité a souvent guerre,
Mais ils defendent bien leur terre.
Fournie est de bonnes gens d'armes
Qui sont soubtis et preux en armes [...][34]

Les *Miracles de sainte Geneviève* ne décrivent Paris qu'à propos de l'épisode relatif à l'invasion redoutée des Huns[35]. Ce miracle met en scène la prière de la sainte qui a permis de « garder la cité ». Geneviève s'adresse aux saints Pierre, Paul, Jean et Denis qui, eux-mêmes, intercèdent auprès de la Vierge et celle-ci auprès de son fils. Après débat, Jésus, qui a pointé la « mauvesté » des habitants et justifié leur châtiment (« Qu'elz et leurs biens voisent a perte »), finit par se laisser fléchir et décide d'épargner la ville[36]. L'unique monument alors mentionné est la « future » cathédrale qui doit être édifiée par un roi (sic) en l'honneur de Marie : « 1 biau moustier faire fera ». L'argument est avancé par saint Pierre dans son plaidoyer[37]. D'un lieu à l'autre, le propos, somme toute banal, se conforme donc à ce qui figure déjà dans la littérature médiévale latine, sur la foi, entre autres, de l'exemple normand[38].

Reste un lieu caractéristique de la vie urbaine présent dans les trois textes considérés, la taverne, cadre de scènes de jeux et de partage de

33 *Le Mystère de saint Clément*, éd. citée, p. 212, v. 1080-1088 et p. 643 note sur le vers 1084 (en donnant cette étymologie, le *Mystère* suit la tradition des Vies françaises, alors la tradition latine rapporte ce « milieu » à l'implantation de Metz entre la Seille et la Moselle).

34 *Ibid.*, p. 353, v. 3834-3837.

35 *Les « Miracles de Sainte Geneviève »*, éd. citée, p. 72-88 (« Comment par sez prieres Nostre Seigneur garda la cité de Paris que les Hondres venoient detsruire »).

36 *Ibid.*, p. 81, v. 693 et 695.

37 *Ibid.*, p. 74, v. 416-417.

38 Pierre Bouet, « L'image des villes normandes chez les écrivains normands de langue latine des XIe et XIIe siècles », dans *Les villes normandes au Moyen Âge*, Pierre Bouet et François Neveux dir., Caen, Presses universitaires de Caen, 2006, p. 319-336, spécialement p. 332-333.

boisson pour les gens de métier et autres personnages plus ou moins recommandables : Jean Dufournet voit en elle la « quintessence de la ville » et Bernard Ribémont pointe « des relations métaphoriques et métonymiques » entre les deux entités[39]. Peut s'y ajouter l'auberge, telle celle où s'installe saint Clément quand il arrive à Metz et dont l'hôte, présenté comme « l'oste de Metz », se montre fort bienveillant[40]. La ville est un centre de sociabilité et d'accueil pour les voyageurs en transit ou à la recherche d'une installation durable en ce cadre attractif. Mais les scènes qui campent ces lieux demeurent brèves au regard du volume total de nos Mystères et Miracles.

EN SON HISTOIRE

À suivre nos auteurs, la gloire d'une cité ne réside pas uniquement dans son apparence monumentale. Elle s'enracine dans son histoire, mentionnée de manière plus ou moins circonstanciée d'un texte à l'autre et souvent, de nouveau, par petites touches.

Cette histoire est d'abord celle des origines, rapportées à des temps prestigieux. Guillaume Flamang, dont les affinités avec l'humanisme ont été rappelées, ne se prive pas de faire allusion à plusieurs reprises aux liens qui unirent la cité de Langres à la « puissance ytalique ». Pour ce, il mobilise trois porte-parole. Le premier dans l'ordre d'apparition dans le Mystère, n'est autre, de nouveau, que l'archevêque de Lyon qui fait l'éloge de la ville devant la délégation venue l'inviter à présider l'élection du nouvel évêque :

> Je scay bien que c'est ung lieu fort,
> Triumphant entre les humains,
> Ayant jadiz paix et accord
> Au noble senat des Romains.
> Quant Cesar fit les faitz haultains
> Parmy les regions gallicques,

39 Sur la taverne dans les sociétés médiévales et la littérature : Jean Dufournet, « Variations sur un motif : la taverne dans le théâtre arrageois du XIIIe siècle », *Hommage à Jean-Charles Payen : farrai chansoneta novele : essais sur la liberté créatrice du Moyen Âge*, Caen, Centre de publications de l'université, 1989, p. 161-174 ; Simone Roux, « Taverne », dans *Dictionnaire du Moyen Âge*, Paris, PUF, 2002, p. 1367-1368 ; Bernard Ribémont, « Arras, le vin, la taverne et le capitalisme. Le théâtre profane du XIIIe siècle et la question d'argent », *Le Moyen Âge*, t. 111, 2005, p. 59-70 (citations p. 61 et n. 11).

40 *Le Mystère de saint Clément*, éd. citée, p. 349 et suiv.

Tousjours furent bons et certains
Les chevalereux Lingonicques[41].

Le deuxième, l'empereur Honorius, quand il s'apprête à venger la prise de la ville par les Wandres :

Toutes les régions gallicques
Qui sont de grant nobilité,
Singulierement la cité
De Lengres notable et haultainne
Car elle a bonne affinité
A nostre nacion romainne[42].

Le troisième, l'abbé de Saint-Étienne de Dijon, ville située dans le diocèse de Langres, invité lors de la translation des reliques de Didier :

C'est une ville mout anticque,
Notable, riche et renommee,
Qui de la puissance ytalicque
A tousiours esté bien aymee[43].

Autres origines prestigieuses, dans la perspective hagiographique, celle de la mission chrétienne, rattachée dans deux des textes envisagés au siège apostolique. La prière de Denis en faveur de Paris menacé par les Huns, dans les *Miracles de sainte Geneviève*, rappelle que le saint fut envoyé par « Saint Clement le Dieu vicaire » pour être « pastron et apostole / De France et de tout le päis, / Premier evesque de Paris[44] ». Le texte suit une tradition établie depuis la *Passio sanctorum martyrum Dionysii, Rustici et Eleutheri* dite *Gloriosæ* dont la datation est encore objet de débats : que celle-ci soit des années 500 ou de la première moitié du VIIIe siècle, voire précédée d'une version antérieure perdue, elle a transmis une tradition constamment reprise et qui fait autorité à l'époque de l'écriture des *Miracles de sainte Geneviève*[45]. Précisons que le « pape » Clément dont il est question a occupé le siège de Pierre à la fin

41 *La Vie et Passion de monseigneur sainct Didier*, éd. citée, p. 35.
42 *Ibid.*, p. 218.
43 *Ibid.*, p. 372.
44 *Les « Miracles de Sainte Geneviève »*, éd. citée, p. 76, v. 485 et 489-491.
45 Martin Heinzelmann, « La Passion "Gloriosæ" de saint Denis (BHL 2171) », *Bibliothèque de l'École des chartes*, v. 172, 2014, p. 13-28.

du Ier siècle et serait mort en 99 ou 100. Les traditions divergent pour le situer dans la succession apostolique en 1re, 2e ou 3e position après Pierre ; certaines veulent qu'il ait directement connu l'apôtre[46]. Quoi qu'il en soit, une telle filiation permet de voir en Denis un évangélisateur quasiment apostolique.

Le *Mystère de saint Clément* développe davantage le thème en un long épisode qui relie directement le premier évêque de Metz au prince des apôtres[47]. La scène présente tout d'abord l'ordination de Clément à la prêtrise puis à l'épiscopat par Pierre, assisté de l'évêque de Florence et de celui de Myre, saint Nicolas (on ne pouvait en attendre moins en Lorraine !). Vient ensuite son envoi en mission avec deux compagnons, Félix et Céleste, une fois obtenu le consentement de sa famille. Aucune innovation dans ce récit bien implanté dans le légendaire messin, depuis la rédaction par Paul Diacre entre 783 et 786 d'une Histoire des évêques de Metz. Les cités de Paris et de Metz s'inscrivent dans un ensemble légendaire beaucoup plus étendu au sein du royaume de France, qui ancre la christianisation dans des relations avec des figures apostoliques, dont celle de Pierre, relations qui se font de plus en plus directes au fil des réécritures[48].

Relevons enfin une autre allusion à un épisode glorieux de son histoire à propos de la cité de Paris, dont saint Paul, dans le plaidoyer adressé la Vierge pour lui épargner l'invasion des Huns, argue de sa contribution à la diffusion de la bonne doctrine :

> [...] car en la cité
> Flourira l'université
> D'estudïants et d'escoliers,
> Tant reguliers que seculiers,
> Qui la foy montepliero nt,
> Prescheront et enseigneront,
> Essauceront les bien crëans
> Et confondront les mescrëans ;

46 Jean-Marie Salamito, « Clément Ier », *Dictionnaire historique de la papauté*, Philippe Levillain dir., Paris, Fayard, 1994, p. 360-362.

47 *Le Mystère de saint Clément*, éd. citée, p. 210-243, v. 1048-1712. – Pierre-Édouard Wagner, « Culte de saint Clément », dans *Le chemin des reliques*, Metz, Musées de la Cour d'Or – Éditions Serpenoise, 2000, p. 107-110.

48 Raphaël Guérin, « Les légendes de fondation des diocèses dans les provinces ecclésiastiques de Bordeaux, Bourges et Sens (VIIIe-XIIe siècle) : enjeux hagiographiques et ecclésiologiques » (thèse inédite, Université Paris Nanterre, 2020).

Nos espitres et euvangiles
Exposeront en maintes viles[49].

Une telle mise en valeur de la renommée de l'université de Paris confirmerait l'élaboration de cette version des *Miracles de sainte Geneviève* dans la mouvance de l'abbaye éponyme.

EN SON SYSTÈME DE GOUVERNEMENT

Il est un dernier caractère de l'urbanité mis en valeur dans les exemples de théâtre hagiographique retenus : le mode de gouvernement de la ville. Quand les textes l'abordent, c'est pour montrer qu'il repose sur la collégialité et manifester combien celle-ci, au terme de la tenue de conseils ou de discussions informelles, permet d'élaborer une décision collective consensuelle. La prise de décision en ville s'illustre ainsi par un fonctionnement horizontal qui est source de concorde et de paix entre les habitants : un discours axiologique, en faveur du « bien commun », et non le reflet de contextes précis que les sources révèlent plus tumultueux.

Le *Mystère de saint Didier* est le plus disert sur ce point, où les scènes de conseils abondent, que ce soit pour choisir le nouvel évêque, réagir face à l'attaque des Wandres ou procéder à la translation-élévation des reliques du saint. Le *Mystère* tient à souligner la communauté de vue qui unit les autorités de la cité, autorités civiles (le bailli et les bourgeois) et autorités religieuses (l'évêque, les chanoines de la cathédrale, le prieur de Saint-Didier). Dès le début du *Mystère*, à l'annonce de la mort du prédécesseur de Didier, un bourgeois s'exprime ainsi : « Pour secourir au bien publique, / Alons voir l'ecclesiastique, / Car en ceste cité antique / Fault ung chief[50] ». Puis les bourgeois vont offrir leurs services aux chanoines de la cathédrale pour l'organisation de l'élection. Un peu plus tard, la délégation mandatée auprès du métropolitain de Lyon pour l'inviter à présider l'élection du nouvel évêque de Langres est constituée de représentants des deux corps, à part égale[51]. Quant à la décision de la translation des reliques du saint, dont l'initiative revient au prieur de Saint-Didier, établissement qui a la charge de garder sa dépouille

---

49 *Les « Miracles de Sainte Geneviève »*, éd. citée, p. 75, v. 448-457.
50 *La Vie et Passion de monseigneur sainct Didier*, éd. citée, p. 9.
51 *Ibid.*, p. 20.

mortelle, elle est prise, suivant le *Mystère*, après consultation de l'évêque, qui rappelle qu'il faut aussi associer les bourgeois ainsi que le bailli de la ville, comme ceux-ci l'avaient été au moment de l'élection de Didier[52]. Entre temps, durant la deuxième journée du *Mystère*, alors qu'il s'agit d'organiser la résistance face à l'armée de Chrocus, une même bonne entente règne autour de l'évêque entre les membres du clergé et ceux que Didier nomme « Messeigneurs de la Ville[53] ». Guillaume Flamang semble donc avoir été très sensible à cet idéal chrétien de concorde et de paix sociale, qu'il entend transmettre sans doute prioritairement à l'élite urbaine dont le rôle est central dans la commande du *Mystère* et la performance qui est attestée en 1482[54]. Rappelons que le chanoine est aussi l'auteur des statuts en vers de la confrérie Saint-Didier de la cathédrale, qui regroupe les dignitaires de la ville, confrérie pour laquelle il a en outre écrit une version courte du *Mystère*, sans doute interprétée en entier ou partiellement lors des réunions annuelles de l'association. Appuyé sur le premier verset du psaume 133, « *Ecce quod bonum et jocundum habitare fratres in unum* », il loue dans ces deux œuvres les vertus de la vie fraternelle, source de paix[55].

Le message est moins appuyé dans les *Miracles de sainte Geneviève* : notons cependant que les bourgeois interviennent toujours en groupe, argumentant entre eux à propos des événements qu'ils affrontent. L'une des scènes les plus intéressantes à ce propos se situe quand Geneviève les rappelle à leurs devoirs en dénonçant leur tentation de fuir la ville et qu'ils se concertent pour savoir comment faire disparaître cette voix gênante[56]. Les élites urbaines figurent au premier plan de la société mais sans être épargnées, épinglées pour leurs réactions face aux grands dangers où leur sens du bien commun se révèle vacillant. Le discours des jeux hagiographiques se veut un miroir moral, placé sous l'autorité tutélaire et unificatrice du saint célébré.

---

52 *Ibid.*, p. 316-333.

53 *Ibid.*, p. 166 et suiv. ; citation p. 172.

54 *Ibid.*, p. VI et *Dictionnaire des lettres françaises, Le Moyen Âge*, *op. cit.*, p. 623.

55 Catherine Vincent, « Donner à voir et à entendre la gloire du saint patron : Guillaume Flamang et les confrères de Saint-Didier de Langres », dans *Théâtre et révélation : donner à voir et à entendre au Moyen Âge, Hommage à Jean-Pierre Bordier*, études réunies par Catherine Croizy-Naquet, Stéphanie Le Briz-Orgeur, Jean-René Valette, Paris, Champion, 2017, p. 385-399.

56 *Les « Miracles de Sainte Geneviève »*, éd. citée, p. 72-88 (« Comment par sez prieres Nostre Seigneur garda la cité de Paris que les Hondres venoient detsruire »), surtout p. 84-88.

Le théâtre hagiographique, à en juger par les trois exemples considérés, fait donc place à la ville à laquelle est associée la figure de sainteté mise en scène. Il en donne une image flatteuse, tendue vers un idéal, mais d'une manière qui reste discrète et convenue. En effet, en dépit de quelques allusions à la topographie pour Langres ou à l'activité scolaire et universitaire pour Paris, voire aux institutions caractéristiques des villes, on est fort loin des éloges urbains circonstanciés, tels qu'ils fleurissent en Italie ou en Allemagne sous la plume de bourgeois cultivés, sur le modèle de ceux de l'Antiquité[57].

UNE « HAGIOGRAPHIE URBAINE » ?

De ces observations, peut-on déduire la floraison à la fin du Moyen Âge d'une « hagiographie urbaine » qui aurait trouvé une expression privilégiée dans la forme dramatique ? Quelques remarques s'imposent avant de trancher.

UNE VISION DE LA VILLE AVANT TOUT RELIGIEUSE

Présente au fil des trois « jeux de saint[58] » étudiés, la ville y est d'abord envisagée dans sa dimension religieuse. Cette dernière commence par la conversion de la cité, quand il s'agit de mettre en scène son premier évêque, comme pour Metz. En l'occurrence, elle s'appuie sur l'épisode spectaculaire de la soumission du monstre qui infectait la cité, le Graoully, que Clément fait disparaître avec ses petits dans les eaux de la Seille[59]. Des épisodes comparables dus à des figures de saurochtones se trouvent dans les « légendaires » urbains de la seconde moitié du Moyen Âge : les évêques Marcel à Paris ou Romain à Rouen, sainte Marthe à Tarascon, entre autres.

C'est aussi la parure monumentale de la Metz chrétienne qui apparait dans le *Mystère* où les actions déployées par Clément après la conversion de la ville se rapportent à la commande de pas moins de cinq églises. Cette impressionnante œuvre de bâtisseur permet au fatiste de rattacher à l'illustre

57 Voir dans ce volume la contribution de Patrick Del Duca.

58 P. Zumthor, *Essai de poétique médiévale*, *op. cit.*, p. 525.

59 *Le Mystère de saint Clément*, éd. citée, p. 366-369, v. 4099-4155.

figure épiscopale nombre d'édifices de la ville que l'on présentera selon l'ordre de leur mention dans la pièce. Est d'abord citée une église dédiée à saint Pierre (Saint-Pierre-le-Viel), « Nostre pastour et pere en terre », dont Clément fait l'éloge une fois édifiée, comme lieu propice à l'exercice de son ministère[60]. Vient ensuite une église placée sous le vocable de saint Étienne (la cathédrale) : le propos suit la tradition hagiographique française qui s'écarte de la tradition latine situant plus tard la construction de cet édifice[61]. Le saint souhaite ensuite faire « monument » là où il a accompli le miracle du serpent et commande l'édification de Saint-Pierre-aux-Arènes, renouvelant la dédicace au prince des apôtres. La visite régulière, chaque mercredi et vendredi durant un an, de ce lieu de mémoire est encouragée par la concession d'une indulgence, rapporte le texte[62]. Puis Clément veut ensuite que soit construit un baptistère (église Saint-Jean-Baptiste, voisine de Saint-Pierre-aux-Arènes)[63], avant d'achever son œuvre par un édifice plus modeste, situé dans un lieu solitaire, une chapelle et sa fontaine « dont l'eaue serait a boere saine », faut-il comprendre source de guérison ? Cette dernière est identifiée comme l'église Saint-Félix devenue Saint-Clément, après l'inhumation du saint[64]. On notera que cette longue liste englobe, certes les églises principales de la cité de Metz, mais aussi plusieurs « types » de lieu de culte, de la cathédrale aux petits sanctuaires, cadre de pèlerinages locaux[65]. Les *Miracles de sainte Geneviève* ne manquent pas non plus de s'attacher à l'initiative prise par la sainte de construire une église en l'honneur du premier évêque de Paris, Denis, et de ses compagnons[66].

On soulignera enfin que lorsque l'auteur se penche sur le mode de désignation des dignitaires urbains, comme le fait Guillaume Flamang, il se concentre sur la fonction épiscopale. Les longs développements consacrés par le *Mystère de saint Didier* à ce que doit être une « bonne élection » détaillent avant tout les procédures ecclésiastiques : voie de

---

60 *Ibid.*, p. 377-378, v. 4431-4352 (citation v. 4335) et p. 403, v. 4806-4813.

61 *Ibid.*, p. 420, v. 5063-5068 ; sur les traditions hagiographiques : *ibid.*, p. 44-45.

62 *Ibid.*, p. 428, v. 5204-5221.

63 *Ibid.*, p. 483, v. 6228-6241.

64 *Ibid.*, p. 537, v. 7438-7443 (citation v. 7442), p. 707-708 (n. sur le vers 7439).

65 Sur les églises de Metz, voir *Topographie chrétienne des cités de la Gaule*, t. I, *Province ecclésiastique de Trèves*, Paris, De Boccard, 1986, p. 33-53 et t. XVI, Paris, De Boccard, 2014, p. 181-189 (mise à jour du précédent).

66 *Les « Miracles de Sainte Geneviève »*, éd. citée, p. 124-144 (« Cy apres est comment madame Sainte Genevieve fist faire une eglise a Lestree, suz les corps sains de monseigneur Saint Denys et sez compaignons… »).

compromis qui repose sur le consensus obtenu de tous (celle qui a les faveurs du droit canonique), scrutins ou révélation du Saint Esprit : « Premierement, election / Se fait via compromissi. / Secundo, per scrutinium, / Ac via Spiritus Sancti[67] ». Cet exemple doit-il servir de modèle à la pratique des assemblées laïques que connaît le gouvernement de la ville comme les divers corps dont est constituée la société urbaine, telle la confrérie pour laquelle œuvra Guillaume ?

AU-DELÀ DES MURAILLES, L'ÉTENDUE DU DIOCÈSE

Quand ils évoquent le cadre de leur action, les deux *Mystères* et les *Miracles* qualifient chacun leur ville respective de « cité » : il s'agit bien en effet de trois anciennes *civitates*, devenues chef-lieu d'un diocèse. Faut-il alors prendre le texte au mot et voir leur « ville » dilatée à l'échelle du diocèse ?

Notons tout d'abord que la ville est intimement liée à son pasteur : il est source de sa prospérité ; il en est l'honneur ; il continue de la protéger après sa disparition. Le bailli de Langres approuve la décision d'honorer les reliques du saint par leur translation, en s'adressant ainsi à l'évêque qui le consulte :

> Noble Seigneur, il est notoire
> Que le martir de renommee
> Conserve enluminure et decore
> Lengres, la cité bien famee.
> Par sa sauvegarde est gardee
> La lingonicque region,
> Si doit estre recommandee
> Sa devote habitacion[68].

Mais la protection sollicitée s'étend au-delà du périmètre urbain. C'est toute l'Église de Langres ou celle de Metz qui se reconnaît dans cette figure emblématique de l'identité du diocèse. Le choix du nouvel évêque de Langres, sur lequel s'ouvre le *Mystère de saint Didier*, est discuté avec les archidiacres en charge de l'ensemble du territoire diocésain[69] ; il en

67 *La Vie et Passion de monseigneur sainct Didier*, éd. citée, p. 16 et suiv., pour les débats autour du mode de scrutin ; p. 48 et suiv., pour la discussion avec l'archevêque de Lyon qui conseille la voie du Saint Esprit car, dans le doute, mieux vaut s'en remettre à la volonté divine.

68 *Ibid.*, p. 332.

69 Il s'agit des archidiacres de L'Auxois (*sic* ; comprendre Lassoix), Bassigny, Barrois, Dijonnais, Tonnerrois, auxquels s'ajoute, dans la troisième journée, le Grand archidiacre, pour le

va de même pour la décision de la translation lorsqu'elle est soumise à l'évêque et au chapitre. Et la cérémonie de la translation des reliques de Didier s'honore de la présence des abbés de Molesme et de Saint-Étienne de Dijon, le premier parce que le prieuré Saint-Didier de Langres a été rattaché à l'abbaye de Molesme en 1101, le second parce que l'abbaye Saint-Étienne fut la cathédrale du diocèse quand les évêques eurent abandonné Langres entre le ve siècle et 1016.

Enfin, relevons cette formule qui ne pouvait venir que sous la plume d'un chanoine de la cathédrale : l'invitation du métropolitain dont dépend le siège de Langres se fera tout en préservant les privilèges locaux, point sur lequel le Doyen rassure l'archidiacre du Barrois qui avait soulevé cette objection[70]. Quant à l'archevêque de Lyon, une fois sur place, il prend bien soin de rappeler son intention de respecter les volontés des gens d'Église et des bourgeois de la cité[71].

Dans sa glorification de l'évêque Didier, Guillaume Flamang envisage la cité de Langres au milieu du « pays des Lingons » et du diocèse qui en est issu. En témoigne la prière qu'à la fin du *Mystère*, il met dans la bouche de Didier, depuis le Paradis où le martyr est parvenu :

> Je fay ma deprecacion,
> Pour Lengres, la cité louable,
> Jadis mon habitacion.
> Pour la region,
> Pour la nacion,
> Requiers ta bonté[72].

S'introduit ici un troisième cercle, celui de la nation, du royaume, représenté lors de la translation par les pairs de France (l'évêque de Langres en fait partie), ce qui rejoindrait certains accents « gallicans » de l'hagiographie épiscopale du XVe siècle[73].

De la perspective élargie au-delà des murailles de la cité qui anime le chanoine Guillaume Flamang témoignerait aussi l'intérêt qu'il porte

---

Langrois, le territoire autour de la cité épiscopale. « Langres », *Dictionnaire d'histoire et de géographie ecclésiastiques*, t. XXX, 2010, col. 405-421.

70 *La Vie et Passion de monseigneur sainct Didier*, éd. citée, p. 19-20.

71 *Ibid.*, p. 34.

72 *Ibid.*, p. 437.

73 Hypothèse avancée dans Catherine Vincent, « La mémoire de saint Médard aux XIVe et XVe siècles à travers ses trois Vies françaises », *Revue d'histoire de l'Église de France*, t. 106, 2020, p. 81-93.

à l'histoire de l'Église de Langres, puisqu'il est l'auteur d'un *Martyre des Trois jumeaux*, Speusippe, Eleusippe et Méleusippe, réputés à l'origine de la christianisation de la cité, et qu'on lui attribue la rédaction d'une chronique des évêques de la cité. Et n'est-ce pas la même attention au diocèse qui guide l'auteur du *Mystère de saint Clément* quand il fait remettre par Dieu à l'évangélisateur de Metz, au moment de sa mort, alors que celui-ci prie pour que son œuvre se perpétue, la liste de tous les évêques qui lui succéderont ? La description du document rappelle que les amateurs de beaux manuscrits ne manquent pas dans la cité messine à la fin du XVe siècle, puisque Dieu précise à l'intention de son messager Gabriel :

> En plusieurs couleurs mys lui ay je,
> D'or et d'argent, de rouge et noir
> Et d'azur, affin que savoir
> Et cognoistre puist tous lours fais,
> Lours merites et lours biens fais[74].

Le théâtre hagiographique de la fin du Moyen Âge envisagerait donc la ville moins dans son identité propre, dans cette urbanité qui la distingue au sein de la société féodale et a été un puissant ferment de mutation, que comme chef-lieu de diocèse. On ne peut oublier que les performances voyaient arriver en ville de nombreux spectateurs en provenance des zones alentours, qui se reconnaissaient dans la figure célébrée au même titre que la population vivant à l'intérieur des murailles.

Au témoignage des trois exemples retenus par cette étude, il apparaît que le théâtre hagiographique du XVe siècle est profondément marqué par la ville, quoiqu'avec des accents différents d'une œuvre à l'autre. La ville est l'origine, le cadre et le destinataire de ces textes qui la célèbrent dans son urbanité monumentale, politique et sociale, mais aussi comme chef-lieu d'une unité plus vaste, le diocèse, car c'est bien la cité chrétienne qui est mise en scène par le truchement du saint célébré. Au-delà des grandes compositions théâtrales, le trait serait partagé, sous bénéfice d'inventaire, par des formes plus modestes de réécritures françaises, en

74 *Le Mystère de saint Clément*, éd. citée, p. 574-578, v. 8198-8283 (citation v. 8236-8240). Voir la présentation de quelques légendiers manuscrits messins dans *Le chemin des reliques*, *op. cit.*

prose ou en vers, de Vies de saints régionaux comme, pour Beauvais, celles de Lucien et Germer de Fly, ou, pour Tournai, celle d'Éleuthère[75]. Mais l'hagiographie vernaculaire de la fin du Moyen Âge est trop diverse dans ses productions pour être enfermée dans le seul concept d'une « hagiographie urbaine ». Ce genre a vu naître des textes de teneur plus résolument spirituelle, moins marqués par une culture proprement urbaine, bien qu'à l'intention de destinataires, moniales, béguines ou pieuses femmes, principalement issues du milieu des villes. Convenons plutôt que si « littérature urbaine » il y a, celle-ci a connu des productions qui se rattachent au discours hagiographique tel qu'il a évolué à la fin du Moyen Âge tant par la forme adoptée, quand il s'agit de jeux théâtraux, que par la langue retenue, le vernaculaire. La proposition ne saurait cependant s'entendre sans appeler à des enquêtes plus larges dans d'autres œuvres et domaines linguistiques.

Catherine VINCENT
Université Paris Nanterre
UR MéMo – Membre senior honoraire de l'IUF

75 Nolwenn Kerbastard, « Culture laïque, affirmation identitaire et dévotion : les réécritures en français des Vies des saints gallo-romains et mérovingiens du domaine royal (XIIIe-XVe siècle) » (thèse inédite, Université Paris Nanterre, 2021), p. 282-284.

QUITTER LA VILLE…

Des *Cent Nouvelles* aux *Cent Nouvelles Nouvelles* : la nouvelle urbaine

Quitter la ville… Telle est la promesse du *Decameron* de Boccacce lorsque dix citadins (sept femmes et trois hommes), concluant un pacte sacré dans l'église de Santa Maria Novella, décident de partir à la campagne pour fuir la peste de 1348.

Le geste est fondateur. Non seulement pour la « littérature urbaine » définie comme une littérature s'ancrant dans un chronotope[1] qui lui est contemporain, s'intéressant au « quotidien ordinaire de ses personnages citadins et port[ant] des marques intrinsèques de l'actualité[2] » ; mais plus encore pour la nouvelle qui se revendique, par son nom-même, comme un genre de l'actualité – et qui plus est, de l'actualité urbaine.

En ce sens, elle est un double départ[3] : une coupure avec les formes anciennes que le *Decameron* entend renouveler, tout comme la société ; une sortie de la ville avec qui ses personnages rompent mais qui, pourtant, ne cesse de hanter leurs discours.

Cette mise à distance de la ville par un genre urbain permet de mettre en perspective la représentation de la littérature urbaine par elle-même. Qu'engage donc, sur le plan littéraire, cette rupture avec la ville ? Comment ce jeune plant (*novela*) entend-il justement quitter la ville pour mieux la retrouver ? Quels enjeux pour une littérature qui se prétend « jeune pousse » et qui s'arrache de son terreau d'origine (la ville) pour partir à la campagne ?

---

1 Mikhaïl Bakhtine, *Esthétique et théorie du roman*, trad. Daria Olivier, Paris, Gallimard, 1978, p. 237.

2 Christina Horvath, *Le roman urbain contemporain en France*, Paris, Presses Sorbonne Nouvelle, 2007, p. 23.

3 *« A tant m'en vois ». Figures du départ au Moyen Âge*, Nelly Labère et Luca Pierdominici dir., Fano, Aras, 2020. Voir plus précisément l'introduction pour les sens du mot « départ ».

Cette délocalisation est plus qu'une translation (écrire en florentin médiéval ces histoires anciennes pour en faire des formes nouvelles). Elle est une utopie (οὐ-τόπος) : un non-lieu puisque la campagne boccacienne est à l'image de cette ville quittée. Elle est un lieu d'échanges, de hiérarchisation sociale[4] et d'organisation du travail. À la campagne, on y vit pour ces citadins déracinés, comme à la ville : il faut administrer des journées entre des temps sociaux et des temps privés, il faut respecter les interdits religieux comme la bienséance genrée, il faut veiller à s'approvisionner en bonne nourriture et en bonnes nouvelles[5].

Quelles nouvelles de la ville ? D'emblée, le pacte de lecture invite à s'isoler de la ville pour revivifier les corps et les esprits par une parole saine, voire naturelle. C'est Pampinea, la femme au prénom végétal, qui le propose :

> *Io giudicherei ottimamente fatto che noi, sì come noi siamo, sì come molti innanzi a noi hanno fatto e fanno, di questa terra uscissimo, e fuggendo come la morte i disonesti essempli degli altri onestamente a' nostri luoghi in contado, de' quali a ciascuna di noi è gran copia, ce ne andassimo a stare, e quivi quella festa, quella allegrezza, quello piacere che noi potessimo, senza trapassare in alcuno atto il segno della ragione, prendessimo. Quivi s'odono gli uccelletti cantare, veggionvisi verdeggiare i colli e le pianure, e i campi pieni di biade non altramenti ondeggiare che il mare, e d'alberi ben mille maniere, e il cielo più apertamente, il quale, ancora che crucciato ne sia, non per ciò le sue bellezze eterne ne nega, le quali molto più belle sono a riguardare che le mura vote della nostra città.*
>
> « Il me semblerait excellent que nous quittions cette ville, ainsi que beaucoup l'ont fait avant nous et le font encore, fuyant comme la mort les exemples malhonnêtes, pour aller séjourner honnêtement à la campagne dans les endroits dont chacune de nous dispose à profusion, et y goûter toute la joie, toute l'allégresse, tout le plaisir possible, sans transgresser en rien les limites de la raison. C'est là qu'on entend chanter les petits oiseaux ; là qu'on voit verdoyer les collines et les plaines, et les champs pleins de blé onduler tout comme fait la mer, et mille variétés d'arbres, et l'on y aperçoit plus ouvertement le ciel qui, fût-il courroucé, ne nous refuse pas ses beautés éternelles, bien plus belles à contempler que les murailles de notre cité délaissée[6] ».

---

4 Malgré le pacte égalitaire des devisants, la hiérarchie sociale apparaît bien avec les serviteurs. Les bruits de la ville parviennent dans les cuisines avec la querelle.

5 Nelly Labère, *Défricher le jeune plan. Étude du genre de la nouvelle au Moyen Âge*, Paris, Champion, 2006, p. 599-615.

6 Boccaccio, *Decameron*, a cura di Vittore Branca, Milano, Mondadori, 1985, intr., p. 23-24. Traduction (Boccace, *Décaméron*, trad. Christian Bec, Paris, Le Livre de Poche, 1994, p. 49). – Soulignons que, dans sa traduction, Laurent de Premierfait va travailler à

Il faut surtout veiller à ne pas rapporter de la ville une parole souillée qui mettrait en péril l'écosystème narratif des urbains à la campagne.

> *E ciascun generalmente, per quanto egli avrà cara la nostre grazia, vogliamo e comandiamo che si guardi, dove che egli vada, onde che egli torni, che che egli oda o vegga, niuna novella altra che lieta ci rechi di fuori*[7].
>
> « Et nous voulons et commandons que chacun, s'il veut demeurer en grâce auprès de nous, se garde bien d'apporter du dehors – où qu'il aille, d'où qu'il vienne, quoi qu'il voie ou entende – aucune autre nouvelle que joyeuse. » (trad. Christian Bec, éd. citée, p. 54)

Interdire les nouvelles : voilà le programme hygiéniste de cette brigade florentine. Pourtant, ce sont ces nouvelles qui justement vont être l'objet de leurs échanges et, au-delà, du *Decameron* lui-même.

Si la nouvelle est tout à la fois « l'information, l'événement récent » urbain, comment coexiste-t-elle avec le projet générique de ces nouvelles qui excluent volontairement la ville de leur cadre de référence ? Cette dualité est fondatrice du genre. La nouvelle se rêve genre urbain non urbain.

Des *Cent Nouvelles* de Boccace (1349) jusqu'aux *Cent Nouvelles Nouvelles* de Philippe de Vigneulles (1505-1515), en passant par les *Cent Nouvelles Nouvelles* anonymes (vers 1462), la nouvelle est ce genre urbain qui questionne les espaces sociaux et symboliques par la fabrique de son propre récit. Si la campagne est cette alternative boccacienne, c'est qu'elle permet de *prendre du champ* afin de repenser le cœur de la cité. Le geste est non seulement poétique mais aussi politique : l'urbain, dans la nouvelle, ne se rêve-t-il pas citoyen ?

---

accentuer l'ancrage spatial. Les « manoirs » sont situés « ou diocese de Florence » et les murailles de la ville sont converties en « vuides maisons de nostre cité » (Boccace, *Le Décaméron, traduction (1411-1414) de Laurent de Premierfait*, éd. Giuseppe Di Stefano, Montréal, CERES, 1998, t. I, p. 24).

7 Boccaccio, *Decameron*, éd. citée, I, intr., p. 29.

DES NOUVELLES DE FLORENCE

La ville, c'est depuis le XIIIe siècle, le lieu où écrivains et artistes travaillent, où collèges, universités et écoles se développent, où puissants et lecteurs lettrés se rassemblent[8]. La ville est ce lieu qui entretient par essence des liens étroits avec l'activité littéraire. Mais la littérature urbaine ne peut se limiter à cette seule identité de production ou de réception. Comment la ville, de lieu réel, devient-elle un lieu symbolique et, plus encore, le personnage principal de ces recueils de nouvelles ?

La ville est, en effet dans les recueils de nouvelles, un lieu réel où se mêlent les catégories socio-professionnelles les plus diverses qui peuplent les récits. On y croise tous les métiers[9], toutes les nationalités, mais aussi toutes les façons de parler – y compris celles de la rue[10]. La ville se caractérise par son esthétique urbaine : elle est un lieu de production

8 Pour des développements utiles sur la ville au Moyen Âge : *Histoire de la France urbaine*, t. II : *La Ville médiévale*, Georges Duby dir., Paris, Seuil, 1980 ; Jacques Heers, *La Ville au Moyen Âge en Occident : Paysages, pouvoirs et conflits*, Paris, Hachette, 1990 [rééd. 1997] ; Georges Jehel et Philippe Racinet, *La Ville médiévale. De l'Occident chrétien à l'Orient musulman*, Paris, Armand Colin, 1996 ; Thierry Dutour, *La Ville médiévale. Origines et triomphe de l'Europe urbaine*, Paris, Odile Jacob, 2003 ; *La Ville médiévale, Histoire de l'Europe urbaine 2*, Jean-Luc Pinol dir., Paris, Seuil, 2003 ; Patrick Boucheron et Jean-Philippe Genet, *Marquer la ville. Signes, traces, empreintes du pouvoir (XIIIe-XVIe siècles)*, Paris-Rome, Éditions de la Sorbonne-École française de Rome, 2013.

9 « On y trouve des nobles, de grands seigneurs qui côtoient les princes, tout aussi bien que les petits hobereaux de campagne, d'humbles vavasseurs. On y trouve les Grands de l'Église, les évêques, le Pape lui-même, aussi bien que les curés pauvres des petites paroisses, urbaines ou rurales ; on y trouve des moines aussi, bien sûr, et des religieuses, de tous les ordres et de tous les couvents. On y trouve des médecins, des juges, des baillis, des prévôts, des soldats. On y trouve aussi des bourgeois, de très riches marchands, de ceux qui sont presque déjà les pairs des nobles, et d'autres moins riches, qui sentent encore le peuple dont ils sont encore à peine sortis. On y trouve des paysans, des meuniers, des "charretons", tous ces "petits métiers" qui faisaient le pittoresque de la vie médiévale… Que n'y trouve-t-on pas ? », Roger Dubuis, *Les « Cent Nouvelles » et la tradition de la nouvelle en France au Moyen Âge*, Lyon, Presses Universitaires de Grenoble, 1973, chapitre 1, « Les personnages », p. 59.

10 Si l'on est loin du jargon de Villon, on y trouve néanmoins des tournures inusitées dans la littérature comme ces périphrases et double-ententes sexuelles qu'affectionnent tout particulièrement les *Cent Nouvelles Nouvelles*. Voir, par exemple, l'hapax « chaulde sur le potaige » (nouvelle 91). L'objet de cette contribution n'est pas « la langue de la rue » mais il serait utile de relire ces recueils dans la perspective d'une parlure urbaine.

de richesses, la résidence des élites[11] et le modèle pour toutes les autres concentrations urbaines[12]. Plus encore, la ville est la concentration des hommes :

> *Oltre a centomila creature umane si crede per certo dentro alle mura della città di Firenze essere stati di vita tolti che forse, anzi l'accidente mortiferi, non si saria estimato tanti avervene dentro avuti*[13].
>
> « Plus de cent mille créatures humaines perdirent certainement la vie dans les murs de la ville de Florence, alors qu'avant cet événement mortel on ne les eût point estimés si nombreux. » (trad. Christian Bec, éd. citée, intr., p. 46)

Elle est un macrocosme composé de microcosmes. Elle est une somme d'individus qui la composent et dont elle devient la représentation. Cette ville est Florence dans le *Decameron* qui consacre son si célèbre récit-cadre à la pandémie qui ravage la ville :

> *Dico adunque che già erano gli anni della fruttifera incarnazione del Figliuolo di Dio al numero pervenuti di milletrcentoquarantotto, quando nella egregia città di Fiorenza, oltre a ogn'altra italica bellissima, pervenne la mortifera pestilenza*[14].
>
> « Je dis donc que les années de la fructueuse incarnation du Fils de Dieu avaient déjà atteint le nombre de mille trois cent quarante-huit lorsque, dans l'excellente cité de Florence, belle par-dessus toute autre d'Italie, parvint la mortelle pestilence. » (trad. Christian Bec, éd. citée, intr., p. 38)

Chez Boccace déjà, la ville passe d'objet de récit à sujet du récit. Quitter Florence : l'équivoque sur le lieu et le prénom résume aujourd'hui le paradoxe de ces récits qui personnifient la ville. Ce lien entre la ville et l'individu est ce qui caractérise la littérature urbaine aux XIXe-XXe siècles où les poètes, entre autres, lient leur destin à celui de la ville qui les a vu naître ou qui les a accueillis[15].

---

11 Ces *memorabili schiatte* (« lignées illustres ») qui habitent de *quante gran palagi, quante belle case, quanti nobili abituri* (Boccaccio, *Decameron*, éd. citée, I, intr., p. 20). Traduction (Christian Bec, *op. cit.*, intr., p. 46) : « grand palais, de belles maisons, de nobles demeures ».

12 *Le castella, che simili erano nella loro piccolezza alla città* (Boccaccio, *Decameron*, éd. citée, I, intr., p. 19). Traduction (Christian Bec, éd. citée, p. 45) : « les bourgades qui, en plus petit, ressemblaient à la ville ».

13 Boccaccio, *Decameron*, éd. citée, I, intr., p. 20.

14 Boccaccio, *Decameron*, éd. citée, I, intr., p. 11-12.

15 On connaît déjà ce geste d'auteur au Moyen Âge – notamment avec Eustache Deschamps qui se revendique de Vertus en Champagne pour s'identifier comme « vertueux » (*Eustache Deschamps, témoin et modèle : littérature et société politique, XIVe-XVIe siècles*, Thierry Lassabatère et

C'est que la ville ancre un auteur à un lieu, jusqu'à les rendre indissociables. Boccace, c'est Florence. Florence, plus qu'une ville, est cette marque d'identité et même cette marque d'auteur[16]. La réception de Boccace ne manquera pas, d'ailleurs, d'associer l'homme à sa ville d'écriture. Laurent de Premierfait, le traducteur du *Decameron* en 1414, rappelle le premier l'identité florentine de l'œuvre source.

> Cy fine le livre appellé Decameron, aultremant surnommé le prince Galeot, qui contient cent nouvelles, racomptees en .x. jours par sept femmes et trois jouvenceaulx ; lequel livre ja pieça compila et escrivi Jehan Boccace de Certald en langaige florentin[17].

L'édition de 1485 de Vérard, malgré les modifications opérées sur le texte de Boccace[18], prolonge l'ancrage auctorial : voici « Le Decameron de Messire Jehan Bocace florentin »[19]. Elle va même plus loin : Boccace, d'auteur, est devenu personnage du *Decameron* ; et dans le *Decameron* imprimé, il ne quitte pas Florence mais il y revient.

> Je doncques Jehan bocace simple desperit desirant la perfection de mon entendement la quelle est de sauoir ainsi comme tous hommes naturellement le desirent ay voulu par plusieurs parties des pays habiter affin que aucune

Miren Lacassagne dir., Paris, PUPS, 2008 et, plus largement, Jacqueline Cerquiglini-Toulet *et alii*, *La littérature française : dynamique et histoire I*, Paris, Gallimard, 2007, p. 65-71). Pour les textes poétiques sur la ville, voir l'anthologie *Les poètes et la ville*, Paris, Gallimard, 2006.

16 Même chose pour Dante. Mais, plus encore, pour Le Pogge qui n'est pas originaire de Florence (il naît à Terranuova le 11 février 1380 et ne vient à Florence que vers l'âge de vingt ans). Pourtant, le traducteur français du Pogge, Laurent de Premierfait, en fait un Florentin d'origine : « Poge Florentin [...] lequel estoit natif du paÿs de Florence ». Pour des développements, voir Nelly Labère, *Défricher le jeune plant*, *op. cit.*, p. 294-319.

17 Boccace, *Le Décaméron, traduction (1411-1414) de Laurent de Premierfait*, éd. citée, p. 1235-1236.

18 Voir pour les études principales : Anne Robin, « Le *Décaméron*, de la traduction de Laurent de Premierfait (1414) à l'imprimé d'Antoine Vérard (1485) : une progressive transformation du livre, une progressive substitution de son enseignement », dans *Boccaccio e la Francia. Boccace et la France*, Philippe Guérin et Anne Robin dir., Florence, Franco Cesati editore, 2017, p. 231-246 ; Luciano Rossi, « Pour une édition des *Cent Nouvelles nouvelles* : de la copie de Philippe le Bon à l'édition d'Antoine Vérard », *Le Moyen Français*, t. 22, 1988, p. 69-77 ; Nora Viet, « Un libraire parisien aux commandes : conception d'une trilogie narrative dans l'"atelier" d'Antoine Vérard (Paris, 1485-1512) », dans *Créations d'atelier. L'éditeur et la fabrique de l'œuvre à la Renaissance*, Anne Réach-Ngô dir., Paris, Classiques Garnier, 2014, p. 31-49 et *Id.*, « Translation, normalisation, innovation : le façonnage de la langue dans la boutique d'Antoine Vérard », dans *Imprimeurs et libraires de la Renaissance : le travail de la langue / Sprachpolitik der Drucker, Verleger und Buchhändler der Renaissance*, Elsa Kammerer, Jan-Dirk Müller dir., Droz, 2015, p. 295-305.

19 « https://gallica.bnf.fr/ark:/12148/bpt6k8713308v/f11.item » (consulté le 24/4/2022).

> chose ie peusse veoir et retenir qui me peust prouffiter. Si tournay tant par ung pays & par autre que arriuay en la noble cite de Florence es parties d ytalie[20].

La ville de Florence est donc un espace réel qui, progressivement, va occuper l'espace auctorial pour évacuer le nom d'auteur pourtant prestigieux.

D'ailleurs, en 1505-1515, ce n'est plus à proprement parler Boccace qui est à l'origine du livre mais Florence dans les *Cent Nouvelles Nouvelles* de Philippe de Vigneulles :

> Jaiçoit ce que une telle ou semblable nouvelle soit on livre des *Centz Nouvelles Florentines*, si est cest cy veritable et en advint comme vous an avés ouy[21].

Cent-cinquante ans plus tard, l'équation est frappante : *Florence = nouvelle.*

UN AUTEUR DANS LA VILLE

Pour pouvoir donc, à leur tour, écrire des nouvelles, les auteurs vont d'abord devoir se donner un nouvel ancrage pour légitimer leur acte d'écriture.

Le geste d'auteur a très bien été compris par… le traducteur ! Pour pouvoir revendiquer à son tour une auctorialité et fonder sa translation, il va souligner que le *Decameron* français est parisien :

> Cy fine le livre appellé Decameron […] qui n'a gueres a esté translaté premierement en latin et secondemant en françois, a Paris, en l'ostel de noble, saige et honneste homme Bureau de Dampmartin, citoien de Paris, escuier, conseiller de trespuissant et tresnoble prince Charles, .VJ^e^. de son nom, roy de France, par moy, Laurent de Premierfait, familier du dict Bureau. Lesqueles deux translations par .iij. ans faictes, furent accomplies le .XVe. jour de juing, l'an mil quatre cens et quatorze[22].

20 Nora Viet, « Du *Decameron* de Boccace au *Cameron* d'Antoine Vérard : les mutations de la nouvelle au début de la Renaissance française » (thèse inédite, Université Paris 4 Sorbonne, 2008), p. 518.

21 Philippe de Vigneulles, *Les Cent Nouvelles Nouvelles*, éd. Charles H. Livingston, Genève, Droz, 1972, p. 372.

22 Boccace, *Le Décaméron, traduction (1411-1414) de Laurent de Premierfait*, éd. citée, p. 1235-1236.

Dans la même veine, Vérard « marchand libraire[23] » ne manquera pas de revendiquer que les *Cent Nouvelles* florentines comme les *Cent Nouvelles Nouvelles* bourguignonnes qu'il édite respectivement en 1485 et en 1486 sont de Paris :

> imprimé pour Anthoine Verard libraire de mourant a Paris sur le pont nostre dame a lymage saint jehan leva[n]geliste[24].
>
> Cy finissent les cent nouvelles nouvelles composees et recitees par nouvelles gens de puis na gueres / et imprimees a paris le .xxiiii. iour de decembre Mil. CCCC.lxxx. et vi. p[ar] a[n]thoineverard libraire demourant a paris sur le pont nostre dame a lymage saint jehan leva[n]geliste ou au palais au premier pillier devant la chappelle ou on cha[n]te la messe de messeigneurs les presidens[25].

Au-delà de la démarche mercantile, le geste est auctorial : si, pour acquérir ces nouvelles imprimées en français, il suffit de se rendre sur le Pont Notre-Dame (avant qu'il ne s'effondre...) à l'enseigne de Saint-Jean l'Évangéliste, c'est aussi pour le libraire une manière de proposer du nouveau : des nouvelles parisiennes. Le *Decameron* florentin de 1349 comme les *Cent Nouvelles Nouvelles* bourguignonnes de 1462 sont désormais des « nouvelles nouvelles », transformées par l'imprimerie et vendues sous l'enseigne de Vérard.

Pourtant, le trajet des nouvelles pré-renaissantes ne s'arrête pas là. Vers 1505-1515, dans un coup de force auctorial, Philippe de Vigneulles compose à son tour *Cent Nouvelles Nouvelles*. S'il reprend l'intitulé devenu déjà une enseigne générique dont Vérard a bien compris les enjeux, il relocalise les nouvelles à Metz, sa ville natale (à laquelle il consacre aussi un *Journal* et des *Chroniques*)[26]. Le geste est suffisamment fort pour être relevé. Dans sa *Chronique*, c'est au premier plan que Philippe de Vigneulles se dessine seul, la ville de Metz fortifiée s'offrant derrière

23 Mary Beth Winn, *Anthoine Vérard : Parisian Publisher 1485-1512*, Genève, Droz, 1997.

24 *Livre de Cameron*, Paris, A. Vérard, 1485, f. 265 v.

25 Cité par Dominique Lagorgette, « Une esthétique de la manipulation par la polyphonie généralisée dans les *Cent Nouvelles nouvelles* (ms. Hunter 252 et imprimé Vérard de 1486) », *Cahiers de recherches médiévales et humanistes*, t. 22, 2011, p. 87-103.

26 Pour des développements sur Metz au Moyen Âge, voir Jean Schneider, *La ville de Metz aux XIIIe et XIVe siècles*, Nancy, Impr. G. Thomas, 1950 ; *Écrire l'histoire à Metz au Moyen Âge*, Mireille Chazan, Gérard Nauroy dir., Berne, Peter Lang, 2011 ; Laurent Litzenburger, *Une ville face au climat : Metz à la fin du Moyen Âge, 1400-1530*, Nancy, PUN-Éditions universitaires de Lorraine, 2015 ; *Défendre Metz à la fin du Moyen Âge. Étude de l'enceinte urbaine*, Julien Trapp et Mylène Didiot dir., Nancy, PUN-Éditions universitaires de Lorraine, 2017.

lui[27]. Lui, Philippe[28], entend donner à Metz ses lettres de noblesse en refondant le genre dans un lieu dont il se fait la voix :

> Je Phelippe dessusnommez a relevez d'une grande maladie que j'eus en l'an mil cingz cens et cinqz et en maniere de passetemps et attendant santé, car de mes membres ne me povoie encor bien aidier pour ouvrer ne besongner, je me mis lors a escrire pluseurs adventures, advenues la pluspart tant a la noble cité de Mets comme au pays environ[29].

La maladie de Philippe de Vigneulles (qui fait écho à la pandémie de Boccace) court-circuite l'espace-temps pour relocaliser à Metz cent-cinquante ans plus tard le projet narratif urbain. Les *Cent Nouvelles Nouvelles* de Philippe de Vigneulles sont bien nouvelles… parce qu'elles sont de Metz. Alors même que la critique n'a pas manqué de relever pour Philippe de Vigneulles les récits venaient de sources littéraires anciennes bien attestées[30], ces récits sont pourtant nouveaux pour Philippe et ses lecteurs car ils sont à présent messins. Pour parachever le transfert, Philippe de Vigneulles va même jusqu'à modifier l'origine des *Cent Nouvelles Nouvelles* bourguignonnes auxquelles il emprunte le nom et la forme de ses récits. Exit la cour de Bourgogne et ses célèbres conteurs ! C'est à Nancy que ces nouvelles auraient été composées. Et, en toute logique, Metz s'offre comme une légitime concurrente urbaine pour poursuivre l'entreprise d'accroissement de la matière littéraire[31] :

> [omission] roy Charles et que le daulphin son filz estoit au pays du duc de Bourgongne, lequel daulphin fuit depuis roy Loys de France XJ^e^ de ce nom,

27 Le ms. 839 de la Bibliothèque municipale de Metz a disparu dans un incendie pendant la Deuxième Guerre mondiale. Pour une reproduction, voir dans la première page à l'ouverture de l'édition de Charles H. Livingston (Philippe de Vigneulles, *Les Cent Nouvelles Nouvelles*, éd. citée).

28 Plus largement sur l'activité de Philippe de Vigneulles : Pierre Demarolle, *La Chronique de Philippe de Vigneulles et la mémoire de Metz*, Caen, Paradigme, 1993 et Catherine M. Jones, *Philippe de Vigneulles and the Art of Prose Translation*, Cambridge/Rochester, Brewer, 2008 (Gallica, 9).

29 Philippe de Vigneulles, *Cent Nouvelles Nouvelles*, éd. citée, p. 57.

30 Pour les sources, voir Charles H. Livingston (Philippe de Vigneulles, *Les Cent Nouvelles Nouvelles*, éd. citée, chap. IV, p. 31-43 et *Id.*, « Fabliaux dans les nouvelles de Philippe de Vigneulles », dans *Romance Studies in Memory of Edward Billings Ham*, Urban T. Holmes dir., Hayward, California State College, 1967, p. 81-87).

31 Accroissement qui repose non seulement sur le transfert de Nancy à Metz mais aussi sur l'adjonction de dix récits supplémentaires (qui ont été malheureusement perdus) à la centaine qui, depuis Boccace, fonde le genre du recueil de nouvelles.

> et du devantdit Charle duc de Bourgongne, lequel depuis morut devant Nancey. En icelluy temps et durant les treves qui estoient pour l'heure les gentilz hommes, estant en garnison, contrayrent pluseurs bonnes histoires et adventures advenues par deça et ez marches durant leur temps. Lesquelles histoires ung vaillant acteur en ait recueilliez cent et en ait faict et composé ung livre lesquel se nomme, et l'a intitulé, les *Cent Nouvelles Nowelle*[32].

N'en déplaise à Boccace, aux conteurs, traducteurs et éditeurs : les *Cent Nouvelles Nouvelles* sont, en 1515, des nouvelles de Metz :

> je me mis lors à escrire pluseurs adventures, advenues la pluspart tant à la noble cité de Mets comme au pays environ, comme moy mesme en a sceu et veu la plus grant partie ou du moins je les ouy dire et racompter à gens digne de foy et de creance[33].
>
> En la noble cité de Mets, comme j'ay dit devant, adviengnent souvent pluseurs chose estrange, de quoy les une donnent cause de rire et les aultres de pleurer[34].

Dans cette *translatio studii* se rejoue bien une *translatio imperii* : l'auteur entend par les nouvelles donner à sa ville le rayonnement politique et littéraire qui lui revient. De Florence à Metz en passant par les villes bourguignonnes et Paris, la nouvelle revendique son statut urbain et même local. La nouvelle est donc bien liée à ce lieu d'origine du texte : la ville qui lui donne naissance.

DE VILLES EN VILLES

De villes en villes, la nouvelle chemine donc.

Partie de Florence pour s'ancrer à Paris, se diffuser en Bourgogne et se refonder à Metz, la nouvelle est cette nouveauté générique qui conquiert auteurs, lecteurs, traducteurs et imprimeurs. Pourtant, loin de perdre dans son trajet son identité urbaine, elle n'a de cesse de rendre compte de son intérêt pour la ville.

32 Philippe de Vigneulles, *Cent Nouvelles Nouvelles*, éd. citée, p. 57.
33 *Id.*
34 *Ibid.*, p. 102.

Quelles villes donc, dans les nouvelles ?

Florence, bien sûr, dans le *Decameron*[35], mais aussi Rome (I.2, II.8, V.3, X.2, X.8), Vérone (I.7, II.2), Arezzo (VII. 4), Rimini (VII.5), Fesules (VIII.4), Bartletta (IX.10), Pise (II.10), Milan (III.5, VIII.1), Pavie (III, 2), Pistoia (III, 5, IX.1), Brescia (IV.6), Ravenne (II. 10, V.8), Gênes (I.5, I.8, II.7, II.9), Trévise (II.1), Bologne (I.10, II.2, VIII.9, X.4), Sienne (VII. 3, VII.10, VIII.8, IX.4), Ferrare (II.2), Pérouse (II.5, V.10), Pistoie (III.5), Salerne (II.4, IV.1, IV.10), Naples (II.5, II.6, III.6, V.6, VII.2), Castellamare di Stabia (X.6), Palerme (VIII.10, X.7), Lipari (II.6), Imola (IV.2), Monaco (II, 10). Mais aussi Jérusalem (IX.9), Chypre (I.9, II.7, V.1), Corfou (II.4), Le Caire (II.7), Rhodes (II.7), Argos (VII.9), Alexandrie (I.3, II.9), Anvers (II.8), Calais (II.8), Londres (II.8), Paris (I.2, II.9, III, 4), Marseille (IV.3), Narbonne (III.9), Tunis (V.2), Sousse (V.2), etc. Les personnages urbains y sont majoritairement éduqués, riches et puissants puisqu'on peut compter parmi eux des rois, des nobles, des seigneurs et des marchands, des artistes, des prélats et des femmes à la conduite noble. La ville y est le symbole de la puissance financière et sociale, mais aussi de l'éducation. C'est donc en ville que les nouvelles doivent prendre corps, à l'image de la nouvelle VII.8 du *Decameron* qui est une reprise du fabliau « Les Tresse ». Boccace, alors-même que le lecteur connaît ce récit déjà ancien dont l'origine n'est pas florentine, actualise le récit à Florence dans un ajout qui lui est propre : *Dovete dunque sapere che nella nostra città*[36]…. Ce geste d'auteur qui est un transfert urbain est aussi partagé par le traducteur.

Laurent de Premierfait, traducteur du *Decameron*, va lui aussi relocaliser le texte de Boccace par le recours à des adverbes de lieux (« illec » et « ici » qui reprennent les particules italiennes « *vi, ne* ») mais amplifier le texte. Les villes, plus particulièrement, font l'objet d'une attention sensible du traducteur[37] qui ne manque pas de préciser ou de développer leur identité et leur localisation géographique :

---

35 Prologue, introduction des journées et conclusion, mais aussi dans les nouvelles I.6, II.3, III.1, III.3-4, III.7, IV.7-8, V.9, VI.1-10, VII.1, VII.6-8, VIII.3-7, VIII.9, IX.3, IX.8, X.1.

36 Boccaccio, *Decameron*, éd. citée, VII.8, p. 604. Traduction (Christian Bec, éd. citée, p. 578) : « Sachez qu'il était une fois dans notre ville… ».

37 Le geste est suffisamment fort pour être noté ici car il est une marque des traducteurs de genres brefs qui amplifient pourtant les textes-sources en complétant leurs traductions. Guillaume Tardif, traducteur des *Facéties* du Pogge, ne manque pas lui non plus d'amplifier le texte. Et lorsque la ville n'est pas mentionnée, il rajoute immanquablement

> *Fu adunque in Pisa un giudice, più che di corporal forza dotato d'ingegno, il cui nome fu messer Riccardo di Chinzica*[38].
>
> « Il y eut donc à Pise un juge mieux pourvu d'intellect que de vigueur physique, qui s'appelait messire Riccardo de Chinzica » (trad. Christian Bec, éd. citée, p. 215).
>
> *En Toscanne est une noble et ancianne cité, nommee Pises, seant sur mer.* Et illeuc fut ung docteur en loix plus garni de naturel engin que de forces corporeles. Il avoit nom sire Richart Chinciche[39].

Pourtant, la ville n'est donc jamais très loin des récits de la campagne… et de la campagne elle-même ! En effet,

> *Le donne con alquante delle lor fanti e i tre giovani con tre lor famigliari, usciti della città, si misero in via : né oltre a due piccole miglia si dilungarono da essa, che essi pervennero al luogo da loro primieramente ordinato*[40].
>
> « Les dames avec quelques-unes de leurs servantes et les trois jeunes gens avec trois domestiques sortirent de la ville et se mirent en chemin. À peine s'étaient-ils éloignés de deux milles qu'ils parvinrent au lieu préalablement fixé. » (trad. Christian Bec, éd. citée, p. 52)

La campagne des devisants du *Decameron* serait ainsi à trois kilomètres à peine de la ville. Pourtant, elle se caractérise par *una piccola montagnetta, da ogni parte lontano alquante alle nostre strade*[41]. C'est donc en termes d'éloignement symbolique que la campagne est à entendre chez Boccace. La référence est d'autant plus étonnante que, dans le recueil, on y voyage beaucoup, dans des villes européennes et orientales, et que les mentions s'attachent toutes à s'ancrer dans une réalité revendiquée. Pourtant la référence à la campagne se fait de manière abstraite, métaphorique, sans volonté d'ancrage réaliste. La campagne, contrairement à la ville, n'est pas une réalité. Elle est un ailleurs qui n'est pas une altérité mais une

Rome (facéties V, VII, LXXIV, CXII) ou Florence (V). Et lorsque la ville est trop petite pour être connue ou qu'elle ne renvoie pas à un référentiel urbain, il mentionne qu'il s'agit d'une ville « auprès de Florence » (facétie XXI) ou que l'action se situe « es parties de Florence » (facétie LXI).

38 Boccaccio, *Decameron*, éd. citée, II.10, p. 209-210.

39 Boccace, *Le Décaméron, traduction (1411-1414) de Laurent de Premierfait*, éd. citée, p. 277. En italique souligné par nous.

40 Boccaccio, *Decameron*, éd. citée, I, intr., p. 27.

41 Boccaccio, *Decameron*, éd. citée, I, intr., p. 27. Traduction (Christian Bec, éd. citée, p. 52) : « une petite montagne quelque peu éloignée de nos routes ».

alternative à la ville pour un retour à la ville. Preuve encore de cette urbanisation de la campagne, l'identification de la campagne à la ville :

> *Nel quale, lasciando star le castella, che simili erano nella loro piccolezza alla città, per le sparte ville e per li campi i lavoratori miseri e poveri e le loro famiglie, senza alcuna fatica di medico o aiuto di servidore, per le vie e per li loro colti e per le case, di dì e di notte indifferentemente, non come uomini ma qusi come bestie morieno ; per la qual cosa essi, così nelli loro costumi come i cittadini divenuti lascivi, di niuna lor cosa o faccenda curavano*[42].
>
> « Désireux de ne pas scruter davantage dans leurs moindres détails les maux qui survinrent alors dans notre cité, je dis qu'un malheur si implacable n'épargna pas davantage la campagne environnante. Ne parlons pas des bourgades qui ressemblaient de plus en plus à la ville : dans les hameaux épars et dans les champs, les misérables paysans et leurs familles, sans aucun secours de médecin, sans l'assistance d'aucun serviteur, mouraient sur les chemins, sur leurs champs, dans leurs maisons indifféremment, de jour et de nuit, non comme des hommes mais comme des bêtes. C'est pourquoi, devenus aussi relâchés dans les mœurs que les citadins, ils ne se souciaient plus de leurs biens ni d'aucune affaire. » (trad. Christian Bec, éd. citée, p. 45)

La ville devient donc l'épicentre des récits.

Dans les *Cent Nouvelles Nouvelles*, les villes sont bien entendu des villes bourguignonnes qui témoignent de l'ancrage urbain du recueil mais aussi des lieux de foire ou de pèlerinage mais aussi des centres urbains internationaux. Parmi elles : Valenciennes (nouvelle 1), Dijon (3), Beaune (3), Amiens (12), Bruges (22), Mons (23), Varangéville (26), Saint-Antoine-de-Viennois (30), Lille (40, 45), Arras (49, 93), Malines (60), Calais (62), Anvers (63), Saint-Omer (66, 71), Gand (69), Anvers (68), Thérouanne (94), Tours (4, 38), Rouen (2, 31, 86), Chambéry (30), Mont Saint-Michel (65), Troyes (75), Metz (92), Londres (2, 13, 19, 55), La Haye (6), Paris (7, 17, 18, 51, 67, 95, 100), Bruxelles (8, 53), Genève (30), Rome (42, 45), Chypre (78), Alexandrie (99).

Dans les *Cent Nouvelles Nouvelles* de Philippe de Vigneulles[43], c'est Metz qui est le centre du récit (nouvelles 5, 14, 18, 19, 23, 25, 28, 29, etc.). L'ancrage s'affiche d'emblée dans les nouvelles :

---

42 Boccaccio, *Decameron*, éd. citée, I., intr., p. 19.

43 Dans les *Cent Nouvelles Nouvelles* de Philippe de Vigneulles de nombreux incipit de nouvelles viennent à manquer ce qui rend le relevé plus difficile. Pourtant, lorsque les lieux sont indiqués, c'est immanquablement à Metz ou autour de Metz que se déroule l'action.

> En nostre cité de Mets, dont Dieu soit garde, et au territoire d'icelle depuis peu de temps en çà est advenu[44]...

Et avec lui, c'est tout le sens du mot « nouvelle » qui est réactivé : la ville, est conjointement le lieu où se produit l'événement nouveau et où il est écrit...

VILLE ET PUBLI-CITÉ

Car la nouvelle, c'est bien par définition ce bouche-à-oreille informationnel qui repose sur une diffusion virale. Qu'elle se joue sur le plan auctorial dans un transfert de Florence à Metz, ou sur le plan narratif dans une diffusion dramatisée par les personnages :

> Et par ainsi en l'espace de deux jours toute la cité de Venise fut pleine de celle chose. Entre les aultres, a la notice desquelz vindrent cestes nouvelles, ceulx furent les cousins et parens[45].

Cousins et parents, mais aussi voisins et connaissances, sont ces « cas-contacts » par qui transite[46] la bonne histoire pour se diffuser dans le corps urbain[47]. La ville c'est, par définition, un espace dense où il faut vivre avec les autres et, plus encore, avec ses voisins. C'est d'ailleurs cette configuration qui permet aux personnages des nouvelles de nouer leurs amitiés et même leurs relations extra-conjugales :

44 Philippe de Vigneulles, *Cent Nouvelles Nouvelles*, éd. citée, nouvelle 37, p. 170.

45 Boccace, *Décaméron*, éd. citée, IV, 2, p. 474. Nous citons d'après la traduction de Laurent de Premierfait. Plus elliptique, le texte de Boccace, insiste lui aussi sur la circulation de proximité : *Queste donne il dissero a' mariti e a altre donne, e quelle a quell' altre, e così in meno di due dì ne fu tutta ripiena Vinegia.* (Boccaccio, *Decameron*, éd. citée, IV, 2 ; p. 356-357. Traduction (Christian Bec, éd. citée, p. 356) : « Ces femme en parlèrent à leur mari puis à d'autres femmes qui le colportèrent encore, et ainsi, en moins de deux jours, tout le monde à Venise était au courant »).

46 Pour la circulation des nouvelles et des personnages dans le *Decameron* de Boccace, voir Donatella Bisconti, « Le chronotope de l'aller-retour dans le *Decameron* », dans *« A tant m'en vois ». Figures du départ au Moyen Âge*, *op. cit.*, p. 447-478.

47 D'ailleurs Boccace, dans le *Decameron*, ne manquera pas de faire le lien entre la pandémie et le corps social qui se délite dans une réflexion sur le « vivre ensemble ». Voir Nelly Labère, *Défricher le jeune plant*, *op. cit.*, p. 467-473.

> En la ville de Valenciennes eut naguere ung notable bourgois […] cause de ceste histoire [qui] n'estoit point si mal logé en la dicte ville que ung bien grand maistre ne se tenist pour content et honoré d'avoir ung tel logis. Et entre les desirez et loez edifices, sa maison descouvroit sur pluseurs rues ; et de fait avoit une petite posterne vis-à-vis de laquelle demouroit ung bon compaignon, qui tresbelle femme et gente avoit et encores en meilleur point[48].

De manière emblématique, la première nouvelle du recueil des *Cent Nouvelles Nouvelles* choisit cette proximité architecturale pour signifier que sa propre construction narrative repose sur le voisinage – voisinage d'auteurs et de genres, voisinage des personnages dans la ville[49]. Se faisant suite, les nouvelles sont ce nouvel édifice composé par autant de voix plurielles qui composent cette somme symbolique du cent choisi comme emblème du recueil. Si Vittore Branca parle de « grandiose édifice gothique[50] » pour qualifier le *Decameron*, les *Cent Nouvelles Nouvelles* bourguignonnes ou messines sont aussi une construction savamment orchestrée dans et par la ville[51]. Car la nouvelle naît et se nourrit de la ville qui est une métaphore du lien social et dont le cœur est, pour le livre des marchands qu'est le *Decameron*, la place du marché :

> Et le bon homme lors estant en Reaulte, qui est la commune place des merchans venecians, ouy dire commant l'angel Gabriel celle nuict estoit alez coucher avec dame Elisete ; et il, qui avec elle avoit esté trouvé, avoit soy eslancié dedens ung eschanal, et si ne savoit l'en quoi il estoit devenuz. Pour le compte de cestes nouvelles le bon homme tantost pensa que cellui que il avoit logié estoit cellui angel qui avec la dame estoit venu coucher[52].

48 *Cent Nouvelles Nouvelles*, éd. citée, n. 1, p. 23.

49 Les *Évangiles des Quenouilles* suivront le même modèle en mettant en scène une assemblée de voisines.

50 Vittore Branca, « Introduction », dans *Le Décaméron* de Boccace, trad. André Gisselbrecht, *op. cit.*, p. XXIII.

51 Pour la composition des *Cent Nouvelles Nouvelles*, voir Nelly Labère, *Défricher le jeune plant*, *op. cit.*, p. 855-871.

52 Boccace, *Décaméron*, éd. citée, IV, 2, p. 476. Nous citons d'après la traduction de Laurent de Premierfait. L'amplification du texte de Boccace est significative de la volonté de précision géographique et narrative du traducteur. En effet, le texte italien mentionne seulement : […] *essendo il buono uomo in su il Rialto, udì dire come l'agnolo Gabriello era la notte andato a giacere con madonna Lisetta e, da' cognati trovatovi, s'era per paura gittato nel canale, né si sapeva che divenuto se ne fosse.* (Traduction (Christian Bec, éd. citée, p. 356) : « […] le brave homme se trouvait au Rialto quand il entendit dire que l'ange Gabriel était venu, cette nuit-là, coucher avec madame Lisetta et que, surpris par les parents de celle-ci, il s'était jeté de peur dans le canal ; depuis nul ne savait ce qu'il était devenu ; bien vite notre homme comprit qui il avait chez lui »).

D'ailleurs, les illustrations elles-mêmes (enluminures ou bois-gravés) témoignent de choix urbains : dans le manuscrit comme dans l'imprimé, les *Cent Nouvelles Nouvelles* mettent en scène la ville et, plus encore, l'espace domestique[53]. La nouvelle est bien cette aventure privée qui ne va pas manquer de devenir publique en se diffusant dans toute la ville. C'est pourquoi le mari de la nouvelle 71 des *Cent Nouvelles Nouvelles*, lorsqu'il surprend sa femme en compagnie d'un autre homme, se contente seulement de lui conseiller de bien fermer sa porte afin de ne pas ébruiter la nouvelle :

> Et au hurter qu'il fist a l'huys, il trouva l'atelée du chevalier et de sa femme, dont d'eulx il fut le plus esbahy de trop. Et en reculant subitement, doubtant les empescher et destourber de la doulce œuvre qu'ilz faisoient, leur dist, pour toutes menaces et tensons : « Et, par la mort bieu, vous estes bien meschantes gens, et a vostre fait mal regardans, qui n'avez pas eu tant de sens, quand vous voulez faire telz choses, que de serrer et tirer les huy après vous. Or pensez que c'eust esté si ung aultre que moy vous eust trouvez ! Et, par Dieu, vous estiez gastez et perduz, et eus testé vostre fait decelé, et tantost sceu par toute la ville. Faictes aultrement une aultre foiz, de par le dyable ! » Et sans plus dire tire l'huys et s'en va[54].

Car la bonne histoire ne manquera pas de faire l'objet d'une publi-cité urbaine, à l'image de ces autres nouvelles du recueil qui « s'espandent » et qui « volent » dans la ville :

> Ceste nouvelle fut tantost espandue par les villes voisines[55].
>
> Ces nouvelles furent tost volées par toute la ville[56].

La ville est ce qui permet la naissance et la circulation des nouvelles : « Elle constitue un endroit de passage pour l'étranger qui y trouve un

53 Alexandra Velissariou, *Aspects dramatiques et écriture de l'oralité dans les* Cent nouvelles Nouvelles, Paris, Champion, 2012 ; Mariagrazia Ricci, « Illustrer les *Cent Nouvelles Nouvelles* : le manuscrit de Glasgow et l'incunable de Vérard (1486) », *Le Moyen Français*, t. 69, 2011 ; Dominique Lagorgette, « Construire la connivence : narrateur et mise en scène des personnages dans le ms. Hunter 252 (Glasgow) et l'imprimé Vérard (1486) des *Cent nouvelles nouvelles* », dans *Ravy me treuve en mon deduire*, Luca Pierdominici et Élisabeth Gaucher-Rémond dir., Fano, Aras, 2011, p. 161-179 ; Élise Boneau, « Obscenity Out of the Margins », *eSharp. Identity and marginality*, t. 6, 2006, « https://www.medievalists.net/2015/02/obscenity-margins-mysterious-imagery-within-cent-nouvelles-nouvelles-ms-hunter-252/ » (consulté le 24/4/2022).

54 *Cent Nouvelles Nouvelles*, éd. citée, n. 71, p. 433.

55 *Ibid.*, n. 14, p 104.

56 *Ibid.*, n. 64, p. 406.

point nodal, commercial et informationnel. Le voyageur se fait alors colporteur de biens et de mots[57] ».

Pourquoi, alors, quitter la ville ? Parce que la maladie y fait rage et que le voisin s'est transformé en étranger. Parce qu'on s'y sent désormais seul et mal :

> *Per le quali cose, e qui e fuori qui e in casa mi sembra star male, e tanto più ancora quanto egli mi pare che niuna persona, la quale abbia alcun polso e dove possa andare, come noi abbiamo, ci sia rimasa altri che noi*[58].
>
> « C'est pourquoi, ici même, hors d'ici et dans ma propre maison, je me sens mal, d'autant plus que, de toutes les personnes ayant comme nous les moyens de partir et un endroit où aller, nous sommes, je crois, les seuls à demeurer. » (trad. Christian Bec, éd. citée, p. 48)

Mais lorsqu'on fuit à la campagne, c'est pourtant pour se raconter… des histoires urbaines ! L'étymologie du mot ville (*villa*, « campagne ») témoigne suffisamment de ce paradoxe urbain. Les devisants du *Decameron* veulent partir à la campagne pour retrouver la ville. Et c'est d'ailleurs ce retour à la ville qui se réalise à la fin du recueil :

> *E come il nuovo giorno apparve, levati, avendo già il siniscalco via ogni lor cosa mandata, dietro alla guida del discreto re verso Firenze si ritornarono ; e i tre giovani, lasciate le sette donne in Santa Maria Novella, donde con loro partiti s'erano, da esse accommiatatosi, a' loro altri piaceri attesero, e esse, quando tempo lor parve, se ne tornarono alle lor case*[59].
>
> « Quand apparut le jour nouveau, ils se levèrent et, alors que l'intendant avait déjà expédié toutes leurs affaires, à la suite de leur sage roi, ils reprirent le chemin de Florence. Les trois jeunes gens laissèrent les dames à Santa Maria Novella, d'où ils étaient partis ensemble et, ayant pris congé d'elles, ils allèrent vers d'autres plaisirs et les dames, quand cela leur plut, s'en retournèrent chez elles. » (trad. Christian Bec, éd. citée, p. 855)

Retour à la case départ ?

Non. Car en questionnant (et en quittant) la ville, le *Decameron* comme ses successeurs, invitent à faire un pas de côté. Car, en réalité, la question porte davantage sur la cité que sur la ville dans ces nouvelles urbaines. C'est aux organisations sociales, aux groupes qui composent

57 Nelly Labère, *Défricher le jeune plant*, *op. cit.*, p. 77.
58 Boccaccio, *Decameron*, éd. citée, I, concl., p. 23.
59 Boccaccio, *Decameron*, éd. citée, X, concl., p. 908.

la ville que s'intéressent les nouvelles – à l'image de ces brigades ou de ces cercles conteurs qui métaphorisent, dans le recueil, cette dimension communautaire. Face à un monde divisé où la société peine à retrouver du lien, les devisants du *Decameron* proposent de sortir temporairement de la ville pour la régénérer par la parole vive. *Nouveler-Renouveler* : tel est le pari de la nouvelle qui plus qu'un genre urbain est un genre citoyen. Passe-temps, la nouvelle est bien ce défi face aux temps empestés qui propose de rougir, de rire mais aussi de se moquer. Cité dans la ville, elle est cette Buggiale chez le Pogge, ce facétieux nouvelliste qui passe pourtant pour l'un des premiers idéologues urbains[60] :

> *Is est « Bugiale » nostrum, hoc est mendaciorum veluti officina quaedam, olim a secretariis institutum iocandi gratia. Consuevimus enim, Martini Pontificis usque tempore, quendam eligere in secretiori aula locum, in quo et nova referebantur, et variis de rebus, tum laxandi ut plurimum animi causa, tum serio quandoque, colloquebamur. Ibi parcebatur nemini in lacessendo ea quae non probabantur a nobis, ab ipso persaepe Pontifice initium reprehensionis sumpto : quo fiebat ut plures eo convenirent, veriti ne ab eis ordiremur*[61].

Nelly LABÈRE
Université Bordeaux Montaigne

60 George Holmes, « The Emergence of an Urban Ideology at Florence c. 1250-1450 », *Royal Historical Society (London, England). Transactions of the Royal Historical Society*, v. 23, 1973, p. 111-134. Voir encore sur cette notion Jan Dumolyn, « Une idéologie urbaine "bricolée" en Flandre médiévale : les *Sept Portes de Bruges* dans le manuscrit Gruuthuse (début du XVe siècle) », *Revue de Philologie et d'Histoire*, t. 88, 2010, p. 1039-1084.

61 Poggio, *Facezie*, éd. Stefano Pittaluga, Milano, Garzanti, 1995, p. 296. Traduction Étienne Wolff (Paris, Anatolia éditions, 1994, p. 233) : « C'est notre Bugiale, véritable officine de mensonges, qui correspond à une tradition instituée jadis par les secrétaires du pape pour se distraire entre eux. Jusqu'au pontificat de Martin V, en effet, nous avions l'habitude de choisir une salle retirée du palais pontifical où nous apportions les nouvelles, le plus souvent pour se distraire, mais quelquefois aussi pour traiter de choses sérieuses. On n'épargnait personne : nous disions du mal de tout ce qui nous déplaisait, en commençant souvent par le souverain pontife lui-même ; aussi beaucoup de gens venaient-ils à nos réunions, de peur d'être les premiers raillés ».

PERFORMANCES THÉÂTRALES ET FORMES LITTÉRAIRES

dans les *Miracles de Nostre Dame par personnages*

Le théâtre français en langue vernaculaire est associé à l'évolution que connurent les villes médiévales et à l'essor de leurs activités mercantiles lesquelles amorcent l'ascension de la bourgeoisie[1]. Comme le relève Jean-Charles Payen, « l'écriture dramatique médiévale est le lieu privilégié de la culture urbaine[2] » et « c'est en dehors du milieu féodal qu'apparaît le théâtre précisément parmi ces exclus de l'univers courtois que sont les bourgeois et les clercs[3] ». C'est dans le cadre de l'histoire urbaine que s'inscrivent les analyses des principaux critiques du théâtre et que les thèmes privilégiés du genre sont étudiés dans leurs rapports avec la bourgeoisie[4], catégorie sociale qui, dans un sens large, pratique diverses activités commerciales et s'organise, en général, en associations professionnelles. Réglées par ce groupe social, les activités théâtrales sont corrélées au rôle que ces communautés urbaines jouaient dans la ville[5], et sont autant de témoignages des liens existant entre le texte, sa performance et les attentes de la bourgeoisie urbaine. Les jeux assurent ainsi le relais de cette réalité sociale et sont, dès lors, représentatifs de la ville où ils se donnent à voir[6]. Il en est ainsi de la confrérie des orfèvres

---

1 Jacques Le Goff, *Marchands et banquiers du Moyen Âge*, Paris, PUF, 2001 [9e éd. ; 1re éd. 1956].

2 Jean-Charles Payen, « Théâtre médiéval et culture urbaine », *Revue d'histoire du théâtre*, t. 35, 1983, p. 233-250, ici p. 250. Dès le début de son article, l'auteur affirme que le théâtre médiéval est intrinsèquement associé à la « littérature urbaine » (p. 234).

3 *Id.*

4 Élie Konigson, « Théâtre religieux et société urbaine à la fin du Moyen Âge », *Cahiers Charles V*, n° 2, 1980, p. 15-28, part. p. 18.

5 Voir Lynette Muir, « European Communities and Medieval Drama », dans *Drama and Community : People and Plays in Medieval Europe*, Alain Hindley dir., Turnhout, Brepols, 1999, p. 1-18.

6 Ainsi du *Jeu de saint Nicolas* de Jean Bodel dans lequel, d'après Henri Rey-Flaud, qui y étudie la dimension symbolique et théâtrale de la ville, la société arrageoise « véritable

parisiens réputée pour ses activités théâtrales durant le XIVe siècle dont les jeux sont conservés dans le recueil Cangé (BnF, fr. 819-820)[7], composé en deux volumes renfermant quarante pièces dramatiques : les *Miracles de Nostre Dame par personnages*[8] qui constituent le témoin majeur de l'activité dramatique parisienne et française de 1339 à 1382. Parce que ce recueil dramatique est rattaché à l'activité religieuse et littéraire du puy des orfèvres de Paris, les études qui lui sont consacrées[9] offrent souvent, nous semble-t-il, une lecture partielle et sociologiquement orientée du vaste panel dramatique que ce corpus renferme, en sous-estimant l'ancrage parisien qui lui confère un statut singulier, si l'on en juge par les autres villes où furent aussi organisés des jeux[10].

---

microcosme, joue *sa vie* ». Henri Rey-Flaud, *Pour une dramaturgie du Moyen Âge*, Paris, PUF, 1980, p. 22.

7 Les études menées par Graham A. Runnalls restent fondamentales pour ce recueil théâtral : *Id.* « The Manuscript of the *Miracles de Nostre Dame par personnage* », *Romance Philology*, t. 22, 1968, p. 15-22 ; *Id.* « Mediaeval Trade Guilds and the *Miracles de Nostre Dame par personnages* », *Medium Ævum*, t. 39, 1970, p. 257-287 ; *Id.* « The *Miracles de Nostre Dame par personnages* : Erasures in the MS, and the Dates of the Plays and the "Serventois" », *Philological Quarterly*, t. 49, 1970, p. 19-29.

8 Les textes sont cités dans l'édition suivante : *Miracles de Notre Dame par personnages, publiés d'après le manuscrit de la Bibliothèque nationale*, éd. Gaston Paris et Ulysse Robert, Paris, Firmin Didot, VIII vol., 1876-1893 (Société des anciens textes français) et donnés, pour le premier renvoi, en abrégé par le mot *Miracles* ou *Miracle* suivi du titre auquel succède le numéro attribué par les éditeurs et le volume de publication. Ces jeux ont été traduits en français moderne : *Miracles de Notre-Dame par personnages*, trad. Gérald Bazançon et Pierre Kunstmann, Paris, Classiques Garnier, 2017, 2019 et 2021 (Moyen Âge en traduction).

9 Plusieurs études consacrées à ce recueil privilégient l'analyse socio-littéraire. Voir l'ouvrage collectif *Parisian Confraternity Drama of the Fourteenth Century, The Miracles de "Nostre Dame par personnages"*, Donald Maddox and Sara Sturm-Maddox dir., Turnhout, Brepols, 2008 ; les thèses suivantes : Robert L. A. Clark, « The *Miracles de Nostre Dame par personnages* of the Cangé Manuscript and the Sociocultural Function of Confraternity Drama », (thèse inédite, Université de l'Indiana, 1994), Gabrielle Grandcamp « Enjeux de mise en scène dans les *Miracles de Nostre Dame par personnages* », (thèse inédite mais consultable en ligne, Université du Havre, 2017) ; dans celle-ci l'auteure « observe la subtilité d'une dramaturgie faite à la mesure des Orfèvres parisiens », ici p. 321, voir particulièrement le chapitre « Le Miracle, "miroir du monde". Comment le drame reflète le public », p. 322-368.

10 « *In Paris, where perhaps already the sens of a unique community was not as strong as in the provincial capitals, there are no examples of plays organised and financed by the city of Paris as a whole, whereas this was the norm in the provinces.* » (Graham A. Runnalls, « Theatre in Paris in the late Middle Ages », dans *Études sur les mystères*, Paris, Champion, 1998, p. 89). Voir aussi Marie Bouhaïk-Gironès, « Le théâtre médiéval et l'espace parisien à la fin du Moyen Âge », *European Medieval Drama*, t. 6, 2003, p. 49-64, et Antoine Thomas, « Le théâtre à Paris et aux environs à la fin du XIVe siècle », *Romania*, t. 21, 1892, p. 606-611.

Afin d'analyser la portée aux effets variables de la ville de Paris sur la forme des *Miracles* dramatiques, nous nous appuierons sur les travaux d'Émile Roy qui, comme les articles de G. A. Runnalls à sa suite, rattacha ces jeux à un contexte urbain. Son étude détaillée qui s'attache à la provenance géographique du texte à partir de la citation des noms de lieux et de personnages avance de riches hypothèses sur sa mise en scène et l'associe au réseau littéraire et culturel de la capitale du royaume[11]. Notre étude, inscrite dans son sillage, s'attachera à montrer que la composition dramatique des *Miracles* témoigne d'une culture urbaine marquée par trois fonctions capitales, les fonctions économique, politique, donc curiale, et universitaire[12].

Dans un premier temps, nous verrons que, pour l'ensemble des jeux, l'espace de la capitale sert de cadre à l'action, indépendamment de leurs hypotextes ou des désignations toponymiques, et que, riche de l'imaginaire des cités anciennes, Paris se dresse toute auréolée de la splendeur royale. Dans un deuxième temps, nous montrerons que l'effervescence de la vie théâtrale parisienne, elle-même, se laisse entrevoir par le truchement des lieux que les personnages évoquent et qui peuvent être rattachés aux différents évènements dramatiques. Enfin, nous nous attacherons exclusivement, dans un dernier temps, à la forme littéraire de la prédication, révélatrice du poids exercé par la ville sur les jeux où les prêches dramatiques qui y sont insérés sont composés suivant la technique des sermons universitaires du temps et se donnent, dès lors, à lire comme une forme littéraire urbaine.

11 Émile Roy, *Études sur le théâtre français du XIVe et du XVe siècles. La comédie sans titre et les* Miracles de Notre Dame par personnage, Paris, E. Bouillon, 1902, lire particulièrement p. CXXX-CLXXXiij.

12 *Paris, ville de cour (XIIIe-XVIIIe siècle)*, Boris Bove, Murielle Gaude-Ferragu et Cédric Michon dir., Rennes, Presses universitaires de Rennes, 2017, ici p. 8-9 de l'introduction au vol.

PARIS, VILLE IMMÉMORIALE ET SIÈGE DU ROYAUME

La transposition de contrées étrangères dans la réalité parisienne est un procédé commun aux *Miracles* dramatiques qui, curieusement, travaillent leurs sources afin de construire un imaginaire parisien. Il en est ainsi du *Miracle d'un chanoine qui se maria* (v. III, XIX) dont l'action passe de Pise à Paris ou encore du *Miracle d'un marchant et d'un Juif*, inspiré d'un miracle de Gautier de Coinci, dans lequel l'auteur déplace l'action de « Bisance[13] » dans des régions et villes françaises[14] :

> Le Quart Povre
> Tu as dit voir, se m'aist Diex :
> Il y a pour nous meilleur place.
> C'est à la pointe saint Uitasse,
> Oultre un petit.
> (v. IV, v. 241-244, *Miracle d'un marchant et un Juif*, XXXV)

Alors que la ville orientale n'est pas décrite dans le texte source, la mention de la « meilleur place » à laquelle il est ici fait référence et celle du « pont Saint-Eustache » contigu à celle-ci, dessinent le cadre de l'action dramatique et créent un effet de réel grâce auquel le jeu peut avec facilité et évidence s'inscrire dans un contexte familier au public auquel il s'adressait. Ces désignations toponymiques témoignent d'une réappropriation du miracle par les Parisiens et confortent la véridicité de l'histoire assurée dans l'hypotexte par l'autorité de la langue latine.

Curieusement, une scène du *Miracle de Robert le dyable* (v. IV, XXXIII) qui recourt au même procédé de transposition ne craint pas de faire fusionner les espaces urbains. Alors que l'action se déroule à Rome où le protagoniste se rend en pénitence pour rencontrer le pape, l'un des gardiens du Saint-Siège s'adresse au personnage principal en lui indiquant la place Maubert,

---

13 « Le Bourgeois : Arriére m'en vueil retourner / A Bisçance, la ville noble, / Ne puis encor tant ville amer. / Tu scez bien que j'ay mis en mer [...]. » (v. IV, v. 1138-1141, *Miracle d'un marchant et d'un Juif*, XXXV).

14 « Premier Clerc : N'en Prouvence n'en Aubigeois, / N'en pais nul ou j'aie esté, / De si large homme en vérité / N'oy parler. » (v. IV, v. 267-270, *Miracle d'un marchant et un Juif*, XXXV).

près des Halles à Paris, lieu, par ailleurs, réputé pour accueillir des farces[15]. La réécriture du texte se caractérise donc par une mise en osmose des lieux dramatiques originels avec la cartographie parisienne qui centralise les déplacements des personnages, d'autant que Paris est le lieu d'où l'on part et où l'on revient, comme dans le *Miracle de Pierre le changeur* (v. V, XXXVI) où le héros éponyme, parti à Jérusalem pour faire pénitence et convertir des païens, revient, sa mission achevée, dans la capitale.

Le rayonnement de Paris se cristallise surtout dans et avec les personnages historiques d'origine royale représentés dans les jeux, comme le *Miracle* XXXI traitant de Berthe au Grand Pied, épouse de Pépin le Bref et mère de Charlemagne ; le *Miracle* XXXIV racontant le châtiment réservé aux enfants de Clovis II et de son épouse Bathilde ; ou encore le *Miracle* XXXIX mettant en scène le roi Clovis. Ancrés dans l'histoire nationale, ces jeux se plaisent à rappeler, d'une façon anachronique, le statut de Paris, capitale du royaume. Ainsi, pour s'en tenir exclusivement au *Miracle* XXXI, c'est en ces termes qu'un chevalier français présente la ville à la jeune Berthe qui doit quitter sa Hongrie natale pour épouser le roi de France :

> Premier Chevalier François
> D'aller nous convient appartir,
> Le plorer, dame, n'y vault nient,
> Mais cheminer tant nous convient
> Que veons Paris la cité.
> La serez vous en vérité
> Moult honnorée.
> (v. V, v. 98-103, *Miracle de Berthe*, XXXI)

Par la suite, Paris gagne encore en réalité au moment où deux chevaliers informent le roi de l'arrivée de sa future épouse, installée avec sa suite dans une auberge à Saint-Denis, à deux petites lieues de la capitale, et qu'ils l'invitent à se rendre à la chapelle :

> Premier Chevalier
> Sire, elle est appellé Berthe ;
> Si que, s'il vous plest, vous venrez
> La derrier et l'esposerez
> En la chapelle.
> (v. V, v. 128-131, *Miracle de Berthe*, XXXI)

15 Voir l'article de Marie Bouhaïk-Gironès, « Acteurs de ville, farceurs de cour ? Le théâtre à Paris aux XVe et XVIe siècles », dans *Paris, ville de cour*, *op. cit.*, p. 235-251.

Bien qu'aucune autre indication ne permette de le confirmer, cette « chapelle » désigne probablement la chapelle royale, si l'on en juge par les affinités entre les *Miracles*. Elles invitent, en effet, à rapprocher le lieu où seront célébrées les noces de Berthe et de Pépin de la « chapelle » du *Miracle de saint Jehan Crisothomes* (V. I, v. 354, VI) où le héros éponyme se rend pour « suivre l'escole » (v. 376) sous la direction de maître Josce d'Alemant[16], et où il est, en outre, accueilli par un roi qui demande que des habits soient taillés pour lui. Il est intéressant de relever que le lieu de la rencontre et la demande royale renvoient clairement à la réalité du temps et, particulier, au Livre de Comptes d'Estienne de la Fontaine, argentier du roi, où, pour l'an 1352, il est écrit que le roi de France commanda des tissus pour : « 7 effens de la chapelle royal à Paris, pour fourrer les robes qu'il orent, de livrée, au terme de Pasques[17] ». Par-delà l'effet de réel ainsi crée, il est licite de penser qu'il existait des liens étroits entre la cour royale et les jeux dramatiques, hypothèse confirmée, d'une part, par le Livre des Comptes avec la mention de sommes dépensées à l'attention de « Maistre Jehan, le fol du Roy », d'autre part, par le fait que des écoliers jouèrent effectivement devant Charles VI, à la Sainte-Chapelle, le jeu de la Résurrection, le 3 avril 1390, soit le jour de Pâques[18].

L'évocation d'un même lieu parisien dans des *Miracles* différents est, par ailleurs, riche d'enseignements. Alors que, dans *Amis et d'Amille*, dont les héros se rendent à Paris pour rencontrer le roi :

> Amis
> Comment ? a Paris en irons
> (Aussi y estes vous meu),
> Savoir se serons receu
> Du roy, car il a guerre grant.
> Sa ! Soions d'aler y engrant,
> Compains Amille.
> (v. IV, v. 150-155, *Miracle d'Amis et d'Amille*, XXIII)

16 É. Roy analyse le nom du maître de grammaire de ce miracle comme un renvoi contextuel pour dater le jeu avant 1352 – ce qui est affirmé par l'analyse de G. Runnalls qui le date en effet en 1344.

17 Louis Douët-D'Arcq, *Comptes de l'argenterie des rois de Frances au* XIV*e siècle*, Paris, Librairies de la Société de l'Histoire de France, 1851, p. 160. Voir aussi E. Roy, *Études sur le théâtre français du* XIV*e et du* XV*e siècles op. cit.*, p. CXXVIIJ.

18 É. Roy, *ibid.*, p. CCXIJ-CCXIIJ.

Le Louvre est présenté par les deux comtes comme une prison redoutable, d'où « Personne, quelle qu'elle soit, / Ains qu'elle en parte mort reçoit[19] », dans le *Miracle de Clovis* (v. VII, XXXIX), le palais est devenu une résidence royale[20], modification qui eut lieu très exactement sous le règne de Charles V. Cette appréciation différente du Louvre permet de dater approximativement[21] les jeux, et d'illustrer l'accord et la familiarité avec laquelle les dramaturges exploitent les espaces du pouvoir politique. En esquissant le tableau d'un Paris royal et la topographie d'une ville de cour, les *Miracles* par personnages sont en parfaite osmose avec leur temps et avec les règnes des rois Charles V et VI[22], qui, précisément, furent tous deux soucieux d'encourager les performances théâtrales.

DES SCÈNES DRAMATIQUES AUX ÉVÉNEMENTS THÉÂTRAUX

Pour la critique, les drames du recueil Cangé ont été représentés à la chapelle de la confrérie des orfèvres[23], toutefois, nul document ne permet de l'affirmer et le corpus textuel lui-même ne le confirme pas davantage. Les répliques de personnages suggèrent une pluralité de lieux parmi lesquels se distinguent des lieux clos comme l'*ostel* et la taverne, ou des espaces ouverts, cadres des trajets ou des processions autour de la ville. L'*ostel*, représenté emblématiquement par sa grande salle, accueille des

19 « Gombaut : Non ay, voir. Vezci pour quoy, sire / La tour du Louvre est si jurée / Que puis qu'i est emprisonnée / Personne, quelle qu'elle soit, / Ains qu'elle en parte mort reçoit ; / Ja n'en doubtez. » (v. IV, v. 346-351, *Miracle d'Amis et d'Amille*, XXIII).

20 « Clovis : Sanz faire cy plus de demour, / Je vueil qu'entre vous trois ailliez / Au Louvre, et la m'appareilliez / Ce qui fault pour faire ma feste : / Il y a bon lieu et honneste, / Et si est près. » (v. VII, v. 1030-1035, *Miracle de Clovis*, XXXIX).

21 É. Roy, *Études sur le théâtre français du* XIV*e et du* XV*e siècles*, *op. cit.*, p. cxxvij.

22 Boris Bove, « Les rois médiévaux sont-ils parisiens », dans *Paris, ville de cour*, *op. cit.*, p. 25-51, ici p. 30.

23 Pour les textes de notre corpus, l'hypothèse est que les pièces furent jouées à l'église Saint-Jossé, près du siège de la confrérie des orfèvres. Telle a été la thèse de G. A. Runnalls, reprise par Charles Mazouer pour qui les miracles dramatisés « ne sort[ent] pas de la salle de réunion des confrères ». (*Le Théâtre français du Moyen Âge*, Paris, Sedes, 1998, p. 124.

réunions[24] et des fêtes que le *Miracle de l'evesque que l'arcediacre murtrit* (v. I, III) se plaît à représenter. Pour célébrer son intronisation, le héros organise une fête qu'il veut « Grant et belle, sanz nul contraire. » (v. 658) et invite plusieurs personnes (v. 683-685 ; v. 688-690) à un banquet dont les agréments sont assurés par les performances de jongleurs qu'il appelle de ses propres vœux : « Faites cy venir les jugleurs, / qui ces gens cy esbaudiront » (v. 726-727). La scène gagne en importance eu égard à la présence de la miniature placée en tête du miracle où est représentée une large assemblée composée de religieux, de chevaliers et de jongleurs, ces derniers, en écho avec le texte, sont montrés, soit jouant d'instruments de musique, soit dansant une corde autour du corps (BnF, fr. 819, f. 24r°). Cette galerie de personnages hétéroclites participe essentiellement de la dimension urbaine de la fête qui mêle son bruit à celui de la ville, comme le précise, d'ailleurs, l'un des jongleurs du *Miracle* qui informe ses compagnons du déroulement d'une fête « J'ay oy dire qu'en ce jour doit avoir feste en ceste ville » (v. 628-629).

Ce sont encore des jongleurs qui, dans le *Miracle d'un chanoine qui se maria*, sont appelés par des bourgeois à se rendre dans le riche « ostel » de Monseigneur de Sens[25] loué pour l'occasion, et à y assurer les divertissements de la cérémonie. Polet récitera de « biaus diz » que Volant accompagnera de gestes et mimes, et qu'il entrecoupera, si besoin en est, de récits fantaisistes et de boutades :

> Volant
> Vecy : tu seras diligens
> De biaus diz recorder assez,
> Et je ne suis pas si lassez
> Que ne face d'esparteté
> Et des faiz de ligiereté

---

24 « Sire Gontier, verité dites. / Ne vueil que cy plus demourez, / Mais jusqu'an mon hostel venrez / Touz ensemble, et la buverons / Et des pais diviserons / Qu'ay puis marchié. » (v. VI, v. 1255-1260, *Miracle d'un marchant et un juif*, XXXV).

25 Cet hôtel fut racheté par Charles V dès 1363 (É. Roy, *Études sur le théâtre français du* XIV*e* *et du* XV*e* *siècles*, *op. cit.*, ici p. CLXVI). Les historiens du théâtre suggèrent par ailleurs que les jeux après 1363, soit après le *Miracle* XXVI, ont été donnés à l'hôtel Saint-Pol en présence du roi : « *new "hostel Saint-Pol", where he* [le roi] *was later to see several plays. It is conceivable, though far from proven, that after 1368 the Miracles de Nostre Dame were performed there, in the presence of the king.* » (Graham A. Runnalls, « Medieval Trade Guilds and the Miracles de Nostre Dame par personnages », dans *Parisian Confraternity Drama of the Fourteenth Century*, *op. cit.*, p. 29-67, p. 64, n. 77).

Plus que ne fist onques Safret ;
Et si diray, se mestier est,
De grans falourdes.
(v. III, v. 766-773, *Miracle d'un chanoine qui se marie*, XIX)

La facilité avec laquelle les deux jongleurs s'accordent suggère que des codes étaient partagés par les ménestrels de la ville et qu'il existait un répertoire commun à tous ; le « Safret » auquel Volant se compare fut, en l'occurrence, un jongleur parisien réputé. Le *Miracle* prouve que les jongleurs incarnent une culture parisienne et des pratiques urbaines, et que leurs activités les conduisent à circuler dans des lieux éminemment urbains, ceux de l'« ostel » et de la taverne. Polet et Volant souhaitent s'exhiber dans un lieu assez grand pour accueillir des gens : « Je voy ceens a planté gent / Y pourrons nous gaigner argent / a recorder ? » (v. 749-751), vraisemblablement une taverne où ils pourront « diné[r] ceens » (v. 727), cadre qui aurait pu se transformer en une scène dramatique hébergeant les performances des jongleurs dont les textes ne nous sont pas parvenus[26]. En effet, même si, dans le recueil Cangé, la taverne est évoquée mais non représentée[27], contrairement à la tradition des jeux arrageois où elle est le lieu principal de l'action et où s'ourdissent des méfaits, elle est, dans les *Miracles* parisiens, non seulement le lieu où les pauvres et les écuyers boivent, mais aussi l'espace de spectacles publics :

Le Premier Povre
Diex doint bonne encontre au jour d'ui
Que sanz doubte si povre sui
Que je n'ay ne pain ny argent.
Donnez a Didier, bonne gent,
Que Dieu voz pechiez vous pardoint.
Elas ! ne truis qui rien me doint ;
Ne me sçay quelle part embatre.
Je m'en vois en la place esbatre
Et illeuc au soleil seoir.
Encore est de moy pourveoir
Et pourchacier assez bonne heure ;
Un po vueil ci faire demeure.
Les compaignons attendray

26 M. Bouhaïk-Gironès (« Acteurs de ville, farceurs de cour ? » art. cité, p. 235-251) arrive à cette conclusion en empruntant d'autres voies.
27 Lire aussi G. Grandcamp, thèse citée, p. 274-291.

Avec qui je m'esbateray
Jusqu'à grant messe
(v. VI, v. 1-15, *Miracle de Pierre le Changeur*, XXXVI)[28]

Parmi les éléments textuels qui rendent compte d'une circulation dans l'espace parisien des jeux et de la ville, et de la porosité de ces deux types d'espace, l'entrée royale[29] tient une place importante, comme le montre le *Miracle de la fille d'un roy*. Il y est notamment question d'un messager qui, après avoir annoncé l'arrivée du roi, se déclare volontaire pour organiser les festivités que l'événement requiert, si ce n'est que le roi ne souhaite pas, cette fois-ci, marquer sa venue par des célébrations :

Le Roy
Seigneurs, je ne vueil point c'on face
De ma venue grant monneste,
Ne je n'en quier ja faire feste,
Car le cuer point ne m'y encline,
Puis que j'ay perdu la royne,
A qui Dieux vueille courtois estre.
Alons nous en nostre hostel mettre
Tout simplement.
(v. VII, v. 895-903, *Miracle de la fille d'un roy*, XXXVII)

Les entrées royales ne furent pas les seules occasions d'organiser des jeux dramatiques. Il convient aussi de signaler que le roi, qu'il soit absent ou présent dans la capitale, incita les Parisiens, par sa politique et sa personne physique, à des pratiques dévotes qui sont aussi l'occasion de performances théâtrales, comme les processions. C'est sur un appel à participer à cet événement que s'achèvent plusieurs *Miracles* du ms. Cangé :

Le Pape
Vous dites le mieux, ce me samble.
Or vous diray que vous ferez :

28 Voir aussi les répliques suivantes : « Premier Povre : Je ne scé, mais he vous dy bien / Qu'il meismes ce don m'a fait. / Si vous pri, Menait, que de fait / En la taverne nous menez / Et ce pot de vin nous donnez / Qu'avez promis. – Deuxiesme Povre : Je le feray de cuer, amis, / Puis qu'ainsi est ; or nous hastons, / Et si vous pri que nous chantons / En alant ; suivez m'ou je vois. / Or sus, disons : Au bois, au bois ! » (v. VI, v. 270-280, *Miracle de Pierre le Changeur*, XXXVI)

29 Il s'agit là d'un fait historique et théâtral souvent étudié. Voir l'étude de Bernard Guenée et Françoise Lehoux, *Les Entrées royales françaises de 1328 à 1515*, Paris, Éditions du CNRS, 1968.

Vous deux devers les piez irez
Et si le porterez devant;
Ces autres hommes en suivant
A le porter vous aideront;
Je tien que de cuer le feront,
Et si en avron tresgrant joie.
Or avant, mettez vous a voie :
Mes freres et moy vous suivrons
Et de cuer a Dieu chanterons.
Vous clers, vostre chant adrescez
Et de floreter ne cessez
En alant, tant que soyons la :
Regina celi, lettare, alleluia, etc.
Explicit. *Deo gracias.*
(v. VII, v. 2645-2658 *Miracle de Saint Alexis*, XL)

Suivant la même perspective, d'autres jeux[30] s'attachent à évoquer une foule d'habitants avançant vers une église. Ce geste dramatique rappelle certaines processions parisiennes du début du XVe siècle qui sont, notamment, rapportées par un chanoine de Notre-Dame, membre de l'Université et connu sous le nom de « bourgeois de Paris[31] ». Le clerc mentionne les processions de 1412[32] que Jacques Chiffoleau propose d'appeler « cérémonies » par l'esthétisation d'un rite « qui, écrit-il,

> dépasse et transforme les anciens critères de beauté et qui se remarque aussi, à la même époque, dans beaucoup d'autres cortèges urbains, lesquels sont envahis par le théâtre, la scénographie, l'image[33].

Simple coïncidence ou fait révélateur, l'élaboration du codex BnF, fr. 819-820, où les processions sont incorporées dans les jeux, est contemporain de ce mouvement de piété[34].

---

30 *Miracle d'un chanoine qui se maria, Miracle de Robert le Diable, Miracle d'un marchant et un Juif*, ou encore *Miracle de saint Selvestre* (v. III, v. 2443-2451, XX) et *Miracle de la nonne qui laissa son abbaïe* (v. II, VII)

31 *Le journal d'un bourgeois de Paris, de 1405 à 1449*, éd. Colette Beaune, Paris, Librairie générale française, 1989 (Lettres gothiques).

32 *Ibid.*, p. 45-55.

33 Jacques Chiffoleau, « Les processions parisiennes de 1412. Analyse d'un rituel flamboyant », *Revue historique*, t. 284, 1990, p. 37-76, ici p. 72-73.

34 En s'appuyant sur certains exemples (v. I, v. 936-939 du *Miracle de l'enfant donné au diable*; et v. II, v. 82-85 du *Miracle de l'empereur Julien*, XIII), Daniela Musso écrit : « En général, il faudra retenir que les didascalies implicites et explicites indiquent la tendance

Ostel, taverne, ou encore entrées royales et processions, ces différents lieux et événements laissent penser que le théâtre entre en écho avec le réseau culturel parisien, ainsi qu'avec l'horizon d'attente du public bourgeois. Cette hypothèse est confortée par l'analyse des formes littéraires exploitées au sein des *Miracles* du recueil Cangé. Dans les limites qu'impose cet article, nous nous attacherons aux seuls sermons dont la forme littéraire fait signe vers les principes mis en œuvre à l'Université de Paris, l'une des institutions emblématiques de la capitale.

LES SERMONS
Art oratoire et culture urbaine de l'écrit

Les sources latines de sept sermons du recueil Cangé données par Robert Clark[35] sont attribuées à des maîtres de l'Université de Paris. Il en est ainsi des sermons contenus dans le *Miracle d'un chanoine qui se maria et de saint Silvestre* (XIX et XXI, v. III) qui est une translation du latin en ancien français d'un prêche de Pierre de Saint-Benoît, maître à l'Université. Il en est de même pour le sermon du *Miracle de l'enfant ressuscité* (XIV, v. II), extrait et traduit d'une compilation renfermant des prédications de Siger de Courtrai, lui aussi universitaire, ou encore du sermon du *Miracle de saint Guillaume du dessert* (IX, v. II) composé par Guiard de Laon, et de ceux des *Miracles de la femme du roy de Portigal et de la Nativité de Nostre Seigneur* (IV et V, v. I) attribués à Jacques de Lausanne. S'ajoute le sermon du *Miracle de la fille du roy* (XXXVII, v. VII), rattaché au manuscrit BnF, lat. 3557, f. 265v°-269, daté du début du XIVe siècle[36], qui est colligé dans un sermonnaire, inséré au cycle des

des personnages à se déplacer en cortège, même quand celui-ci n'est formé que de deux personnes : le valet suit son maître, la chambrière sa maîtresse, etc. Si cela a vraisemblablement pour but de donner un ordre à des mouvements qui se déroulent dans un espace limité, il nous semble pouvoir déceler dans ce mouvement processionnel une forme rituelle et cérémonielle qui doit englober le plus souvent le public dans le rite. » Voir « Réminiscences mythiques dans les *Miracles de Nostre Dame par personnages* : La mise en scène d'un imaginaire chrétien du XIVe siècle », (thèse inédite mais consultée en ligne, Université de Grenoble, 2013), p. 229.

35 R. Clark, thèse citée, p. 236-239.

36 Voir la description du codex dans le site officiel de la Bibliothèque nationale de France.

sermones de sanctis, et composé par Maître Gérard de Reims. Une note marginale du codex (f. 262v°) atteste qu'il fut prononcé à Saint-Victor de Paris, un des lieux privilégiés des prédicateurs parisiens[37]. Rédigés par des bacheliers ou des maîtres en théologie, ces sermons relèvent par leur forme de l'art oratoire enseigné à l'Université où les clercs étaient initiés et incités à prononcer des sermons publics[38].

À la lumière de la technique enseignée et appliquée à l'Université, les sermons dramatiques s'emparent des mêmes préceptes rhétoriques que nous analyserons en prenant comme exemple le prêche du *Miracle de la femme du roy de Portigal* :

> *Sicut lilium inter spinas, sic amica mea inter filias, Canticorum primo* [*sic*, Cant. 2, 2]. Doulce gent, Salemon dit que semblance est cause d'amour, dont l'escripture dit, Ecclesiastici octavo : Toute beste ame son semblable ; et la cause pour quoy deux personnes qui ne s'entrecognoisset, si tost conme il s'entrevoient, s'entreaiment, les docteurs dient que c'est pour ce qu'il y a dedans eulz une semblance repote, qui a ce les meut. [...] Or la sainte escripture appelle l'ame conjointe a Dieu par amour et par foy espousée et mariée, *Osee II*^e^ : Je t'espouseray en foy ; la raison si est car, selon saint Augustin, en mariage corporel sont troys biens qui plus parfaitement doivent estre en mariage espirituel de l'ame a Dieu : le premier bien du mariage corporel est fruit en lignie, pour laquelle mariage est principalement establie ; le second est le bien de foy, que l'en n'ayme nul autre ne s'i joingne l'en ; le tiers est le bien du sacrement, que jamais on ne se doit séparer ne desserver. Et ces troys biens doivent estre en mariage spirituel, quant il est parfait. Le premier bien est fruit ou lognie, par quoy sont entendues bonnes euvres, selon saint Gregoire, qui dit aussi conme femme ne doit conepvoir lignie fors de son mari, aussi personne conjointe a Dieu [...] Le second bien du mariage espirituel est le bien de foy [...] (v. I, *Miracle* IV, p. 149)

Le thème du sermon, annoncé en latin, puis traduit en langue vernaculaire, est extrait d'une péricope vétérotestamentaire dont la structure comparative est fondée sur le rapprochement entre la fleur et la bien-aimée, qu'une tradition chrétienne attribue à Marie et qui sert de point focal pour développer l'argument que la ressemblance entre les êtres est

37 Il est à signaler que les sources historiques concordent avec les répliques des personnages : ainsi l'un des écuyers du *Miracle d'un chanoine qui se marie* affirme vouloir se rendre à l'église où prêche un « maistre ».

38 Pour l'étude des sermons, nous avons suivi l'étude de Nicole Bériou, *L'avènement des maîtres de la parole. La prédication à Paris au XIII*^e^ *siècle.* Paris, Institut d'Études Augustiniennes, vol. I et II, 1998.

source d'amour. Cette idée générale, simple en apparence, permet des digressions que l'auteur émaille de références bibliques et qu'il nourrit de citations de saint Augustin et de saint Grégoire, propres à conférer de la solennité et de l'autorité à son discours. Le thème de l'amour amorce le message moral du prêche fondé sur les vertus du mariage auxquelles le prédicateur confère un développement conséquent par des rapprochements entre biens corporels et spirituels suivant un lieu commun des sermons universitaires dont la méthode est décalquée. En effet, l'exposition rigoureuse d'un plan en trois points recourt aux préceptes des arts de la prédication où la clarté de la pensée, qui y est prônée, repose sur une division du thème en sections, apte à structurer le développement des idées et à faciliter la compréhension de la communauté des fidèles. Les appels, comme « doulce gent », servent par ailleurs d'embrayeurs pour relancer le sujet et le présenter sous d'autres aspects. Ainsi, après avoir montré l'importance du sacrement du mariage, le prédicateur du *Miracle* revient sur le thème de l'amour par le truchement des figures de Marie et de Jésus qu'il donne, selon la tradition des docteurs de l'Église, comme l'exemple de l'union parfaite :

> Doulce gent, le doulx amoureux Jhesu Crist ama tressaintement et tendrement s'espouse, la glorieuse vierge Marie ; et pour cause, car elle fu moult semblable esperituelment. Toute la vie de Jhesu Crist fu en troys poins ; en purté, en austerité et en charité, et ces troys furent aussi en la glorieuse vierge Marie. (V. I, *Miracle* IV, p. 150)

Le rythme ternaire que la division confère au sermon se prolonge avec l'évocation des qualités et vertus mariales structurées par le nombre trois qui sert de support au déploiement des métaphores florales riches de signification spirituelle :

> [...] est notée par le lis, qui dedans ses six fueilles a six grains de couleur d'or qui nous donnent a entendre que en la vierge Marie a six grains de charité : desquelx troys furent ou regart de Dieu : premiérement, elle l'ama doulcement sanz mixtion ; elel l'ama sagement sanz decepcion ; et si l'ama fervenment sanz separacion ; les autres troys sont ou regart de nous [...]. (v. I, *Miracle* IV, p. 151)

La composition et le style limpide du sermon dramatique, rehaussés par des procédés poétiques, s'inscrivent dans le sillage de l'art oratoire pratiqué par les Maîtres, suivant la triple exigence qu'un frère, probablement mineur, assigna à la prédication : « instruire par des divisions appropriées, plaire par des distinctions courtes, et persuader par une dilatation utile du *thema*[39] ». Cette définition peut s'appliquer à tous les sermons du recueil Cangé que la composition et la forme rattachent au même milieu, comme en témoigne encore la structure du sermon du *Miracle de saint Panthaleon* :

> *Ego quasi vitis fructificavi suavitatem odoris, etc., Ecclesiastici XXIIII°*. Ces paroles proposées en latin veulent ainsi dire en françois : J'ay conme la vigne fruttifié soueveté d'odeur. Entre Sapience qui est le filz de Dieu et Marie, la vierge benoite, a une tres grannt affinité, car Sapience est creerresse de Marie conme pére et Marie est de Sapiece vraie mére, si conme elle mesmes le tesmoigne *Ecclesiastici XXIIII° : qui creavit les requievit in tabernaculo meo* : Celui qui m'a creé a reposé en mon tabernacle, c'est a dire a pris en moy char humaine ; et pour ce et non mie sanz cause sont appropriées les paroles de Sapience a Marie [...] Premiérement pour raison de sa conmendacion en ce qu'elle dit [...]. Et premiérement sa conmendacion qui est trible, selon trois clauses, esquelles trois choses sont signiffées selon l'ordenance de la lettre, c'est assavoir, quelle chose est de elle : *Ego quasi vitis* ; après quelle chose est d'elle : *Ego mater, etc.* ; et après quelle chose est en elle : *In me gracia omni vite*, etc. Or veons premiérement quelle chose est elle. (v. III, *Miracle* XXII, p. 307-308)

Le thème du prêche est extrait d'un verset scripturaire, translaté puis développé selon un plan bâti en trois parties dont chacune forme un noyau thématique qui est déployé en comparaisons, en métaphores et en *quaestiones*, autant de figures souvent utilisées par les prédicateurs pour dilater le sujet. De surcroît, les auteurs recourent méthodiquement à l'énumération pour diviser le propos et rassembler les divers développements des parties. De même l'opposition, construite sur une structure binaire, insuffle un nouveau rythme au discours réglé, cette fois, par une cadence à deux temps où, à la vertu, s'oppose le vice, à l'instar des quatre qualités mariales opposées aux quatre vices de la nature humaine (v. III, *Miracle* XXII, p. 308). Le discours dramatique se déploie et se ramifie, répondant ainsi à la définition poétique de Jean de la Rochelle pour qui il faut « imaginer le sermon à la manière d'un arbre, dont toutes les parties sont vivifiées par la sève biblique qui les nourrit, à partir du thème[40]. » Cette image qui émane de la composition

39 *Ibid.*, p. 148.
40 Voir N. Bériou, *id.*

interne du sermon dramatique, relève la prégnance de la parole publique urbaine et, plus particulièrement, parisienne, et de sa pratique de l'écrit dans les jeux dramatiques.

La composition du recueil Cangé confirme que les jeux doivent être rattachés à la culture urbaine de l'écrit et qu'ils sont, éventuellement, en lien avec les lettrés qui les ont copiés dans ce codex[41]. La forme du sermon universitaire, l'image que les personnages transmettent de la ville parisienne où les trois fonctions capitales se rencontrent et se reflètent dans l'écriture dramatique prouvent que le théâtre s'empare des mêmes formes littéraires circulant dans l'espace public urbain. En ce sens, l'analyse plus poussée des formes littéraires dramatiques qui doivent être inscrites dans un réseau littéraire et social, propre à chaque ville, constitue un argument important pour analyser le théâtre comme l'expression de la culture urbaine de l'écrit que chaque ville est libre de pratiquer différemment.

Ilsiona Nuh
Université Clermont Auvergne
– CELIS

41 Cette analyse s'inscrit dans le sillage de ma thèse (*Le texte dans le codex : émergence poétique et images sociales. Marie dans le théâtre médiéval*, thèse inédite, Université Clermont Auvergne, 2020) dans laquelle j'ai soutenu que les formes littéraires composant le recueil Cangé sont analogues à celles des cérémonies mariales dramatisées et qu'elles ont été probablement écrites en lien avec une célébration mariale sans être jouées dans l'ordre où elles apparaissent. Mon analyse se fonde sur l'étude de la versification du drame et sur une comparaison avec un autre jeu du XIVe siècle : *La présentation de Marie au Temple*, écrit par Philippe de Mézières et représenté à Avignon (probablement en 1372) et à la Sainte-Chapelle (en 1373). Ce texte, contemporain des *Miracles*, fut composé, probablement comme ceux-ci, pour une fête mariale et adressé à un public plutôt curial.

DEUXIÈME PARTIE

IMAGINAIRES ET MENTALITÉS URBAINES

DE LA COURTOISIE À LA BOURGEOISIE

La première *Vie des Pères*, une œuvre religieuse urbaine ?

L'anonymat de l'auteur de la première *Vie des Pères*[1], *recueil octosyllabique de contes pieux inspirés des Vitae Patrum*, rend difficile l'identification du public visé par l'œuvre autant que la définition de son milieu de rédaction. Si un consensus s'est établi pour situer la rédaction du recueil entre 1215 et 1230[2], les hypothèses concernant la définition d'un lectorat s'en tiennent encore à quelques données éparses : on s'accorde depuis Félix Lecoy à considérer qu'une influence cistercienne affleure dans le recueil[3] ; Élisabeth Pinto-Mathieu, tout en adhérant à cette première lecture[4], estime que la présence de certains toponymes invite à situer l'écriture du recueil en milieu parisien[5]. Enfin, Adrian Tudor a souligné l'identité particulière des personnages laïcs dans plusieurs contes du recueil qui, à la différence de leurs correspondants latins ou vernaculaires, définissent leurs protagonistes comme des « borgeois[6] ». Il a ainsi pu montrer, en comparant en particulier certains contes de la *Vie des Pères* avec les versions de Gautier de Coinci, que ce choix

1 *La Vie des Pères*, éd. Félix Lecoy, Paris, Société des anciens textes français, vol. I et II, 1987 et 1993.

2 Michel Zink, *Poésie et conversion au Moyen Âge*, Paris, Presses universitaires de France, 2003, p. 210.

3 Pour un résumé de cette question, voir Paul Bretel et Claire Donnat-Aracil, « Présentation », dans *La* Vie des Pères. *Premier recueil*, traduction de Paul Bretel, Paris, Classiques Garnier, 2020, p. 9-49, ici p. 15-36.

4 Élisabeth Pinto-Mathieu, *La « Vie des Pères ». Genèse de contes religieux du* XIII*e siècle*, Paris, Champion, 2009.

5 Voir Élisabeth Pinto-Mathieu, « Le conte du "jardinier" de la *Vie des Pères* ou comment prêcher aux laïcs ? », dans *Le Tonnerre des exemples.* Exempla *et médiation culturelle dans l'Occident médiéval*, Marie-Anne Polo De Beaulieu, Jacques Berlioz et Pascal Collomb dir., Rennes, Presses universitaires de Rennes, 2010, p. 113-130.

6 Adrian Tudor, *Tales of Vice and Virtue. The First Old French "Vie des Pères"*, Amsterdam – New York, Rodopi, 2005.

est chargé d'enjeux idéologiques et contribue à mettre à distance les idéaux de l'aristocratie[7].

Pourtant, Adrian Tudor ne nous semble pas avoir encore tiré toutes les conclusions qui découlent de cette reconfiguration sociale des protagonistes : d'une part parce que l'adjectif « borgeois » recouvre une réalité qui reste à définir[8] ; d'autre part parce que cette « invention » de héros « bourgeois » n'est pas une simple transformation actancielle, mais qu'elle est aussi un indicateur de taille pour identifier le contexte idéologique de production et de réception du recueil anonyme. Telle est l'hypothèse que cette contribution entend explorer : en relatant des récits pieux dont les protagonistes laïcs sont les ressortissants d'une « bourgeoisie » dont il conviendra de préciser l'identité, l'auteur de la première *Vie des Pères* n'élaborerait-il pas une œuvre religieuse à destination urbaine ? Certains choix effectués dans l'adaptation de trames narratives préexistantes invitent à considérer que le conteur entreprend une réflexion sur la définition littéraire et sociale d'une spiritualité citadine.

Pour le montrer, il faut d'abord analyser comment le recueil soulève des problématiques propres à définir une forme de sainteté adaptée aux enjeux de la vie en milieu urbain. Il conviendra ensuite de s'interroger sur ce qui pourrait apparaître comme un obstacle à la validité de notre hypothèse, en questionnant le rôle paradoxal dévolu à la figure récurrente de l'ermite ou du moine dans cette promotion d'une sainteté laïque propre à l'espace de la ville.

7 Adrian Tudor, « Telling the Same Tale ? Gautier de Coinci's *Miracles de Nostre Dame* and the First *Vie des Pères* », dans *Gautier de Coinci. Miracles, Music, and Manuscripts*, Kathy M. Krause et Alison Stones dir., *Medieval Texts and Cultures of Northern Europe*, 13, Turnhout, Brepols, 2006, p. 301-330.

8 Sur les difficultés attachées à la définition d'une « bourgeoisie » médiévale, et sur l'anachronisme qu'il y aura à opposer « bourgeoisie » et « aristocratie » au sens moderne du terme, on pourra consulter Joseph Morsel, *L'Aristocratie médiévale. V^e^-XVe siècle*, Paris, Armand Colin, 2004, en particulier le chapitre 6, « Nobles et bourgeois », p. 223-263.

LA DÉFINITION D'UNE SPIRITUALITÉ LAÏQUE ET URBAINE[9]

Nous l'avons dit, la première *Vie des Pères* se signale par l'identité « bourgeoise », au sens de « citadine », d'un certain nombre de ses héros laïcs : l'amoureux éconduit du conte *Renieur* est un « borjoiz [qui] ama sanz amie[10] », le héros d'*Ermite accusé* « acointance ot a un borjois[11] » qu'il visite en une « cité[12] », la religieuse apostate de *Sacristine* trouve refuge « chiez une bone crestïenne[13] » qui loge « en un chastel[14] »... Nombreux sont les ermites et les pénitents à interagir avec les habitants des villes.

Or ces personnages pourraient bien être les représentants de la classe sociale à laquelle se destine l'œuvre, si l'on en croit les techniques de composition utilisées par l'auteur : le recueil anonyme, qui convoque les outils de la prédication pour défendre la pratique de la confession auriculaire[15], fait en effet reposer son écriture sur une alliance entre « prédication et confession[16] » qui, d'après Sylvain Piron, est caractéristique de la « spiritualité urbaine[17] ». De fait, plusieurs contes de la première *Vie* peuvent s'interpréter comme la mise en récit de problématiques religieuses proprement citadines, répondant aux préoccupations d'une « élite urbaine[18] » en quête d'une voie d'accès à la sainteté. La princi-

9 Cette sous-partie reprend partiellement des analyses issues de mon travail de thèse, « Dire et penser la joie dans les *Miracles de Nostre Dame* de Gautier de Coinci et dans la première *Vie des Pères* » (thèse inédite, Université Sorbonne Nouvelle – Paris III, 2020), p. 584 *sq.*

10 *Renieur*, v. 1342.

11 *Ermite accusé*, v. 5436.

12 *Ibid.*, v. 5439.

13 *Sacristine*, v. 7202.

14 *Ibid.*, v. 7200.

15 Pour une étude de la place des techniques de prédication et du rôle de la confession dans le *Vie des Pères*, voir la thèse de Daniela Mariani, « La *Vie des Pères.* Genèse et diffusion d'un recueil de contes exemplaires du XIIIe siècle » (thèse inédite, EHESS / Università degli studi di Trento, 2019), p. 165-171 et p. 244-258.

16 Sylvain Piron, « Marchands et confesseurs. Le *Traité des contrats* d'Olivi dans son contexte (Narbonne, fin XIIIe – début XIVe siècle) », dans *L'Argent au Moyen Âge. Actes des congrès de la Société des historiens médiévistes de l'enseignement supérieur public* (Clermont-Ferrand, 1997), Paris, Publications de la Sorbonne, p. 289-308, ici p. 289.

17 *Id.*

18 Dans son « avant-propos » à l'ouvrage *Les Élites urbaines au Moyen Âge*, Claude Gauvard insiste sur la difficulté qu'il y a définir la notion d'élite urbaine, affirmant que « la réalité

pale d'entre elles est la question de l'argent : alors que l'Église associe traditionnellement la sainteté à la pauvreté[19], l'essor des villes au XIIe siècle entraîne l'émergence d'une classe de laïcs en quête d'une spiritualité adaptée à ses activités professionnelles et soucieuse, selon la formule de Jacques Le Goff, de concilier « la bourse et la vie[20] », le maniement des biens temporels et le salut de l'âme[21].

Nous prendrons l'exemple du conte XXXIV, *Rachat*, qui relate le parcours de sanctification d'un marchand retiré en chartreuse, pour montrer comment le conteur milite en faveur de la compatibilité entre quête de sainteté et activités lucratives : il s'attache d'une part à distinguer les pratiques du marchand de celles, hautement peccamineuses, de l'usurier ; il fait d'autre part des activités de la classe marchande le signe de sa supériorité sociale et spirituelle sur l'aristocratie seigneuriale[22].

---

de la ville médiévale comme celle des élites fuient » Voir *Les Élites urbaines au Moyen Âge*, XXVIIe Congrès de la SHMESP, Paris / Rome, Publications de la Sorbonne / École française de Romme, 1997, p. 7-8. Sur la manière dont la notion d'« élites urbaines » s'est imposée dans l'historiographie médiévale, voir la contribution d'Élisabeth Crouzet-Pavan dans le même ouvrage, « Les élites urbaines : aperçus problématiques (France, Angleterre, Italie) », p. 9-28.

19 D'après Anne-Marie Helvétius et Jean-Michel Matz, ce constat se vérifie tout spécialement à partir du XIe siècle, époque à laquelle « s'établit un lien étroit entre pauvreté et réforme morale de l'Église et de la société. [...] De plus, le pauvre est vu comme le représentant du Christ sur terre et fait l'objet d'une assistance en plein essor, au point que l'on a parlé d'une "révolution de la charité" à partir du milieu du XIIe siècle ». Voir *Église et société au Moyen Âge : Ve – XVe siècle*, Paris, Hachette, 2008, p. 176-177, ici p. 177.

20 Jacques Le Goff, *La Bourse et la vie. Économie et religion au Moyen Âge*, repris dans *Un autre Moyen Âge*, Paris, Gallimard, 1999, p. 1261-1317.

21 Quoique l'Église médiévale ait toujours « tolér[é] la richesse, à commencer par la sienne puisqu'elle est – paraît-il – à la gloire et à la louange de Dieu », Anne-Marie Helvétius et Jean-Michel Matz constatent cependant une « liberté croissante des laïcs par rapport aux préceptes de l'Église. Dans son *Traité sur la vie honnête* (1360), le Toscan Paolo da Certaldo affirme : "C'est une grande science que de savoir gagner de l'argent ; le travail est destiné à faire fructifier l'argent qui est lui-même la récompense du labeur" ». Voir *Église et société au Moyen Âge*, *op. cit.*, p. 177-178.

22 Comme le montre J. Morsel, les rapports de force qui opposent les élites médiévales ne se jouent pas entre « nobles » et « bourgeois » au sens moderne du terme, mais entre « l'aristocratie seigneuriale » et « l'aristocratie urbaine ». La première *Vie des Pères* prendrait ainsi position en faveur de la seconde « dans le cadre de cette concurrence entre aristocraties autour du contrôle des villes ». Voir *L'Aristocratie médiévale*, *op. cit.*, p. 223-224.

LE MARCHAND ET L'USURIER

Dès le XIIe siècle, l'essor des villes et l'émergence d'une spiritualité laïque font naître chez les prédicateurs un questionnement qui s'accentuera encore avec la propagation de « ordres mendiants [qui] ont accompagné la croissance urbaine au XIIIe siècle et les développements de l'économie marchande[23] » : quelle attitude les laïcs doivent-ils adopter à l'égard des richesses monétaires ? Face à une élite citadine en quête de sainteté[24] mais dont les activités, essentiellement commerciales, sont apparemment peu compatibles avec les exigences chrétiennes de pauvreté, les prédicateurs hésitent entre d'un côté un « rejet viscéral de l'argent[25] » et du « péché bourgeois[26] » qu'est la cupidité, et d'un autre côté une « écoute attentive des problèmes moraux qui se posaient aux élites urbaines[27] ».

La première *Vie des Pères* se fait l'écho de ces hésitations : tout en condamnant l'attachement démesuré aux richesses de ce monde[28], le recueil tente de ménager une place aux activités marchandes dans la vie spirituelle de laïcs que leur profession ne saurait tenir éloignés des problématiques monétaires. Cette question, l'auteur anonyme l'aborde particulièrement dans le conte *Rachat*, dont l'intrigue se structure autour d'un problème ancré dans l'actualité de ce début de XIIIe siècle : celui de la distinction entre le commerce et l'usure. Se conformant à la mentalité d'une époque pendant laquelle on assiste d'après Nicole Bériou

23 S. Piron, art. cité, p. 289.

24 Le recueil répond ainsi aux questions soulevées par l'émergence d'une spiritualité laïque à partir du XIIe siècle (voir André Vauchez, *La Spiritualité du Moyen Âge occidental, VIIIe-XIIIe siècle*, Paris, Seuil, 1994, p. 93 *sq.*).

25 S. Piron, art. cité, p. 289. La recherche de l'argent fait partie, selon Albert Rigaudère, de « la trilogie des vices majeurs (*avaritia*, *superbia*, *luxuria*) » (Albert Rigaudère, « Conclusions », *L'Argent au Moyen Âge*, *op. cit.*, p. 327-344, ici p. 328).

26 J. Le Goff, *La Bourse et la vie. Économie et religion au Moyen Âge*, *op. cit.*, p. 6.

27 S. Piron, art. cité, p. 289.

28 Le conteur s'insurge contre « cels ki ont les grans murjoes, / as gros ventres, as groses joes » (*Copeaux*, v. 1715-1716) et qui mettent leur cœur à engranger « les grans deniers » (*ibid.*, v. 1724), tantôt contre l'homme « asotez [...] / qui por covoitise d'avoir / pert l'amor de Deu sanz ravoir » (*Haleine*, v. 3383-3386), ou encore contre les femmes qui « honissent lor seignors » (*Queue*, v. 7873) parce qu'elles « ce deçoivent / et ce desfont en vesteüres / et en vileines lïeüres » (*ibid.*, v. 7849-7851).

à un « "*revival*" des attaques contre l'usure[29] », la première *Vie des Pères* multiplie en effet les attaques[30] contre une pratique qui, selon Claude Gauvard, reste cependant mal définie, en particulier parce qu'elle se distingue difficilement des activités du marchand :

> L'usurier vend le temps pendant lequel l'argent fructifie, or le temps n'appartient qu'à Dieu. En conséquence, tous les marchands et les banquiers peuvent être considérés comme des usuriers. Les marchands risquent donc d'être excommuniés et ils vivent sous la menace constante de l'Enfer[31].

La différenciation de l'usurier et du marchand ne s'effectuera nettement que sous la plume de Thomas d'Aquin, attaché à revaloriser un métier « devenu indispensable à la défense du bien commun[32] ». Toutefois, bien qu'elle soit rédigée dans le premier tiers du XIIIe siècle, la *Vie des Pères* semble se faire déjà, dans *Rachat*, l'écho d'un discours clérical partagé entre le regard suspicieux qu'il jette sur des usages assimilés à l'usure, et son besoin de « s'adapte[r] […] aux changements économiques que marque l'emprise croissante de l'argent[33] ».

En présentant le protagoniste avant son entrée en religion, le conteur insiste en effet sur la sainteté du personnage, et propose une peinture méliorative de ses activités économiques :

> Marcheanz fu, si sainnement
> Demena sa marchandise,
> Sanz termoier, sanz covoitise,
> Que nus par droit nel dut reprendre.
> De sa marcheandise vendre
> A pou de gaaig s'en partoit ;
> Chatel et gaaig departoit
> As povres, fors tant soulement
> Qu'il s'en sostenoit laschement[34].

---

29 Nicole Bériou, « L'esprit de lucre entre vice et vertu. Variations sur l'amour de l'argent dans la prédication du XIIIe siècle », dans *L'Argent au Moyen Âge*, *op. cit.*, p. 267-287, ici p. 269.

30 Dans *Usurier*, la femme du héros éponyme prie par exemple Dieu « que il son seignor / li meïst fors de cele error / et del pechié ou il estoit, / por ce que de verté savoit / que mors seroit et deceüz, / s'en cest pechié ert conseüz » (v. 16044-16049).

31 Claude Gauvard, *La France au Moyen Âge du Ve au XVe siècle*, Paris, Presses Universitaires de France, 2014 [1996], p. 292.

32 *Id.*

33 *Id.*

34 *Rachat*, v. 15610-15619.

Le héros fait du commerce « sanz termoier » (sans vendre à crédit), « sanz covoitise », et ne tire aucun profit personnel de ses bénéfices financiers, qu'il dépense en aumônes, au point de « s'en [sostenir] laschement ». Bien que marchand, le protagoniste est ainsi dégagé de tout soupçon d'usure, et exemplifie par ailleurs les conditions dans lesquelles son activité pécuniaire peut être conciliable avec la sainteté : partageant ses bénéfices avec les « povres », le marchand donne à son métier une utilité sociale, et l'adapte à l'idéal chrétien de la pauvreté volontaire.

Preuve supplémentaire de cette compatibilité, le protagoniste ne doit pas renoncer à ses fonctions de marchand lorsqu'il se retire dans une chartreuse : mandé par son abbé d'aller « viande querre / por ce que les marchiez savoit / et les vendeors connoissoit[35] », le héros voit coïncider la pratique de son ancien métier de laïc avec son devoir monastique d'obéissance, puisque « refuser nel devoit[36] ». Or la suite du récit affirme plus nettement encore le potentiel spirituel du métier de marchand et sa distinction avec l'usure. En route pour la foire, le héros rencontre un chevalier qui, par manque d'argent, vient de mettre son propre fils en gage chez un usurier décidé à vendre l'enfant comme esclave. Le protagoniste accompagne alors le père chez son créancier et utilise l'argent donné par son abbé pour rembourser la dette du chevalier :

> Mais pitié, qui as bons se tient,
> Et charité, qui de Deu vient,
> Le tindrent si cort que sa borse
> Fu devant l'usirrier escouse
> Et li reni toz les deniers
> Que li devoit li chevaliers,
> Si qu'il fu paiez a son gré.
> Puis mist cels hors a sauveté
> Qui s'en alerent baut et lié[37].

La conduite du récit s'attache à distinguer en tout point la figure du marchand et celle de l'usurier, qui diffèrent par leurs intentions (le marchand met ses bénéfices au service des autres, alors que l'usurier ne

35 *Ibid.*, v. 15641-15643.
36 *Ibid.*, v. 15649.
37 *Ibid.*, v. 15846-15854.

recherche que son profit personnel), comme par leurs effets (l'usurier sème et le « corroz » chez ceux à qui il prête, alors que le marchand rend « baut et lié » ceux pour qui il donne). Le conte œuvre ainsi à la réhabilitation spirituelle d'une activité commerciale que le conteur oppose radicalement à l'usure[38].

LE MARCHAND ET LE CHEVALIER
L'affirmation des valeurs urbaines

Mais le récit *Rachat* ne fait pas de l'usurier l'unique repoussoir propre à mettre en valeur les hautes qualités du moine-marchand, dont le comportement s'oppose aussi aux usages aristocratiques ; le héros se distingue en effet tout autant du créancier véreux que du débiteur noble, qu'ont conduit à la misère ses incompétences en matière économique :

> Povretez, qui maint home aterre,
> A toz jors vers moi eü guerre.
> Tant m'a folé, tant m'a batu
> Qu'ele m'a pris et abaitu
> Et del tot m'a mis a essil[39].

La personnification de la pauvreté, sujet unique de tous les verbes dont le chevalier fait presque toujours figure de complément direct, met en évidence l'attitude passive du personnage à l'égard des difficultés financières. Le personnage typique du pauvre chevalier contrebalance dès lors le marchand, que les premiers vers du récit présentaient comme un parfait administrateur de sa marchandise. Le conte sert donc aussi l'apologie d'une élite citadine qui ne partage pas le mépris de la noblesse

---

38 Le jeu d'oppositions que le récit construit entre le marchand et l'usurier n'est pas commandé par les sources du conte : sans identifier de source précise pour ce conte, É. Pinto-Mathieu y voit une variante médiévale de l'histoire de saint Paulin, évêque qui s'est offert lui-même en otage pour libérer un enfant prisonnier des sarrasins. Voir *La « Vie des Pères ». Genèse de contes religieux du XIIIe siècle*, *op. cit.*, p. 310-331. L'insertion des problématiques financières serait donc entièrement le fruit du projet littéraire de l'auteur anonyme.

39 *Rachat*, v. 15678-15682.

rurale pour les richesses monétaires[40], et lui propose un parcours de sainteté qui assure une portée spirituelle à ces compétences financières.

Le conte *Rachat* est ainsi un exemple de la manière dont la *Vie des Pères* entend affirmer l'éminence spirituelle et sociale d'une classe laïque soucieuse d'inscrire son activité monétaire dans le cadre de sa vie spirituelle, de réconcilier le maniement de l'argent avec la quête de sainteté. Mais ce constat suffit-il à voir dans l'œuvre anonyme la promotion littéraire d'une religiosité propre aux valeurs de la ville ? Une telle hypothèse semble à première vue rencontrer un obstacle majeur : comment lire dans ce recueil la défense d'une spiritualité laïque et citadine, alors même que les personnages qui s'y rencontrent le plus fréquemment sont ceux du moine et plus encore de l'ermite, représentant par excellence d'une conversion solitaire et d'une vie sauvage ?

Pour comprendre combien ce paradoxe n'est qu'apparent, il convient de s'arrêter en détail sur la définition que le recueil anonyme conçoit de la vie religieuse et sur les fonctions qu'il lui assigne : invitant implicitement à calquer l'organisation des villes sur le modèle des communautés religieuses, le conteur anonyme fait du cénobite l'opposé symétrique de la figure diabolique de l'usurier, et le garant d'une possible sanctification urbaine.

DE L'USURE À LA CLÔTURE
Moines et ermites au cœur de la vie citadine

Comme l'annonce le titre même de « vie des pères », le recueil anonyme entend relater en priorité le parcours sanctifiant de moines et d'ermites[41]. Un tel constat s'accommode à première vue assez mal

40 Il s'agit d'une prise de position qui aura bien évolué au siècle suivant : comme le souligne Thierry Dutour, « rien n'est plus banal, à la fin du Moyen Âge, que les marchands nobles ». Voir Thierry Dutour, « Les nobles, les activités civiles et la vie urbaine dans l'espace francophone (XIIIe-XVe siècles) », *Histoire urbaine*, 2006, n° 16, p. 115-129, ici p. 119.

41 Nous n'établirons pas, dans notre analyse, de distinction fondamentale entre les moines et les ermites, dans la mesure où la première *Vie des Pères* nous semble refléter l'esprit qui habite le renouveau de l'érémitisme à partir du XIe siècle : ce nouvel essor « reflète […] une nouvelle conception religieuse qui transcende les distinctions entre *ordines* élaborées par la chrétienté féodale et met au second plan les structures institutionnelles par rapport

de l'hypothèse d'une œuvre à destination bourgeoise, qui chercherait à affirmer la supériorité sociale et spirituelle d'une élite citadine sur l'aristocratie traditionnelle : d'abord parce que l'ermite est à certains égards « bien proche de l'homme sauvage[42] » ; mais aussi parce que l'imaginaire littéraire du roman ou de la chanson de geste nous habitue à associer l'ermite au chevalier. Nombreux sont en effet les textes émanant de milieux aristocratiques qui évacuent le personnage du prêtre au profit d'une organisation dans laquelle c'est « le moine (ou l'ermite) [qui] réserve à l'aristocratie le ministère attaché à sa qualité de *sacerdos*[43] ».

La première *Vie des pères* ne procède pourtant pas de la même logique : loin de réserver leur direction spirituelle à des chevaliers rarement sensibles à la question de la conversion[44], les ermites et les moines sont bien plus fréquemment confrontés au péché et au repentir de pauvres, de voleurs, ou de bourgeois[45]. Le recueil anonyme entreprend ainsi de désolidariser la figure du cénobite de l'imaginaire chevaleresque auquel le rattache traditionnellement la littérature romanesque, pour en faire le garant spirituel d'une *autre* idéologie que celle de l'aristocratie traditionnelle.

Autrement dit, le personnage de l'ermite serait à présent au service, non plus de la courtoisie, mais de la bourgeoisie. Plus précisément, nous voudrions montrer qu'à travers la description des anachorètes et de leur mode de vie, le recueil exemplifie ce qui serait pour l'auteur le fonctionnement « idéal » de la ville : s'opposant à l'idée d'une cité qui

---

à la primauté de la spiritualité ». Voir Cécile Caby, « Érémitisme », dans *Dictionnaire du Moyen Âge*, Claude Gauvard, Alain de Libera et Michel Zink dir., Paris, PUF, 2002, p. 492.

42 Jacques Berlioz, Jacques Le Goff, Anita Guerreau-Jalabert, « Anthropologie et histoire », dans *L'Histoire médiévale et France. Bilan et perspectives*, Actes du 20e congrès de la SHMESP, Paris, 1989, p. 269-304, ici p. 284.

43 Paul Bretel, *Les Ermites et les moines dans la littérature française du Moyen Âge (1150-1250)*, Paris, Champion, 1995, p. 572. Le phénomène de substitution du clerc par l'ermite et le lien privilégié qui unit dans le roman l'ermite au chevalier ont été analysés par Anita Guerreau-Jalabert dans plusieurs de ses travaux, par exemple dans « L'essart comme figure de la subversion de l'ordre spatial dans les romans arthuriens », dans *Campagnes médiévales. L'homme et son espace. Études offertes à Robert Fossier*, Élisabeth Mornet dir., Paris, Publications de la Sorbonne, 1995, p. 59-72.

44 Il n'est guère que dans le conte *Baril* que le pénitent est un chevalier. Encore est-ce parce que le conteur est tributaire de sa source, et que celle-ci dépeint au départ un personnage faisant fi de tout souci spirituel (il s'agit d'une version du *Chevalier au barisel*).

45 Le saint personnage qui joue le rôle de héros est un pauvre dans *Jardinier* ; le protagoniste est un voleur dans *Meurtrier* et dans *Goliard* ; l'héroïne de *Queue* est une bourgeoise, tout comme les personnages principaux de *Demi-ami*.

se fonderait avant tout sur des activités financières et sur l'accroissement des richesses matérielles, le conteur confronte à plusieurs reprises le personnage du religieux à celui de l'usurier – représentant par excellence du règne de l'argent dans l'espace citadin – pour proposer une nouvelle éthique urbaine, qui entendrait fonder la ville sur des valeurs spirituelles, et la réformer par la conversion de ses principaux acteurs économiques.

FÉDÉRER LA VILLE
La vie religieuse au fondement de la cité

Dans son étude sur *La Cité à travers l'histoire*, Lewis Mumford définissait l'espace du monastère comme « une cité de conception nouvelle[46] »,

> association ou plutôt fraternité d'hommes que des aspirations communes rassemblaient non seulement au cours des cérémonies occasionnelles, mais dans une cohabitation durable[47].

C'est bien cette conception de la communauté religieuse qui semble prévaloir dans la première *Vie des pères*. Conscient que l'espace monastique et l'espace urbain ont en partage la même nécessité de cohabitation au sein d'un territoire clos et régi par des règles communes, le conteur exploite cette proximité pour mettre la vie religieuse au service de la promotion d'un certain type de cité que l'on pourrait qualifier d'« utopique[48] » : une cité qui serait fondée, non sur l'échange de valeurs marchandes, mais sur la prière et la quête de sainteté.

C'est l'hypothèse à laquelle conduit l'analyse du conte *Vision de diables*, qui relate la conversion du fils d'un usurier, désireux de quitter sa ville natale pour se rendre dans une abbaye proche de la cité. Or le

46 Lewis Mumford, *La Cité à travers l'histoire*, trad. de l'anglais par Guy & Gérard Durand ; révisée et actualisée d'après la dernière version originale par Natacha Cauvin ; préface de Jean-Pierre Garnier, Marseille, Agone, 2011 [1961], p. 371.

47 *Id.*

48 Sur la notion, certes anachronique, d'utopie au Moyen Âge, on pourra consulter, *En quête d'utopies*, Claude Thomasset et Danièle James-Raoul dir., Paris, Presses de l'université Paris-Sorbonne, 2005.

récit s'ouvre sur la description en diptyque de ce monastère de « blans moines[49] » puis de la ville près de laquelle il se trouve :

Laschement et a grant doutance
Retenoient lor sostenance.
Plus tendirent a Dieu servir
Qu'a lor cors pestre ne norrir.
[...]
Li moine blanc, qui Deu doterent,
Vers les povres bien s'aquiterent
Sanz fere bobant ne revel.
Assez pres furent d'un chastel.
Cil chastels fu mout bien assiz ;
L'asise briement vos devis :
Sur riviere sist et en prez,
Terres, vignes, bois ot delez ;
Tuit cil biens la vile acernoient
Dont cil del chastel se vivoient,
Qui furent riche et bobancier
Et comunement usirrier[50].

Si l'on se souvient des mots de Lewis Mumford, il apparaît clair que le conteur ouvre son récit sur une confrontation entre deux types de cité : la première, l'abbaye, est fondée sur la pauvreté volontaire, le service de Dieu et la charité ; la seconde, le « chastels », est fondée sur les richesses terrestres et marchandes et sur la pratique de l'usure.

Cette caractérisation du « chastel » correspond à une réalité historique : quoique l'usure soit violemment condamnée par l'Église[51] à une époque où « l'usurier est par essence un mauvais chrétien[52] », les historiens s'accordent à reconnaître que « la prohibition de l'usure fait de l'usurier un métier honteux, voire interdit mais en tout état de cause exercé[53] », même par des chrétiens[54], au point que « le prêt à intérêt

49 *Vision de diables*, v. 11129.

50 *Ibid.*, v. 11136-11139 ; 11176-11187.

51 Comme le résume Dominique Ancelet-Netter, « la sanction pour l'usurier est rude : commettant à la fois un crime et un péché, il doit être excommunié, privé de sépulture chrétienne et justiciable devant les cours d'Église et parfois les cours temporelles ». Voir *La Dette, la dîme et le denier. Une analyse sémantique du vocabulaire économique et financier au Moyen Âge*, Villeneuve d'Ascq, Presses universitaires du Septentrion, 2010, p. 232.

52 *Visions de diables*, p. 331.

53 *Id.*

54 *Id.*

[est] – malgré sa prohibition – constamment exercé du haut en bas de l'échelle sociale[55] ». Dans ce contexte, la confrontation entre la cité des moines et la cité des usuriers mise en place dans *Visions de diables* est porteuse d'un message autant spirituel que social : l'ensemble du conte peut s'interpréter comme la mise en récit de la « conversion » d'une ville aux valeurs monastiques, ou de la transposition des valeurs fondatrices de la cité des moines vers la cité mondaine.

Le récit illustre en effet la portée diabolique des pratiques usurières. Alors qu'il est entré depuis dix ans au monastère, le héros est sollicité par son père pour se rendre au chevet de sa mère mourante. À l'occasion de cette sortie, il découvre à la faveur d'une vision que sa ville natale est surplombée par un démon gigantesque, « si gros et si lonc et si lé / que tote la vile enforchoit / et de porte a autre avenoit[56] ». Le protagoniste rebrousse alors chemin et retourne à son abbaye, pour y découvrir avec effroi que les portes et les murs sont recouverts de « maufez a milliers et a cenz[57] ». La *senefiance* de ce double épisode est délivrée par l'abbé du monastère, qui y voit le signe de l'emprise du démon sur la ville, et de son incapacité à pénétrer le cœur des moines :

> Cist chasteaz est a Deu perduz
> Et as deables est renduz,
> Por ce que tuit li habitant
> Sont usirier et mescreant.
> Il n'entendent, au dire voir,
> Fors as biens de cest monde avoir.
> Por ce sont il de bele garde,
> Q'uns sols maufez les tient en garde
> Qui a soi les fet toz tenir
> Et a sa semonce venir.
> Et por ce que cil ne puet mie
> Rien forfere a nostre abeïe,
> I est ceste assemblee fete[58].

Si le « chasteaz » est gardé par « un sols maufez », c'est parce qu'un unique démon suffit à maintenir sous l'emprise du péché une cité dont la prospérité ne repose que sur la pratique de l'usure. Les diables

55 *Id.*
56 *Ibid.*, v. 11267-11269.
57 *Ibid.*, v. 11293.
58 *Ibid.*, v. 11362-11374.

assiègent au contraire l'abbaye par milliers, en raison de leur incapacité à s'insinuer dans une communauté unie par la prière et par l'humilité.

Or la suite des péripéties confère une mission précise à ce protagoniste qui a renoncé aux valeurs de la ville pour entrer en religion : retourner au « chastel » pour y porter avec lui les valeurs du monastère. Envoyé avec un compagnon prêcher dans sa cité natale, le héros obtient de Dieu qu'il rende visible aux habitants le démon qui surplombe leur ville ; la vision ne manque pas de provoquer la conversion de la quasi-totalité des bourgeois :

> Maintenant confesser les fist,
> Après lor confesse lor dist
> Que totes usures rendissent
> [...]
> Et totes usures rendirent
> A cels qu'en verité savoient
> Que sanz reson eü avoient.
> Einsint avint q'uns usiriers
> Qui fu jalous de ces deniers
> Dist bien que ja nul n'en rendroit,
> Mes a son oés les retendroit.
> Li maufez celui sorhava
> [...]
> Por cest fet mout se redoterent
> Un et autre et s'en amenderent[59].

Le parallélisme de construction et le polyptote entre les vers 11494 et 11595 (« totes usures rendissent » / « totes usures rendirent ») reflètent l'établissement d'une conformité de cœur entre le moine et les habitants de la ville, prêts à renoncer à l'usure. La pratique de l'usure n'est dès lors plus placée au fondement de la prospérité de la cité : l'engloutissement par le démon du seul usurier à demeurer « jalous de ces deniers » entraîne le départ du diable et la réformation de l'unité de la ville autour de nouvelles valeurs que sont la crainte de Dieu (les habitants « mout se redoterent ») et la contrition (puisque tous « s'en amenderent »).

La ville ne se fédère plus alors autour de la culture de l'argent, mais autour du renoncement aux richesses et de l'attitude pénitentielle. Le recueil entreprend ainsi de valoriser, non les valeurs monétaires qui

---

59 *Ibid.*, v. 11492-11494 ; 11509-11516 ; 11525-11526.

fondent la culture marchande aux origines du renouveau urbain[60], mais une « cité de conception nouvelle » qui transposerait à l'espace laïc les idéaux du monachisme, et unifierait ses habitants autour de la prière et du rejet du péché.

SANCTIFIER LE CITADIN
L'ermite, l'usurier et le reclus

Un tel modèle ne peut cependant voir le jour sans requérir la conversion personnelle de chaque citadin. Et c'est là, nous semble-t-il, que s'origine le rôle de l'ermite dans la définition d'une spiritualité laïque et urbaine : au sein d'une ville qui serait pensée comme le calque sécularisé de la spiritualité monastique, mais où l'identité laïque des habitants ne saurait pour autant s'accommoder véritablement de la dimension communautaire qui caractérise la vie des moines, l'ermite serait, avec sa résidence individuelle, celui des modèles religieux qui incarnerait le mieux – ou le moins mal – le type de vie spirituelle susceptible d'être mené par un laïc en milieu urbain.

Cette hypothèse se vérifie tout particulièrement dans le conte *Usurier* qui, par sa structure actancielle et narrative, présente implicitement l'érémitisme comme l'idéal à atteindre par un bourgeois converti. Ce récit, qui ne connaît pas de version antérieure au XIIIe siècle et convoque un imaginaire ancré dans le contexte de l'expansion urbaine propre au Moyen Âge central[61], relate le parcours d'un pauvre homme, résolu à s'élever socialement grâce à l'usure :

---

60 Le « renouveau urbain » médiéval résulte en effet de l'amoindrissement d'une « économie rurale et domaniale » au profit de l'essor d'une « économie monétaire, progressivement élaborée à la suite du renouveau commercial ». Voir Jacques Ellul, *Histoire des institutions. Le Moyen Âge*, Paris, Presses universitaires de France, 2013 [1999], p. 201.

61 À notre connaissance, il n'existe pas de source ancienne pour ce conte puisqu'É. Pinto-Mathieu n'identifie que deux autres versions : une dans les *Dialogues* de Césaire de Heisterbach (II, 33) et l'autre dans la *Scala Coeli* de Jean Gobi. Voir É. Pinto-Mathieu, *La Vie des Pères*, *op. cit.*, p. 229 et p. 832. Dans la mesure où le *Dialogus magnus visionum ac miraculorum* est rédigé entre 1219 et 1223, et si l'on considère que la première *Vie des Pères* est rédigée entre 1215 et 1230, rien n'assure que la version de Césaire soit une source de celle de l'auteur anonyme. Il s'agit quoiqu'il en soit d'une histoire « moderne », dont l'apparition est concomitante de l'expansion des villes.

Povres fu et de basse gent.
Tuit si pensé, tuit si talent
furent en avoir porchacier.
Autre chose ne volt chacier,
quar il vit bien et aperçut
et en son coraige connut
que fols riches estoit amez,
et povres sages folz clamez.
Petit et petit gaaigna,
sa gaaigne bien espargna.
N'est pas meindres sanz d'espargnier
l'avoir qu'il est del gaaignier[62].

C'est la conscience qu'a le héros du dévoiement des valeurs causé par l'argent (« fols riches estoit amez / et povres sages folz clamez ») qui le pousse à « espargner » et « en usure se bot[er][63] » pour devenir lui-même riche, au point d'avoir « tote [...] en gage la contree[64] ». Le protagoniste devient ainsi le maître financier, le régisseur d'une société mue par la quête des biens et soumise au plus fortuné[65].

Mais la suite du conte relate la conversion du héros autant que celle, symbolique, des valeurs sur lesquelles se fonde le fonctionnement de la ville. Touché par la grâce un matin qu'il observe la somptuosité de sa chambre, l'usurier habité par la sensation que « Deus [est] leanz descenduz[66] » se laisse gagner par le repentir. Il se rend alors auprès d'un ermite « qui manoit / assez pres d'iluec[67] ». Après l'avoir confessé et lui avoir fait promettre de rendre tous les biens qu'il a acquis au détriment de ses débiteurs, le saint homme propose au pénitent de purifier son corps par un moyen inattendu ; il l'invite à collecter toute une série d'animaux venimeux (serpents, crapauds, scorpions...) et à les déposer « en une huche qu'il avoit, / ou ensevelir se devoit[68] », avant d'exhorter l'usurier repenti à rester trois jours allongé dans cette fosse :

62 *Usurier*, v. 15996-16007.

63 *Ibid.*, v. 16011.

64 *Ibid.*, v. 16018.

65 Le pouvoir donné par l'argent est souligné par le fait que le héros, malgré sa basse extraction, épouse la fille d'un chevalier, ou encore par la rime : « Tote ot en gage la contree / de lui fu grant la renomee » (v. 16018-16019). L'argent occulte la naissance et procure le renom.

66 *Ibid.*, v. 16075.

67 *Usurier*, v. 16116-16117.

68 *Ibid.*, v. 16230-16231.

Cil qui fu bien enluminez
De Deu et bien fu embrasez
De fere le commandement,
En la huche tot erranment
Se mist toz nuz et s'adenta,
C'onques vermine ne douta[69].

On ne peut que remarquer le caractère hautement morbide de cette pénitence, qui consiste à allonger le pénitent face contre terre, avec des bêtes usuellement associées aux représentations de l'Enfer, dans la fosse que l'anachorète avait creusée pour y être enterré lui-même après sa mort. Ce constat se vérifie d'autant plus que l'usurier ne survivra pas à ce séjour : la purification du pécheur repenti passe par une mort littérale du héros à lui-même. Le personnage de l'ermite retrouve ainsi les fonctions privilégiées qui lui incombent dans la littérature narrative du XIIIe siècle, où il excelle « surtout dans la liturgie (et la paraliturgie) des morts et dans la pratique de la confession[70] ».

Mais cet étrange rite de purification fait surtout écho à un rituel particulier qui permet peut-être de préciser la nature de l'érémitisme pratiqué par le pieux confesseur : le geste du pénitent imite le rituel de l'entrée en réclusion. La réclusion, cette forme particulière d'érémitisme[71] d'abord pratiquée par des moines[72] avant de devenir au XIe siècle un « érémitisme urbain[73] » essentiellement – mais non exclusivement – féminin, est en effet un statut auquel l'accession est signifiée par un rituel d'inclusion imitant la liturgie des morts :

> La réclusion prend la signification d'une mort au monde que souligne, de manière souvent délibérément dramatisée, le cérémonial de profession, tel que l'expose, par exemple, le *Pontificalis* de l'Église d'Exeter : après la messe de *Requiem* (plus fréquente que la messe du Saint-Esprit), le candidat à la réclusion est conduit à sa cellule, où il reçoit de l'évêque le sacrement de l'extrême-onction et, tandis que les cloches sonnent le glas, le reclus prend place dans le sépulcre aménagé dans sa cellule, sur lequel le célébrant répand un peu de terre[74].

69 *Ibid.*, v. 16264-18269.

70 P. Bretel, *Les Ermites et les moines*, *op. cit.*, p. 573.

71 Pour une description des conditions de vie du reclus dans la littérature spirituelle, voir P. Bretel, *Les Ermites et les moines*, *op. cit.*, p. 205.

72 Denyse Riche, « Moines et ermites (XIe-XVe siècle) », dans *Histoire du christianisme en France*, Alain Tallon, Catherine Vincent dir., Paris, Armand Colin, 2014, p. 79-96, ici p. 90.

73 *Id.*

74 P. Bretel, *Les Ermites et les moines*, *op. cit.*, p. 205-206.

Plusieurs effets d'écho nous semblent pouvoir être repérés entre cette « cérémonie [...] caractéristique de la réclusion urbaine[75] » et la descente du héros d'*Usurier* dans la huche : l'espace de la cellule, l'installation du pénitent en une fosse mortuaire dans laquelle il s'allonge face contre terre confèrent un protagoniste le même statut « intenable » de « vivant-mourant-mort[76] » qui était celui du reclus.

Pourquoi la conversion du reclus prend-elle les caractéristiques formelles d'une entrée en réclusion ? Des éléments de réponse émergent si l'on considère les fonctions urbaines traditionnellement dévolues à l'usurier d'un côté et au reclus de l'autre. Ils ont en effet en commun de jouer un rôle central, bien qu'opposé, dans la structuration de la cité. Tandis que l'usurier est dans le conte celui qui « tote ot en gage la contree[77] », et constitue en cela le moteur économique de la communauté, celui dont dépendent toutes les transactions monétaires, le reclus est au contraire, par tradition, dépendant de « l'assentiment du corps social[78] » chargé d'« assurer sa subsistance, son encadrement spirituel[79] », au point que « c'était la société entière qui se trouvait associée à cette nouvelle expression du sentiment religieux[80] » ; nourri et vêtu aux frais de la cité[81], le reclus joue en échange le rôle de « fonctionnaire de la prière et de la pénitence[82] » et assure à ses concitoyens une protection spirituelle :

> L'institution répond à un besoin de part et d'autre et est l'aboutissement d'un pacte implicite ou explicite. [...] [le reclus] protège le royaume, l'Église, la ville. [...] [Destiné] à la prière perpétuelle pour les vivants et morts les morts [...], le reclus peut sauver la ville par la seule vertu de son sacrifice et de son intercession[83].

Si la ville dépend financièrement du prêteur à gages, elle dépend spirituellement du reclus dont elle assure la subsistance. Raconter

75 *Ibid.*, p. 205.
76 Paulette L'Hermite-Leclercq, « Le reclus dans la ville au Bas Moyen Âge », *Journal des savants*, n° 3-4, 1988, p. 219-262, ici p. 236.
77 *Usurier*, v. 16018.
78 P. L'Hermite-Leclercq, « Le reclus dans la ville », art. cité, p. 227.
79 *Id.*
80 *Id.*
81 *Ibid.*, p. 246-247.
82 *Ibid.*, p. 248.
83 *Ibid.*, p. 248-249.

l'entrée en réclusion de l'usurier, c'est ainsi afficher la conversion, non seulement du personnage, mais de la fonction qu'il incarne au sein de la cité : le héros renonce à être le « cœur » monétaire de la ville, pour devenir son « cœur » spirituel.

Cette interprétation est confirmée par le dénouement du récit : après la mort de l'usurier, une voix céleste émane de la fosse où il s'était étendu, pour annoncer au confesseur l'entrée de son pénitent au paradis[84]. Et le conte de s'achever sur le rassemblement dans la cellule « d'evesques et d'abez [...], / et de clers et de laie gent[85] », venus admirer la huche miraculeuse :

> Tuit i vindrent conmunement.
> Maintenant que la huche ovrirent,
> Une si grant douçor sentirent
> Que, s'un muz de baume i eüst,
> Riens ne sentist ne ne seüst
> Envers la douçor qu'il sentirent.
> En roses, en floretes virent
> Le cors gisant, si l'en leverent
> Et devotement l'atornerent
> Et o grant veneration ;
> Vigiles, conmendation,
> Et messes li firent chanter,
> Et puis le firent enterrer.
> Si vos di qu'en la terre maint
> Le tindrent conme por cors saint,
> Car il morut a grant martire[86].

Le rassemblement de tous les laïcs et de tous les représentants du corps ecclésial conduit à la célébration de funérailles qui aboutissent à la construction du culte d'un « saint », puisque l'usurier repenti est mort « a grant martire ».

Un tel enchaînement des événements est loin d'être anodin. En rejouant avec le héros le rituel de l'entrée en réclusion, l'ermite a cédé sa place, littéralement et symboliquement, à l'usurier repenti : littéralement, puisqu'il lui a donné sa tombe ; symboliquement, puisqu'il lui a permis d'accéder avant lui au statut de saint dont le culte réunit les

---

84 *Usurier*, v. 16302-16307.
85 *Ibid.*, v. 16313-16314.
86 *Ibid.*, v. 16315-16330.

habitants de la contrée. Ainsi, le héros conserve d'une certaine manière sa fonction, mais sous une forme convertie : lui qui possédait toute la contrée, dont tout le monde connaissait la renommée, conserve le même prestige ; mais ce prestige n'est plus causé par sa richesse, mais par sa sainteté.

Le récit relate donc le parcours d'un personnage qui incarne à lui seul la conversion de ce qui fait le cœur de la cité ; si le protagoniste s'était fait usurier pour gagner sa place dans un monde gouverné par l'argent, sa pénitence correspond à une conversion de sa fonction : en renonçant à l'usure au profit de la réclusion, il renonce à faire vivre la ville de spéculations financières, pour la faire vivre d'une vie spirituelle. La conversion de l'usurier en reclus allégorise ainsi le projet utopique d'un auteur soucieux de proposer une spiritualité véritablement urbaine, en pensant une ville fondée non plus sur la recherche de l'argent, mais sur la quête de Dieu.

L'analyse de ces quelques récits avait pour but de montrer que la première *Vie des Pères* peut à double titre se lire comme une œuvre à destination urbaine : d'abord parce que, en distinguant le marchand de l'usurier, elle accorde une dimension spirituelle à une activité monétaire qui fonde l'identité de l'élite citadine ; mais aussi parce que, tout en reconnaissant aux pratiques marchandes un potentiel sanctifiant, le recueil met en garde ses lecteurs sur la nécessité d'exercer leur métier sans avidité. Il œuvre ainsi à la promotion d'une économie subordonnée à la recherche du salut, et dans laquelle la production de richesses n'est pas un objectif à atteindre par tous les moyens, mais un instrument à mettre au service de pratiques chrétiennes : la charité, la pénitence, l'entretien du reclus.

Dans la construction de ce programme spirituel, le personnage de l'usurier est porteur d'une lourde charge symbolique. En faisant de l'usurier l'exact opposé du reclus dans les fonctions qu'il occupe au sein de la ville, le conteur présente un espace urbain tendu entre l'Argent (c'est-à-dire le diable[87]) et Dieu, autrement dit, comme le lieu par excellence où se joue le combat pour le salut. La présence des ermites et des moines dans ce recueil est dès lors loin d'entrer en contradiction avec

87 Sur l'équivalence entre l'argent et le diable, voir J. Le Goff, *La Bourse et la vie*, *op. cit.*

la destination citadine de l'œuvre : à une époque où émerge une élite urbaine décidée à lutter pour concilier « la bourse et la vie », le recueil anonyme fait de la ville un nouveau désert, un lieu supplémentaire où mener, comme au monastère, le combat spirituel.

Claire DONNAT-ARACIL
Université Paris Cité

LE LIVRE DE LA PARFAITE BOURGEOISE

La discrétion comme urbanité
(*Le Mesnagier de Paris*)

Un manuel de savoir-vivre de la fin du XIVe siècle nous invite à explorer certains aspects du mariage entre discours littéraire et évolution du monde extérieur, en l'occurrence l'essor urbain. Le *Mesnagier de Paris*[1] se donne comme l'œuvre d'un bourgeois vieillissant ; il l'a rédigée, dit-il, à l'intention de sa toute jeune femme, à sa demande, pour l'aider à devenir une bonne épouse et pour lui éviter de commettre des impairs en société. « Bible domestique[2] », catéchisme et livre de cuisine tout à la fois, sa référence aux réalités du quotidien est constante. Or, dans le contexte de l'essor urbain, le discours didactique doit se réinventer pour s'adapter à un tout nouveau public : la bourgeoisie citadine. L'impératif du respect des bienséances sociales, en effet, occupe une place essentielle dans cet ouvrage et se détache clairement des enseignements plus traditionnels, en particulier moraux et religieux, sans que l'on puisse parler de substitution : un nouveau discours vient compléter l'ancien dans une articulation originale et inédite.

Savoir se conformer à ce qui sied à notre *estat* : dès le prologue, cette injonction est explicitée, puis répétée tout au long du texte par l'auteur qui semble viser, au-delà de la personne particulière de sa jeune épouse, toutes les femmes de la bourgeoisie en émergence : c'en est un des tout premiers codes qui participe certainement de la consolidation de ses valeurs tout en en rendant un témoignage original et précieux.

---

1 Nous nous appuierons sur *Le Mesnagier de Paris*, éd. Georgina E. Brereton et Janet M. Ferrier, trad. et commentaires Karin Ueltschi, Paris, Le Livre de Poche, 1994 (« Lettres Gothiques » ; 2010 pour la seconde édition revue et corrigée).

2 L'expression est de Mario Roques, « *Le livre de Mellibée et de Prudence* par Renaut de Louhans », dans *Histoire Littéraire de la France*, t. XXXVII : *Suite du quatorzième siècle*, éd. Congrégation de Saint-Maur, Paris, Imprimerie nationale, 1936, p. 502.

UN ANCRAGE URBAIN

Le Mesnagier est dit *de Paris* : ce titre, qui figure dans les inventaires dès le XVe siècle[3], semble nous fournir une indication objective concernant une ville bien identifiée, mais qu'en est-il véritablement ? Cet ancrage spatial n'apparaît explicitement ni dans le prologue, ni dans aucun des chapitres de la première partie, celle où la voix de l'auteur se détache le plus souvent du discours compilé traditionnel qu'il adopte par ailleurs[4] ; en effet, dans ces chapitres où prédomine l'enseignement moral, Paris n'est pas évoqué sinon de manière tout à fait allusive : « *Une foiz es jours d'esté je venoie de devers Chaumont en Bassigny a Paris*[5]... ». Cependant, un grand nombre des recommandations que reçoit la jeune destinataire, notamment comment se vêtir et même marcher dans la rue, ne se conçoit que par rapport à un environnement urbain. Paris est donc présent dans les pages du *Mesnager* en pointillé et, dans la première partie du moins, en « ville mentale », pour reprendre l'expression d'Alain Corbellari[6] : concrètement, nous ne savons pas où se trouve la maison du Bourgeois et de son épouse, et nous ne savons rien de concret de leur vie sociale. Paris ne prendra une consistance vraiment réaliste que dans le chapitre consacré à l'inventaire des boucheries et autres commerces (II, iv). À dire vrai, les recommandations relatives au comportement social d'une

3 Ainsi, l'Inventaire *de Bruges* (vers 1467) : N° 836 (ms. A) : « *C'est le Mesnagier de Paris.* » Mais N° 1202 (ms. B) : « *le Mesnagier* (avec chemin de Pauvreté). – *Inventaire de Bruxelles* (1487) : N° 1758 (ms. A) : *C'est le Mesnagier de Paris ;* N° 1759 (ms. B) : *Le Mesnagier de Paris et autres choses de dévotion.* – Ce titre « *Mesnagier de Paris* » figure ici, ajouté par une main, en amont du texte lui-même sur une page originellement vierge du ms. fr. 12477 ; d'aucuns, J. Ferrier notamment, l'attribue à Paulin Paris ; le père de Gaston a en effet joué un rôle actif dans la publication du texte « oublié » pendant quatre cents ans.

4 Au fur et à mesure qu'on avance dans le texte et que les chapitres se font plus techniques, les marques d'énonciation spécifiques (locuteur, destinataire, circonstances du discours...) disparaissent : l'auteur copie mécaniquement.

5 I, vi, § 42, p. 268. Nous avions, dans le temps, été imprudente en traduisant le verbe « venir » par « revenir », prenant alors pour argent comptant ce qui pourtant mérite examen : l'ancrage parisien.

6 Alain Corbellari, *La Voix des clercs. Littérature et savoir universitaire autour des dits du XIIIe siècle*, Genève, Droz, 2005, en particulier les pages consacrées à « l'émergence de Paris », chap. VI, p. 139-177 : les références précises à la ville, quelle qu'elle soit, restent longtemps chétives ; c'est pendant longtemps d'un « lieu mental ». *Le Mesnagier* entre dans ce cadre.

jeune bourgeoise qui sont dispensées dans l'ouvrage peuvent s'adapter à n'importe quel cadre citadin.

Cependant, les spécialistes s'accordent sur le fait que notre auteur a probablement évolué dans une administration liée au parlement, c'est-à-dire à la cour de justice, le Châtelet, souvent mentionné d'ailleurs. C'est qu'au temps du *Mesnagier*, Paris est devenu une ville de fonctionnaires et d'avocats, les offices et emplois s'étant progressivement multipliés du haut jusqu'en bas de l'échelle hiérarchique. Géographiquement comme socialement, Paris est alors un monde scindé en deux. La rive gauche, c'est l'ancienne cité romaine ; c'est la Montagne Sainte-Geneviève et les Collèges, au cœur du croisement du *cardo* et du *decumanus* romains : c'est le monde des clercs. Son contour, relativement modeste, ne change guère entre 1200 et 1790, à quelques exceptions ou « débordements » près, à l'instar du bourg de Saint-Germain-des-Prés ou celui de Notre-Dame-des-Champs, dont les noms disent assez leur nature *extra muros* originelle. La rive droite au contraire se développe à partir du noyau historique de la Cité et s'élargit constamment à la faveur d'un rehaussement du sol par l'occupation humaine qui favorise son assèchement progressif. On y distingue deux pôles : les Halles et la Grève, « fiefs » de la bourgeoisie, tandis que l'aristocratie se concentre plutôt autour du Louvre, du moins après 1360. La rive droite, enfin, c'est le Châtelet. En d'autres termes, dans l'hypothèse que le Bourgeois ait exercé son métier à Paris, il y a beaucoup de chances que cela ait été rive droite.

Les fréquentes références au parlement, mais surtout les détails très précis fournis, au début de la partie culinaire à propos de l'approvisionnement de la ville de Paris, motivent sans doute ce complément déterminatif « de Paris » attaché au titre de l'ouvrage :

> Primo, pource qu'il couvient que vous envoyez maister Jehan es boucheries, cy arpes s'ensuivent les noms de toutes boucheries de Paris et leur delivrance de chair[7].

On trouve dans ce chapitre un véritable traité de géographie parisienne. Et puisque Maître Jean, l'intendant de notre *mesnie* bourgeoise, doit chercher la viande dans une de ces boucheries parisiennes, on peut déduire sans trop de présomption que l'*ostel* du Bourgeois auteur est dans

7 II, iv, § 2, p. 538.

Paris ou ses abords immédiats. Une remarque aussi anodine comme « si vous entendez sonner matines » (p. 34) suppose d'ailleurs la proximité d'une église ; la jeune femme peut s'y rendre à pied pour suivre la messe quotidienne, pratique qui est désormais courante[8]. Mais sortir n'est pas sans risque. Si la ville du *Mesnagier* est sans émeutes et convulsions, qu'elle ne charrie ni l'odeur du bétail qu'on abat, ni la rumeur ou les couleurs d'une vie fourmillante, c'est un lieu cependant où évolue une foule multiple composée de coquins de tout poil et autre *gent suspecsonneuse*[9] qui ne cesse de représenter des menaces moins pour les biens ou l'intégrité physique (question non abordée) que pour le salut de l'âme et l'honorabilité d'une famille ; de fait, la ville est un endroit dangereux surtout pour les femmes.

On doit en effet *imaginer* cette ville à partir d'une foule de remarques indirectes voire accessoires : s'y côtoient marchands, maquignons et domestiques, aristocrates, bourgeois et clercs, enfin, ces damoiseaux désœuvrés qui ne pensent qu'à séduire et enlever en Avignon les honnêtes dames. On peut y rencontrer, et c'est peut-être le plus redoutable, des dévergondées et *folles femmes* qui s'attardent dans la rue, et qui s'y affichent maquillées, débraillées et provocantes :

> Comme il est d'aucunes yvrognes, foles, ou non sachans qui ne tiennent compte de leur honneur ne de l'onnesteté de leur estat ne de leurs maris, et vont les yeulx ouvers, la teste espoventablement levee comme un lion, leurs cheveux saillans hors de leurs coiffes, et les coletz de leurs chemises et coctes l'un sur l'autre ; et marchent hommassement et se maintiennent laidement devant la gent sans en avoir honte (I, i, § 10, p. 42).

Quant à l'*ostel* de notre couple, les fenêtres de certaines chambres donnent sur la rue ; il convient donc de ne pas les attribuer aux jeunes servantes qui pourraient en profiter pour se sauver[10] ! C'est en effet la ville, semble suggérer notre texte, qui bien souvent réduit les jeunes femmes seules à la servitude loin de leur pays (de leur campagne) d'origine, dont un malheur, entendez une atteinte à l'honneur, les a peut-être chassées :

---

8 Voir Geneviève Hasenohr, « La vie quotidienne de la femme vue par l'Église : l'enseignement des "journées chrétiennes" de la fin du Moyen Âge », dans *Textes de dévotion et lectures spirituelles en langue romane (France,* XII*e*-XVI*e siècle)*, assemblés et revus avec la collaboration de Marie-Clotilde Hubert, Sylvie Lefèvre, Anne-Françoise Leurquin-Labie, Christine Ruby et Marie-Laure Savoye, Brepols, Turnhout (Texte, Codex & Contexte, XXI), 2015, p. 667.

9 I, ii, § 1, p. 46.

10 II, iii, 18, p. 458.

> Et sachiez que communement telles femmes d'estrange pays ont esté blasmees d'aucun vice en leur pays ; car c'est la cause qui les amaine a servir hors de leur lieu[11].

Car, dans cette ville, il existe bien une liberté de mouvement, même pour les *prudefemmes*, l'auteur en parle comme d'une banalité : « Le second article dit que a l'aler en ville ou au moustier vous acompaignez convenablement selon vostre estat[12]... ». La bourgeoise Jeanne la Quentine suit ainsi en cachette son mari à travers les rues de Paris et découvre, pendant qu'il œuvre au parlement, le pot aux roses : une maîtresse, ou plutôt « une povre fille qui estoit filleresse de layne au rouet », à laquelle l'exemplaire dame vient en aide, à l'insu du mari[13]. Ceci étant, une vie de *prudefemme* se passe essentiellement dans l'*ostel*[14] et à l'église, cadre urbain alternatif à la vie conventuelle et qui lui offre une protection efficace contre les dangers du dehors tout en étant propice au développement des vertus chrétiennes, ainsi que des vertus d'une espèce plus insolite et qu'on peut appeler les vertus « sociales », voire « urbaines ».

En effet : la finalité du *Mesnagier* est avant tout pratique, avec ce souci central de la respectabilité à cultiver *via* une observance rigoureuse des bienséances : l'ouvrage propose et prescrit des compromis inédits entre morale théorique et code social. Il s'agit de trouver une articulation acceptable entre les exigences spirituelles et les contraintes d'une vie dans le monde, dans un entre-deux où évolue la bourgeoisie, les femmes en premier lieu ; un équilibre fragile doit sans cesse être reconquis par un ajustement constant aux contingences.

---

11 II, iii, § 5, p. 438.
12 I, ii, § 1, p. 46.
13 I, ix, § 3 et *sq.*, p. 400-406.
14 Voir I, iii, § 117, p. 128.

LE « QUATRIÈME ORDRE » ET SON CODE DES BIENSÉANCES

L'auteur, le « je », s'il ne se donne jamais le titre de bourgeois lui-même, évoque constamment cette caste dont il fait implicitement partie : il en incarne les principes et les transmet à sa jeune femme ; d'ailleurs, il est entouré de notaires et d'avocats, c'est-à-dire de bourgeois justement auxquels il ne cesse de faire allusion[15]. Il se peint comme un mari riche des expériences d'une vie déjà longue, affectueux et sage. Quant à la jeune femme, nous ne la connaissons qu'à travers les propos du mari qui, en lui parlant, nous la décrit : elle a quinze ans, elle est orpheline depuis longtemps, et vient de quitter, avec l'enfance, son environnement familier ; elle est sinon du même milieu du moins d'une famille partageant les mêmes valeurs que celles du mari[16], famille dont elle est désormais séparée[17]. Se posant comme son seul véritable appui, le mari dépasse cependant, dans son enseignement, constamment le cadre particulier de leur couple ; il peint ce à quoi un mari peut prétendre et ce à quoi une épouse doit s'attendre, pour le meilleur et souvent pour le pire. Il dresse à cet effet le spectre d'un mari virtuel : la référence à « votre mari qui sera » revient constamment tout au long du texte : ce futur mari que la jeune destinatrice ne manquera pas d'épouser après lui, son mari actuel, différence d'âge oblige, semble-t-il sous-entendre. L'objectif principal de son entreprise littéraire serait-il donc de préparer sa toute jeune femme à son remariage ? Ou de poser un cadre plus ouvert pour que son enseignement puisse prétendre à une manière d'universalité ? À moins qu'il ne s'agisse d'une preuve de délicatesse ? Il proteste en effet souvent que la rigueur de certaines leçons ne saurait s'appliquer à leur couple[18] ! Enfin, devons-nous voir dans ce fantôme de mari surnuméraire une preuve que

15 P. 249, p. 252.

16 « Ce ne vous est mie convenable ne afferant a vostre estat ne au mien. » (Prologue, § 2, p. 24). Il lui conseille par ailleurs de se conformer au comportement de ses parentes appartenant au même *estat* : « comme vos parentes font a leurs mariz de pareil estat que nous sommes. » (Prologue, § 3, p. 24).

17 « Vous qui avez esté traicte de vostre parenté et du païs de vostre nativité » (Prologue, § 4, p. 26).

18 Par exemple : « Si vouldroie je bien que vous sceussiez du bien et de l'onneur et de service a grant planté et foison et plus que a moy n'appartient, ou pour servir autre mary se vous

toute cette mise en scène de vieux mari et de jeune épouse n'est qu'un artifice littéraire ? En tout cas, l'auteur peut s'appuyer sur un sentier déjà balisé par une tradition de « vulgarisation » édifiée sur la *translation* de modèles encyclopédiques cléricaux latins, voire courtois[19]. Mais il n'en doit pas moins inventer un discours didactique adapté à cette bourgeoisie urbaine dont il relève et dont il défend l'honneur, lequel semble d'abord et avant tout tributaire du comportement féminin : voici un programme littéraire ambitieux et radicalement novateur !

« Je ne suis mie marquis ne ne vous ay prise bergiere[20] » : être bourgeois, c'est un état qui se définit par rapport à un ordre du monde composé de *clercs, chevaliers, borjois, vallets*[21], et qui assigne à chacun sa place en fonction des autres et par opposition à eux. Ce souci très marqué du respect de ces cadres sous la plume de notre auteur rend peut-être compte de la recherche d'une légitimité, d'une justification identitaire dans l'ordre universel établi par Dieu lui-même. En premier lieu, bourgeoisie rime avec aisance, et une assise bien ferme dans le monde, *i.e.* la ville.

> Car ainsi comme le bourgoiz veille pour acquerir richesses a lui et a ses enfans, le chevalier et le noble veille pour acquerre pris et loz du monde ; chascun selon son estat en ce siecle veille pour les choses mondaines acquerre (I, iii, § 109, p. 120).

---

l'avez aprez moy, ou pour donner plus grant doctrine a voz filles, amies ou autres, se il vous plaist et besoing ont. » (Prologue, § 4, p. 24-26).

19 Il ne peut être question ici de proposer une liste exhaustive de cette production. Voici cependant quelques références utiles : Alice Hentsch, *De la littérature didactique du Moyen Âge s'adressant spécialement aux femmes*, Cahors, 1903 ; Genève, Slatkine reprints, 1975. Le *Chastoiement des Dames* de Robert de Blois, éd. John H. Fox, dans *Robert de Blois, son œuvre didactique et narrative*, Paris, Nizet, 1950. *L'enseignement à sa fille Isabelle* de saint Louis, dans *The Instructions of Saint Louis : A Critical Text*, éd. David O'Connell, Chapel Hill, University of North Carolina Presse, 1979. *Medieval Conduct Literature : An Anthology of Vernacular Guides to Behaviour for Youths with English Translations*, éd. Mark D. Johnston, Toronto, University of Toronto Press, 2009. *Le Mireoir as dames* dans *Dits* de Watriquet de Couvin, éd. Auguste Scheler, Bruxelles, Devaux, 1868, p. 1-41. John L. Grigsby, « Miroir des bonnes femmes », *Romania*, t. 82, 1961, p. 458-481 et *Romania*, t. 83, 1962, p. 30-51. *Le Livre du Chevalier de La Tour Landry pour l'enseignement de ses filles*, éd. Anatole de Montaiglon, Paris, Jannet, 1854. Voir Anne-Marie de Gendt, *L'art d'éduquer les nobles damoiselles. Le Livre du Chevalier de la Tour Landry*, Paris, Champion, 2003 et Anna Loba, *Le réconfort des dames mariées. Mariage dans les écrits didactiques adressés aux femmes à la fin du Moyen Âge*, Poznan, Université Adam Mickiewic, 2013. Philippe de Mézières, *Le livre de la vertu du sacrement de mariage*, éd. Joan B. Williamson, Washington, The Catholic University of America Press, 1993, p. 233-234. Christine de Pizan, *Le Livre des trois vertus*, éd. Éric Hicks, notes Charity C. Willard, Paris, Champion, 1989.

20 I, vi, § 10, p. 232.

21 Voir *La Vie des Pères*, éd. Félix Lecoy, t. I, Paris, SATF, 1987, v. 2239, p. 74.

Au sens juridique, le bourgeois se définit par son appartenance à un « corps social dirigeant » que circonscrivent statuts, chartes et privilèges, mais sans que ses membres ne soient ni adoubés ni autrement élus ou « introduits » : « on est reconnu bourgeois, et on se tient pour tel[22]. » C'est précisément dans cette indétermination que se loge la difficulté de cerner cet état.

Étymologiquement, le bourgeois est celui qui habite le bourg ; son identité est donc ancrée dans son appartenance à une communauté urbaine au sens large, ce qui ajoute à l'instabilité du terme : qu'est-ce qu'un bourg, une ville ou un village, une cité ? Si le bourgeois est couramment qualifié de *vilain* dans la littérature, du moins jusqu'au XIIIe siècle, en vertu de son opposition à l'aristocratie, il se distingue aussi du paysan ! En outre, le mot connaît rapidement des spécialisations : dans le cadre précis de Paris, on parle ainsi des bourgeois « de Saint-Germain-des-Prés », des bourgeois « de l'évêque » ou « du roi » : Philippe Auguste évoque déjà dans son testament, en 1190, les *burgenses nostri*, « nos bourgeois ». À l'époque qui nous occupe, à Paris, les « bourgeois du roi » – tout ce monde qui fourmille autour du parlement et des chancelleries – ont tendance à évincer les autres « catégories bourgeoises ». Ils représentent environ 1 % seulement de la population parisienne en 1328. Certains privilèges économiques leur sont attachés, ensemble avec des devoirs spécifiques : ce sont, par exemple, les bourgeois qui s'acquittent du plus gros de l'impôt royal[23].

« Bourgeois » se définit donc par rapport à un territoire, une institution, une personne, une spécialisation professionnelle, avec des frontières délicates à tracer. Le *Livre des métiers* du prévôt Étienne Boileau (vers 1238) considère comme « bourgeois » tous les maîtres des principaux métiers ; aussi, un valet boucher n'est-il pas un bourgeois. Mais un avocat l'est parce qu'il est « établi » et propriétaire. Être bourgeois implique donc une reconnaissance professionnelle et la possession d'une demeure dans le « bourg » : le bourgeois est un homme « installé, indépendant, domicilié » : Jean Favier parle même d'un « quatrième ordre[24] ».

L'auteur du *Mesnagier* est très probablement un bourgeois de Paris et sans doute un « bourgeois du roi », ce qui implique une certaine

22 Jean Favier, *Le Bourgeois de Paris au Moyen Âge*, Paris, Éditions Tallandier, 2012, p. 11.

23 *Le Paris du Moyen Âge*, Paris, Boris Bove et Claude Gauvard dir., Paris, Belin, 2015, p. 117 et 121.

24 Voir J. Favier, *op. cit.*, p. 17 et p. 215.

notabilité, une certaine aisance ; les caractéristiques de sa *mesnie* véhiculées par le texte sont conformes à ces qualités. Notre bourgeois fait partie de l'élite sociale urbaine ; il en a conscience, et le souci de son honneur est omniprésent. Une recommandation en particulier est récurrente, savoir rester à sa place : « Chascun selon sa condicion pren son plaisir ou selon l'estat de voz parens et des miens[25] ». Ainsi l'auteur enjoint-il à sa toute jeune femme d'éviter tout particulièrement le contact avec de jeunes seigneurs qui ne sont pas de leur monde :

> Et moult de perilz sont venuz de trop parler, et par especial quant l'en prend parolles a gens arrogans ou de grant courage ou gens de court ou seigneurs. Et par especial gardez vous en tous vos faiz de prendre paroles a telles gens (I, viii, § 1, p. 308).

Les dangers principaux qu'encourt la bourgeoisie semblent liés à sa position intermédiaire, et donc au toujours possible basculement vers le bas, d'autant plus facile, paradoxalement, si on ose lorgner vers la caste supérieure. Au demeurant, on trouve cette recommandation également dans l'enseignement que dispense le Chevalier de la Tour Landry à ses filles : le comportement doit être en parfaite conformité avec l'*estat* auquel on appartient, dans ce cas l'aristocratie. Or, précisément, si les bourgeois « résistent si bien à l'attrait de la noblesse, c'est qu'ils ont une forte identité sociale et une haute opinion de leur notabilité[26]. » Et celle-ci est tributaire de la stricte observance d'un code de bienséances alors en pleine constitution. La femme y occupe une place centrale.

Au fil de l'enseignement qui se déroule de *distinctions* en *articles* se dessine cette créature idéale qu'est la parfaite épouse bourgeoise. Non que l'art du portrait fût une nouveauté littéraire en soi : la poésie comme le roman ont rivalisé de ferveur inventive pour concevoir des types féminins parfaits. Le « grand chant courtois » nous a donné *la domina* – dame blonde, gracile, lumineuse, sage – mais sans aucun doute stylisée et artificielle dans son immuable et hyperbolique beauté, mais efficace au demeurant puisque Christine de Pizan dira encore en 1405 qu'« il n'est ou monde plus gracieux attours a femmes que beaulx chevaulx blons[27] ! »

25 I, vi, § 43, p. 270 et I, i, § 10, p. 42.

26 *Le Paris du Moyen Âge*, *op. cit.*, p. 125.

27 Alice M. Colby, *The Portrait in Twelfth-Century French Literature. An Example of the Stylistic Originality of Chrétien de Troyes*, Genève, Droz, 1965. Christine de Pizan, *Le Livre des trois vertus*, éd. citée, II, xi, p. 160.

Un autre registre a exalté en Notre Dame un absolu de perfection à la fois féminine, maternelle et virginale, foulant de son pied délicat mais puissant le Tentateur originel qui a eu raison de notre première mère, Ève, qui sommeille dans toutes ses filles, toujours prête à s'éveiller. Mais s'il existe de nombreux modèles de perfection, c'est bien la première fois qu'on tente de faire le portrait de la parfaite bourgeoise et épouse à travers un mode dynamique, *i.e.* injonctif, et en tenant compte de contingences extérieures à la raison littéraire au sens large.

Mariage et bourgeoisie sont intimement associés dans l'idéal qui émerge de notre texte et dont l'auteur nous offre de charmants tableaux dans leur humble dimension domestique :

> Et pour ce, chere seur, je vous pry que le mary que vous arez vous le veuilliez ainsi ensorceler et rensorceller, et le gardez de maison mau couverte et de cheminee fumeuse, et ne luy soyez rioteuse, maiz doulce, amiable et paisible. Gardez en yver qu'il ait bon feu sans fumee, et entre voz mamelles bien couchié, bien couvert, et illec l'ensorcelez. Et en esté gardez que en vostre chambre ne en vostre lit n'ait nulles puces… (I, vii, § 3, p. 298.)

Ici, la magie opère dans l'épaisseur du quotidien, auprès d'un bon feu, dans un lit débarrassé de vermines diverses ; l'enchantement, c'est ce ménage bien administré grâce aux gens de maison qui en huilent les multiples rouages, chacun à sa place, bref, c'est un bonheur domestique que la parfaite épouse sait faire surgir comme d'une malle, par exemple sous forme de chausses propres et sèches, et toute une kyrielle d'autres *aisements*[28]. C'est cette perspective réconfortante parmi toutes qui donne au mari le courage d'affronter l'hostilité du monde extérieur et que cimente le lien conjugal : la perspective du visage avenant et doux de l'épouse, bonheur qu'il compare à celui que les ermites doivent ressentir devant la face du Christ[29] !

Justement, le mariage est souvent considéré comme un *estat* à part entière. Rappelons que depuis la réforme grégorienne (XIe siècle), l'état matrimonial est devenu la situation caractéristique des laïcs, tellement qu'une équation se forme (« mariage » = « état laïque »). On peut vivre dans le cadre du mariage toutes les perfections chrétiennes « à condition de se conformer aux principes, réaffirmés […] depuis les temps carolingiens,

28 I, vii, § 1, p. 294-296.
29 I, vii, § 6, p. 304.

d'un mariage exogame, indissoluble, monogame et consensuel[30] ». Les qualités de bourgeoise, d'épouse, et de maîtresse de maison forment donc une unité que rien ne peut altérer, et une manière de modèle. D'ailleurs, dit le *Mesnagier*, une domestique, n'est-ce pas une femme (ou un homme, nous avons en effet plusieurs occurrences de ce souci de « parité » !) qui pour diverses raisons, mais qui engagent toujours sa responsabilité, n'a pas réussi à atteindre ce but ? « Car s'elles feussent sans tache, elles feussent maistresses et non serviterresses – et dy des hommes autel[31] ! »

Ainsi donc, on *nait* noble ou *vilain*, mais on *devient* bourgeois à force de travail et de persévérance, de vertu et de bonne réputation, enfin, par le mariage. Quant à le rester, c'est soumis à condition.

CULTURE URBAINE, MORALE PRATIQUE

Mais alors, quelle « culture » et quelle littérature pour ces citadins bourgeois ? Rappelons que l'essor de la ville et de sa population ne va pas seulement de pair avec celui des universités, mais que, à partir du XIIe siècle, les écoles « élémentaires » se multiplient dans les villes. Les rudiments de la lecture, de l'écriture et du calcul sont ainsi dispensés aux enfants qui ont atteint sept ans environ[32]. En même temps, le livre connaît une diffusion croissante dans les milieux bourgeois, en particulier chez les médecins et juristes ; cette généralisation devient sensible au cours du XIVe siècle, même si les bibliothèques des particuliers restent étiques : dans les legs ne sont mentionnés, la plupart du temps, qu'un à trois livres, quelques exceptions confirmant la règle : ainsi, le médecin Astruc del Sestier qui a partagé sa bibliothèque de 179 ouvrages (médecine, philosophie, sciences, langues) entre ses deux enfants en 1439[33].

30 Catherine Vincent, *Introduction à l'histoire de l'Occident médiéval*, Paris, LGF, 1995 (« Le Livre de Poche »), p. 99.

31 II, iii, § 5, p. 438.

32 Voir Thierry Dutour, *La Ville au Moyen Âge*, Paris, Odile Jacob, 2003, p. 223. Pour approfondir : Pierre Riché, *Écoles et enseignement dans le haut Moyen Âge, Fin du Ve siècle-milieu du XIe siècle*, Paris, Aubier, 1999 (1re éd. 1979) ; Danièle Alexandre-Bidon et Marie-Thérèse Lorcin, *Système éducatif et cultures dans l'Occident médiéval (XIIe-XVe siècles)*, Paris, Gap, Ophrys, 1998.

33 Donatella Nebbiai, *Le discours des livres. Bibliothèques et manuscrits en Europe, IXe-XVe siècles*, Rennes, P.U.R., 2013, p. 203.

Mais nous ne savons rien de concret au sujet de la bibliothèque de notre auteur, ne connaîtrons jamais son ampleur : nous ne saurons jamais le nom de ces « bons livres en françois que j'ai » et sur lesquels il s'appuie pour étayer son enseignement. En particulier, l'auteur du *Mesnagier* a-t-il été au contact de la production littéraire de son temps et en a-t-il subi l'influence ? A-t-il seulement lu *Le livre du Chevalier de la Tour Landry pour l'enseignement de ses filles* ? Connaît-il Christine de Pizan et son *Livre des Trois vertus* (1405), ou Eustache Deschamps, notamment son *Miroir de mariage* (1381-1389 ?) ? A-t-il eu vent des *XV Joies de Mariage* (fin XIVe-début XVe siècle), voire des textes de Raymond Lulle traduits en français[34] ?

L'auteur affiche une pratique de la référence conforme à ce que l'on trouve dans la plupart des ouvrages didactiques : souvent, il se contente d'énoncer des noms et des titres comme pour édifier un catalogue de la somme des références indispensables. Dans d'autres cas, il cite – plus ou moins fidèlement – des textes que nous savons identifier. Mais rien ne dit s'il cite de mémoire, qu'il ait possédé ces ouvrages ou qu'il ait pu les consulter ; impossible de savoir s'il s'agit d'« originaux » ou de simples synthèses (des *digests* avant l'heure !) de seconde main. Autre possibilité, aurait-il demandé, comme le Chevalier de la Tour Landry, à un clerc de lui préparer des documents sur lesquels appuyer son travail[35] ? Enfin, il lui arrive aussi d'« emprunter » des passages sans le dire, voire d'en attribuer la paternité à une personnalité de manière purement factice : l'argument d'autorité fonctionne en soi, comme un acte de langage ; sa véracité n'est pas obligatoire et surtout invérifiable, du moins par le public visé. Mais rien de tout cela n'est ni nouveau ni particulier à notre écrivain, ni imputable à la pénurie documentaire qui fut probablement la sienne : les clercs et philosophes du Moyen Âge ne faisaient pas autrement. En tout cas, notre bourgeois est certainement représentatif d'une bonne culture générale, moyenne ou supérieure à celle

34 Voir Raymond Lulle, *Blanquerna*, écrit en catalan vers 1283 et aussitôt traduit en français sous le titre de *Le livre d'Evast et de Blaquerne*, éd. Armand Llinarès, Paris, Presses universitaires de France (Publication de la Faculté des Lettres de l'Université de Grenoble, 47), 1970 ; voir en particulier le chapitre « De mariage ».

35 Dans le Prologue de son *Livre pour l'enseignement de ses filles* (1371-1372), le chevalier de la Tour Landry explique qu'il a demandé à deux prêtres et à deux clercs de rassembler des ouvrages qu'il possédait dans sa bibliothèque : « Si leur fiz mettre avant et traire des livres que j'avoie » (4, 14-15), en somme un travail documentaire préalable.

de ses compagnons du même monde, et qu'il sait organiser et valoriser par une plume très souvent originale et personnelle, d'honnête homme déjà : il l'a faite sienne et l'expose comme un bien précieux.

Une autre caractéristique marque l'enseignement de notre bourgeois : son souci pédagogique. Il s'agit d'adapter des théories parfois très élaborées non seulement à sa propre culture mais aussi à sa jeune épouse, et sans doute à toutes ses semblables. Il s'agit donc d'être pragmatique et dispenser des conseils essentiellement pratiques. Justement, qu'en est-il du côté des dames ? Dans ce contexte de l'essor urbain, les historiens ont souligné l'« urgente nécessité qu'il y a à élaborer valeurs et modèles de comportement pour femmes[36] ». Or, il s'agit moins pour notre auteur de concevoir *ex nihilo* une doctrine que d'adapter un enseignement séculaire à la situation concrète de l'épouse bourgeoise. Mais cela n'en suppose pas moins l'invention d'un modèle pédagogique. Au centre de cette tentative de codification se trouve une notion qui jusqu'à présent était plutôt marginale dans des traités didactiques, voire décriée (voir la condamnation universelle de l'hypocrisie) : l'impératif de la vertu de discrétion dont est tributaire la bonne réputation. C'est le maintien d'une apparence lisse et parfaite qui doit occuper la jeune épouse avant toutes choses. Or, de la vertu de discrétion, les Écritures n'en sonnent mot sinon indirectement *via* les vertus du silence, et c'est là une chose remarquable : la discrétion n'est pas une vertu spirituelle mais une vertu qui obéit à un impératif social majeur et qui implique une « pratique » :

> Le .viii. article de la premiere distinction si dit que vous soiez taisant, ou au moins actrempreement parlant, et sage pour garder et celer les secretz de vostre mary.
>
> [...]
>
> Et moult de perilz sont venuz de trop parler, et par especial quant l'en prend parolles a gens arrogans ou de grant courage ou gens de court ou seigneurs.
>
> Et par especial gardez vous en tous vos faiz de prendre paroles a telles gens. Et se par aventure telles gens s'adressent a vous, si les eschevez et laissiez sagement et courtoisement, et ce sera grant sens a vous... (I, viii, § 1, p. 308).
>
> Et soyez bon secretaire et ayez tousjours souvenance de garder les secretz de vostre mari. Premier ses mesfaiz, vices, ou pechiez, se vous en savez aucuns, celez les et couvrez (I, viii, § 3, p. 310).

36 Carla Casagrande, « La femme gardée », dans *Histoire des femmes en Occident*, Georges Duby et Michèle Perrot dir., t. II, *Le Moyen Âge*, Christiane Klapisch-Zuber dir., Paris, Presses universitaires de France (Publication de la Faculté des Lettres de l'Université de Grenoble, 47), Plon, 1991, p. 84.

Il s'agit de sauvegarder les apparences. Cela veut dire en particulier savoir distinguer radicalement entre intérieur et extérieur, entre sphère privée et sphère publique : le couple *être vs paraître* est complètement réévalué. Apologie d'un certain pharisaïsme ou peur panique d'un possible déclassement ? En tout cas, c'est en taisant dans la sphère publique ce qui est privé qu'on fait preuve de discrétion, victoire insigne, soit dit en passant, sur la nature féminine puisque, dit en substance le Bourgeois à sa femme, les femmes en sont constitutivement incapables : ainsi vous « vainquez en ce la nature des femmes qui est telle, sicomme l'en dit, qu'elles ne peuent riens celer[37] ! »

L'absence de discrétion fait planer une menace majeure sur la maison bourgeoise : la déchéance sociale, qu'un simple *soupeçon* peut provoquer – du côté féminin s'entend ; les folâtreries des époux ne sont pas évaluées à la même aune : elles ne semblent pas entacher l'honorabilité du coupable ; tout au plus est-il recommandé à l'épouse de les garder bien secrètes. Mais lorsqu'il s'agit d'une épouse, l'effroyable suspicion, les racontars et autres rumeurs peuvent ruiner en un clin d'œil l'honneur d'un homme et de tout son lignage, et réduire à néant une réputation édifiée pendant des années et des générations. Ne pas nourrir de « soupçon », martèle notre texte, c'est le tout premier commandement qu'une femme doit observer, un peu comme si toutes les autres vertus étaient secondaires ou découlaient de cette première. De fait, le soupçon, c'est pire que la faute ! Mieux vaut mentir car voici la terrible réalité pour celles qui doivent évoluer dans cette société :

> Toutes les autres vertus sont peries et anichillees en femme qui a taiche ou souspeçon contre l'une d'icelles vertus. Certes, en ces cas tout est pery et effacié, tout est cheu sans jamais relever, puis que une seule foiz femme est souspeçonnee ou renommee au contraire. Et encore supposé que la renommee soit a tort, si ne peut jamais icelle renommee estre effacee. Et veez en quel peril perpetuel une femme met son honneur et l'onneur du lignaige de son mary et de ses enfans quant elle n'eschieve le parler de tel blasme, ce qui est legier a faire (I, iv, § 23, p. 150).

Notre auteur insiste lourdement, répète encore et encore : rien en effet ne peut effacer l'opprobre, « ni richesse, ni beauté, ni intelligence, ni haute naissance, ni aucune autre qualité si une femme est seulement

37 I, viii, § 3, p. 310.

soupçonnée avoir commis une infidélité[38] ». Par conséquent, ne pas s'exposer, voilà la règle d'or pour toute épouse, voici sa vertu suprême. Des conseils pratiques sont prodigués dans ce sens sous forme d'exemples, comme cette remarquable injonction de ne lire en privé aucune lettre sinon celles du mari :

> Si vous conseille que lettres amoureuses et secretes de vostre mary vous les recevez en grant joye et reverence, et secretement tout seule les lisez tout apart vous, et toute seule lui rescripvez de vostre main se vous savez, ou par la main d'autre bien secrette personne, et lui rescripvez bonnes parolles amoureuses et voz joyes et esbattemens ; et nulles autres lettres ne recevez ne ne lisiez, ne ne rescripvez a autre personne, fors par estrange main, et devant chascun et en publique les faittes lire.
>
> Item, dit l'en aussi que les roynes depuis qu'elles sont mariees jamais elles ne baiseront homme – ne pere, ne frere, ne parent – fors le roy, tant comme il vivra. Pour quoy elles s'en abstiennent, ne se c'est vray, je ne sçay (I, iv, § 25 et § 26, p. 152).

Vertu de reine ? Pas certain, mais vertu de bourgeoise, assurément ! Cet impératif d'une apparence sans tache est si puissant qu'il permet d'inventer ce qu'on pourrait appeler de « saintes ruses », à l'instar de l'*exemplum* qui montre comment, par une pirouette gracieuse, un cas d'adultère (l'« enlèvement » d'une bourgeoise par un jeune damoiseau, une Madame Bovary cinq cents ans avant Flaubert) peut être travesti en pieuse entreprise, en l'occurrence un pèlerinage à Saint-Jacques de Compostelle[39]. Le Bourgeois auteur fait même état d'un cas où lui-même avait mis la main à la poche pour sauver la réputation d'un ménage très *notable*[40]. Une autre solution est l'attitude du « je ne veux pas savoir » exposée dans cette autre anecdote d'un mari recevant la confession de sa femme à l'article de la mort (notre auteur en est là encore le témoin direct) qui lui avoue qu'un de leurs trois enfants n'est pas de lui ; or, le mari la supplie de ne pas lui révéler de quel enfant il s'agit pour le bien de la famille tout entière[41].

D'évidence une morale parallèle, inédite dans les Écritures et la Tradition, émerge ici, quitte à entrer en contradiction avec celles-ci :

38 I, iv, § 1, p. 130.
39 I, viii § 12, p. 318-320.
40 I, viii § 14, p. 320.
41 I, viii, 10, p. 316.

les exigences d'honorabilité, le respect des apparences justifient tout dans le petit monde de la société urbaine où tout se sait, et où la bonne réputation est tout simplement une question de survie.

Pour la première fois sont ici détaillées les théories concernant les bienséances fondatrices de la société bourgeoise en émergence ; certains critiques sont allés jusqu'à parler de l'« enseignement d'un comportement social[42] ». L'amoral tend de plus en plus vers le mal séant : dans le *Mesnagier*, « vertu » rime souvent avec « honneur », lequel est avant toute chose tributaire de la réputation : « Et s'ainsy le faites et perseverez, honneur vous sourdra et tout bien vous vendra[43] ». La notion d'honneur se trouve désormais au cœur d'un système non plus seulement politique (féodal) ou militaire, mais social et moral, et rend compte de l'organisation complexe d'une société urbaine. Elle renvoie à une étiquette dont la bourgeoisie s'est dotée, à la fois blason de son identité et gardienne de sa légitimité. Et qui fait donc son entrée en littérature.

Karin Ueltschi
Université de Reims – CRIMEL

42 Claude Roussel, « Le legs de la rose », dans *Pour une Histoire des traités de savoir-vivre en Europe*, Alain Montadon dir., Clermont-Ferrand, Association des publications de la Faculté des Lettres et Sciences humaines, 1994, p. 8. Raphaël Valéry, « L'enseignement du comportement social (courtoisie et bonnes manières) en Europe occidentale aux XIIe et XIIIe siècles » (thèse inédite, Paris V, 1985).

43 I, ii, § 1, p. 46.

LA VILLE COMME *SPELUNCA LATRONUM*

dans le traité didactique *Le Mesnagier de Paris*

Le Mesnagier de Paris, cette « curieuse bible domestique », selon Margarete Zimmermann[1], a retenu depuis longtemps l'attention des spécialistes de l'histoire et de la littérature médiévales. Son langage et sa structure[2], ainsi que les nombreuses sources auxquelles son auteur a emprunté divers exemples instructifs et des histoires du passé, ou d'où, simplement, il a tiré son inspiration[3] ont été étudiés en détail. Le traité a servi de base de recherche à l'histoire de la famille et du mariage[4],

---

1 Margarete Zimmermann, « Curieuse bible domestique et texte-seuil de la prose narrative en France : *Le Menagier de Paris* (vers 1393) », dans *Actes du XVIIIe Congrès international de linguistique et de philologie romanes*, Dieter Kremer dir., Tübingen, Niemeyer, 1988, t. VI, p. 385-394.

2 Georgina E. Brereton, « Titres et termes d'adresse dans *Le Ménagier de Paris* », *Romania*, t. 79, 1958, p. 471-484 ; Janet M. Ferrier, « A Husband's Asides : the Use of the Second Person Singular in *Le Ménagier de Paris* », *French Studies*, t. 31, 1977, p. 257-267 ; Arlette Attali, Simone Monsonégo, « L'emploi des adjectifs dans *Le Mesnagier de Paris* (1394). Les adjectifs de couleur », dans *Le Moyen français : philologie et linguistique, Approches du texte et du discours*, Bernard Combettes et Simone Monsonégo dir., Paris, Didier Érudition, 1997, p. 211-232 ; Danielle Bohler, « Civilités langagières : le *bon taire* ou le *parler hastif*. Brèves réflexions sur la fonction sociale et symbolique du langage », dans *Norm und Krise von Kommunikation. Inszenierungen literarischer und sozialer Interaktion im Mittelalter*, hrsg. von Alois Hahn, Gert Melville und Werner Röcke, Berlin, Lit, 2006, S. 115-133.

3 Georgina E. Brereton, « Deux sources du *Ménagier de Paris* : le *Roman des sept sages de Rome* et les *Moralitez sur le jeu des eschecs* », *Romania*, t. 74, 1953, p. 338-357 ; Georgina E. Brereton, « "Seulement pour vous endoctriner" : the Author's Use of *Exempla* », *Medium Ævum*, t. 48, 1977, p. 77-89.

4 Roberta L. Krueger, « Identity Begins at Home : Female Conduct and the Failure of Counsel in *Le Ménagier de Paris* », *Essays in Medieval Studies*, t. 22, 2005, p. 21-39 ; Glenn Burger, « Laboring to Make the Good Wife Good in the *Journées chrétiennes* and *Le Ménagier de Paris* », *Florilegium*, t. 23, 2006, p. 19-40 ; Karin Ueltschi, « Les enseignements d'un mari à sa femme (1393) : catéchisme et savoir-vivre », dans *Éducation et éducateurs chrétiens*, Hervé Pasqua dir., Paris, L'Harmattan, 2013, p. 75-97.

à l'histoire de la lecture, à la didactique médiévale[5] et aux *gender studies*[6].

Le *Mesnagier* se compose de trois sections : l'une règle la vie quotidienne et la conduite de l'épouse exemplaire ; l'autre traite de ses devoirs domestiques, surtout dans le domaine du jardinage, du recrutement de domestiques et de travailleurs saisonniers, de la sélection de vins et de chevaux ; et la dernière décrit les particularités de la chasse à l'épervier et donne des recettes de cuisine médiévale[7]. Le *Mesnagier* est donc tout à la fois un livre de morale et un traité d'économie domestique.

Les événements et les personnages historiques mentionnés dans le texte permettent de déterminer avec certitude le moment de sa création : il a été écrit entre juin 1392 et septembre 1394[8]. Cependant, le nom de son auteur reste inconnu bien que les chercheurs, à commencer par Jérôme Pichon, le premier éditeur du *Mesnagier*[9], croient traditionnellement qu'il appartenait à la bourgeoisie parisienne, qu'il était un

---

5 Karin Ueltschi, « La digression dans l'économie du discours didactique vernaculaire du Moyen Âge français : manifestations et enjeux dans *Le Mesnagier de Paris* », dans *La digression*, Chantal Connochie-Bourgne dir., Aix-en-Provence, Publications de l'Université de Provence, 2005, p. 391-408 ; Gisela Naegle, « Garder la porte du diable : "Mengier deux fois le jour est vie humaine" », dans *Boire et manger en pays bourguignons (XIVe-XVIe siècles)*, Jean-Marie Cauchies dir., Neuchâtel, Publication du Centre européen d'études bourguignonnes, 2007, p. 323-338.

6 Ionuț Epurescu-Pascovici, « From Moral Agent to Actant : conduct in *Le Ménagier de Paris* », *Exemplaria*, t. 24, 2012, p. 214-237.

7 Cette partie du traité est la plus étudiée. Voir en particulier Antoinette Saly, « Les oiseaux dans l'alimentation médiévale d'après *le Viandier de Taillevent* et *le Menagier de Paris* », dans *Manger et boire au Moyen Âge*, Denis Menjot dir., Paris, Les Belles Lettres, 1984, t. I, p. 173-179 ; Bruno Laurioux, « Entre savoir et pratiques : le livre de cuisine à la fin du Moyen Âge », *Médiévales*, t. 14, 1988, p. 59-71 ; Terence Scully, « The Menus of the *Menagier de Paris* », *Le moyen français*, t. 24/25, 1990, p. 215-242 ; Leena Löfstedt, « À propos du livre de cuisine du *Ménagier de Paris* », *Neuphilologische Mitteilungen*, t. 107, 2006, p. 323-333 ; Daniel Soumillion, « *Le Mesnagier de Paris* ou l'art culinaire médiéval », dans *Boire et manger en pays bourguignons*, *op. cit.*, p. 307-325.

8 Jérôme Pichon, « Introduction », dans *Le ménagier de Paris, traité de morale et d'économie domestique composé vers 1393, par un bourgeois parisien*, éd. Jérôme Pichon, Paris, L'imprimerie de Crapelet pour la Société des bibliophiles françois, 1846, t. I, p. XVII-LXIII, ici p. XIX-XXIII ; *Le Mesnagier de Paris*, texte édité par Georgina E. Brereton et Janet M. Ferrier, traduction et notes par Karin Ueltschi, Paris, Le Livre de Poche, 1994, p. 141, n. 1.

9 J. Pichon, « Introduction », *op. cit.*, p. XXV-XXIX.

homme instruit, lettré et riche, peut-être un officier royal[10]. Peut-on supposer, cependant, que le statut de *bourgeois*, c'est-à-dire de citoyen d'une ville, signifie automatiquement que le *Mesnagier* peut être classé comme un spécimen de la littérature urbaine ou, plus largement, de la culture urbaine ? C'est une question à laquelle, à mon avis, il n'est pas facile de répondre.

La formule de « littérature urbaine » est utilisée par les spécialistes depuis longtemps, bien qu'ils en aient une compréhension différente. Parfois, les définitions diverses peuvent être trouvées dans le même ouvrage où ils se superposent. C'est le cas, à titre d'exemple, de la *Littérature française du Moyen Âge* de Michel Zink qui rejette le concept de « littérature bourgeoise », mais reconnaît l'émergence au XIIIe siècle des genres lyriques non courtois et spécifiquement urbains, produits des sociétés littéraires organisées dans les villes françaises (surtout à Arras)[11]. Cependant, au bout de quelques dizaines de pages, l'auteur corrige son point de vue et déclare que le problème ne réside pas tant dans les nouveaux genres littéraires apparus en France au XIIIe siècle que dans « l'esprit urbain », « l'esprit de la ville » qui réunit des œuvres de genres très différents[12]. Friedrich Wolfzettel partage, semble-t-il, cette dernière affirmation. Pour lui la « littérature urbaine » se caractérise par le réalisme des auteurs qui suscitent la confiance de leurs lecteurs en offrant une expression juste de la société citadine et en défendant des valeurs propres à la

10 Georgina E. Brereton, Geneviève Hasenohr, « Le Ménagier de Paris », dans *Dictionnaire des lettres françaises : le Moyen Âge*, Geneviève Hasenohr et Michel Zink dir., Paris, Fayard, 1992, p. 1010-1011.

11 « Mais, sans retomber dans l'erreur ancienne qui serait de vouloir définir une littérature "bourgeoise" au XIIIe siècle, il faut bien reconnaître qu'ils ont un goût marqué, et presque inconnu des troubadours, pour des genres lyriques qui constituent une sorte de contrepoint parfois comique et grivois de la courtoisie ou qui paraissent hériter d'une tradition antérieure à elle » (Michel Zink, *Littérature française du Moyen Âge*, Paris, Presses Universitaires de France, 1992, p. 123-124).

12 « Tous les genres, caractérisés par l'exhibition dramatique, la satire, le rire [...] ont peut-être en commun de refléter l'esprit urbain du XIIIe siècle. À l'ordre hiérarchique du château et de la cour seigneuriale, à l'idéal courtois, ils substituent l'entrelacs des rues, le partage du pouvoir, sa contestation, la peinture désabusée des mœurs, l'exhibition des misères [...]. Les Arrageois, de Jean Bodel à Adam de la Halle, le Parisien Rutebeuf, le Lillois Jacquemart Giélée, le Troyen anonyme, auteur de *Renart le Contrefait*, portent partout l'esprit de la ville » (M. Zink, *Littérature française du Moyen Âge*, *op. cit.*, p. 226).

ville et à ses habitants[13]. Cette dernière particularité est également mentionnée par Herman Pleij[14].

Toutes ces définitions de la « littérature urbaine » méritent d'être rappelées. Mais on peut aussi se poser d'autres questions importantes concernant le statut de *l'auteur* d'une œuvre relevant de cette production. Doit-il être lui-même un citoyen ? Que peut signifier pour un individu médiéval le fait de vivre constamment dans la ville, visiter régulièrement l'église paroissiale, se familiariser avec la culture du livre, utiliser une langue et/ou un jargon spécifique ? A-t-il le devoir de mentionner dans son œuvre la ville dans laquelle il réside et sa topographie ? Doit-il savoir ce qui est situé au-delà des frontières de la ville ? En ce qui concerne le *Mesnagier*, on ne peut pas affirmer avec certitude que toutes ces caractéristiques distinctives de la « littérature urbaine » sont présentes dans le texte.

Le *Mesnagier* appartient certainement au genre des préceptes et à la littérature didactique, ce qui ne laisse pas du tout présager son caractère « urbain ». On sait que Dhuoda (vers 800 – après 843), épouse du marquis Bernard de Septimanie, a séjourné au château d'Uzès et y a composé son remarquable traité d'éducation pour son fils Guillaume (841-843)[15], et que Geoffroi de La Tour Landry (avant 1330-1402-1406), chevalier français, a écrit son *Livre pour l'enseignement de ses filles* (1371-1373) en pleine campagne angevine[16]. Bien que ces auteurs, comme le

13 Voir par exemple Friedrich Wolfzettel, « La recherche de l'universel. Pour une nouvelle lecture des romans de Gautier d'Arias », *Cahiers de civilisation médiévale*, t. 130, 1990, p. 113-131 ; Friedrich Wolfzettel, « Au carrefour des discours lyriques. Le trouvère Richard de Fournival », *Romania*, t. 115, 1997, p. 50-68 ; Friedrich Wolfzettel, « André Eskénazi, trad. et Corinne Pierreville, éd. introd. – *Gautier d'Arras* : *Éracle*. Paris, Champion, 2002 », *Cahiers de civilisation médiévale*, t. 200, 2007, p. 417-419. Voir aussi : Ludmilla Evdokimova, « Friedrich Wolfzettel, La Poésie lyrique du Moyen Âge au Nord de la France (en annexe : France et Italie). Études choisies. Paris, Champion, 2015 », *Moyen Âge*, t. 124, 2018, p. 192-200.

14 Herman Pleij, « La représentation du travail dans la littérature néerlandaise du Moyen Âge », *Le verbe, l'image et les représentations de la société urbaine au Moyen Âge*, Marc Boone, Élodie Lecuppre-Desjardin, Jean-Pierre Sosson dir., Antwerpen, Garant, 2003, p. 239-250.

15 Dhuoda, *Manuel pour mon fils*, éd. Claude Mondésert et Pierre Riché, Paris, Cerf, 1997 ; Jean Meyers, « La comtesse Dhuoda et son *Liber manualis* (IXe siècle) : portrait d'une mère dans la solitude », dans *Autour de Nîmes et de sa région*, Catherine Bernié-Boissard et Danièle Julien dir., Paris, L'Harmattan, 2004, p. 191-224.

16 Geoffroy, chevalier de La Tour Landry, *Le Livre du Chevalier de La Tour Landry pour l'enseignement de ses filles*, éd. Anatole de Montaiglon, Paris, P. Jannet, 1854. Sur le rôle de la population urbaine dans la diffusion de cette œuvre, voir : Jean Tricard, « Le livre

créateur du *Mesnagier*, aient utilisé des sources similaires (la Bible, les écrits théologiques et édifiants, les gloses et les commentaires, les recueils d'*exempla*), cette caractéristique, à mon avis, ne nous donne pas le droit de désigner ces textes comme de la « littérature urbaine ».

On ne trouve pas dans le *Mesnagier* d'éléments précis indiquant que son auteur est un bourgeois. Il parle de lui, à plusieurs occasions, mais ce ne sont là que des indices de son statut social. Certes, il met en garde sa femme de ne pas fréquenter les grands seigneurs dont la société ne lui semble pas appropriée pour eux deux[17], mais on trouve des avertissements du même genre, par exemple, dans le *Livre du Chevalier de La Tour Landry pour l'enseignement de ses filles*[18]. S'il déclare qu'il n'est pas marquis et que sa femme n'est pas une bergère, cette affirmation a un sens figuré : elle fait référence à l'histoire de la patiente Grisélidis et de son mari, marquis de Saluces, que notre auteur vient de raconter[19]. Enfin, en décrivant les plats différents, il note que certains d'entre eux sont trop complexes et ne conviennent pas au bourgeois ou au simple chevalier[20]. Mais nous savons que le recueil de recettes qui complète le *Mesnagier* est une compilation de deux autres œuvres : le *Viandier* de Guillaume Tirel dit Taillevent et de *La Fleur de toute cuisine*, texte attribué à Pierre Pidoulx[21]. Nous avons donc affaire à des preuves indirectes. Signifient-elles que notre auteur est un bourgeois ? Contrairement aux éditeurs du *Mesnagier*[22], je ne serais pas aussi affirmative.

---

du chevalier de la Tour Landry et ses lecteurs : hypothèses sur un succès », dans *Pour une histoire sociale des villes : Mélanges offerts à Jacques Maillard*, Philippe Haudrère dir., Rennes, Presses universitaires de Rennes, 2006, p. 281-295.

17 « [...] toutesvoies sans desirer ne vous offrir a repairier en festes ne dances de trop grans seigneurs, car ce ne vous est mie convenable ne afferant a vostre estat ne au mien » (*Le Mesnagier de Paris*, éd. citée, p. 24).

18 *Le Livre du Chevalier de La Tour Landry pour l'enseignement de ses filles*, éd. citée, p. 50, 57, 60.

19 « Et je qui seulement pour vous endoctriner l'ay mise cy, non pas pour l'applicquer a vous, ne pour ce que je vueille de vous telle obéissance ; car je n'en suis mie digne, et aussi je ne suis mie marquis ne ne vous ay prise bergiere » (*Le Mesnagier de Paris*, éd. citée, p. 232).

20 « Poules farcies coulourees ou dorees [...] il y a trop affaire, et n'est pas ouvrage pour le queux d'un bourgoiz, non mye d'un chevalier simple » (*Le Mesnagier de Paris*, éd. citée, p. 802).

21 *Le Mesnagier de Paris*, éd. citée, p. 8, 539 ; Bruno Laurioux, « Entre savoir et pratiques : le livre de cuisine à la fin du Moyen Âge », art. cité.

22 Jérôme Pichon, « Introduction », *op. cit.*, p. XXV ; *Le Mesnagier de Paris*, éd. citée, p. 16, 195, n. 2, 303.

Jérôme Pichon a noté que l'auteur du *Mesnagier* résidait à Paris, « c'est ce qui résulte de l'ensemble de son livre[23] », cependant, la ville y est mentionnée de manière très sporadique :

> [...] une foiz es jours d'esté je venoie de devers Chaumont en Bassigny a Paris ;
>
> je sceuz ung bien notable advocat en Parlement ;
>
> [...] ne en la cage du roy a Saint Pol, ne en la cage messire Hugues Aubryot ne pourent oncques estre couvez et apres parnourriz petiz oiseaulz[24].

Parfois, il n'est pas évident de savoir si telle ou telle mention fait référence à la vie de l'auteur lui-même. L'histoire du chien nommé Maquaire, qui a fini par vaincre l'assassin de son maître en combat singulier dans l'Île Notre-Dame, a déjà été décrite en 1387-1389 dans le *Livre de la chasse* de Gaston Phébus[25]. L'aventure d'« une bourgeoise a Paris appellee dame Jehanne la Quentine » a été racontée à notre auteur par son défunt père[26]. L'information sur les pois qui cuisent bien dans l'eau de fontaine et de rivière, « comme a Paris », aurait pu être empruntée au *Viandier* de Taillevent[27].

D'autre part, les événements historiques importants, dont l'auteur du *Mesnagier* a été témoin, tels que la rébellion parisienne des « Maillotins », ne sont pas précisés dans le texte où même le nom de la ville manque[28], et où on ne trouve pas non plus les noms des églises, des rues, des quartiers ou des tavernes parisiennes. La seule chose qui nous reste, ce sont les noms des marchés et des boucheries de la capitale[29], bien que les plus célèbres d'entre eux, d'après Jérôme Pichon, ne soient pas mentionnés dans le texte[30]. Cela signifie-t-il que l'auteur du *Mesnagier* a vécu en permanence à Paris ? Le manque de topographie précise et l'inexactitude des

---

23 Jérôme Pichon, « Introduction », *op. cit.*, p. XXVII.

24 *Le Mesnagier de Paris*, éd. citée, p. 268, 320, 784.

25 *Ibid.*, p. 180-182. *Cf.* : Gaston Phébus, *Livre de chasse*, éd. Gunnar Tilander, Karlshamn, Johansson, 1971, p. 106-109. Sur les sources de Gaston Phébus, voir : Shigemi Sasaki, « Le conte d'Apollo et de son lévrier », *Romania*, t. 123, 2005, p. 51-79.

26 *Le Mesnagier de Paris*, éd. citée, p. 400-402.

27 *Ibid.*, p. 604. D'autres exemples : *ibid.*, p. 410-412, 547, 568.

28 « Le cas est tel, qu'ilz demeurent en une des plus grans citez de ce royaume. Son mary et pluseurs autres bourgoiz furent de pas le roy emprisonnez pour une rebellion que le commun avoit faite » (*ibid.*, p. 248).

29 *Ibid.*, p. 538, 540, 574, 576, 578, 586, 598.

30 Jérôme Pichon, « Introduction », *op. cit.*, p. XLIV-XLV. Cependant, le *Mesnagier* contient les mentions des marchés, des recettes de cuisine et du jargon d'autres villes et régions

renseignements statistiques, signalée encore par Jérôme Pichon[31], font penser, à mon avis, que cette partie du livre pourrait aussi être une compilation.

Notre auteur donne les noms d'autres villes qu'il a visitées : Niort, Melun, Bar-sur-Aube, Chaumont-en-Bassigny, peut-être Tournay et Béziers[32]. Mais ce n'est pas pour autant que ces citations font de lui un bourgeois, car elles sont extrêmement rares. Nous ne savons même pas quelle est l'origine géographique de la femme de l'auteur, si ce n'est qu'elle est étrangère à leur lieu de résidence[33]. Ce couple marié et son ménage semblent être suspendus dans un espace, en dehors des routes, des rivières, des circuits, des forêts et en général en dehors de toute géographie ou topographie plus ou moins précise. L'espace du *Mesnagier* n'est donc pas linéaire mais *ponctuel*, il est composé de plusieurs grandes agglomérations françaises, mais ne contient rien d'autre. C'est un phénomène assez typique pour les textes médiévaux de divers genres, mais pas nécessairement un indice de « littérature urbaine[34] ».

De fait, le *Mesnagier* possède, à mon avis, une seule indication précise du domicile de son auteur. Elle se trouve dans la première partie du livre, où celui-ci parle de lui-même en tant que *villageois*[35] qui réside peut-être en Île-de-France[36]. De là découle son attention à sa vaste – et tout à fait agricole – propriété : à son potager et son verger, à ses oiseaux et à son bétail, à ses champs et à sa vigne, à la chasse[37]. Mais en même temps, son attachement à la vie rurale engendre une image

---

françaises : *Le Mesnagier de Paris*, *op. cit.*, p. 600, 604, 678, 698, 748, 776 (Béziers, Tournay, Carcassonne, Montpellier, Languedoc).

31 Jérôme Pichon, « Introduction », *op. cit.*, p. XLIV-XLV.

32 *Le Mesnagier de Paris*, *op. cit.*, p. 182, 252, 264, 268, 604.

33 « [...] pourquoy vous avez esté traicte de vostre parenté et du païs de vostre nativité » (*Le Mesnagier de Paris*, éd. citée, p. 26).

34 Voir en particulier Jacques Paul, « Le prophétisme autour de Jeanne d'Arc et de sa mission », dans *Il profetismo gioachimita tra Quatrocento e Cinquecento. Atti del III Congresso Internazionale di Studi Gioachimiti, S. Giovanni in Fiore, 17-21 settembre 1989*, Gian Luca Potestà dir., Genoa, Marietti, 1991, p. 157-182 ; Olga Togoeva « Lieux de mémoire. Le pouvoir judiciaire à Reims en 1431 », dans *Bilder der Macht in Mittelalter und Neuzeit. Byzanz – Okzident – Russland*, hrsg. von Otto Gerhard Oexle und Michail Bojcov, Göttingen, Vandenhoeck & Ruprecht, 2007, S. 461-474.

35 « Car ainsi comme entre nous gens ruraulx disons le jour depuis l'aube du jour jusques a la nuit » (*Le Mesnagier de Paris*, éd. citée, p. 34).

36 « J'ay oy dire a monseigneur de Berry que en Auvergne a trop plus grosses cerises que en France, pour ce qu'ilz provingnent leurs cerisiers » (*Le Mesnagier de Paris*, éd. citée, p. 430).

37 Voir, par exemple, les réflexions de l'auteur sur le bétail (« voz moutons, brebis et aigneaulx »), sur leur fourrage et la chasse aux loups qui menacent les troupeaux : *ibid.*, p. 446.

tout à fait spécifique (et très typique) de la ville comme lieu de péché, *spelunca latronum*[38]. Ce *topos* de la littérature européenne était connu en France bien avant la fin du XIVe siècle[39]. Henri de Marcy, abbé de Clairvaux (1176-1179), a déclaré que Sodome renaîtrait de ses cendres à l'image des villes universitaires[40]. Pierre de Celle, abbé de Saint-Rémi à Reims (1162-1181) et évêque de Chartres (1181-1183), a écrit à son ami Jean de Salisbury que Paris est un lieu où « la décadence [de la morale] règne » et « l'âme [de l'homme] devient esclave de la tristesse et souffre[41] ». On trouve la même image dans les textes juridiques et judiciaires des XIVe-XVe siècles[42].

C'est le même *topos* qui s'incarne dans les pages du *Mesnagier de Paris*[43]. Les rues de la ville, selon l'auteur, sont dangereuses pour une femme mariée et respectable : elle ne peut pas se promener seule, elle ne doit parler à personne car, en dehors de sa maison, elle ne peut rencontrer que des voleurs et des prostituées[44]. Même l'église paroissiale est un endroit peu convenable où une femme exemplaire devrait rester dans

38 Cette image a été empruntée à la Vulgate : Jer. 7, 11, repris dans : Math. 21, 13, Marc 11, 17, Luc 19, 46.

39 Sur la comparaison de France au Temple de Jérusalem souillé par les marchands, qui court de Suger à Nicolas de Clamanges pour designer l'état déplorable du royaume, voir Claude Gauvard, *« De grace especial ». Crime, État et Société en France à la fin du Moyen Âge*, Paris, Publications de la Sorbonne, 1991, t. I, p. 208-234 ; Claude Gauvard, « Grâce et exécution capitale : les deux visages de la justice royale française à la fin du Moyen Âge », *Bibliothèque de l'École des Chartes*, t. 153, 1995, p. 275-290.

40 Maurice Lever, *Les bûchers de Sodome. Histoire des « infâmes »*, Paris, Fayard, 1985, p. 41.

41 « *Ubi regnat luxuria, ibi miserabiliter ancillatur et affligitur animus. O Parisius, quam idonea es ad capiendas et decipiendas animas !* » (Petri Cellensis *Epistolae*, *Patrologia Latina*, Paris, 1855, t. CCII, col. 405-637, ici col. 519).

42 Nicole Gonthier, *Cris de haine et rites d'unité. La violence dans les villes, XIIIe-XVIe siècle*, Turnhout, Brepols, 1992 ; Claude Gauvard, « Violence citadine et réseaux de solidarité. L'exemple français aux XIVe et XVe siècles », *Annales ESC*, n° 5, 1993, p. 1113-1126.

43 Probablement la seule étude qui traite le thème de la vie quotidienne de Paris dans le *Mesnagier* est restée malheureusement inaccessible pour moi : Tamim Karimbhay, *Société, mentalités, et vie quotidienne à Paris, de la fin du XIVe siècle à la première moitié du XVe siècle : étude menée à travers Le Mesnagier de Paris (1393) et Le journal d'un bourgeois de Paris (1405-1449) et illustrée par des sources iconographiques de l'époque*, Mémoire de maîtrise, Université de la Réunion, faculté des lettres et des sciences humaines, 1998.

44 « [...] a l'aler en ville ou au moustier vous acompaignez convenablement selon vostre estat, et par especial avec preudefemmes, et fuyez compaignie suspecsonneuse ; et jamaiz femme suspeçonneuse ne approuchez, ne ne souffrez en vostre compaignie. Et en alant ayant la teste droite [...] sans regarder ou espandre vostre regard a homme ou femme qui soit a destre ou a senestre, [...] ne rire ne arrester a parler a aucun sur les rues » (*Le Mesnagier de Paris*, éd. citée, p. 46).

l'intimité et le silence (et pas seulement parce que ses pensées et ses paroles sont dirigées vers Dieu)[45]. Car les citadins sont des personnes de statut social inférieur ; dans leur vie quotidienne ils parlent d'une manière grossière ou en un jargon dégoûtant, qu'une dame respectable ne devrait ni connaître ni utiliser[46]. Ces êtres méprisables se rassemblent dans les tavernes de la cité, foyers de débauche et de sorcellerie, où le diable se rend maître d'eux[47], et ils portent des vêtements infâmes, bien que cousus à la dernière mode[48]. Quant aux bourgeois, ils ne peuvent pas gérer leurs femmes, et les prêtres de la ville sont lascifs[49]. Même quand il énumère les « sept branches » de l'avarice, notre auteur se concentre uniquement sur les péchés « urbains » : le larcin, la rapine, la fraude, la tromperie et le jeu[50]. En d'autres termes, la ville apparaît dans le *Mesnagier* comme un repoussoir qu'il faut craindre et dont il faut se tenir le plus loin possible.

Cette description est-elle l'écho d'un *topos*, d'une réminiscence littéraire ? Reflète-t-elle l'opinion personnelle de l'auteur du *Ménagier* et jusqu'à quel point ? Il est difficile de le déterminer et de trancher entre ces deux hypothèses. Son livre est certainement original. Il n'est pas comparable aux compilations « classiques » du XIIIe siècle avec leurs inclusions minimales de commentaires individuels, mais une œuvre d'auteur à part entière de la fin du Moyen Âge, un autre témoignage de la politique éducative de Charles V le Sage[51]. Notre auteur est cultivé,

45 « Et se vous estes venue a l'eglise, eslisez un lieu secret et solitaire devant un bel autel ou bel ymaige et illec prenez place, et vous y arestez sans changier divers lieuz ne aler ça ne la ; [...] sans regarder homme ne femme, peinture ne autre chose, et sans pepelardie ou fiction » (*ibid.*, p. 46). On note que l'église paroissiale visitée par l'épouse de l'auteur n'est pas non plus topographiquement marquée, c'est un endroit absolument abstrait.

46 *Ibid.*, p. 440-442. Il est curieux de noter que notre auteur condamne les jurons et le jargon, mais se contredit lui-même lorsqu'il cite dans son livre ces mêmes mots que sa femme ne devrait pas savoir : « Et certes, femmes ne doivent parler de nulle laidure, non mye seulement de con, de cul ne de autres secretz membres de nature, car c'est deshonneste chose a femme d'en parler » (*ibid.*, p. 442).

47 « La taverne si est le moustier au Deable ou ses disciples vont pour le servir et ou il fait ses miracles. Car quant les personnes y vont, ilz vont droiz et bien parlans, [...] et quant ilz reviennent, ilz ne se peuent soustenir, ne ne peuent parler. Ilz sont touz solz et tous enragiez ; et reviennent jurant, batant et desmentant l'un l'autre » (*ibid.*, p. 104).

48 *Ibid.*, p. 42. *Cf.* : *Le Livre du Chevalier de La Tour Landry pour l'enseignement de ses filles*, éd. citée, p. 47-49, 62, 102-103, 108, 236-237.

49 *Le Mesnagier de Paris*, éd. citée, p. 42, 282.

50 *Ibid.*, p. 98-100.

51 Jérôme Pichon, « Introduction », *op. cit.*, p. XIX.

il sait raconter une histoire connue depuis longtemps à sa manière, il est plein d'esprit et attentif aux détails[52]. Est-il nécessaire, cependant, pour souligner tous les mérites de son œuvre, de la mettre dans le cadre conceptuel de la « littérature urbaine » ?

Olga Togoeva
Institut d'histoire universelle
(Moscou)

52 G. E. Brereton, « Deux sources du *Ménagier de Paris* », art. cité, p. 357.

CULTURE URBAINE ET QUÊTE DE SAGESSE

Rome, Constantinople et les mutations de la clergie dans le *Roman des Sept Sages* et ses continuations

Le cycle romanesque des *Sept sages*[1] s'est vraisemblablement constitué au cours du dernier quart du XIIIe siècle, sans doute dans les milieux proches de la cour de Flandre, à en croire les dédicaces à Gui de Dampierre et à Hugues II de Châtillon, comte de Saint-Pol, qui apparaissent dans le *Roman de Kanor*, la sixième et dernière des continuations[2]. La dynamique narrative qui préside à la constitution du cycle repose sur la montée en puissance d'une dynastie impériale dont l'origine remonte à Caton le Sage, reconnu comme l'un des plus importants représentants de la tradition sapientiale romaine. Elle implique une mise en tension des devoirs qui incombent aux garants du savoir antique avec ceux du souverain. Les continuations ne cessent de réactiver une éthique de la clergie au cœur même des préoccupations dynastiques et militaires des nouveaux empereurs de Rome et de Constantinople.

Cette ample somme romanesque ne saurait être caractérisée comme relevant au premier chef d'une littérature urbaine. Pourtant le poids de la représentation largement mythique de la ville de Rome ne peut être sous-estimé. Comme on le verra, la référence à cette cité impériale est constitutive pour le *Roman des sept sages* qui se trouve à l'origine du cycle[3].

---

1 Le cycle est constitué du *Roman des sept Sages* en prose et de ses continuations, les romans de *Marques*, *Laurin*, *Cassidorus*, *Helcanus*, *Pelyarmenus* et *Kanor*.

2 *Couronnement de Renart*, éd. Alfred Foulet, Paris, Princeton, Princeton University Press, 1929, p. X ; Lewis Thorpe, « Paulin Paris and the French Sequels to the Sept Sages de Rome », *Scriptorium*, t. 2, 1948, p. 63-68, et Joseph Palermo, « À la recherche du "Seigneur devant nommé" du *Roman de Kanor* », *Romance Philology*, t. 12, 1959, p. 243-251.

3 Le texte de la version A en prose du roman a connu trois éditions : *De Middelnederlandsche bewerking van het Gedicht van den VII Vroeden van binnen Rom*, éd. Herman Peter Barend Plomp, Utrecht, J. van Boekhouden, 1899 [contient une éd. du texte français en prose, version *A*, d'après le ms. Paris Fr. 95] ; *Les sept sages de Rome : roman en prose du XIIIe siècle*

De plus, dès la première continuation, *Le Roman de Marques de Rome*[4], et plus encore dans la seconde, le *Roman de Laurin*[5], Constantinople prend une place déterminante dans l'économie du récit. Peut-on pour autant dire que les deux cités impériales suscitent un chronotope urbain cohérent et significatif pour le cycle ?

La présence, avérée par deux témoignages, de la lignée des Dampierre et de leurs alliés dans l'histoire de ces textes peut nous donner une indication concernant l'importance qu'a pu prendre un imaginaire constantinopolitain pour la constitution, puis le succès du cycle. Le titre d'empereur de Constantinople a une portée dynastique pour ces puissants princes, puisque Marguerite de Constantinople, comtesse de Hainaut et de Flandres, épouse de Guillaume II de Dampierre est la mère de Gui de Dampierre. Marguerite tient ce titre de son père, Baudouin IX de Flandres, qui a obtenu le titre d'empereur latin de Constantinople en 1205[6].

Reste à savoir par quelles voies une étude littéraire de ce cycle peut tirer profit d'une enquête approfondie sur la notion de « littérature urbaine »

d'après le manuscrit No 2137 de la B.N., 1981, Section de traitement automatique des textes d'ancien français, Nancy, Centre de recherches et d'applications linguistiques, Université de Nancy II (Travaux du CRAL 2) et *Il Roman des sept sages : edizione critica del gruppo β/a della redazione A.*, edizione critica, Stefano Coco, Dottorato di ricerca in Italianistica e filologia romanza, Parma, University of Parma, 2016. Nous citerons le texte d'après cette édition (= *Sept sages*), accessible à l'adresse suivante : « https://www.academia.edu/28729809/Il_Roman_des_sept_sages_Edizione_critica_del_gruppo_%CE%B2_a_della_redazione_A » (consulté le 24/4/2022).

4 Ce texte a été publié à deux reprises : *Le roman de Marques de Rome, hrsgb*, éd. Johann Alton, Tübingen, Literarischer Verein in Stuttgart, 1889 (Bibliothek des Litterarischen Vereins in Stuttgart, 187) et *Marques, li senechaus de Rome, romanzo francese del 13. Secolo*, a cura di Bruno Panvini, Soveria Mannelli, Rubbettino, 1993 (Medioevo romanzo e orientale. Testi, 1).

5 *Le roman de Laurin, fils de Marques le sénéchal, Text of MS. B.N. f. fr. 22548*, éd. Lewis Thorpe, Cambridge, Heffer, 1959 (University of Nottingham Research Publications, 2).

6 Dans un article de 1996 qui établit que les trois manuscrits complets du cycle copiés au début du XIVe s. ont été élaborés dans les ateliers parisiens de Richard et Jeanne de Montbaston et de Thomas de Maubeuge, R. Rouse et M. Rouse signalent que l'histoire des manuscrits cycliques pourrait elle aussi porter la marque de cet attachement à l'éphémère empire latin de Constantinople. Ils démontrent que le ms. Bruxelles KBR 9245 qui contient l'ensemble du cycle serait une commande de Guillaume Ier de Hainaut (1304-1337) dont l'épouse, Jeanne de Valois, est la fille de Charles de Valois. Or par l'entremise de sa seconde épouse, Catherine de Courtenay, ce dernier prétendait au titre d'empereur de Constantinople, qu'il a essayé de revendiquer (Richard Rouse et Mary Rouse, « The Sept Sages de Rome », dans *Der Codex im Gebrauch*, Christel Meier, Dagmar Hüpper, Hagen Keller dir., München, Wilhelm Fink Verlag, 1996, p. 137-138).

comme celle qui est proposée dans le cadre du présent volume. Pour répondre à cette question, nous nous sommes intéressée à l'actualité scientifique dans le domaine de l'histoire urbaine pour la période médiévale. La publication toute récente du volume *Faire société au Moyen Âge. Histoire urbaine des anciens Pays-Bas* dirigé par Claire Billen, Bruno Blondé, Marc Boone et Anne-Laure van Bruaene manifeste la vitalité des travaux actuels sur la culture urbaine médiévale[7]. L'historiographie de ce champ signale de manière récurrente l'importance des Pays-Bas, notamment méridionaux, dans le développement d'une sociabilité urbaine spécifique qui se joue au gré des rapports complexes entre les cours et les villes[8]. À la lumière de ces études innovantes, l'urbanité, sa spécificité et son histoire s'appréhendent dans une perspective qui établit une dialectique entre les centres de pouvoir, princiers et communaux, et prend en compte les institutions sociales (confréries, corporations, ordres religieux, etc.) et leurs acteurs, tant laïcs que religieux. La recherche intègre une réflexion sur la temporalité et les rythmes de la vie urbaine ainsi qu'une étude des espaces bâtis de la ville. Il s'agit de prendre en compte la culture matérielle aussi bien que le modelage des comportements politiques par les institutions socio-professionnelles, civiques ou universitaires. Enfin, on cherche à circonscrire les identités urbaines telles qu'elles s'expriment dans les conflits et le recours à la violence, mais aussi par les productions littéraires et artistiques.

Nous nous inspirerons de ces approches récentes pour proposer une analyse des représentations des enjeux sociaux, politiques et esthétiques du cycle. Il ne saurait cependant être question de chercher à retrouver dans les méandres d'intrigues très manifestement marquées par les exigences spécifiques de la composition romanesque des échos de la réalité d'un vécu urbain ou curial de la fin du XIIIe siècle, mais bien plutôt de nous laisser guider par la formulation de questions de recherches nouvelles, basées sur une problématisation des données et par une méthodologie qui remet en question tant l'opposition entre espace urbain et espace curial que le cloisonnement des approches prenant en compte respectivement les aspects sociaux, politiques, culturels ou matériels des faits étudiés.

---

7 *Faire société au Moyen Âge. Histoire urbaine des anciens Pays-Bas*, Claire Billen, Bruno Blondé, Marc Boone et Anne-Laure van Bruaene dir., Paris, Garnier, 2021.

8 On signalera à ce sujet le volume *La cour et la ville dans l'Europe du Moyen Âge et des Temps Modernes*, Léonard Courbon et Denis Menjot dir., Turnhout, Brepols, 2015 (Studies in European Urban History, 35).

ROME ET LES MERVEILLES DU SAVOIR
Le corps de la ville comme mise en espace d'une didactique du bon gouvernement

Le rôle de Rome est crucial dans le roman souche, les *Sept sages de Rome* et notamment dans la version A en prose, qui figure en tête des manuscrits qui ont conservé l'ensemble du cycle[9].

La trame de ce récit à fables enchâssées est issue d'une tradition narrative d'origine perse, passée dans le monde arabe sous le titre *Livre de Sindibad*[10] et adaptée en français au XIIe siècle. Ce transfert culturel s'accompagne pour les versions occidentales, fort nombreuses, d'un effacement total de l'origine arabe du recueil. L'action, comme le titre l'indique, est transposée à l'époque de la Rome impériale. Pour ce qui concerne la version en prose qui nous occupe ici, elle se situe sous le règne de l'empereur Dioclétien à qui est attribué un rôle central, puisqu'il est le père du jeune héros très instruit, disciple modèle de ses maîtres, les sept sages. Pourtant, dès le début du récit, le prince, qui est orphelin de mère, ne peut répondre aux exigences paternelles, puisqu'il passe pour muet. En réalité, il est astreint au silence par une prédiction lue dans les astres : à son retour à la cour, il doit se taire, afin de ne pas prononcer une parole qui causerait sa mort et celle de ses maîtres :

> 26 li .vii. sage esgarderent en la lune et es estoilles. 27 Cathons, qui fu li plus sages de tous, garda fondement en la lune et es estoilles, et sot les costellacions

9 Ms. Bruxelles KBR, 9245 (début XIVe s.) ; Ms. Paris, Bnf fr. 22548-49-50 (début XIVe s.) et ms. Paris BnF fr. 93 (1466) ; les manuscrits suivants conservent le début du cycle : ms. Bruxelles, KBR, 9433-34 (vers 1330) : *Sept Sages, Marques, Laurin* ; Cambridge, Fitzwilliam McClean 179, fin XIIIe s. *: Laurin, Sept Sages, Marques ;* Florence, Bibl. Medicea Laurenziana, MS Ashburnian 49, XIVe s. : *Sept Sages, Marques, Laurin*. On connait un dernier ms. cyclique, conservé en deux volumes (Paris, BnF fr. 17000 et Londres, BL, MS Harley 4903). Le *Roman des sept sages* ne figure pas en tête de ce manuscrit, dont la première pièce est *Marques de Rome.*

10 Sur le *Livre de Sindibad* et les *Sept sages*, voir Hans R. Runte, J. Keith Wikeley, Anthony J. Farrell, *The Seven Sages of Rome and the Book of Sindbad : An Analytical Bibliography*, New York, Garland, 1984. Pour une orientation générale, voir *The Seven Sages of Rome*, éd. Killis Campbell, Boston, Ginn, 1907 (Albion Series of Anglo-Saxon and Mid.-Eng. Poetry) [réimpr. Genève, Slatkine, 1975] et *Le Roman des sept sages de Rome*, éd. bilingue des deux rédactions en vers français par Mary B. Speer et Yasmina Foehr-Janssens, Paris, Champion, 2017, p. 7-17.

> et les muances del cors. 28 Et quant il li ot gardé, il parla et dist : « Escoutez tuit. 29 Li empereres nous a mendez que nous aillons a Rome et que nous li maingnons son fil. Et se nous i alons et nous li menons, de la premiere parole qu'il parlera, il morra et nous en serons destruit. 30 Ice voi je » dist Cathons « en la lune ». [...] 32 Et li vallés garda aprés en une estoille clere qui sanbloit estre a .ii. toises de la lune. Il appella ses mestres, si lor dist : « Veez vous ce que je voi en cele estoille clere jouste la lune ? ». « Qui veez vos ? » dirent li sage. 33 « Je voi que, se je me puis tenir de parler jusques a .vii. jors, que je serai garis de mort et vous tuit de destruction. » (*Sept sages*, éd. citée, III, 26-33, p. 9-10)

La romanisation de l'histoire des sept sages s'effectue à la faveur d'une célébration de la cité impériale comme haut-lieu de la sagesse. Au centre du groupe des sept sages se trouve la figure historique de Caton qui permet de valider la couleur locale du récit en lui fournissant une garantie d'historicité. Le célèbre recueil de maximes de Dyonisius Cato et sa traduction française médiévale, le *Catonnet*, présenté comme un ouvrage didactique adressé par le philosophe à son fils[11], offre une sorte de modèle intellectuel au *Roman des sept sages de Rome.*

Dans ce roman, l'action de l'histoire cadre se déroule à Rome et les sages précepteurs du jeune prince forment un groupe social qui se rattache explicitement à la cité. Mais neuf des quinze récits enchâssés ont eux aussi Rome pour décor[12], si bien que le nom de la ville retentit souvent, repris anaphoriquement par des désignations comme « ceste ville » ou « la ville » (ou, plus rarement, « ceste cité ») qui renvoient sans équivoque à l'espace urbain romain :

> Conte *Puteus* : 5 Et il estoit et us et coustume a Ronme que se nus estoit pris esrant parmi Ronme, puis que quevrefeuz fust sonnez, ja ne fust de si haut lignage, ne si bien enparentez, qu'il ne fust estuiez en prison jusq'a lendemain,

11 Voir *Le roman des sept sages de Rome*, version en vers, fragment *C*, v. 325-330 : « Atant é vos Chaton venu / .i. des sages viel et chanu. / Ice Chaton fist "Chatonnet" / por ensaignier .i. sien valet / et dist par tout raison et bien / *que nul nou sot blasmer de rien.* » Voir *Le Roman des sept sages de Rome*, éd. Mary B. Speer et Yasmina Foehr-Janssens, éd. citée, p. 412. Cette tradition sapientiale sert sans doute de socle à la création, dans la première continuation, du personnage de Marques de Rome, fils de Caton le sage et ancêtre de la dynastie des empereurs de Rome et de Constantinople dont le cycle retrace les aventures.

12 Il s'agit des contes *Arbor*, *Canis*, *Gaza*, *Puteus*, *Avis Sapientes*, *Tentamina*, *Roma* et *Virgilius.* Le conte *Medicus* qui met en scène Hippocrate n'est pas référé à un lieu précis, pas plus que le récit final pris en charge par le jeune prince (*Vaticinium*), *Inclusa* se déroule à Montberger, *Vidua* en Lorraine, *Senescalcus* dans les Pouilles, *Aper* dans une forêt du « pays » de Rome.

tant que li sage fussent venu en consistoire, 6 dont si estoit fustez parmi la vile. (*Sept Sages*, éd. citée, XXI, 5-6, p. 55)

Conte *Sapientes* : Il issirent de Ronme et vindrent ou il lor fu enseingniez, 14 et tant le quistrent qu'il le trouverent hors de Ronme. (*ibid.*, XXXIII, 13-14, p. 103)

Conte *Sapientes* : Quant il furent hors de la vile, si li demanderent sil savroit rendre raison a l'enpereor Herode por quoi la veue li trouble quant il veut issir hors de Ronme. (*ibid.*, XXXIII, 30, p. 105)

Une formule récurrente, « En ceste ville avoit/estoit », ouvre nombre de contes enchâssées et transforme les récits destinés à emporter la décision de l'empereur en une sorte de chronique romaine qui se déploierait à travers divers épisodes.

Les principes de bon gouvernement et le respect de la justice font partie des préoccupations principales du roman ainsi que des contes. Les institutions romaines doivent servir de garantie au maintien d'une vie civique équilibrée. L'intrigue comporte une sorte de procès qui oppose les sages à la jeune épouse de l'empereur qui a cherché à séduire son beau-fils, puis l'a accusé d'être lui-même l'auteur d'une agression sexuelle à son égard. L'empereur Dioclétien doit rendre la justice en confrontant les thèses de la reine, qui s'ingénie à démontrer la félonie des fils et la vénalité des hommes de savoir, à celles des sages. Ceux-ci dénoncent la malice des femmes et le manque de clairvoyance du souverain. L'empereur aspire, comme il l'affirme par deux fois, à rendre un « loial jugement de Rome » (XLI, 18, p. 133 et XLVI, 35, p. 148).

Cette assimilation de la justice à l'exercice du droit selon les lois et les institutions juridiques romaines s'impose à l'empereur, mais aussi aux barons de Rome qui incarnent l'élite sociale et politique de la cité. Dans l'histoire cadre, ils assistent au témoignage calomnieux de la jeune épouse de Dioclétien (V, 5, p. 15) et sont pris à parti lors du « cruel jugement » que l'empereur souhaite rendre (XXXVIII, 35, p. 125). Lors du dénouement du récit, ils acquiescent au châtiment de la reine. Les sages, quant à eux, semblent eux aussi appartenir à un groupe social qui joue un rôle politique de premier plan. Dans l'histoire cadre comme dans le conte *Puteus*, leur confrérie se réunit en « consistoire[13] » pour délibérer :

13 Voir aussi *Marques de Rome*, éd. Johann Alton, p. 7, [28c], 4 et p. 8, [29b], 5 : « si en vint une partie [des povres genz] au consistoire et troverent les .VII. saiges et lor crierent

> Li sage menerent l'enfant entr'aus en consistoire : c'est .i. leus ou il tiennent les grans parlemens et les grans conseuz des choses apartenans de Rome. (*Sept sages*, éd. citée, II, 4, p. 5)[14]

La ville elle-même est impliquée dans cette quête de droiture. Dans le conte *Sapientes*, elle apparaît comme un espace urbain délimité par ses portes qu'un empereur nommé Hérode ne réussit plus à franchir :

> Conte *Sapientes :* 4 Et li empereres avoit tel maladie en soi, que quant il voloit chevauchier hors des portes de Ronme, il avugloit, et einsinc par toutes les portes l'avoit essaié par maintes fois, ne nen povoit issir. (*Sept sages*, éd. citée, XXXIII, 4, p. 102)

L'incapacité à sortir de la ville trahit l'impuissance tant physique que politique du souverain prisonnier de sa cité.

D'autres monuments ou bâtiments manifestent le pouvoir romain. Le Château Saint Ange (désigné comme la « Tour Croissant ») permet d'assurer la résistance des romains contre l'envahisseur sous l'ingénieuse conduite des sept sages :

> Conte *Roma :* 9 Icil Genus se leva .i. matin, et se vesti molt bien de cel engin, et puis s'enmonta en la tor Croissant, qui molt fu haute, et porta aveuc li .ii. espees. (*Sept sages*, éd. citée, XL, 9, p. 129)

La même forteresse matérialise la puissance pécuniaire de l'empire en renfermant le trésor d'Octavien :

> Conte *Gaza* : 1 Il ot en ceste vile .i. empereor qui ot a non Octevien, qui ama plus or et argent que autre chose. 2 Il l'ama tant qu'il en enplit toute la tor del Croissant. (*Sept sages*, éd. citée, XVII, 1-2, p. 45)

Bien plus, la légende de Virgile vient renforcer ce portrait de la ville et de ses merveilles. Le grand poète de la latinité est présenté comme un philosophe savant et magicien dont les créations assurent aux romains et aux romaines les bienfaits du chauffage central et de la protection civile. En dotant la cité d'un grand feu mis à disposition des habitants et

---

merci. » ; « Li VII. saige s'asemblerent en consistoire, c'est .I. lieus, ou il parloient des besoignes et des aferes de la vile. »

14 Voir aussi *Sept sages*, éd. citée, XXI, 5, p. 55. L'éditeur propose de voir dans cette mention d'un « consistoire » une référence au Sénat romain (éd. citée, p. XV).

habitantes défavorisés et d'un miroir qui révèle toute tentative de rébellion, Virgile procure à Rome les infrastructures nécessaires au bien-être de la population, à la défense de la ville et à la surveillance de l'empire :

> Conte *Virgilius* : Sire, il ot en ceste vile .i. clerc qui ot a non Virgiles, et fu bons clers de toutes les ars 2 et sot molt de nigromance, et par nigromance fist il en ceste vile .i. feu qui toujors ardoit por ces povres femes, qui ses petis enfans avoient, chaufer, qui ne povoient entrer chiez ces riches honmes, en ces hautes sales chiez ceuz qui dormoient jusq'a tierce dejouste lor feus.
>
> [...]
>
> Sire, encores fist il plus, 16 car il fist par nigromance sus .i. grant piler de marbre .i. mireour, par qui ceus de ceste vile veoient ceuz qui venoient a Ronme por mal faire. 17 Et tantost com il veoient que aucunne terre se voloit reveler contre Ronme, si mandoient lor communnes des viles environ, si s'armoient tantost, si aloient sor cele terre, si la destruioient. (*Sept sages*, éd. citée, XXVIII, 1-2 ; 16-17, p. 83-84)

Les coutumes de Rome, comme celle d'interdire toute sortie nocturne après le couvre-feu, servent d'appui aux intrigues des récits ainsi que son décor de rues, de places et d'habitations (Conte *Puteus*, XXI, 5, p. 55).

Le savoir et la sagesse émanant des sept sages se cristallisent dans cette cité, pour le meilleur et pour le pire, puisque le débat contradictoire des sages et de la reine produit des représentations contrastées de l'influence de cette confrérie sapientiale. Sauveurs de la cité dans *Roma*, les sages se montrent sous un jour bien plus inquiétant dans *Sapientes*. Ce conte porte à son comble la critique de la vénalité des intellectuels en en faisant des oniromanciens exigeant le droit d'interpréter, contre rétribution, les songes de tout citoyen. À la fin du récit, ils sont désignés comme la cause de l'impotence du roi. Pour remédier à l'infirmité qui afflige ce dernier, ils sont mis à mort sur les conseils d'un jeune prodige opportunément nommé Merlin[15].

La culture urbaine, projetée sur un modèle antique de cité impériale, imprègne donc l'ensemble du recueil. Rome, ses mœurs parfois

---

15 On a repéré depuis longtemps que ce conte présente de nombreuses similitudes structurelles avec le récit des premiers exploits de Merlin dans l'épisode de la tour de Vertigier, tel qu'on peut le lire notamment dans l'*Historia regum Britanniae* de Geoffroy de Monmouth, voir Killis Campbell, « The Source of the Story *Sapientes* in the *Seven Sages of Rome* », *Modern Language Notes*, t. 23, 1908, p. 202-204 ; Alexander Haggerty Krappe, « Studies on the *Seven Sages of Rome* », *Archivium Romanicum*, t. 8, 1924, p. 386-407 ; t. 16, 1932, p. 271-282 ; Yasmina Foehr-Janssens, « Arthur et les sept sages : confluences de la fiction bretonne et du roman de clergie ? », *Cultures courtoises en mouvement*, Isabelle Arseneau, Francis Gingras dir., Montréal, Presses de l'Université de Montréal, 2011, p. 277-290.

dissolues (les personnages féminins sont réputés « aimer en la ville[16] »), ses constructions imposantes, ses infrastructures urbaines, son arsenal juridique, dicte les formes de sa vie politique et trahit un intérêt soutenu pour l'éducation des élites. Le *Roman des sept Sages* dépeint ainsi, sous une forme imagée et légendaire, les fonctions principales d'un système urbain dans ses aspects tant économique, technologique, politique, sanitaire, militaire, de discipline morale et de formation des gouvernants. Sur ce dernier plan, le portrait de la ville renvoie aux enseignements et aux mises en garde des miroirs des princes dont les préceptes qui se diffusent, à partir du XIIIe siècle dans les couches supérieures des communautés urbaines[17]. Il permet de dénoncer la justice expéditive (*Avis*, *Canis*) ainsi que la crédulité, la pusillanimité, la cruauté et l'avarice du souverain (*Gaza*, *Virgilius*). Si les sept sages ainsi que d'autres figures antiques comme Hippocrate et Virgile sont censés assurer, grâce à leur science, le bon fonctionnement des institutions et des équipements de la cité, la dimension polémique du recueil fait aussi apparaître les limites des pratiques sapientiales : abus de pouvoir (*Sapientes*), rivalités et jalousies (*Medicus*), appât du gain (*Gaza*, *Senescalcus*). D'autre part, la mise en accusation misogyne de la reine séductrice et calomniatrice fait apparaître les enjeux de la vie privée dans une communauté urbaine dense. Les histoires d'adultère s'enracinent dans les excès des pratiques matrimoniales : mariages forcés ou déséquilibre de l'âge des époux (*Tentamina*, *Puteus*, *Avis*, *Inclusa*). Elles interrogent la place et le pouvoir féminin dans un espace politique urbain marqué par une très forte homosocialité, notamment incarnée par les communautés masculines formées par les sages et les barons de la cité[18]. La ville fait corps avec les personnages, ses maux sont aussi ceux qui affectent les personnes. Ils imagent les enjeux tant psychiques qu'éthiques et politiques du récit.

---

16 *Sept sages*, éd. citée, XXI, 4, et 7, p. 55 et 56 (conte *Puteus*) ; XXXII, 1, p. 95 (conte *Avis*).

17 Voir Marc Boone et Jelle Haemers, « Bien commun. Gouvernance, discipline, culture politique », dans *Faire société au Moyen Âge*, *op. cit.*, p. 113-149 ; Bert De Munck et Hilde De Ridder-Symoens, « Enseignement et savoir », *ibid.*, p. 249-286.

18 Voir l'analyse de Peggy McCracken qui, dans *The Romance of Adultery : Queenship and Sexual Transgression in Old French Literature*, Philadelphia, University of Pennsylvania Press, 1998, p. 144-170, souligne le fait que les récits construits, comme le *Roman des sept sages*, sur le modèle de l'histoire de Joseph et la femme de Putiphar interrogent l'autorité et le pouvoir politique de la souveraine à travers un prisme misogyne qui tend à traduire l'appétence féminine pour le pouvoir par des conduites sexuelles illégitimes, selon un stéréotype qui remonte au modèle fourni par la reine Jézabel dans la tradition biblique.

LA GOUVERNANCE DE ROME ET LES MANIÈRES DE TABLE *Roman de Marques*

Offrant un singulier contraste avec le roman souche, les deux premières continuations du cycle, *Marques de Rome* et *Laurin*, procèdent à un effacement presque complet de la ville considérée du point de vue de sa présence physique. Alors que s'esquisse une structure narrative à deux pôles géographiques distincts, mais jumeaux, Rome et Constantinople, il est très frappant de constater que les deux cités n'ont presque plus d'existence matérielle. On y cherche en vain la description d'un monument qui, par sa magnificence, rendrait compte de la puissance et du raffinement des deux empires. Les merveilles architecturales antiques (ou chrétiennes) qui suscitent l'intérêt dans les textes les plus célèbres de la matière de Rome ne retiennent pas longtemps l'attention des instances de la narration. Dans *Laurin*, on relève quelques mentions de monuments célèbres, comme la Porte Sainte-Croix par laquelle Marques de Rome s'introduit avec ses troupes dans Constantinople (*Laurin*, l. 2512, p. 61). Une simple mention signale le prestige de l'église Sainte-Croix où les troupes romaines, ayant vaincu les princes grecs usurpateurs du pouvoir, rendent à Laurin, fils de Marques et héritier par sa mère de l'empire d'Orient, le pouvoir sur Constantinople :

> Adont sailli Marques, et Synador, et ont pris Laurin, si l'ont acollé et le vont mener a l'eglyse de Sainte Croiz en Constentinnoble et moult y fist grant present. (*Laurin*, éd. citée, l. 4165, p. 100)

Pour ce qui est de Rome, il est fait mention du *moustier Saint Pere* (*Laurin*, l. 178, p. 5), à l'occasion de l'adoubement de jeunes chevaliers lors d'une cour plénière tenue à Rome. On notera aussi la référence à l'abbaye de Saint-Jean de Latran (*Laurin*, l. 14300, p. 345) que fréquente Marques sur la fin du roman et dont il devient *incognito* le portier alors qu'il a délaissé son épouse et ses charges. Enfin, le choix de la Tour Croissant comme lieu de résidence permet de mettre en exergue la position privilégiée acquise par le sénéchal Marques, qui est sur le point d'être couronné roi d'Aragon après son mariage avec Dyogenne :

> Il a fait appareillier son hostel en la cité, et se trait ou Palés du Croissant, et la tint Marques son hostel moult riche comme celui qui estoit touz sires de l'empire et de l'empereeur, et faisoit de toute l'empire a sa volenté. (*Laurin*, éd. citée, l. 5715-5718, p. 138)

Pour le reste, dans le *Roman de Marques* notamment, les mentions de Rome ou de Constantinople apparaissent presque exclusivement pour qualifier l'appartenance de telle ou telle personne ou groupe de personnes au territoire régi par tel ou tel empire. Les villes sont avant tout représentées par les acteurs sociaux qui y vivent, y règnent et s'y opposent. Tous les enjeux du récit se concentrent sur les intrigues politiques, les ambitions personnelles, les antagonismes sociaux qui déterminent le destin des empires. Rares sont, dans les deux premières continuations, les mentions de Rome ou de Constantinople qui ne présentent pas les noms des villes en position de génitif ou de complément nominal. S'il s'ouvre sur une mention de la ville qui permet de préciser la localisation du récit, le *Roman de Marques de Rome* ne mentionne le plus souvent que les sages de Rome, l'empereur de Rome ou les barons de Rome :

> A Rome ot jadis .I. empereor, qui avoit a non Dyocleciens. 2 Li empereres fu vieus et acoucha malades et morut. 3 Il a voit eu .II. femes ; de la premiere li estoit remes .I. filz, granz damoiseaus et sages et letrez de totes sciences et de totes clergies ; quar mout i avoient mis li .VII. saige de Rome grant paine et grant entente corne a celui, qui lor avoit este bailliez a enseignier et a doctriner et avoit esté lor desciples grant tens. [...]
>
> Dedenz le premier mois que li damoiseaus ot esté empereres, s'asemblerent li .VII. saige et li senator et li haut baron de Rome et distrent, que bone chose seroit, que li empereres preist feme. (*Marques*, éd. Alton, p. 1, [25d], 1-4-[26a], 2 ; voir éd. Panvini, p. 42, I, 1-3 ; 7)

La ville ne prend pas consistance par sa physionomie urbaine, ses monuments, ses rues ou ses merveilles technologiques, mais à partir des agissements des différents groupes d'intérêt qui se rassemblent autour de l'empereur.

Le premier épisode donne le ton en cette matière. Dès le premier jour de ses noces, la nouvelle impératrice prend ombrage d'une coutume scrupuleusement respectée par le jeune empereur Fiseus. Lors des banquets, celui-ci fait préparer une table d'honneur pour ses maîtres, les sept sages, qui lui ont sauvé la vie dans le roman-souche du cycle. Fiseus leur témoigne sa révérence en se levant à leur approche et en les servant lui-même à leur table :

> 11 L'endemain li empereres esposa sa feme as us de la tere et mout furent les noces granz et plenieres ; et les tables furent mises par le pales et li baron asis. Et li empereres, ainz qu'il s'aseist, tot eust il le jor esposé [26c], vout il fere sa costume. 1 Ce estoit une costume, dont il estoit proisiez de toz ceus qui en ooient parler, quar en quel lieu que il se seist, se uns de ses mestres i sorvenist, il se levast encontre lui. Et avoit fet fere a ses mestres une table tote propre a .I. des plus beaus dois de la sale, ne nus ne s'i aseoit, se eus non. 2 Mout estoit cele table coverte et aornee de pailes et de dras de soie et au mangier porprise de copes de fin or et de bele veselemente. Et li empereres il meïsmes les servoit au mangier del premier mes. (*Marques*, éd. Alton, p. 2, [26b], 11-[26c], 2 ; voir éd. Panvini, II, 10-16. p. 44)

L'épouse interprète d'emblée cette coutume comme un obstacle à l'affirmation de la grandeur impériale :

> « Sire », dist l'empereriz, « estoit ce ore bele chose, que, se.C. home venissent caienz au mangier, il queissent l'empereor a la table as .VII. saiges, ne mie a la vostre, tant estoit ele aornee de granz richeces ? » (*Marques*, éd. Alton, p. 6, [28a], 3-4 ; voir éd. Panvini, p. 50, V, 27)

Elle travaille à en obtenir l'abrogation :

> « Sire, » dist ele, « ge vos requier, que tant come moi et vos serons ensemble, que vos metoiz les .VII. saiges mangier comunement avuec les autres. A il ci asez petite demande ? » (*Marques*, éd. Alton, p. 5-6, 28a, 3 ; voir éd. Panvini, V, 24-25, p. 48-49)

Cette question de préséance protocolaire est loin d'être anecdotique. Contrairement à l'affirmation de la dame, ce n'est pas une « petite demande » et Fiseus en perçoit tout le poids. En s'opposant à la révérence dans laquelle sont tenus les sept sages, l'impératrice impose un mode d'exercice du pouvoir qui ne doit plus rien au gouvernement de la sagesse. Sous les atours d'une dénonciation misogyne de l'emprise de l'épouse sur son époux qui semble se restreindre à une question purement domestique, s'amorce en réalité une mutation politique majeure. Certes, le récit donne à l'événement un tour assez anecdotique. L'impératrice s'empresse de débarrasser elle-même la table des sages de ses parures :

> Ele s'en vint a la table as .VII. saiges et co[28b]mence a oster les pailes et les dras de soie, dont ele estoit aornee, et fet remuer la table et oster d'iluec et apele le senechal : « Bailliez moi, » dist ele, « la veselemente, dont li .VII. saige sont servi ! » « Dame, » dist Marques, « volentiers, » come cil, qui ne l'osa escondire.

2 Il vient a l'aumaire et la deferme et la tret tote hors et la li baille ; ele en fet tot porter en sa garderobe. (*Marques*, éd. Alton, p. 6, [28b], 1-2 ; voir éd. Panvini, p. 50, VI 4-6)

Lors du repas suivant, les sept sages sont forcés de trouver place tant bien que mal parmi les barons (« totes voies s'asistrent li uns ça li autres la entre les barons », *Marques*, éd. Alton, p. 6, [28c], 1 ; voir éd. Panvini p. 50, VI, 14) et ces derniers se gaussent de voir l'empereur si soumis aux volontés de sa femme :

Li baron se merveillierent de ceste chose et distrent entr'eus, que onques mes ne virent home de son aaige einsi radoter sa feme et que, s'il empiroit mes gueres, il ne dorroient une eschaloigne. (*Marques*, éd. Alton, p. 6 [28c], 1 ; voir éd. Panvini, p. 50, VI, 15)

Mais ce coup de force de l'impératrice est bientôt suivi par l'institution de « males coutumes » dont les effets se font durement sentir sur « les povres gens » :

Ele ne mist pas s'entente a bien fere ne a aumosnes, ainz sema mauveses semances par la tere et aleva asez de mauveses costumes, tant que la perte et li cous s'en venoit par les povres genz. (*Marques*, éd. Alton, p. 7, [28c] 3 ; voir éd. Panvini, p. 50-51, VII, 1-2)

Plus tard, il incombera à Marques de dénoncer les injustices imposées aux malades, le sort des jeunes filles vouées à la prostitution et celui des accouchées laissées sans soin, et de prendre des mesures, très précisément détaillées, pour rétablir de bonnes coutumes (*Marques*, éd. Alton, p. 22, [36b], 4 – p. 24, [37a], 3 ; voir éd. Panvini, p. 78, XVII-XIX).

Ainsi les mœurs de la cour sont-elles indissociables des vertus politiques du prince et les péripéties de l'histoire personnelle du héros ne cessent jamais de faire signe vers les principes du bon gouvernement de Rome. Les bienfaits de Marques, comme ceux de Virgile dans les *Roman des sept sages*, permettent de garantir la justice sociale par l'exercice de la sagesse, qui ne s'exprime plus, toutefois, au moyen de l'établissement de monuments plus ou moins magiques ou de l'application de remèdes médicaux. L'action politique de Marques ne se dépeint pas au moyen des tours fabuleux mis en œuvre par les contes du *Roman des sept sages*. Elle s'exprime par les moyens concrets d'une gouvernance civile pragmatique.

Mais la tension entre Marques et l'impératrice se déploie aussi dans le contexte de la mutation qui affecte les héros du cycle des *Sept sages*. Ceux-ci, à l'instar de Marques, ne se contentent plus du statut de clercs, ils accèdent à la chevalerie. Ce changement de statut implique aussi un changement de mœurs. Lors de l'adoubement de Marques, la stricte ségrégation entre les sexes qui marque la vie de la cour romaine sous l'influence des sages est abolie par l'impératrice au profit d'une sociabilité courtoise d'allure nettement hétérosexuelle :

> Ele en est venue a Chaton et a toz les .VII. saiges et les prist par les mains et dist : « Vos mangeroiz a vuec moi et avuec les dames de Rome et avuec les noveaus chevaliers et lesiez ceste vilenaille ! » « Dame, » dient il, « non ferons, nos ne savons estre entre dames. » 4 « Si feroiz, » dist li empereres, « ge le vos pri, que vos i aliez ; ne refusez ore pas ce, que la dame vos requiert ! », « Sire, » dient il, « volentiers. » *A* tant en maine l'empereriz les .VII. saiges et les .XI. chevalier noveaus en ses chambres. (*Marques*, éd. Alton, p. 32, [41a], 3-4 ; voir éd. Panvini p. 92-94, XXIV, 55-58)

Les sages sont invités à participer à un mode de sociabilité mixte et à abandonner leur réserve à l'égard de la fréquentation des femmes, que l'impératrice dénonce comme « vilenaille ». Ainsi les querelles autour du cérémonial des repas sont-elles emblématiques des tensions entre culture princière et idéologique urbaine, mais aussi des phénomènes de recompositions sociales induites par une civilité en constante mutation. Ainsi, avec l'infléchissement de l'éthos sapiential du fils de Caton, les continuations amorcent un changement déterminant pour la somme romanesque, puisque le récit va s'orienter vers la fondation d'une lignée impériale à partir du mariage de Marques avec Laurine, la sœur de l'empereur de Constantinople, qui est aussi la cousine de l'empereur de Rome. Cette nécessité de faire souche entraîne le récit vers l'intégration de la topique amoureuse, largement dénigrée par le *Roman des sept Sages* et *Marques de Rome*, dans les ressorts de l'intrigue. Mais il s'en faut de beaucoup qu'une telle intrusion se fasse sans résistance ou résurgence d'une profonde méfiance à l'égard de l'incorporation des personnages féminins à la vie des empires et des cités.

CONSTANTINOPLE ET ROME, OU LA SOCIOLOGIE DES CONFLITS POLITIQUES

Le *Roman de Laurin* s'ouvre d'ailleurs sur un motif profondément misogyne. L'empereur Fiseus, instruit par la malice de sa marâtre ainsi que par celle de sa propre épouse, démontrées respectivement dans le roman souche et dans la première continuation, décide de renoncer à prendre femme :

> Et lors si li sovint de sa marrastre qui grant paine mist a lui faire destruire ; et aprés ce penser, entra ou malice de l'empereriz qui nouvelement avoit esté arse, si li desplot moult quant onques avoit esté hors du sens que il ne li avoit souvenu du malice a sa marrastre endementres que le seneschaus avoit eü afaire a li. Lors parla et dist : « Fi ! Fi ! que vault sens de homme quant malice de femme ne l'a a poi seurmonté et le sens de mes maistres ? » Ceste parole dist il tres haut que toute la salle en retenti. Après il dit : « N'i ait il si hardi sus le chief a perdre qui jamais me parole de femme prendre, quar poi en sont qui ne facent a douter. » (*Laurin*, éd. Thorpe, l. 35-46, p. 2)

Ces réflexions, qui servent dans le même temps de sommaire des aventures passées, sont déterminantes pour l'architecture du cycle. L'empereur mourra sans descendant mâle, ouvrant ainsi la voie à l'établissement d'une nouvelle dynastie impériale, issue du héros Marques et de son fils Laurin. Dans un premier temps, les descendants de Caton le sage accèdent au trône impérial de Constantinople, mais dès la troisième continuation, l'empereur Cassidorus unifiera sous son autorité, non sans mal ni résistance et querelles fratricides, les deux empires latin et grec.

Comme *Marques de Rome*, le roman s'ouvre sur une scène de banquet qui rend compte des rapports de force en présence :

> Li empereres s'asist au plus haus dois. Li .vij. Sage [de] Romme ne furent pas oubliez, ainsois furent assiz d'encoste l'empereeur, li roys et li duc et li prince a l'autre lez, si que chascuns avoit devant lui son pareil. Les dames et les damoiselles furent bien servies, mes nulle n'en sist a la table de l'empereeur, tant fust gentil dame, si que il y ot de tiex qui em parlerent, mais ce ne fu mie communement. (éd. citée, l. 101-107, p. 3)

La mise à l'écart des femmes nobles concrétise le retour d'une volonté sapientiale de tenir celles-ci à l'écart des sphères du pouvoir et de fonder les principes de la souveraineté sur l'équilibre entre les sages de la cité et les princes, rois et ducs de l'empire. Cette décision ne passe toutefois pas inaperçue et le malaise qu'elle suscite chez certains trouve son expression dans le soupçon répété d'homosexualité qui plane autour de l'amitié indéfectible de Fiseus et de Marques :

> Li empereres amoit moult Marques son seneschal, et tant que li auquant disoient : « Li deable feroient marier notre emperere ; il est bien mariez ou seneschal, quar il n'est riens que li seneschaus veille qui ne soit fait. » (éd. citée, p. 2, l. 56-59)

Ce reproche voilé reste ici à l'état de boutade, mais il prendra une forme accusatoire dans le discours des opposants à Fiseus, lorsque ceux-ci fomenteront, à l'initiative des sept sages, un coup d'état pour asseoir un nouvel empereur sur le trône :

> Ceulz de Romme manderent que il ne le tenoient ne pour seigneur ne pour ami, ainçois ne devoit tenir ne estre empereres, et li mistrent sus que il estoit herites et que il tenoit Marques son seneschal tout aussi comme uns homs tient sa femme. (éd. citée, p. 103, l. 4266-4270)

L'usage parallèle du verbe « tenir » pour désigner tant la reconnaissance du souverain par ces sujets, que le fait d'être investi de la charge impériale et que le lien matrimonial entre époux en dit long sur l'intrication des représentations du corps politique et des régimes de genre. La prédominance de l'hétérosexualité dans les rapports affectifs s'établit clairement comme une norme dominante. Si elle s'exprime tout d'abord sous la forme d'un reproche manifestement injuste, elle n'en fait pas moins retour tout au long du roman par le biais de la multiplication d'intrigues amoureuses, entre Synador, le compagnon de Marques, et Galienne, entre Laurin et la belle Jagonce dans un épisode arthurien, et entre Marques et Dyogenne. La répétition d'un même schéma semble avoir pour fonction de dissiper l'inquiétude suscitée par un arrangement social trop manifestement marqué par l'éviction des personnages féminins. Mais le soin mis à afficher le respect de cet arrangement de genre exprime aussi l'adhésion au modèle littéraire imposé par le roman en prose.

Parallèlement à ce nouvel agencement, le début de *Laurin* correspond aussi à l'introduction d'un second pôle impérial dans l'univers romanesque. Le premier mariage de Marques avec Laurine, la sœur de l'empereur Othon de Constantinople, a pour conséquence l'accession de leur fils Laurin au titre d'empereur. Cette seconde cité se présente au lecteur à l'occasion de deux rapides amorces de description, qui pour n'être pas particulièrement amples (quelques lignes sur une quinzaine de milliers que compte le roman), viennent tout de même souligner la majesté et le prix de la cité « constante et noble ». La première vision de Constantinople s'impose tout d'abord au petit groupe de romains venus réclamer les droits de Laurin, chassé du pouvoir par un de ses cousins :

> Li sollaus luisoit, si estoit auques matin : si esgarderent la cité dehors, si ont veües les tours hautes et le palais large et les murs fors et bien seanz et la mer qui bat en costé. « Par Dieu, Constantinnoble, » ç'a dit li damoisiaus de Puille, « qui tel nom vous donna bien vous nomma par vostre droit non, quar vous estes constans et nobles. » (éd. citée, l. 1221-1227, p. 30)

Cette vision panoramique de la cité se répète au moment où l'armée romaine commence à se déployer sous les murs :

> Et monterent pres de la cité et esgarderent la cité qui forte estoit et li mur qui estoient haut et li fossez parfont et rade, et furent pavez et d'une part et de l'autresi que nulz ne le pooit puier. Et virent la mer grant et horrible qui batoit a l'un des lés. Et quant li rommains virent que la cité estoit si forte il n'i ot celui qui ne fust tous esbahiz. (éd. citée, l. 2432-2438, p. 59)

La première partie du roman se structure autour des sièges successifs de Constantinople et de Rome, cités tour à tour usurpées par des partis opposés aux empereurs. Cependant la contestation du pouvoir impérial n'exprime pas, dans chacun de ces deux cas, les intérêts des mêmes acteurs. La légitimité de Laurin, héritier de l'empire par sa mère, mais aussi fils du sénéchal de Rome et petit-fils d'un des précepteurs du jeune empereur, est mise en doute par le très noble prince Syrrus, fils du roi de Grèce et de la sœur cadette de l'empereur de Constantinople. Syrrus incarne les résistances d'une puissante aristocratie locale à l'égard de l'accession au pouvoir d'hommes nouveaux, étrangers issus de Rome, et récemment anoblis de surcroît. L'accusation de bâtardise avancée par le prince grec pour remettre en question le titre impérial de Laurin cache mal le peu d'estime dans lequel est tenu Marques :

> Sirrus si veult dire que Laurin le filz de Laurinne, qui suer fu a l'empereeur Othon de Constantinnoble, que Marques l'engendra en Laurine avant qu'il l'eüst espousee ; et veult dire Syrrus qu'il est bastars et qu'il ne doit mie avoir l'empire. (*Laurin*, éd. citée, l. 1329-1332, p. 32)

À ce parti des grands seigneurs séditieux, s'oppose le peuple de la ville, la « commune gens de la cité », les « bourgeois » qui, pour leur part, prennent le parti de Laurin[19].

> [...] quar je vous di bien et veritez est que la commune gent de ceste cité sont moult courouciez de Laurin qu'il ont desmanevé, quar moult amoient l'enfant de bonne amour. (*Laurin*, l. 1314-1317, p. 32)

> « Sire, » dit le chevalier, « Je vous di bien que Laurin si a le cuer de tout la gent menue et de moult de princes. » (*Laurin*, l. 1351-1353, p. 33)

> Li princes de la Mouree qui moult estoit sages si dist : « [...] et d'autre part la commune du pays se trairoit volentiers plus vers la partie de Laurin qu'il ne feïssent par devers Syrrus [...] » (*Laurin*, l. 4043 ; 4048-4050, p. 97)

Mais le pouvoir de Laurin aussitôt rétabli, des nouvelles inquiétantes parviennent de Rome. Les sept sages à qui l'empereur avait confié son pouvoir se sont rebellés contre Fiseus et ont installé comme nouvel empereur un sénateur de Rome :

> A son tres chier seigneur, Fyseum, par la grace de Dieu empereeur des Rommains, Je, Berthelemi, roy de Puille, salut et bonne amour. Je vous fais assavoir que li .vij. Sage de Romme si sont muez en .vij. folz et ont fet empereeur Othebon, senateur de Romme ; pour la quelle chose je vous mant et pri que vous ne laissiez pour nulle chose que vous ne vous metez au retour au plus tost que vous porrez, quar il ont occis Chaton qui leur contraires estoit et en ont fait .i. autre en son lieu, Pynel le Rous. (*Laurin*, l. 4200-4208, p. 101)

Cette fois, le récit envisage le cas d'une ville entrée en rébellion contre son prince. Les sages que les partisans de Fiseus s'ingénient à disqualifier en soulignant leur « folie » (p. 103, l. 427 ; p. 104, l. 432 et 4339-4340), assurent leur emprise sur les citoyens de Rome (p. 105,

19 Dans le *Roman des sept sages*, ceux qui s'émeuvent du sort réservé au fils de l'empereur ne sont pas si clairement identifiés d'un point de vue sociologique, et l'élément spatial est plus mis en valeur : « Les portes furent ouvertes, et le palés empli des barons de la terre. Ils virent que li felon enmenerent le vallet. Tuit cil qui le virent en orent grant pesance en leur cuers, et li pluseur s'en pasmerent parmi les rues. ». Voir *Sept sages*, éd. citée, VII, 15-17, p. 21. Je remercie Prunelle Deleville de m'avoir suggéré cette remarque.

l. 4351)[20]. Ils incarnent la résistance urbaine contre la puissance princière. Leur aventure politique masque l'action d'autres acteurs, comme celle des puissants patriciens[21]. Derrière la révolte des anciens précepteurs offusqués dès le début du récit par la faveur marquée par l'empereur à son ami Marques à leur détriment, se profilent les tensions socio-politiques entre aspirations des élites urbaines et intérêts des seigneurs féodaux qui ont marqué, notamment l'histoire des grandes villes marchandes flamandes. Les sages, que le début du roman fait siéger en face des barons de Rome permettent au roman de tenir à distance la mise en scène directe de ces conflits tout en décrivant habilement un paysage politique dont les lignes de fracture sont projetées sur l'écran d'un passé impérial fantasmé.

Contrairement à ce que propose le *Roman des sept sages* qui investit la puissance de Rome et de la science antique d'un modèle général de bon gouvernement, les romans de *Marques* et de *Laurin* se servent des structures narratives du roman de chevalerie pour élaborer une représentation plus directe des rapports de force entre les acteurs sociaux. Cette option entraîne le cycle naissant vers une forme narrative inédite. Les continuations prennent la forme d'une pseudo-chronique des empires de Rome et de Constantinople qui ne fait pas mystère de l'emprise des réalités urbaines et des dynamiques de pouvoir propres à la vie civile sur la composition des œuvres. Si le prestige des deux cités jumelles domine les enjeux narratifs de la somme, le cycle des *Sept sages* ne représente pas, à tout prendre, un exemple pur de « littérature urbaine » si tant est que ce concept peut recouvrir un mode de production littéraire bien

---

20 Sur ce curieux retournement qui transforme les principaux adjuvants de l'empereur de Rome et ennemis du pouvoir impérial, voir Mary B. Speer, « Recycling the *Seven Sages* », *Zeitschrift für romanische Philologie*, Bd. 99, 1983, S. 288-303 ; Régine Colliot, « La mauvaise vieillesse des *Sept Sages de Rome* », dans *Vieillesse et vieillissement au Moyen Âge*, Aix-en-Provence, publ. du *CUER MA*-Université de Provence, 1987, p. 55-57 ; et Yasmina Foehr-Janssens, « La Trahison des Sages : évolution de la clergie dans le *Roman des Sept Sages* et ses continuations », dans *Félonie, trahison, reniements au Moyen Âge, 3e Colloque du CRISIMA, Les Cahiers du CRISIMA*, t. 3, Université Paul Valéry, Montpellier III, 24-26 novembre 1995, Montpellier, *CRISIMA*, 1997, p. 291-303.

21 La désignation, dès le XIIe siècle, des membres de gouvernements urbains par le terme de « sages » (*prudentes viri*, *sapientes*, *prudentiores*, *magisfideles*) dans les Pays-Bas méridionaux permet de mesurer la lecture politique qui peut être faite de la dénomination les « sages de Rome », voir Bruno Blondé, Jord Hanus, Peter Stabel, Frederik Buylaert et Jan Dumolyn, « Vivre en ville. Les relations sociales entre idéal et réalité », dans *Faire société au Moyen Âge*, *op. cit.*, p. 73-112, ici p. 77-79.

défini aux XIIIe et XIVe siècles. Il exprime bien davantage la complexité d'une société multipolaire prise dans les tensions entre idéologie urbaine et revendications aristocratiques où la cour et la ville s'affrontent et s'enrichissent de concert. Le *Roman des sept sages* donne naissance, grâce à ses continuations, à un univers romanesque mixte où s'entrelacent des modes de pensée contradictoires. Est remarquable aussi, de ce point de vue, la manière dont les relations de genre sont manipulées afin de répondre aux besoins du roman de chevalerie et aux modèles de sociabilité courtoise tout en perpétuant le stéréotype misogyne de la forte femme avide de pouvoir politique. Loin d'affaiblir le potentiel de renouvellement poétique de la somme, ce modèle singulier sert de creuset à la création d'une riche typologie de personnages, tant masculins que féminins doués de modes d'action tout à fait spécifiques[22].

Yasmina FOEHR-JANSSENS
Université de Genève

22 Je me permets à ce propos de renvoyer à quelques études antérieures. Sur le *Cassidorus* : Yasmina Foehr-Janssens, *Le Temps des fables : le* Roman des sept sages *ou l'autre voie du roman*, Paris, Champion, 1994, p. 373-418 ; *La veuve en majesté : deuil et savoir au féminin dans la littérature médiévale*, Genève, Droz, 2002, p. 125-170. Sur le cycle dans son ensemble, Yasmina Foehr-Janssens, « La filiation comme principe de l'amplification ? Les continuations du *Roman des sept sages de Rome* ou l'écriture par génération », dans *Faire Long. L'amplification médiévale*, Michèle Szkilnik et Catherine Croizy-Naquet dir., Paris, Presses de la Sorbonne Nouvelle, 2021, p. 179-199.

IN TABERNA QUANDO SUMUS

Chronotope de la taverne dans les textes des XIIe-XIVe siècles[1]

> Si qu'en Vile-Taverne entroie,
> Trouvai de moult plesant manière
> Roberie la tavernière[2]…

Quand, dans son article « Arras, le vin, la taverne et le "capitalisme" », Bernard Ribémont signale que la taverne « occupe une place centrale dans la littérature "bourgeoise" picarde des XIIIe et XIVe siècles[3] », il convient de se demander ce qu'il entend par littérature bourgeoise, ainsi mise entre guillemets. Il est possible que l'expression désigne la littérature urbaine à laquelle ce volume s'intéresse, mais on peut aussi voir dans l'image de la taverne offerte par la littérature médiévale non seulement les possibilités, « satiriques et morales[4] » qu'elle fournit « aux auteurs et aux dramaturges », mais aussi le chronotope urbain par excellence, la *Vile-Taverne* de Raoul de Houdenc[5], qui, dans la théorie de Bakhtine, la rapproche, comme on le montrera, du carnaval.

---

1 This work is an output of a research project implemented as part of the Basic Research Program at the National Research University Higher School of Economics (HSE University).

2 Raoul de Houdenc, *Le songe d'enfer*, suivi de *La voie de paradis*, poèmes du XIIIe siècles précédés d'une notice historique et critique et suivis de notes bibliographiques et d'éclaircissements par Philéas Lebesgue, Paris, Sansot, 1908, p. 59, v. 150-152.

3 Bernard Ribémont, « Arras, le vin, la taverne et le "capitalisme". Le théâtre profane du XIIIe siècle et la question de l'argent », *Le Moyen Âge*, t. 111, 2005, p. 59.

4 *Id.*

5 L'image de la taverne apparaît en particulier dans le *Songe d'Enfer* de Raoul de Houdenc, où elle est une des étapes vers l'Enfer et où la taverne est indissolublement liée à la ville. Voir Mark Burde, « Sweet Dreams : Parody, Satire and Alimentary Allegory in Raoul de Houdenc's *Songe d'Enfer* », dans *Por le soie amisté. Essays in Honor of Norris J. Lacy*, Keith Busby et Catherine M. Jones dir., Amsterdam et Atlanta, Rodopi (Faux Titre, 183), 2000, p. 53-74.

Au début de « Variation sur un motif. La taverne dans le théâtre arrageois du XIIIe siècle », Jean Dufournet affirme :

> à s'en tenir aux œuvres littéraires, la taverne apparaît dans quatre ensembles dont il serait aisé de faire la typologie : théâtre, poésie goliardique, textes allégoriques, littérature didactique, et sous une double image, l'une, pessimiste, qu'on peut dire arrageoise, l'autre, gaie, goliardique, qui est surtout parisienne[6].

Faut-il en déduire que la taverne des textes arrageois n'est que pessimiste et sombre, tandis que celle du corpus parisien est « plus positive[7] » ? Pour répondre à cette question, une analyse du chronotrope de la taverne dans les textes des XIIe-XIVe siècles permettra d'établir la liste des motifs caractéristiques sur lesquels s'élabore la représentation de celle-ci.

Notre étude se concentrera dans un premier temps sur le corpus latin, c'est-à-dire sur la poésie goliardique, conservée dans le fameux manuscrit du début du XIIIe siècle des *Carmina Burana* (BSB Clm4660), avant de s'intéresser, dans un second temps, au corpus vernaculaire où seront distinguées la taverne arrageoise, présente dans trois textes du XIIIe siècle : *Courtois d'Arras*, *Jeu de saint Nicolas* et *Jeu de la Feuillée*, et la taverne parisienne, illustrée dans certains fabliaux contemporains ou juste postérieurs, parmi lesquels se distingue celui de *Des trois dames de Paris*. Dans un dernier temps, sera menée l'analyse de la taverne dans le corpus macaronique formé du *Patrenostre du Vin* et *Des fames, des dez et de la taverne*, textes du XIIIe siècle émaillés de poèmes satiriques de l'époque et où le français se mêle à la langue latine.

---

6 Jean Dufournet, « Variations sur un motif : la taverne dans le théâtre arrageois du XIIIe siècle », dans. *Hommage à Jean Charles Payen : Farai chansoneta novela. Essais sur la liberté créatrice au Moyen Âge*, Caen, Centre de Publication de l'Université de Caen, 1989, p. 161-174, ici p. 161.

7 *Ibid.*, p. 173.

LA TAVERNE GOLIARDIQUE

Les *Carmina Burana* (*CB*) proposent quelques descriptions de la taverne (*CB* 191, 193, 195, 196, 222), mais il revient au texte le plus représentatif et, peut-être, le plus célèbre, *In taberna quando sumus* (*CB*196)[8] de présenter la plus belle image de la taverne, celle où le *nummus est pincerna*[9], et où

Quidam ludunt, quidam bibunt,
quidam indiscrete vivunt.
Sed in ludo qui morantur,
ex his quidam denudantur,

Quidam ibi vestiuntur,
quidam saccis induuntur.
Ibi nullus timet mortem,
sed pro Baccho mittunt sortem[10].

Les deux premiers vers résument les activités principales des habitués de la taverne que sont le jeu de hasard, la boisson et la débauche. Le dernier vers de la deuxième strophe retient l'attention pour deux raisons. D'une part, Bacchus sert ici de substitut métaphorique au vin qui est le prix de la victoire[11], suivant un cliché poétique exploité depuis l'Antiquité[12]. Toutefois, dans une culture chrétienne où le vin est associé au sang du Christ, le chanteur parodie le rite de la Sainte-Cène en jouant d'un déplacement : à la taverne, le vin de Bacchus se substitue

8 L'analyse suivante de cette chanson est une reprise partielle de notre article : Natalia M. Dolgorukova, Xenia V. Babenko, « *In Taberna quando sumus : kak parodia sacra* » [*In taberna quando sumus* comme *parodia sacra*], *Shagi/Steps*, v. 7, 2021, p. 199-210. (En Russe)

9 « L'argent sert d'échanson ». Voir *Les poésies des goliards, groupées et traduites avec le texte latin en regard*, éd. Olga Dobiache-Rojdesvensky, préface de Ferdinand Lot, Paris, Les éditions Rieder, 1931, p. 202 ; et *Carmina Burana*, éd. David A. Traill, Cambridge, Harvard University Press, 2018, v. II, p. 302-305.

10 *Carmina Burana*, éd. citée, p. 302. « Les uns jouent, les autres boivent, / d'autres se démènent, / Parmi les joueurs, / il y a qui seront mis à nu, / il y a qui serons vêtus, / tandis que d'autres se couvriront de sacs. / Personne n'y craint la mort, / mais chacun remet son sort à Bacchus ». Voir *Les poésies des goliards*, éd. citée, p. 202.

11 *Thirty Poems from the Carmina Burana*, éd. Patrick Gerard Walsh, London, Bloomsbury Academic, 1976, p. 67.

12 Voir Catulle, « À l'enfant qui remplit les coupes », *Œuvres. Traduction nouvelle*, introduction et notes de Maurice Rat, Paris, Librairie Garnier Frère, 1931, p. 45.

au vin de la Communion et du Sacrifice. D'autre part, le syntagme « remet son sort », qui recouvre n'importe quel jeu, rappelle la formule « *mittere sortem* » de l'Évangile, associée à l'épisode des soldats romains jouant aux dés les vêtements du Christ : « *diviserunt vestimenta eius sortem mittentes* » « ceux qui l'ont crucifié ont divisé ses vêtements par tirage au sort » (Mt., 27, 35). Suivant ce principe d'analogie reposant sur ce « sort » sur lequel se conclut la strophe, les habitués de la taverne sont rapprochés des ceux qui ont crucifié le Sauveur.

Les deux premières strophes de l'exposition sont suivies de deux strophes où sont portés quinze toasts dont deux, en l'honneur du roi et du pape, s'ajoutent à la liste principale. À partir de ce décompte, l'attention de l'auditoire se fixe sur le nombre treize, dont les connotations sont négatives dans la culture chrétienne eu égard à l'épisode de la Cène, où, dans l'assemblée constituée des douze apôtres et du Christ, figure le traitre Judas. Par ailleurs, la liste de ceux en faveur de qui l'on boit n'est pas due elle non plus à l'improvisation du jongleur :

Primo pro nummata vini;
Ex hac bibunt libertini.
Semel bibunt pro captivis
post haec bibunt ter pro vivis,
quater pro Christianis cunctis,
quinquies pro fidelibus defunctis,
sexies pro sororibus vanis,
septies pro militibus silvanis.

Octies pro fratribus perversis,
novies pro monachis dispersis,
decies pro navigantibus,
undecies pro discordantibus,
duodecies pro paenitentibus,
tredecies pro iter agentibus.
Tam pro papa quam pro rege
bibunt omnes sine lege[13].

13 *Carmina Burana*, éd. citée, p. 302-304. « Les débauchés boivent en premier, / pour le vin même. / en second lieu pour les captifs, / en troisième pour les vivants, / en quatrième… » et ainsi de suite. On boit à tour de rôle pour tous les chrétiens, pour les défunts, les vierges folles, « les chevaliers errants », les frères pervers, les moines gyrovagues, les navigateurs, les semeurs de discordes, les pénitents, les voyageurs, enfin, « sans se soumettre à une règle, / on boit pour le pape comme pour le roi… ». Voir *Les poésies des goliards*, éd. citée, p. 202.

Walsh note que la liste établie dans les troisième et quatrième strophes, *In taberna quando sumus*, correspond partiellement à la liste du *Missale Romanum*, où, dans la section « Messes votives » (*Missae Votivae*) et dans les « Diverses prières » (*Orationes diversae*) qui l'accompagnent, on peut trouver les messes : « Pour ceux qui vivent dans un pays étranger et ceux qui voyagent » (*Pro peregrinantibus et iter agentibus*) et « En commémoration de tous les fidèles défunts » (*In commémoratione omnium fidelium defunctorum*), ainsi que les prières : « Pour les prisonniers en cachot ou en captivité » (*Pro constituto in carcere vel in captivitate*), « Pour la santé des vivants » (*Pro salute vivorum*), « Pour ceux qui flottent dans la mer » (*Pro navigantibus*), « Pour les ennemis » (*Pro inimicis*) et « Pour le repentant publiquement » (*Pro publice paenitentibus*[14]). Et si l'on considère que, dans la même section du Missel, se rencontrent aussi les prières « Pour le Pape » (*Pro papa*) et « Pour le Roi » (*Pro rege*[15]), il apparaît clairement que la liturgie chrétienne est renversée et parodiée dans ces deux strophes où les prières ecclésiastiques sont transformées en invitations à porter des toasts.

En guise de complément, les cinquième et sixième strophes énumèrent en un long chapelet la large communauté de ceux qui boivent :

Bibit hera, bibit herus,
bibit miles,
bibit clerus, bibit ille, bibit illa,
bibit servus cum ancilla,
bibit velox, bibit piger,
bibit albus, bibit niger,
bibit constans, bibit vagus,
bibit rudis, bibit magus.

Bibit pauper et aegrotus,
bibit exul et ignotus,
bibit puer, bibit canus,
bibit praesul et decanus,

bibit soror, bibit frater,
bibit anus, bibit mater,
bibit ista, bibit ille,
bibunt centum, bibunt mille[16].

---

14 *Thirty Poems from the Carmina Burana*, éd. citée, p. 67.

15 *Missale Romanum*, Novum Eboracum, Benziger Brothers Inc., 1962, p. 291.

16 *Carmina Burana*, éd. citée, p. 304. « Boivent : dame et seigneur, chevalier et clerc, celui-ci et celle-là, serf et servante, vif et lent, blanc et noir, sédentaire et vagabond, rustre et

Pour certains chercheurs, ce passage est une parodie de l'hymne *Lauda Sion* de Thomas d'Aquin[17] qui présente effectivement des ressemblances avec lui, si l'on en juge par le *Sumit unus, sumunt mille, / quantum isti, tantum ille* (« Un [homme] mange, mille [hommes] mangent, / qui mangent autant que celui-ci ») et par le *Sumunt boni, sumunt mali* (« Les bons mangent, les mauvais mangent ») que semblent décalquer les strophes du *Bibit ista, bibit ille, / bibunt centum, bibunt mille.* Walsh, cependant, considère à juste titre que *Lauda Sion*, écrit en 1264, est plus tardif que le texte des *Carmina Burana*, et qu'il ne peut dès lors pas en être la source. Pour expliquer la similitude, il avance l'hypothèse qu'il s'agit d'une « forme caractéristique syllabique[18] », explication peu convaincante, toutefois, car les ressemblances textuelles existent non seulement sur le plan rythmique, mais aussi sur les plans lexical et sémantique : à l'appel à la prière et au Sacrifice lancé à la communauté chrétienne de l'un répond l'invitation à boire le vin de la taverne de l'autre[19]. Invitation qui s'adresse, néanmoins, comme celle de Thomas d'Aquin, à l'ensemble des membres de la société, car, comme l'écrit Guy Paoli, boire ensemble crée une union entre les êtres, par-delà leur statut et leur origine[20], comme c'est le cas à l'occasion du carnaval, événement qui aplanit toute hiérarchie sociale. Dans le carnaval, en effet, comme dans la taverne, tout le monde participe et tout le monde boit, indépendamment des sexes, des conditions sociales et des âges.

Eu égard aux ressemblances signalées, la chanson *In taberna quando sumus* participe de la *parodia sacra*, en jouant sur certains rituels du culte chrétien (en particulier, celui de la Sainte-Cène et du Sacrifice de la

---

savant, pauvre et malade, exilé et inconnu, adolescent et barbon, prélat et doyen, sœur et frère, la vielle, la mère, ceux-ci et ceux-là, cent et mille ». Voir *Les poésies des goliards*, éd. citée, p. 202.

17 *Wine, Women and Song : Students' Songs of the Middle Age*, éd. John A. Symonds, Mineola, New York, Dover Publications, 2001, p. 133 (1re éd. 1884)

18 *Thirty Poems from the Carmina Burana*, éd. citée, p. 68.

19 Dans un autre ouvrage sur l'hymnographie latine, Walsh admet que *Lauda Sion* et *In taberna quando sumus* avaient une source commune. À notre avis, une telle hypothèse est possible, mais jusqu'à présent cette source n'a pas été découverte. Voir Peter Gerard Walsh, Christopher Husch, *One Hundred Latin Hymns. Ambrose to Aquinas*, Cambridge, MA, London, Harvard University Press, 2012.

20 Guy Paoli, « La Taverne au Moyen Âge. Arras et l'espace picard » (thèse inédite, Université Sorbonne Nouvelle, 1987), p. 103. Toutefois, ce n'est pas propre au Moyen Âge, car cette considération peut s'étendre aux siècles suivants. Même au XXe siècle. Voir, à titre d'exemple, la chanson de Giorgio Gaber « Barbera e Champagne ».

Communion), ainsi que sur un certain nombre de citations empruntées aux Saintes Écritures. Dans son livre sur Rabelais, Bakhtine prétend que ce phénomène est l'un « [d]es plus originaux et encore insuffisamment compris de la littérature médiévale » :

> Nous connaissons, poursuit-il, d'assez nombreuses liturgies parodiques (*Liturgie des buveurs*, *Liturgie des joueurs*, etc.), parodies des lectures évangéliques, des prières, même des plus sacrées (*Pater Noster*, *Ave Maria*, etc.), des litanies, des hymnes religieux, des psaumes, ainsi que des travestissements des différentes sentences de l'Évangile, etc.[21]

Martha Bayless, quant à elle, voit dans l'ivresse un vice idéal, propre à favoriser le jeu littéraire, car, contrairement à d'autres péchés, comme l'oisiveté, cet état implique le recours à une variété de pratiques et de coutumes quotidiennes[22]. Ainsi, les liturgies à boire créent une version particulière du monde – le monde des ivrognes, dans lequel l'iconographie de la comédie à boire remplace l'iconographie chrétienne[23].

Dans le poème des *Carmina burana*, la taverne est en quelque sorte une église d'ivrognes où, à l'encontre du dogme chrétien, l'argent gouverne, où on se livre à la débauche au lieu de travailler dur, où l'on joue aux dés comme les soldats romains de l'Évangile, où l'on boit le vin des tonneaux au lieu du vin liturgique, et où Bacchus a pris la place du Christ. L'invitation à boire à la santé prend la place de la prière, et la liste de tous ceux qui se livrent « sans discernement » (*sine lege*) à ce plaisir abolit, comme lors du carnaval, la hiérarchie sociale faite à l'image de la Création.

Toutefois, le texte *In taberna quando sumus* n'est pas qu'une expression satirique de l'hymnographie eucharistique, voire une chanson blasphématoire. La dérision ne nuit, en effet, en aucune façon à l'institution ecclésiastique ni à l'enseignement chrétien, mais elle est, plutôt, un moyen de surmonter la peur que l'Église suscite, la volonté des jongleurs qui sont, par ailleurs, des clercs, de se ménager un espace de liberté. Une comparaison avec le corpus des quatre autres chansons goliardiques, *CB* 191, 193, 195, 222, prouve d'ailleurs que la représentation de la taverne exploite la même topique quand il s'agit de l'évoquer.

---

21 Mikhaïl Bakhtine, *L'œuvre de François Rabelais et la culture populaire au Moyen Âge et sous la Renaissance*, Paris, Gallimard, 2010 (1re éd. 1970), p. 23.

22 Martha Bayless, *Parody in the Middle Ages. A Latin Tradition*, Ann Arbor, The University of Michigan Press, 1996, p. 94.

23 *Ibid.*, p. 98.

Ainsi, la chanson *Aestuans interius ira vehementi* (*CB* 191), écrite par Archipoeta autour des années 1161-1167, contient une description de la taverne qui suit, comme dans *In taberna quando sumus*, la mention de jeux similaires à ceux qui y sont cités :

Secundo redarguor etiam de ludo,
sed cum ludus corpore me dimittat nudo,
frigidus exterius mentis aestu sudo.
Tunc versus et carmina meliora cudo[24].

avant que ne soient évoquées les traditionnelles activités des habitués de la taverne :

Tertio capitulo memoro tabernam.
Illam nullo tempore sprevi, neque spernam
donec sanctos angelos venientes cernam
cantantes pro mortius Requiem Aeternam[25].

La chanson joue aussi d'une opposition entre le vin d'église et les vins de la taverne qui lui sont préférés, car ils ne sont pas coupés avec de l'eau, comme l'exige le rite chrétien : *Mihi sapit dulcius vinum de taberna, / quam quod aqua miscuit praesulis pincerna*, écrit Achipoeta (« Je préfère le goût plus doux du vin de la taverne / que ce que l'échanson a mélangé à l'eau de l'évêque[26] »). Cette comparaison entre les deux liquides n'est pas vraiment originale, puisqu'elle se retrouve dans la chanson *CB* 193, on y reviendra, où elle s'assortit d'un dialogue entre l'eau et le vin :

Vinum sentit aquam secum.
Dolens inquit : « Quis te mecum
ausus est coniungere ?

24 *Carmina Burana*, éd. citée, p. 270. « Deuxièmement, puisque je dénonce le jeu, et le jeu me laisse nu de l'extérieur, mais mon esprit brûle, alors je forge les meilleurs poèmes et chansons ».

25 *Id.* « Troisièmement, je me souviens de la taverne que je n'ai jamais reniée et que je ne renierai jamais jusqu'à ce que je voie venir les saints anges chanter *Requiem Aeternam* pour les défunts ».

26 *Ibid.*, p. 272. La dilution est due au fait qu'au moment de la mort sur la croix, du sang et de l'eau ont coulé de la blessure du Sauveur (Jean, 19, 34). L'auteur de la chanson *CB* 193 va encore plus loin et dit à propos du ceux qui mélangent de l'eau avec du vin : « *… omni dico populo : / Quod haec miscens execretur / et a Christo separetur / in aeterno saeculo. Amen.* » (« Je dis à tout le monde que ce mélangeur est maudit et excommunié du Christ pour toujours et à jamais. Amen »). *Ibid.*, p. 290.

Exi! surge! vade foras!
Non eodem loco moras
mecum debes facere[27].

Enfin, pour en finir avec les motifs cultivés par la chanson de l'Archipoeta, celui de l'opposition de l'église et de la taverne est une fois encore exploité au moment où le poète décrit un rêve :

Meum est propositum in taberna mori
ut sint vina proxima morientis ori.
Tunc cantabunt laetius angelorum chori :
« Sit Deus propitius huic potatori[28] *».*

Dans le monde inversé des ivrognes, ce n'est pas le saint sacrement de l'Eucharistie qui accompagne une mort sainte et assure le Salut des défunts, mais une ivresse collective qui remplace la communion du Sacrifice de la messe, et des vins dont la qualité assure au poète la valeur de ses vers[29], moyen pour lui d'atteindre Dieu[30].

Dans la chanson *De conflictu vini et aque* (*CB* 193), où est présentée, on l'a vu, une dispute entre le vin et l'eau, c'est à celle-ci que revient le privilège d'évoquer la taverne et d'en faire un lieu où se rencontrent toutes les victimes des péchés mortels :

Et qui tuus est amator?
Homicida, fornicator,
Davus, Geta, Byrria!
Tales tibi famulantur,
tales de te gloriantur
tabernali curia[31].

---

27 *Ibid.*, p. 280. « Le vin sent l'eau se mélanger avec lui. Tristement il dit : "Qui a eu l'audace de t'ajouter à moi? Sors! Coule dehors! Va-t'en! Tu ne peux pas rester avec moi au même endroit" ».

28 *Ibid.*, p. 272. « Mon intention est de mourir dans la taverne pour avoir du vin près de la bouche de celui qui est en train de mourir; alors les chœurs des anges chanteront très joyeusement que le Seigneur soit miséricordieux envers cet ivrogne ».

29 *Id.* « *Tales versus facio, quale vinum bibo* ».

30 Une variation sur le même motif se rencontre dans la chanson « Chevaliers de la table ronde », enregistrée dans les recueils de chansons du XVIIIe siècle et encore chantée aujourd'hui : « Si je meurs, que l'on m'enterre dans la cave où est le vin… ».

31 *Carmina Burana*, éd. citée, p. 282. « Et qui est ton serviteur? meurtrier, débauché, Davus, Geta, Byrria! tel vous sert, tellement réjouissez-vous grâce à vous dans la cour de la taverne ».

C'est alors au vin, nommé par l'eau, elle-même, « dieu » : « *Tu es deus* », de prendre la parole pour répondre à ces accusations et chanter les vertus de la boisson de Bacchus, dieu que la chanson *CB* 201 honore dans les mêmes termes. Son « *Das caeco visum, das claudo crura salacis* » (« Tu donnes la vue aux aveugles, tu donnes aux boiteux des pieds sautillants ») trouve, en effet, un beau développement dans le *De conflictu vini et aque* :

> *Non a falso potest verum*
> *separare, ni qui merum*
> *me potare nititur.*
> *Claudus currit, caecus videt,*
> *aeger surgit, deflens ridet,*
> *per me mutus loquitur.*
> *Per me senex iuvenescit,*
> *per te ruit et senescit*
> *iuvenum lascivia.*
> *Per me mundus reparatur,*
> *per te numquam generatur*
> *filius vel filia*[32].

Les miracles dus au vin coïncident parfaitement avec ceux du Christ[33] qui, comme le montrent les Évangiles, guérit à plusieurs reprises les paralysés (Mt., 8, 5-13 ; Mt., 9, 1-8, Jean, 5, 1-16), les aveugles (Mt., 9, 27-31, Marc, 8, 22-26, Jean, 9, 1-38) et les muets (Mt., 9, 32-33 ; Mt., 12, 22-23, Marc, 7, 31-37). Ou encore avec ceux des apôtres Pierre et Jean, dotés par Dieu de ce pouvoir, et qui, suivant les Actes des Apôtres, guérissent des boiteux (Actes, 3, 1-10). Conformément au modèle relevé déjà dans *In taberna quando sumus*, Bacchus a pris la place du Christ et de ses fidèles, jusqu'à faire des miracles à sa place.

Faut-il en conclure que, dans l'espace des textes goliardiques, une comparaison est possible entre Bacchus et le Christ et qu'ils sont tous deux semblables en tant que déités ? La question trouve apparemment une réponse dans un assez grand nombre de textes du recueil, dont

32 *Carmina Burana*, éd. citée, p. 284-286. « Il ne peut pas séparer la vérité du mensonge, de peur qu'il essaie de boire mon vin, le boiteux court, l'aveugle voit, le malade sort du lit, celui qui pleure rit avec mon aide, le muet parle grâce à moi, le vieil homme rajeunit, à cause de toi, les jeunes se détruisent et vieillissent, la gaieté avec moi se reconstitue, et avec toi, personne ne donne naissance à un fils ou une fille ».

33 *Ibid.*, p. 686.

l'un prête au vin ces paroles : « *Ego deus*, dit-il à l'eau, *et testatur / isud Naso* » (« Je suis Dieu et c'est Nason qui en est témoin »), et où la chanson *CB* 205 le célèbre en ces termes : *Cum ergo salutamus / vinum, tunc cantamus : / te deum laudamus* (« Ainsi, quand nous saluons / le vin, nous chantons ainsi : / "Nous te louons, Dieu" »). La ressemblance avec le *Te, deum, laudamus*, hymne chanté pendant la fête de la Nativité à l'église, accuse l'assimilation entre le vin et le Christ qui, dans la quatrième strophe de la chanson *CB* 197, est encore remplacé sur le trône de gloire par Bacchus : le *in sede maiestatis* du poème renvoyant explicitement à l'Évangile de Matthieu (Mt., 19, 28).

Bien que la chanson *CB* 195 déclare : *Si quis Deciorum dives officio / gaudes in vagorum esse consortio, / vina numquam spernas, / diligas tabernas* (« Si vous devenez riche en jouant / et vous amusez avec des étudiants errants, / alors n'abandonnez jamais le vin / et aimez les tavernes »), l'image de la taverne goliardique ne peut pas être considérée comme absolument gaie, car *In taberna / fraus aeterna / semper est in ludo* (« Dans la taverne / tricherie perpétuelle / toujours en jouant »). La même chanson ajoute, d'ailleurs, que tous les gains de taverne reposent précisément sur la tricherie aux jeux (strophe 2b), et qu'il est possible, par exemple, de gagner des *veloces per talos et tombes* (« avec l'aide de dés rapides et pesés »). Aussi l'image de la taverne est-elle plus complexe que ne le suggère la classification de J. Dufournet, si l'on en croit encore la chanson *CB* 222 :

> *Et qui mane me quaesierit in taberna,*
> *post vesperam nudus egredietur*
> *et sic denudatus veste clamabit :*
> *« Wafna, wafna !*
> *Quid fecisti, Sors turpissima !*
> *Nostrae vitae gaudia*
> *abstulisti omnia*[34] ».

Or cette taverne goliardique débarrassée de son apparence joyeuse se rapproche de ce qu'on trouve dans les trois textes arrageois du XIIIe siècle : *Courtois d'Arras*, le *Jeu de saint Nicolas* et le *Jeu de la Feuillée*.

34 *Carmina Burana*, éd. citée, p. 372-374. « … et qui me cherchera dans la taverne le matin après la vêpres, sortira nu et donc privé de vêtements s'exclamera : "Wafna, wafna, qu'as-tu fait, le sort le plus horrible, tu as ôté toute joie de notre vie" ».

LA TAVERNE ARRAGEOISE

Le jeu dramatique de *Courtois d'Arras*[35] du premier quart du XIIIe siècle est né de ces lignes de la *Vulgate* :

> *et non post multos dies congregatis omnibus adulescentior filius peregre profectus est in regionem longinquam et ibi dissipavit substantiam suam vivendo luxuriose* (Luc, 15, 13-14)[36].

Si ce n'est que la taverne, absente du texte des Saintes Écritures, occupe une place importante dans la pièce dont elle est l'espace principal. Dans cette œuvre de 664 vers, le personnage y entre, en effet, au vers 142 pour en sortir au vers 429. Son entrée est signalée par un crieur qui vante le vin qu'on y sert :

> Ça est li bon vins de Soissons !
> Sor la verde herbe et sor les jons
> fet bon boivre priveement.
> Ceenz croit l'en a toute gent,
> Ceenz boivent et fol et sage,
> Ceenz le lesse nus son gage
> (éd. citée, v. 103-108).

Est exploité ici le genre du « cri de Paris », très souvent introduit au sein des fabliaux, des dits ou des farces, que Bakhtine a décrit de la façon suivante :

> les *cris de Paris* sont la réclame que les marchands de la capitale clament à tue-tête, en lui donnant une forme rimée et rythmique ; chaque « cri » particulier est un quatrain destiné à proposer une marchandise et à en vanter les qualités[37].

Un parallèle avec la chanson *In taberna quando sumus* s'impose, car, comme dans la taverne goliardique où *bibit rudis, bibit magus*, *toute gent*, le fol et le sage, sont invités par le crieur à entrer et à boire « ceenz ». Il

35 *Courtois d'Arras (l'enfant prodigue)*. Texte présenté, établi et traduit par Jean Dufournet, Paris, Flammarion, 1995.

36 *Biblia Sacra iuxta vulgatam versionem*, éd. Robertus Weber OSB, editio tertia emendata, Stuttgart, Deutsche Bibelgesellschaft, 1983, p. 1639.

37 Mikhaïl Bakhtine, *L'œuvre de François Rabelais*, *op. cit.*, p. 183.

est encore accusé dans les premiers vers du monologue de Courtois où la taverne est comparée à l'église qu'elle surpasse en qualités : « Ceenz fet meillor qu'au moustier » (v. 125). Après avoir pénétré dans le lieu, une fille propose au héros un « hanap d'argent » (v. 154), avec, en guise d'eucharistie, le *demi jalon* du vin *molt fres et novel* (v. 145). Comme le souligne J. Dufournet, la pièce bascule avec l'introduction du « bas corporel » : « Courtois sort pour uriner[38]... », deux personnages féminins, absents du texte évangélique, Madame Pourette et Madame Manchevaire, sont deux filles perdues qui volent la bourse de Courtois et le laissent dans un état pitoyable. À ces motifs décrivant l'atmosphère de la taverne s'ajoute le jeu, comme dans le *Jeu de Saint Nicolas* de Jean Bodel[39], dont l'action se déroule entre l'espace du palais et celui de la taverne. Le *Saint Nicolas* présente des affinités avec *Courtois d'Arras* : *Li taverniers* réclame ses « caut pain et caus herens, / Et vin d'Aucheurre a plain tonnel » (v. 252-253), et le crieur professionnel, qui se nomme Raoul et qui dépend « as home de la vile » (v. 606), lui vient à l'aide en vantant son vin :

> Le vin aforé de nouvel,
> A plain lot et a plain tonnel,
> Sade, bevant et plain et gros,
> Rampant comme escuireus en bos,
> Sans nul mors de pourri ne d'aigre,
> Seur lie, court et sec et maigre,
> Cler con larme de pecheour,
> Croupant seur langue a lecheour :
> Autre gent n'en doivent gouster !
> (éd. citée, v. 642-650)

Comme dans le jeu anonyme, le discours du crieur joue d'un effet de polyphonie, et use de thématiques et d'images en faveur dans les textes religieux. Mais la ressemblance entre les deux pièces tient surtout à l'importance accordée à l'espace de la taverne où les personnages rencontrent les maîtres du lieu, qui les installent dans un espace-temps où ils perdent tout contrôle et sont soumis à leur pouvoir. Dans ce lieu

---

38 Jean Dufournet, « Variations sur un motif », art. cité, p. 167.

39 Jean Bodel, *Le jeu de Saint Nicolas*. Présentation, traduction, édition critique, notes, annexes, bibliographie, chronologie, glossaire et index par Jean Dufournet, Paris, Flammarion, 2005.

en marge de toute morale religieuse et de toutes les vertus chrétiennes, Courtois est abreuvé, battu, volé par le patron et son serviteur, par les voyous et les prostituées. Ayant ainsi succombé à la tentation de la taverne et à ses sirènes, il est contraint de donner ses vêtements en gage. Le motif récurrent de la tromperie associé à la taverne ne s'applique pas seulement au héros qui pénètre dans les lieux, mais aussi aux voleurs avec qui l'aubergiste peut avoir comploté, comme c'est le cas dans le *Jeu de saint Nicolas* où les règles du jeu, en particulier du jeu de dés, changent constamment.

Si la taverne est une forme d'enfer qui, dans le *Saint Nicolas*, s'oppose à la cour royale où tout est soumis à des règles strictes, et, dans *Courtois d'Arras*, à la campagne où le père du héros vit dans le désintéressement et la simplicité, elle est aussi une sorte de paradis terrestre. Certes, le héros perd tout son argent et est obligé d'abandonner à ses débiteurs ses vêtements, toutefois, la taverne reste un lieu où règne l'abondance en matière de nourriture, de vin, de jeux et de femmes. D'autre part, elle est un espace nécessaire dont la fonction procède du didactisme dont les deux jeux sont porteurs. En effet, ce n'est qu'après être passé par l'épreuve de la taverne que le héros de *Courtois d'Arras* se décide à rentrer chez lui ; et, dans le *Saint Nicolas*, c'est après avoir vu le miracle de l'apparition du saint dans la taverne que les Sarrasins abjurent leur foi et se font baptiser. Chez les auteurs d'Arras, la taverne intervient au sein d'une progression didactique qui relativise la « tristesse » que lui prête J. Dufournet et qui s'oppose au « triomphe de la taverne » que le même critique voit dans le *Jeu de la Feuillée* d'Adam de la Halle[40].

Dans cette œuvre, où J. Dufournet reconnaît « un jeu de la taverne, une fête de la folie, l'expression littéraire d'une sorte de carnaval[41]... », l'espace de la taverne est placé au cœur de l'action dramatique, où il présente des traits particuliers. En effet, alors que le *Jeu de Saint Nicolas* commence et s'achève à la cour du roi d'Afrique, et que *Courtois d'Arras* débute et se termine dans la maison du père où revient le fils repenti, « dans *La Feuillée*, précise-t-il, les vers 1-589 se situent sur une place d'Arras, où les Arrageois assistent, ensuite, à la féerie, du vers 590 au vers 875 » ; et, « après la dégradation de la féerie en scène de sorcellerie,

---

40 Jean Dufournet, « Variations sur un motif », art. cité, p. 168.

41 Adam de la Halle, *Le Jeu de la feuillée*, présentation par Jean Dufournet, Paris, GF-Flammarion, 1989, p. 10.

après le départ des fées, tout le monde se retrouve à la taverne, du vers 876 à la fin. La pièce s'achève donc à la taverne dans des discussions et des plaisirs sordides, dans une sorte de débâcle générale[42] ».

L'atmosphère du jeu est comparable à celle du *Songe d'une nuit d'été* de Shakespeare, où tout le monde, *ains qu'il ajournast* (éd. citée, v. 839), se déguisent, où les fées apparaissent et où une femme enceinte devient une *Dame Douce.* La taverne, qui apparaît au vers 900, y est opposée aux couvents où le vin est moins bon :

> Est che vins ?
> Tel ne boit on mie en couvent ;
> Et si vous ai bien en couvent
> Qu'auen ne vint mie d'Aucheure
> (v. 911-914)

Aussi les personnages craignent-ils qu'elle ne soit totalement occupée, pleine de monde et inaccessible : *Alons ent dont ains que li gent / Aient le taverne pourprise* (éd. citée, v. 900).

Dans la taverne de *La Feuillée*, comme dans tout lieu saint, des miracles se produisent (v. 924) : un seul poisson est partagé entre tous (v. 936) ; le vin est consommé *ains c'on le paressiaue* (v. 942), c'est-à-dire avant qu'on le passe complètement par l'eau ; un moine trompé laisse ses reliques en gage (v. 1014) à l'aubergiste qui tout de suite commence à prêcher : « *Or puis preeschier* » (v. 1018) ; les paroles du moine se mêlent à celles du fou qu'on *compisse* (v. 1087). Le monde tout entier « se confond avec la taverne[43] », comme en une fête populaire dont le jeu, pour J. Dufournet, reproduit « les traits distinctifs : monde à l'envers, parodies, folie[44] ». Dans ce jeu d'Arras, où *ceste vile et de le vile signeur* sont très souvent mentionnés (v. 209, v. 239, v. 717, v. 791), le chronotrope de la taverne se rapproche du celui du carnaval : tout le monde participe à l'action, tout le monde boit, la taverne prend une fois encore une allure d'église, avec son aubergiste qui joue au moine, avec son vin à l'eau bénite, et où « une chanson courtoise, braillée à pleine gorge remplace cantiques et psaumes[45] ».

---

42 Jean Dufournet, « Variations sur un motif », art. cité, p. 173.
43 *Ibid.*
44 *Ibid.*
45 Adam de la Halle, *Le Jeu de la feuillée*, éd. citée, p. 21.

LA TAVERNE PARISIENNE

La taverne littéraire des XIIIe et XIVe siècles, située dans un cadre parisien, apparaît dans des textes nombreux et de genres divers comme, à titre d'exemple, *Les Trois Aveugles de Compiègne*[46], fabliau composé par un certain Courtebarbe, le fabliau d'*Estourni*[47], le fabliau *Saint Pierre et le jongleur*[48], *La Prise d'Alexandrie*[49] de Guillaume de Machaut, ainsi que le *Songe d'Enfer* de Raoul de Houdenc et le *Mesnagier de Paris*. Dans le cadre nécessairement limité de cet article, seule la représentation de la taverne dans le fabliau *Des trois dames de Paris*[50] sera examinée.

Cette « légende *urbaine*[51] », qui a été écrite par le poète Watriquet de Couvin au tournant des XIIIe-XIVe siècles, raconte l'histoire de trois dames qui, au lieu d'aller à la messe, décident de se rendre à la taverne. Ivres et inconscientes, elles s'endorment toutes nues dans la rue et, comme on les croit mortes, elles sont transportées au cimetière où elles sont enterrées vivantes. Les cadres spatio-temporels de l'histoire sont particulièrement circonstanciés, sans doute, comme le signale Alain Corbellari à propos de tous les fabliaux, afin d'installer immédiatement les récits « dans un monde citadin immédiatement reconnaissable par leurs auditeurs[52] ». Non seulement, en effet, la taverne, mentionnée dès le début du fabliau, acquiert une forme de réalité et de concrétude dont étaient dénuées les tavernes des Goliards, devenant dès lors un

46 Courtebarbe, *Les trois aveugles de Compiègne*, dans *Fabliaux Du Moyen Âge*, texte édité par Jean Dufournet, Paris, GF Flammarion, 1998, p. 313-329.

47 *Fabliaux et contes des poètes françois des XIe, XIIe, XIIIe, XIVe et XVe siècles : tirés des meilleurs auteurs*, publiés par Étienne Barbazan, Nouvelle édition, augmentée et revue sur les manuscrits de la Bibliothèque impériale, par Martin Méon, Paris, Warée, t. IV, 1808, p. 452-472.

48 *Fabliaux et contes de poëtes françois des XIIe, XIIIe, XIVe et XVe siècles, tirés des meilleurs auteurs*, éd. Étienne Barbazan, Paris, Amsterdam, Arkstée et Merkus, t. II, 1756, p. 184-203.

49 Guillaume de Machaut, *La prise d'Alexandrie* ou *chronique du roi Pierre Ier de Lusignan*, publiée par M. Louis De Mas Latrie, Société de l'Orient latin, Genève, 1877.

50 Watriquet de Couvin, *Trois dames de Paris*, dans *Fabliaux Français Du Moyen Âge*, texte édité par Philippe Ménard, v. I, Genève, Librairie Droz, 1979, p. 119-168.

51 « Légendes urbaines » est le titre d'un chapitre du livre d'Alain Corbellari où il analyse notre fabliau (Alain Corbellari, *Des fabliaux et des hommes. Narration brève et matérialisme au Moyen Âge*, Genève, Droz, 2015, p. 37-51).

52 Alain Corbellari, *Des fabliaux et des* hommes, *op. cit.*, p. 39-40.

lieu parisien identifiable[53], mais, dès le prologue, sont données aussi des indications précises sur le lieu où vont se dérouler les événements racontés et en particulier une date, celle de l'Épiphanie de l'année 1320[54] :

> L'an c'on dit .M.CCC. et vint,
> un matin, devant la grant messe,
> que la fame Adam de Gonnesse
> et sa niece Maroie Clippe
> distrent que chascune a la trippe
> Iroient .II. deniers despendre,
> S'en alerent sanz plus atendre
> entre elles .II. a la teverne,
> en la maison Perrin du Terne,
> qui nouviaus taverniers estoit
> (éd. citée, v. 16-25).

Comme le rappelle Dominique Boutet, le choix de l'Épiphanie « est loin d'être un hasard » :

> c'était la fête qui marquait la fin de la période dite des « Douze jours », le moment où le soleil, après s'être immobilisé, reprend son cours ascendant, et une date fréquemment retenue pour les fêtes des fous ou de l'âne. Les héroïnes célébreraient ainsi, par leurs agapes, une fête païenne de renaissance à la vie, en lieu et place de la fête chrétienne à laquelle elles sont censées assister en allant à la « grant messe ». Cela conduit naturellement à envisager *Les Trois dames de Paris* dans la perspective des analyses de Mikhaïl Bakhtine sur le « carnavalesque[55] ».

L'histoire des trois parisiennes se détache donc sur ce fond religieux, dont la mention est d'autant plus remarquable qu'il n'intervient plus par la suite, puisque les dames n'iront pas à la messe. Toutefois, dès le début du texte, le mécanisme du renversement est enclenché : l'église est remplacée par la taverne, et le pain et le vin du sacrement par la dégustation de tripes, aliment relevant du bas corporel suivant l'interprétation qu'en donne Bakhtine, dans son étude sur Rabelais :

53 C'est le cas dans d'autres textes médiévaux. Voir Raymond Cazelles, *Le livre de la taille de Paris, l'an 1300, édition, introduction et commentaire*, dir. de recherche Michel Fleury, Paris, v. I, 1967, p. 337 ; Émile Châtelain, « Notes sur quelques tavernes fréquentées par l'Université de Paris aux XIVe et XVe siècles », *Bulletin de la société d'Histoire de Paris*, Paris, t. 25, 1898, p. 103.

54 Dominique Boutet, *Poétique médiévales de l'entre-deux, ou le désir d'ambiguïté*, Paris, Champion, 2017, p. 140.

55 *Ibid.*, p. 142.

> Les tripes figurent maintes fois dans l'œuvre de Rabelais comme dans toute la littérature du réalisme grotesque (dans sa partie latine, le terme de « viscera » en est l'équivalent). L'estomac et les boyaux des bovins étaient soigneusement lavés, salés et cuits à l'étouffée. Comme ce plat ne se conservait pas, le jour où l'on abattait une bête, les gens se gorgeaient de ce met fort prisé. De plus, on estimait que, si minutieux fût le lavage, il restait toujours dans les boyaux au moins dix pour cent d'excréments qui étaient donc mangés avec les tripes[56].

Citées en premier dans la succession des vins et des mets variés qui seront décrits plus tard dans le texte, les tripes donnent le ton et déprécient d'emblée et l'image de la taverne où elles sont servies, et celle des trois dames qui s'en délectent comme elles le feront du vin dont Dame Tiphaine leur vante la qualité :

> Lors revint droit à l'encontrer
> Dame Tifaigne la coifière,
> Qui dist : – « Je sai vin de riviere
> Si bon qu'ainz tiex ne fu plantez ;
> Qui en boit, c'est droite santez,
> Car c'est uns vins clers fremians,
> Fors, ins, frès, sus langue frians,
> Douz et plaisanz à l'avaler,
> A celui nous couvient aler,
> Autre vin goust ne nous ara »...
> (éd. citée, v. 28-37).

Le passage par sa construction énumérative rappelle le genre des « cris de Paris » que le fabliau s'est comme approprié ici. La dame prend les poses et le discours d'un crieur de vin, ajoutant encore à cet effet de polyphonie qui tient une place importante dans la théorie carnavalesque de Bakhtine[57].

56 M. Bakhtine, *L'œuvre de François Rabelais*, *op. cit.*, p. 165. Cette image de la taverne comme un lieu où on mange des tripes, où l'on boit, où il y a des filles perdues se répète souvent. Comparez, par exemple, avec cette taverne du XIIe siècle, tiré du *Garin le Loheren* d'un certain Jehan de Flagy : « En la taverne isnelement s'en vint. / Iluec trova Manüel Galopin / Lez le tonel, en sa main .iii. dez tint, / Et .iii. putains, tez estoits ses deliz, / Et .i. ribaut qui les tripes rostit, / A lui cinquieme qui i voient al vin. » (Josephine Elvira Vallerie, *Garin le Loheren, According to Ms. A (Bibliothèque de l'Arsenal 2983), with Text, Introduction, and Linguistic Study*, Ann Arbor, Michigan, Edwards Brothers, 1947, p. 296).

57 Voir Natalia Dolgorukova, « Les cris de Paris ou "la publicité médiévale". De la fonction sociale à la fonction littéraire », dans *Le Texte médiéval dans le processus de communication*, Paris, Classiques Garnier, 2019, p. 361-373.

Dans la suite des libations copieuses, la mention d'une autre nourriture apparaît, celle des « oublées » :

Et li dist : « Va nous aporter
Pour nos testes reconforter
De la garnache iii chopines,
Et de tost revenir ne fines,
S'aporte gaufres et oublées… »
(éd. citée, v. 83-87).

Le terme « oublées » désigne un « pain azyme » ou « une hostie non encore consacrée », donc une « sorte de gaufre, oublie[58] » ou, selon le dictionnaire de Godefroy, un « petit gâteau dont on se servait pour l'office divin[59] ». L'association de cette variété de pain et de la taverne procède d'une volonté de désacralisation puisque l'espace profane se voit substitué à l'espace sacré, conformément au motif traditionnel de la taverne comme église renversée. Ce type d'opposition trouve une expression particulièrement forte dans la suite du fabliau avec la vision déplorable des trois dames ensanglantées et inconscientes, semblables à des mortes-vivantes[60] :

Car n'avoient sens ne pooir
D'eles tant ne quant remuer,
Qui jà les vousist partuer ;
Pour mortes les tenoient toutes.
Testes et mains avoient routes
Et touz sanglens cors et, visages.
[…]
Et leur chetis barons cuidoient
Qu'il fussent em pelerinage,
Quant uns preudons de leur visnage
Vint là qui bien les reconnut
Au cors que chascunė ot tout nut ;
[…]
Quant il ont leur fames trouvées
Gisant, nues et desrobées,
Comme merdes enmi la voie.

58 « Dictionnaire du Moyen Français », « https://www.cnrtl.fr/definition/dmf/OUBLIE1 » (consulté le 24/4/2022).

59 Frédéric Godefroy, « Dictionnaire de l'ancienne langue française et de tous ses dialectes, du XIe au XVe siècle », t. V, p. 663, « *http://micmap.org/dicfro/search/dictionnaire-godefroy/oublee* » (consulté le 24/4/2022).

60 *Cf.* A. Corbellari, *Des fabliaux et des* hommes, *op. cit.*, p. 42.

N'est hons, s'il veult, qui ne les voie
Par tout, et en coste et en mi...
(éd. citée, v. 190-211).

Le passage se construit une fois encore sur le motif du renversement : les femmes dont les maris les croient parties en pèlerinage, se retrouvent exposées nues sur la voie publique. Et le dénouement de l'aventure ne manque pas d'un certain didactisme avec les motifs, associés au « bas corporel », de la reconnaissance ironique des dames par leurs corps nus, et de la comparaison de celles-ci avec la merde, la pourriture des corps gorgés de vin qui sort par tous les trous :

N'onques ne murent pié ne chief
Si furent au moustier portées Des Innocents et enterrées,
L'une sur l'autre, toutes vives.
Hors leur sailloit par les gencives
Li vins, et par touz les conduis.
[...]
Elles n'odoient pas encens...
(éd. citée, v. 222-228).

Mais, par-delà ce final déceptif, la gaieté de la taverne des *Trois dames de Paris*, comme toutes les tavernes parisiennes, selon J. Dufournet, n'est pas entachée de tristesse. Car, comme le souligne à juste titre Alain Corbellari, « les trois femmes [...] n'ayant visiblement rien appris de leur mésaventure, nous empêchent de prendre au sérieux cette histoire de "morts-vivants"[61] ». Aussi, plutôt que de qualifier la taverne parisienne de totalement gaie ou de totalement triste, il est préférable de voir en elle une dimension carnavalesque qu'elle partage avec les textes des Goliards et où, à travers les jeux de retournement et de substitution, l'écriture gagne en vitalité et en puissance.

En guise de conclusion à cette étude, il convient de s'arrêter quelque peu sur deux tavernes macaroniques du XIIIe siècle, l'une tirée de la *Patrenostre du Vin*, l'autre de *Des fames, des dez et de la taverne*. La *Paternostre du Vin*, intitulée aussi *La Paternostre aus gouliardois* dans le ms A[62], et

61 *Ibid.*
62 Voir une brève histoire des mss. de ce texte dans *Parodies de thèmes pieux dans la poésie française du Moyen Âge : Pater – Credo – Ave Maria – Laetabundus*, textes critiques précédés

composée par auteur anonyme picard du XIIIe siècle, est la pièce qui présente « le plus de ressemblance avec la poésie goliardique[63] ». À l'instar de *In taberna quando sumus*, cette *Paternostre* fournit un bel exemple de la *parodia sacra* et de l'opposition, chère aux Goliards, de la taverne et du « *moustier* », deux termes unis en un même vers dans le passage suivant :

> Qui premiers en taverne entra
> Preudom fu et de sainte vie ;
> La gloire Dieu a deservie,
> Sire Dieus, et tu le reçois
> *Sicut et nos.* Je vois ainçois
> En la taverne qu'au moustier
> (éd. citée, v. 36-41)[64].

Un autre poème macaronique anonyme du XIIIe siècle, mi-français mi-latin intitulé *Des fames, des dez et de la* taverne, entre, lui, en parfaite résonance avec *Courtois d'Arras* et la taverne arrageoise. Tous les ingrédients de la taverne où pénètre Courtois sont présents en effet : « Femes, dez et taverne trop *libenter colo*[65] », annonce le personnage principal qui finit, comme le héros du jeu, par perdre tous ses biens, si ce n'est qu'il reste fidèle à trois choses indispensables sur lesquelles il conclut avec humilité :

> Il n'a homme an cet monde, tant soit *ditissimus*,
> Se de femes servit soit *ferventissimus*,
> Taverne en geu de dez, soit en *certissimus*,
> C'an la fin ne soit povres *atque miserrimus* :
> *Alea, vina, Venus, tribus hiis sum factus egenus*[66].

Dans la ville médiévale, comme dans la littérature médiévale, deux espaces se confrontent et s'opposent : celui, sacré de l'église, celui, profane de la taverne, véritable temple renversé aux traits carnavalesques, qui deviendra le lieu emblématique de la ville dans les textes plus tardifs où les tavernes parisiennes et arrageoises s'inscrivent dans un espace

d'une introduction, éd. Eero Ilvonen, Helsingfors, Imprimerie de la Société de littérature finnoise, 1914, p. 115-116.

63 *Ibid.*, p. 116.

64 *Ibid.*, p. 119.

65 Veikko Väänänen, *Recherches et récréations latino-romanes*, Bibliopolis, Napoli, 1981, p. 370.

66 *Ibid.*

urbain plus large avec le Moustier des Innocents des *Trois Dames de Paris* ou l'église Saint-Nicolas du *Jeu de la Feuillée* dont les clochettes retentissent dans la ville d'Arras.

Natalia Dolgorukova
Université nationale de recherche
École supérieure d'économie (Moscou)

LE PRINCE ET L'*ETHOS* MARCHAND DANS LA LITTÉRATURE CURIALE DES ANCIENS PAYS-BAS

La littérature curiale des Anciens Pays-Bas, entre le milieu du XVe siècle et le milieu du XVIe siècle, est le témoin d'un phénomène fondamental pour l'étude du pouvoir et des rapports de force dans cet espace européen. Le portrait du prince tardo-médiéval s'enrichit d'éléments issus de la culture marchande urbaine. Le prince apparaît désormais comme l'ordonnateur et le régulateur de l'économie de ses pays, s'immisçant dès lors symboliquement dans un champ d'activité habituellement réservé aux sujets urbains.

Ces nouvelles caractéristiques du portrait princier s'ajoutent à celles déjà existantes. Le prince médiéval incarnant les vertus cardinales (Prudence, Tempérance, Force, Justice)[1] est toujours présent car il demeure un outil légitimant très puissant. Les miroirs du prince qui sont produits et recopiés à la cour de Bourgogne puis dans celle des premiers Habsbourg entretiennent cette image, à laquelle s'ajoute un imaginaire chevaleresque et croisé que le prince prétend incarner à la perfection, notamment au sein de son Ordre de la Toison d'Or.

L'historiographie de la période bourguignonne a montré que la conception du pouvoir véhiculée par les Miroirs du prince est concurrencée par la culture politique des sujets urbains. Ceux-ci perçoivent en effet le pouvoir comme quelque chose de partagé et de contractuel entre eux et le prince. Ce pouvoir est, qui plus est, lié à l'idée de naturalité, tant du prince que des sujets, et à celle du Bien Commun, c'est-à-dire les intérêts économiques des sujets[2]. À force de vivre à côté et en lien avec le

---

1 Voir, en général pour le XVe siècle et parmi une immense bibliographie, *Le Prince au miroir de la littérature politique de l'Antiquité aux Lumières*, Frédérique Lachaud, Lydwine Scordia dir., Rouen-Le Havre, Publications des Universités de Rouen et du Havre, 2007 ; Joël Blanchard, Jean-Claude Mühlethaler, *Écriture et pouvoir à l'aube des temps modernes*, Paris, PUF, 2002, p. 7-32.

2 Les traits principaux de cette culture sont présentés dans Jan Dumolyn, Jelle Haemers, « Political Poems and Subversive Songs. The Circulation of "Public Poetry" in the Late

monde urbain, et aussi de lutter avec celui-ci, les ducs de Bourgogne et leur entourage curial ont adopté certains traits de cette culture politique urbaine[3]. C'est-à-dire qu'ils ont intégré et accentué, notamment dans leurs discours, des mots et valeurs issus de l'*ethos* urbain.

La période qui s'étend *grosso modo* de la mort de Charles le Téméraire (5 janvier 1477) à la paix de Cadsand (1491) connaît l'apex de cette intégration, donnant naissance à une culture de gouvernement fondée sur le compromis (nécessaire) entre les cultures des deux groupes, en d'autres termes, à une culture du compromis social. Durant cette période, les villes parviennent à imposer le respect de leurs privilèges et à obtenir une place dans le gouvernement central des Anciens Pays-Bas, tandis que le prince et ceux qui l'entourent cèdent car ils ont besoin du concours financier des villes dans leur guerre contre la France[4]. La paix de Senlis avec la France (1493) suivie de l'émancipation politique de Philippe le Beau et de son mariage avec l'héritière des couronnes espagnoles (1496) renforce à nouveau le pouvoir princier. La formation de la monarchie des Habsbourg, suite à l'acquisition des couronnes espagnoles (Castille, 1506 ; Aragon, 1516), fait accéder le prince et le groupe dirigeant (les parents du prince, les grands, les membres des hôtels et de l'administration de l'état) à une autre échelle de pouvoir, européenne et atlantique, alors que dans le même temps la puissance des villes s'amenuise. Le compromis avec la culture urbaine n'est donc plus à ce point nécessaire[5].

La période étudiée dans les pages qui suivent est ainsi le témoin d'une utilisation en deux temps des mots et valeurs urbains : dans le dernier

---

Medieval Low Countries », *Journal of Dutch Literature*, t. 5/1, 2014, en ligne, URL : « http://www.journalofdutchliterature.org/index.php/jdl/article/view/1/1 » (consulté le 24/4/2022).

3 Élodie Lecuppre-Desjardin, « La ville. Creuset des cultures urbaine et princière dans les anciens Pays-Bas bourguignons », dans *La Cour de Bourgogne et l'Europe. Le rayonnement et les limites d'un modèle culturel. Actes du colloque international tenu à Paris les 9, 10 et 11 octobre 2007*, Werner Paravicini, Torsten Hiltmann, Franck Viltart dir., Ostfildern, Thorbecke, 2013, p. 289-304.

4 Wim Blockmans, « Autocratie ou polyarchie ? La lutte pour le pouvoir politique en Flandre de 1482 à 1492, d'après des documents inédits », *Bulletin de la Commission royale d'Histoire*, t. 140, 1974, p. 257-368 ; Jean-Marie Cauchies, *Philippe le Beau. Le dernier duc de Bourgogne*, Turnhout, Brepols, 2003, p. 8-23 ; Jelle Haemers, *For the Common Good. State Power and Urban Revolts in the Reign of Mary of Burgundy (1477-1482)*, Turnhout, Brepols, 2009, p. 262-269 ; *Id.*, *De strijd om het regentschap over Filips de Schone. Opstand, facties en geweld in Brugge, Gent en Ieper (1482-1488)*, Gand-Bruges, Academia Press, 2014.

5 Voir Jonathan Dumont, « Burgundian-Habsburg Monarchic Culture between the Low Countries and the Spanish Kingdoms (1501-20) », *Bibliothèque d'Humanisme et Renaissance*, t. 82, 2020/1, p. 25-64.

quart du XVe siècle, il s'agit plutôt d'une nécessité liée au rapport de force équilibré entre prince et villes ; ensuite, au début du XVIe siècle, on assiste plutôt à l'instrumentalisation l'*ethos* urbain afin de légitimer la domination retrouvée du prince sur les Anciens Pays-Bas. Cette appropriation symbolique donne naissance à un discours qui présente le prince comme le principal agent économique de ses pays, et ce au détriment des acteurs urbains. Et si, dans la littérature curiale, certains pans de l'*ethos* urbain passent d'un statut ignoble à un statut honorable, c'est à cause de cette appropriation symbolique des valeurs urbaines qui accompagne l'autocratisme princier renaissant.

DU DÉDAIN À L'ASSIMILATION DES VALEURS URBAINES

Au XVe siècle, dans la littérature de la cour de Bourgogne, le rôle économique du prince est avant tout d'assurer la paix, de rendre la justice à chacun selon son droit, d'assurer la stabilité des monnaies, et de respecter et faire respecter les privilèges économiques et fiscaux de ses sujets. Ainsi, les serments prononcés par les ducs de Bourgogne lors de leurs Joyeuses Entrées contiennent ainsi systématiquement des clauses visant à assurer cette *pax economica*[6]. Par ailleurs, la sphère économique ducale demeure souvent domestique. Elle est circonscrite au domaine et à l'Hôtel princiers, lesquels doivent permettre au prince de « vivre du sien » et donc de ne pas s'endetter auprès de ses sujets

6 Voir, par exemple, *L'entrée et les funérailles*, dans Henri Chabeuf, *Charles le Téméraire à Dijon en janvier 1474. Relations officielles, avec introduction*, Dijon, Société bourguignonne de Géographie et d'Histoire, 1903, p. 275-276 [Joyeuse Entrée de Charles le Téméraire à Dijon le 23 janvier 1474], ou Jean Brandon, *Chronique*, dans *Chroniques relatives à l'histoire de la Belgique sous la domination des ducs de Bourgogne*, éd. Joseph B.M.C. Kervyn de Lettenhove, t. I, Bruxelles, Commission royale d'histoire, 1870, p. 7-9 [privilèges confirmés à Gand par Philippe le Hardi à la suite du traité de Tournai, 18 décembre 1385] ; George Chastelain, *Chroniques*, dans *Id.*, *Œuvres*, éd. Joseph B.M.C. Kervyn de Lettenhove, t. I, Bruxelles, Commission royale d'histoire, 1863, p. 66-67 [Joyeuse Entrée de Philippe le Bon à Lille, 24 juin 1420] ; Jean de Haynin, *Mémoires. 1465-1477*, éd. Dieudonné Brouwers, t. II, Liège, 1906, p. 8 [Joyeuse Entrée de Charles le Téméraire à Mons, 1468]).

en levant des taxes. L'endettement est en effet toujours perçu comme un péché, tandis qu'un prince riche est craint de ses ennemis et que son alliance est recherchée[7]. Il faut ajouter à ceci que la maison de Bourgogne doit une partie de son succès à une richesse qu'elle prétend assise sur la saine gestion de son patrimoine, et ce par comparaison avec les maisons qui l'ont précédée dans les Anciens Pays-Bas[8]. Il s'agit d'une stratégie politique à deux niveaux. Dans le royaume de France, les ducs se présentent comme les champions de l'anti-fiscalisme afin de s'attirer les bonnes grâces des bourgeois dont ceux de Paris[9], tandis que, dans les Anciens Pays-Bas, tout en affirmant leur volonté de « vivre du sien », ils mettent en place des impôts permanents par le biais d'une négociation institutionnalisée avec leurs sujets, via les États généraux et régionaux[10].

Lorsque la littérature curiale évoque plus spécifiquement la production et l'échange de biens, c'est souvent avec le mépris caractéristique de l'*ethos* nobiliaire[11]. On en trouve l'expression dans le *Traictié de la cause de la diversite des estaz* (*ca* 1420) de Laurent Pignon, confesseur de Philippe le Bon. L'auteur y reproduit la hiérarchie sociale extrêmement rigide et inégalitaire des trois ordres et son mépris pour toute forme de travail (*il n'est estimacion aucune*)[12]. La littérature bourguignonne manifeste également une grande méfiance à l'égard des artisans et des

7 Hugues de Lannoy, *L'Instruction d'un jeune prince*, dans *Id.*, *Œuvres*, éd. Charles Potvin, Louvain, Lefever, 1878, p. 396-397, livre une synthèse assez complète de ce mode de pensée. Cette théorie politique est décrite, pour la France, par Lydwine Scordia, *« Le roi doit vivre du sien ». La théorie de l'impôt en France (XIIIe-XVe siècles)*, Paris, Institut d'Études Augustiniennes, 2005.

8 C'est la thèse développée par Robert Stein, *Magnanimous Dukes and Rising States. The Unification of the Burgundian Netherlands, 1380-1480*, Oxford, Oxford U.P., 2017, en particulier p. 103-114.

9 Sur le programme anti-fiscal des ducs, voir Laurent Tournier, « Jean Sans Peur et l'Université de Paris », dans *Paris, capitale des ducs de Bourgogne*, Werner Paravicini, Bertrand Schnerb dir., Ostfildern, Thorbecke, 2007, p. 299-318.

10 Sur la mise en place de la fiscalité bourguignonne, voir Robert Stein, *Magnanimous Dukes*, *op. cit.*, p. 226-254.

11 Les principales caractéristiques de ce discours sont exposées par Jan Dumolyn, « *Le Povre peuple estoit moult opprimé.* Elite Discourses on "The People" in the Burgundian Netherlands (Fourteenth to Fifteenth Centuries) », *French History*, t. 23/2, 2009, p. 171-192.

12 Laurent Pignon, *Traictie de la cause de la diversite des estaz*, dans Arie J. Vanderjagt, *Laurens Pignon, op, confessor of Philipp the Good. Ideas on juridiction and the estates including the texts of his treatises and Durand of St. Pourçain's* De origine jurisdictionum, Venlo, J. Miélot, 1985, p. 181, 185.

marchands. Dans le *Doctrinal du temps présent* (1466) de Pierre Michaut, offert à Philippe le Bon, ceux-ci sont accusés de surévaluer leurs prix et d'utiliser des matériaux de mauvaise qualité afin d'augmenter leur marge bénéficiaire[13]

Le conservatisme social qui s'exprime dans cette littérature, écrite au sein de l'une des régions d'Europe les plus urbanisées et commerçantes, s'explique pour partie par le fait que tout au long du XVe siècle les ducs de Bourgogne voient constamment leur position menacée par les révoltes urbaines. L'agressivité et le mépris sont donc des armes au sein d'une lutte discursive et symbolique qui se superpose à la lutte politique et militaire[14].

Suivant ce qui a été exposé ci-dessus, le changement d'attitude du groupe dirigeant vis-à-vis du langage et des valeurs urbaines se situe autour des dernières décennies du XVe siècle. La période correspond à une remise en cause extérieure (guerre avec la France) et intérieure (réclamations des sujets) du contrôle des ducs et de leurs successeurs Habsbourg sur les Anciens Pays-Bas, ce qui conduit le groupe dirigeant à transiger avec les sujets et à leur laisser une place dans le gouvernement central. Le Grand Privilège du 11 février 1477 constitue certainement le document le plus essentiel marquant l'accession des sujets au gouvernement[15]. Nombre de textes émis par les gouvernants au cours de cette période rendent compte de l'importance politique accordée aux sujets, comme par exemple une lettre de Marie de Bourgogne et Marguerite d'York à destination de la ville de Mons (janvier 1477) dans laquelle toutes deux annulent les impôts créés par Charles le Téméraire, « par

13 Pierre Michaut, *Le Doctrinal du temps présent*, éd. Thomas Walton, Paris, Droz, 1931, p. 103, v. 345-360 : « Vous, doncq, marchans, faulsez voz marchandises / Et si vendez qui pro quo, c'est le droit. / Ne vous chaille de ces vieilles franchises ; / Il fault que tout soit faulsé orendroit. / Bien tard auroit grans richesses conquises / Qui loyalment tout marchander vouldroit ; / Si fault trouver nouvelles entreprises, / Ou autrement marchander ne fauldroit. / Gens de mestiers, ruez vous sur ce pas / Et entendez comme le vous expose ; / Chascun en soy ymagine son cas, / Et de faulser son ouvraige propose. / Ainsi faisant, aurez richesse a tas. / Transicion en ce point le dispose, / Et, que plus est, vous ne mendirez pas, / Car c'est a gens grant honte et laide chose ».

14 Il serait pourtant faux de dire que toute la culture curiale bourguignonne méprise les sujets urbains. Le chroniqueur Jean de Wavrin fournit un bel exemple de compréhension par le milieu curial des motivations des sujets urbains. Voir Jonathan Dumont, « Définir et organiser la mosaïque sociale : les trois ordres dans les *Croniques* de Jean de Wavrin », dans *L'Art du récit à la cour de Bourgogne. L'activité de Jean de Wavrin et de son atelier*, Jean Devaux, Matthieu Marchal dir., Paris, Honoré Champion, 2018, p. 63-68, ici p. 79.

15 Voir *1477. Het algemene en de gewestelijke privilegiën van Maria van Bourgondië voor de Nederlanden*, éd. Wim Blockmans, Courtrai-Heule, UGA, 1985.

l'advis des seigneurs de nostre sang estans lez nous, des gens de nostre grant conseil et des gens des trois estas des païs de par deçà[16] ».

Cependant, les décennies 1470, 80 et 90 correspondent à des changements économiques majeurs qui affectent la puissance des villes[17]. Au début du XVIe siècle, l'appauvrissement des villes du sud, résultant de ces changements, déstabilise l'équilibre des forces entre prince et sujets. La capacité d'opposition des villes au pouvoir princier s'amenuise alors que la puissance princière s'accroît. Le prince et le groupe dirigeant sortent du champ qui est le leur pour empiéter politiquement et symboliquement sur l'économie urbaine. La création d'une sayetterie à Mons en 1481 par Marie et Maximilien en vue de concurrencer Arras récemment prise par les Français illustre bien ce phénomène[18] : le prince s'investit ici directement dans l'activité économique et est loué pour cela. Cette captation du champ d'activité réservé aux sujets urbains suscite des critiques de leur part. On peut évoquer par exemple un texte d'avril 1488 écrit par le juriste gantois Guillaume Zoete et dans lequel celui-ci critique la gestion économique et financière de Maximilien, tentant de renvoyer ce prince à son champ d'activité traditionnelle, la guerre[19].

---

16 Marie de Bourgogne, Marguerite d'York, *Lettre aux prévôt, échevins et habitants de Mons* [...], 24 janvier 1477, dans Léon-Prosper Gachard, *Analectes historiques*, sér. 1-4, n° 59, Bruxelles, Hayez, 1856, p. 155-157, ici p. 156.

17 Par rapport au déclin économique dans le sud des Anciens Pays-Bas et à l'essor d'Anvers, supplantée ensuite par Amsterdam en tant que centre commercial et financier, voir Jim L. Bolton, Francesco Guidi Bruscoli, « When did Antwerp replace Bruges as the Commercial and Financial Centre of North-Western Europe ? The Evidence of the Borromei Ledger for 1438 », *Economic History Review*, t. 67, 2008, p. 360-379 ; Karel Davids, *The Rise and Decline of Dutch Technological Leadership Technology, Economy and Culture in the Netherlands, 1350-1800*, Leyde-Boston, Brill, 2008, p. 34, 123-124 ; Bert De Munck, « Skills, Trust, and Changing Consumer Preferences : The Decline of Antwerp's Craft Guilds from the Perspective of the Product Market, c. 1500-c. 1800 », *International Review of Social History*, t. 53, 2008, p. 197-233 ; Raymond van Uytven, « Stages of Economic Decline : Late Medieval Bruges », dans *Peasants & Townsmen in Medieval Europe*. Studia in honorem *Adriaan Verhulst*, Jean-Marie Duvosquel, Erik Thoen dir., Gand, Snoeck-Ducaju & Zoon, 1995, p. 259-269.

18 Jean-Marie Cauchies, *La Législation princière pour le comté de Hainaut. Ducs de Bourgogne et premiers Habsbourg (1427-1506). Contribution à l'étude des rapports entre gouvernants et gouvernés dans les Pays-Bas à l'aube des temps modernes*, Bruxelles, Publications des Facultés universitaires Saint-Louis, 1982, p. 448-449.

19 Jan Dumolyn, Jelle Haemers, « "Les bonnes causes du peuple pour se révolter". Le contrat politique en Flandre médiévale d'après Guillaume Zoete (1488) », dans *Avant le contrat social. Le contrat politique dans l'Occident médiéval, XIIIe-XVe siècle*, François Foronda dir., Paris, Sorbonne Université Presses, 2011, p. 327-346.

Vers 1500, le renforcement du pouvoir central semble toutefois déjà si fort que les villes ne peuvent s'opposer à ce phénomène de captation symbolique. Le texte curial qui, au cours de cette période, rend le mieux compte de cette capture de l'*ethos* urbain par le groupe dirigeant est probablement le récit de la Joyeuse Entrée de Charles de Habsbourg à Bruges (18 avril 1515)[20]. Intitulé *La Tryumphante et solemnelle entree*, ce texte a été commandé de concert par la cour et par les autorités brugeoises au rhétoriqueur Rémi Dupuis[21]. Toutefois, l'ancrage curial du texte demeure très fort, l'auteur agissant en effet en tant que « cronicqueur et istoriographe des maisons d'Austriche et de Bourgoingne », ses rapports étroits avec Marguerite d'Autriche sont avérés[22]

La description de l'échafaud dressé par les bouchers et les poissonniers dans la « Ridderstraat » rend parfaitement compte du phénomène de captation symbolique ici à l'œuvre. Deux montagnes ont été montées sur l'échafaud. Sur celle de droite se trouve le comte Louis de Male au pied d'une statue de la Sainte Vierge, au-dessus de lui on voit une prairie où paissent des bœufs et des moutons. Sur l'autre montagne se tiennent le roi Assuérus et la reine Esther, et au-dessus d'eux une scène figurant des poissons et des créatures marines[23]. Les montagnes sont les *deux piliers d'or* sur lesquels la richesse de Bruges est bâtie, soit les biens terrestres transformés par le savoir-faire des gens de métiers, puis échangés grâce au commerce maritime[24]. Dupuis estime ici le *negotium* qui était honni par un Laurent Pignon au milieu du XVe siècle. Il déclare

---

20 Sur le texte de Dupuis, voir Jonathan Dumont, « Au creuset des transitions littéraires et politiques. *La Tryumphante et solemnelle entree* de Rémi Dupuis », dans *Les Lettres médiévales à l'aube de l'ère typographique*, Renaud Adam, Jean Devaux, Nadine Henrard, Matthieu Marchal, Alexandra Velissariou dir., Paris, Classiques Garnier, 2020, p. 149-166.

21 Sur les liens entre le texte de Dupuis et la culture urbaine, voir Wim Blockmans, « Les Sujets de l'empereur », dans *Carolus. Charles Quint 1500-1558*, Hugo Soly, Johan Van De Wiele dir., Gand, Snoeck-Ducaju & Zoon, 1999, p. 226-283, ici p. 275-277 ; *Id.*, Esther Donckers, « Self-representation of Court and City in Flanders and Brabant in the Fifteenth and Early Sixteenth Centuries », dans *Showing Status. Representations of Social Positions in the Late-Medieval Low Countries*, Wim Blockmans, Antheun Janse dir., Turnhout, Brepols, 1999, p. 81-111.

22 Jonathan Dumont, « Au creuset des transitions littéraires et politiques », art. cité, p. 152.

23 Voir Rémi Dupuis, *La Tryumphante et solemnelle entree*, Vienne, ÖNB, Cod. 2591, f° 20r-v, pour la description de la scène par Dupuis.

24 *Ibid.*, f° 20v-21r : « [...] par la premiere, le gain revenant des innumerables mestiers qui cerchent nourriture par instrumens et operations mecanicques et terriennes [...] par la seconde montaigne, j'entends les grandes richesses et proffitz qui sourdent de la mer et marchandie portee sur icelle ».

par exemple que la richesse est supérieure à la pauvreté car elle permet d'acquérir les vertus et les connaissances du monde[25]. Le chroniqueur condamne également l'oisiveté et suggère de contrôler des pauvres sans emplois (« povreté est ennemye de touttes bonne meurs »)[26]. Il s'agit là d'un discours qui vante surtout la vie et les valeurs, non pas de toutes les franges de la population urbaine, mais avant tout de celles formant la riche bourgeoisie et l'édilité, groupe social très sensible aux images de déclassement, d'indigence et de pauvreté.

Cependant, pas question ici pour le prince de faire totalement sien l'*ethos* urbain. Il ne peut devenir un marchand ou un commerçant car ces catégories sociales restent considérées comme inférieures. Il devient celui qui permet à ses sujets de s'enrichir et donc d'être capable de soutenir le gouvernement princier en payant l'impôt[27]. Ainsi, si le groupe dirigeant valorise les valeurs urbaines c'est d'abord parce que le prince a besoin de ses sujets urbains pour financer sa politique hégémonique européenne[28]. Dupuis ménage les marchands et l'édilité urbaine brugeoise, groupes concurrents-partenaires du groupe dirigeant, à un moment crucial où la monarchie des Habsbourg est en train de s'installer dans de nouveaux territoires (les Espagnes) et d'acquérir de nouvelles fonctions (le titre impérial).

Dans le même temps, ce texte rend compte des velléités du groupe dirigeant de réduire la participation politique des villes dans le gouvernement central, remettant en cause le compromis issu des décennies 1470, 80 et 90. Dupuis affirme en effet que le salut de Bruges repose sur les épaules de Charles. Lui seul aurait le pouvoir et les moyens de rétablir la prospérité de la cité[29] car son rôle est de soutenir les faibles et les pauvres, et de les enrichir[30]. Pour ce faire, Bruges et par extension les autres villes des Anciens Pays-Bas doivent accepter leur dépolitisation.

---

25 *Ibid.*, f° 49v-50r : « [...] les vertus et sciences suyvent richesse, en tant qu'elle est instrument et moyen necessaire pour icelles acquerir, comme l'on voit par experience les riches estre mieulx nourris et trop plus facilement parvenir à toutte noble et excellente perfection que les povres [...] ».

26 *Ibid.*, f° 49r.

27 *Ibid.*, f° 50r : « Daventage – et ce qui faict mieulx à propos – peulent les riches subjectz mieulx seroit leur prince, et plus legierement subvenir à ses affaires que les indigens ».

28 Geoffrey Parker, *Emperor. A new Life of Charles V*, New Haven-Londres, Yale U.P., 2019, p. 75-100.

29 Rémi Dupuis, *La Tryumphante et solemnelle entree*, éd. citée, f° 4r : « [...] pour entendre et mettre provision à sa ressource par moyens convenables et non difficiles à vostre majesté ».

30 *Ibid.*, f° 4v : « [...] et n'aprosche de riens à majesté royale qui se monstre et reluyt principalement à [...] soutenir les foibles et les povres [...] et enrichir par touttes voyes possibles ».

Cette évolution se remarque tout particulièrement à travers l'usage que Dupuis fait du thème de la roue de Fortune. Alors que dans les miroirs du prince la roue de Fortune envoie généralement un message d'humilité aux puissants[31], *La Tryumphante et solemnelle entree* l'adresse aux sujets urbains. La crise économique qu'ils vivent est due à la Fortune qui a été encouragée par la désorganisation autodestructrice des sujets. L'un des échafauds dressés dans la ville met en scène cette idée. Quatre personnages y sont assis : Bruges, Charité, Négociation et Mars. Bruges se trouve tout en bas de la roue, position figurant sa déchéance. Le prince et Marchandise se tiennent de part et d'autre de la roue[32]. Bruges est dans un état de « misere et extreme povreté ». Pour améliorer son sort, Marchandise et surtout Charles, « son prince et chief naturel », doivent actionner la roue. Or, pour que cela soit possible, le pouvoir de Marchandise doit être réduit. Dans le cas contraire, ce serait la ruine de la cité, et des villes et régions des alentours[33]. Dupuis souligne que bien que la richesse et la prospérité brugeoises reposent sur Marchandise, celle-ci ne peut être libre ; elle doit être contrôlée par son prince naturel. L'image de la roue de Fortune permet donc à Charles d'endosser pleinement le costume de régulateur économique, lequel renvoie Marchandise aux activités de production et de négoce qui sont les siennes et lui retire l'exercice du pouvoir.

---

31 Florence Buttay-Jutier, *Fortuna. Usages politiques d'une allégorie morale à la Renaissance*, Paris, Sorbonne Université Presses, 2008, surtout p. 17-29.

32 Rémi Dupuis, *La Tryumphante et solemnelle entree*, éd. citée, f° 59r-v : « L'ouverture fut faicte et leans vehue une roue doree, grande, large et moult ingenieusement divisee, envyron la circumference de laquelle estoient par egale distance l'une de l'autre quatre assietes aussy dorees et tellement attachees que les personnages seans en icelles ne mouvoient pour tourner que ladicte roue fist, ayns alloient quant et elles hault ou bas sans cliner d'ung costé ne d'aultre. En l'une d'icelles et au plus bas de ladicte roue seoit une pucelle representant la ville de Bruges. Et au-dessus estoit Chierté, une femme de villaige, seincte d'une large seincture d'argent, et à la reste acoustree et vestue trop sumptueusement pour l'estat dont elle sembloit estre. Sur son chief portoit une couronne et, au surplus, en lieu de septre tenoit en sa main ung fleau et en son bras portoit ung panier. Au mylieu de ladicte roue, ça et là, seoit d'ung costé Negotiation et, de l'autre, Mars, dieu de bataille, armé. Joignant là mesmes roue estoient ung josne adolescent en habit royal qui representoit le prince, d'ung lez et de l'autre, Marchandie, lesquelz deux personnages conduysoient icelle roue et, par y mectre la main seulement, la faisoient tourner et changier le lieu desdictes assietes et consequemment l'estat desdictz quatre personnages seans sur icelle ».

33 *Ibid.*, f° 59v-60r : « […] en main de qui seul est la totale direction et le povoir de la redresser moyennant reduction de Marchandie, sans laquelle elle tendt à prochainne et perpetuelle ruyne, qui tirera quant et elle à neant la felicité et puissance de plusseurs ses voisines ».

Le texte de Rémi Dupuis rend compte du changement d'attitude du groupe dirigeant face à aux valeurs urbaines : considérées comme infamantes au XVe siècle, celles-ci sont, vers 1500, en partie intégrées au système de valeurs curial. Cependant, cette assimilation s'inscrit dans une ambition de contrôle accru de l'économie urbaine par le prince et le groupe dirigeant, qui révèle l'autocratisation du pouvoir dans les Anciens Pays-Bas. Sujets et terres doivent être économiquement utiles au prince, et si cette ambition existait déjà au siècle précédent, elle devient désormais réalisable à cause du rapport de force désormais totalement déséquilibré entre prince et sujets. Et cette ambition passe d'abord par une distinction entre sujets utiles et inutiles.

DISTINGUER LES SUJETS UTILES ET INUTILES

En absorbant certaines valeurs du monde urbain, la littérature curiale des Anciens Pays-Bas construit aussi un imaginaire du bon sujet qui travaille et produit des richesses (édiles, marchands, guildes) et du mauvais sujet au chômage, donc inutile et potentiellement dangereux.

Dans son *Estrif de Fortune et de Vertu* qu'il dédie à Philippe le Bon (1447-1448), Martin Le Franc propose déjà cette catégorisation du monde urbain. Parmi la « multitude de poeuple », il distingue trois groupes : les « laboureurs », les « mechaniques et artisans », et les « chevaliers et gardes[34] ». Marchands et artisans appartiennent ici à une catégorie honorable, pas les paysans. Il y a manifestement chez Le Franc une volonté de rehausser symboliquement les catégories socio-économiques urbaines sur lesquelles le pouvoir ducal s'appuie fiscalement[35].

---

34 Martin Le Franc, *L'Estrif de Fortune et de Vertu*, éd. Peter F. Dembowski, Genève, Droz, 1999, p. 264-265.

35 Des subdivisions proches se retrouvent tout au long du XVe siècle bourguignon, comme dans *Le Livre du corps de Policie* de Christine de Pizan, où le peuple est divisé en trois groupes d'importance décroissante : 1. les clercs, étudiants et hommes de sciences ; 2. les bourgeois et marchands ; 3. les laboureurs et artisans. Voir Christine de Pizan, *Le Livre du corps de Policie*, éd. Robert H. Lucas, Genève, Droz, 1967, p. 176. Voir aussi, dans la traduction française de la *Cyropédie* de Xénophon offerte à Charles le Téméraire (1470) par Vasque de Lucène, Danielle Gallet-Guerne, *Vasque de Lucène et la Cyropédie à la cour*

De telles catégorisations sont bien sûr instrumentales. Il s'agit d'exalter à travers elles la puissance d'un prince qui possède des terres et des villes peuplées de sujets de qualité. Ceci se lit très bien dans la description du siège de Neuss (1474-1475) par Jean Molinet. Le camp ducal devant Neuss prend la forme d'une ville miniature, « comme en Bruges ou Gand[36] », où s'affairent tous les corps de métiers. Charles le Téméraire a par sa seule volonté créé de toutes pièces une ville et l'a peuplée de sujets compétents et utiles à sa cause[37].

Les auteurs curiaux transforment en quelque sorte les sujets urbains en véhiculant des besoins princiers. Ceci apparaît de manière éclatante dans le *De subventione pauperum* (1526) de l'humaniste espagnol Juan Luis Vivès. L'auteur, ancien professeur à l'Université de Louvain et ancien protégé de Guillaume de Croÿ-Chièvres, l'éducateur de Charles Quint, y soutient que les édiles urbains doivent agir pour endiguer le chômage et la pauvreté. Un tel projet passe nécessairement, pour Vivès, par l'interdiction de la mendicité, l'identification des pauvres dans des registres et la mise en place d'un système d'apprentissage forcé[38]. Vivès souligne également que si les autorités urbaines ne peuvent mettre en place son programme, elles failliront vis-à-vis de Dieu et des humains, et mettront en péril la communauté, puisque, restant pauvres, les sans-emplois favoriseront le développement des maladies[39]. Au-delà des phantasmes sur la dangerosité et l'infectiosité des pauvres, Vivès insiste, comme Rémi Dupuis, sur le fait que les autorités urbaines devront s'en remettre à la puissance princière si elles ne parviennent pas à régler ce problème par elles-mêmes[40].

---

de Bourgogne (1470). Le traité de Xénophon mis en français d'après la version latine du Pogge. Étude. Édition des Livres I et V, Genève, Droz, 1974, p. 189.

36 Jean Molinet, *Chroniques*, éd. Georges Doutrepont, Omer Jodogne, t. I, Bruxelles, Académie royale de Belgique, 1935, p. 172.

37 *Ibid.*, p. 56-57 : « Là estoyent tous ouvriers mechanicques, grossiers, drapiers, poisonniers, especiers, parmentiers, chaussetiers, cordoanniers, chappeliers, barbiers, charpentiers, couteliers, pyonniers, cuveliers, vivendiers, manouvriers, lantreniers, candreliers et chavetiers et recouvrier de toutte chose necessaire à corpz humain, a pris raisonnable et aussy plantiveusement comme en la meilleure ville de ce pays ».

38 Le livre 2 s'ouvre sur une adresse aux dirigeants urbains pour soigner les pauvres, la pauvreté étant lue comme une maladie (Juan Luis Vivès, *De subventione pauperum*, Bruges, Hubert de Croock, 1526, f° Eii3 : *Quantopere conveniat rectori civitatis curare pauperes*).

39 Par exemple, *ibid.*, f° Gv6.

40 Le recours à la puissance du prince se marque à la fin du traité lorsque Vivès déclare que rien ne doit s'opposer à ces mesures (*ibid.*, f° Gv3).

Le calcul politique est aussi au cœur de cette démarche de catégorisation. Diviser les sujets urbains en catégories honorables et infâmes concourt à prévenir toute union entre édilité et grands marchands, d'une part, et classes prolétaires, d'autre part. Cette crainte est très présente dans les textes écrits par ou pour le groupe dirigeant, comme cette lettre adressée par Charles le Téméraire aux Gantois pour leur pardonner l'insurrection qui s'était produite lors de la Joyeuse Entrée du duc dans leur ville en juillet 1467. Charles duc révèle que l'insurrection a débuté quand le patriciat urbain et les édiles se sont alliés aux classes populaires sur la place du Marché. Le duc accorde son pardon aux patriciens en leur reconnaissant qu'ils ont été forcés de le trahir à cause de la foule enragée des « petits ». Charles sait qu'il ne peut se passer des patriciens pour gouverner Gand. Il lui faut donc feindre de reconnaître leur innocence, tout en soulignant leur différence et donc en les séparant par le discours des classes prolétariennes, lesquelles constituaient le cœur de la révolte[41].

Cette distinction entre des sujets utiles et inutiles renvoie plus généralement à une tendance à la rationalisation de l'exploitation des espaces et à l'augmentation des revenus du prince que l'on repère au cours de la période dans la littérature curiale des Anciens Pays-Bas.

RENTABILISER VILLES ET TERRITOIRES

La tendance à souhaiter rationaliser l'économie et maximiser les revenus du prince marque en effet de plus en plus la manière de penser du groupe dirigeant. Il faut lier ceci au phénomène plus général de comparaison entre les territoires formant la monarchie des Habsbourg qui commence à émerger entre la fin du XVe siècle et le début du XVIe siècle.

41 Charles le Téméraire, *Lettres par lesquelles il pardonne aux Gantois* [...], juillet 1467, dans Léon-Prosper Gachard, *Analectes*, éd. citée, sér. 5-7, 1859, p. 7-13, n° 162, ici p. 10 : « [...] notables de ladite ville se transportèrent et joindirent avec eulx sur ledit Marchié, cuidant les faire départir ; et ce non obstant, convaincus par les malvais et par la multiplication de leurs voix, ilz demourèrent avec eulx, et, en accumulant mal sur mal, conceurent certaines points et articles [...] ».

Les récits des voyages de Philippe le Beau et de Charles Quint en Espagne forment un corpus privilégié pour étudier ce phénomène[42].

Dans ces textes, les terres aragonaises et castillanes sont très souvent évaluées par les chroniqueurs. On découvre ainsi des listes, royaume par royaume, contenant le montant des taxes que le prince peut y lever. Ce systématisme comptable présent dans les chroniques révèle l'importance prise dans la culture du groupe dirigeant par une rationalité bureaucratique qui tend à rendre immédiatement utile – c'est-à-dire imposable – les royaumes espagnols[43]. C'est également dans ce contexte qu'apparaissent des remarques sur la mauvaise santé économique de certaines régions, la pauvreté de leurs populations et les remèdes à y apporter. On découvre des descriptions pathétiques qui justifient en creux le contrôle de ces territoires par le roi. Par exemple, dans sa chronique (1517-1518) du premier voyage de Charles de Habsbourg en Espagne, Laurent Vital présente la pénurie de bois en Castille comme relevant des problèmes que le roi doit gérer en mettant en place une campagne de reboisement[44].

---

42 Une description de ce corpus est livrée dans Jonathan Dumont, « Burgundian-Habsburg Monarchic Culture », art. cité, p. 32-37, et *Id.*, « "Le Lion enfin couronné". Pensée politique et imaginaire royal au cours des premiers voyages espagnols des princes de la maison de Bourgogne-Habsbourg », *Revue belge de Philologie et d'Histoire*, t. 94, 2016, p. 841-882, ici p. 844-852.

43 Chez Vital, les pays de Treceño et de Valladolid sont loués pour l'abondance de leurs ressources. Voir Laurent Vital, *Premier voyage de Charles Quint en Espagne, de 1517 à 1518*, dans *Collection des voyages des souverains des Pays-Bas*, éd. Léon-Prosper Gachard, Charles Piot, t. III, Bruxelles, F. Hayez, 1881, p. 121-122, 142. Antoine de Lalaing, chroniqueur du premier voyage de Philippe le Beau en Espagne (1501-1503), est très systématique. Il signale les villes et les lieux remarquables d'où Philippe le Beau peut espérer tirer des ressources. Voir Antoine de Lalaing, *Voyage de Philippe le Beau en Espagne*, dans *Collection des voyages*, éd. citée, t. I, 1876, p. 156 [mines du pays d'Astorga], 157-158 [Burgos], 211 [pays de Valence], 256-257 [Barcelone et son port]. Puis, il dresse les listes des revenus du souverain dans les royaumes de Valence et de Castille (*ibid.*, p. 215, 231-237). L'évaluation de la valeur fiscale des pays du roi par les chroniqueurs reflète la vitesse avec laquelle l'administration de Philippe estima les provinces castillanes. Voir Jean-Marie Cauchies, « Voyage d'Espagne et domaine princier : les opérations financières de Philippe le Beau dans les Pays-Bas (1505-1506) », dans *Commerce, Finances et Société (XIe-XVIe siècles). Recueil de travaux d'Histoire médiévale offert à M. le Professeur Henri Dubois*, Philippe Contamine, Thierry Dutour, Bertrand Schnerb dir., Paris, P.U.P.S., 1993, p. 217-244.

44 Laurent Vital, *Premier voyage*, éd. citée, p. 143 : « Il m'est advis que, si les habitans de celle contrée augioient et plantoient des arbres en plusieurs lieux, et principalement du long des rivières, où le pays et terre est moicte, qu'ilz auroient plus de bois qu'ilz n'ont : car, jà soit ce que la terre en plusieurs quartiers de Castille soit stérille, si esse trop plus grande chose que ne cuidoye ».

Les chroniqueurs construisent aussi un discours urbanistique et hygiéniste sur les villes espagnoles, qui rejoint en quelque sorte le regard que porte un Juan Luis Vivès sur les Anciens Pays-Bas. Alors qu'ils décrivent les aménagements urbains susceptibles à leurs yeux d'améliorer les villes, les chroniqueurs présentent le prince comme un maître des travaux publics, quelqu'un ayant la capacité de lancer des projets urbanistiques d'envergure. Jean Molinet, par exemple, estime que Tolède est dangereuse à cause des conditions sanitaires déplorables qui y règnent (« fort puante, infecte et dangereuse »), et, pour lui, la plupart des villes castillanes sont semblables de ce point de vue. C'est au prince d'y apporter des solutions[45].

Le discours urbanistique et hygiéniste s'adosse à la représentation médiévale du prince ordonnateur de ses pays par la loi et comme celui qui y fait régner la « police[46] ». Vers 1500, ce discours déjà ancien révèle l'ingérence croissante du prince dans la règlementation de l'espace urbain. Les travaux d'aménagement urbain (entretien des murailles, des égouts, des canaux, etc.) étaient normalement pris en charge par les communautés urbaines. Or, il arrivait parfois que ces travaux étaient retardés, voire ajournés, notamment lorsqu'une ville traversait une crise économique. Le prince se présentait alors comme un bailleur de fonds providentiel, ce qui lui permettait d'empiéter sur une part de la souveraineté urbaine. Le cas de Bruges est ici emblématique. L'une des causes de son déclin économique est liée au fait que les autorités urbaines avaient négligé l'entretien des canaux vers la mer. Lors de l'entrée de Charles à Bruges en 1515, le groupe dirigeant profite de ce facteur pour présenter, comme nous l'avons vu, une ville ayant failli à ses obligations et qui dès lors doit s'en remettre au prince pour assurer sa survie. Le discours de Rémi

45 Jean Molinet, *Chroniques*, éd. citée, t. II, 1935, p. 97. On trouve des réflexions similaires chez Antoine de Lalaing, *Voyage*, éd. citée, p. 183, 193-197, 217, 220 (dénombrement des morts de l'Hôtel en raison du climat), p. 189 (Philippe se réfugie dans un endroit frais et sain en dehors de Tolède). On en trouve aussi chez le chroniqueur anonyme du deuxième voyage de Philippe le Beau (1506), *Deuxième voyage de Philippe le Beau en Espagne, en 1506*, dans *Collection des voyages*, éd. citée, t. I, 1876, p. 387-556, ici p. 435 : réflexion générale sur la mortalité. On en trouve encore chez Laurent Vital dans le cas de Valladolid, voir Laurent Vital, *Premier voyage*, éd. citée, p. 257.

46 Une définition de la police comme l'ordonnancement du territoire de l'État dynastique par le biais d'un dispositif légal est donnée par Albert Rigaudière, « Les ordonnances de police en France à la fin du Moyen Âge », dans *Id.*, *Penser et construire l'État dans la France du Moyen Âge (XIIIe-XVe siècle)*, Paris, Comité pour l'Histoire Économique et Financière de la France, 2003, p. 285-341, ici p. 285.

Dupuis, tout comme ceux des chroniqueurs qui décrivent les royaumes espagnols, retirent aux villes l'une de leurs prérogatives majeures, l'aménagement de leur territoire

Pour mettre en valeur et aménager le territoire urbain, il faut surtout la paix et la justice que seul le prince est susceptible d'apporter. Entre la fin du XVe siècle et le début du XVIe siècle, les Anciens Pays-Bas sont le théâtre d'un durcissement des peines imposées aux populations par une justice princière qui passe de plus en plus souvent outre les prérogatives des justices locales et urbaines[47]. On peut dès lors aussi lire sous cet angle les nombreuses descriptions des villes espagnoles comme des lieux propices au crime car régies par des lois trop souples. Les chroniqueurs suggèrent que les peines doivent être durcies, à l'image de ce qui passe dans les Anciens Pays-Bas. Laurent Vital fustige par exemple le châtiment réservé en Castille aux récidivistes. Ceux-ci sont condamnés à être promenés sur un âne dans les rues et à être exhibés à la vue des habitants. Mais, pour le chroniqueur, le châtiment n'effraie pas les voleurs qui récidivent souvent. Il faudrait que, comme dans les Anciens Pays-Bas, les récidivistes aient les oreilles coupées et soient mis à mort s'ils recommencent[48].

Les textes examinés ici n'appartiennent pas à une littérature urbaine au sens strict du terme, soit, pour résumer rapidement, à des textes issus du milieu urbain et qui reflètent les valeurs, croyances et aspirations des groupes sociaux qui habitent dans la ville et vivent de la ville. Ces textes sont le produit d'une culture essentiellement curiale et princière, mais d'une culture qui s'est développée à côté de, voire dans la ville, et qui compte tenu du rapport de force entre le prince et la ville à la fin du XVe siècle a été forcée de prendre en compte l'*ethos* urbain. C'est aussi une littérature qui parle de la ville, qui reflète les valeurs, croyances et aspirations que le milieu curial bourguignon et habsbourgeois projette sur la ville et ses habitants, souvent en vue de justifier une domination.

47 C'est ce que démontre, pour l'ensemble des Anciens Pays-Bas sous les ducs de Bourgogne et les Habsbourg, Robert Muchembled dans *Le Temps des supplices. De l'obéissance sous les rois absolus, XVe-XVIIIe siècle*, Paris, Armand Colin, 1980 ; ainsi que, plus récemment et sur base de données nouvelles, Aude Musin pour le comté Namur dans *Sociabilité urbaine et criminalisation étatique. Les justices namuroises face à la violence de 1363 à 1555*, Turnhout, Brepols, 2017.

48 Laurent Vital, *Premier voyage*, éd. citée, p. 182-183.

En effet, au cours de la période étudiée ici, le rejet, voire le dégoût, tardo-médiéval pour les activités artisanales et commerciales est encore présent. Cependant, la littérature curiale des Anciens Pays-Bas donne à voir une transformation notable : certains pans de l'*ethos* urbain – en particulier certaines valeurs et certains mots liés aux activités commerciales et à l'accumulation de richesses – sont prisés et aussi attribués en partie à la personne du prince. Ce dernier ne devient pas pour autant un prince-marchand. Il endosse plutôt les traits d'un organisateur et d'un régulateur économique.

L'immixtion de ces valeurs dans le portrait princier fait écho à la culture politique du compromis social qui se met en place dans les Anciens Pays-Bas entre les années 1470, 80 et 90, pour, à partir du début du XVIe siècle, être occultée par la domination croissante du prince et du groupe dirigeant sur le monde urbain. L'assimilation d'une part de l'*ethos* urbain relèverait donc dans un premier temps d'une nécessité d'adaptation du groupe dirigeant, puis dans un second temps, d'une instrumentalisation à des fins de contrôle. Émerge alors un discours construit autour des figures de sujet productif et de sujet improductif et donc dangereux, et d'une comparaison entre les territoires de la monarchie des Habsbourg à des fins de rationalisation et de renforcement du contrôle princier en matière économique, urbanistique, sanitaire et judiciaire.

Croiser l'évolution du rapport de force entre prince et sujets dans les Anciens Pays-Bas avec les thèmes et les formes du discours curial constitue donc, on l'a bien vu ici, une clé d'analyse essentielle pour aborder une littérature bourguignonne conçue dans un rapport culturel, social et spatial étroit avec le monde urbain.

Jonathan Dumont
Österreichische Akademie
der Wissenschaften
Institut für Mittelalterforschung

CHRISTINE DE PIZAN, LA REINE, LES NOBLES DAMES ET LES PARISIENNES

« Item la belle meunière, la belle bouchière, la belle charpentière et autres dames et demoiselles ; la belle herbière et celle qu'on clame la plus belle, et celle qu'on appelle belle simplement. Item damoiselle Christine de Pizan, qui dictoit toutes manières de doctrines et divers traités en latin et en français ». Ainsi s'exclame, au début du XVe siècle, Guillebert de Metz, dans sa *Description de la ville de Paris*, inscrivant l'écrivaine dans une liste de Parisiennes qui font honneur à leur ville[1]. Les études aussi bien historiques que littéraires ont mis l'accent sur le rôle de la cour, dans les écrits de Christine de Pizan, comme l'espace dans lequel s'origine la commande princière et auquel elle se destine, faisant de l'italienne devenue chambrière de la reine, une poétesse curiale, attachée aussi bien à plaire à un public courtois par l'écriture de recueils lyriques, qu'à définir, régler le gouvernement et l'action politique des princes et des princesses dans la période troublée du début du XVe siècle. La citation de Guillebert de Metz a pour intérêt de replacer l'écrivaine au sein de la ville, dans le Paris où elle aura vécu presque toute sa vie et rédigé l'essentiel de sa production avant de se retirer au couvent de Poissy. On l'associe, pourtant, plus volontiers à une autre ville, une autre construction architecturale : celle, allégorique, conceptuelle et livresque de la *Cité des Dames* qu'elle érige en forteresse défensive contre les discours misogynes, en la peuplant des femmes exemplaires de tous les temps[2]. Si la critique a amplement cerné les principes et les enjeux de cette cité

1 Guillebert de Mets, *Description de la ville de Paris 1434* : Medieval French Text with English Translation, Evelyn Mullally éd., Turnhout, Brepols, 2015 (Textes vernaculaires du Moyen Âge, 14).

2 Nous renvoyons à l'édition de Earl Jeffrey Richards, avec traduction italienne de Patrizia Caraff, *La Città delle Dame*, Milano, Luni Editrice, 1998. Sur la ville dans la *Cité des Dames*, voir Bernard Ribémont, « De l'architecture à l'écriture : Christine de Pizan et la *Cité des*

idéale, elle s'est attachée dans une moindre mesure à distinguer dans les textes de l'écrivaine la présence matérielle de la ville, les différentes forces, économiques, sociales et culturelles qui l'organisent, ainsi que leurs interactions avec la cour[3].

Pour ma part, je saisirai Christine de Pizan à l'intersection de la ville et de la cour pour tenter de définir la façon dont elle pense leurs interactions réciproques. Celle qui « dictoit toutes manières de doctrines et divers traités en latin et en français », a en effet édicté aussi de la ville et rédigé à cet effet des traités didactiques en français : *Le Livre des trois Vertus*, composé en 1405 pour Marguerite de Bourgogne[4], et en 1406-1407, *Le Livre du corps de Policie*, adressé à son époux, le duc de Guyenne[5]. Aux futurs souverains, donc, des ouvrages traitant des vertus nécessaires pour gouverner avec Paris. Pour penser sa « doctrine » de la ville, Christine s'adresse à la Cour. Travailler au bon gouvernement des princes, c'est veiller à la bonne santé du « corps de policie ». C'est se souvenir que la ville et la cour partagent le même corps, défini par Jean de Salisbury en 1159 dans son *Policraticus*. La cour, composée des nobles, en constitue la tête, les princes et les chevaliers les bras et les mains, les bourgeois et le reste du peuple, les jambes et les pieds. La ville se pense donc dans un rapport d'inclusion, d'interdépendance et de solidarité avec la cour.

Avec la question urbaine, on est, comme l'écrit Patrick Boucheron, « à mi-chemin entre le matériel et l'idéel[6] ». S'il revient à la cour d'imprimer son idée de la ville sur la ville, qu'en est-il de la matérialité

Dames, dans *La Ville : Du Réel à l'Imaginaire*, Jean-Marc Pastré dir., [Mont-Saint-Aignan], Publications de l'Université de Rouen, 1991, p. 27-35.

3 À l'exception notoire de Jacqueline Cerquiglini-Toulet, « La ville chez Christine de Pizan : de vertus, de pierres et de mots », dans *Le Verbe, l'image et les représentations de la société urbaine au Moyen Âge*, Marc Boone, Élodie Lecuppre-Desjardin, Jean-Pierre Sosson dir., Anvers-Apeldoorn, Garant, 2002, p. 17-27 ; Daisy Delogu « En quoi la ville est-elle un espace féminin et féministe ? Les corps politiques de Christine de Pizan », dans *Cités humanistes, cités politiques : 1400-1600*, Élisabeth Crouzet-Pavan, Denis Crouzet, Philippe Desan dir., Paris, PUPS, 2014, p. 89-108.

4 Christine de Pizan, *Le Livre des Trois Vertus*, éd. Charity C. Willard, avec la collaboration d'Éric Hicks, Paris, Champion, 1989.

5 Christine de Pizan, *Le Livre du corps de policie*, éd. Angus J. Kennedy, Paris, Champion, 1998.

6 *Marquer la ville. Signes, traces, empreintes du pouvoir (XIIIe-XVIe siècle)*, Patrick Boucheron, Jean-Philippe Genet dir., Paris-Rome, Publications de la Sorbonne-École française de Rome, 2013, p. 11.

de cette dernière ? N'est-elle que la cire malléable, destinée à prendre forme sous le sceau que lui impose la cour ? Ne peut-on déceler, sous la plume de l'écrivaine, en creux, en négatif du discours prescriptif, une corporéité propre à la ville, susceptible d'échapper à la cour ? La question est vaste, et afin d'y apporter quelques éléments de réponse, je prendrai pour témoin celles avec lesquelles j'ai ouvert ce propos : la Reine, les nobles dames et les Parisiennes. À travers les jeux de reflets et d'anamorphoses, de distinctions et de brouillages qu'elles entretiennent, je tenterai de mettre en évidence les interactions complexes qui structurent la cour et la ville.

Afin de montrer comment la cour, tel un sceau, tend à imprimer son image sur la ville, je prendrai pour exemple le modèle que doivent constituer les nobles dames pour les Parisiennes. Pour percevoir comment, par-delà la forme que la cour entend donner à la ville, il existe une matière propre à cette dernière, qui tend à s'affranchir de l'image qu'on lui impose, je me focaliserai cette fois sur les Parisiennes.

COHÉSION, ORDRE, REFLET
La reine et les nobles dames, modèles des Parisiennes

À l'époque où Christine de Pizan rédige ses traités, la cour et la ville, les nobles dames et les Parisiennes font partie d'un même ensemble, géographique, social et politique. La cour, au sens strict, l'ensemble des personnes de l'entourage de Charles VI et d'Isabelle de Bavière, est établie à l'Hôtel Saint-Paul, demeure royale, située au cœur de Paris. Étant donné que la cour y réside, Paris est une ville de cour[7]. Les nobles dames, incarnations féminines des valeurs courtoises, y demeurent, pour celles de la plus haute noblesse, mais également dans d'autres cours,

7 Dans « Les rois médiévaux sont-ils Parisiens ? Essai de synthèse des itinéraires royaux médiévaux de Philippe Auguste à Louis XI (1180-1483) », Boris Bove évoque une « parenthèse enchantée entre 1350 et 1420 durant laquelle Paris a été une ville de cour : pour la première fois depuis l'Antiquité, le souverain est devenu citadin [...] », *Paris, ville de cour (XIIIe-XVIIIe siècle)*, Boris Bove, Murielle Gaude-Ferragu et Cédric Michon dir., Rennes, Presses Universitaires de Rennes, 2017, p. 25-49, ici p. 48.

dans leurs châteaux, leurs manoirs, ou dans des bourgs. Par-delà leur appartenance géographique, toutes, par leur noblesse, doivent donner l'exemple aux Parisiennes, que l'on définira d'abord, de façon restrictive, comme les femmes qui vivent autour d'elles, à Paris, et qui ne sont pas forcément nobles[8]. Que ce soit pour les dames de la cour ou pour les Parisiennes, ces définitions font se croiser d'emblée catégories sociales et situations géographiques. De la cour à la ville, la Reine, les nobles dames et les Parisiennes sont liées entre elles par un lien organique, de cohésion, de solidarité, de contiguïté et d'imitation bien particulier.

Les unes et les autres appartiennent au même corps social et politique que Christine définit en reprenant au *Policraticus* la métaphore du corps humain[9]. Dans le *Livre du corps de Policie*, elle rappelle que le souverain et les princes en « tiennent le lieu du chief », les chevaliers et les nobles « le lieu des mains et des bras », et que l'ensemble des gens du peuple en « sont comme le ventre et les piez et les jambes ». La métaphore corporelle souligne l'unité, la cohésion et l'interdépendance des différents membres que constituent les trois états qui « doivent estre en une seule policie ainsi comme un droit corps vif » (*Policie* I, 1, p. 1). En découle la métaphore de la santé, procurée par la solidarité des membres entre eux, appelés à se « secourir et aidier l'un a l'autre » (*Policie* III, 1, p. 91). Le corps politique, auquel on assimilera l'ensemble que constituent la cour et la ville, est donc un espace divers, mais hiérarchisé, ordonné autour d'une bonne santé commune, assurée par « l'amour et cure » que doivent concevoir les princes et les nobles pour le peuple, et par « l'amour, reverence et obeissance » que ce dernier leur doit en retour (*Ibid.*). Mais dans ce corps politique, où sont les nobles dames et les parisiennes ? Quelle est la place des femmes ? Comme l'a reconnu Jacques Le Goff, dans *La Ville en France*

8 Sur les Parisiennes, voir *Les Parisiennes : des femmes dans la ville (Moyen Âge-XVIIIe siècle)*, Jeanne Chiron, Nathalie Grande, Ramona Herz-Gazeau, Julie Pilorget et Julie Piront dir., Arras, Artois Presses Université, 2020 ; Simone Roux, « Les Parisiennes au Moyen Âge », dans *Le Paris du Moyen Âge*, Boris Bove, Claude Gauvard dir., Paris, Belin, 2014, p. 157-172.

9 Sur cette métaphore, voir Suzanne Rameix, « Corps humain et corps politique en France. Statut du corps humain et métaphore organiciste de l'État », *Laval théologique et philosophique*, t. 54, 1998, p. 41-61 ; sur sa réutilisation par Christine de Pizan, voir Stephen H. Rigby, « The Body Politic in the Social and Political Thought of Christine de Pizan (Abridged Version). Part I : Reciprocity, Hierarchy and Political Authority », *C.R.M.H.*, t. 24, 2012, p. 461-483, Part II : « Social Inequality and Social Justice », *C.R.M.H.*, t. 25, 2013, p. 559-579 ; Karen Green et Constant J. Mews *Healing the Body Politic*, Turnhout, Brepols Publishers, 2005.

au Moyen Âge, « il est difficile [...] d'évaluer la position de la femme dans la société médiévale et, à plus forte raison [...] en milieu urbain. On ne peut que poser quelques pierres d'attente sur la voie d'une connaissance de la condition féminine dans le passé[10] ». L'historien leur consacre trois pages pour la période 1150-1350, tandis que la partie traitant des deux siècles suivants (1330-1530) les remise au chapitre des exclus, en un paragraphe intitulé « Prostitution[11]... ». Pour cette période, l'œuvre de Christine de Pizan apporte des éléments de réponse, quelques-unes de ces « pierres d'attente », à la suite de celles qui servirent à édifier la *Cité des Dames.* Daisy Delogu a tenté de définir la place de la femme dans le corps politique tel que le pense l'écrivaine[12]. On peut le concevoir comme un corps asexué, composé d'hommes dans une acception générique ; ou bien distinguer deux corps politiques : l'un pour les hommes, que dessine le *Livre de Policie*, l'autre pour les femmes, tel que le décrit les *Trois Vertus* ; les deux pouvant se surimposer. Une troisième représentation, que retient Daisy Delogu, fait cohabiter hommes et femmes, avec leurs différences, dans le même corps politique. Dans ce cas, poursuivrons-nous, les princesses siègent avec les princes à la tête, les nobles dames occupent les bras et les mains avec les seigneurs et les chevaliers, et les autres, les parisiennes, s'affairent dans le ventre, les jambes et les pieds auprès de leurs époux. Quel serait donc, dans cet espace politique, le bon « gouvernement » de ces femmes, susceptible de préserver la santé de l'ensemble ? Je mettrai l'accent sur les principes qui doivent régler, selon Christine de Pizan, la circulation des corps féminins et leur apparence.

La première partie des *Trois Vertus* traite du gouvernement de la sage princesse. Les vertus chrétiennes assureront le salut de son âme, en particulier l'amour de Dieu et la charité. Cette dernière lui fera accomplir sa mission principale au sein du corps politique qui est de se faire la médiatrice entre le prince son époux et le peuple, ou encore le prince et ses barons, pour assurer la paix dans le royaume[13]. Pour le reste, elle se laissera guider par l'enseignement de Prudence Mondaine. Pour maintenir

10 *Histoire de la France urbaine*, sous la direction de Georges Duby, t. II, *La ville médiévale : des Carolingiens à la Renaissance*, André Chédeville, Jacques Le Goff, Jacques Rossiaud dir., Paris, Éditions du Seuil, 1980, p. 347.

11 *Ibid.*, p. 510-512.

12 Daisy Delogu, « En quoi la ville est-elle un espace féminin et féministe ? », *op. cit.*

13 Voir « [...] est le droit office de sage et bonne royne et princepse d'estre moyenne de paix et de concorde », *Le Livre des Trois Vertus*, I., 9, éd. citée, p. 35.

son honneur et son renom (I. 11), éviter l'envie, maintenir les femmes de sa cour en belle ordonnance, elle sera elle-même irréprochable, exemplaire. Pour cela, elle respectera deux vertus, « sobrece » et « chasteté » (*ibid.*), dans sa manière de vivre, de manger, de se vêtir, de se tenir et de parler, se gardant de tout excès, en particulier dans sa parure. Au sommet du corps social et politique féminin, elle se vêtira avec le faste qui convient à son rang et à son excellence. Somptueux, son vêtement restera toutefois chaste et sobre, sans excentricités (« superflus et oultrageux habis, joyaulx, attours et estat plus que de raison, lui deffendra [...] Prudence », I., 11, p. 43 et 44). Manifestation de sa puissance, de son éclat et de sa permanence, il ne cèdera pas aux « nouvelles choses ». La princesse manifestera sa majesté, mais aussi sa puissance. De ce point de vue, l'amour qu'elle témoignera à son mari lui assurera non seulement le sien en retour, mais aussi sa confiance pour obtenir de lui « l'autorité de faire et gouverner » à sa place (p. 81). De même, par l'amour qu'elle témoignera à ses sujets, elle suscitera le leur et le désir de lui ressembler (p. 88).

Mais comment, pour la princesse, témoigner son amour à ses sujets et aux femmes de Paris qui ne vivent pas avec elle ? Et comment susciter le leur en retour ? Deux voies s'offrent à elle pour se faire connaître, la réputation et la représentation, qu'elle doit maîtriser toutes deux. Si la « fama » se charge de faire retentir sa voix et contribue à imprimer l'image de la souveraine dans le cœur de son peuple, cette image a besoin de sa personne pour prendre corps[14]. Christine de Pizan invite la sage Princesse à être physiquement présente parmi ses sujets. Elle se déplacera elle-même auprès d'eux pour leur accorder son aumône (I. 1, p. 38). Inversement, elle fera venir auprès d'elle les clercs (p. 66-67), les seigneurs, mais aussi les bourgeois et les marchands (p. 69), et surtout les femmes de ces derniers (p. 71). À toutes les « damoiselles du païs », aux « bourgeoises », aux « petites femmes de village, qui l'aimeront de tout leur cuer » (I, 23, p. 87-88), elle témoignera son affection en recevant « joyeusement » leurs « petiz presens comme fruis et autres choses », leurs « chosetes ». La plume de l'écrivaine se fait mimétique de son sujet[15], multipliant les effets hypocoristiques

14 Voir Patrick Boucheron, « [...] le système de communication médiéval ne peut vraiment se passer de la présence réelle du roi », *Marquer la ville...*, *op. cit.*, p. 13.

15 Cela peut correspondre au style « humilis » qui se met au niveau des réalités et des personnes modestes qu'il décrit. Sur la coexistence de différents « styles » chez Christine de Pizan, voir Dominique Demartini, « Style et critique du discours courtois chez Christine de Pizan. *Le Livre du duc des vrais amans* », dans *Effets de style au Moyen Âge*, Chantal

avec l'emploi d'adjectifs minoratifs ou de la dérivation lexicale par ajout de suffixes diminutifs. La simplicité du vocabulaire vise, en les rendant audibles et sensibles, à susciter l'amour et la sympathie de la grande dame pour les plus petites. Pour les leur témoigner, la grande fera « de peu de chose » « grand conte et grant feste ». En retour, ces dames « feront grant feste et grant parlement de la chiere que la dicte dame leur aura faicte » et par leur « grant caquet », elles répandront dans leur maison et dans la ville ses bonnes grâces. Par ce médium, la cour irradiera dans tout Paris devenu « chambre d'écho » du renom de la sage princesse. Christine invite cette dernière à entretenir ce que nous appelons aujourd'hui les « liens faibles », c'est-à-dire, distants, indirects, qui la lient aux Parisiennes[16]. En valorisant leurs dons, si modestes soient-ils, elle renforce sa relation avec elles, et surtout celle du roi avec leurs époux, bourgeois et marchands influents, dont il faut se concilier et entretenir la fidélité et le soutien, nécessaires à la bonne santé du corps politique. De la Cour à la Ville, des nobles dames aux Parisiennes, le grand et le petit, le fort et le faible s'échangent en présents et en paroles, dons et contre-dons. Le gouvernement des autres dames reproduira ce modèle vertueux.

Les nobles dames de la cour, guidées par Prudence Mondaine, aimeront avant tout leur maîtresse, protègeront son honneur (II, 2, p. 127) et se tiendront à distance des hommes afin d'éviter que « rigolages et parolles » n'en soient « raportéz en la ville de bouche en bouche par les tavernes et ailleurs » – ces envers de la cour (II, 3, p. 131). Elles-mêmes protégeront leur honneur comme un trésor, en se gardant de susciter l'envie et de médire, car « c'est trop grant honte que aval la ville ou aultre part on puisse dire : les dames ou femmes de la court mesdient trop bien l'une de l'aultre » (II, 8, p. 147). La ville ne doit pas devenir la caisse de résonnance des vices de la cour, pas plus que le miroir grossissant de ses travers. Dans la belle image que les nobles dames doivent renvoyer de la princesse, un détail retient l'attention de Christine : leurs vêtements. Ils seront « simples et beaulx sans desguiseure » (II. 2, p. 124) (le terme désignant, selon le *DMF*, les « ornements superflus », la « recherche

Connochie-Bourgne et Sébastien Douchet dir., Aix en Provence, Presses Universitaire de Provence, 2012, (*Senefiance*, 58), p. 315-325.

16 Sur cette notion, voir *Le pouvoir des liens faibles*, Alexandre Gefen et Sandra Laugier dir., Paris, CNRS Éditions, 2020. Dans le domaine des médias, les réseaux sociaux, qui mettent en œuvre les liens faibles, en font des liens forts et influents dans la diffusion de l'information dont ils se font la « chambre d'écho ».

excessive dans la façon de s'habiller ») ; simples reflets donc de ceux de la princesse. Les « dames et demoiselles qui demeurent en chasteaulz ou en aultres manoirs, sur leurs terres ou en villes fermees ou bourcs » suivront le même programme (II, 9 et 10). Comme la princesse, les « baronnesses » devront faire preuve d'autorité et, en cas d'absence de leur époux, prendre « cuer d'omme » (9, p. 151) en s'instruisant du droit des armes pour gouverner et protéger leur domaine. À leur image, celles qui demeurent en leur manoir apprendront à gouverner leur ménage et tenir leurs comptes (10, p. 152). Mais ces dames qui demeurent hors de Paris retiennent tout particulièrement l'attention de Christine pour leurs vêtements. Plus encore que celles de la cour, elles doivent « se [...] garder des superfluitéz et oultrages que aucunes font » dans leurs « attours et abiz » et leur « harnois » (11, p. 157). Le risque étant, pour ces dames qui demeurent à la périphérie de la cour où brille l'image radieuse de la princesse, d'éclipser le centre ou d'en offrir la caricature. Mais laissons ces dames sur leurs terres et revenons à celles de Paris.

Les bourgeoises et femmes des autres états, qui occupent la IIIe partie des *Trois Vertus*, appliqueront, à leur échelle, ce qui a été dit des autres. Elles se gouverneront selon les quatre principes de Prudence Mondaine, touchant à « l'amour et foy » qu'elles doivent à leurs maris, au « gouvernement » de leur « mainage », à leurs « vesteures et abillemens » et à la préservation de leur réputation (III, 1, p. 172). Les « femmes mariees aux hommes des mestiers qui demeurent es citéz et bonnes villes, si comme a Paris et autre part » (III, 8, p. 205), prendront part elles aussi à l'activité de leur mari en son absence (*ibid.*). Toutes les femmes mariées chériront leur mari, leur ménage, leurs enfants, leur réputation. Toutes, en revanche, y compris celles qui ne le sont pas, religieuses, veuves, vieilles et jeunes, riches et pauvres, femmes honnêtes ou de mauvaise vie (III, 6 et 7), qui diffèrent entre elles « tout ainsi comme le blanc du noir se differe » (p. 215), devront se vêtir selon leur état[17]. La règle vaut spécialement pour les bourgeoises pour lesquelles Christine consacre un chapitre entier à ce sujet[18]. Plus encore que les nobles, elles se garderont de sortir de leur rang en s'habillant comme les plus grandes. Tel est

17 Voir « Si est leur meilleur et plus grant sens, que leurs abiz propres chascune selon soy, qui sont beaulx, riches et honnestes, portent sans prendre autre [...] », (*Le Livre des Trois Vertus*, III. 3, éd. citée, p. 187).

18 « Comment femmes d'estat et bourgoises doivent estre ordonnees en leurs abis, etc. » (*Le Livre des Trois Vertus*, III, 2, éd. citée, p. 177).

« l'ordre de bonne policie, en laquelle, se elle est bien ordonnee, [...] toutes choses doivent estre limitees » (III, 2, p. 178).

Sans surprise, les nobles dames doivent imposer aux Parisiennes des modèles, des normes, des valeurs. L'influence bénéfique à l'ensemble du corps social s'effectue du haut vers le bas, de la Cour vers la ville, suivant un principe de ruissellement qui suscite l'imitation. Les plus petites imitent les plus grandes. Mais pas n'importe comment et surtout, pas en tout. Les petites doivent s'approprier des modèles de vertus à appliquer selon leur classe. Encore faut-il que les plus grandes soient aussi les plus vertueuses et que l'imitation par les plus petites soit mesurée, adaptée ; à l'envers du mimétisme qui conduit à la caricature et brouille les lignes. En aucun cas, pour cela, elles n'imiteront les habits des plus grandes. Le vêtement est non seulement un reflet de l'âme, mais un marqueur de l'ordre social. Il doit refléter les vertus impulsées par les nobles dames, tout en distinguant socialement celle qui le porte. À la façon du sceau qui garantit à la fois l'unicité de la matrice et sa reproduction infinie par contact[19], les nobles dames imposent aux Parisiennes leur empreinte – modèles, normes, valeurs – que ces dernières doivent reproduire, sans jamais prétendre se substituer au modèle. L'image que la Cour imprime sur les Parisiennes doit la révéler, la refléter, non la déformer ou s'y substituer. Dans une ville bien ordonnée, écrira Montesquieu, « Le Prince imprime le caractère de son esprit à la Cour ; la Cour, à la Ville ; la Ville, aux provinces. L'âme du souverain est un moule qui donne la forme à toutes les autres[20] ». C'est pourquoi l'image du prince ou de la princesse doit être exemplaire. Mais qu'en est-il de la matière urbaine qui subit l'impression de la ville ? Quelle image, quel reflet lui renvoie-t-elle ?

---

19 Voir Georges Didi-Hubermann, *La Ressemblance par contact*, cité par Patrick Boucheron, *Marquer la ville...*, *op. cit.*, p. 13.

20 Montesquieu, *Lettres persanes*, lettre 99, éd. Paul Vernière, Lettre 99, Paris, Garnier, 1975.

BROUILLAGE, DÉSORDRE, ANAMORPHOSES
Les Parisiennes

Les différentes prescriptions de Christine laissent entendre des « murmuracions entre les .iii. estas [...], les princes, la chevalerie, et le peuple » (*Policie*, III, 1, 92). Le *Livre de policie* leur consacre sa troisième partie. L'écrivaine y rappelle comment : « Une fois sourdit moult grant murmuracion entre le ventre de corps humain et les membres » (*ibid.*). Les jambes et les pieds du « corps de policie » le démangent, trépignent, « recalcitrent », exprimant la menace de rébellion entre la Cour et la ville. La mission des bourgeois et des marchands est « d'apaisier a leur povoir les murmuracions du peuple » en favorisant la médiation entre ce dernier, jambes et pieds impatients et ceux qui le gouvernent, tête, bras et mains, ventre, également, dont ils font eux-mêmes partie (III. 6, p. 100). Le mal est grave, mais je m'intéresserai à un péril plus insidieux que les femmes, selon les *Trois Vertus*, font courir au corps politique. À travers elles, je tenterai de saisir ce qui dans la ville tend à déborder du moule imposé, voire à le déformer. Les femmes, comme on sait, aiment les sorties, trottent, caquettent et sont portées à la dépense. Or, leur circulation dans la ville, leur façon de se vêtir, menacent la distinction des sexes et des états.

Les Parisiennes trottent énormément dans le *Livre des Trois Vertus*. Tout en donnant aux femmes un véritable mode d'emploi de la ville, réglant leurs modalités de présence et de circulation, Christine dessine un « récit d'espace », pour reprendre Élisabeth Crouzet-Pavan[21], qui est celui d'un espace public parisien où les femmes vont et viennent plus qu'elles ne devraient, à leurs risques et périls. Ce récit trace les limites d'un espace licite et sécurisé pour elles, d'où sont exclus, sans surprise, les jardins et les lieux mixtes qui favorisent les compagnies compromettantes ou les « machinacion[s] de quelque broillerie ou pour elles ou pour d'aultres » (III, 2, p. 181-182). « Broillerie », le terme exprime le risque de confusion et de désordre qu'il y a à mettre les pieds là où

21 Élisabeth Crouzet-Pavan : « Des traces invisibles : quand les sources parlent des pas et des mouvements dans la ville (Italie, fin du Moyen Âge) », dans *Marquer la ville...*, *op. cit.*, p. 231-251.

il ne faut pas, à déambuler en tous sens, y compris hors de la ville sous prétexte de pèlerinages :

> Ne de trouver ces pelerinages hors ville pour aller quelque part jouer, ou mener la gale en quelque compaignie joyeuse n'est fors péchié et mal a qui le fait [...] ; ne tieulx pelerinages ne sont point bons, ne aussi tant aler trotant par villes a joennes femmes : au lundi a Saincte Avoye, au jeudi je ne sçay o, au vendredi a Saincte Katherine, et ainsi aux autres jours. [...] est le plus seur [...] n'estre coustumieres de tant troter ça et la. (p. 182)

Ce tableau des trotteuses imprudentes n'est pas sans rappeler le fabliau satirique de Watriquet de Couvin, *Des trois dames de Paris*, qui raconte la mésaventure de trois parisiennes qui annoncent à leurs maris qu'elles vont faire leurs dévotions dans une église un peu éloignée pour aller boire dans une taverne. Une fois ivres, incapables de payer, elles sont mises dehors toutes nues et cuvent tant et si bien qu'on les croit mortes. Autres lieux de perdition, selon Christine, les étuves, où les sexes se rencontrent de trop près. Mieux vaut donc, pour les femmes, « tenir a l'ostel, non mie aller tous les jours trottant ça et la, voisinant pour savoir que chascun fait, ne visitant souvent commeres, car c'est fait de mauvaise mainagiere » (III, 8, p. 206). Il y a, en effet, dans la rue, comme dans la cour, un savoir vivre[22].

La circulation intempestive des corps et de la parole, et les lieux de promiscuité, menaçant la séparation et la distinction entre les sexes, mettent donc en danger l'honneur féminin. L'espace que Christine met en récit doit être ordonné, genré, pour le bien des femmes. Il dessine en négatif l'espace mouvant, indistinct, dérangé, voire « dégenré », propre à la grande ville.

C'est un autre péril que font courir au corps social les mœurs vestimentaires des Parisiennes ; le sens de cette dénomination dépassant désormais la simple catégorisation géographique. En dénonçant les excès et le luxe déployés, Christine de Pizan pointe les brouillages et les confusions qui s'effectuent, cette fois, entre classes sociales : entre les nobles dames et celles des autres états. Ses prescriptions sont dans le prolongement de la loi somptuaire imposée par Philippe le Bel en 1294, fixant la façon de se

22 Selon Jacqueline Cerquiglini-Toulet, Christine de Pizan distingue un bon et un mauvais voisinage, Voir « La ville chez Christine de Pizan : de vertus, de pierres et de mots », art. cité, p. 19.

nourrir, de s'habiller et le train inhérents à chaque classe[23]. Or, constate l'écrivaine, ces lois anciennes ne sont plus respectées :

> Et premierement de ce qui touche aux abiz [...], n'est pas doubte que par les belles anciennes coustumes les habis des roynes n'osassent prendre les ducheces, ne ceulx des ducheces les contesses, ne ceulx des contesses les simples dames, ne ceulx des dames les damoyselles ; mais a present pareillement que tout est desordonné [...] : n'y a es abiz ne es attours regle tenue. » (II, 11, p. 157-158)

Les premières à sombrer dans ce travers sont les dames demeurant sur leurs manoirs (p. 157). Leur orgueil les amène non seulement à adopter un train de vie excédant celui de leur rang, mais à entraîner les autres dames avec elles, selon Christine. Ce qu'elle leur reproche, en fait, n'est rien d'autre que de lancer la mode[24]. Ce phénomène, le « renouvellement rapide des vêtements et des parures, détachés des fonctions utilitaires ou purement cérémonielles[25] » pour suivre les tendances, est repérable dès la fin du Moyen Âge[26], sous l'influence des cours italiennes de la Renaissance. La grégarité qui lui est attachée est ici dénoncée au sens propre :

> et tout ainsi que les berbis suivent l'une l'autre, s'il y a aucun homme ou femme qui voye faire a aultre quelque oultrage ou desordonnance en habit ou abillement, tantost les autres le suivent et dient il fault faire comme les aultres. (II, 11, p. 158)

---

23 Si ces prescriptions sont appliquées pour les prostituées, comme en témoigne la punition infligée en 1427 par le prévôt de Paris à Jeannette la Petite, rapportée par Claude Gauvard, « Crimes et châtiments à Paris aux derniers siècles du Moyen Âge », dans *Le Paris du Moyen Âge*, *op. cit.*, p. 213-235, p. 225, elles ne sont toutefois plus en vigueur pour les bourgeoises. Christine apparaît donc particulièrement conservatrice sur ce point.

24 Le mot « mode », du latin « *modus* », apparaît dans sa forme féminine dès 1390 pour désigner une manière collective de vivre, mais aussi de s'habiller selon les usages d'un pays, d'une province ou d'une ville. La locution « a la mode de » signifie « à la manière de » (*DMF*). Aux XIVe et XVe siècles, elle reste concurrencée par les expressions « a la guise de », « a la façon de », « selon la coutume de ». Vers la fin du XIVe siècle, l'expression « être (ou ne pas être) de la guise qui court » illustre déjà notre notion de mode. En 1371, *Le Livre du chevalier de La Tour Landry* raconte l'histoire d'une dame de Bretagne se moquant de la mise de sa cousine de Guyenne qui n'est pas « de la guise qui court à présent », voir *Histoire des modes et du vêtement, du Moyen Âge au XXIe siècle*, Denis Bruna et Chloé Demey dir., Paris, Textuel, 2018, p. 26. Selon le *DMF*, le mot « mode », au sens de « Manière de s'habiller, de se comporter, conforme au modèle du moment, goûts collectifs du moment », apparaît à la fin du XVe siècle, d'abord avec les expressions « a la mode qui court », « a la mode nouvelle », « a la nouvelle mode » (1490). La locution « être à la mode » apparaît dans les textes vers 1550.

25 Voir Emmanuelle Retaillaud, *La Parisienne. Histoire d'un mythe. Du siècle des Lumières à nos jours*, Paris, Seuil, 2020, citation p. 25.

26 Voir *Histoire des modes et du vêtement, du Moyen Âge au XXIe siècle*, *op. cit.*, p. 26.

Quelle que soit leur classe, toutes s'entichent de nouveautés, alors même que :

> Si apertient doncques a toute femme qui veult garder bonne renommee que elle soit honneste et sans desguiseure en son abit et abillement, non trop estraincte ne trop grans coléz, ne autres façons malhonnestes, – ne trop grant trouverresse de choses nouvelles, par especial cousteuses et non honnestes. (III, 2, p. 179)

On devine que font fureur parmi ces dames, vêtements serrés, grands décolletés et autres « desguiseures », à savoir ces accessoires qui signent la distinction sociale, comme l'a souligné Marie de Rasse[27]. L'idéal de mesure, d'ordre, de fixité, de distinction, est menacé par l'excès, le désordre, le muable et l'indistinct. Or, ce phénomène apparaît bien comme une spécificité parisienne, plus largement, il est propre « aux dames de France », à savoir celles de Paris et de sa région :

> Et cecy est quant aux dames de France, car es autres païs se tiennent plus longuement communement les coustumes qu'ont tant hommes comme femmes en leurs abillemens, non mie changent d'an en an, comme cil qui va tousjours en croiscent oultrages. (p. 159)

Ainsi, une « simple dame qui demeure en Gastinois » s'est fait faire une « cote hardie » (vêtement de dessus, fermé devant et sur les côtés par une série de boutons), avec « .v. aulnes de drap a l'aulne de Paris de drap de Bruisselles de la grant moison » qui « traine bien par terre trois quartiers, et aux manches a bombardes qui vont jusques aux piéz ». Pareil vêtement, hors norme, appelle des accessoires et des coiffures tout aussi démesurés : « [...] large attour et haultes cornes », par ailleurs, selon Christine, « tres lait abillement, et qui messiet ». Les « haultes cornes », à la mode dans l'aristocratie en 1400, désignent une coiffure divisant la chevelure « en deux parties égales, ramassées de part et d'autre sur les tempes et maintenues de chaque côté dans une résille ; le tout est surmonté d'un voile empesé[28] ». Ces coiffures hautes ne vont cesser de croître au cours du XVe siècle. Ces excès semblent donc favorisés par les grandes dames résidant à la périphérie de la cour et de Paris. Ils sont d'autant plus dangereux qu'ils produisent

27 Marie de Rasse, « Le vêtement féminin à Paris chez les non-nobles, XIVe-XVe siècles » (thèse inédite, Université Paris I, 2014).

28 *Histoire des modes et du vêtement, du Moyen Âge au XXIe siècle*, *op. cit.*, p. 46.

deux effets fâcheux en amont et en aval du corps social : d'une part, ils font concurrence à la cour, d'autre part, ils incitent au mauvais exemple, au péché, les catégories sociales inférieures.

De fait, bourgeoises et marchandes se piquent des mêmes folies. Les bourgeoises, d'abord, n'ont de cesse d'imiter les grandes dames. C'est ce que laisse deviner la mise en garde de Christine[29] :

> Nonpourtant c'est bien droit que chascune porte tel abit et estat qu'apertient a son mary et a elle ; mais se elle est bourgoise que elle le porte tel que une damoiselle, et la damoiselle come une dame, et ainsi de degré en degré en montant, sans faille c'est chose hors ordre de bonne policie [...] (III, 2, p. 178).

Ce travers est plus scandaleux encore chez les marchandes qui ont tendance à porter « grant et cousteux estat, et plus en autres contrees et villes que a Paris, si comme a Venise, a Jennes, a Florence, à Luques, en Avigon et autre part ». Le phénomène a beau être plus important dans le Sud de la France et en Italie, il y prête moins à conséquence, selon Christine, car les classes sociales sont moins marquées : « il n'y a pas tant de differences de haulx estas comme a Paris ». À Paris, en revanche, où « les estats sont plus differenciéz », il importe davantage de maintenir ces différences entre les divers états.

> Et pour ce en France – qui est le plus noble royaume du monde, et ou toutes choses dovient estre les plus ordonnees selon qu'il est contenu es ancians usages de France – n'apertient point, quoy que elles facent ailleurs [...], que la femme d'un laboureur de plat païs porte tel estat que la femme d'un homme de commun mestier, ne la femme d'un homme de mestier comme une bourgeoise, ne une bourgeoise comme une damoiselle, ne une damoiselle comme la dame, ne la dame comme une contesse ou duchesse, ne la contesse ou duchesse comme une royne [...] (III, 3, p. 183-184).

La syntaxe de Christine, multipliant les négations et les parallélismes, mime l'ordre rêvé, alors même que les effets de concaténations, faisant s'enchaîner les faux reflets, brouillent les distinctions : « A = B et non A, B = C et non B », ainsi de suite, depuis le bas de la pyramide des femmes jusqu'à la reine. À Paris, là où la règle s'impose plus qu'ailleurs, tout est déréglé :

29 Mes conclusions s'écartent sur ce point de celles de Marie de Rasse, « Le vêtement féminin à Paris chez les non-nobles, XIVe-XVe siècles », thèse citée.

> Mais ces rigles ne sont mie bien gardee au jour d'uy en France, ne mainttes autres bonnes coustumes qui estre y soloient ; [...] Car sans faille les orgueilz et les estas ne furent oncques en toutes manieres de gens depuis les grans jusques aux mendres si oultrageux que ore sont [...]. (III, 3, p. 184)

Tout n'est qu'orgueil et excès. Le constat de Christine peut sembler conservateur et peut être corrélé à la crise que traverse le royaume[30]. Il a de beaux jours devant lui. À la fin du XVIIIe siècle, dans son *Tableau de Paris*, Louis-Sébastien Mercier donne une représentation semblable des Parisiennes : « Mais ce qu'il y a de fâcheux, c'est que la petite-bourgeoise veut imiter la marquise et la duchesse. Le pauvre mari est obligé de suer sang et eau pour satisfaire les caprices de son épouse[31] ». Au XVe siècle déjà la mode brouille les distinctions imposées par la cour, introduisant des déséquilibres, des chevauchements dans un corps social ordonné, hiérarchisé. Christine en pressent les dérives. Les principales sont des dépenses excessives ou disproportionnées aux conditions, motivées par le goût du luxe, « au sens large de consommation débordant le simple enjeu de la survie[32] ».

Malgré les lois somptuaires, le luxe tente en effet toutes les classes sociales, en particulier les bourgeoises et les riches marchandes. Dans la mesure où « l'originalité de la ville médiévale, écrivait Jacques Le Goff, c'est la bourgeoisie[33] », les bourgeoises et les riches marchandes sont les Parisiennes par excellence. Les dépenses de cette classe traduisent un « esprit d'ascension sociale et de jouissance, tout différent de la largesse, du gaspillage dominateur de la classe de loisir médiévale, la noblesse[34] ». Boris Bove a montré les stratégies de distinction qui animent aux XIIIe et XIVe siècles la grande bourgeoisie, sans pour autant qu'elle cherche à s'assimiler à la noblesse[35]. Selon Christine de Pizan, petits bourgeois et artisans sont également portés à de « superflues et oultrageuses

30 Les prescriptions somptuaires sont presque toujours corrélées à des situations de crise. Par exemple, le carme parisien Jean de Venette explique dans sa chronique la défaite de Crécy (1346) par le goût immodéré de la noblesse française pour les fanfreluches. Je remercie Boris Bove pour cette précision.

31 Voir Emmanuelle Retaillaud, *La Parisienne. Histoire d'un mythe*, *op. cit.*, p. 36.

32 *Ibid.*, p. 36-37.

33 Jacques Le Goff, « L'Apogée de la France urbaine médiévale : 1150-1330 », dans *La ville en France au Moyen Âge*, art. cité, p. 337.

34 *Id.*

35 Voir Boris Bove, *Dominer la ville. Prévôts des marchands et échevins parisiens de 1260 à 1350*, Paris, CTHS, 2004, IIe partie, p. 333-609.

despenses, si que assez gens de mestier – par especial a Paris – font », (III, 8, 206). Et leurs femmes ne sont pas en reste. C'est l'exemple de la riche marchande nouvellement accouchée, « atournee comme une damoiselle[36] ». La description du faste de ses appartements ressortit de la parodie courtoise. Comme dans les romans courtois ou même les lais féériques, il faut, avant de parvenir à la chambre de cette accouchée, franchir deux premières chambres tapissées, comprenant chacune un grand lit d'apparat « richement encourtiné », et la seconde, un grand buffet chargé de vaisselle d'argent. L'ascension sociale s'exhibe ici à l'horizontale jusqu'à la chambre de la dame, aux murs revêtus d'une tapisserie brodée d'or de Chypre, « faicte a devise d'elle », à savoir, parée du blason qu'elle s'est choisi, aux tapis brodés d'or, où trônent un lit recouvert de draps somptueux, dépassant d'une couverture en fine toile de Reims brodée d'or, estimés à 300 francs, et d'un couvre-lit de lin aussi fin que soie, de plus de 200 francs, enfin un grand buffet recouvert de vaisselle dorée. Les notations de prix qui ponctuent la description pourraient relever de l'hyperbole romanesque. Mais ici, l'inflation merveilleuse le cède à la valeur marchande. Tout en empruntant les codes courtois, Christine n'oublie pas de tenir les comptes. Quant à l'accouchée, elle nage dans la soie, « comme une damoiselle[37] ». Telle est la description « raportee en la chambre de la royne » (III, 3, p. 186). D'une chambre à l'autre, de celle de la marchande à celle d'une demoiselle, jusqu'à celle de la reine, le péché d'orgueil éclate. « Si sont telz choses desordonnees, et viennent de presompcion et non de sens », conclut Christine. Elle fournit néanmoins une interprétation à ce désordre : « [...] aucuns dient que les gens de Paris avoient trop de sang, dont l'abondance aucunes foiz engendre pluseurs maladies : c'est-à-dire que la grant habondance des richeces les pourroit bien faire desvoier [...] » (III, 3, 186). Selon certains, donc, les gens de Paris auraient « trop de sang » ; ce que l'écrivaine glose par « grant habondance des richeces ». La métaphore organique, toutefois, est à entendre. Elle renvoie à la théorie, bien connue de Christine, selon laquelle l'excès de l'une des quatre humeurs entraîne le désordre dans le corps humain. Il en serait de même pour le corps politique. Un

36 Voir *Le Livre des Trois Vertus*, éd. citée, III, 3, p. 185-186.

37 Comme le précise Marie de Rasse, la soie et les vêtements de soie, encore rares chez les non-nobles, tendront à se démocratiser à la fin du XVe siècle, jusqu'à ce que la loi somptuaire de 1485 ne limite leur usage à la noblesse, *op. cit.*

excès de sang, à savoir de richesses pour les classes inférieures, dans le ventre, les jambes et les pieds, menace de faire perdre son équilibre à l'ensemble. Mais l'écrivaine fournit, ne serait-ce que sous la forme d'une menace rapportée, un possible remède à cet excès de sang : « et pour ce seroit leur mieulx que le roy les chargast d'aucun aide, emprunt ou taille, par quoy leurs femmes ne s'alassent pas comparer a la royne de France [...] » (*ibid.*). Pour filer la métaphore médicale, de même que l'excès de sang métaphorise l'abondance de richesse, les impôts que le roi pourrait se voir obligé d'imposer aux maris, pourraient figurer les saignées salutaires, nécessaires à l'évacuation de l'excédent humoral. Cette métaphore rend palpable la présence d'une corporalité de la ville, susceptible de vouloir marcher toute seule, voire de son côté, de travers, et de menacer le corps harmonieux qu'elle doit constituer avec la cour. Ce que l'on remarque aussi, c'est que ce sont ici les femmes, les Parisiennes, avec la prétention que laissent entrevoir leurs toilettes, qui apparaissent comme le symptôme de cette tendance ou de cette maladie chronique du corps politique.

La ville apparaît ainsi comme une entité organique, ni simplement opposée, ni seulement complémentaire à la Cour, mais susceptible d'avoir un mouvement, des flux, voire des humeurs qui lui sont propres, qui se répandent et se mélangent. Comme par capillarité, la Cour et la Ville s'interpénètrent ; des interférences se produisent. Ce n'est ni blanc ni noir, comme l'aurait voulu Christine. Des zones grises se dessinent, et si c'est encore la Cour qui impose ses modèles et ses normes, les nobles dames qui résident sur leurs terres, les bourgeoises et les marchandes sont victimes d'un même mal, d'une même « trop grant folie » qui les pousse à « revestir d'autrui abit quant chascun scet bien a qui il est, c'est a entendre de prendre estat qui apertient a aultre, non pas à soy. ». L'orgueil les mène à s'affranchir de leur classe, et leur goût excessif pour le vêtement et les parures en est le symptôme. « Si se peuent telz gens appeler gens desguisez... », conclut l'écrivaine. Transcendant les considérations géographiques et les classes sociales, une tendance, une silhouette se distingue, que confirme l'iconographie : ne pourrait-on distinguer parmi ces dames, qui justement ne se laissent plus reconnaître par la « guise » propre à leur « estat », mais par leur « desguiseure », une première silhouette de la « Parisienne » dont le marqueur premier est le « lien organique à la mode et au vêtement », comme on peut le lire dans

La Parisienne. Histoire d'un mythe. Du siècle des Lumières à nos jours[38]. Ne peut-on repérer, dans le XVe siècle de Christine de Pizan, les « effets de compétition et de mimétisme sociaux » qui irrigueront « la création de la Parisienne, synthèse imaginaire d'un complexe feuilletage social[39] ».

Pour conclure, je reviendrai sur la posture de Christine de Pizan, « femme ytalienne », comme elle le rappelle à Minerve dans le prologue du *Livre des Faits d'armes et de chevalerie.* C'est à partir de cette paratopie identitaire et géographique[40] qui fait d'elle une Italienne et une Parisienne, à la fois dans la cour et dans la ville, qu'elle porte son diagnostic sur Paris et ses habitantes et édicte son ordonnance. Pour parler de Paris, sans doute faut-il être également italienne, penser la capitale dans une triangulation avec la Cour et l'Italie. Mais c'est son livre, les *Trois Vertus*, que Christine charge d'effectuer cette mise en perspective. Il est le médium, le miroir qui constituera la Reine et les nobles dames en modèles pour toutes les autres. Grâce à la multiplication de ses copies, il diffusera l'image exemplaire à reproduire, à « ventiler ».

> me pensay que ceste noble œuvre multiplieroye par le monde en pluseurs copies, quel qu'en fust le coust : seroit presentee en divers lieux a roynes, a princepces et haultes dames, afin que plus fust honnouree et exaucee, si que elle en est digne, et que par elles peust estre semmee entre les autres femmes ; si que ja est entrepris, sera ventillee, espandue et publiee en tous païs, – tout soit elle en langue françoise. (p. 225)

Mais quelle image ressort de ces femmes ainsi « mises en livre[41] » ? Les zones de flottement, de frottement entre les nobles dames et les Parisiennes nous amènent à repenser la définition de ces dernières. Elles ne s'opposent pas aux nobles dames, de même que les nobles dames, qu'elles résident ou non à la cour, peuvent être aussi des Parisiennes. La Reine étant la première d'entre elles. La dénomination transcende les déterminations

38 Emmanuelle Retaillaud, *La Parisienne. Histoire d'un mythe*, *op. cit.*, p. 24.

39 « [...] la mode tend à devenir un opérateur essentiel de fusion des élites, et même, plus largement, du groupe des "Parisien", en brouillant les partitions rigides de la société d'ordre », *ibid.*, p. 26 et 27.

40 Voir Dominique Maingueneau, *Le Discours littéraire : paratopie et scène d'énonciation*, Paris, A. Colin, 2004, p. 206-207.

41 Christine juge l'excès de la riche marchande « digne d'estre mis en livre », *Trois Vertus*, III, 3, éd. citée, p. 186.

géographiques et sociales, de même que celles qu'elle désigne tendent à s'affranchir du format qu'on leur impose. Les Parisiennes recouvrent une réalité diverse, mouvante. La prose de Christine de Pizan la saisit dans une plasticité nouvelle. Elle révèle un corps social lui-même en mouvement, tiraillé entre le haut et le bas, dont les pieds trépignent, le ventre déborde et qui ne sait plus tout à fait où il a la tête…

Dominique DEMARTINI
Université Sorbonne Nouvelle

L'ARCHITECTE ET L'OISELEUR

Usages genrés de la ville et métaphore de la cité chez Christine de Pizan

« Les villes comme les rêves sont construites de désirs et de peurs, même si le fil de leur discours est secret, leurs règles absurdes, leurs perspectives trompeuses, et que chaque chose en cache une autre », écrit Italo Calvino[1]. *La Cité des Dames* illustre bien cette part d'affects et l'opacité ambivalente des signes associés à la ville : la cité allégorique de Christine est d'abord la réponse à une révolte contre la misogynie des clercs et l'image dévalorisante de soi renvoyée aux femmes : en ce sens, elle manifeste une posture polémique, défensive et engagée pour résoudre cette crise d'identité et affirmer des compétences égales entre hommes et femmes. Sa cité s'inscrit aussi dans une réflexion politique plus large. La définition aristotélicienne de la cité comme communauté de vie placée sous le signe de la raison et de la vertu dans le *Livre des faits et bonnes mœurs du roi Charles V* éclaire le diptyque formé par *La Cité des Dames* et *Le Livre des trois Vertus*[2] :

> [...] dont, se l'en demande quelle chose est ville, on doit dire que villes et citez ne est fors que une assemblee et une communité de gens establie pour bien et vertueusement vivre et selon raison. [...] dont, puisque citez et royaumes sont ordenez pour congregacion humaine mener en vie ordennée, il convient donc que le peuple soit moriginé en vertus et en toutes bonnes meurs[3].

---

1 Italo Calvino, *Les villes invisibles*, trad. de l'italien par Martin Rueff, Paris, Gallimard, 2020 (Folio), p. 56.

2 En attendant l'édition et traduction d'Anne Paupert et Claire Le Ninan à paraître (Champion Classiques), je cite d'après *La Città delle Dame*, éd. Earl Jeffrey Richards et Patrizia Caraffi [traduction en italien], Milan, Luni Editrice, 2e éd., 1998 ; *Le Livre des trois Vertus*, éd. Charity Cannon Willard et Erick Hicks, Paris, Champion, 1989.

3 *Le Livre des fais et bonnes meurs du sage roy Charles V*, éd. Suzanne Solente, Paris, Champion, 1936-1941, t. II, p. 27-28 (III, 7). L'autrice invoque Aristote dans le passage et S. Solente signale en note l'emprunt au *Régime des princes* de Gilles de Rome, traduit par Henri de Gauchi. Voir Gilles de Rome, *De regimine principum Libri III*, éd. F. H. Samaritanius, Rome, 1607 (réimpr. Francfort, 1967) notamment p. 541-544.

Christine de Pizan y met en scène l'investissement de l'espace urbain par les femmes, en mettant en cause ou inversement en reconduisant des « territoires genrés » ou des « espaces sexués[4] ». La métaphore matrice de la cité vient plus largement soutenir une esthétique allégorique qui appelle un décryptage des paradigmes analogiques à la fois emboîtés et stratifiés : une cité en cache toujours une autre par recouvrement partiel. La cité comme bâti permet de figurer le corps, l'État, l'Église, l'esprit, la mémoire, ou encore le texte[5], en faisant entrer en résonance ces signifiants. Il s'agira de voir comment les analogies établies autour de cette métaphore polysémique de la cité sur divers plans – architectural, militaire, social, politique, spirituel, mais aussi sexuel et métapoétique – engagent conjointement la pensée politique et morale de Christine de Pizan et son projet littéraire et féministe, non sans tensions et dissonances dont témoigne l'étrange glissement de la cité vers la cage, au seuil du *Livre des trois vertus.* Christine de Pizan s'inscrit ainsi dans le processus analysé par Dominique Iogna-Prat de passage ou de recouvrement d'une métonymie à une autre (église/Église puis ville/cité)[6], qui engage des transferts de sacralité du champ religieux vers la politique et l'art. Les deux textes de Christine de Pizan se caractérisent alors comme « littérature urbaine » en tant qu'appropriation et infléchissement d'une métaphore allégorique pour penser un idéal de vie citoyenne en communauté. En conjuguant l'aristotélisme politique avec le modèle augustinien de la Cité de Dieu, Christine de Pizan contribue à configurer une posture civique et littéraire originale : elle illustre ainsi un « féminisme de la vague zéro », pour reprendre la formule d'Andrea Valentini[7], en exprimant un point de vue féminin sur le rôle et la place de la femme dans la cité, tout en intégrant des influences italiennes.

4 *Le genre des territoires, Féminin, masculin, neutre*, Christine Bard dir., Angers, Presses universitaires d'Angers, 2004 ; et Jacqueline Coutras, *Crise urbaine et espaces sexués*, Paris, Armand Colin, 1996. Guy Di Méo dans *Les Murs Invisibles : femmes, genre et géographie sociale*, Paris, Armand Colin, 2011 (Recherches), parle de « partition sexuée de l'espace géographique ». Les critères considérés : âge, condition socio-économique, situation personnelle, capital culturel, social et spatial, mobilité, sont, à part le dernier, ceux que mobilise les *Trois Vertus.*

5 Voir David Cowling, *Building the Text. Architecture and Metaphor in Late Medieval and Early Modern France*, Oxford, Clarendon Press, 1998.

6 Dominique Iogna-Prat, *Cité de Dieu, cité des hommes. L'Église et l'architecture de la société*, Paris, Presses universitaires de France, 2016.

7 *Le Livre des epistres du debat sus le Rommant de la Rose*, éd. Andrea Valentini, Paris, Classiques Garnier, 2014, p. 134-136, ici p. 136 ; et « Du paternalisme courtois au féminisme de la

UN USAGE GENRÉ DE L'ESPACE DE LA CITÉ
Approches spéculatives *vs* pragmatiques

USAGES CULTURELS ET CONJONCTURELS DE LA CITÉ

Christine de Pizan s'interroge sur les causes d'un usage genré de la cité. Raison, dans une de ses contre-argumentations pour mettre à mal les positions misogynes, affirme que l'inégalité cognitive entre les sexes s'origine dans l'usage différencié de l'espace public : la cause du défaut de savoir chez les femmes est attribué à leur assignation à la sphère domestique, qui limite leur expérience et leur apprentissage du monde et par conséquent leurs compétences :

> Sans faille, ce est pour ce que elles ne frequentent pas tant de diverses choses, ains se tiennent en leurs hostelz et leur souffit de faire leur mainage, et il n'est rien qui tant appreigne creature raisonnable que fait l'excercice et experience de plusieurs choses et diverses. (*Cité des Dames*, p. 152, [I, 27])

La différence entre les sexes dans l'usage de l'espace social relève donc de facteurs culturels et conjoncturels, et ne constitue en rien une opposition ontologique de nature. Raison postule ainsi une égalité de principe entre hommes et femmes (critère du genre), mais aussi entre citadins et ruraux (critère géographique ou social), pour mettre en avant la prévalence de la culture et de l'éducation sur la nature comme source d'inégalités, dans le débat déjà mis en scène dans *Le Roman de Silence* entre Norreture et Nature :

> Et de ce que on juge, par l'experience de ce que on les [les femmes] voit moins savoir communement que les hommes, leur entendement estre mendre, regardes moy les hommes ruraulx de plat pays ou habitans es montaignes, tu me les trouveras en assez de contrees qu'ilz semblent tous bestiaulx, tant sont simples. Et toutevoies n'est mie doubte que Nature les a parfais de toutes choses en corps et en entendement, aussi bien que les plus sages hommes et les plus expers qui soient es citez et es bonnes villes, mais tout ce tient a faulte d'apprendre [...]. (*Cité des Dames*, p. 152-154 [I, 27])

---

vague zéro : antécédents de la "Querelle du *Roman de la Rose*" et originalité de Christine de Pizan », dans *Christine de Pizan. La Scrittrice e la città : atti del VII Convegno internazionale « Christine de Pizan »*, Bologna, 22-26 settembre 2009, Patrizia Caraffi dir., Firenze, Alinea Editrice, 2013, p. 407-415.

La Cité des Dames en mettant en avant des figures féminines dotées de compétences et d'autorité dans le champ de la cité invite donc à déconstruire une inégalité de fait, produit d'une culture. Le décrochement opéré par le songe-cadre manifeste le caractère spéculatif du propos et la mise à distance des préjugés discriminatoires : par un tel positionnement, Christine de Pizan formule un féminisme si l'on entend par là, avec Nicole-Claude Mathieu, « le sens courant et minimal de l'analyse faite par des femmes (c'est-à-dire à partir de l'expérience minoritaire) des mécanismes de l'oppression des femmes en tant que groupe ou classe par les hommes en tant que groupe ou classe, dans diverses sociétés, et volonté d'agir pour son abolition[8]. » L'autrice entend démontrer par l'exemple que des femmes peuvent investir l'espace de la cité et mettre leurs compétences et savoir-faire dans des usages politiques, militaires ou artisanaux pour en retirer une gloire et un renom.

Le pragmatisme situé des conseils du *Livre des trois Vertus a l'enseignement des dames*, qui va jusqu'à distinguer parfois les usages d'une ville à une autre, comme Paris, Venise, Gênes, Florence ou Lucques[9], semble inversement mettre sérieusement à mal l'image d'une Christine féministe en reconduisant un usage très genré de la cité par les femmes. La posture différente est manifestée par un nouveau songe : dans ce volet complémentaire rebaptisé *Trésor de la cité des dames* dans les imprimés anciens, le point de vue est dorénavant didactique et situé historiquement et socialement : Christine y propose un double antidote moral aux conseils cyniques d'Ami ou de la Vieille dans le *Roman de la Rose*. Le faible investissement de la ville par les femmes y est pris comme un état de fait, non remis en question.

UN USAGE FÉMININ DE LA VILLE LIMITÉ DANS *LE LIVRE DES TROIS VERTUS* : « NE AUSSI TANT ALLER TROTTANT PAR LA VILLE[10] »

Les trois parties du *Livre des trois Vertus* sont construites sur le double critère de la hiérarchie sociale des destinataires – depuis les princesses jusqu'aux « femmes de commun peuple » – et du lieu de vie : les femmes

8 Nicole Claude Mathieu, *L'arraisonnement des femmes. Essais en anthropologie des sexes*, Paris, Éd. de l'EHESS, 1985 (Cahiers de l'Homme), p. 172.

9 Voir *Trois Vertus*, éd. citée, p. 183 (III, 3).

10 *Ibid.*, p. 182 (III, 2).

qui vivent à la cour, les femmes nobles qui vivent « sur leurs terres et chasteaulx, manoirs, villes fermees et bourgs » et les femmes du tiers-état. Ces critères socio-géographiques dessinent un modèle centrifuge et hiérarchique à partir de la cour, lieu spécifique placé entre deux catégories d'espaces, urbains et ruraux, depuis les « femmes d'estat des citez et bonnes villes » jusqu'aux « simpletes femmes [...] es villages et plat païs, ou es montaingnes[11] ».

Malgré cette considération de la diversité des « états » et lieux de vie, Christine de Pizan insiste à chaque début de partie sur la mutualisation des conseils donnés, qui offrent « tout une meismes doctrine – par especial en pluseurs choses tant a l'ame comme aux vertus et meurs – aussi bien aux dames et damoiselles, voire a toutes femmes comme aux princepces[12] ». Relativisant les critères socio-géographiques, elle pointe la prééminence d'une condition féminine commune – « l'université des femmes[13] » – dont les usages et la morale tendent à limiter au maximum l'investissement de l'espace urbain. Pour toutes, la cité comme espace public présente un risque pour la renommée et la réputation[14], qui invite à se cantonner autant que possible à l'espace intérieur et à la sphère domestique. C'est plutôt le monde extérieur qui viendra à la princesse, même si elle se voit conseiller des sorties escortées comme des visites aux pauvres des hôpitaux[15]. Pour les femmes nobles ou bourgeoises, il s'agit « pour le prouffit des ames et l'onneur du corps, n'estre coustumieres de tant troter ça et la[16] » et d'encadrer toute sortie en considérant « avec qui, comment et qui y doit estre[17] ». Pèlerinages, fêtes mondaines ou religieuses, bains et étuves sont à éviter. Les servantes et chambrières qui ont une chambre en ville encourent la dépravation[18] et le conseil et donné aux prostituées de chercher un autre métier et d'habiter « en une petite chambre en bonne rue et entre bonnes gens[19] ».

11 *Ibid.*, II, 1 ; III, 1 ; III, 12.
12 *Ibid.*, p. 121 (II, 1).
13 « La fin et conclusion de cest present livre », *ibid.*, p. 225.
14 Voir par ex. *Trois Vertus*, éd. citée, p. 74 (I, 18) ou Marine « en la ville », *Cité des Dames*, éd. citée, p. 476 (III, 12) exposée aux calomnies de la fille de l'aubergiste.
15 *Trois Vertus*, éd. citée, p. 38 (I, 10).
16 *Ibid.*, p. 182 (III, 2).
17 *Ibid.*, p. 182 (I, 2).
18 *Ibid.*, p. 209 (III, 9).
19 *Ibid.*, p. 214 (III, 10).

LA CITÉ DES DAMES : PENSER D'AUTRES USAGES FÉMININS DE LA VILLE

Inversement, *La Cité des Dames* dessine les contours d'une autre cité : les exemples tirés du passé biblique, historique ou mythique de femmes investies d'un rôle important dans la vie sociale en architecture, politique, artisanat, art militaire ou spiritualité, offrent une expérience de pensée qui ouvre des modèles sociaux alternatifs, où une femme peut fonder, conquérir, pacifier ou convertir une cité. Le songe allégorique propose une hétérotopie et une hétérochronie[20] plutôt qu'une utopie, dans la mesure où il s'agit moins d'un modèle de société idéale que d'un panthéon exemplaire.

Sémiramis inaugure le paradigme des femmes fondatrices de cités : reine des Amazones[21], elle constitue, à l'encontre d'une tradition qui la discrédite[22] et peut-être à destination particulière d'Isabeau de Bavière[23], la première pierre fondatrice de la Cité. Nicostrate-Carmentis (I, 38 et II, 5), Manthoa (I, 31) ou Didon (I, 46) font de même œuvre civilisatrice et certaines comme Manthoa lèguent leur nom à la ville, incarnant ainsi son identité. Les défenseuses ou conquérantes de cités comme Penthésillée, Cenobie ou Arthemise[24] inversent le motif de l'assaut amoureux ou sexuel d'une femme en assaut d'une ville par une femme : ainsi Cenobie substitue à la prise sexuelle la prise militaire et l'exercice politique (« Sapour, a la fin, assegia en sa cité et le prist par force[25] »), dans une inversion des emplois genrés associés au verbe « prendre ».

20 Voir Michel Foucault, « Des espaces autres. Hétérotopies », dans *Id., Dits et écrits* (1954-1988), Daniel Defert et François Ewald éd., avec la collaboration de Jacques Lagrange, t. IV, Paris, Gallimard, 1994 (Bibliothèque des Sciences humaines), p. 1571-1581. Ces contre-emplacements découpent des espaces à la fois clos et ouverts dont l'accès est ritualisé (caserne, prison). Ces hétérochronies ont valeur d'ordonnancement compensatoire (jardin, musée, bibliothèque ou cimetière) et aident à résoudre ou dépasser une crise.

21 *Cité des Dames*, éd. citée, I, 15.

22 Voir Earl Jeffrey Richards, « Somewhere between Destructive Glosses and Chaos. Christine de Pizan and Medieval Theology », dans *Christine de Pizan, a Casebook*, Barbara K. Altman, Deborah L. McGrady dir., New York, Routledge, 2003, p. 43-56 : répudiée par les auteurs masculins du fait de l'inceste avec son fils, elle est réhabilitée par Christine.

23 Delphine Reix, « *La Cité des Dames* de Christine de Pizan : figures mythologiques et historiques, une utopie ? », dans *Vérité poétique, vérité politique. Mythe, modèles et idéologies politiques au Moyen Âge.* Actes du colloque de Brest, 22-24 septembre 2005, Jean-Christophe Cassard, Élisabeth Gaucher, Jean Kerhervé dir., Brest, Centre de Recherches bretonne et celtique-Université de Bretagne occidentale, 2007, p. 343-361.

24 Respectivement *Cité des Dames*, éd. citée, I, 19 ; I, 20 ; I, 21 et II, 16.

25 *Ibid.*, p. 132 (I, 20).

Ces femmes s'émancipent d'une assignation à résidence domestique en multipliant les types de déplacements intérieurs ou extérieurs à la cité. Les Sabines en s'interposant entre leurs maris et leur père (II, 33) ou Judith qui sort de la cité pour gagner le camp d'Holopherne et, par la ruse, délivrer son peuple du tyran (II, 31), illustrent un rôle diplomatique et pacificateur, tout comme les Romaines qui donnent leurs bijoux pour lever une grande armée (II, 66). Investir l'espace de la cité, c'est alors comme Didon, « prendre un cœur d'homme[26] ».

Dans le troisième livre, le corps dénudé et scandaleusement exhibé des saintes dans l'espace public, comme celui de sainte Christine « en la place devant tous[27] », de Theodosine ou Barbe recouverts par intervention divine[28], a une fonction performative de conversion par sa force de résistance. La foi permet aussi aux saintes d'échapper à la clôture et à l'enfermement où tentent de les maintenir les pères, maris ou frères, et/ou au forçage du corps refusé à leurs prédateurs sexuels.

Incontestablement, ce panthéon des femmes qui féminise le modèle chevaleresque, révise la place de la femme dans la cité. La fiction allégorique de *La Cité des Dames*, en se situant sur un plan spéculatif, permet donc de mettre en scène des usages de la cité non discriminants pour les femmes alors qu'inversement le *Livre des trois Vertus* reconduit des usages restrictifs de la cité dans la visée pragmatique de ses conseils, de manière déceptive pour les lecteurs et lectrices d'aujourd'hui. Plus largement, la métaphore de la cité est annexée par Christine à une investiture citoyenne des femmes qui inclut sa propre investiture comme autrice.

26 Voir *Trois Vertus*, éd. citée, p. 191 (III, 4) sur les veuves et l'attitude à avoir pour défendre ses droits en justice.

27 *Cité des Dames*, éd. citée, p. 464 (III, 10).

28 *Ibid.*, p. 456 et 458 (III, 9).

UNE TIERCE-CITÉ ALLÉGORIQUE
Architectonique inclusive, métonymies et transferts de sacralité

En révisant l'usage genré de la cité, Christine de Pizan propose une vision politique audacieuse par la promotion sociale et politique de la femme, tout en réinvestissant une métaphore-clef de la littérature allégorique et en s'inscrivant dans la pensée politique aristotélicienne du tournant des XIVe et XVe siècles. D. Iogna-Prat observe un « transfert de sacralité de l'Église à d'autres instances civiles de gouvernement (cité, État) sous la forme d'un glissement de la relation métonymique contenant/contenu de l'église/Église à la ville/cité[29] ». Ce processus n'est pas sans parenté avec le jeu de la métonymie dans l'écriture allégorique, excellent outil pour opérer des transferts et recouvrements, non seulement entre le modèle ecclésial et le modèle urbain de la cité, mais plus largement entre des figures d'autorité et celles, en déficit d'autorité, de la femme et de l'écrivain. Dans le feuilleté de signifiés de la cité selon une logique d'imbrications partielles, Christine pluralise la métaphore de la cité en jouant sur des imbrications et des emboîtements inédits. La littérature allégorique apparaît ainsi comme un lieu et un outil idéal pour une littérature urbaine comprise comme littérature qui pense conjointement la chose politique, l'activité littéraire et la place de la femme dans la cité.

CITÉ INCLUSE ET CITÉ INCLUSIVE

La Cité des dames naît d'une méditation, suivie d'un état de « létargie » ou de mélancolie matérialisé par le geste codé de la main sur la joue[30]. Jacqueline Cerquiglini[31] a relevé le modèle de l'Annonciation associé à la descente d'un rayon de lumière sur le giron de la songeuse, suivie de l'apparition des trois filles de Dieu. La Cité des dames est aussi d'abord une

29 *Cité de Dieu, cité des hommes*, *op. cit.*, p. 275.

30 BnF fr. 3182 ou fr. 1177.

31 Jacqueline Cerquiglini, « Fondements et Fondations de l'écrivain chez Christine de Pizan. Scènes de lectures et scènes d'incarnation », dans *The City of Scholars. New Approaches to Christine de Pizan*, Margarete Zimmermann et Dina de Rentiis dir., Berlin / New York, De Gruyter, 1994, p. 79-96.

cité conçue dans la tête d'une femme : c'est l'objet d'une vision intérieure ou mentale, placée sous l'égide de Raison, Droiture et Justice, figures transcendantes qui font irruption dans la « cele ». L'inclusion de Christine dans son cabinet d'étude, et de la cité dans l'intériorité d'une songeuse, est remarquable en soi : à part les songes allégoriques de Christine[32], seul *Le Songe de la pucelle*[33] met en scène une femme dans cette fonction « visionnaire ». L'accent sur deux parties du corps liées à la conception – la tête et le giron – investit d'emblée Christine d'un rôle valorisé par les deux figures archétypales du visionnaire et de la Vierge, laquelle est fréquemment métaphorisée par des espaces clos (tour, temple, demeure, vase-réceptacle, cité[34]). Christine de Pizan réinvestit donc « les tropes architecturées de l'intériorité : la chambre et l'autel du cœur ; le temple de l'Esprit, les demeures de l'âme : maison, château appartement ; le *studiolo*, le cabinet et les bibliothèques intérieures[35] » en jouant des échos produits par les connotations métaphoriques des espaces clos.

La Cité des dames est aussi une cité incluse en tant que métonymie ou composante de la cité des hommes : le titre lui donne une visibilité inédite : il rappelle à ceux qui confondent facilement *hommes* au sens de « représentants de l'humanité » et au sens d'« êtres masculins », que la moitié féminine de l'humanité fait partie des cités terrestre et céleste. Ce « nouvel royaume de Femenie[36] » vient donc remédier à un effacement de fait en rappelant l'inclusion élémentaire des femmes dans la cité. La féminisation du substantif « citoyen » – « Mais quieulx citoyennes y mettrons nous ? » demande Droiture[37]–, au sens de personne qui habite la cité mais aussi qui jouit du droit de cité dans un état, semble d'ailleurs une innovation : « citoyenne » ne semble attesté auparavant que comme adjectif accolé à des substantifs comme *vertu, gent* ou *bataille*[38].

32 *Le chemin de longue étude, L'Advision Cristine, Le Dit de la Rose.*

33 Paul Aebischer, « *Le Songe de la Pucelle.* Poème moral du XVe siècle publié d'après le texte du manuscrit Supersaxo 97bis », Vallesia, t. 16, 1961, p. 225-241.

34 Justice invoque la Vierge comme « Royne celeste, Temple de Dieu, Cele et Cloistre du Saint Esperit, Abitacle de la Trinité », *Cité des Dames*, p. 432 (III, 1).

35 D. Iogna-Prat, *Cité de Dieu, cité des hommes*, *op. cit.*, p. 136.

36 *Cité des Dames*, éd. citée, p. 250 (II, 12).

37 Droiture, *Cité des Dames*, éd. citée, II, 12. Autres occurrences : « citoyennes de vertu », *Trois Vertus*, éd. citée, p. 9 (I, 1) ; « estre souveraines citoyennes [...] en la noble Cité des Dames de vertus » (prologue de l'édition Vérard, 1497, éd. citée, préface p. XXVII).

38 *DMF*, Godefroy, Tobler-Lommatsch : « batailles citoiennes » (*La Cité de Dieu* de Raoul de Presles : *bella urbana*) ; « la gent citeaine » (*Le Roman d'Alexandre*) ; « les vertus morals et

Simultanément, la cité des dames comme panthéon féminin tend à démarquer une partie des femmes : elle représente une métonymie sélective et élective des femmes. En sont « citoyennes » seulement les « preudefemmes de grant beauté et de grant auctorité[39] ». La cité se veut signe mémoriel des femmes illustres, transcendant le temps, et par conséquent cité-panthéon et miroir exemplaire[40] glorifiant, situé dans un tiers-lieu par rapport à la cité terrestre, à la fois en intersection avec elle et dans un espace sacralisé communiquant avec le transcendant, comme le suggère le mouvement vertical du sol vers les combles, de Sémiramis à la Vierge.

Enfin, le modèle ecclésial et augustinien de la *congregacion* chrétienne féminine en présentant la Cité des dames comme une métonymie de la Cité de Dieu, participe aussi d'une logique inclusive. Dans le troisième livre, la Cité des dames et la Cité de Dieu au sens de communauté divine tendent à se confondre. L'analogie avec la Jérusalem céleste se fait de plus en plus nette, comme si la Cité des dames, ou à tout le moins ses combles, devenait un compartiment de la Cité de Dieu, où se trouvent les saintes et la Vierge Marie, « chief du sexe femenin[41] ». Le modèle ecclésial[42] se fait alors prégnant, et les deux Cités, comme chez saint Augustin sont pensées en intersection. La Vierge semble presque contenir la Cité des dames, ou du moins la protéger comme « deffenderesse, protectaresse et garde contre tous assaulx d'ennemis et du monde[43] ».

La prédicatrice à la fin de *La Cité des dames* et au seuil du *Livre des trois Vertus*, en prônant la vertu, entend peupler d'un même mouvement les deux Cités : le recrutement mutualisé cautionne donc la championne des femmes par la prédicatrice et assoit l'autorité politique du projet

citeeinnes » (B. Latini). Emplois ultérieurs comme substantif féminin : Martin Le Franc (1440-1442) ou Lalaing (1470).

39 Droiture, *Cité des Dames*, éd. citée, II, 12.

40 « [...] toutes vous y poez mirer, et par especial es combles de ceste derreniere partie », *Cité des Dames*, éd. citée, p. 498 (III, 19).

41 *Cité des Dames*, éd. citée, p. 432 (III, 1).

42 « La ville devient, en mimétisme avec l'Église, la structure porteuse de l'appartenance à la communauté, une métaphore de la société chrétienne. », D. Iogna-Prat, *Cité des homes, cité de Dieu*, *op. cit.*, p. 66 ; la « matrice de l'être ensemble qu'est le corps du Christ » (*ibid.*, p. 139) commence à être ébranlée dans les années 1200-1500 par la pensée aristotélicienne et scolastique. Sur les deux cités et la cité *permixta*, voir Xiangyun Zhang, « L'idée de "deux cités" », *Cahiers de recherches médiévales*, n° 11, 2004 (*Entre Moyen Âge et Renaissance. L'héroïque*), p. 121-132.

43 *Cité des Dames*, éd. citée, p. 432 (III, 1).

féministe en le subordonnant au modèle religieux augustinien et sotériologique. La citation finale du Psaume 86, 3 – « *Gloriosa dicta sunt de te, civitas Dei* » – situe l'autrice dans la lignée d'Augustin qui cite ce même psaume dans *La Cité de Dieu*[44]. On la retrouve à l'identique dans *La prison de vie humaine* en français (« celle tres sainte court celeste, de laquelle à bon droit dist Saint Augustin : "Ô ! com glorieuses choses sont dittes de toy, benoite cité de Dieu" » v. 1445) et dans *l'Epistre Othea*[45], dans les deux cas associée à un commentaire de saint Grégoire[46] sur la Cité de Dieu comme lieu de contemplation et de communion en la compagnie des anges. En pointant l'horizon intertextuel et eschatologique du texte, l'autrice avance la caution du modèle ecclésial d'une communauté chrétienne (temple de Dieu ou corps de l'Église) située dans une éternité, comme pour masquer l'audace du dispositif analogique[47]. Si la Cité des dames n'est pas exactement un paradis, elle s'en veut en tout cas une échelle ou une antichambre.

En multipliant ainsi les structures d'emboîtements, de métonymie et d'intersection entre des signifiés de la Cité, Christine de Pizan joue sur tous les tableaux d'une consécration des femmes, y compris d'elle-même comme autrice. Cette stratégie opère plus particulièrement par le jeu analogique autour de la figure de l'architecte.

LA CITÉ-TEXTE ET LE PARADIGME ARCHITECTONIQUE : L'ESSOR CONJOINT DES SACRALITÉS POLITIQUES ET LITTÉRAIRES

Le lexique de l'édification et de la mise en forme vient mettre en avant le geste architectural d'ordonnancement de la matière comme archétype du double geste créateur et politique : *edifier, maisonner, faire, fonder, bastir, limiter, mesurer, compasser* mais aussi *fouyr, porter, giter hors, destremper, maçonner, ouvrer, eslever, lever sus, fortifier*... La ligne, attribut

44 La citation suit une série de glissements du modèle de la République, politique, christique et céleste. « La véritable justice réside dans cette cité dont l'Écriture sainte dit : "Des choses glorieuses ont été dites de toi, Cité de Dieu" » *Œuvres de saint Augustin*, t. XXXIII, 5e série *La Cité de Dieu*, livres I-V, éd. et trad. Gustave Bardy et Gustave Combès, Paris, Desclée de Brouwer, 1959, p. 376.

45 *Epistre Othea*, éd. Gabriella Parussa, Genève, Droz, 1999, p. 234 (allégorie 87).

46 *Homeliarum in Evangelia*, l. 2, hom. 37.

47 D. Iogna-Prat note inversement « la faible place du "religieux" et de "l'ecclesial" dans la réflexion de Christine sur "le corps de policie" », *Cité des hommes, cité de Dieu*, *op. cit.*, p. 211. Il examine *Le Livre des faits et bonnes mœurs* (éd. citée, p. 208-220), mais pas *La Cité des dames*.

de Droiture, qualifiée de « rigle droicte » et « baston de paix[48] », est plus particulièrement l'outil de la délimitation (*limiter, mesurer, compasser*) et de l'ordonnancement. Josette A. Wisman y voit un bâton augural ou un écho au roseau que tient l'ange arpenteur dans l'Apocalypse de Jean[49], ce qui renforcerait le paradigme transcendant tout en évoquant le calame de l'écriture. Simultanément, Christine active la distinction hiérarchique aristotélicienne qu'on trouve chez Thomas d'Aquin, Oresme ou Alberti[50] entre l'architecte et l'ouvrier-artisan : l'architecte, incarné au premier chef par Dieu, est le concepteur intellectuel et celui qui ordonne les matières ; son rôle relève de l'art spéculatif, par opposition aux arts pratiques et aux compétences constructives. Dans le *Livre des faits et bonnes mœurs*, l'autrice commente longuement cette distinction entre « architecteurs » et « maçons et charpentiers », « artiste » et « expert », en renvoyant à la *Métaphysique* d'Aristote :

> comme il appere que de la forme des artistes on prent les causes des operacions, qui sont vers les disposicions des matieres, et par usage sont prises les causes des operacions, qui sont vers les disposicions des matieres, si s'ensuit que les architecteurs, c'est assavoir les disposeurs de l'oeuvre, scevent les causes des besoignes, et que on les doit reputer les plus sages. Assez ay prouvé que l'artiste a plus grant science que l'expert, qui oeuvre de la main ; lesquelles descripcions ne sont mie mes paroles, mais de Aristote en sa Methaphisique ; (*Faits et bonnes mœurs*, éd. citée, p. 35-36 [III, 11])

Charles V est décrit comme « sage artiste », « vray architecteur et deviseur certain et prudent ordeneur, lorsque les belles fondacions fist faire en maintes places, notables edifices beaulx et nobles, tant d'eglises comme de chasteaulx et autres bastimens à Paris et ailleurs[51] ». Christine s'inscrit ainsi directement dans la pensée de Thomas d'Aquin, pour qui l'architecte est la figure du théologien et du philosophe, mais aussi incarnation de la sagesse et d'un bon gouvernement. La prééminence de Raison comme commanditaire et caution de la cité des Dames fait écho à

48 *Cité des Dames*, éd. citée, p. 58 (I, 5).

49 Ap. 11, 1. Ce don apparaît comme investiture prophétique, immédiatement après le don du livre, mangé. Josette A. Wisman, « D'une cité l'autre : modernité de Christine de Pizan gynéphile », *Romanische Forschungen*, Bd. 112, 2000, S. 61-71.

50 Sur Thomas d'Aquin, D. Iogna-Prat renvoie au *Quodlibet* I (*op. cit.*, p. 195) et à Oresme *Livre de l'Éthique d'Aristote* (p. 206-207) ; voir aussi Leon-Battista Alberti, *L'art d'édifier*, trad. Pierre Caye et Françoise Choay, Paris, Seuil, 2004.

51 *Faits et bonnes mœurs*, éd. citée, p. 37 (III, 10).

la « prudence architectonique[52] » chez Thomas, qui adapte l'aristotélisme politique au christianisme et pense la politique comme une science de l'architecture réglée par une raison juste. Les trois verbes par lesquels Oresme définit la science politique dans sa traduction de *L'Éthique à Nicomaque*, font d'ailleurs écho à la mise en scène allégorique : « la science par quoy l'en scet royaumes et citez et quelconques communitez commencier, ordener et parfaire[53] ». Architecture, politique et écriture relèvent donc du même paradigme.

Dans *La Cité des Dames*, Christine intègre ainsi l'écrivain au paradigme architectonique, tout en l'incarnant comme femme. Investie par les filles de Dieu, elle apparaît dès lors comme une figure à la fois laïque et féminine de l'architecte, ainsi auréolée d'un prestige. Un demi-siècle avant le *De re aedificatoria* d'Alberti (écrit vers 1450), elle opère un transfert du théologique et du politique vers l'esthétique. Architecte concepteur d'une forme mentale grâce à « la pioche de [s]on entendement » ou « la pioche d'inquisicion[54] », elle suit les mêmes principes organisateurs : destination de l'édifice, mise en espace dans un champ choisi et délimité, organisation interne, choix des matériaux, fondations (I-V), murs (VI-XI), et toit (XII-XIII). Le verbe *edifier*[55], récurrent et particulièrement connoté du point de vue religieux et politique, permet par sa polysémie, de jouer sur plusieurs sens : au propre, c'est construire, bâtir, élever ; au figuré, il admet des objets abstraits, construction de l'esprit ou institution ; il peut enfin signifier « élever quelqu'un à la vertu, inspirer à quelqu'un une conduite exemplaire » ou « élever quelqu'un à une fonction, instituer » (*DMF*). Dans *La Cité des dames*, tous ces sens sont co-activés.

Christine prétend aussi incarner en tant qu'autrice à la fois la figure de l'architecte et celle du maçon : au-delà de la topique d'humilité et la posture affichée de « chamberiere », elle endosse les deux rôles dans

52 Voir D. Iogna-Prat, *Cité de Dieu, cité des hommes*, *op. cit.*, p. 193-199 et *Faits et bonnes moeurs*, *op. cit.*, p. 167-169 (III, 66).

53 Nicole Oresme, *Le Livre de ethiques d'Aristote, published from the text of Ms. 2902, Bibliothèque royale de Belgique*, éd. Albert Douglas Menut, New York, G. E. Stechert, 1940, p. 98 (1b). Raison : « et lui anonça comment elle ediffieroit une cité a l'ayde d'elles ·iij· dames. » Voir *Cité des Dames*, éd. citée, p. 50 (I, 3). Justice : « Si suis par le vouloir de nous ·iij· establie a ton ayde pour *parfaire et achever ta cité* » *Cité des Dames*, éd. citée, p. 60, (I, 5).

54 *Cité des Dames*, éd. citée, p. 64 et 66 (I, 8).

55 « edefice », p. 56 (I, 4). « edifier » : *Trois Vertus*, éd. citée, p. 7 (I.1), ou *Cité des Dames*, éd. citée, p. 56 (I, 4).

« [s]on foible corps femenin » et malgré son prétendu « foible sens » incompétent « a la science ne la pratique de maçonner[56] » : concevoir le projet et le réaliser comme ouvrière à la truelle ou la trempe de sa plume[57] sous le « bon conduit[58] » de Raison. Les analogies multiples et les syllepses, mais aussi les effets intertextuels augustiniens assurent une consécration métapoétique. Quant à la cité-forteresse, elle réactive la posture polémique d'Augustin, déplacée de la lutte contre les détracteurs du christianisme vers la lutte contre les misogynes et les ennemis des femmes[59]. L'éternité de la Cité est transférée, par une nouvelle métonymie, au texte qui la contient : de l'éternité eschatologique à la transcendance de la cité-texte[60], qui pérennisera la mémoire de l'autrice par son nom[61].

56 *Cité des Dames*, éd. citée, p. 64 (I, 7).

57 Raison : « la truelle de ta plume », *Cité des Dames*, éd. citée, p. 104 (I, 14). Droiture : « si destrempes le mortier ou cornet et maçonnes fort a la trempe de ta plume », *ibid.*, p. 218 (II, 1).

58 *Ibid.*, p. 58 (I, 4).

59 « Les adorateurs d'une multitude de faux dieux, que nous appelons ordinairement les païens [...] se mirent à blasphémer le vrai Dieu avec plus d'âpreté et d'amertume que d'habitude. C'est pourquoi [...] je décidais d'écrire contre leurs blasphèmes et leurs erreurs les livres de la *Cité de Dieu*. », saint Augustin, *Retractationes*, dans *Œuvres de saint Augustin*, t. XXXIII, éd. citée, p. 167. Voir X. Zhang, « L'idée des deux cités », art. cité et Margarete Zimmermann, « Utopie et lieu de la mémoire féminine : *La Cité des Dames* », dans *Au champ des escriptures, IIIe Colloque international sur Christine de Pizan, Lausanne, 18-22 juillet 1198*. Études réunies et publiées par Éric Hicks avec la collaboration de Diego Gonsalez et Philippe Simon, Paris, Champion, 2000, p. 561-578.

60 Claire Le Brun observe « l'estompage des frontières entre l'éternité de la doctrine chrétienne et celle de la postérité littéraire ». Voir Claire Le Brun-Gouanvic, « Christine de Pizan et l'édification de la cité éternelle », *Études françaises*, t. 37, 2001, p. 51-65, ici p. 61.

61 Voir F. Pomel, « Au nom du père, du fils et de la fille. Transmissions du nom et autorité dans *La Cité des Dames* », dans *Genèses et filiations dans l'œuvre de Christine de Pizan*, Dominique Demartini et Claire Le Ninan dir., Paris, Garnier, 2021, p. 65-80.

« LA CAGE DE NOTRE GLORIEUSE CITÉ[62] » ET L'OISELEUR AU FÉMININ
Tensions et réversibilité autour de la métaphore de la cité

Du *Livre de la Cité des Dames* au *Livre des Trois Vertus*, s'opère un glissement étrange de la figure de l'architecte de la cité à celle de « sage oiseleur » piégeant les femmes-oiseaux. La cité est-elle dès lors analogue à une cage ? Comment comprendre le couple architecte-oiseleur, les tensions dans les signifiés rattachés à la cité-forteresse et la valence ambiguë de la clôture entre espace de communion et piège ? Les postures féministe, politique et littéraire entrent-elles en tension autour de la métaphorisation de la cité comme cage et de l'autrice comme oiseleuse ?

LE SAGE OISELEUR-PRÉDICATEUR AU FÉMININ : LA FONCTION CIVILISATRICE ET SALVATRICE

Le texte mobilise implicitement tout un paradigme de l'oiseleur, selon des valences négatives ou positives qui opposent d'un côté les amants, Amour ou le diable, et de l'autre Christine, Augustin, Philosophie ou Arachné. D'abord activé dans l'adresse aux dames[63] à la fin de *La Cité des Dames*, il se prolonge dans le *Livre des trois Vertus* avec la métaphore de la cage aux oiseaux :

> tout ainsy comme le sage oiselleur apreste sa cage ains que il prengne les oisillons, voulons que apres ce que le heberge des dames honnourees est faicte et preparee, soient semblablement que devant, par ton ayde pourpensez, fais et quis engins, trebuchiez et roys beaulz et nobles, lacez et ouvrez a neux d'amours que nous te livrerons et tu les estendras par la terre es lieux et es places et es angles par ou les dames [...] passent et cuerent, afin que celles qui sont farousches et dures a dominer puissent estre happées, prises et trebuschees en noz laz [...] et que toutes, ou la plus grant partie d'elles, soyent fichees en la cage de nostre glorieuse cité, ou le doulz chant apprengnent de celles qui desja y sont hebergees comme souveraines [...]. (*Trois Vertus*, p. 7 [I, 1])

62 *Trois Vertus*, éd. citée, p. 9 (I, 1).
63 *Cité des Dames*, éd. citée, p. 496 (III, 19).

A-t-on affaire à une périphrase pour désigner la cité ou le complément de nom met-il la cage en relation métonymique (propriété ou contiguïté spatiale) avec la cité[64] ? En contrepoint au *Roman de la Rose*, l'autrice enjoint à la fin de *La Cité des Dames* les femmes à se méfier de « tous engins estranges et decevables » destinés à les « prendre si que on fait les bestes aux las[65] ». Christine en sage oiseleur invitant à la vertu apparaît donc au seuil du second volet du diptyque en figure inversée des amants déloyaux et du dieu Amour, figurés en oiseleurs, mais aussi comme antithèse du sophiste qui met « en decepcion par figure de fiction[66] ». Déjà, Plaute décrivait la maquerelle comme oiseleur[67] tandis qu'Augustin usait de l'image sur un plan rhétorique, au seuil du *De utilitate credendi,* dans l'évocation des Manichéens dont la tactique « rappelle les ruses des oiseleurs qui posent leurs gluaux au bord d'une mare pour attraper les oiseaux altérés[68] ». Enfin, l'oiseleur, c'est aussi dans la tradition biblique le diable armé de filets[69]. Dans la glose proposée par la reine Ratio, les oiseleurs figurent le diable, la chair et le monde[70].

Christine connaissait-elle la première rédaction du *Pèlerinage de vie humaine* de Guillaume de Digulleville, très diffusée, où saint Augustin apparaît sur les créneaux de la Jérusalem céleste en « oiseleur » et « d'oiseles apasteleur[71] » ? Antithèse de Satan pêcheur au bord de la mer du monde[72], il attire les pèlerins par ses paroles, telles des graines, afin

64 X. Zhang hésite dans l'interprétation de la cage : « Celles qui ont gagné honneur et réputation sont invitées à occuper une place dans la glorieuse cité de Dames, tandis que le reste des femmes sera enfermé dans la cage – qui est en réalité une autre image du même édifice – dans le *Livre de Trois Vertus* », X. Zhang, « L'idée de "deux cités" », art. cité, p. 127.

65 *Cité des Dames*, éd. citée, p. 502 (III, 19).

66 Guillaume de Lorris et Jean de Meun, *Le Roman de la Rose*, éd. Armand Strubel, Paris, Librairie Générale Française, 1992, p. 1110, v. 21493-21505.

67 Plaute, *Comédies*, éd. et trad. Alfred Ernout, Paris, Les Belles Lettres, 1963, t. I, p. 96 (*Asinaria*, v. 215-225).

68 « *De utilitate credendi* », dans saint Augustin, *Œuvres de saint Augustin*, t. VIII, *La Foi chrétienne*, éd. Joseph Pegon, mise à jour par Goulven Madec, Paris, Desclee de Brouwer, 1982 (Bibliothèque Augustinienne), p. 213 (I, 2).

69 Voir la Vulgate : Jér. 5. 26-27, Ecclésiaste 9. 12, Ps. 91, 2-4.

70 Henri de Ferrières, *Les livres du roy Modus et de la royne Ratio*, dans Albert Pauphilet, *Jeux et sapience du Moyen Âge*, Paris, Gallimard, 1941 (Pléiade, 61), p. 587-723, ici p. 722-723.

71 *Pèlerinage de vie humaine*, éd. Johan Jacob Stürzinger, London, Nichols and Son, 1893 (Roxburghe Club), p. 106. « Pour leurs emmieles morciaus / Et leurs diz doucereus et biaus / Maint(es) gent oysiaux devenoient / Et en haut puis (droit) voloient ». (v. 109-112). Dans la seconde rédaction, saint Augustin disparaît mais restent la mention des « augustins » (v. 222) et l'image des ailes associée à l'enseignement prodigué.

72 *Pèlerinage de vie humaine* 1re rédaction, éd. citée, v. 11711-11714.

d'assurer leur salut par l'envol. Peut-être a-t-elle aussi pensé à l'Éloquence théologienne de Gerson dans son traité contre le *Roman de la Rose*[73] ? Le sage oiseleur représente donc le prédicateur mettant l'éloquence au service d'une polémique et/ou d'une conversion salvatrice : les « neux d'amours » sont les garants paradoxaux d'une libération qu'évoque Frère Laurent dans *La Somme le roi* pour louer avec Sénèque la tempérance et la sobriété :

> Li cuers est aussi com li oiseau qui veut voler a sa volenté, se il n'est retenuz par *les giez de foi et d'amour*, il s'envole perileusement, si que il se pert et chiet souvent es laz a l'oiseleur d'enfer, c'est li deables, qui ne brasce fors a panre tel oisel[74].

Comme Arachné (I, 39) qui invente avec le tissage « l'art de faire rois, las et filez a prendre oysiaulx et les poissons[75] », l'oiseleur reconfigure et requalifie l'art de « filler a la quenoulle » en art du texte à vocation didactique et politique, revalorisant ainsi l'activité genrée à laquelle la mère prétendait assigner Christine.

Une dernière intertextualité augustinienne est peut-être activée avec la figure de Philosophie dans l'apologue du *Contra Academicos* : ce dialogue défend l'idée que la philosophie et la connaissance sont la source du vrai bonheur, et gages d'un processus de libération des entraves de l'ici-bas et de la glu des passions[76]. Dans cette « fable », Philosophie essaie de libérer de « la cage du commun » sa sœur Philocalie, incarnation d'un amour profane du beau et des plaisirs, en la capturant comme un oiseleur[77]. Mais la cage, clairement négative dans ce texte, devient positive chez Christine, en tant qu'outil d'inclusion dans la cité des dames : les rets et la cage métaphorisent bien une parole de prédication salvatrice. L'analogie avec une Philosophie-oiseleuse n'en reste pas moins signifiante, si on considère la contamination du modèle cicéronien et aristotélicien sous-jacent du philosophe-orateur dans la cité.

---

73 Voir *Le Livre des espistres du debat sus le Rommant de la Rose*, éd. citée, p. 297-324.

74 *La Somme le roi* par Frère Laurent, éd. Édith Brayer and Anne-Françoise Leurquin-Labie, Paris, Champion, 2007, p. 387.

75 *Cité des Dames*, éd. citée, p. 184 (I. 39). Minerve invente aussi conjointement tissage et armures, *ibid.*, p. 170 (I, 34).

76 « Contra Academicos », dans *Augustin*, *Œuvres de saint Augustin*, t. IV, *Dialogues philosophiques*, I. *Problèmes fondamentaux*, éd. et trad. Régis Jolivet, Paris, Desclée de Brouwer, 1948, p. 66-67. Sénèque, *De Ira*, 3, 16, 1.

77 *Contra Academicos*, éd. citée, p. 71-73. En latin : « aucupem ».

L'OISELEUR-ORATEUR : LE MODÈLE CICÉRONIEN ET ARISTOTÉLICIEN DU PHILOSOPHE DANS LA CITÉ OU LA FONCTION POLITIQUE ET ÉTHIQUE DE L'AUTRICE

La figure de l'oiseleur décline en effet le modèle cicéronien de l'orateur, placé au fondement de la cité. Cicéron dans *De l'orateur*, place l'éloquence au fondement de la cité par sa puissance à émouvoir et « réunir en un même lieu les hommes dispersés, les tirer de leur vie grossière et sauvage, les amener à notre degré actuel de civilisation[78] ». Face à Saevola, Crassus admet que les hommes ont été « engagés par le simple attrait d'un beau discours à venir s'enfermer dans les remparts des villes[79] ». Plus explicitement dans *De l'Invention*[80], Cicéron défend le rôle de l'orateur en politique : l'alliance de l'éloquence et de la sagesse rassemble et pacifie les hommes. C'est un orateur qui a fait passer les hommes de l'erreur et de l'ignorance de la vie sauvage à l'établissement des villes :

> À cette époque un homme manifestement supérieur et sage comprit les capacités que contenait l'esprit humain et l'aptitude remarquable de celui-ci à exécuter de très grandes choses, si l'on parvient à faire apparaître ces qualités et les améliorer par l'éducation. Ces gens, disséminés dans les campagnes, retirés dans des cabanes au milieu de forêts, en usant d'un talent particulier, il les conduisit et les groupa dans un même endroit : il les poussa à toutes les occupations utiles et honorables[81].

Brunetto Latini dans sa *Rettorica* relaie une telle vision de la rhétorique comme partie de la science politique, instrument de l'instauration de la cité et garant de la paix civile, dans la lignée aristotélicienne de l'homme, animal social et politique, en même temps que créature rationnelle. J. Barthuschat analyse ainsi cette conception :

> [...] la rhétorique est la praxis de la raison ; c'est pourquoi elle est à l'origine de la culture et de l'ordre politique. [...] La rhétorique est le cadre conceptuel pour la recherche d'une éthique politique. [...] La rhétorique, comprise comme branche de l'art de gouverner, n'est plus un savoir propédeutique, elle participe pleinement de la dignité de la philosophie[82].

78 Cicéron, *De l'orateur*, éd et trad. Edmond Courbaud, Paris, Les Belles Lettres, 1962 (Livre I). Voir particulièrement VIII, 30-37 (ici 33, p. 18).

79 *Ibid.*, p. 19 (I, IX, 36).

80 Cicéron, *De l'Invention*, éd. et trad. Guy Achard, Paris, Les Belles Lettres, 1994, p. 56 (I.1).

81 *Ibid.*, p. 58 (I, 2).

82 Johannes Bartuschat, « La *Rettorica* de Brunetto Latini. Rhétorique, éthique et politique à Florence dans la deuxième moitié du XIIIe siècle », dans *Arzanà. Cahiers de littérature*

L'Entheticus ouverture au *Policraticus* de Jean de Salisbury traduit par Denis Foulechat (1372) met en avant une même défense de l'alliance de raison et éloquence.

Le couple de l'architecte et de l'oiseleur dans le diptyque de *La Cité des Dames* et du *Livre des Trois Vertus* met donc en œuvre ce programme politique décliné en enjeux littéraires, spirituels, et féministes étroitement imbriqués. L'oratrice est au service des trois cités : de Dieu, des hommes, des femmes et la littérature au service de la vie politique et morale de la cité. La cage devient lieu d'apprentissage[83]. L'oiseleur n'est en effet pas seulement chasseur mais éleveur, et Christine-oiseleuse conjoint l'oratrice, la prêcheuse et l'éducatrice. La parole des trois Vertus est assimilée à un chant (« les series voix[84] ») qui stimule les oreilles endormies comme antidote aux sirènes de la paresse : elles « chanteron[t] » donc leur doctrine[85]. Les conseils prodigués aux dames assimilés à un chant attirent ainsi les dames dans la cité en vue de « l'exaulcement et eslevacion de vertus en bons exemples[86] », à la manière du Christ-Orphée dans le *Protreptique* de Clément d'Alexandrie (IIIe siècle après J.-C), dont le bon chant libère des pièges démoniaques, apprivoise le sauvage et attire vers le vrai Dieu[87].

La parabole du semeur réactive dans l'explicit la métaphore de l'oiseleur avec la parole-graine, « semee entre les autres femmes » et « ventilee, espandue et publiee en tous païs » sous la forme des copies multipliées par l'autrice. Elle vient intégrer Cérès au paradigme de l'oiseleur : à l'origine d'une « vie humaine et raisonnable », elle sédentarise les hommes par l'agriculture et les amène à cohabiter dans un espace commun régi par des lois. Instigatrice du passage de l'état sauvage à l'état « civil et citoyen[88] », elle fonde les états sociaux et une inter-solidarité policée entre les espaces ruraux et urbains[89].

---

médiévale italienne, t. 8, 2002 (*La science du bien dire. Rhétorique et rhétoriciens au Moyen Âge*, Marina Marietti et Claude Perrus dir.), p. 33-59, successivement p. 42, 46 et 49.

83 *Trois Vertus*, éd. citée, p. 9 (I. 1).

84 *Ibid.*, p. 9 (I, 1).

85 Elles l'invitent à ne pas « donner oreille a la leçon de parece qui te chantera se croire la veulx : tu as assez fait, temps est que tu te reposes », *Trois Vertus*, p. 7 (I, l). « Le sage prescheur », *Trois Vertus*, éd. citée, p. 172 (III, 1) est calqué sur « le sage oiseleur ».

86 *Trois Vertus*, éd. citée, p. 225 (« La fin et conclusion de cest present livre »).

87 Jean-Michel Roessli, « Convergence et divergence dans l'interprétation du mythe d'Orphée. De Clément d'Alexandrie à Eusèbe de Césarée », *Revue de l'histoire des religions*, t. 219, 2002, p. 503-513. Clément d'Alexandrie termine, comme *La Cité des Dames*, sur une invitation à fuir l'attrait des sirènes pour monter sur le navire piloté par le Christ.

88 Voir *Cité des Dames*, éd. citée, p. 176 (I, 35) et p. 180 (I, 38).

89 *Ibid.*, p. 182 (I, 38).

La cité est donc fondamentalement pour Christine un lieu positif de civilisation, ce qui l'oppose aux auteurs qui déplorent un âge d'or révolu et font l'éloge d'une vie rustique, tel Boccace[90]. Le modèle communal des villes italiennes, associé à son histoire familiale, semble prégnant[91].

Sous la figure de l'oiseleur, l'autrice se représente donc en oratrice militante de la cause des femmes, mais investie d'une mission plus largement morale, politique et religieuse : passeuse entre nature et culture, terrestre et spirituel, elle contribue d'un même mouvement par sa mission éthique, littéraire et politique à l'harmonie de la cité et au salut de l'âme.

L'OISELEUSE ET LA CITÉ CLOSE : DES VALEURS AMBIGÜES DU POINT DE VUE DU GENRE ?

Du point de vue du genre, oiseleur est un mot masculin : la forme féminine n'est pas répertoriée par les dictionnaires et « oiseleuse » ne présente que des attestations rarissimes sous la forme substantive. L'oiseleur est une figure ambivalente, associée à la ruse et à la féminité par sa chasse passive et non pas active et virile, l'une et l'autre étant opposées depuis Platon[92]. S. Dalla Bernardina observe que les oiseleurs, en tant que figures liminaires, sont caractérisés par une forme d'inachèvement économique (tâcherons) et sociologique (célibataire, marginalité topographique ou tare physique). En ce sens, l'oiseleur tempèrerait l'audace de la figure de l'architecte tout en renforçant les stratégies christiniennes d'hybridation entre masculin et féminin, politique et religieux, profane et sacré.

L'imaginaire de la clôture associé à la cité et à la cage présente aussi avec la femme-forteresse une valence ambiguë : il manifeste la force et l'union protectrice (sociale et spirituelle) ou la conversion à une « rationalité gouvernementale » pacificatrice et salvatrice sur les plans politique et moral, social et individuel[93]. Mais il laisse percevoir un versant négatif :

---

90 Christine, à propos d'Arachné, *Cité des Dames*, éd. citée, p. 186 (I, 39), s'oppose à l'éloge d'une vie rustique qui fait l'éloge des glands et peaux de bêtes.

91 Margarete Zimmermann, « Les Trois Vertus de Christine de Pizan. Une lecture politique du concept de vertu », dans *Christine de Pizan. La Scrittrice e la città*, *op. cit.*, p. 113-124. Voir aussi D. Iogna-Prat, *Cité de Dieu, cité des hommes*, *op. cit.*

92 Sergio Dalla Bernardina, « Phénoménologie d'un piège végétal : le *roccolo* », *Cahiers d'anthropologie sociale*, n° 9, 2013, p. 16-32. Pierre Vidal-Naquet, *Le Chasseur noir et l'origine de l'éphébie athénienne*, Paris, La Découverte, 1981, p. 170.

93 Oresme décline la prudence sur les plans monostique (individuel), économique (domestique) et politique (communautaire). Voir D. Iogna-Prat, *Cité de Dieu, cité des hommes*, *op. cit.*, p. 207-208.

la forteresse est aussi la cité potentiellement assiégée et prise au piège, close sur elle-même comme dans le *Roman de la Rose* : la femme, comme corps à défendre face à des hommes-prédateurs, manifeste le tabou et la morale défensive proposée par la championne des dames. La cage de la cité ou ses murailles peuvent se lire comme l'intériorisation des codes moraux d'un bon gouvernement : « la prudent cautele[94] », la « prudence mondaine[95] » pour préserver l'honneur et la bonne renommée[96], la patience[97] exigent une discipline du corps et des émotions par la raison. L'édifice moral, décliné en un régime social de séparation des sexes et en idéal de chasteté, serait-il corset ou carcan ? La Cité forteresse, défendue par l'autrice comme condition paradoxale d'une pacification des relations sociales entre les sexes et comme libération, peut sembler aujourd'hui un idéal obsolète, incompatible avec une liberté morale et sociale.

En déclinant la métaphore de la cité sur le triple plan politique, spirituel et métapoétique, l'autrice tisse un réseau d'analogies grâce à une trame d'échos intertextuels qui bousculent un usage genré de la cité. Elle témoigne ainsi d'une subtilité arachnéenne en tissant autour de la métaphore matrice de la cité des analogies et réseaux de sens susceptibles de faire évoluer les représentations du lecteur en matière de genre : la force de la métaphore comme outil didactique et militant est en effet susceptible de « modifier, en soi ou chez les autres, la manière de vivre et de voir le monde[98] » et de convertir à une autre représentation mentale. La solidarisation du projet féministe avec une visée spirituelle, politique et morale plus large opère comme un bouclier protecteur.

À la faveur des analogies, s'opèrent des transferts d'autorité : l'architecte et l'oiseleur, dans la perspective de l'aristotélisme politique, affichent l'ambition politique de l'autrice. Son audace est à peine tempérée par la subordination de l'ouvrière aux trois maîtresses-architectes, et de l'oratrice aux prêcheuses. L'écriture allégorique se met donc au service

94 *Trois Vertus*, éd. citée, p. 64 (I, 16). Voir la thèse de Camille Carnaille, « Le jeu des émotions dans la littérature française médiévale » (thèse inédite, Université de Genève, 2021), chap. 6, p. 505 *sq.*

95 *Trois Vertus*, éd. citée, p. 41 (I, 11 ou II, 1).

96 *Ibid.*, p. 41 (I, 11 et I, 13 *sq.*)

97 Voir l'adresse aux dames épouses ou veuves : *Cité des Dames*, éd. citée, p. 500 (III, 19).

98 Pierre Hadot, *Wittgenstein et les limites du langage*, Paris, Vrin, 2004, p. 11.

d'un féminisme, mais sans exclusive : elle travaille simultanément à une sacralisation des figures de l'auteur et du prince, engagés dans des missions politiques civilisatrices et pacificatrices corrélées. La structure en diptyque défend conjointement un idéal social, moral et spirituel de gouvernement ordonné, mesuré et hiérarchisé par la raison, qui vaut pour une communauté humaine dont « l'université des femmes » est affirmée comme une composante à tous les niveaux. La femme politique s'abrite derrière la moraliste pour mieux dégenrer et politiser les vertus et les fonctions, et revendiquer un rôle politique de l'auteur, homme ou femme, dans la cité. Ce faisant, Christine de Pizan produit une littérature qu'on peut qualifier d'« urbaine » en ce qu'elle réfléchit à l'ordre politique de la cité et à la place que les femmes peuvent y occuper.

Incontestablement, en se figurant en architecte et oiseleuse, Christine de Pizan refuse de s'en tenir au « commun office a quoy [les femmes] sont establies » en son temps. Sa posture politique et militante dans la cité, y compris par son atelier de production de manuscrits, est « chose non acoustumee et hors usage à femme, qui communement ne se sieust entremettre ne més de quenouilles, filaces et choses de mainage[99] ». En léguant sa Cité aux lectrices à venir, et en donnant l'exemple, elle les invite à prouver que l'éducation et la littérature peuvent contribuer à changer les usages pour « tout un sexe », même s'il faut pragmatiquement composer avec ceux de son temps et avec les aléas des « fortunes » individuelles. On peut trouver un certain paradoxe à conjoindre une telle audace personnelle et politique avec une entreprise morale qui prétend contenir les femmes dans une « cage » simultanément protectrice et libératrice. Mais Christine est à la fois avant-gardiste comme militante de la cause des femmes, et conservatrice comme moraliste chrétienne[100]. C'est peut-être cette combinaison qui caractérise son féminisme de la vague zéro.

Fabienne POMEL
Université Rennes 2 – CELLAM

99 Cité d'après la thèse de Lucien Degaz, « *Le Livre des fais d'armes et de chevalerie* de Christine de Pizan. Édition critique » (thèse inédite, Université de Paris 3, 2019), p. 174.

100 « [...] ce sont les mœurs, et non les structures sociopolitiques qu'il faut réformer » observe C. Le Brun-Gouanvic, « Christine de Pizan et l'édification de la cité éternelle », art. cité, p. 65.

TROISIÈME PARTIE

VERS UN STYLE ET UNE POÉTIQUE DE LA LITTÉRATURE URBAINE

GÉOPOÉTIQUE[1]

Le dit et la ville

Que peut-on légitimement appeler « littérature urbaine » ? Une littérature qui naît au sein de la ville ? Qui met en scène la ville ? Qui s'adresse à un public issu de la ville ?

Ma recherche est partie d'une constatation. Le XIIIe siècle voit de pair deux mouvements parallèles : un développement urbain et en particulier l'accroissement de la population de Paris, et l'apparition d'un genre, le *dit*, qui dans ses premiers textes prend souvent pour sujet la ville, ses lieux et ses métiers. Ces deux séries de faits sont-elles en lien ? Certes la ville a toujours donné matière à écriture mais ces dits, essentiellement de la seconde moitié du XIIIe siècle et du début du XIVe siècle, sont très différents des éloges de la ville que l'on connaît depuis l'Antiquité. En quoi constituent-ils une nouvelle matière, un nouveau sujet d'écriture et comment se servent-ils de ce nouvel outil qu'est la forme du dit ? J'examine quatre textes : deux traitent des rues de Paris, deux de ses églises.

UNE MATIÈRE NOUVELLE

Dans ces dits de Paris, la ville, ne sert pas de cadre à un récit. Elle est le sujet de l'œuvre. Ce sont les rues de Paris, ses églises, ses cris que les auteurs énumèrent dans une pleine conscience de la nouveauté de leur entreprise. Dans son *Dit des rues de Paris*[2] Guillot de Paris annonce

---

1 L'expression *géopoétique* est de Michel Deguy dans *Aux heures d'affluence*, Paris, Seuil, 1993, p. 64.

2 Guillot de Paris, *Le Dit des rues de Paris*, Préface et notes topographiques par Edgar Mareuse, édition, traduction, notes et glossaire par Catherine Nicolas, Paris, Les Éditions de Paris, 2012.

qu'au lieu d'écrire sur les rois et les comtes dont il a déjà beaucoup parlé : « Maint dit a fait de roys, de conte / Guillot de Paris en son conte » (v. 1-2) (Guillot de Paris compte parmi ses œuvres de nombreux dits sur les rois et les comtes), il va faire une nomenclature des rues de Paris : « Les rues de Paris briement / A mis en rime. Oiez comment. » (v. 3-4) (Il a brièvement mis en rimes les rues de Paris. Écoutez de quelle manière). Curieuse opposition. En fait, beaucoup d'auteurs de dits de métiers au XIIIe siècle affichent une même volonté de changer de matière. L'auteur du *Dit des Fèvres*[3] affirme ainsi à l'ouverture de son œuvre que l'on a trop conté de rois, de contes de chevaliers. Lui va parler des forgerons : « Mès puisque j'en ai leu et tens / Veuil des feures selon mon sens / .I. conte commencier et dire » (p. 128) (Mais puisque j'en ai lieu et temps, je veux commencer à parler des forgerons selon mon opinion). Guillot de Paris, quant à lui, juge les rues de Paris, tout comme les seigneurs, dignes d'une œuvre, mais de manière très subtile, non pas d'un récit, d'un conte, mais d'un calcul, un compte. Il joue sur la polysémie du mot, écrit dans tous les cas *conte* et qui vaut pour *comte* (le seigneur), *conte* (le récit) et *compte* (le calcul), qui s'énonce ainsi :

Guillot si fait a tous savoir
Que, par deça Grant-Pont, pour voir,
N'a que .II.C rues mains sis,
Et en la Cité, .XXXVI.,
Outre Petit-Pont, .IIII.XX.,
Ce sont .X. mains de .XVI.XX.,
Dedenz les murs non pas dehors. (v. 539-545)

« Guillot fait savoir à tous qu'au-delà du Grand-Pont, en vérité, il n'y a que deux cents rues moins six, et en la Cité, trente-six ; au-delà du Petit-Pont quatre-vingts, c'est-à-dire dix de moins que trois cent vingt, à l'intérieur des murs et non à l'extérieur. »

Le calcul est juste : XVI.XX font 320, deux cents moins six font 194, 194, à savoir le nombre des rues rive droite, + 36, le nombre de rues dans la Cité auxquelles s'ajoutent 80, le nombre de rues rive gauche, font un total de 310, c'est-à-dire bien 320 moins dix. Pourquoi ces calculs ? Les éloges anciens de villes se fondaient sur une évocation des merveilles de ces dernières, de leur *mirabilia* selon un programme précisé par les traités

3 Le texte est édité par Achille Jubinal dans son recueil *Jongleurs et Trouvères*, Paris, J. Albert Merklein, 1835, p. 128-137.

de rhétorique antique. Quintilien, par exemple consacre un chapitre de son *Institution oratoire* à l'éloge des villes qui comporte deux lieux principaux : l'éloge du fondateur et des citoyens, de leurs actions et de leurs vertus, et l'éloge de la topographie spécifique de chaque cité. On peut citer ainsi l'éloge de Milan dans un poème rythmique lombard composé peu après 738, ou encore le *De Magnalibus Mediolani (Des Merveilles de Milan)* de Bonvesin de la Riva dans la seconde moitié du XIIIe siècle, et encore des éloges de Venise et de Florence. Rien de tel chez les nouveaux poètes français de la ville. Ils fondent leur évocation non sur la merveille mais sur l'abondance et le dénombrement. Comment procède alors le poète ? Il se situe à l'intérieur de la ville. Ce n'est plus d'une vue surplombante qu'il saisit celle-ci mais de son sein. Il n'est que de comparer la vue panoramique de Paris depuis Montmartre que l'on trouve dans la chanson de geste *Berte aus grans piés* d'Adenet le Roi[4] et la déambulation de Guillot. Son dit n'est pas à proprement parler descriptif mais topographique. Il ne décrit pas les monuments. Il prend possession de la ville en la parcourant, en nommant ses rues et en les dénombrant[5]. Quel est son but ? A-t-il une utilité pratique ou révèle-t-il plutôt un imaginaire ? Quel est le Paris de Guillot ?

Guillot parcourt la ville, de la rive gauche à la rive droite en passant par la Cité, en signalant les lieux où l'on rencontre des dames, à savoir des filles publiques et des débits de boisson. L'atmosphère est globalement érotique ou grivoise. Son périple commence rue de la Huchette. Puis, « En la rue de la Platriere », il mentionne la demeure d'une « dame loudiere » (v. 25), c'est-à-dire de mauvaise vie, et l'on compte dans les 554 vers du texte vingt-sept mentions de femmes et en particulier de femmes légères, soit une mention tous les vingt vers environ, douze mentions pour la rive gauche, quatre mentions pour la cité qui ne compte que trente-six rues, onze mentions pour la rive droite. Ces indications

4 Adenet le Roi, *Berte aus grans piés*, éd. Albert Henry, *Les Œuvres d'Adenet le roi*, t. IV, Bruxelles, 1963, v. 1959-1975.

5 Sur cette poésie ambulatoire, voir l'article de Laurent Vissière, « Goûter la ville. Réflexions sur la poésie ambulatoire de Paris au Moyen Âge » dans *L'œuvre littéraire du Moyen Âge aux yeux de l'historien et du philologue*, Ludmilla Evdokimova et Victoria Smirnova dir., Paris, Classiques Garnier, 2014, p. 277-292. Laurent Vissière s'est particulièrement attaché aux *Crieries de Paris* de Guillaume de la Villeneuve dans une série d'articles dont entre autres : « Des cris pour rire ? Dérision et autodérision dans les cris de Paris (XIIIe-XVIe siècles) dans *La dérision au Moyen Âge. De la pratique sociale au rituel politique*, Élisabeth Crouzet-Pavan et Jacques Verger dir., Paris, PUPS, 2007, p. 85-106.

peuvent être allusives. C'est dans le registre grivois, me semble-t-il, qu'il faut entendre l'indication portant sur la rue Pierre-Sarrazin « ou l'en essaie maint roncin » (v. 42), c'est-à-dire où l'on *roncine*. *Ronciner* c'est « chevaucher », « faire l'amour » et « essayer », dans certains contextes, a un sens sexuel. Que seraient autrement ces chevaux saisis, « comment c'on les hape » (v. 43) (de quelque manière qu'on les attrape) que l'on « essaie » ? La précision peut être directe. C'est le cas pour « la rue a Fauconniers / Ou l'en trueve bien pour deniers, / Femmes por son cors soulacier » (v. 496-498) (la rue des Fauconniers où l'on trouve bien pour quelques deniers des femmes pour se soulager) ; le cas également de la célèbre rue de Glatigny dans la Cité où demeurent « dames o cors gent, / Qui aus hommes [...], / Volentiers charnelment assamblent (v. 215-217) (des dames aux beaux corps qui volontiers s'unisssent charnellement aux hommes). Saint-Louis en effet avait tenté de réglementer la prostitution à Paris par des ordonnances précisant les rues où des bordels pouvaient se tenir[6]. La rue de Glatigny faisait partie du lot. Faut-il alors considérer comme ironique la salutation « par saint Louis » que fait l'auteur lors de sa rencontre d'une dame assise sur le seuil de sa porte : « Je la saluai simplement, / Et elle moi, par saint Loÿs » (v. 366-367) (Je la saluai simplement et elle fit de même, par saint Louis). Sans aucun doute ; et ce d'autant plus qu'il enchaîne en parlant de la rue Saint-Denis qu'il qualifie de « sainte » (v. 368). Le quartier qu'il traverse est à haut potentiel sexuel.

L'évocation est parfois très crue, rendant compte de la mécanique de l'acte sexuel : les dames « font batre le trou velu » (v. 53), « font souvent batre leur cartier » (v. 103) (font souvent battre leur étui) ou encore : « leur emplastre » qu'ainsi « A maint compaignon ont fait batre, / Ce me samble, pour eulz esbatre » (v. 437-439). *Battre* est le verbe imagé qui désigne l'acte sexuel, le complément variant selon le réseau métaphorique : *trou velu, cartier, emplastre* chez Guillot ; *cabas, poupee* chez Eustache Deschamps[7] ; *aine* chez Jean Molinet[8], tous ces

6 Voir Pierre Champion, *La vie de Paris au Moyen Âge. Splendeurs et misères de Paris* (XIVe-XVe *siècles)*, Paris, Calmann-Lévy, 1934, voir p. 58-59.

7 Eustache Deschamps, *Œuvres complètes*, éd. du marquis de Queux de Saint-Hilaire et de Gaston Raynaud, t. I-IX, Paris, Firmin Didot, 1878-1903 ; « battre le cabas » (t. VIII, p. 12, « Lettre d'un clerc qui se maria ») ; « battre la pouppee » (t. V, p. 361, ballade 1067, v. 7).

8 Jean Molinet, « Fatras » dans *Les faictz et dictz*, éd. Noël Dupire, t. II, Paris, SATF, 1937, p. 879.

mots désignent le sexe féminin. Eustache Deschamps qualifie cette action d'une métaphore faire « le mestier de la ville[9] » et en ce domaine la réputation de Paris est attestée. Jacques de Vitry la mentionne dans son *Historia Occidentalis* dont le chapitre VII porte sur « L'état de la ville de Paris[10] ». Jean Régnier[11] en porte témoignage à la fin du XVe siècle. Dans une lettre à Monbleru, il écrit : « Quant du mestier estre souloye / Duquel l'aprentif si est maistre, / A Paris, voulentiers alloye, / Trop bien je y scavoye mon estre » (v. 41-44) (Quand je pratiquais le métier où l'apprenti est le maître, j'allais volontiers à Paris, j'y connaissais bien ma situation). Le métier où l'apprenti est le maître, c'est l'amour vénal, le métier « Ou l'escollier le maistre enseigne » selon la formule de Villon dans *Le Testament*[12]. Un fantasme masculin est récurrent : le sexe féminin est une prison. Il enferme le sexe masculin : « ou plusieurs dames en grant chartre / Ont maint vis en leur con tenu » (v. 219-220) (où plusieurs dames, en grande prison, ont tenu de nombreux vits dans leur con), « ou l'en a trafarcié (farci) maint [con] » (v. 285), « ou mainte dames en chartre ont / Tenu maint vit » (v. 467-468). La femme est une tentation perpétuelle en particulier la femme qui peigne ses cheveux dénoués : « Une femme vi destrecie / Pour soi pignier qui me donna / De bon vin » (v. 491-493) (Je vis une femme les cheveux dénoués pour se peigner qui me donna du bon vin). Femme et vin. Les mentions là encore sont nombreuses, j'en ai compté huit. Les arrêts pour boire, seul ou en compagnie, ponctuent la marche : « La bui ge de bon vin » (v. 130) (Là je bus du bon vin), « D'iluec m'en alai tantost ciex / .I. tavernier » (v. 265-266) (De là je m'en allai rapidement chez un tavernier), « La bui avec freres meneurs » (v. 342) (Là je bus avec des frères mineurs), « O carrefour du Temple vins, / Ou je bui plain henap de vin » (v. 446-447) (J'arrivai au carrefour du Temple où je bus un plein pot de vin). Mais, comme pour les femmes, rien n'est souligné, dénoncé. La satire s'effectue, c'est le cas de le dire, comme en passant. Il n'y a pas de jugement moral.

---

9 Eustache Deschamps, *Œuvres complètes*, éd. citée, t. VIII, « Aultres lettres envoyées a messire Guillaume de Meleun le jour de ses nopces », v. 147.

10 Que l'on peut lire dans la traduction française de Gaston Duchet-Suchaux, Paris, Éditions du Cerf, 1997, p. 84-87.

11 Jean Régnier, *Les fortunes et adversitez*, éd. Eugénie Droz, Paris, Libraire Édouard Champion, 1923 (SATF), p. 219.

12 *Le Testament*, dans Villon *Œuvres complètes*, éd. et trad. Jacqueline Cerquiglini-Toulet, Paris, Gallimard, 2020 (Folio Classique), v. 1631.

Paris est présenté comme un immense lupanar, la ville où la femme est la marchandise, où elle offre ses *denrees*, ses trésors. Ainsi à propos de la rue de la Porte-du-Louvre, cette notation : « Dames y a gentes et bonnes, / De leur denrees trop sont riches » (v. 293-294)[13] (Il y a de nobles et bonnes dames, elles sont très généreuses de leurs trésors). La femme est à consommer comme les autres denrées qu'offre Paris. Le *dit de la maaille*[14] en donne le prix : pour une maille « Nous en aurions à Paris / Une grant demie de pain ; / Et une grandisme putain » (Nous en aurions à Paris une grande livre de pain et une très grande putain).

Quels sont les spectacles de la ville que rencontre Guillot et qu'il note. Une querelle de femmes :

> En la rue de l'Ospital
> Ving : une femme i despital
> Une autre femme folement
> De sa parole moult vilment. (v. 79-82)

> « J'arrivai à la rue de l'Hôpital : une femme hors d'elle y injuriait une autre femme de manière ordurière. »

Un homme qui enterre une femme :

> En la rue Raoul-Menuicet,
> Trouvai .i. homme qui mucet
> Une femme en terre et en siet. (v. 307-309)

> « En la rue Raoul-Menuicet, je trouvai un homme qui cachait une femme dans la terre comme au ciel. »

Enfin, parmi la rue du Figuier

> Et parmi la rue a Nonnains-
> D'Iere, vi chevaucher .ii. nains
> Qui moult estoient esjoï. (v. 499-502)

> « Rue du Figuier et rue des Nonnains d'Hyères, je vis chevaucher deux nains qui étaient très joyeux. »

---

13 Au XVe siècle, on trouve ce sens sexuel du mot *denrée* chez Martin Le Franc dans *Le Champion des Dames* à propos de la papesse Jeanne : « Sans que l'en peut aperchevoir / Quelles estoient ses denrees » (v. 18773-18774), éd. Robert Deschaux, Paris, Champion, 1999, t. IV, p. 170.

14 *Jongleurs et Trouvères*, *op. cit.*, p. 101-106, voir p. 103 et Philippe Ménard, « Le Dit de la Maille », dans *Mélanges Pierre Le Gentil*, Paris, SEDES, 1973, p. 541-552.

À qui s'adresse un tel texte ? Le dit s'ouvre sur une indication d'oralité : « Oyez comment » (v. 4) relayée à l'intérieur du texte par des formules du type « Sachiez bien vraiement » (v. 229). Des vers s'adressent à un *vous* : « C'est verité que vous despont », (v. 153) (C'est la vérité que je vous expose), « Des dames ymés vous diron » (v. 485) (Des dames désormais vous le diront) et l'on trouve une adresse générale au public : « Seigneur » (v. 292).

Un texte[15] qu'on rencontre dans un manuscrit du British Museum[16], du début du XVe siècle, suit Guillot de Paris dans son comptage mais, novation importante, il invente pour la déambulation une intrigue. Le narrateur met en scène son histoire. Il est venu à Paris avec sa femme mais il la perd à un carrefour. Il la cherche et cette quête lui permet le développement sur les rues de Paris. On le renvoie d'un lieu à l'autre, et non sans malice dans des endroits malfamés où l'on trouve non des femmes mais des filles perdues : « Et là me dist Jehan Remy / Qu'elle seoit en Glategny » (v. 200-201) (Et là Jean Remy me dit qu'elle se trouvait rue Glatigny). Il finit pas abandonner au terme d'un compte qu'il reprend à Guillot de Paris : « Ce sont dis moins de seize vingts » (v. 480) (cela fait 320 moins dix) : « or la quiere qui la vouldra, / Jamais mon corps ne la querra » (v. 485-486) (la cherche qui la voudra, plus jamais je ne la chercherai). Si le poète garde l'effet de ritournelle par le retour de formules du type « Quis ma femme amont et aval[17] » (Je cherchai ma femme ça et là) mais « elle n'y estoit mie[18] » (mais elle n'y était pas), il crée, à la différence de Guillot de Paris, une temporalité qui transforme son énumération en récit. Il fait encore nuit quand il perd sa femme au carrefour : « On n'y veoit ne qu'en un four » (v. 10) (on n'y voyait pas plus que dans un four) et ponctue ensuite le texte de quelques indications sur le déroulement de la journée : « trouvay, avant qu'il fust nonne / Un homme en la rue de Clugny » (v. 71-72) (Je trouvai avant qu'il ne fût trois heures de l'après-midi une homme dans la rue de Cluny). Il crée surtout cet effet d'épaisseur temporelle en évoquant la faim, la soif, la fatigue qui sont celles du sujet dans sa quête : « Et

15 Ce texte est donné par Hercule Géraud en appendice de son étude *Paris sous Philippe-le-Bel d'après des documents originaux*, Paris, Crapelet, 1837, p. 568-579.

16 Cotton Vittellius E.X. n 2 (f° 62-71).

17 V. 83, par exemple.

18 V. 204, par exemple.

en la rue des Escoules / La prins denrée[19] de poires moles / Qu'à celle heure m'estoit prins fain » (v. 141-143) (Et en la rue des Ecoles, je pris pour un denier de poires molles car j'avais alors pris faim) ; ou : « G'y allay mengant de la tartre » (v. 202) (J'y allai en mangeant de la tarte) ; ou encore : « Allay disner sur maistre Ponce » (v. 310) (J'allai dîner chez Maître Ponce). Pas d'effet satirique appuyé dans les mentions des arrêts pour boire : « Là bus-je plain hanap de vin » (v. 324), « Trouvay bon vin à un blanc / En la rue Simon-le-Franc » (v. 374-375) (Je trouvai pour quelques deniers du bon vin rue Simon-le-Franc), « Allay boire avec Véluce / Qui maint en la rue Tiron » (v. 422-423) (J'allai boire avec la maudite Luce qui habite rue Tiron) mais là encore une ponctuation temporelle et l'affirmation d'un goût et d'un intérêt. Ainsi pour la rue de la Ryve, il précise : « Où le vin de Bourgogne arive » (v. 452). La fatigue est soulignée : « De reposer m'estoit besoin / D'avoir erré tant de chemin » (v. 65-66) (J'avais besoin de me reposer d'avoir tant marché), « De cheminer estoie las / D'avoir erré tant de chemin » (v. 130-131), « A pou que je ne ceuz à denz » (v. 189) (il s'en fallut de peu que je ne tombe face contre terre), « Un peu sur (un siége m'assis) / Car le repos m'estoit moult bon » (v. 356-357). Le narrateur fait percevoir concrètement l'épuisement en mentionnant l'usure de ses souliers : « Là fis-je coudre un tacon / En mon soller qui fu percié » (v. 256-257) (Là je fis coudre une pièce à mon soulier qui était percé). Il peut à juste titre dire à la fin de son texte, aux deux sens du terme : « Tant l'ay quise que j'en suis las » (v. 484), lassé et fatigué. Quels événements, quels petits faits a-t-il notés au cours de sa quête : « Là me fist un singe la moue » (v. 366), « Là trouvais une femme morte » (v. 402), « Là en droit perdi-je mes mouffles » (v. 426). Lui aussi s'adresse à un public qu'il rassure : « Et puis, sans le vous faire lont, / Vins en la rue de Loinpont » (v. 449-450). Sommes-nous face à une séance de récitation ?

Chez Guillot de Paris comme chez son émule du manuscrit de Londres, on trouve en germe à partir des spectacles de la rue des aventures de la ville.

---

19 Je corrige la lecture *demée* de la copie dont s'est servi Hercule Géraud. Ce dernier en effet n'a pas eu accès directement au manuscrit. Il a utilisé la copie faite en 1836 par un employé des Archives de Londres. La traduction qu'il donne en note du mot *demée* est en fait celle du mot *demie*, « un peu ». La traduction doit être « Je pris pour un denier de poires molles ».

AVENTURES DE VILLE

Un dit de Watriquet de Couvin, les *.III. dames de Paris*[20], donne corps à certains de ces éléments. Il s'ouvre sur le rappel :

> Jadis souloient les merveilles
> conter as festes et as veilles
> Colins, Hauvis, Jetrus, Hersens
> et enchaîne :
> Or sont a Paris de touz sens
> les maisons plaines et les rues
> de grans merveilles avenues
> a .III. fames nouvelement (v. 1-7)
>
> « Jadis, Colin, Hauvis, Jetrus, Hersens avaient l'habitude de raconter des histoires extraordinaires lors des fêtes et des veillées. Maintenant à Paris, de tous côtés, les maisons et les rues bruissent des grands faits étonnants arrivés à trois femmes nouvellement. »

Du passé au présent, les merveilles ont changé de nature. Elles ne sont plus de Bretagne ou d'autres lieux éloignés dans le temps ou l'espace. Elles sont maintenant de Paris et de ses rues. La ville et ses merveilles sont un nouveau matériau de récit. C'est au sein de cette dernière que survient l'aventure que l'on va raconter : « mais onques si faite aventure / en pays du monde n'avint » (v. 14-15) (mais jamais une telle aventure en aucun pays du monde n'arriva). Les dits des rues donnent naissance à une poétique du fait divers. Les trois dames dont conte Watriquet sont trouvées nues et ivres mortes dans la boue de la rue. On les enterre. On a là comme un écho de la notation de Guillot de Paris : « Trouvai .i. homme qui mucet / Une femme en terre et en siet » (v. 308-309) ou du texte de Londres : « Là trouvais une femme morte » (v. 402). Trouver une femme morte en pleine rue relève-t-il de la légende urbaine[21], des « merveilles » qu'une rue donne à voir ? Ce qui

20 *Fabliaux français du Moyen Âge*, éd. Philippe Ménard, Genève, Droz, 1979. Notons que certains dits de Watriquet de Couvin se trouvent dans le même manuscrit BnF, fr. 24432 que le *Dit des rues* de Guillot.

21 Le concept a été forgé par les sociologues. Voir par exemple Jean-Bruno Renard, *Rumeurs et légendes urbaines*, Paris, PUF, 1999 (Que sais-je ?), n° 3445. Alain Corbellari l'emploie

n'était qu'esquissé dans les dits des rues trouve matière chez Watriquet de Couvin à développement. Les dames données pour mortes et enterrées réapparaissent le lendemain – c'est le schéma du mort récalcitrant – « c'on vit les merveilles apertes » (v. 188) (car on vit ouvertement les faits étonnants). Le fossoyeur « de grans merveilles s'en seigna » (v. 270) (face à ces événements ahurissants, il se signa). Le poète peut conclure : a-t-on jamais entendu telle « aventure » (v. 303) ?

Les rues de la ville sont-elles dangereuses ? Guillot de Paris évoque une telle possibilité : « Sanz faire nule eschaufouree, / Ving en la rue Jehan-Le-Veillier » (v. 243-244) (Sans faire aucune mauvaise rencontre, je vins à la rue Jean-Le-Veillier). Il suggère des ébauches d'aventure. Ainsi de la rencontre d'« .I. homs a granz ongles locus » – des ongles comme des griffes, des ongles de diable – qui lui demande : « Guillot, que fés tu ? » (v. 314-315). Les prouesses de la ville valent-elles celles de la forêt ? C'est une des questions que pose *Le Livre de Sidrac*[22], une encyclopédie de la fin du XIIIe siècle. La réponse est sans équivoque : « Prouesse de ville ne vaut rien, c'est "musardie" » (c'est sottise). Le « hardi de ville » s'enfuirait au premier péril en forêt. Les querelles de ville sont des querelles verbales, des prises de bec, le fait de « compains tenchëur » (v. 475) (d'un type querelleur), de « tencheresses » (v. 528) (de femmes querelleuses) ainsi que les nomme Guillot. Ni fait d'armes ni chasse en ville. « Ne chassoie chievre ne bouc » (v. 376) dit de manière ambiguë le poète, car ni la chèvre ni le bouc ne ressortissent à l'activité de la chasse mais sont bien des animaux qui passent pour lubriques, or c'est bien à l'exploration d'une ville lubrique que se livre Guillot. Le seul exploit en fait de combat est de « con batre ». Le *Sermon joyeux des barbes et des brayes*[23] le rappelle encore au XVe siècle : « Vous savés bien que le con batre / Vault mieulx cent fois que bataillies » (v. 124-125) (Vous savez bien que battre le con vaut cent fois mieux qu'une bataille).

---

dans son ouvrage *Des fabliaux et des hommes. Narration brève et matérialisme au Moyen Âge*, Genève, Droz, 2015. Il intitule ainsi son troisième chapitre dans lequel il traite des *Trois Dames de Paris* de Watriquet de Couvin aux pages 41-44.

22 Voir l'analyse de Charles-Victor Langlois, *La vie en France au Moyen Âge*, t. III, « La connaissance de la nature et du monde », Paris, Hachette, 1927, p. 198-275 ; voir p. 239-240 pour les prouesses de ville.

23 Dans *Recueil de sermons joyeux*, éd. Jelle Koopmans, Genève, Droz, 1988, p. 89.

ÉGLISES DE PARIS

Guillot de Paris comptait les rues ; d'autres à la même époque comptent les églises. Deux textes en font l'inventaire. *Les moustiers de Paris*, texte de 69 octosyllabes daté des années 1270, que l'on rencontre dans le manuscrit français 837 de la Bibliothèque nationale de France, f° 232va-233ra. Il s'agit d'une pure énumération construite sur l'anaphore « Aidiez moi » adressée à une église et au saint qu'elle honore. Le texte commence abruptement : « Hé, Nostre Dame de Paris / Aidiez moi qui sui esmaris ! / Et vous Nostre Dame des chans / Et Saint Marcel li bien queranz » (v. 1-4) (Hé, Notre-Dame de Paris, aidez-moi qui suis affligé ! Et vous, Notre-Dame des Champs et Saint Marcel, qui cherchez le bien). Il n'est pas question de descriptions de ces églises mais d'une litanie de noms, telle une prière. Le second texte, daté de 1325 par son éditeur[24], contenu dans le manuscrit BnF, fr. 12483, s'étend sur 306 octosyllabes. Comme pour les rues de Paris, le but affiché est de compter :

> Des monstiers qui à Paris sont
> Et de quiex sains il feste font
> Les biens vous dirai et le nombre
> S'a nombrer Sathan ne m'encombre. (v. 5-8)

> « Je vous dirai les biens et le nombre des églises qui sont à Paris et les saints qu'elles célèbrent si Satan ne m'empêche pas de compter. »

Le but est l'exhaustivité. Le poète arrive au chiffre de 88 (v. 286-288). Il s'agit bien cette fois d'évoquer des monuments, de les compter, voire de les décrire ou plutôt de mentionner leur richesse : les reliques qu'elles recèlent telle la Sainte Chapelle (v. 79-87). Le décompte s'opère au cours d'une promenade dont l'auteur justifie le point de départ « la mere esglise / De Paris » (v. 19-20) à savoir Nostre-Dame. Il s'ensuit

24 Les deux textes, *Les monstiers de Paris* et les *Églises et monastères de Paris en 1325* sont édités par Henri Léonard Bordier dans son ouvrage *Les églises et monastères de Paris, pièces en prose et en vers des IXe, XIIIe et XIVe siècles*, Paris, Auguste Aubry, 1856. *Les Monstiers de Paris* du manuscrit BnF, fr. 837 se lit aussi dans *Les rues et les cris de Paris au XIIIe siècle : pièces historiques*, éd. Alfred Franklin, Paris, Librairies Léon Willem et Paul Daffis, 1874. Le *Dit des monstiers* du manuscrit BnF, fr. 12483 peut se lire également dans la réédition de Wendy Pfeffer, *Speculum*, t. 73, 1998, p. 80-114.

que le plan de sa description n'est pas le même que celui des auteurs des dits des rues. Après la Cité, il passe rive gauche : « Or m'en iray outre le pont / Pour des autres monstiers trouver » (v. 92-93) (Je m'en irai de l'autre côté du pont pour trouver les autres églises) puis rive droite sans signaler la traversée d'un pont : « Puis m'en reving tout sans effroy / Droit au monstier de Saint-Lieffroy » (v. 173-174) (Puis je m'en revins hardiment, directement à l'église Saint-Lieffroy). Ses notations sont d'ordre divers : commerciales, tout d'abord. Il enregistre près de quelle église on vend volaille (v. 33), beurre, œufs, fromages (v. 39), pain (v. 56), drap (v. 62) ; où se tiennent les savetiers (v. 64) et les fripiers : « Apres oublier ne doy mie / Saint-Sevrin, pour la ferperie / Qui est achetée et vendue / En son quarrefour » (v. 105-108) (Je ne dois pas oublier ensuite Saint-Séverin pour la friperie qui est achetée et vendue à son carrefour). Il n'oublie pas non plus de mentionner les femmes de Paris attachées à certains quartiers : « Apres est Saint-Andrieu-des-Ars / Ou mainte dame de leur ars / Ont maintes fois lancié et trait / Et maint homme a eulz atrait » (v. 111-114) (Après se trouve Saint-André-des-Arts où beaucoup de femmes par leur art ont souvent lancé des traits et attiré à elles bien des hommes), ni de signaler le goût pour le vin de certains ordres religieux. Ainsi des Cordeliers : « De bon vin boivent volentiers » (v. 124). Goût connu dont le rappel cache la satire. Guillot de Paris mentionne, nous l'avons vu, qu'il boit avec des frères mineurs (v. 342). Certaines précisions topographiques surprennent. Comme dans un regard myope, ce n'est pas la Seine qui retient l'attention de nos auteurs mais de petits ruisseaux, celui près de Saint-Marcel dans *Le Dit des Moutiers* (v. 159-160), c'est-à-dire la Bièvre, celui vers lequel descend la rue de l'Arbre-Sel (v. 283) chez Guillot de Paris. L'auteur des *Moutiers de Paris* indique parfois qui a fait construire l'édifice dont il parle : « Une chapele y est assize / Que fist faire un riche hom ; / Estienne Baudri[25] ot a non » (v. 248-250) (Une chapelle s'y trouve que fit faire un homme puissant ; il s'appelle Étienne Baudri), ou en l'honneur de quel événement en est la dédicace, par exemple le miracle à propos du juif qui avait profané une hostie en la faisant bouillir. L'auteur nous indique qu'il a un commanditaire et que ce dernier lui a donné le sujet de son œuvre :

25 En fait Étienne Haudri.

Un gentil homme m'otroia
Son hostel et si me proia
Que je pour s'amour tant feisse
Que trestous les monstiers meisse
De Paris, en rime et en dit. (v. 9-13)

« Un noble m'offrit sa demeure et me pria, pour son amour, de mettre en vers et en récit toutes les églises de Paris. »

Son mécène le loge en échange de son travail. Cette situation fait penser à celle évoquée à la même époque par Jean de le Mote dans son *Parfait du Paon*[26]. Jean de le Mote vit chez son protecteur l'orfèvre royal Simon de Lille qui lui offre gite, couvert et un copiste pour enregistrer ses compositions. L'indication de l'anonyme est importante. La poésie de la ville n'est pas forcément une poésie de la place publique. Le manuscrit en effet qui conserve *Le dit des moutiers*, qui n'est connu que par ce seul manuscrit, est le *Rosarius*, le BnF, fr. 12483 qui a appartenu pendant un temps à la bibliothèque des dominicains de Poissy[27]. Le plan de ce manuscrit est très concerté : deux livres de cinquante chapitres chacun ; pour chaque chapitre une rubrique et un numéro d'ordre. Suit la description en octosyllabes de ce que l'auteur appelle une « chose » (animal, pierre, plante), dont les propriétés sont rapprochées de qualités similaires de la vierge. Vient ensuite un conte consacré à un miracle de la Vierge et enfin une chanson, un lai ou un dit emprunté à un auteur que le scribe désigne en marge par la mention de *quidam*, en abrégé, « quid'[28] ». *Le Dit des moutiers* prend place au chapitre 8 du livre II, f°. 124 v°. La plante à laquelle est comparée la Vierge est la chélidoine dont l'une des vertus est de restaurer la vue[29]. Le miracle, qui constitue le deuxième étage de la construction, est intitulé dans la rubrique « Du chevalier borgne qui bati un juif et fui a l'esglise a cui Nostre Dame

26 Ed. Richard J. Carey, Chapel Hill, The University of North Carolina Press, 1972.

27 Sur ce texte, voir Gaston Raynaud, « Poème moralisé sur les propriétés des choses », *Romania*, t. 14, 1885, p. 442-484 ; repris dans Gaston Raynaud, *Mélanges de Philologie romane*, Paris, Champion, 1913, p. 108-152.

28 La mention figure à hauteur du vers 9, à droite du vers. Sur ces mentions dans le *Rosarius*, voir Marie-Laure Savoye, « Semis, transplantation et greffe : les techniques de la compilation dans le *Rosarius* », dans *Le recueil au Moyen Âge. Le Moyen Âge central*, Olivier Collet et Yasmina Foehr-Janssens dir., Turnhout, Brepols, 2019, p. 199-221, ici p. 201.

29 Ce passage est édité par Sœur Mary Alberta Savoie dans son ouvrage *A « Plantaire » in Honor of the Blessed Virgin Mary Taken from a French Manuscript of the* XIV*th Century*, Washington, D.C., The Catholic University of America, 1933, p. 98-105.

rendi la veue[30] » (Du chevalier borgne qui battit un juif étant à l'église et à qui Notre Dame rendit la vue). Le troisième étage est *Le dit des moutiers*, nommé dans la rubrique « Le nombre des esglises de Paris et de quiex sains eus sont » (le nombre des églises de Paris et quels saints elles honorent). Le dit est placé là, me semble-t-il, à cause de sa mention du juif sacrilège dont la maison fut détruite et à la place de laquelle on bâtit en 1294 une chapelle. Le fait divers eut lieu en 1291. Il est connu aussi par une chronique. Un juif du nom de Jonathas Ben Haym, prêteur sur gages, qui habitait rue des Jardins, aurait bouilli « le sacrement d'autel » (v. 226), l'hostie, qui était ressortie entière de ce traitement, mais vermeille (v. 227), c'est-à-dire sanglante[31]. Le lien entre les trois éléments du chapitre du *Rosarius* est la restauration de la vue en récompense de la punition d'un sacrilège. Copié en entier, *Le Dit des moutiers* n'est donc directement pertinent que pour les cinq vers (v. 223-227) où il évoque le miracle du juif ayant bouilli une hostie. C'est le fait divers qui justifie sa place. Récit à sensation, il témoigne des « merveilles » de la ville et peut être récupéré dans une démonstration morale. Les merveilles de la ville sont à lectures multiples.

UNE FORME NOUVELLE
Le dit

Qu'ils soient l'énumération de rues ou d'églises ces textes offrent toutes les caractéristiques de dits : ils sont construits sur le nombre et le nom[32]. Ils jouent de l'énumération, du discontinu. Leur principe de construction est extérieur, le nombre, mais dans leur cas il ne s'agit pas d'un nombre symbolique mais du résultat d'un comptage. Ils s'écrivent au présent dans le plaisir de faire résonner ces noms et s'énoncent en *je* affirmant dire le vrai, toutes caractéristiques du *dit* comme genre : « N'ai garde que rue m'eschape, / Que je ne sache bien nommer / Par non, sanz nule mesnommer »

30 Sur les miracles contenus dans le *Rosarius*, voir Pierre Kunstmann, *Miracles de Notre-Dame tirés du* Rosarius, Ottawa, Presses de l'Université d'Ottawa, 1991.

31 Sur ce miracle, voir Jean-Louis Schefer, *L'Hostie profanée*, Paris, P.O.L., 2007.

32 Voir mon étude « Le Dit » dans *Grundriss der romanischen Literaturen des Mittelalters*, v. VIII/1, Heidelberg, Carl Winter, 1988, p. 86-94.

(v. 275-277) (J'ai soin qu'aucune rue ne m'échappe que je puisse bien nommer par son nom, sans erreur) affirme Guillot de Paris. « C'est vérité que je vous conte / Que par de là le Petit-Pont, / Quatre-vingts rues ne plus ne moins / Y a, et puis pas ces deux moins » (v. 148-151) (C'est la vérité que je vous dis qu'au-delà du Petit-Pont il n'y a que quatre-vingts rues moins deux) proclame le manuscrit de Londres. Pour ce qui est des églises : « Donc tous ensamble les vous nonme / Quatre vins et huit par droit nonbre / Il n'en y a ne mains ne plus / Se ce ne sont monstiers repus » (v. 285-288) (Je vous les nomme toutes ensemble, quatre-vingt-huit si l'on compte bien. Il n'y en a ni moins ni plus si ce ne sont des églises cachées).

Les auteurs donnent-ils des indications sur eux-mêmes ? Guillot se nomme 7 fois[33]. Dans trois de ces occurrences, il précise « de Paris » (v. 2, 92 et 156). Il se fait une fois interpeler par un personnage de rencontre : « .I. hom a granz ongles locus / Demanda : "Guillot, que fés tu ?" » (v. 314-315) (Un homme aux grands ongles crochus demanda : Guillot, que fais-tu ?). Il se présente comme né sous une mauvaise étoile : « Guillot qui point d'eur bon n'as » (v. 268) (Guillot qui n'a pas de chance) et fait allusion à sa mélancolie par le geste caractéristique de la main à la maisselle (la main sous la joue) : « Alai vers la Porte du Temple, / Pensis, ma main delez ma temple » (v. 430-431) (J'allai vers la Porte du Temple, pensif, la main à ma tempe) puis directement : « Contreval la Bretonnerie / M'en ving plain de mirencolie, / Trouvai la rue des Jardins, / Ou les Juys maintrent jadis » (v. 442-445) (En bas de la rue de la Bretonnerie, je m'en vins plein de mélancolie. Je trouvai la rue des jardins où les juifs résidaient jadis). Est-ce ce souvenir qui occasionne sa rêverie ? Quel peut être son statut social ? Clerc, jongleur, ménestrel ? Un mot étonne qui relève du domaine médical[34] : « ne fu pas ethisi » (v. 273) (je n'étais pas étique). Quelle culture faut-il avoir pour le connaître et que veut dire Guillot ? Est-ce une simple périphrase pour dire qu'il n'est pas maigre ? Par ailleurs, il commence son périple par la rive gauche, le quartier latin. Est-ce un écolier ? Il joue une fois avec le mot jongleur où ayant cité *la rue a Jougleeurs*, il affirme, par paronomase, « C'on ne me tieigne a jengleeur » (v. 377-378) (Qu'on ne me tienne par pour menteur). Ni menteur, ni jongleur, clerc, sans doute, il ne termine pas son dit par une demande d'argent mais campant

33 V. 2, 92, 156, 268, 315, 539, 549.

34 Aldebrandin de Sienne parle de la fièvre hectique dans son *Régime du corps* mais il n'emploie pas le mot *étisie*.

dans une posture moqueuse de fonctionnaire, de notaire, de recenseur, ayant compté et enregistré les rues, toutes les rues mais surtout les rues à femmes. Un Étienne Boileau carnavalesque[35]. C'est sous le signe de la mélancolie que s'ouvre le manuscrit de Londres :

> Aucunes gens m'ont demandé
> Pour quoy me suys si empiré.
> Ne me vient pas de maladie ;
> Il me vient de mérencolie. (v. 1-4)
>
> « Certains m'ont demandé pourquoi je vais de plus en plus mal. Cela ne vient pas d'une maladie mais de la mélancolie. »

La mention réapparaît, comme chez Guillot de Paris, au moment où l'auteur en vient à parler de la rue de la Bretonnerie « M'en vins plain de mérencolie » (v. 386). Il donne sur lui un détail supplémentaire, sa pauvreté : « Moy, qui d'avoir n'estois pas riche » (v. 264) et « Point d'argent n'avoie en ma tasse » (v. 288), à savoir « ma tasche », ma poche.

Cette mise en vers des rues de Paris ou plus exactement cette « mise en rime », comme le disent les auteurs, offre quelque chose d'étrange : ce sont des noms que s'engendrent les textes. La rime prime comme dans une comptine. Ces rimes sont riches mais pas au prix de recherches très complexes. Nous trouvons des mots répétés comme dans ces exemples, « Puis la rue du Petit-Four / C'on apele le petit-Four- / Saint-Ylaire » (v. 97-99) ou « La rue qui est belle et grant : Sainte-Genevieve-la-Grant » (v. 109-110. Parfois nous sommes face à un forçage sans détour, telle la rime : ospital/ despital (v. 79-80) pour despita. Rimes aussi attendues dans un plaisir qui est celui de la reconnaissance, de la ritournelle précisément. Guillot de Paris précise pour la rue Gallande « Ou il n'a ne forest ne lande » (v. 142) et pour la rue d'Aras « ou se nourrissent maint grant ras » (v. 144). La rime est topique. Le sens compte moins que la musique. Il se crée par l'incongru de ces rapprochements sonores une parenté de ces textes avec la fatrasie. Ce que la fatrasie est à Arras trouve un écho, dans les dits des rues, pour Paris. Tout comme l'énonciateur de la *Fatrasie d'Arras*[36] (pièce 54) affirme

35 Étienne Boileau, nommé prévôt de Paris par Saint-Louis a compilé pour ce dernier un *Livre des métiers*, rédigé vers 1268.

36 Voir *Poésies du non-sens, XIIIe-XIVe-XVe siècles*, tome I, *Fatrasies*, éd. Martijn Rus, Orléans, Paradigme, 2005. La fatrasie d'Arras n° 26 mentionne la rue Sacalie sur laquelle s'ouvre quasiment *Le Dit des rues de Paris* de Guillot : « Asés tost trouvai Sacalie (v. 7).

« Je versefie en dormant », Guillot de Paris peut dire « Je versefie en marchant » ou comme le *Sermon joyeux des barbes et des brayes* au siècle suivant : « Et se raison y est perdue / Au moins y est rime entendue » (v. 17-18). Pourquoi l'auteur mentionne-t-il des actions qu'il ne fait pas ou des objets qu'il ne possède pas : « Ne trouvai ne porc ne butor » (v. 122), « N'avoie alenas ne poinson » (v. 230) (Je n'avais alêne ni poinçon), « N'avoie tabour ne vïele » (v. 306), « N'avoie ne plais ne sole » (v. 322) (Je n'avais ni plie ni sole), « N'avoie sac ne poce » (v. 532) (je n'avais aucun sac, ni petit ni grand) ; « ne chassoie chievre ne bouc » (v. 376), « Sanz passer guichet ne postis » (v. 278) (sans passer porte ni poterne), etc. Est-ce simple facilité de versification ? En fait les actions et les objets absents précisent la figure de l'énonciateur. Ce n'est pas un malfaiteur, il ne possède pas d'objet tranchant, ce n'est pas un jongleur, il ne possède pas d'instruments de musique, il n'est pas marchand de poissons – si « plais et sole » désignent bien des poissons, mais *sole* peut aussi renvoyer à la semelle des souliers. Indistinction volontaire qui suscite le rire. Énoncés par paires, ces objets créent un monde fatrasique qui mine le parcours apparemment pragmatique du comptage des rues. Certaines évocations restent d'ailleurs des énigmes. Que veut dire cette mention plus développée que d'ordinaire faisant suite à la nomination de la « grant rue Saint-Christofle » :

> Je vis par le trelis d'un cofre,
> En la rue Saint-Perre-a-Beus,
> Oisïaus qui avoient piez beus,
> Qui furent pris sus la marinne. (v. 170-173)

> « J'aperçus à travers le treillage d'une cage dans la rue Saint-Pierre-aux Bœufs, des oiseaux, les pieds enchaînés, qui avaient été pris sur le bord de la mer. »

La mention se retrouve dans le manuscrit de Londres sans que le sens s'éclaircisse :

> Par la Grant-Rue-Saint Christofle
> M'en allay au treillis du coffre
> En la rue Saint-Pierre-au-Bœufs ;
> Vy oysaux qui ponnoient œufs,
> Qui furent pris en marine. (v. 162-166)

> « Par la Grand-Rue-Saint-Christophe, je m'en allai vers le treillage d'une cage dans la rue Saint-Pierre-aux-Bœufs ; je vis des oiseaux, qui avaient été pris sur le bord de la mer, qui pondaient des œufs. »

On connaît certes le goût de l'époque pour les oiseaux ; les volières des jardins Saint-Paul sont célèbres. Mais cela suffit-il à expliquer la mention ? Non. À propos de la rue de l'Hirondelle, le manuscrit de Londres a une notation à l'étrangeté, pour nous, poétique : « Et puis après en Arondelle / Un pinçon me féry de l'elle » (v. 23-24) (Et puis dans la rue de l'Hirondelle, un pinson me frappa de son aile). La rime force le sens. Plus que face à une poésie du non-sens, nous sommes confrontés à une poésie du sur-sens.

Un fait surprend. Le Paris que présente Guillot n'offre pas de scènes de rassemblement, de foule et lui-même arpente la ville, seul. Il le dit à un moment de sa pérégrination : « Part ne compaigne n'atendi » (v. 288). Il nomme beaucoup de personnes, mais presque toujours des individus. Des femmes : Marie (v. 84), Giete Das (v. 95) que je comprends comme le surnom « jette dés », de cette Guiette, Nicole (v. 146), Luce (v. 483) dans la maison de laquelle il entre, et qui demeure rue de Tyron, une rue de bordels[37] ; Sedile (v. 479) qui vent « et pois et feves » (v. 481). Des hommes : Guillebert a braiés, (v. 184) (Guillebert à la ceinture), Guiart Andri (v. 207), Perriaux-Goullier (v. 245), Jehan Asselin (v. 248), Henri Bourgaie (v. 260) « Qui de boire n'e[s]t pas lanier » (v. 262) (qui n'est pas paresseux pour ce qui est de boire), Mestre Huré (v. 297), Jouan (v. 516), « .I. homs qui n'a pas veue sainne » (v. 517), on comprend « au regard torve ». Guillot donne l'impression de fournir des adresses. Ainsi : « Le ruelete Gencïen / Alai, ou maint .i. biau varlet » (v. 457-458) (J'allai dans la petite rue Gencïen où habite un beau jeune homme) ou « La rue Anquetil-Le-Faucheur : / La maint .i. compains tenchëeur » (v. 474-475) (Là habite un querelleur). On retrouve quelques-uns de ces noms dans le manuscrit de Londres : Maistre Huré (v. 266) ; d'autres sont transformés, Giette Das s'appelle maintenant Baudas (v. 98), et Luce qui habite toujours la rue Tiron : Véluce (v. 422) où il faut sans doute comprendre la première syllabe comme la particule d'interjection : *ve*, « maudite ».

Si le plaisir d'engendrement du texte par des noms propres est le même du *Dit des rues* au *Dit des moustiers* ces textes offrent des Paris divers et sont le fait d'auteurs, dans ce que l'on peut en saisir, dont le statut social diffère : un clerc en goguette pour le *Dit des rues* qui offre un Paris

37 Cette rue avec cette spécialisation, ainsi que la rue de Glatigny, sont encore souvent citées dans les *Registres criminels du Châtelet de Paris* (du 6 septembre 1389 au 18 mai 1392) publiés par Henri Duplès-Agier en 1861 et 1864.

de prostituées et de mauvais garçons, hommes inquiétants dont on ne nous précise par le métier mais qui est sans aucun doute le « métier de la ville » ; un ménestrel attaché à un patron, pour le Paris des églises et des lieux commerçants. Le Paris commerçant est évoqué également à la même époque dans le *Dit des crieries de Paris* de Guillaume de la Villeneuve que contient le manuscrit BnF, fr. 837, f° 246-247 qui enferme l'énumération des moutiers de Paris en 71 vers (f° 232ᶜ-233ᵃ). Et il est d'autres Paris, tel celui des communautés religieuses que Rutebeuf peint dans son *Dit des Ordres* ou le Paris du pouvoir qu'offre *Le Roman de Fauvel*[38] qui présente l'Île-de-la-Cité en situant à chacune de ses extrémités « Le palais, si con l'en va vers / Occident » (v. 4293-4294) et « la mere eglise / De la cité vers orient » (v. 4295-4296).

Que nous apprennent de ces textes les recueils qui les ont conservés ? Le manuscrit BnF, fr. 24432 qui a recueilli *Le Dit des rues* de Guillot de Paris contient 86 pièces (en fait 83, certaines étant copiées plusieurs fois), détaillées dans une table des matières à l'ouverture du volume. Il s'agit de pièces courtes pour la plupart intitulées *dits*, parfois *lais*. *Le dit des moutiers* conservé dans le *Rosarius* nous apporte une information importante sur son mode de lecture. Ce manuscrit BnF, fr. 12843 a en effet très certainement figuré dans la bibliothèque de Charles V[39]. En voici la description dans l'inventaire de Gilles Mallet dressé en 1373 sous le numéro 953 : « Un livre qui s'appelle le Rosier Nostre Dame ou sont assez de bonnes choses de Nostre Dame, mises par exemples, et avecques sont assez d'esbatemens, comme les *Moustiers de Paris* et autres, escript de lettre de forme, en françois rymé ». De toutes les œuvres insérées dans le *Rosarius* et qui comporte des textes de Rutebeuf, du Reclus de Moliens, de Gautier de Coinci, Gilles Mallet ne cite nommément que les *Moustiers de Paris* et voit le texte comme relevant du genre de « l'esbatement », de la distraction. Un jeu ?

Les dits qui énumèrent des rues ou des églises sont des pièces à contrainte. La contrainte est double. Construire d'une part avec des matériaux figés, des noms donnés, et utiliser d'autre part tous les noms qu'offre la ville. On retrouve ce pouvoir d'ensemencement des noms et ce plaisir dans certaines comptines bâties sur des noms de villes ou d'églises

38 *Le Roman de Fauvel*, éd. et trad. Armand Strubel, Paris, Librairie générale française, 2012 (Lettres gothiques).

39 Voir Arthur Långfors, « Notes sur deux manuscrits de la librairie de Charles V », *Romania*, t. 52, 1926, p. 365-366.

comme le carillon de Vendôme au XVe siècle[40] ou cette comptine dont Georges Orwell fait une ligne de développement de son récit dans *Mil neuf cent quatre-vingt-quatre*[41] :

> Belles oranges, beaux citrons, clament les cloches de Saint-Clément,
> C'est trois farthings que tu me dois, tintent les cloches de Saint-Martin,
> J'attends que tu me les donnes, sonnent les cloches d'Old Bailey
> Dès que je serai riche, lancent les cloches de Shoreditch.

C'est aussi le principe d'écriture qui anime les pièces écrites à partir d'éléments figés, tels les proverbes, ce que fait Villon dans certaines de ses ballades, *Les Menus propos* ou *La Comédie de proverbes* au XVIIe siècle.

Le dit des rues de Paris de Guillot, celui du manuscrit de Londres, le *dit des moustiers* explicitent les règles de composition d'un dit : compter pour conter. Ils inaugurent la poésie de déambulation dans la ville dont les plaisirs sont toujours vivaces. L'œuvre de Jacques Roubaud, de *La forme d'une ville change plus vite, hélas, que le cœur des humains*[42] à *Ode à la ligne 29 des autobus parisiens*[43] en est un exemple éclatant. Une pièce du recueil *Churchill 40*[44], « Promeneur des rues mortes » fait résonner discrètement le *Dit des moustiers* :

> *Rue Qui Trop Va Si Dure et Rue du Champourri*
> Passages ! Culs-de-sac ! Chemins ! Quais ! Places ! Sentes
> Piéton ignoré de la foule indifférente
> Je marche seul dans la *Rue Où Dieu Fut Bouilli.*

Jacqueline CERQUIGLINI-TOULET
Professeur émérite,
Sorbonne Université

40 « Mes amis que reste-t-il / A ce dauphin si gentil ? / Orléans, Beaugency, / Notre-Dame de Clery, / Vendôme, Vendôme ! »

41 Traduction et édition de Philippe Jaworski, Paris, Gallimard, « Folio classique », 2020-2021. Voir p. 151, 152, 211, 251.

42 Jacques Roubaud, *La forme d'une ville change plus vite, hélas, que le cœur des humains, cent cinquante poèmes 1991-1998*, Paris, Gallimard, 1999.

43 Jacques Roubaud, *Ode à la ligne 29 des autobus parisiens*, Paris, éd. Attila, 2012.

44 Jacques Roubaud *Churchill 40 et autres sonnets de voyage (2000-2003)*, Paris, Gallimard, 2004. La pièce figure dans *Je suis un crabe ponctuel. Anthologie personnelle 1967-2014*, Paris, Gallimard, « Poésie/Gallimard », 2016, p. 149-150.

LE SALUT DU LÉPREUX

Les *Congés* de Jean Bodel, une expression de la poésie urbaine[1] ?

Travaillant sur cette notion dans le cadre de la production littéraire, Jean-Charles Payen a montré que l'idéologie est un système constitué en un langage élaboré, lui-même, en discours esthétique, reposant sur des interactions d'intérêts entre un auteur qui a « besoin d'un public pour l'encourager, l'aider matériellement et le promouvoir », et un public qui a lui aussi besoin d'un auteur lui assurant par ses œuvres et par les valeurs qu'elles cultivent « une cohésion nouvelle qui est d'abord communion dans l'intelligence d'un code commun[2] ».

> Je crois, poursuit J-Ch. Payen, à la permanence d'une dialectique subtile entre les exigences du public et les aspirations de l'auteur, et cette dialectique me semble être un moteur essentiel de la création littéraire[3].

Aussi, dans le contexte de la littérature dite « de cour », la constitution d'un vocabulaire courtois a-t-elle été une étape déterminante dans la genèse de ce que J.-Ch. Payen nomme « une culture de caste ». Les œuvres produites au XIIe siècle se sont fait le reflet des valeurs et de l'imaginaire de leur temps pour répondre aux aspirations et aux goûts d'une société aristocratique et d'un public de cour qui se reconnaissaient en elle.

Or, au tournant des XIIe et XIIIe siècles, la société change, les villes connaissent une expansion démographique et topographique considérable et la bourgeoisie concentre entre ses mains le pouvoir financier. La riche et puissante ville d'Arras, capitale économique et politique de l'Artois, est,

1 Les citations renvoient à l'édition de Pierre Ruelle, *Les Congés d'Arras (Jean Bodel, Baude Fastoul, Adam de la Halle)*, Travaux de la Faculté de Philosophie et Lettres, XXVII, Presses Universitaires de Bruxelles / Presses Universitaires de France, 1965.

2 Jean-Charles Payen, « Les éléments idéologiques dans le *Jeu de saint Nicolas* », *Romania*, t. 94, 1973, p. 484-504, ici p. 486.

3 *Id.*

on le sait, un exemple représentatif du nouveau panorama de la société du temps, où la classe bourgeoise, enrichie par les échanges commerciaux, par la banque et par l'industrie du drap, est à l'origine, pour reprendre le terme de J.-Ch. Payen, d'une « idéologie » nouvelle. Soucieuse d'élévation sociale et de reconnaissance culturelle, cette nouvelle classe dirigeante a cherché à promouvoir une littérature qui lui est propre et dont les confréries, notamment celle des jongleurs et bourgeois d'Arras où se côtoyaient écrivains et poètes, chevaliers et patriciens de la ville, furent les instruments les plus efficaces. Arras devient alors le centre d'une production littéraire tout à la fois abondante et originale aux genres variés parmi lesquels Roger Berger a recensé cent quatorze jeux-partis sur les cent quatre-vingt-deux qui nous sont conservés, des dizaines de chansons, ainsi que les jeux dramatiques les plus anciens et les premiers fabliaux[4].

S'il existe apparemment une coïncidence entre les changements sociaux et la création de formes littéraires neuves et si le monde urbain pénètre dans les représentations littéraires, les critères permettant de dégager une poétique, une rhétorique et un style qui, dans les textes, ressortissent à une écriture « urbaine » sont difficilement appréciables, à moins de les évaluer par une comparaison avec la littérature courtoise dont une « littérature de la ville » se démarquerait, sans qu'il y ait pour autant de clivage entre les deux productions et l'imaginaire qu'elles véhiculent ou la culture qu'elles reflètent. En effet, même s'il est probable que des auteurs aient souhaité inventer une littérature nouvelle, propre à la ville et adaptée à un auditoire différent de celui des romans et des lais, ils n'ont pu manquer ni de s'inscrire dans une tradition, ne serait-ce que pour marquer une distance avec elle, ni de dialoguer avec elle au sein même de leurs œuvres.

Ce dialogue, il nous a semblé possible d'en trouver des indices dans les *Congés* que Jean Bodel composa vers 1202 pour faire ses adieux à la ville d'Arras et à ses habitants avant de se retirer dans une léproserie. Ce texte de cinq-cent-quarante octosyllabes répartis en quarante-cinq strophes de douze vers a connu un réel succès dont témoignent les sept manuscrits, datant tous du dernier tiers du XIIIe siècle, qui nous sont

---

4 Voir Roger Berger, *Littérature et société arrageoises au* XIIIe *siècle. Les chansons et dits artésiens*, Arras, Commission départementale des Monuments Historiques du Pas-de-Calais, 1981 (Mémoires de la Commission départementale des Monuments Historiques du Pas-de-Calais, 21).

parvenus, et dont les copies sont conservées dans des recueils de jongleurs comme dans de riches *codices*. La critique l'a lu comme une pièce historiographique utile aux recherches sur les conditions de vie dans l'Artois du XIIIe siècle, ou comme un émouvant document autobiographique avant la lettre, ou encore comme l'ultime expression du génie littéraire de Jean Bodel qui est « très probablement, pour reprendre les termes de Luciano Rossi, le plus grand écrivain d'oïl actif après Chrétien de Troyes et avant Jean de Meung » :

> Il ne peut échapper au lecteur attentif, écrit-il, que l'entière production de Bodel est conçue comme une grande représentation de jongleurs : elle s'ouvre sur le boniment au public utilisant le ton captivant et familier des fabliaux ; elle s'élève peu à peu en impliquant le chant, l'épopée, le théâtre ; elle s'achève enfin sur la dramatique sortie de scène du ménestrel, dans un « congé » qui coïncide avec l'effectif abandon du monde de la part de l'homme Bodel, devenu lépreux, [...][5].

L'étude s'attachera à montrer comment Bodel dont « l'exceptionnelle personnalité poétique[6] » témoigne d'une solide formation et d'un talent qui lui permit d'exercer son art dans des genres variés, a su se saisir pour composer ses *Congés* d'un héritage métrique à l'efficacité éprouvée, et fondre son écriture dans l'entrelacs des codes issus de la production lyrique du temps, pour les adapter aux valeurs et à l'imaginaire du milieu urbain qui fut le sien. Dans cette œuvre à l'image singulière que cette communication se propose de fixer, s'élève une voix nouvelle qui s'origine dans le salut du lépreux.

TEXTE ET INTERTEXTE DES *CONGÉS*

L'écriture des *Congés* ressortit non seulement à l'extraordinaire variété, unique dans la littérature romane des XIIe-XIIIe siècles, de la production de Jean Bodel, mais elle relève aussi d'un genre jusque-là inédit et lié exclusivement à la ville d'Arras d'où les seuls écrivains à l'avoir pratiqué

5 Luciano Rossi, « L'œuvre de Jean Bodel et le renouveau des littératures romanes », *Romania*, t. 112, 1991, p. 312-360, ici p. 315.

6 *Ibid.*, p. 313.

sont originaires. En effet, cinquante ans après Bodel, un certain Baude Fastoul, jongleur et poète d'Arras, écrivit un poème sur le même modèle et sur le même thème : il aurait été lui aussi atteint de la lèpre et serait mort dans le même hospice que son devancier. Et dix ans après lui, Adam de la Halle reprend le modèle du congé pour faire ses adieux à Arras et exprimer toute la haine qu'il éprouve envers les Arrageois.

Jean Bodel serait donc le premier à avoir écrit des « Congés », si ce n'est qu'identifier le créateur présumé d'une forme poétique est rare et compliqué, et que la question des sources de celle-ci a été longuement débattue. Le thème de la maladie a invité la critique[7] à rapprocher le texte à la fois d'un poème que Gautier de Châtillon, atteint de la lèpre, écrivit en latin avant d'entrer dans un hôpital de saint Lazare et intitulé *Versa est in luctum*, et d'une chanson occitane anonyme interprétée par un lépreux : « *Non puesc mudar non plainha ma rancura* ». Mais, la lèpre et la gravité de la tonalité mises à part, le texte de Bodel ne s'inspire d'aucun de ces deux poèmes. Pas plus qu'il ne s'inspire du genre de la chanson de croisade, conçu lui aussi comme l'adieu au monde du chevalier avant son départ en Orient. Certes, il est fait mention dans la neuvième strophe d'une croisade à laquelle le poète n'aurait pu participer en raison de sa maladie : « Mais j'ai fait mon pelerinage ; / Diex m'a deffendu le passage / Dont bonne volenté avoie » (v. 103-105), toutefois, la ressemblance s'arrête là et, surtout, les *Congés* ne sont pas chantés.

En matière d'influence, la seule qui soit incontestable ressortit à la métrique. Les *Congés* empruntent, en effet, la strophe dite « d'Hélinand » qui figure, elle, dans la classe des « *literae sine musica*[8] ». Cette strophe de douze octosyllabes, qui apparut, semble-t-il, pour la première fois dans les *Vers de la mort* composés par le moine cistercien vers 1195 est construite sur deux rimes suivant un schéma *aabaab bbabba* dont la simplicité est contrebalancée par l'effet spéculaire ménagé entre les deux parties qui la composent[9]. Les

7 *Ibid.*, p. 326.

8 Ariane Bottex-Ferragne, « Lire, écrire et transcrire en strophe d'Hélinand. Un art poétique visuel dans le manuscrit BnF, fr. 2199 », *Mettre en livre. Pour une approche de la littérature médiévale*, vol. 53, Presses de l'Université de Montréal, 2017, p. 103-130, ici p. 104.

9 Sur cette forme métrique dont il n'existe pas moins de 24 témoins manuscrits, voir Jean Batany, « Un charme pour tuer la mort. La "Strophe d'Hélinand" », dans *Hommage à Jean-Charles Payen*, Caen, 1989, p. 37-45 ; Levente Seláf, « La strophe d'Hélinand. Sur les contraintes d'une forme médiévale », dans *Formes strophiques simples / Simple Strophic Patterns*, Levente Seláf, Patrizia Noel, Aziz Hanna, Joost van Driel dir., Budapest, Akadémiai, 2010, p. 73-76 et 83-87 ; et Levente Seláf, *Chanter plus haut. La chanson*

Congés reprennent ce modèle strophique, mais, une fois encore, par-delà cette affinité formelle, les thèmes abordés dans les deux œuvres sont différents. Alors que, dans les *Vers de la Mort* d'Hélinand, le poète s'adresse à la mort pour l'inviter à saluer ses amis et les engager à se convertir et à fuir le monde pour expier leurs péchés en choisissant comme lui la vie monastique, les *Congés* ne baignent ni dans l'imaginaire de la conversion ni dans celui du *contemptus mundi* ; et, même si la lèpre signe la mort du poète à la société des hommes, Bodel, précise Michel Zink, ne se livre « à aucune considérations générales sur la toute-puissance de la mort », et substitue « aux vers de la mort » « les vers de sa mort[10] ». D'autre part, si les appels à la « pitiez » et à l'« anuis » soulignent par leur récurrence sa douleur face à un mal conçu comme une occasion de rédemption[11], ils ne dissimulent pas son attachement à ce siècle et à ce monde qui le repoussent désormais :

> Refusé m'a et chalengié
> Li mondes, que tant amer sueil ;
> N'a mais cure de mon acueil ; (v. 245-247)

L'influence qu'ont pu exercer les *Vers de la mort* sur Bodel est d'autant plus à minorer que, si la strophe a, sans doute, été inventée par Hélinand, son emploi ne s'est pas limité aux textes à la tonalité grave et plaintive, comme le *Miserere* du Reclus de Moliens, par exemple, ou aux *dits* à caractère moral, didactique et religieux. Suivant les termes d'Ariane Bottex-Ferragne, elle s'est imposée « toutes catégories confondues, comme la seconde strophe isométrique la plus répandue du paysage littéraire de langue d'oïl[12] ». Paul Meyer en relève l'emploi courant dans la production courtoise dès le XIIe siècle[13] où elle fut, selon Hedzer Uulders qui modalise

---

religieuse vernaculaire au Moyen Âge (essai de contextualisation), Paris, Champion, 2008, en particulier les p. 59-90. Voir aussi l'article de Friedrich Wolfzettel, « Rutebeuf et le problème des formes strophiques non-lyriques dans la poésie lyrique en ancien français », dans *La poésie lyrique du Moyen Âge au Nord de la France*, Paris, Champion, 2015, p. 71-82.

10 Michel Zink, *La Subjectivité littéraire*, Paris, PUF, 1985, en particulier « De la poésie lyrique à la poésie personnelle : l'idéal de l'amour et l'anecdote du moi », p. 47-74, ici p. 69.

11 Ces appels qui ouvrent les strophes ponctuent respectivement à dix et à six reprises le texte.

12 A. Bottex-Ferragne, « Lire, écrire et transcrire en strophe d'Hélinand », art. cité, p. 104.

13 Paul Meyer, « Le salut d'amour dans les littératures provençale et française », *Bibliothèque de l'École des Chartes*, t. 28, 1867, p. 124-170. Voir aussi Pierre Bec, *La Lyrique française au Moyen Âge (XIIe-XIIIe siècles). Contribution à une typologie des genres poétiques médiévaux*, Paris, Picard, 1977, p. 39-40.

sa fréquence, une « forme concurrente des quatrains d'alexandrins monorimes, mais au succès un peu plus limité[14] ». Il existe donc un lien entre l'écriture des *Congés* et les genres courtois de langue d'oc et d'oïl, dont le poids a été évalué par Roger Dragonetti qui, dans son étude de la rhétorique courtoise, établit une série de correspondances entre l'envoi lyrique et la forme des congés[15] : l'usage du vocabulaire de l'adresse (envoyer, demander, destiner, etc.), le motif du message confident du trouvère et la citation du nom d'un ou de destinataires à qui est rendu un hommage appuyé pourraient faire de chaque strophe des *Congés* un envoi particulier.

Même si cette hypothèse rencontre l'obstacle du mode de performance des deux genres, le rapprochement avec le domaine lyrique ouvre une piste intéressante si l'on considère non plus le genre de la chanson, mais les genres narratifs, en particulier celui du salut. Hedzer Uulders le définit comme une lettre en raison de ses affinités avec l'*ars dictaminis* latin et avec la forme libre de la nouvelle et du roman, ainsi que comme un dialogue « unilatéral » dans lequel l'amant d'adresse à la dame[16]. C'est ce dernier trait, « clé d'accès au genre », pour reprendre son expression, qui le distingue de la *canso* où les paroles de l'amant n'ont le plus souvent pas de destination[17] et où, selon lui, « destinataire et destinateur se confondent dans le *je* lyrique » :

> Le texte doit tenir compte de ce destinataire qui fonctionne en quelque sorte comme un filtre par lequel passent les réflexions écrites de l'amant et c'est en ayant cette influence sur le propos tenu par le je lyrique que la dame participe directement au texte[18].

---

14 Hedzer Uulders, « Autour des saluts et complaintes d'amour du manuscrit BnF f. fr. 837. Recherches sur deux genres mineurs de la poésie française du XIIIe siècle » (thèse inédite, Université de Padoue, 2011), p. 850-851.

15 Roger Dragonetti, *La technique poétique des trouvères dans la chanson courtoise*, Genève, Slatkine reprints, 1971 (1re éd. 1960).

16 Voir Hedzer Uulders, « Le salut occitan : du genre dialogué à un dialogue de genres », *MLN*, Johns Hopkins University Press, vol. 122, 2007 (French Issue), p. 848-874 ; et Virginie Minet-Mahy, « Récupération lyrique et courtoise d'un genre : observations sur quelques "congés d'amour" en moyen français », *Les Lettres romanes*, vol. 55, 2001, p. 19-37.

17 La question de la destination est délicate, et cette appréciation est à discuter, car bien des chansons s'adressent à des destinataires bien réels, comme l'a montré Gérard Gouiran à propos de Bertrand de Born. Gérard Gouiran, *Le seigneur-troubadour d'Hautefort. L'œuvre de Bertran de Born*, 2e éd., 1987, en particulier la première partie qui analyse la situation du troubadour dans la société du temps.

18 H. Uulders, « Autour des saluts et complaintes d'amour du manuscrit BnF f. fr. 837 », thèse citée, p. 850-851.

En outre, comme le rappelle H. Uulders, le salut peut aussi se présenter comme un congé, car il arrive, écrit-il, qu'« au lieu de se plaindre uniquement de son sort ou de s'adresser à la dame dans l'espoir d'obtenir ses faveurs », le « je » lyrique « met en scène [son] départ et les difficultés qu'il pose à [s]a relation avec [elle] », et, poursuit-il en prenant l'exemple d'un des textes de son corpus ponctué par la répétition du verbe « partir » et ses dérivés, que, « quoiqu'en disent le titre et l'*explicit*, il ne s'agit donc guère d'une requête amoureuse, mais plutôt d'un "congé" amoureux ». Enfin, loin d'expliquer cette modification du salut lyrique par l'influence qu'auraient exercée sur ce genre les *Congés* de Bodel, il rappelle qu'il existait un « sous-genre » du congé amoureux : le *comjat*, qui, dans la tradition lyrique occitane, se rapproche nettement du *salut*[19] dont il reprend la *salutatio* tout en lui attribuant un nouveau contenu et en renouvelant la déclaration d'amour en « congé » d'amour. Ainsi, dans la tradition lyrique occitane, la proximité entre les deux genres est effective, si ce n'est que salut et congé « thématisent deux moments opposés de la relation amoureuse, le début et la fin[20]. »

UN SALUT « REBROUSSÉ » ?

Leurs affinités constituent donc un argument à une possible influence du salut lyrique sur les *Congés*, et à l'existence de liens formels et thématiques que confirme le vocabulaire employé par Bodel. En début de salutation, le mot « congé » alterne à une reprise avec celui de « brief » :

19 « Le meilleur exemple, écrit H. Uulders, est le *salut* de Falquet de Romans, "*Domna, eu pren comjat de vos*" (*cf.* le début du texte, v. 1-3, où l'on retrouve le motif de la *departie* : "*Domna, eu pren comjat de vos / ez anc non fui plus angoissos / com soi de vostra departia*" ; la *canso* anonyme "*A Deu coman vos e.l vostre ric preç*" s'insère également dans cette espace à la croisée du *salut* et du *comjat*) ». *Cf.* H. Uulders, « Autour des saluts et complaintes d'amour du manuscrit BnF f. fr. 837 », thèse citée, p. 91, n. 137. Par-delà les exemples tirés du corpus de H. Uulders, le thème de l'adieu se trouve dans la chanson courtoise classique, comme celle, célèbre, de Bernard de Ventadour sur l'alouette : « *Qan vei la lauzeta mover* », où le poète fait ses adieux à « Tristan » (identifé, à juste titre à Raimbaut d'Orange), à l'amour et au chant, et annonce son départ. Le glissement vers le genre mineur du *comjat* se rencontre donc déjà au sein du grand chant courtois.

20 H. Uulders, « Autour des saluts et complaintes d'amour du manuscrit BnF f. fr. 837 », thèse citée, p. 106.

« Pitiés, [...], Porte au maieur d'Arras ce brief » (v. 469-471), et la demande de congé adressée au destinataire est remplacée une autre fois par le verbe « saluer » : « Pitiez, salue de ma part / Robert au Dent [...] » (v. 445-446) et « Pitiez [...] Salue moi a la reonde » (v. 457-458). Conformément aussi au « salut » et à son « dialogue unilatéral », chacune des strophes se présente comme un message adressé, non à la dame aimée, mais à un membre de la communauté arrageoise sollicité, comme dans le genre lyrique encore, sous forme de *salutatio*, et avec qui le « je » communique, allant même, comme dans le salut courtois encore, jusqu'à faire porter sa demande de congé par une figure personnifiée :

Anuis, qui abas maint baudel
Qui m'a fait torner mon chaudel,
Vers Saint Juri torne ton frain :
Wilbert de Biaumont et Ansel
Salue par Jean Bodel. (v. 157-161)

Pitiez, qui en mon cuer se met,
Va moi la ou je te tramet,
Car je n'os aler si avant.
Prent congié a Pieron Wasquet ; (v. 217-220)

Si « Pitiez » et « Annui », sont attendues en raison de l'état misérable dans lequel se trouve le lépreux, la présence de « Joie », mot issu de la terminologie amoureuse, accuse la ressemblance entre le salut à la dame et le congé, si ce n'est que l'amitié et l'affection ont remplacé l'amour :

Joie, qui vers moi es repointe,
Dusqu'a Biaumés fai une pointe ;
Si me salue a cuer haitié
Le chastelain, a cui s'apointe
Amours, [...] (v. 121-125)

Sur le modèle courtois encore, où l'amant célèbre sa dame suivant les lieux communs de l'amour sans omettre la description plus ou moins étendue de ses perfections physiques et morales, le « je » des congés exprime tout ce qu'il doit à la générosité, à la noblesse et au soutien de ses amis en un style qui rappelle les formules de *captatio benevolentia* des lettres et des saluts. Ainsi de Symon d'Iser dont le poète dit : « de vous me vant » « Car toute honnour en vous achieve » (v. 37-39), ou de Jehan Boschet dont, précise-t-il, « je miex loer me doi » « Plorant recor et soir et main / Les biens que j'ai trouvez en toi » (v. 15-18), ou encore de « Bauduïn qui tous autres champïons vaint » (v. 253-254), etc.

Enfin, chaque demande de congé s'achève sur la situation personnelle du « je » poétique et l'évocation des effets physiques et moraux de la terrible maladie dont il souffre, et sur le déchirement de l'adieu qui renouvelle la honte de celui qui est devenu un objet de répulsion. Ce final imite le discours des saluts ou l'amant implore sa dame à travers une série d'apostrophes plaintives qui sont autant de manifestations de son mal d'amour. L'analogie entre les deux genres trouve une confirmation à la fin de la deuxième strophe où Jean Bodel, s'adressant à Jehan Boschet, reprend le *topos* du cœur envoyé à la dame en convertissant les liens amoureux en liens d'amitié :

> Neporquant, se je ne vous voi,
> Purement mon cuer vous envoi : Str. II, v. 22-23

Plus loin, à la strophe IV, c'est encore en reprenant le motif du « cœur » souffrant qu'il s'adresse à Symon d'Yser et, n'était le contexte de la maladie et de la recommandation à Dieu, son discours ne déparerait pas dans un congé lyrique. On retrouve en effet dans le passage tout à la fois la séquence conventionnelle des mots « crieve » et « grieve » à la rime, et la reprise, familière au genre courtois, de la douleur du départ :

> Symon, uns maus qui en moi lieve,
> Qui atout mon vivant le fieve
> Fait que le congié vous demant,
> Si dolans que li cuers me crieve,
> Car nule riens tant ne me grieve
> Com fait dire A Dieu vous conmant. (v. 43-48)

On le voit le canevas du salut-congé, tel que l'a décrit H. Uulders, est décalqué par Bodel sous une forme abrégée, et la prégnance du modèle est encore accusée par la structure en miroir des strophes d'Hélinand qui, comme l'a relevé Levente Seláf[21], favorise l'autonomie de chacune

21 L. Seláf, « La strophe d'Hélinand », art. cité, en particulier p. 83-87. « Il n'y a cependant pas lieu de penser, précisent Edmond Faral et Julia Bastin dans leur édition de Rutebeuf, que la coupe soit de règle et que les exceptions soient des exceptions à la règle. Si la coupe est ordinaire l'explication s'en trouve dans le processus de l'invention poétique : l'auteur, en présence d'une forme métrique compliquée, a divisé la difficulté ; il a arrangé l'expression de sa pensée de manière à en enfermer un premier élément, formant un tout

d'elles[22]. Les copistes ont dû y être sensibles, puisque, selon les manuscrits, certaines strophes des *Congés* sont omises ou leur ordre de succession se trouve modifié. L'absence de lien fonctionnel entre les strophes fait donc de chacune d'elles un salut indépendant, adressé à des personnalités particulières, et la reprise du même moule syntaxique qui en rythme la succession participe de l'unité thématique des *Congés*, entièrement tissés sur le motif qui lui donne son titre. On peut dès lors penser que le génial écrivain arrageois qu'est Bodel s'est inspiré du genre courtois pour l'adapter à un autre imaginaire, le déplaçant du cadre amoureux originel au cadre urbain, transformant l'adieu de l'amant à la dame en une demande de congé aux habitants d'Arras, et le mal d'amour en souffrance physique. Et l'on peut même se demander s'il n'a pas exploité le sens étymologique de « salut », terme qui fait signe vers la santé, vers l'absence de maladie et d'infirmité, pour le retourner en un « congé » puisque la lèpre est le motif principal de l'écriture. Le genre des congés inventé à Arras au tout début du XIIIe siècle pourrait donc être le produit d'une expérimentation, de la reprise d'une forme initialement lyrique et courtoise, une sorte de « salut » à l'envers, un salut rebroussé, et le discours qui y est tenu comme une transformation du discours courtois originelle en une expression de l'univers urbain.

grammatical, dans la première partie de la strophe et un second élément dans la seconde partie. » Rutebeuf, *Œuvres complètes*, Edmond Faral et Julia Bastin éd., 2 vol., Paris, A. et J. Picard, 1959-1960, t. I (coll. Fondation Singer-Polignac), p. 210.

22 Les manuscrits conservés des chansons courtoises présentent tous une grande variété quant à l'ordre des strophes. Dans son édition de Jaufré Rudel, le changement d'ordre des strophes (avec d'autres leçons particulières) pousse Pickens à distinguer onze versions de la chanson célèbre de l'amour lointain. Avec lui, tous les éditeurs de Bernard de Ventadorn ou de Bertrand de Born, par exemple, attirent l'attention sur le changement de l'ordre des strophes, même si cela ne les conduit pas toujours à considérer ce changement comme une nouvelle version et que la place de la première et de la dernière strophe est le plus souvent préservée. Cette autonomie de la strophe est un trait fondamental de la chanson.

PRÉSENCE ET IMAGINAIRE DE LA VILLE

La cohérence d'ensemble tient en effet au cadre dans lequel la demande de congé s'exprime, c'est-à-dire la ville d'Arras qui la génère à la fois comme forme et comme motif poétique. Arras est présente tout au long des *Congés* dont elle couronne et ponctue la succession, et qui dessinent en retour sa géographie. Le texte s'achève, en effet, sur l'évocation très précise du miracle de la Sainte-Chandelle que la Vierge Marie réalisa en faveur de deux jongleurs en récompense de leur réconciliation, et sur la mention de la place du Petit-Marché, cœur de cette ville marchande, où fut édifiée une tour de pierre à l'intérieur de laquelle trouva place la sainte relique dont la vertu guérissait le mal des Ardents[23]. Rappelons, à la suite de Catherine Vincent, que le récit de la Sainte-Chandelle « était lu régulièrement chaque année à Arras sur la place du Marché, la veille de l'Assomption à l'occasion d'une des fêtes de la confrérie Notre-Dame des Ardents[24] ». Aussi cette précieuse chandelle dont Bodel inscrit la présence à la fin de son poème, est bien « une incarnation de la ville elle-même[25] », comme l'est aussi la confrérie de Notre-Dame des Ardents qui se dota du récit du miracle marial pour raconter les circonstances de sa création.

Si le nom de la confrérie n'est pas donné, les noms de ceux à qui les congés sont adressés recomposent la population urbaine. À partir du Registre de la Confrérie des Jongleurs et Bourgeois d'Arras, G. Raynaud a pu identifier, sur les trente-cinq personnages cités par Bodel, les membres de deux des plus puissantes familles d'Arras, les Piedargent et les Locart, ainsi que treize bienfaiteurs du poète appartenant à la bourgeoisie commerçante, les deux marchands Pieron Wasket et Simon Durant, le médecin Jofroi, le « gentil maire » Raoul Ravuïn et quatre

---

23 Marie Ungureanu, *La Bourgeoisie naissante. Société et littérature bourgeoises d'Arras aux XIIe-XIIIe siècles*, préface de M. Lucien Febvre, Arras, Imprimerie centrale de l'Artois, 1955 (Mémoires de la Commission des Monuments historiques du Pas-de-Calais), en particulier p. 87 à 98.

24 Catherine Vincent, « Fraternité rêvée et lien social fortifié : la confrérie Notre-Dame des Ardents à Arras (début du XIIIe siècle – XVe siècle) », *Revue du Nord*, t. 82, 2000, p. 659-679, ici p. 660.

25 *Ibid.*, p. 675.

jongleurs : Warin, Renaut de Biauvais, Huon de Saint Omer et Bauduïn Fastoul[26]. À côté de ces noms propres, qui sont énumérés d'une strophe à l'autre, les termes « frere » et « confrere » de l'avant-dernière strophe, ratifient, en guise de conclusion, la tutelle de la célèbre confrérie sur la ville et sur le texte qui lui rend hommage :

> He ! menestrel, douch conpaignons,
> Ami m'avez esté et bon
> Conme tres fin loial confrere :
> A pourchacier ma garison
> M'avez fait amour et raison
> Plus que se tout fussiez mi frere. (v. 517-522)

La présence d'Arras est là dans sa célèbre légende, dans les espaces évoqués, dans les noms et les différents statuts des hommes qui l'habitent, le maire, les échevins, les jongleurs et les poètes, tous réunis dans la dernière strophe des *Congés* et salués sans distinction aucune car la ville est déjà une modalité de la vie collective :

> A Dieu vous vueil tous conmander
> Ensamble, sans chascun nonmer,
> Car n'i a nul dont je me plaigne,
> Ains m'en lo molt et doi loer. (v. 529-532)

La ville est là, réfractée à travers ces données qui définissent tout à la fois sa culture religieuse, commerciale et poétique. À l'instar de la communauté arrageoise où, écrit Marie Ungureanu, « tout le monde se connaît, se rencontre et s'interpelle, comme sur la Petite Place du Marché[27] », l'écriture des *Congés* cherche à capter la réalité familière de la ville dans la forme contrainte de ses strophes. Au fil de chacune d'elles, Bodel installe un monde, le range, pour reprendre une formule de Daniel Poirion, comptant et disposant les habitants d'Arras suivant « leurs conditions et leurs fonctions[28] ».

---

26 Gaston Raynaud, « Les Congés de Jean Bodel », *Romania*, t. 9, 1880, p. 216-247.

27 M. Ungureanu, *La Bourgeoisie naissante*, *op. cit.*, p. 87.

28 Daniel Poirion pense la ville médiévale comme « un espace de rangement ». Voir *Jérusalem, Rome, Constantinople. L'image et le mythe de la ville au Moyen Âge*, Colloque du département d'Études médiévales de l'Université de Paris-Sorbonne (Paris IV), Daniel Poirion dir., Presses Paris-Sorbonne, 1986, Avant-Propos, p. 2, « http://journals.openedition.org/bcrfj/7463 » (consulté le 24/4/2022).

La ville présente une typologie et une axiologie, qui lui sont spécifiques, et elle ne se départ pas non plus d'une écriture et d'une rhétorique singulières. Dans la convocation de la communauté d'Arras se dessinent les linéaments d'une écriture publique, ponctués de mots encore rares dans des textes poétiques, comme, par exemple, « maire » (v. 230) désignant celui qui dirige le corps municipal, ou encore « banliue » (v. 343), mots nouveaux qui sont ceux d'une poésie de la communauté pour la communauté reposant sur la reconnaissance d'une proximité et une connivence. Bodel s'adressant à des proches dont il partage les valeurs, l'imaginaire et les occupations, l'écriture de la ville génère une série d'images, celles des jeux de dés et des cabarets, autant d'activités sociales et de lieux d'échanges et de rencontres entre les membres de la communauté urbaine. Elle produit aussi des vérités qui sont l'expression d'un consensus et qui s'expriment, comme dans les saluts courtois, par le recours aux proverbes. L'écriture des *Congés* suppose une forme de complicité, sensible dans le style familier et les locutions imagées et pittoresques que Bodel se plaît à employer, comme, dès lors, dans la difficulté à laquelle les lecteurs sont d'emblée confrontés en raison du caractère allusif des citations et des références nécessitant une connaissance intime de la langue et de la culture arrageoises. Tel est le cas, par exemple, dans la dix-septième strophe :

> Pitié proi, qui ma nef gouverne,
> Au chastelain conte et descerne
> Et Bauduïn, son fill meïsme,
> Coment Diex, a son droit me ferne,
> Que je floris quant il yverne
> Et quant il fait esté je rime ;
> Ainsi contre poil regaÿme.
> Mais Diex m'a joué d'un sophisme
> Que tuit li mire de Salerne
> N'abaisseroient ceste lime,
> Car je fui oubliés à disme :
> C'est un bles qui volentiers gerne. (v. 193-204)

Adressé à Pitié, porte-parole du « moi » poétique auprès du comte Baudoin et de son fils, le discours rappelle la punition divine qui s'est abattue sur le lépreux qui évoque sa maladie en termes imagés. Ainsi « rime » signifiant « couvrir de givre » est une allusion aux taches blanches qui couvraient sa peau ; l'image agricole qui clôt la strophe le montre exposé comme le blé qu'on a laissé par négligence dans le champ et qui risque de germer et de se perdre. Enfin, le « sophisme » que Dieu lui a « joué » (v. 200) est sans doute une allusion à sa non-participation à la croisade qu'il projetait d'accomplir. Le texte est difficile, et bien des passages posent des problèmes de compréhension qui tiennent aussi, outre le caractère allusif de l'énoncé, aux fréquentes anacoluthes, à la construction paratactique, proche de la langue parlée, et à l'opacité du vocabulaire. Il en est ainsi, par exemple, des expressions comme « jouer de bondie » (v. 7), « porri ou fardel » (v. 168), « escueillir ma toupoie » (v. 175), autant de syntagmes sur le sens desquels les philologues ne se sont pas accordés[29]. On est face à un langage à décrypter, face à une langue destinée, sans doute, aux seuls initiés ou plus exactement à cette communauté d'Arras dont l'écriture des *Congés* se fait le relais, et dont elle soude et revivifie les liens. À cet égard, l'œuvre de Bodel répond parfaitement à l'horizon d'attente du public arrageois, car, si elle ne résulte pas, pour reprendre Jauss, de l'expérience qu'il a du genre dont elle relève, de la forme et de la thématique d'œuvres antérieures dont elle présuppose la connaissance, elle naît bien de l'opposition entre langage poétique et langage pratique, monde imaginaire et réalité quotidienne.

29 Pour l'explication de ces expressions, voir les « Notes » aux vers des *Congés* de Jean Bodel de P. Ruelle, éd. citée Ainsi l'éditeur rappelle que, pour Gaston Raynaud, *jouer de bondie* signifie « se moquer, jouer par en dessous, allusion au jeu de paume où le coup de *bond* est opposé à la *volée* », alors que, selon lui, l'image traduit l'idée de départ. Éd. citée, p. 135. P. Ruelle comprend *porrir ou fardel* comme « corrompre de l'intérieur », alors que Charles Foulon la traduit par « pourrir en tas ». Éd. citée, p. 140. Quant à *escueillir ma toupoie*, G. Raynaud traduit cette expression par « lancer la toupie », alors que P. Ruelle, pour la comprendre, signale qu'il faut « se représenter la toupie mise d'abord en mouvement à l'aide d'une ficelle et lancée ensuite vigoureusement au moyen d'un fouet. Au moment où elle tourne sur le sol et que celui à qui elle appartient se prépare à la fouetter, survient un autre joueur qui, avec son propre fouet, la lance au loin en usurpant, en quelque sorte, le droit du premier ». Éd. citée, p. 141. Les références aux auteurs cités par P. Ruelle dans les notes sont : Gaston Raynaud, « Les Congés de Jean Bodel », *Romania*, t. 9, 1880, p. 217-247 ; Charles Foulon, *L'œuvre de Jean Bodel*, Travaux de la Faculté des Sciences humaines de Rennes, Paris, PUF, 1958.

LA FIGURE DU « JE » POÉTIQUE ET LA VILLE

La ville d'Arras accède au statut de matériau littéraire, voire poétique, mais elle est aussi et surtout le support de l'expression du « je », de son parcours et de ses sentiments en ce premier tiers du XIIIe siècle où Michel Zink voit le développement d'une poétique anecdotique du « moi » qui, en se coulant dans des formes nouvelles, ne se greffe pas sur le lyrisme traditionnel. Dans le genre du salut courtois, le « je » n'est plus le « je » universel des chansons de trouvères, le discours amoureux se rationalise et se narrativise, et une nouvelle écriture du « moi » prend naissance dans la mise en scène non tant d'une subjectivité que d'une individuation. La poésie didactique et édifiante où le point de vue de l'auteur se fait de plus en plus affirmé est à l'origine de ce bouleversement et de l'évolution d'une production littéraire qui avoue sa dette à l'égard d'Hélinand par l'usage de la strophe qu'il a avait inaugurée et lui emprunte, précise M. Zink, « les huit ou dix vers subjectifs plutôt que les cinq cent quatre-vingt-dix vers didactiques, estimant apparemment que la proximité supposée de la mort se prête particulièrement à la mise en scène de la subjectivité, et frayant ainsi la voie aux testaments littéraires de la fin du Moyen Âge[30] » . Les Congés de Bodel participent de cette forme nouvelle d'écriture où les données biographiques baignent dans l'affectivité et où le « je » prétend se raconter, s'épancher, exposer sa vie au regard de la mort. Car la composition du texte tout entier est intimement liée au discours que l'auteur échange avec la ville à propos d'un mal qui est tout à la fois la source et le sujet de l'écriture, cette « pitiez », toute contenue et enclose dans les trois premiers vers du texte en une ouverture programmatique :

> Pitiez, ou ma matere puise,
> M'ensaigne k'en ce me deduise
> Que je sor ma matere die. (v. 1-3)

---

30 M. Zink, « Musique et subjectivité. Le passage de la chanson d'amour à la poésie personnelle au XIIIe siècle », *Cahiers de civilisation médiévale*, t. 25, 1982, p. 225-232, ici p. 230. Voir aussi du même auteur, *La Conscience de soi de la poésie. Poésie et rhétorique*, Paris, Lachenal et Ritter, 1997, p. 59-62.

La critique s'est penchée sur la situation de Jean Bodel qui avant de se retirer dans la léproserie pousse son dernier chant pour dire son malheur et sa douleur, et qui décrit la lente décomposition de son corps[31]. M. Zink s'est notamment attaché à souligner la solitude du poète que rend plus aiguë encore l'évocation de la communauté d'Arras tout entière :

> Le poète lépreux lutte pour voir dans l'horreur de son mal et la proximité de sa mort la bénédiction d'une pénitence que Dieu lui a particulièrement réservée. Il prend congé lui-même de tous ses amis l'un après l'autre, pour se plaindre à chacun de son mal et renouveler à propos de chacun le déchirement de l'adieu et la honte de deviner qu'il est devenu pour lui un objet de répulsion[32].

Sa belle analyse, qui signale combien « les circonstances particulières de la vie sociale servent à dramatiser l'expression de l'expérience subjective », gagne en pertinence sous l'éclairage des saluts courtois dont les *Congés* pourraient être, comme on l'a suggéré, le revers. Il ne s'agit certes pas de remettre en question la réalité de la lèpre dont le poète fut atteint, mais de revenir sur la figure du lépreux comme contre-point du « moi » lyrique ou, plutôt, comme l'expression d'un nouveau « moi » lyrique. Au Moyen Âge, le lépreux est le dernier des misérables, le dépossédé, celui qui doit nécessairement rompre avec sa ville, sa communauté et les siens : être lépreux, c'est ne plus avoir d'identité ni d'existence sociale. Toutefois, c'est précisément cette négation de soi qui constitue un élément essentiel à l'émergence de la parole poétique et de son individuation.

En effet, selon Karlheinz Stierle, l'identité poétique naît quand le sujet devient objet de préoccupation :

> Lorsque le sujet, écrit-il, devient lui-même thème, c'est généralement que ses relations habituelles, assurées, avec des instances sociales – qui, les premières, font que le sujet se comprend comme sujet – sont devenues problématiques, incertaines, discutables[33].

31 Voir, par exemple, Annette Brasseur, « La poésie des adieux. Les *Congés* de Jean Bodel et de Baude Fastoul », dans *Miscellanea mediaevalia. Mélanges offerts à Philippe Ménard*, Jean-Claude Faucon, Alain Labbé, Danielle Quéruel dir., t. I, Paris, Champion, 1998 (Nouvelle bibliothèque du Moyen Âge), p. 195-213.

32 M. Zink, *La Subjectivité* littéraire, *op. cit.*, p. 56.

33 Karlheinz Stierle, « Die Identität des Gedichts – Hölderlin als Paradigma », dans *Identität. Poetik und Hermeneutik VIII*, Odo Marquard und Karlheinz Stierle dir., München, Wilhelm

Or les interactions rappelées dans les *Congés* entre le monde et le « je » témoignent de la dépendance de celui-ci avec Arras, et de l'existence d'une identité qui passait jusque-là par l'appartenance à une ville, à son univers et à sa culture, à cet ensemble urbain avec ses contingences sociales qui la lui transmettaient et le déterminaient en partie. Si, comme l'écrit le psychologue Pierre Tap, le langage et l'identité sont des creusets dans lesquels s'opèrent l'amalgame et la confrontation des identités collectives et de l'identité individuelle[34] », la subjectivité des *Congés* est conditionnée tout à la fois par le cadre urbain, garant de l'identité du « je », et par la lèpre. C'est elle qui remet en cause toutes les relations sociales et fait passer la subjectivité et ses incertitudes au premier plan de l'écriture. Ce que capte le poème avec l'adieu à la ville est précisément le moment du départ qui est rupture et séparation d'avec le monde et d'avec soi ; et ce qui se dit est moins une individuation que l'ébranlement d'une identité. Le poète lépreux n'est plus dans la ville et il n'est pas encore ailleurs, il n'est déjà plus ici et il n'est pas encore là-bas. Cette tension se dit dans le poème dans la convocation des figures allégoriques et dans la rencontre d'oppositions qui expriment tout à la fois l'union et la désunion.

Dans les *Congés*, la figure du lépreux constitue, pour reprendre une expression de Jean Starobinski, « un répondant allégorique » qui, par l'éclatement même des identités qu'ils représentent n'offrent qu'un « je » incohérent et défectif[35]. C'est sur ce répondant que le poète construit une identité instable, sans fondement. On assiste ainsi à une redéfinition du « moi » qui ne peut désormais présenter d'unité. Lui et son œuvre se situant exactement à l'articulation de l'identité collective et de l'identité personnelle, le « je » poétique est une figure scindée et désunie. Sa fêlure tient à son statut de lépreux qui le coupe de ce qu'il a été et des siens ; elle tient aussi au moment où s'élève la parole poétique, celui du départ, condition inhérente à la poésie dans son dire et dans sa finalité. Le « moi » n'a plus d'attaches. Bien plus, il n'existe que dans un entre-deux, entre ce qui, en lui,

---

Fink, 1979, p. 505-535, ici p. 520.

34 Pierre Tap, *Identités collectives et changements sociaux*, Toulouse, Éditions Privat, 1980, p. 15.

35 Jean Starobinski, « Sur quelques répondants allégoriques du poète », *Baudelaire*, Numéro spécial de la *Revue d'Histoire littéraire de la France*, t. 67e, année 1967, p. 402-412.

appartient encore au monde des hommes et à l'espace commun, et ce qui, en lui, est déjà le monde de la lèpre. Cette représentation binaire amorce la perception d'un « je » coupé en deux, que le texte se plaît à représenter tout à la fois « et dolans et liés » (v. 36), « Moitié sain et moitié porri » (v. 60) ; un « je » qui a « Au cuer [...] dolor et ire. / Et de l'autre part [s]e rapaie » (v. 80-81), et dont la fissure se donne à voir dans la métaphore des saisons où l'inversion dit l'incompatibilité irréductible de son être au monde :

> Que je floris quant il yverne
> Et quant il fait esté je rime. (v. 197-198)

L'idée de scission, alliée à celle d'errance – le lépreux n'ose « aller fors les travers » (v. 65) – et d'éloignement du noyau identitaire qu'est la ville d'Arras, est aussi soulignée par la structure fragmentée du texte où les strophes, difficiles à relier logiquement entre elles, apparaissent comme les éléments épars d'un dialogue lui-même éclaté, tenu qu'il est avec différents interlocuteurs dont la citation et le statut sont autant de témoins de la dispersion du « moi » réfracté par les figures de ceux qu'il convoque.

La ville permet toutes les audaces. À Arras, riche cité, siège des confréries et des jongleurs, la culture urbaine en plein essor invente son univers littéraire et expérimente des formes poétiques originales. Avec les *Congés* de Bodel naît au début du XIIIe siècle ce qu'on pourrait appeler une poésie urbaine qui crée des lieux et des personnages nouveaux. Son objet est de mettre en valeur une esthétique en relation avec un cadre autre et en une écriture relevant d'une forme de « modernité ». Le terme est quelque peu anachronique, il est vrai, car il fait signe vers la poésie de la seconde moitié du XIXe siècle où il est marqué par l'usage qu'en fait Baudelaire. Toutefois, il rend bien compte de l'émergence, dans les *Congés* déjà, de thèmes repris à la vie quotidienne, de la coexistence de la nouveauté et de la tradition, illustrée exemplairement par le recours à la strophe d'Hélinand et au salut lyrique, véritable patrimoine poétique que l'auteur arrageois adapte pour un public différent du public courtois, ainsi que d'un autre rapport à la langue où les calembours et les jeux de mots le disputent aux effets de surprise et aux énigmes. Cet esprit nouveau affecte aussi l'identité du « je » poétique, qui se confond avec celle du lépreux, qui se fond dans celle d'un autre, celle de l'Autre, « privilège incomparable », dirait Charles Baudelaire pour qui le poète « peut à sa guise être lui-même et autrui. Comme ces âmes errantes qui cherchent un corps, il entre, quand il le veut, dans le personnage de chacun[36]. »

Françoise Laurent
Université Clermont Auvergne
– CELIS

36 Charles Baudelaire, « Les foules », dans *Le Spleen de Paris (Petits poèmes en prose)*, Paris, Le Livre de Poche, 2003, p. 90-91.

EXPRESSION LITTÉRAIRE ET SENTIMENT POLITIQUE DE LA VILLE

Pour une poésie urbaine d'Eustache Deschamps

À l'Est d'Éden. Aussi loin que remonte le temps des hommes, remonte le temps des villes. Dans la Bible, la création de la ville suit de peu celle des éléments et des êtres, mais elle porte la marque du mal, celui de Caïn puni de son crime :

> Caïn se retira de devant Yahvé et habita au pays de Nod, à l'Est d'Éden. Caïn connut sa femme, elle devint enceinte et enfanta Hénok. Caïn se mit à construire une ville et appela la ville du nom de son fils Hénok. (Genèse, 4, 16-17)

« Hénok » ou le commencement… Fondée dans le crime à Hénok, incarnation du mal à Babylone, la ville est aussi, à Jérusalem, le lieu de la Passion rédemptrice et l'allégorie de la vie éternelle. Signe du cheminement même de l'homme vers Dieu, elle est consubstantielle à l'humanité et son histoire.

La Bible reflète cette présence « millénaire » de la ville, à la fois dans la civilisation humaine et dans la littérature. Mais il y a loin de l'existence littéraire de la ville à l'avènement d'une « littérature urbaine » : omniprésente mais abstraite dans la littérature de l'Antiquité gréco-latine, la ville ne commence à susciter une « littérature urbaine » que bien plus tard, selon Karlheinz Stierle et sa *Capitale des signes*, à la fin du Moyen Âge, notamment grâce à Rutebeuf, Deschamps, Villon, et leurs contemporains italiens, Dante et Boccace, avant de s'accomplir dans le Paris de Balzac puis celui de Flaubert, Zola, Proust, Baudelaire, et nombre d'auteurs contemporains[1]. Constat historique découlant, à cette lumière, d'une définition : celle d'une littérature urbaine caractérisée

1 Karlheinz Stierle, *La Capitale des signes. Paris et son discours*, trad. Marianne Rocher-Jacquin, Paris, Éditions de la Maison des sciences de l'homme, 2001, p. 39-43. Christina Horvath,

par la description du réel et du contemporain de la ville, une poésie du quotidien souvent revêtue de conscience politique et sociale – que l'on songe à Zola ou Brecht[2].

Enracinement dans le réel peu éloigné de cette « poésie de circonstance » que Daniel Poirion repère, et Claude Thiry après lui, dans la production lyrique du Moyen Âge tardif, elle aussi attachée à « exprimer l'émotion, le sentiment et les réflexions qui saisissent le témoin sensible[3] ». Encore faut-il que cet « appel des circonstances » recoupe le goût de la ville et ses traditions : voilà en quoi Eustache Deschamps s'avère prometteur, élevé au lyrisme de Machaut mais « entraîné vers une tout autre conception de la poésie » et dont l'« attitude le rapproche de la tradition des confréries bourgeoises », poursuit Daniel Poirion. Ici, notre poète se frotte à la tradition aussi bien littéraire qu'urbaine des villes septentrionales, à leur vie corporatiste et à ses processus de création[4]. C'est ainsi, ajoute Daniel Poirion, une poésie exaltant « les travaux et les métiers bourgeois », et « toute l'activité marchande du pays », adoptant et reproduisant la « toile de fond de l'animation mercantile » des cités[5].

Dans cette esthétique de la ville, le poète « se complaît à regarder l'animation des villes[6] » : il se mue déjà en cet observateur sensible de la société urbaine et de ses lieux qu'incarne de façon avouée et revendiquée, de nos jours, un Pierre Sansot dans sa *Poétique de la ville*[7]. Héritant de Rutebeuf, mais aussi de Jean de Meun et de la tradition des fabliaux, le goût de la description satirique voire grivoise de tous les groupes sociaux, l'ancrage dans la réalité – « poésie des choses de la vie », écrit Michel Zink –, l'expression du Moi et du reflet de « l'esprit urbain », l'œuvre de Deschamps présente la particularité supplémentaire de les

Le Roman urbain contemporain en France, Paris, Presses de la Sorbonne Nouvelle, 2007, chap. 1, OpenEdition § 11.

2 Rony Klein, « Le mythe de la ville de Baudelaire à Brecht. Lecture de Walter Benjamin », *Bulletin du Centre de recherche français à Jérusalem*, n° 26, 2015 <OpenEdition, URL : http://journals.openedition.org/bcrfj/7463>.

3 Daniel Poirion, *Le poète et le prince. L'évolution du lyrisme courtois de Guillaume de Machaut à Charles d'Orléans*, Paris, Presses universitaires de France, 1965, p. 101-139, citation p. 107. Claude Thiry, « La poésie de circonstance », *Grundriss der Romanischen Literaturen des Mittelalters*, éd. H. R. Hauss *et al.*, v. VIII, Heidelberg, 1988, p. 112-138.

4 Daniel Poirion, *op. cit.*, p. 226-227, ici p. 226.

5 *Ibid.*, p. 489-492.

6 *Ibid.*, p. 492.

7 Pierre Sansot, *Poétique de la ville*, Paris, Payot, 2004.

inscrire dans le décor de la ville, lui-même poétisé[8]. Totalité qui fait d'autant plus système que s'y ente une dimension politique et sociale du discours, à l'exemple de ce que Jan Dumolyn et Celle Haemers caractérisent dans la « littérature urbaine » des Pays-Bas de la fin du Moyen Âge à la Renaissance[9]. Leur caractérisation, à confronter aux vers de Deschamps, révèle une littérature intimement liée à la vie sociale et professionnelle des corporations, à leurs fêtes et à leurs rites, à leurs discours pétitionnaires aussi, œuvre d'auteurs par ailleurs officiers du pouvoir et suffisamment connaisseurs de ses mécanismes pour en faire la critique, sur un mode souvent satirique et en vue d'une leçon politique de l'entre-deux, critique aussi bien des puissants que des déshérités, prônant harmonie sociale et respect de l'ordre établi.

Cet ordre poétique esquissant une littérature urbaine se révèle au fil d'une cinquantaine de pièces de notre poète et de passages de son *Miroir de mariage*, qui dévoilent :

1. un discours sur la ville subordonné à un ordre immuable du monde incarné et garanti par une monarchie équilibrée, de justice et de paix ;
2. une rhétorique de la *laudatio* de la ville usant de sa personnification ;
3. une poétique énumérative de la déambulation et des lieux d'attachement ;
4. une attention aux groupes sociaux de l'univers urbain – mendiants, prostituées, étudiants… –, et à leurs relations sociales, saisies sur le vif et restituées selon des artifices dédiés, mêlant satire et style direct ;
5. une somme, le *Miroir de mariage*, où Deschamps relit Jean de Meun et la littérature antique en les marquant de l'emprise nouvelle de la ville ;
6. un discours moral d'entre-deux face aux révoltes urbaines, où on le devine à la fois défenseur des valeurs urbaines et voix du pouvoir princier.

8 Michel Zink, *Littérature française du Moyen Âge*, Paris, Presses universitaires de France, 1992, p. 201-228, en particulier p. 216 et p. 226. Voir aussi Jean Constant Rault, « Eustache Deschamps, poète bourgeois » (thèse inédite, Université de Toronto, 1973), p. 205-264.

9 Jan Dumolyn et Jelle Haemers, « "Let Each Man Carry on with his Trade and Remain Silent". Middle-Class Ideology in the Urban Literature of the Late Medieval Low Countries », *Cultural and Social History*, v. 10, 2013, p. 169-189.

LE CADRE SOCIAL ET POLITIQUE D'UNE « POÉSIE URBAINE »

Qualifier une certaine littérature médiévale de « poésie urbaine » implique de se demander de quel lieu de la cité parle le poète, quel est son positionnement social, sa proximité ou son éloignement du pouvoir, son ethos et son intention. Si l'on s'accorde avec Friedrich Wofzettel sur le fait qu'aux XIVe et XVe siècles la ville s'offre comme la matrice d'une nouvelle étape intellectuelle et littéraire du Moyen Âge traduisant le déclin de la féodalité et l'ascension des élites bourgeoises, il apparaît nécessaire d'inscrire Eustache Deschamps dans ce questionnement[10]. En dépit de ses itinérances, Deschamps, contrairement aux troubadours d'antan, n'exerce guère son art qu'auprès de la cour de France et en prise avec l'actualité socio-politique de son temps – Louis Petit de Julleville ne qualifia-t-il pas son œuvre de « journalisme en vers[11] » ? Curial certes, et pourtant, au détour de l'éloge des naissances princières, de la beauté des princesses et de la geste des héros, Deschamps offre un profil de poète équivoque : soutien de la monarchie dans sa pérennité glorieuse, symbole de l'équilibre du mythe fondateur de la chevalerie, d'une part ; critique acerbe de la cupidité et de la veulerie des aristocrates mais aussi de la mendicité qu'il méprise, de l'autre.

Quel lien avec la « poésie urbaine » ? Deschamps, pour commencer, compose à la ville, dans la ville. Et cette ville est essentiellement Paris, le Paris séculier, le Paris urbain. La ville est lieu du savoir depuis la création de l'Université au XIIIe siècle. Ancien étudiant à Orléans, Deschamps appartient à cette clergie laïque parrainée par les proches du pouvoir, en l'occurrence un « influenceur de renommée internationale », Guillaume de Machaut, et est vite accaparé par le cercle des Valois au plus près de la royauté en sa fonction d'huissier d'armes. Il ne peut qu'être déférent envers ceux qui l'ont favorisé. Toutefois fort de son instruction, Deschamps adopte souvent la posture du maître auprès des enfants

10 Friedrich Wolfzettel, *La poésie lyrique du Moyen Âge au Nord de la France*, Paris, Champion, 2015.

11 *Histoire de la langue et de la littérature françaises des origines à 1900*, Paris, A. Colin, 1896, t. I, p. 349.

royaux. Amuseur et didacticien, il s'arroge une liberté de parole, certes empreinte de conventions mais aussi très directe. Il partage en cela la posture des poètes flamands contemporains décelée par Dumolyn et Haemers au Pays Bas, mais adaptée à la situation de la France et en vertu de sa position propre : il a le pouvoir de parler directement aux princes des fleurs de lys. Ce faisant, il exerce la vertu première de la clergie : la sagesse appliquée à l'observation, et critique les corps d'état, administrateurs financiers ou ducs s'enrichissant aux dépens du peuple sans remplir en retour leur fonction première : gestionnaires et protecteurs militaires du corps politique du royaume[12].

À mi-chemin entre un ordre féodal ancestral et une conception du corps politique reposant sur la solidarité de ses membres, Deschamps se positionne dans un entre-deux : n'est-il pas le champion de l'état moyen[13] ? Réévalué à l'aune de ce positionnement social, la « médiocrité » revêt une signification augmentée. Ainsi, l'équilibre aristotélicien qu'il prône dans de nombreuses pièces engendre une vision de soi comme membre d'un corps médian, celui des clercs laïques respectueux d'un ordre qu'ils ne peuvent révoquer en l'absence d'outils intellectuels et d'alternative de pensée, mais dont ils constatent les manquements socio-politiques.

Autant de traits enracinés dans près d'un siècle de tradition littéraire, critique et satirique mais soucieuse du maintien d'un ordre stable et juste, et par un positionnement social ouvert aux roturiers éduqués dans les villes. Mais la littérature « urbaine » est tout cela et un peu plus : un discours enraciné dans la ville et appliqué à elle, faisant d'elle son centre, son cadre, son microcosme, comme l'image du monde dans son ensemble, et lui appliquant tous les ressorts rhétoriques de l'émotion poétique.

---

12 Miren Lacassagne, « Poétique et politique du corps dans l'œuvre d'Eustache Deschamps », dans *Le geste et les gestes au Moyen Âge*, 1998 (*Senefiance*, 41), p. 319-337. Posture critique de « sage » déjà tenue par Gervais du Bus début XIVe siècle – Jean-Claude Mühlethaler, *Fauvel au pouvoir : lire la satire médiévale*, Paris, Champion, 1994, p. 157-161.

13 Miren Lacassagne, « Poétique et politique de la "médiocrité" chez Eustache Deschamps », dans *Autour d'Eustache Deschamps*, Danielle Buschinger dir., Amiens, 1999, p. 115-126.

LA VILLE COMME *PERSONA*
Rhétorique de l'apostrophe et de l'adieu

Dans son ouvrage de référence sur *La Capitale des signes*, c'est Eustache Deschamps que Karlheinz Stierle honore comme poète par qui « le caractère incomparable de Paris est célébré pour la première fois, sous forme de *topos* ». C'est la seconde strophe de la ballade 170 qui sert son propos, lorsque, au terme d'une liste de cités célèbres (v. 12-15), « Babiloine », « Ne Romme », « Ne Ninive, Florence ni Pavie », puis « Troie la grant » dont le poète rappelle la filiation mythique avec le royaume de France et sa capitale, elle conclut dans son refrain que « Riens ne se puet comparer a Paris[14] ». D'un point de vue rhétorique, l'extrait concentre trois caractéristiques de la poétique de la ville développée par Deschamps : l'énumération, l'usage *ex negativo* de la liste et la personnification par l'apostrophe – « O tu cité, de justice aournée » (v. 1), « Dieux a sur toy regart et paradis » (v. 8), « A toy ne soit nulle autre comparée » (v. 11) et maints exemples encore (v. 2, 15, 17, 18, 21, 22, 24, 25 et 29) illustrant l'abondante pratique de l'apostrophe[15].

Tout aussi célèbre, la strophe initiale de la ballade 169 use du procédé énumératif, cette fois selon une tournure affirmative, pour comparer avantageusement Paris à Jérusalem, Babylone, Le Caire, Damas et Alexandrie (v. 1-5). Comparaison flatteuse qui fait, poétique de la liste, miroiter la richesse de telles homologues – « touz les pors qui y sont, / Les espices et succres qui s'i font, / Les fins draps d'or et soye du pays » (v. 6-8) – pour mieux souligner la prééminence intellectuelle de Paris – « cité sur toutes couronnée / Fonteine et puis de sens et de clergie » (v. 11-12), haut-lieu de l'enseignement des arts libéraux (« De tous les ars c'est la flour, quoy qu'on die », v. 25), autant de supériorités sur les plus grandes capitales orientales qui font écho au thème de la *translatio studii*. Illustrant elle aussi

---

14 Karlheinz Stierle, *La Capitale des signes*, *op. cit.*, p. 42. On se réfère aux *Œuvres complètes d'Eustache Deschamps*, éd. Marquis de Queux de Saint-Hilaire et Gaston Raynaud, 11 vol., Paris, Firmin Didot, 1878-1903 (désormais désigné par *OCED*).

15 Armand Strubel, *La Rose, Renart et le Graal. La littérature allégorique en France au* XIII*e* *siècle*, Genève-Paris, Slatkine, 1989, p. 70-76 ; et Thierry Lassabatère, *La Cité des Hommes. Eustache Deschamps, expression poétique et vision politique*, Paris, Champion, 2011, p. 255-291, pour son application à la France.

que « Riens ne se puet comparer a Paris », selon ce refrain commun qui offre une nouvelle similitude formelle entre nos deux pièces, la ballade 170 complète le tableau de l'excellence parisienne dans le domaine religieux : « Mere de foy, marrastre d'eresie, / Le vray estoc de la theologie » (v. 4-5).

Épousant un même refrain et jouant entre elles d'effets de miroir, les deux ballades 169 et 170 ne constituent cependant pas une « double ballade[16] ». Une différence importante s'y oppose : la ballade 169 exprime le propos du narrateur et son expérience prétendue des lieux comparés ; elle ne partage pas avec la ballade 170 l'apostrophe et la personnification de la ville. Les deux pièces suivantes s'en chargeront. Ainsi le rondeau 171 interpelle dès son entame : « Paris sans per, qui n'os onques pareille, / Qui en toy maint, il ne puet perillier » (v. 1-2), avant de répéter à sept reprises l'identique apostrophe (v. 4, 6, 7, 8, 9, 11 et 12), et la ballade 172 s'ouvre sur une interjection à la ville de Reims proche de l'entame de la ballade 170 sur Paris : « O tu, cité tresnoble et ancienne, / Qui jadis fus fondée de Remus » (v. 1-2). La proximité thématique et rhétorique de ces quatre pièces 169 à 172, louant Paris et Reims, ne doit rien au hasard : elles relèvent d'une circonstance historique précise et commune, l'avènement de Charles VI[17].

Ailleurs aussi, l'apostrophe est une technique chère à Deschamps, y compris dans des rondeaux, qui opposent à l'extension linéaire des ballades leur structure ramassée mais circulaire, compensant leur concision par une rhétorique de la répétition[18]. Comme le rondeau 171 sur Paris, déjà cité, les rondeaux d'adieu, à Bruxelles (rond. 552) ou à Troyes (rond. 640 à 642), esquissent des apostrophes parfois limitées à un unique vers.

> Brusselle adieu, ou les bains sont jolys,
> Les estuves, les fillettes plaisans ;
> Adieu beauté, leesse et tous deliz,
> Chanter, dancer et tous esbatements (v. 4-7)

---

16 Clotilde Dauphant, « Le Cycle de l'avènement de Charles VI dans le manuscrit des *Œuvres complètes* d'Eustache Deschamps (pièces 164 à 172), dans *Eustache Deschamps témoin et modèle. Littérature et société politique (XIVe-XVIe siècles)*, Thierry Lassabatère et Miren Lacassagne dir., Paris, Presses universitaires de Paris-Sorbonne, 2008, p. 49-66, en particulier p. 53-55.

17 *Ibid.*, p. 53-58.

18 Jacqueline Cerquiglini-Toulet, « La ligne et le cercle : l'imaginaire de la ville chez Eustache Deschamps », dans *Et c'est la fin pour quoy sommes ensemble. Hommage à Jean Dufournet*, Jean-Claude Aubailly *et alii*, dir., Paris, Champion, 1993, v. I, p. 341-348, ici p. 341.

proclame ainsi le rondeau 552 à la louange de Bruxelles, mêlant deux des caractéristiques de la poétique de la ville chez Deschamps : la figure de l'apostrophe et celle de l'énumération des lieux typiques de la ville, « bains » et « estuves » (v. 4), ou de ses plaisirs, « fillettes » (v. 5), « leesse et tous deliz, / Chanter, dancer et tous esbatements // Belles chambres, vins de Rin et molz liz, / Connins, plouviers et capons et fesans, / Compaignie douce et courtoise gens » (v. 6-10).

Les rondeaux consacrés à Troyes lui appliquent, en l'amplifiant, le même procédé. Certes le rondeau 643, qui allie poétique du nom (« Troyes est biaux noms », v. 1, répété v. 4 et v. 7), métaphore amoureuse (« plaisans et gracieux », v. 1, 4 et 7, « De raison doit li liex estre amoureux », v. 3) liée aux origines mythiques de la ville (Hélène et la guerre de Troie, v. 5-6), et *topoi* urbains (« Ou l'en scet bien gens d'onour festoyer », v. 2), ne joue pas de l'apostrophe ni de la personnification[19]. Mais Troyes est si chère au cœur de notre Champenois ! Outre la richesse rhétorique et thématique du rondeau 643, ses congénères 640 à 642 personnifient la ville par apostrophe, comme la ballade 170 et le rondeau 171 sur Paris, comme le rondeau 552 sur Bruxelles, renforçant ainsi l'émotion poétique suscitée par la cité. Ainsi, brève et efficace, l'apostrophe introductive du rondeau 640 personnifie son objet en jouant volontairement du registre amoureux cher au rondeau : « Adieu m'amour, adieu Troye en Champaigne, / Adieu plaisant et tresdouce cité ». Le rondeau suivant (n° 641) présente le même langage courtois qui dédouble une apostrophe cette fois prolongée sur plusieurs vers pour renforcer l'édification de l'image poétique de la ville en *persona* :

> Adieu te dy, noble cité de Troye,
> Ou l'en scet bien estrangiers honorer.
> Mon cueur as fait forment enamourer,
> Plaine es d'onneur, de solas et de joye (v. 1-4).

Le rondeau 642 reprend l'assimilation implicite de la « ville tresamoureuse » (v. 1, répété v. 4 et v. 7) à une personne douée de sentiments, et la répétition des adresses à la cité employant la deuxième personne du singulier ancre la ville dans la personnification : « Adieu te dy, jusques a mon retour » (v. 2, répété v. 8), « Troyes as nom ; a tous es gracieuse » (v. 5).

Le plus bel adieu à la ville de Deschamps reste, au départ du voyage de Charles VI en Languedoc, la ballade 871 au fameux refrain « Adieux

19 Comme le rondeau 1330, pure description de Prague.

Paris, adieux petits patés ». Comme l'ont remarqué Jacqueline Cerquiglini-Toulet et Clotilde Dauphant, le poète y joue de la répétition avec une ironie savante, grâce aux procédés d'allitération (le son « p » du refrain) et d'anaphore (reprise de l'« adieu » en début des douze premiers vers au service d'une énumération totalisante des beautés de la ville : « Adieu m'amour, adieu douces fillettes, / Adieu Grant Pont, haies, estuves, bains, / Adieu pourpoins, chauces, vestures nectes, etc. », v. 1-3)[20].

ÉNUMÉRATION DES LIEUX, *REALIA* DE LA VILLE ET DÉAMBULATION DU POÈTE

L'exemple de la ballade 871 montre combien le poète aime à entremêler les figures de rhétorique évoquées jusqu'ici pour dépeindre la ville sur le mode laudatif : poétique de l'adieu et poétique énumérative. Nombre de pièces lui font écho, sur ce second point aussi, à commencer par la ballade 920, elle aussi écrite au départ pour le Languedoc, en 1389[21]. Le discours est alors celui de l'éloignement, taraudé par la lancinante attente du retour : « Quant revendra nostre roy a Paris ? » (refrain). La forme discursive, cette fois interrogative dans le refrain et négative dans l'énumération des mêmes objets, trahit l'amour de la ville par son manque :

> A Petit Pont ne font faucons leur vol,
> Ne les brodeurs n'ont gaires a broder,
> A bon marchié sont es hales li chol,
> Les draps aussi, et harnois pour armer.
> Les cousturiers n'ont gaires a ouvrer ;
> Sellier n'y a qui petit ne labeure,
> Ne fillette qui vers les clercs ne queure. (v. 11-17)

Cette énumération *ex negativo* des plaisirs de la ville se poursuit sur le même mode strophe suivante, avec les « poullailliers et lormiers » qui « Riens ne vendent » (v. 21-22), les « heaumiers [qui]

---

20 Jacqueline Cerquiglini-Toulet, « La ligne et le cercle », art. cité, p. 348. Clotilde Dauphant, « Le Cycle de l'avènement de Charles VI », art. cité, p. 57.

21 Voir le commentaire de Raynaud, OCED, t. XI, p. 61-62.

laissent le marteler » (v. 24), les « orfevres [qui] n'ont pas trop a dorer » (v. 25)... Au-delà du *topos* déjà rencontré de la prééminence absolue de Paris, c'est une rhétorique plus générale de l'absence de l'aimé qui se déploie ici.

Le procédé rhétorique est le même pour plaindre Vertus ravagée par la chevauchée anglaise de 1380. La ballade 845, contemporaine de l'événement, met en scène la prosopopée de la ville désolée : « Vertus n'est pas, on m'appelle autrement » conclut le vers 17 au terme de deux strophes de maux énoncés à la première personne. L'énumération y tient sa place, mais c'est celle des calamités assaillant la cité. La ballade 836 contemporaine livre bien, pour sa part, l'énumération des richesses évanouies et des beautés flétries, de tous ces gestes quotidiens enfuis qui font l'attachement à la ville :

> Le terroir yert desormais deserté,
> On ne tendra compte de la vinée,
> Car il sera mal fait et labouré
> Et si yra par tout la renommée :
> L'en paiera mal ceste premiere année ;
> Telz parloit haut c'on fera parler bas,
> Ainsi sera la ville anichilée (v. 17-24).

Recensement de ce qui n'est plus, liste de l'absence et du manque, l'énumération nostalgique de ses lieux chers crée en creux une rhétorique de l'*Ubi sunt* appliquée à la ville aimée, qui rappelle le même regret du village natal incendié dans la *Chronique dite de Jean de Venette* :

> Dans ces terroirs, les vignes qui fournissent la si délicieuse liqueur qui réjouit d'ordinaire le cœur de l'homme ne purent être taillées. Aucun travail manuel ne put y avoir lieu. Les champs ne furent ni labourés ni semés. Bœufs et moutons abandonnèrent leurs prairies[22].

Exprimant l'amour par le manque, la ballade 836 fonctionne en miroir inversé de l'énumération affirmative qui définit usuellement la ville aimée dans un monde « à l'endroit ». Tandis que, consacrée à Vertus mais dans sa version heureuse et positive, la ballade 1339 énumère ces richesses naturelles de la « ville vertueuse » (v. 1) :

22 *Chronique dite de Jean de Venette*, trad. Colette Beaune, Paris, Le Livre de poche, 2011, p. 215-217 (texte latin p. 214-216).

Mainte fontaine merveilleuse
En sec lieu merveilleusement
Pour arrouser le tenement ;
Buons vins a, froment, soille, avaine,
Moulins, jardins, riviere saine (v. 1-7) ;

avant d'évoquer ses nombreuses établissements ecclésiastiques, témoignant que la cité fut « Fondée tresdevotement » (v. 12), car dotée

De mainte eglise precieuse :
Deux crosses, college ensement,
Nostre Dame premierement,
Saint Sauveur, et sur le demaine
Saint Jehan ; l'autre eglise prochaine
Est Saint Martin de doulz acueil. (v. 13-18)

Cette liste mélioratíve du lieu est complétée, en définitive, par ses institutions laïques et séculières : « Maladrerie et ensement / Conté, seaulx, justice piteuse » (v. 22-23).

L'énumération simple et affirmative est au cœur de la poétique de la ville. Comme la ballade 1339 sur Vertus, la Lettre 1411, datée de juin 1375, témoigne du même attachement du poète aux villes et à leurs lieux[23]. Fidèle à une poétique de la liste que Madeleine Jeay a bien mise en lumière chez Deschamps, la pièce insère dans une longue énumération poétique de noms aimés et abandonnés avec regrets une liste de lieux parisiens que le poète célèbre, en forme d'adieu feint, de « testament par esbatement » inspiré par la maladie, léguant ironiquement les biens chers à sa mémoire :

Le Lendit laisse a Saint Denis
Chascun an perpetuelement ;
Et s'ay laissié pareillement
Au Roy le Louvre et le Palays
Et la Tour du Bois, c'est beau lays,
Et a Messire Maturin
Une queue de vin du Ryn
A prendre et lever sur sa rente
De l'Isle, quant ele yert en vente. (v. 72-80)[24]

23 Ian S. Laurie, « Eustache Deschamps : 1340 (?) – 1404 », dans *Eustache Deschamps French Courtier-Poet. His Work and His World*, Deborah M. Sinnreich-Levi dir., New York, AMS Press, 1998, p. 1-72, ici p. 6 (et p. 40, n. 26, voir aussi p. 34, n. 12).

24 Madeleine Jeay, « Eustache Deschamps ou la "belligérance du texte" », dans *Les "Dictez vertueulx" d'Eustache Dechamps. Forme poétique et discours engagé à la fin du Moyen Âge*, Miren

Autant de lieux de vie réels du poète, qu'il expérimente en habitant de la capitale. Car il y possède un hôtel, où par la prétendue « Lettre de ottroy » n° 1403, datée de 1385, il donne accueil à son « compaignon Galhault » (v. 8) : « Ay ottroié et luy ottroy / A Paris en lieu couvenable, / En mon hostel, chambre et estable, / Pour logier lui et ses chevaulx » (v. 10-13). Fidèle à sa poétique de l'énumération urbaine, le poète énonce à son hôte tous les lieux de la ville où il pourra se pourvoir en nourriture : « pain, feves ne pois, / Char [...] / Droit a la porte de Paris » (v. 74-80), « Et qui veult du poisson de Saine, / Voist le querre emprès Chastellet » (v. 84-85).

Outre la beauté et le plaisir de l'énonciation, ces listes de *realia* font miroiter la vie propre de la ville, ses objets et ses gestes journaliers, ses contingences pratiques aussi. La sensibilité de notre poète à une littérature « pragmatique » et « du quotidien », si bien étudiée par Karin Becker, s'applique avec bonheur à la ville : ici pour se plaindre des nuits à Calais, où « ne se puet dormir » et « ne fait toute nuit que viller, / Puces sentir, oyr enfants crier » (rond. 596, v. 1-3) ; là pour conseiller à qui vient « a Paris sejourner » de bien « prendre garde à [ses] chevaulx, / Ilz manguent l'un l'autre, tant sont maulx » (rond. 666, v. 1-3), fort de son propre vécu, lui à qui les chevaux « A Paris [...] ont trop fort rongé la coste » (rond. 669, v. 4), le convainquant de « chevauchier un baston » (rond. 669, v. 5) et trotter « a piet comme un garson » (rond. 669, v. 3 et 13)[25].

SATIRE DES GROUPES SOCIAUX URBAINS

La ville est aussi le théâtre animé de gens qui se croisent. Telle dame trop dévote s'attire ainsi les foudres de la ballade 838 pour son excessive pudeur, forme d'antithèse de la passante à la beauté fugitive de Baudelaire pour une similaire posture d'observation et de rêverie du poète : « Haro dame, souffrez que l'en vous voye ! » (v. 1), lui lance

Lacassagne et Thierry Lassabatère dir., Paris, Presses universitaires de Paris-Sorbonne, 2005, p. 199-213, en particulier p. 201-203.

25 Karin Becker, *Le lyrisme d'Eustache Deschamps. Entre poésie et pragmatisme*, Paris, Garnier, 2012 – notamment p. 160-161.

ce dernier, qui interroge son attitude dans l'espace social de la ville – « Qui vous verroit aler parmi la rue, / Jhesus semblez dedens vostre habit close » (v. 8-9) –, et l'invite oniriquement à s'ouvrir à l'amour (v. 20)[26]. Comme chez Baudelaire, la rue est un lieu de croisement des groupes sociaux typiques de la ville : mendiants, prostituées, étudiants tapageurs dans la tradition goliarde…

Telle « lettre d'escolier d'Orliens » demandant de l'argent à son père résume, en son envoi, le concentré de lieux et d'occupations d'un étudiant en ville : « En la taverne, au boulangier, / Aux docteurs, aux bodiaux, conclus, / Et pour mes colectes paier / A la buresse et au barbier » (ball. 1433, v. 32-35). En écho, c'est en contrefaisant l'esprit goliard que la ballade 1480 décrit le père d'un de ces étudiants s'exaspérant que « Robes leur fault, lis, vaisseaulx, pos, / Livres, hostels, et en tous temps, / Mandent *salutem et summos* » (v. 7-10).

Tel portrait de « Vieille, laide, barbue et diffamée, / Orde en tout cas, desplaisant et baveuse » (ball. 1231, v. 1-2) mêle la critique d'une vieille femme médisante au rappel grivois de ses mœurs de jeunesse : « En jeune temps, et vieille luxurieuse, / Vous estes trop de parler oultrageuse / En medisant sur les femmes de bien » (v. 4-6), tout comme deux chants royaux fort proches, la « Sote chançon de cinq vers a deux visaiges a jouer de personnaiges » (n° 1217) et son homologue « A deux visaiges a jouer par personnaiges » (n° 1477), aux traits communs et aux expressions identiques. Leur dialogue très théâtral, ponctué de répliques courtes aux formules graveleuses, révèle un monde aux portes de la marginalité et du crime opposant une « ribaude » accusée d'avoir « enfans mourdri » (ball. 1217, v. 9 et ball. 1477, v. 13) et traîné « par maint busson » (ball. 1217, v. 12), à un « ribaud » traité de « Ruffien, mourdreur et larron » allant « es boys ou il fait bon / Desrober », coupable « D'escheler les maisons de nuit / Et d'aler, quant la lune luit, / Sur les chemins descouvrir les gens » (ball. 1477, v. 4-8). Dans le corpus plus large des compositions grivoises de Deschamps recensé par Jean C. Rault, ces deux pièces présentent la particularité d'être liées à l'univers de la ville, mais à sa marge[27]. Les bois et les buissons avoisinent les maisons, suggérant un espace de l'entre-deux où cependant l'intervention du prévôt vient rappeler la présence de la ville : « Je vous compteray vo leçon / Devant le prevost de Laon, / Juge

26 Rony Klein, « Le mythe de la ville de Baudelaire à Brecht », art. cité, § 5 et § 10.

27 Jean Constant Rault, « Eustache Deschamps poète bourgeois », *op. cit.*, p. 179-204.

sera de no querelle » (v. 28-30) menace la ribaude du chant royal 1217, tandis que son miroir 1477 fait directement intervenir l'autorité citadine dans le jeu des personnages : « A l'uis ! A l'uis ! Ouvrez, ouvrez ! / – Qui est ce ? – Le prevost de Laon » (v. 41-42).

Constat similaire pour les mendiants. Le poète leur consacre une demi-douzaine de compositions (ballades 1229, 1230, 1233, 1259, 1299, 1300), qui leur font grief de simuler des infirmités, de feindre l'incapacité à travailler, détournant la vertu de charité de son objet : les vrais déshérités. Les ballades 1229, 1233 et 1259 dénoncent aussi leur présence dans les églises, l'encombrement et la perturbation de l'office qu'ils y occasionnent, s'inscrivant dans ce mouvement contemporain de refoulement de la mendicité aux portes des édifices religieux. Pire, même, ils « Robent, tuent, es moustiers, es portaulx » (ball. 1299, v. 27), vont « espier le Landit / Et les marchiez pour leur proufit / Robant et tuant chascun jour » (ball. 1300, v. 24-26), appelant sur eux la plus sévère punition : qu'ils soient « au gibet panduz et trainez » (ball. 1229, v. 15), « Qu'en les puist trestouz ardoir » (ball. 1233, v. 12), « Prenez, pandez et ce sera bien fait » (ball. 1299, refrain)[28]. Les mendiants s'inscrivent intrinsèquement dans l'univers de la ville, « au moutier » et partout « es villes et citez » (ball. 1229, v. 21 et 34), envahissant le « temple ou font polucion » (ball. 1299, v. 18), « Puans comme une orde ruelle » (ball. 1233, v. 19), ils sont même, chez Deschamps, comme une métaphore de ses détritus.

LA MINIATURE DU *MIROIR DE MARIAGE*

De cette poétique urbaine en gestation, le *Miroir de mariage* offre une synthèse unique. On y retrouve en premier lieu la rhétorique de l'énumération chère à notre poète, cette fois appliquée à la garde-robe d'une femme mariée tenant son rang, au long florilège des vêtements les plus fins et somptueux égrenés à la manière du *Roman de la Rose* dans

28 Thierry Lassabatère, « Théorie et pratique de la charité individuelle à la fin du Moyen Âge : l'exemple d'Eustache Deschamps », dans *Fondations et œuvres charitables au Moyen Âge*, Jean Dufour et Henri Platelle dir., Paris, Éditions du CTHS, 1999, p. 129-141.

sa critique de l'ostentation vestimentaire des femmes, dont le *Miroir* reprend en bloc les vers 9000-9600 dans ses chapitres XXVIII-XXXIX[29]. Plus haut, déjà, en son chapitre XV sur « les pompes et grans bobans des femmes », Deschamps met en œuvre une poétique de l'énumération et des expressions qui tissent de saisissants liens textuels entre les deux œuvres. Ainsi, tout juste après avoir fait luire le miroitement de leurs fourrures et l'éclat de leurs ornements (« Vestemens d'or, de draps de soye, / Couronne, chapel et courroye / De fin or… », v. 1225-1231) comme en recopiant les vers 9048-9051 du *Roman* (« Chascune a seur son chief coronne / De floretes, d'or ou de soie… »), le *Miroir* semble faire écho, en décrivant l'obsession de la femme pour son apparence :

> Et qu'elle soit bien ordonnée,
> Vert, bleu, fins pers et escarlate
> Et fin blanc d'Yppre lui achate,
> Pour faire surecos ouvers,
> Cours et longs, et des menuz vers,
> Gris escureulx, fines laitisses (v. 1234-1239),

aux vêtements luxueux du *Roman*, « Forrez d'aigniaus cist miens buriaus, / Comme pers forrez d'escuriaus » que femme « De vert ou d'escarlate achète / Et de ver et de gris les forre » (v. 9081-9082 et v. 9086-9087). Nos deux auteurs s'inscrivent ici dans la filiation plus ancienne du *Liber aureolus* de Théophraste, leur source commune, reproduite presque textuellement aux vers 1197-1216 du *Miroir* et 8565-8585 du *Roman*, avant de développer dans leurs énumérations luxuriantes la liste plus sobre par laquelle, écrivant que « *multa sunt, quae matronarum usibus necessaria sunt : pretiosae vestes, aurum, gemmae, sumptus, ancillae, supellex varia, lecticae…* », Théophraste moquait le luxe vestimentaire et les équipements somptueux des femmes mariées[30].

29 Thierry Lassabatère, « Le *Miroir de mariage* d'Eustache Deschamps et ses sources. Exemple de transmission et d'utilisation de la culture au Moyen Âge », dans *Le Texte médiéval dans le processus de communication*, Ludmilla Evdokimova et Alain Marchandisse dir., Paris, Classiques Garnier, 2019, p. 425-448, ici p. 438-439.

30 On suit ici la version du *Liber aureolus* transmise par Hugues de Fouilloy, *De Nuptiis libri duo*, éd. Jacques Paul Migne, *Patrologia latina*, t. CLXXVI, 1854, c. 1201-1218, ici c. 1203. Voir Thierry Lassabatère, « Le *Miroir de mariage* », art. cité, en particulier p. 429-430 et p. 437-438. Passage traduisible par : « beaucoup de choses s'avèrent nécessaires aux usages des matrones : des vêtements de prix, de l'or, des gemmes, des dépenses, des servantes, des ustensiles de ménage en tout genre, des chaises à porteurs… ».

Néanmoins, même en ce mimétisme Deschamps innove, précisément dans la dimension qui nous occupe : il introduit des noms de villes, cette liste des riches villes marchandes et drapières, Ypres, Paris, Reims et Troyes, qui nous rappelle ses énumérations urbaines déjà rencontrées. De même que telle jeune mariée demande à son mari que « fin blanc d'Yppre lui achate » (v. 1236), un peu plus loin dans le chapitre ce sont toutes les femmes en ménage qui attendent

> [...] que leurs maris,
> Quant ilz reviennent de Paris,
> De Reins, de Rouen ou de Troyes,
> Leur apportent gans ou courroyes,
> Pelices, anneaulx, fremillez,
> Tasses d'argent ou gobelez,
> Pieces de cuevrechiés entiers. (v. 1291-1297)

Ici, Deschamps élargit la panoplie du luxe féminin à tous les ustensiles du quotidien, paraphrasant plus complètement la phrase source de Théophraste, en la plongeant dans la réalité sensible et vivante : à la liste formelle de Théophraste, sorte de nature morte sans décor, à la « ville » intemporelle et hiératique de Jean de Meun évoquant la femme apprêtée « Quant se va moustrant par la ville » (v. 9051), Deschamps ajoute des noms de lieux, de villes réelles, connues et aimées. Ces noms mêmes sont une poésie, et le *Miroir de mariage* ne manque aucune occasion d'en éprouver le vertige : au panégyrique des riches villes de draps et de foires, il fera bientôt succéder celui des villes de bon vignoble : « Vin d'Aucerre et vin de Bourgongne, / Vin de Beaune et vin de Gascongne, / Vin de Chabloix, vin de Givry, / Vins de Vertus, vins d'Irancy, / Vins d'Orliens et de saint Poursain, / (Avoir telle femme n'est pas sain), / Vin d'Ay et vin de La Rochelle » (v. 3817-3823).

Mais la poétique de la ville ne s'arrête pas à son nom ; elle embrasse aussi ses hauts lieux, cœurs battants de la vie urbaine, tous ces lieux topiques de la ville que le poète louait déjà dans ses nombreuses pièces courtes. C'est ainsi que, plus loin, il emplit ses saynètes de femmes perverses et infidèles, de lieux typiquement urbains. Dans le *Miroir de mariage*, le « theatre » remplace le « moustier » stéréotypé de Jean de Meun – que l'on rapproche les expressions « Aux festes, aux champs, au theatre » (v. 3111) et « Au moustier, aux festes, aux champs » (v. 3523) –, les lieux urbains de convivialité parfois équivoques – telles les « estuves » (v 3564) – tournent en boucle, comme en une ronde entêtante – « Or va aux souppes, ore aux baings, / Ore aux pastés » (v. 8567-8568), « Des souppes, des baings, des pastés » (v. 3860)… Ces lieux, au-delà de la seule poétique de l'énumération urbaine, donnent à voir tout l'espace social de la ville, et le *Miroir de mariage* rejoue avec gourmandise ces dialogues enjoués et comiques dont le poète se délectait dans l'espace réduit de ses pièces à forme fixe, comme dans cette scène d'altercations entre voisines se pressant à une fête collective, longue suite d'interjections, d'interruptions, de répliques courtes se succédant à un rythme effréné sur le mode du jeu scénique, sur quelque 150 vers du *Miroir* (v. 3276-3423).

LE POÈTE ET LA VILLE RÉVOLTÉE

Propice à satire sociale, la ville est également au cœur de la question politique. Tout particulièrement en ce moment de révoltes urbaines et anti-fiscales que furent la fin du règne de Charles V et le début de celui de Charles VI, à Montpellier en 1379, avec les Maillotins de Paris et la Harelle de Rouen en 1382, ou dans les villes flamandes liguées contre leur comte, vassal du roi de France, de 1382 à 1385.

Dans sa ballade 379, écho du premier soulèvement parisien, le poète dénonce ce « grant vent de paillars et coquins / Qui a Paris couru de toutes pars » (v. 3-4), demandant que les rebelles soient « pendus ou taillez sur le tronc » (v. 30) au cri de : « Pugnissiez ceulz disans, qui ont mesprins : / Fuiez, fuiez pour les maillès de plonc » (v. 45-46). D'autres poèmes accompagnent le déroulement du conflit. Reflet de l'acte de contrition de ce Paris rebelle qui comprend que « estainte est [sa] luour, / Se Pitié n'est, Grace et Misericorde » (v. 7-8), la ballade 193 confie au « Je » du poète la prosopopée de la ville qui, expiant les valeurs renversées de sa tentative coupable de « bestournement » du monde :

> Mes richesces muent en povreté,
> Et mes joies sont tournées en plour,
> Et mes delis sont en adversité,
> Mon bien en mal, mon repos en labour,
> Mon grant renom se change en deshonour (v. 1-5),

s'engage à « eschivier du prince la rigour, / Orgueil laissier, vivre en humilité, / Par obeir acquerir son amour / Sans eslever ne commencer rumour » (v. 18-21). C'est sur le même registre de la prosopopée reconnaissant à quel point ses « pechiez sont horribles et villains » (v. 9), que la ballade 385 place Paris révolté dans la lignée antique des villes pécheresses, Sion (v. 4) et Ninive (v. 7), Gabaon (v. 10) et Babylone (v. 20), pour demander au « Prince piteux » : « Sire fay moy grace et misericorde » (refrain).

Narrant la révolte montpelliéraine de 1379, le chant royal 346 livre davantage une position de l'entre-deux. Révoltée contre les prélèvements fiscaux du duc d'Anjou, la ville fut sauvée d'une sévère répression par l'intercession du cardinal d'Albano, dépêché sur les lieux depuis Avignon par Clément VII, qui permit de dégager une voie de compromis, celle de l'amende honorable :

> Vraiz repentans, ayans contriction,
> Recongnoissans ses pechiez,
> Crians merci, en humble cuer fichiez,
> Ainz doit avoir, car ta loy s'i acorde,
> Remission, grace et misericorde. (v. 4-8)[31]

Après avoir rappelé la « cruele occision / Des gens du roy » (v. 12-13), dont les Montpelliérains s'étaient rendus coupables (str. 2), le chant royal décrit (str. 3-4) le défilé martial et conquérant du duc d'Anjou, « la fleur de lis » (v. 25) frère et représentant du roi, « A mil hommes de gens d'armes eslis ; / Arbalestriers y avoit grant foison » (v. 27-28), faisant contraste avec l'humiliation volontaire des pénitents, qui « crioient, ou coul la corde » (v. 15) et « nuz piez » (v. 29).

Mais c'est l'intercession et la rémission qui attirent la plume du poète, dès la strophe introductive puis, deux strophes plus loin, en ces vers décrivant « li clergiez a grant procession, / Le cardinal d'Albane et les subgis, / L'Estude aussi en grant affliction, / Les consules despouilliez » (v. 18-21), avant le point d'orgue des ultimes vers :

> Et Dieux leur a faicte remission.
> Or sont reconciliez

31 Jean-Marie Moeglin, *Les Bourgeois de Calais. Essai sur un mythe historique*, Paris, Albin Michel, 2002. Vincent Challet, « Émouvoir le prince. Révoltes populaires et recours au roi en Languedoc vers 1380 », *Hypothèses*, t. 5, 2002, p. 325-333. Nos remerciements à Laura Kendrick pour l'analyse de cet épisode.

> Par son sergent, qui s'est humiliez,
> Qui ayme paix, et a fait de discorde
> Remission, grace et misericorde. (v. 44-48)

Dans cet ensemble célébrant la rémission (v. 44), la réconciliation (v. 45) et la paix (v. 46) retrouvées grâce à l'intercession du « sergent de Dieu » (v. 46), ce cardinal d'Albano placé au cœur du rite de l'amende honorable, Deschamps se pose lui aussi en intercesseur politique, produisant un discours de l'entre-deux et du compromis.

L'analyse des sources corrobore cette interprétation. Deschamps emprunte beaucoup au récit des *Grandes chroniques de France*, qui donne la primeur aux actes de pénitence des révoltés et d'expression de la majesté royale. Mais il puise aussi au *Petit Thalamus* de Montpellier, chronique locale de la ville, dont il tire ses v. 27-28 cités plus haut, littéralement traduits des lignes occitanes narrant que *venc a Montpellier moss. lo duc et menet am se M lansas et most balestiers a caval*, de même que cette chaleur des larmes tues ailleurs, ces « consules despouilliez, / Treshumblement, a criz et yeulz moillez » (v. 21-22), qui puisent directement aux *senhors cossols am tot lo pobol cridant en auta vos et am lagrenias* du *Petit Thalamus*[32].

En s'inspirant d'aussi près d'une telle source, Deschamps reprend le regard que, loin du discours d'autorité des *Grandes chroniques*, elle porte sur le remord sincère et la fidélité de bon sujet des représentants de la ville. Le chant royal 346 se fait ainsi héraut d'une vision de l'intérieur, d'un discours de la ville. Insistant sur son aboutissement de paix, pesant à la balance le poids des fautes et des repentirs, puisant aux récits du pouvoir et de la cité, le poète produit un discours de l'entre-deux visant à rétablir l'ordre d'un monde dans la concorde, d'une majesté royale respectée mais soucieuse du point de vue des habitants de la ville.

Le cas des villes révoltées parachève l'utilisation de cet arsenal rhétorique et stylistique déployé par Deschamps pour l'éloge ému des villes qu'il aime, celui des énumérations de noms et de lieux, des scènes

32 Voir le *Thalamus parvus*. Le *Petit Thalamus de Montpellier*, éd. Société archéologique de Montpellier, Montpellier, Jean Martel Aîné, 1840, p. 398-399 (citations p. 399). Voir également <thalamus.huma-num.fr/annales-occitanes/annee-1379.html>, qui donne la traduction suivante des deux passages cités : « Mgr le duc arriva à Montpellier, amenant avec lui au moins mille lances et beaucoup d'arbalétriers à cheval » et « les seigneurs consuls avec le peuple, et tous criaient à haute voix et pleuraient ».

dialoguées, satirico-comiques ou grivoises de groupes sociaux urbains, tous ces traits concrets absents de la satire d'un Jean de Meun, cette poétique de l'adieu à la ville faisant bonne place à sa personnification par l'apostrophe. Une apostrophe davantage réservée à la louange, de Paris, Reims, Troyes ou Bruxelles, qu'au blâme, dont les rares exemples n'ont pas véritablement trouvé place dans notre étude, car ils convoquent moins la réalité de la ville que sa dimension morale – ainsi la pièce latine n° 1332 apostrophant Paris en ville pécheresse et rebelle : « *O pecatrix civitas Francorum, / Parisius, mater peccatorum, / Bis rebellis contra tuos reges* » (v. 1-3), et la ballade 94, menaçant Gand révoltée, « Arbres d'orgueil, plante d'iniquité, / Et racine de toute traison » (v. 1-2) : « Avise toy, fausse ville de Gand » (refrain). Dans le cas des révoltes urbaines, à Paris ou Montpellier, le discours de Deschamps se concentre sur le repentir de la ville, son acte d'amende honorable qui rétablit l'ordre du monde, et l'apostrophe se mue en prosopopée comme pour épouser son point de vue, endosser et porter son émotion. De même pour plaindre Vertus ravagée par la chevauchée anglaise : la prosopopée comme un mode d'expression émue et intériorisée d'un regret du monde bouleversé et du désir d'un retour à son ordre immuable.

Surplombant l'expression concrète, collective, sociale et politique de la ville, à laquelle Deschamps voue tout son art poétique, la figure de prosopopée, par laquelle le poète prête son « je » à la ville et épouse son point de vue, portant ses propres valeurs et le discours de ses élites, célèbre un désir de fidélité et de paix. Ce destin poétique d'amour qu'offre à la ville le mirage de la personnification n'exclut que les irrémissibles révoltées, villes du mal : telle Gand, « De Canaam, Caym et Judas née » (ball. 94, v. 6), fille d'Hénok[33].

Thierry LASSABATÈRE
Miren LACASSAGNE
Université Bordeaux Montaigne

33 Voir J. Cerquiglini-Toulet, art. cité, p. 341 et « Poétique de la ville chez Eustache Deschamps », dans *Un'idea di città. L'imaginaire de la ville médiévale*, Rosanna Brusegan dir., *50 rue de Varenne : supplemento italo-francese di Nuovi argomenti*, t. 43, 1992, Paris, Instituto di cultura di Parigi, Milano, Mondadori, 1992, p. 116-122.

BRUITS ET CRIS DE LA VILLE

Le « paysage sonore » de la « littérature urbaine »

« La nature est normalement silencieuse », affirme Russolo dans son célèbre manifeste futuriste, *L'art des bruits*, paru en 1913[1]. C'est pourquoi « la vie antique ne fut que silence ». Il fallut « l'invention des machines » – « au dix-neuvième siècle » – pour que « naquit le Bruit ». « Aujourd'hui le Bruit domine en souverain sur la sensibilité des hommes » et même les « campagnes autrefois silencieuses » bruissent du son des machines auxquelles ne peut échapper désormais le « travail humain ». Mais c'est principalement « dans l'atmosphère retentissante des grandes villes » que « la machine crée aujourd'hui un si grand nombre de bruits variés » :

> Traversons ensemble une grande capitale moderne, les oreilles plus attentives que les yeux, et nous varierons les plaisirs de notre sensibilité en distinguant les borborygmes et les râles des moteurs qui respirent avec une animalité indiscutable, la palpitation des soupapes, le va-et-vient des pistons, les cris stridents des scies mécaniques, les bonds sonores des tramways sur les rails, le claquement des fouets, le clapotement des drapeaux. Nous nous amuserons à orchestrer idéalement les portes à coulisses des magasins, le brouhaha des foules, les tintamarres différents des gares, des forges, des filatures, des imprimeries, des usines électriques et des chemins de fer souterrains[2].

À l'harmonie des sphères, au chœur des anges ou au chant des oiseaux qui, depuis l'Antiquité, servent de modèles symboliques à une esthétique musicale fondée sur le nombre, se substituent la « polyphonie » complexe et les « accords dissonants » des grandes métropoles. Dans le

1 Luigi Russolo, « L'art des bruits. Manifeste futuriste », dans *Id.*, *L'Art des bruits*, éd. Giovanni Lista, Lausanne, L'Âge d'Homme, 1975, p. 35-43. Voir *Bruits*, Christopher Lucken, Juan Rigoli dir., *Équinoxe*, t. 14, 1995 ; *Du bruit à l'œuvre. Vers une esthétique du désordre*, Christopher Lucken, Juan Rigoli dir., Genève, MetisPresses, 2013.

2 Luigi Russolo, « L'art des bruits. Manifeste futuriste », dans *Id.*, *L'Art des bruits*, *op. cit.*, *passim.*

« Manifeste du futurisme », publié en 1909, Marinetti opposait déjà à la littérature magnifiant « l'immobilité pensive, l'extase et le sommeil », la profusion de mouvements violents et d'explosions sonores incessantes qui caractérise la ville et qu'il entend à son tour mettre en œuvre :

> Nous chanterons les grandes foules agitées par le travail, le plaisir ou la révolte ; les ressacs multicolores et polyphoniques des révolutions dans les capitales modernes ; la vibration nocturne des arsenaux et des chantiers sous leurs violentes lunes électriques ; les gares gloutonnes avaleuses de serpents qui fument ; les usines suspendues aux nuages par les ficelles de leurs fumées ; les ponts aux bonds de gymnastes lancés sur la coutellerie diabolique des fleuves ensoleillés ; les paquebots aventureux flairant l'horizon ; les locomotives au grand poitrail, qui piaffent sur les rails, tels d'énormes chevaux d'acier bridés de longs tuyaux, et le vol glissant des aéroplanes, dont l'hélice a des claquements de drapeaux et des applaudissements de foule enthousiaste[3].

Cette « bruyante ville moderne[4] » – telle qu'elle s'est imposée avec la révolution industrielle et qu'elle s'est transformée au cours du XIXe siècle avec d'innombrables travaux de réaménagements et la présence toujours plus envahissante de machines à moteurs[5] – apparaît comme la source et la référence privilégiée d'une modernité esthétique qui fait du bruit et de la disharmonie le principe fécondant du renouveau de la création musicale et artistique qu'appelle de ses vœux l'avant-garde futuriste[6]. La volonté de rompre avec la tradition justifie-t-elle pour autant de réduire les siècles antérieurs au silence (en considérant que le silence y dominait et en les passant du même coup sous silence puisqu'on ne saurait y trouver les moindres prémices de la révolution sonore annoncée) ? Le paysage sonore de la ville n'est-il pas presque toujours défini par le bruit[7], y compris au Moyen Âge (bien qu'on n'en sache pas grand-chose

3 Tommaso F. Marinetti, « Manifeste du futurisme », dans Giovanni Lista, *Futurisme. Manifestes, proclamations, documents*, Lausanne, L'Âge d'Homme, 1973, p. 87.

4 Luigi Russolo, « Les bruits de la nature et de la vie (timbres et rythmes) », dans *Id.*, *L'Art des bruits*, *op. cit.*, p. 56-64.

5 Olivier Balaÿ, *L'Espace sonore de la ville au XIXe siècle*, Bernin, À la Croisée, 2003.

6 Pierre Albert Castanet, « "La ville qui monte", symbole du progrès dans quelques arts futuristes des années 1910-1930 », *L'Âge d'or*, t. 11, 2018, « http://journals.openedition.org/agedor/3408 » (consulté le 24/4/2022) ; DOI : https://doi.org/10.4000/ agedor.3408 (consulté le 24/4/2022).

7 Valérie Rozec, « L'environnement sonore urbain », *Villes en parallèle*, t. 28-29, 1999, p. 102-112 ; « La ville, le bruit et le son, entre mesure policière et identités urbaines », *Géocarrefour*, t. 78, 2003, p. 91-94 ; « Les bruits de la ville », *Communications*, t. 90, 2012.

puisque les textes historiques et juridiques en parlent assez peu)[8], liée qu'elle est alors au développement de l'activité artisanale, des échanges commerciaux et des foires marchandes, ne cessant de s'agrandir et de se transformer avec l'arrivée de nouveaux habitants, les rues encombrées de bêtes et traversées par toutes sortes de véhicules, sujette à la révolte et retentissant continuellement de multiples cris (comme en témoignent les textes qui, à partir du XIIIe siècle, les mettent en scène)[9] ? Contraire

---

8 Jean-Pierre Gutton, *Bruits et sons dans notre histoire. Essai sur la reconstitution du paysage sonore*, Paris, PUF, 2000, p. 19-27 ; *Les Paysages sonores du Moyen Âge à la Renaissance*, Laurent Hablot, Laurent Vissière dir., Rennes, PUR, 2016.

9 Georges Kastner, *Les Voix de Paris. Essai d'une histoire littéraire et musicale des cris populaires de la capitale depuis le Moyen Âge jusqu'à nos jours, précédés de Considérations sur l'origine et le caractère du cri en général et suivi de Les cris de Paris, grande symphonie humoristique, vocale et instrumentale*, Paris (G. Brandus, Dufour et Cie) – Bruxelles (J. Renouard et Cie) – Lepzig (Hofmeister) – Londres (Barthès et Lowell) – Saint-Pétersbourg (Maison Brandus), 1857 ; Alfred Franklin, *Les Rues et les cris de Paris au XIIIe siècle. Pièces historiques publiées d'après les manuscrits de la Bibliothèque nationale et précédées d'une étude sur les rues de Paris au XIIIe siècle*, Paris, 1874 ; Charles Hindley, *A History of the Cries of London, Ancient and Modern*, London, Reeves and Turner, 1881 ; *Alfred Franklin, La Vie privée d'autrefois. Arts et métiers. Modes, mœurs, usages des parisiens du XIIe au XVIIIe siècle. L'annonce et la réclame. Les cris de Paris*, Paris, Plon, 1887 ; Victor Fournel, *Les Cris de Paris. Types et physionomies d'autrefois*, Paris, Didot, 1888 ; Frederick Bridge, *The Old Cryes of London*, London, Novello, 1921 ; Robert Massin, *Les Cris de la ville. Commerces ambulants et petits métiers de la rue*, Paris, Gallimard, 1978 ; Jean-Rémy Julien, *Musique et publicité. Du Cri de Paris… aux messages publicitaires radiophoniques et télévisés*, Paris, Flammarion, 1992 ; Vincent Milliot, *Les Cris de Paris ou le peuple travesti. Les représentations des petits métiers parisiens (XVIe-XVIIIe siècles)*, Paris, Publications de la Sorbonne, 1995 ; Philippe Ménard, « Réflexions sur les cris des petits métiers de Paris à travers les siècles », dans *Das Schöne im Wirklichen – Das Wirkliche im Schönen. Festschrift für Dietmar Rieger zum 60. Geburstag*, Anne Amend-Söchting, Kirsten Dickhaut, Walburga Hülk, Klaudia Knabel, Gabriele Vickermann dir., Heidelberg, Winter, 2002 (Studia Romanica, 108), S. 463-470 ; *Haro ! Noël ! Oyé ! Pratiques du cri au Moyen Âge*, Didier Lett, Nicolas Offenstadt dir., Paris, Publications de la Sorbonne, 2003 ; « Les bruits de la ville », Estelle Doudet, Andrea Martignoni dir., *Questes*, n° 3 | 2003 ; Laurent Vissière, « La bouche et le ventre de Paris », *Histoire urbaine*, t. 16, 2006, p. 71-89 ; *Id.*, « Des cris pour rire ? Dérision et autodérision dans les cris de Paris (XIIIe-XVIe siècles) », dans *La Dérision au Moyen Âge. De la pratique sociale au rituel politique*, Élisabeth Crouzet-Pavan, Jacques Verger dir., Paris, PUPS, 2007, p. 85-106 ; Ariane Bayle, *Romans à l'encan. De l'art du boniment dans la littérature du XVIe siècle*, Genève, Droz, 2009 ; Jean-Marie Fritz, *La Cloche et la lyre. Pour une poétique médiévale du paysage sonore*, Genève, Droz, 2011, p. 88-95 ; Danièle Alexandre-Bidon, « À cor et à cri. La communication marchande dans la ville médiévale », *Communications*, t. 90, 2012, p. 17-34 ; Laurent Vissière, « Les métamorphoses des cris de Paris au Moyen Âge », dans *Littérature et publicité. De Balzac à Beigbeder*, Laurence Gellec, Françoise Hache-Bissette dir., Marseille, Gaussen, 2012, p. 23-35 ; *Id.*, « Les cris de Paris. Naissance d'un genre littéraire et musical (XIIIe-XVIe siècles) », dans *Clément Janequin. Un musicien au milieu des poètes*, Olivier Halévy, Isabelle His, Jean Vignes dir., Paris, Société française de musicologie, 2013, p. 87-116 ; *Id.*, « Goûter la ville. Réflexions sur la poésie

au *locus amoenus* d'une campagne où l'on cherche à fuir l'agitation du forum pour l'*otium* d'une vie passée à écouter le chant des oiseaux, comme au monastère au sein duquel le moine s'astreint au silence afin d'échapper aux tracas du monde et se concentrer sur le Verbe divin, hantée davantage par le souvenir de Babel et de Babylone que par celui de Jérusalem, la ville n'est-elle pas déjà depuis longtemps le lieu symbolique de la contestation et de la mise en cause d'une esthétique – et d'une éthique – fondée sur le silence et l'harmonie, ainsi que des lieux qui servent à l'incarner ?

Ce qu'on peut appeler la « littérature urbaine » a souvent été opposé, pour le Moyen Âge, à une littérature « courtoise » qui semble l'emporter aussi bien en quantité qu'en qualité. D'après Bédier, « l'esprit des fabliaux naît et se développe au cours du XIIe siècle, en même temps que la bourgeoisie des communes affranchies, par elle et pour elles », et « forme avec l'esprit chevaleresque le plus saisissant des contrastes[10] ». À l'idéalisme d'une poésie courtoise qui tend à la préciosité répondrait le réalisme d'un « monde bourgeois et vilain » qui aboutit à l'obscénité[11]. D'un côté nous avons les trouvères qui chantent la *fin'amor* ; de l'autre les jongleurs qui valorisent les plaisirs de la taverne, le vin, les dés et les filles[12]. Aux premiers reviendrait une poésie fondée sur des sentiments nobles et les romans exposant les valeurs chevaleresques ; aux seconds des œuvres comme le *Roman de Renart* et les poèmes de Rutebeuf. Les uns sont associés aux cours du Midi, de Champagne ou d'ailleurs ;

ambulatoire de Paris au Moyen Âge », dans *L'Œuvre littéraire du Moyen Âge aux yeux de l'historien et du philologue*, Ludmilla Evdokimova, Victoria Smirnova dir., Paris, Classiques Garnier, 2014, p. 277-292 ; *Id.*, « Le paysage sonore parisien aux XIIIe et XIVe siècles ou la naissance des cris de Paris », *Bulletin de la Société Nationale des Antiquaires de France*, 2015, p. 136-158 ; Natalia Dolgorukova, « Les cris de Paris ou "la publicité médiévale". De la fonction sociale à la fonction littéraire », dans *Le Texte médiéval dans le processus de communication*, Ludmilla Evdokimova, Alain Marchandise dir., Paris, Classiques Garnier, 2019, p. 361-373.

10 Joseph Bédier, *Les Fabliaux. Études de littérature populaire et d'histoire littéraire du Moyen Âge*, Paris, Champion, 1893, p. XXIII-XXIV. Voir Alain Corbellari, *Des fabliaux et des hommes. Narration brève et matérialisme au Moyen Âge*, Genève, Droz, 2015, p. 37-51.

11 Joseph Bédier, *Les Fabliaux*, *op. cit.*, p. 329-333.

12 Edmond Faral, *Les Jongleurs en France au Moyen Âge*, Paris, Champion, 1910 ; Carla Casagrande, Silvana Vecchio, « Clercs et jongleurs dans la société médiévale (XIIe et XIIIe siècles) », *Annales. Économies, sociétés, civilisations*, t. 34, 1979, p. 913-928 ; Silvère Menegaldo, *Le Jongleur dans la littérature narrative des XIIe et XIIIe siècles. Du personnage au masque*, Paris, Champion, 2005, p. 464-484 et 587 ; *Id.*, « Les jongleurs et le théâtre en France au XIIIe siècle. Leurs activités et leur répertoire », *Romania*, t. 128, 2010, p. 46-91.

les autres aux villes du Nord de la France, notamment Paris et Arras, où il existait depuis 1155 une confrérie « des jongleurs et bourgeois », ville à laquelle sont rattachés en particulier Jean Bodel et Adam de la Halle[13]. C'est à la ville que sont encore liés le théâtre (le théâtre comique principalement)[14] et le « bien renommé Villon ».

La ville fonctionne ainsi comme le cadre et le support d'une littérature qu'on peut qualifier de « bruyante ». Mais que faut-il entendre plus précisément par une telle propriété et comment se traduit-elle ici ? Contrairement aux créations futuristes, le bruit ne s'exprime guère sur le plan formel en portant directement atteinte à la structure métrique, syntaxique ou harmonique des œuvres concernées. Le sentiment de désagrément, de désordre, de dissonance ou même de violence qui caractérise habituellement ce qu'on peut percevoir comme du « bruit[15] » – ou de la *noise*[16] – se manifeste tout d'abord par des personnages dont les mœurs et les actions contreviennent aux convenances et aux valeurs qui paraissent devoir régir le monde courtois et sa littérature : *laboratores*[17], vilains, bourgeois et marchands[18], pauvres et marginaux auxquels la ville sert

13 E. Faral, *Les Jongleurs en France*, *op. cit.*, p. 133-142 ; Roger Berger, *Littérature et société arrageoise des XIIe et XIIIe siècle. Les chansons et dits artésiens*, Arras, Commission départementale des monuments historiques du Pas-de-Calais (Mémoires de la Commission départementale des monuments historiques du Pas-de-Calais, 21), 1981.

14 Jean-Charles Payen, « Théâtre médiéval et culture urbaine », *Revue d'histoire du théâtre*, t. 35, 1983, p. 233-250 ; Sandrine Thonon, « Le peuple de la farce. Jalons pour une approche littéraire des activités urbaines à la fin du Moyen Âge », dans *Le Petit Peuple dans l'Occident médiéval. Terminologies, perceptions, réalités*, Pierre Boglioni, Robert Delort, Claude Gauvard dir., Paris, Éditions de la Sorbonne, 2002, p. 213-232.

15 « Nous résumerons notre position en ces termes : de la même façon que la musique est ce que les gens acceptent de reconnaître comme telle, le bruit est ce que l'on reconnaît comme dérangeant et/ou désagréable. La frontière entre musique et bruit est toujours culturellement définie, ce qui implique qu'au sein d'une même société, elle ne passe pas au même endroit, donc qu'il y ait rarement consensus », affirme par exemple Jean-Jacques Nattiez (*Musicologie générale et sémiologie*, Paris, Bourgois, 1987, p. 74-75).

16 Nelly Andrieux-Reix, « Les bruits et la rumeur : *noise* au Moyen Âge », dans *« Et c'est la fin pour quoy sommes ensemble ». Hommage à Jean Dufournet*, Paris, Champion, 1993, t. I, p. 89-99.

17 Sur les termes employés pour désigner les habitants de la ville et leur appartenance à l'ordre des *laboratores*, voir *Histoire de la France urbaine*, sous la direction de Georges Duby, t. II, *La ville médiévale : des Carolingiens à la Renaissance*, André Chédeville, Jacques Le Goff, Jacques Rossiaud dir., Paris, Éditions du Seuil, 1998 (1re éd. 1980), p. 71, 97-98, 182, 191, 275 et 330-337.

18 Gijsbert Schilperoort, *Le Commerçant dans la littérature française du Moyen Âge (caractère, vie, position sociale)*, Groningue, La Haye, Batavia, Wolters, 1933 ; Carlos F. Clamote Carreto, *Contez vous qui savez de nombre… Imaginaire marchand et économie du récit au Moyen Âge*, Paris, Champion, 2014.

de cadre[19], personnages féminins autres que la dame[20]. Ce sentiment se manifeste également par une visée parodique, satirique et comique qui suscite le rire plutôt que la louange ou la méditation[21]. Sur le plan linguistique, il s'exprime fréquemment par une certaine « fantaisie verbale[22] » et un usage transgressif ou peccamineux du langage[23], cris et propos injurieux[24], tendance à la prolixité, avec des répétitions, des « énumérations chaotiques[25] » et d'autres formes d'accumulation relevant davantage de la *copia verborum* que d'une volonté d'ordonnancement ou de domestication du monde, soit des procédés – qu'on retrouve dans les deux extraits de Russolo et de Marinetti cités ci-dessus – qui s'écartent d'un usage rationnel du langage, censé transmettre un message défini, et peuvent parasiter du même coup sa fonction de communication et sa capacité à régir la vie politique de la cité[26]. L'illustrent de manière emblématique les textes fondés sur les cris des marchands ambulants vantant et vendant leurs produits à travers les rues de la ville.

C'est dans la taverne arrageoise que semblent naître, en littérature, les premiers cris, principalement dans le *Jeu de saint Nicolas*, *Courtois d'Arras* et le fabliau *Des trois aveugles de Compiègne*, auxquels je m'intéresserai pour

19 Bronisław Geremek, *Les Fils de Caïn. L'image des pauvres et des vagabonds dans la littérature européenne du* XV*e au* XVII*e siècle*, Paris, Flammarion, 1991 (1re éd. 1980).

20 Christopher Lucken, « Le cri de la femme. Bris de langue, scènes de ménage et poétique de la farce médiévale », *Équinoxe*, t. 14, 1995 (*Bruits*), p. 83-98.

21 Jean V. Alter, *Les Origines de la satire anti-bourgeoise en France. Moyen Âge-*XVI*e siècle*, Genève, Droz, 1966.

22 Robert Garapon, *La Fantaisie verbale et le comique dans le théâtre français. Du Moyen Âge à la fin du* XVII*e siècle*, Paris, Armand Colin, 1957.

23 Carla Casagrande, Silvana Vecchio, *Les Péchés de la langue. Discipline et éthique de la parole dans la culture médiévale*, Paris, Cerf, 1991 (1re éd. 1987).

24 Jean Scheidegger, « Gros mots, gros rires ? Le comique sémiologique de quelques fabliaux scabreux », dans *Le Rire au Moyen Âge dans la littérature et dans les arts*, Thérèse Bouché, Hélène Charpentier dir., Bordeaux, Presses Universitaires de Bordeaux, 1990, p. 309-322 ; Anne Cobby, « "*Chains de pute coroie, fel et deputaire*", Les injures dans les fabliaux », dans *L'Étude des fabliaux d'après le Nouveau Recueil Complet des Fabliaux*, Olivier Collet, Fanny Maillet, Richard Trachsler dir., Paris, Classiques Garnier, 2014, p. 119-139 ; et les différents travaux de Dominique Lagorgette, par exemple « Jurons et blasphèmes dans quelques textes des XIVe et XVe siècles : représentations de l'oralité et transgression », *Linx*, t. 73, 2016, « http://linx.revues.org » (consulté le 24/4/2022).

25 Leo Spitzer, *La enumeración caotica en la poésia moderna*, trad. Raimundo Lida, Buenos Aires, Coni, 1945.

26 Sophie Chisogne, « Poétique de l'accumulation », *Poétique*, t. 115, 1998, p. 287-303 ; Alain Rabatel, « Listes et effets-listes. Énumération, répétition, accumulation », *Poétique*, t. 167, 2011, p. 259-272 ; Madeleine Jeay, *Le Commerce des mots. L'usage des listes dans la littérature médiévale (*XII*e-*XV*e siècles)*, Genève, Droz, 2006.

commencer. L'ivresse des mots qu'entraîne l'appel du vin n'est toutefois pas sans avoir un coût. Nous nous tournerons ensuite vers Paris, avec le *Dit de l'Herberie*, le *Dit du mercier* et le *Dit des crieries de Paris*, qui mettent en scène des marchands qui semblent ne rien vendre d'autre que des mots. Je conclurai ce parcours avec le *Dit des paintres*. Il s'agira de montrer que, loin d'être d'authentiques témoignages du paysage sonore de la vie urbaine, ces textes entreprennent avant tout de jouer avec la vacuité du discours publicitaire employé par les différents acteurs du commerce médiéval, afin de faire résonner à travers l'opulence du langage les privations et la pauvreté dont la ville ne cesse en même temps de bruire.

L'APPEL DE LA TAVERNE

Les cris que lancent marchands et colporteurs pour faire connaître publiquement les produits qu'ils proposent à la vente semblent avoir été soumis à un certain nombre de prescriptions (qu'on peut rapprocher de celles auxquelles sont astreints les crieurs publics par les instances qui les engagent[27]). C'est le cas en particulier des marchands de vin. « Nus ne puet estre Crieur a Paris se il n'en a enpetré le congié au prevost des Marcheans et as eschevins de la Marchandise [etc.] », stipule Étienne Boileau, prévôt de Paris de 1261 à sa mort en 1270, en tête de la section de son célèbre *Livre des métiers* énumérant les différentes règles que doivent respecter les « Crieurs de Paris » chargés de proclamer la qualité et le prix du vin qu'offre telle ou telle taverne[28]. À propos de ceux qui tiennent les bains où l'on peut aller se laver le matin, il affirme que « nuls ne nule de crie ne face crier leurs estuves jusques a tant que il soit jour, pour les perilz qui pevent avenir en ceus qui se lievent au dit cri pour aller

27 Nicolas Offenstadt, « Crieur », *Dictionnaire du Moyen Âge*, Claude Gauvard, Alain de Libera, Michel Zink dir., Paris, PUF, 2002, p. 365-366 ; *Id.*, « Les crieurs publics à la fin du Moyen Âge. Enjeux d'une recherche », dans *Information et société en Occident à la fin du Moyen Âge*, Claire Boudreau, Kouky Fianu, Claude Gauvard, Michel Hébert dir., Paris, Publications de la Sorbonne, 2004, p. 203-217.

28 *Les Métiers et corporations de la Ville de Paris.* XIIIe *siècle. Le Livre des Métiers d'Étienne Boileau*, éd. René de Lespinasse, François Bonnardot, Paris, Imprimerie nationale, 1879, p. XXVIII-XXX et 21-24.

aus estuves[29] ». Concernant les marchands de vêtement (les « fripiers »), seuls ceux qui ont payé le droit d'exercer ce métier peuvent crier « par la vile "la cote et la chape !" » et, par conséquent, « vendre et achater » la marchandise réservée à leur activité[30]. Quant aux marchands de foin, ils peuvent charger un courtier d'emporter une botte et de « crier par la vile de Paris » son prix et l'endroit où s'en procurer[31]. Mais seul le cri des marchands de vêtement est cité dans ce document. Rares sont également les formules de vente rapportées par les textes historiques. C'est presque uniquement dans les créations littéraires qu'on les trouve.

La première œuvre à mettre en scène un cri de marchand est le *Jeu de saint Nicolas* de Jean Bodel, première pièce de théâtre en langue française à caractère (en grande partie) profane et comique, jouée pour la première fois en 1200. La deuxième scène – ou mansion – s'ouvre sur la dispute opposant deux crieurs sur le droit de crier le vin : l'un, appelé Connart, « crieres [...] as eskievins de la chité », est le crieur public officiel à qui revient de crier le « ban » édicté par les autorités de la cité d'Arras (le roi et les échevins) ; l'autre, appelé Raoul, qui avait été chargé par le tenancier de la taverne, devant laquelle se joue cette scène, de crier le vin qu'il offre à la vente, est « homes de la vile » et donc au service des commerçants et des « vilains » qui l'habitent. C'est bien sûr à ce dernier qu'il reviendra de faire l'éloge du vin qu'on peut boire dans cette taverne[32]. Opposé au palais du roi sarrasin (soit du roi d'Arras), dont Connart est le représentant, c'est-à-dire à la mansion où sont situées les deux scènes de ce jeu théâtral entre lesquelles se déroulent celle de la taverne, ce lieu apparaît comme le centre et le condensé d'une ville infernale gouvernée par la *gula*, un désir insatiable provoqué symboliquement par le vin qu'on y sert[33]. Dans

29 *Ibid.*, p. XCII et 154.

30 *Ibid.*, p. LXXIX-LXXX et 163-165.

31 *Ibid.*, p. XXXVIII, CXXXXIII et 196-197.

32 Jean Bodel, *Le Jeu de saint Nicolas*, v. 588-658, éd. et trad. Albert Henry, 3e éd., Bruxelles, Palais des Académies, 1980, p. 170-177 et notes p. 286-293. Voir Élisa Mader, « La publicité et le langage du rite au Moyen Âge », *Questes*, n° 3, 2003, p. 6-7. Notons que, dans le *Jeu de la feuillée* composé par Adam de la Halle en 1276, Raoul deviendra tavernier. Mais c'est toujours à lui que revient de vanter la qualité du vin (v. 906-947). Son « cri » ne me semble toutefois pas jouer un rôle aussi significatif que dans les autres textes commentés ici.

33 Jean Dufournet, « Variations sur un motif. La taverne dans le théâtre arrageois du XIIIe siècle », dans *Hommage à Jean-Charles Payen. Farai chansoneta novele. Essais sur la liberté créatrice au Moyen Âge*, Centre de Publications de l'Université de Caen, 1989, p. 161-174, ici p. 162-165 ; Guy Paoli, « Taverne et théâtre au Moyen Âge », dans *Théâtre*

quelle mesure, cependant, l'énumération emphatique des vertus du vin proposé par le tavernier correspond-elle à ce qu'un véritable crieur agréé pouvait dire ? Si elle peut donner envie au personnage de Pincedés, arrivant près de la taverne, de goûter à cette boisson qu'on lui décrit, n'est-ce pas plutôt son art du battage publicitaire qu'apprécie l'auditeur/spectateur ? Cet « outrevin » qu'on propose à Pincedés de tenir « seur le langue », pour en sentir la qualité, n'a-t-il pas été tenu pour commencer sur la langue de Raoul ? Et si Pincedés et ses deux compagnons, Cliquet et Rasoir, trois voleurs, éclusent verres sur verres, poussés par la ruse du tavernier qui applique un tarif ne permettant pas d'atteindre un chiffre rond et les incite ainsi à commander à nouveau, ils ne cessent, en buvant, de parler afin de préparer leurs mauvais coups (mais finiront par perdre leurs vêtements au jeu de dés). L'ivresse à laquelle s'abandonnent ces personnages croyant pouvoir s'emparer du trésor royal est redoublée jusqu'au dénuement le plus complet par « l'ivresse des mots » qu'entraîne « le vin du langage[34] ».

C'est aussi le vin que vante un « garçon » dans *Courtois d'Arras*, mi-jeu théâtral mi-fabliau composé peu après le *Jeu de Saint Nicolas* que son auteur anonyme connaît bien et auquel il emprunte plusieurs éléments (tout particulièrement certaines expressions utilisées par Raoul pour décrire le vin dont il fait la réclame). Son cri va attirer le personnage principal – ce Courtois qui est un double du fils prodigue de la parabole biblique –, non pas dans quelque cour dont son nom porte le rêve, mais dans cette quintessence de la ville qu'est la taverne, où il dépensera tout son argent et se fera subtiliser la « borse enflee » que son père lui avait donnée lorsqu'il préféra quitter sa maison et la campagne où il vivait et travaillait avec sa famille[35]. Pour avoir cru les paroles de ce « garçon », pour lui avoir fait crédit et avoir cru que l'aubergiste faisait crédit à quiconque venait boire chez lui et qu'il pourrait se contenter de « conter sa dete » (à l'instar de Manchevaire et Porrete, deux femmes de petite

---

et spectacles hier et aujourd'hui. Moyen Âge et Renaissance, Paris, CTHS, 1991, p. 73-82 ; Bernard Ribémont, « Arras, le vin, la taverne et le "capitalisme". Le théâtre profane du XIIIe siècle et la question de l'argent », *Le Moyen Âge*, t. 111, p. 59-70.

34 Roger Dragonetti, « *Le Jeu de saint Nicolas* de Jean Bodel », dans *The Craft of Fiction. Essays in Medieval Poetics*, Rochester (MI), Solaris Press, 1984, p. 369-391, repris dans « *La Musique et les Lettres* ». *Études de littérature médiévale*, Genève, Droz, 1986, p. 465-487, ici p. 383-479.

35 *Courtois d'Arras (L'enfant prodigue)*, v. 91-113, éd. et trad. Jean Dufournet, Paris, GF-Flammarion, 1995, p. 44-47. Voir J. Dufournet, « Variations sur un motif », art. cité, p. 165-168.

vertu qui « menjüent et boivent / et acroient quanqu'eles doivent » sans n'avoir rien à payer), Courtois finira par devoir mettre en gage les vêtements qui lui restent, non seulement pour acquitter ce qu'il doit, mais aussi par rembourser la dette des deux séductrices qui l'ont poussé à boire jusqu'à ce qu'elles soient parvenues à s'emparer de sa bourse. Le cri du garçon apparaît ainsi au principe d'une entreprise diabolique, fondée sur le pouvoir séducteur du langage caractéristique de la taverne comme de la ville qui l'abrite. L'ivresse des mots se révèle avoir un coût.

C'est également le cri qu'entendent, au moment d'entrer dans la « vile » de Compiègne, les trois aveugles du fabliau composé par un certain Courtebarbe vers la fin du XIIIe siècle, qui les pousse à rentrer dans la maison du « borgois », dont on loue non seulement le bon vin, mais aussi la nourriture abondante et le logis, afin d'y dépenser le besant qu'un clerc avait feint de leur donner et dont chacun croyait qu'il avait été remis à l'un de ses compagnons. Le repas terminé, le jour levé et le moment venu de payer l'addition, les trois aveugles se rendent compte que ce besant n'existait que sous forme de mot. Le clerc, qui les avait accompagnés dans l'auberge, propose cependant de mettre ce qu'ils doivent « sor [s]on conte ». Mais il demande en même temps à l'aubergiste de faire crédit de la somme qu'il lui doit au prêtre, soit de croire que c'est lui qui la lui rendra. Acceptant de s'en remettre à ce « conte » (c'est-à-dire à un compte qui n'est qu'un conte), le bourgeois en sera évidemment pour ses frais. Car c'est lui, pour finir, qui devra « despendre » l'argent correspondant au festin annoncé par le cri qui avait entraîné les trois aveugles dans son auberge[36].

Le cri vantant les qualités du vin proposé à la vente apparaît dans ces textes comme la voix par excellence d'une ville réduite à l'état de taverne. S'élevant avec une faconde qui doit certainement en rajouter sur les proclamations des crieurs contemporains, il en révèle le ressort véritable, entraînant tous ceux qui lui font crédit à l'ivresse d'une abondance qui n'existe qu'en paroles et ne peut que finir par les conduire à leur perte.

---

36 *Des trois aveugles de Compiègne*, éd. et trad. Jean Dufournet, *Fabliaux du Moyen Âge*, Paris, GF-Flammarion, 1998, p. 313-329. Voir Anne Cobby, « Langage du pouvoir, pouvoir du langage : *Constant du Hamel* et *Les trois aveugles de Compiegne* », *Reinardus*, t. 14, 2001, p. 131-151 ; et à propos du *Nouveau Pathelin* qui reprend ce scénario, Christopher Lucken, « Manger de l'oie : le festin de l'ouïe dans la *Farce de Maistre Pathelin* », *European Medieval Drama*, t. 15, 2011, p. 77-91.

LE MARCHÉ AUX MOTS

Caractérisée par une constante expansion et une profusion toujours plus grande de personnes, de constructions, d'objets et d'activités de toutes sortes, la ville se prête à des descriptions hyperboliques employant tous les procédés rhétoriques de l'amplification caractéristique du discours épidictique[37]. L'illustrent tout particulièrement les nombreux dits des XIIIe et XIVe siècles, formés de listes inventoriant ce qu'on y trouve, comme le *Dit des rues de Paris* (où l'auteur nous promène à travers les noms de 310 rues en ne rencontrant quasiment que des femmes et des tavernes)[38], les deux *Dit des monstiers de Paris*[39] ou le *Dit du Lendit*, consacré à « la plus roial Foire du monde », qui se tenait une fois l'an entre Paris et Saint-Denis[40]. L'énumération y permet de « faire entendre / la fernaisie » dont l'auteur anonyme de ce dernier dit affirme qu'elle s'empare de lui quand il lui faut « rimoier » toute la « marchéandie » qu'on y vend.

La frénésie qui meut le jongleur auquel peut s'apparenter l'auteur de ce dit est susceptible d'atteindre toute personne amenée à passer en revue les nombreux biens ou bienfaits qu'offrent la ville et ceux qui y travaillent. Au tavernier, dont il a été question précédemment, s'ajoutent d'autres métiers, dont différents dits louent avec force flatteries l'activité ou les produits[41]. C'est le cas en particulier du médecin

37 Catherine Croizy-Naquet, *Thèbes, Troie et Carthage. Poétique de la ville dans le roman antique au XIIe siècle*, Paris, Champion, 1994 ; M. Jeay, *Le Commerce des mots*, *op. cit.*, p. 226-232 ; Boris Bove, « Aux origines du complexe de supériorité des parisiens : les louanges de Paris au Moyen Âge », *Être Parisien*, Claude Gauvard, Jean-Louis Robert dir., Paris, Éditions de la Sorbonne, 2004, p. 423-443.

38 Guillot de Paris, *Le Dit des Rues de Paris*, Préface et notes par Edgar Mareuse, éd. et trad. Catherine Nicolas, Paris, Les Éditions de Paris / Max Chaleil, 2012 (1re éd. 1875). À ce dit répond le *Dit des rues de Paris en vers*, où l'auteur reprend la liste des rues parcourues par son prédécesseur sans y retrouver sa femme qu'il a perdue en arrivant dans la ville (*Paris sous Philippe-le-Bel, d'après des documents originaux*, éd. Hercule Géraud, Paris, Imprimerie de Crapelet, 1837, p. 567-579).

39 A. Franklin, *Les Rues et les cris de Paris*, *op. cit.*, p. 183-190 ; Wendy Pfeffer, « The *Dit des monstiers* », *Speculum*, t. 73, 1998, p. 80-114.

40 A. Franklin, *Les Rues et les cris de Paris*, *op. cit.*, p. 175-182.

41 Notamment le *Dit des marchéans* (éd. Anatole de Montaiglon, Gaston Raynaud, *Recueil général et complets des fabliaux des XIIIe et XIVe siècles*, Paris, t. II, 1877, p. 123-129), le *Dit des fevres* et *Les Taboureurs* (éd. Willem Noomen, *Le Jongleur par lui-même. Choix de dits et de fabliaux*, Louvain, Paris, Peeters, 2003, p. 67-85, 141-151), le *Dit des boulangers* (éd.

ou de l'apothicaire, représenté principalement par le *Dit de l'Herberie* de Rutebeuf. À la différence des dits proférés par des bonimenteurs achevant leurs panégyriques par une demande de rétribution, ce texte est prononcé à la première personne par le représentant même de la profession concernée. Il s'apparente ainsi aux cris des marchands hélant leurs clients potentiels.

« Aseeiz vos, ne faites noise, / si escouteiz, s'il ne vos poize » ; « Taisiez vos et si vos seeiz » ; « Escouteiz, s'il ne vos anuie » ; « Voleiz oïr ? » ; « Osteiz vos chaperons, tendeiz les oreilles[42] ». Mais qu'entendent donc ceux à qui l'on répète ainsi qu'ils doivent se taire et écouter ? Un « mires » vantard et volubile qui énumère avec la verve démesurée d'un bateleur de foire les lieux où il est allé (« juqu'a la riviere qui bruit dou flun des pierres jor et nuit »), ainsi que les pierres et les herbes médicinales qu'il en a rapportées, grâce auxquelles il prétend pouvoir « resusciteir le mort » et soigner toutes les maladies : « Gariz je tout a desmesure / a quel que tort ». « O m'en creeiz », soutient-il.

> « Je ne vos vuel pas desovoir ». [...] « Veiz m'erberie. / Je vos di par sainte Marie / Que ce n'est freperie / Mais granz noblesce » ; « [...] ne mentirai, / c'est sans riote ». [...] « Je ne sui pas de ces povres prescheurs, ne de ces povres herbiers qui vont par devant ces mostiers [...]. Sachiez que de ceulz ne suis-je pas, ainz sui a une dame qui a non ma dame Trote de Salerne [...]. Et sachiez que c'est la plus sage dame qui soit enz quatre parties dou monde » (*Li Diz de l'Erberie*, éd. citée, p. 272, 274-277).

Mais comment ceux qui se trouvent réunis autour de ce prétendu disciple de la célèbre Trotula pourraient-ils prendre « boen essample » sur de telles paroles ? Il a beau répéter avec insistance qu'il dit la vérité et qu'il faut le croire, qu'il n'est pas un de ces frères Prêcheurs ou de ces vulgaires marchands ambulants qui font parade de leur camelote devant les églises comme de pauvres mendiants, les médicaments qu'il

---

Philippe Ménard, « Le *Dit des Boulangers* », dans *"Li premerains vers". Essays in Honor of Keith Busby*, Catherine M. Jones, Logan E. Whalen dir., Leyde, Brill, 2011, p. 261-279) et les dits *Des Changëors*, *Des Bochiers*, *Des Cordoaniers*, *Des Cordiers* et *Des Tisseranz* du ms. 354 de la Burgerbibliothek de Berne (éd. Alain Corbellari, *La Voix des clercs. Littérature et savoir universitaire autour des dits du* XIII*e* *siècle*, Genève, Droz, 2005, p. 274-292). Voir A. Corbellari, *Des fabliaux et des hommes*, *op. cit.*, p. 155-171.

42 *Œuvres complètes de Rutebeuf*, éd. Edmond Faral et Julia Bastin, Paris, Picard, 1959, t. II, p. 266-280. Voir aussi l'*Herberie* en prose imitant celle de Rutebeuf (*ibid.*) et *De la goute en l'aine* (éd. Edmond Faral, *Mimes français du* XIII*e* *siècle*, Paris, Champion, 1913, p. 77-79).

propose à la vente ne sont en fait que des mots s'étalant sous l'impulsion d'une puissance d'invention verbale essentiellement ludique. Comment pourrait-on les acheter ? Il n'est ni médecin, ni *unguentarius* concoctant les remèdes comme ceux dont parle l'Ecclésiastique (38, 1 et 7), ni celui auprès duquel l'épouse du Cantique des cantiques a pu trouver les parfums qui ravissent son époux (1, 12-13 et 4, 10-14), ni même le *mercator* auprès duquel Marie-Madeleine, Marie mère de Jacques et Salomé achetèrent des aromates pour oindre le corps du Christ avant qu'il ne soit mis au tombeau (Marc, 16, 1). Il n'en est qu'une parodie[43]. Les herbes et les pierres qu'il affirme avoir puisées dans « la riviere qui bruit » ne sont que « borde » et « moquois » sortant de sa « bouche d'erbier[44] ».

Le marchand du dit *D'un mercier* affirme à son tour que, si la « bele compaignie » autour de lui trouve plaisir à l'« escouter », il saura bien « deviser / la mercerie » qu'il porte dans son « panier[45] ». Un tel fardeau est, dit-il, pénible à « sostenir ». En témoigne la longue liste d'objets divers (énumérés pendant 150 vers environ) qu'il prétend détenir, comme le souligne la répétition anaphorique du verbe « avoir » précédé du pronom de la première personne (« j'ai »). « N'ai pas tote crié m'ensaigne », s'exclame-t-il au milieu de sa litanie, craignant peut-être qu'on puisse penser qu'il a bientôt fini d'inventorier tout ce qu'il possède et que pourrait lui manquer tout ce qu'il n'a pas encore nommé. « Ge ne sai mes que ge vos die », finit-il par dire : il n'est rien au monde « que home et feme acheter puissent » qu'ils ne trouvent dans son panier. Personne n'est assez « riche » pour ne pas préférer avoir « une tel some / de mercerie ». Mais comment ce panier peut-il bien comprendre tant de choses, sinon sous forme de mots[46] ? Comment ce petit « merciers » pourrait-il les vendre et en

---

43 Phyllis Abrahams, « The Mercator-Scenes in Mediæval French Passion-Plays », *Medium Ævum*, t. 3, 1934, p. 112-123 ; Michel Marchand, « Le personnage du marchand de parfums dans le théâtre médiéval en France. Contribution à l'étude des débuts du théâtre comique », *Le Moyen Âge*, t. 74, 1968, p. 39-71 ; Miroslava Novotná, « *Dit de l'Herberie* », *Romanica Olomucensia*, t. 24, 2012, p. 59-67.

44 *Li Diz de l'Erberie*, éd. citée, p. 268 et 270. Voir Anne-Lise Cohen, « Exploration of Sounds in Rutebeuf's Poetry », *The French Review*, t. 40, 1967, p. 658-667.

45 Philippe Ménard, « Le Dit du Mercier », dans *Mélanges de langue et de littérature du Moyen Âge et de la Renaissance offerts à Jean Frappier*, Genève, Droz, 1970, t. II, p. 797-810.

46 C'est dire que je ne rejoins pas Philippe Ménard qui estime qu'une « pareille énumération » n'est pas « invraisemblable » et qu'on ne saurait mettre en doute le « réalisme »

retirer les « deniers » dont il a « besoig » ? Qui pourrait l'« estriner » (le rémunérer) et lui permettre d'alléger ce fardeau qu'il s'époumone à vider ? On comprend qu'il finisse par « jus le panier metre », en se plaignant de n'avoir rien pu tirer de son contenu. Les mots qu'il en a sortis ne sauraient lui permettre de gagner sa vie et se nourrir. Il ne lui reste qu'à demander à ceux qui ont trouvé plaisir à l'écouter de prier Dieu qu'il veuille bien le mettre en « chatel » (le pourvoir de biens et, en même temps, le mettre dans un château…). Lui seul peut le rétribuer pour toutes ces richesses potentielles qu'il a fait défiler dans nos oreilles.

Dans *Les crieries de Paris* (*ca* 1265), Guillaume de la Villeneuve invite ses auditeurs à écouter les cris de ceux « qui denrées à vendre ont » et qui, espérant bien en tirer profit, ne cessent « de brère / parmi Paris jusqu'à la nuit[47] ». Traçant un mouvement qui suit le cours du jour et décrivant ainsi les activités commerciales qui ponctuent la vie urbaine du lever au coucher, il commence par les étuves « c'on crie au point du jor » et, après avoir énuméré les différents articles que proposent à la vente les marchands de poissons, de viande, de légumes, de fruits, de produits laitiers, de pain, de gâteaux, de vêtements et d'autres biens de diverse nature que je ne puis détailler et auxquels s'ajoutent les annonces des crieurs publics, il achève son catalogue par le cri du marchand d'oublies qui s'entend « le soir ». « Guillaume de la Ville nueve », le bien nommé, n'est pas lui-même un marchand. C'est plutôt un client. « Tant y a danrées à vendre, / tenir ne me puis de despendre », affirme-t-il. Mais il n'a pas « grant avoir » et n'a pas eu à dépenser beaucoup pour que « lécherie » le dérobe et que « povretez le justice ». À défaut de pouvoir acheter autant qu'il voudrait, il ne lui reste qu'à laisser retentir environ 130 cris de marchands faisant la publicité de biens qu'il n'a plus moyen d'acquérir[48]. Il rejoint ainsi

de ce texte : « Le nombre des objets mentionnés ici ne doit point faire illusion : ce sont choses de mince volume et de modeste poids »… (« Le Dit du Mercier », art. cité, p. 809).

47 A. Franklin, *Les Rues et les cris de Paris*, *op. cit.*, p. 153-164. Voir Philippe Ménard, « Un reflet de la vie quotidienne : le dit des *Crieries de Paris* », dans *Plaist vos oïr bone cançon vallant ? Mélanges offerts à François Suard*, Dominique Boutet, Marie-Madeleine Castellani, Françoise Ferrand, Aimé Petit dir., Villeneuve d'Ascq, Université de Lille, 1999, t. II (UL3 Travaux et Recherches), p. 607-615.

48 Je ne puis aborder ici les nombreuses farces comprenant des cris, ni la *Farce nouvelle des cris de Paris* (Émile Picot, « La sottie en France », *Romania*, t. 7, 1878, p. 236-326,

les nombreux jongleurs et auteurs de dits caractérisés par la pauvreté, comme ceux qui exaltent différents métiers dont ils attendent quelque rémunération, ou celui du *Dit de la maille* recensant tout ce qui peut – dit-il – être acheté à Paris avec la maille qu'il espère recevoir pour prix de sa « chançon[49] ».

LE CRI DE LA FAIM

Les œuvres littéraires donnant à entendre les cris de la ville ont très souvent été retenues pour leur « valeur documentaire ». Par-delà un « habillage » poétique qui ne peut qu'embellir et transformer la cacophonie urbaine, elles semblent transcrire de manière relativement fidèle les cris de la rue et nous offrir un tableau réaliste de la vie quotidienne et du paysage sonore de la ville médiévale (tout particulièrement d'Arras et de Paris). Elles témoigneraient du même coup de son expansion démographique, économique et culturelle au cours du XIIIe siècle.

Les textes que nous avons passés en revue ne se contentent pas, cependant, de rapporter les réclames pleines de bagou des marchands ambulants et des petits métiers offrant leurs bons services aux habitants des villes. Ce sont moins des documents historiques qu'une forme de littérature de colportage[50]. Les cris qui y résonnent sortent bien plus

ici p. 298-300), ni *Les cris d'aucunes marchandises que l'on crye parmy Paris*, ni *Les Cris de Paris* d'Antoine Truquet (Verdun-Louis Saulnier, « La facétie dans les rues quotidiennes. Les "cris de Paris" d'Antoine Truquet », *Bulletin de l'Association Guillaume Budé. Lettres d'humanité*, t. 36, 1977, p. 404-417), ni *Voulez oyr les cris de Paris ?* mis en musique par Clément Janequin (ces quatre dernières œuvres datant du XVIe siècle). Sur le célèbre rondeau CCCXXX de Charles d'Orléans (« Petit mercier, petit pannier »), voir Christopher Lucken, « *Mirlifiques oberliques.* Charles d'Orléans marchand de chansons », dans *L'Offrande lyrique*, Jean-Nicolas Illouz dir., Paris, Hermann, 2009, p. 109-140.

49 Philippe Ménard, « *Le dit de la maille* », dans *Mélanges de langue et de littérature médiévales offerts à Pierre Le Gentil*, Paris, SEDES/CDU, 1973, p. 541-552.

50 Ce qu'ils finiront par devenir au sens littéral, sans la dimension critique qui me paraît caractériser les textes présentés ici : Vincent Milliot, « Les Cris et les Rues de Paris ou les "malheurs" d'un texte. Production, circulation et appropriations d'un livre de colportage (XVIe-XVIIIe siècle) », dans *Colportages et lecture populaire. Imprimés de large circulation en Europe (XVIe-XIXe siècle)*, Roger Chartier, Hans Jürgen Lüsebrink dir., Paris, IMEC, 1997, p. 49-70 ; *Id.*, « La ville à travers la littérature de colportage, XVIe-XIXe : images

de la bouche de jongleurs que de véritables marchands[51]. Parodiques et souvent comiques, ils ne cherchent pas tant à vendre de véritables marchandises, qu'à s'exhiber eux-mêmes. Il ne s'agit pas pour autant de simples divertissements de clercs se moquant des représentants d'un monde du commerce en plein développement. La mise en scène d'une rhétorique publicitaire qui se sert de tous les moyens du langage pour faire l'éloge des biens proposés à la vente et convaincre ses auditeurs de les acquérir, nous invitent à y entendre le désir qui s'y noue. Si le caractère habituellement excessif, ludique et en quelque sorte « littéraire » des procédés dont se servent les auteurs de ces textes – amplifications, énumérations, jeux verbaux… – attire l'attention sur la composante verbale de ces harangues, plutôt que sur les choses qu'elles désignent (ou les professions concernées), si ces cris semblent se réduire à n'être que discours dépourvus de tout objet, ils nous disent en retour que ceux qui leur font crédit et se laissent séduire par leurs promesses n'achètent en fait que des mots. On comprend que, pour un Cicéron, il faudrait quasiment bannir le langage de toute transaction commerciale afin que celle-ci ne soit pas portée à la fraude et au mensonge (*Les Devoirs*, III, XV)[52].

Le caractère trompeur et illusoire des cris de la ville comme de tout message publicitaire fait l'objet du *Dit des paintres*, texte inséré dans le *Rosarius* qui, contrairement à ce que son titre peut laisser penser, ne porte pas à proprement parler sur les peintres et ne fait donc pas vraiment partie des dits de métiers dont il a été question ci-dessus[53]. Les peintres dont il traite sont en fait tous les états du monde et tous les métiers qui, en trafiquant l'apparence visuelle ou le packaging de leurs marchandises et en les recouvrant de leur baratin, « à painturer […] s'apareillent » : il n'est « nul mestiers / où il ne convigne paindre » et ils sont avant tout « mestres […] de leur parole faindre ». Par exemple :

urbaines et "usages" du livre », dans *Bibliothèque bleue* et *littératures de colportage*, Thierry Delcourt, Élisabeth Parinet dir., Paris, Publications de l'École Nationale des Chartes, 2000, p. 93-108.

51 M. Jeay, *Le Commerce des mots*, *op. cit.*, p. 220.

52 Andrea Giardina, « Le merci, il tempo, il silenzio. Ricerche su miti e valori sociali nel mondo greco e romano », *Studi Storici*, t. 27, 1986, p. 277-302, ici p. 298-302.

53 *Nouveau recueil de contes, dits, fabliaux et autres pièces inédites des XIIIe, IXe et XVe siècle*, éd. Achille Jubinal, Paris, Éd. Challamel, 1842, t. II, p. 96-101, 424-425. Sur ce texte, voir mon étude à paraître, *Les marchands de peinture et l'image incarnée. Sur un chapitre du* Rosarius *(Le* Dit des paintres *et le miracle* De l'image de Notre Dame qui s'enfla*)*.

A paindre aprennent païsant
Quant a vile vont aportant
Verjus, buche ou fruitage :
Le plus bel vont dehors metant.
Aussi font ceus qui vont vendant
Chaume, fein ou fourrage;
Il semble quant il vont criant
Que des fes chargiez soient :
Il paingnent, car tout en courant
Tel deus fais porteroient (*Dit des paintres*, éd. citée, p. 97-98).

Les paysans apprennent à peindre
Quand ils viennent apporter à la ville
Du verjus, des bûches ou des fruits :
Ils mettent le plus beau au-dessus.
Font de même ceux qui vendent
Du chaume, du foin ou du fourrage;
Il semble, à les entendre crier,
Qu'ils sont chargés de bottes :
Ils peignent, car lorsqu'ils passent en courant,
C'est comme s'ils ne portaient que deux bottes.

Le *Dit des paintres* mentionne ainsi une cinquantaine de métiers. Il aurait même pu en rajouter d'autres. Comme il le souligne, aucun n'échappe à une telle pratique : tous « paingnent en leur parole » et ressemblent « à l'ymagier / qui paint busche porrie ».

Cette « busche porrie » que dissimule le « biau parler » des marchands recommandant la qualité de leurs produits afin d'en retirer un bon prix et de s'enrichir, se trouve au contraire dévoilée par les différentes œuvres que nous avons présentées. Celles-ci ne donnent pas seulement à entendre l'exubérance verbale de commerçants avides et peu scrupuleux, mais aussi la soif, la faim et le manque qui poussent à leur prêter l'oreille, qu'il s'agisse de clients venant s'abreuver ou se nourrir à la taverne, de malheureux malades ou de morts en puissance rêvant de remèdes miracles, d'un pauvre mercier dénombrant tout ce que son panier pourrait contenir, ou d'un misérable hère passant en revue tous les cris qu'il entend résonner sans rien pouvoir acheter. À l'abondance qu'évoque le tapage publicitaire des marchands qui contribuent à la prospérité des villes et d'une « société de consommation » encore en devenir répond – ou fait écho à travers eux – la pauvreté exprimée par les plaintes de ceux qui crient famine. Le « paysage sonore » que dessinent les cris des marchands n'est pas simplement ici le reflet d'une ville naissante et grouillante de vie, mais aussi celui d'un nouveau monde bruyant et désaccordé, dépourvu de toute harmonie comme de toute équité[54].

Christopher LUCKEN
Université Paris 8 /
Université de Genève

54 Je rappelle que le titre original de l'ouvrage de Raymond Murray Schafer, traduit en français par *Le paysage sonore*, est *The Tuning of the World* (soit quelque chose comme *L'accordage du monde*).

LA VILLE, SES MOTS ET SES CHOSES SELON JEAN DE GARLANDE (XIIIe SIÈCLE)

Pour une sociopoétique de l'écriture médiolatine

Faire l'éloge de la Grande Cité, siège de l'Alma mater, constitue un exercice attendu, presque un *topos* universitaire, depuis la lettre de Guy de Bazoches (ca 1175-1190)[1], qui non seulement engage son correspondant à venir profiter de la qualité des enseignements qui s'y prodiguent, mais aussi lui décrit la profusion de biens et d'avantages que la cité parisienne dispense. Une antienne que reprendra la lettre *prospectus* en faveur de l'université de Toulouse lors de sa création en 1229[2], où la liberté d'enseigner est chantée tout autant que l'abondance des ressources. Entre le début des années 1220 et 1230, Jean de Garlande, poète et grammairien d'origine anglaise et exerçant à Paris son métier d'enseignant, se lance dans la rédaction de plusieurs textes normatifs qui abordent sous différents aspects la question de l'expression et de l'écriture latines. Tout en tenant compte et en tirant les enseignements de traditions rhétoriques et lexicographiques anciennes et revivifiées durant les décennies qui le précèdent, il porte sur le rapport entre le monde de son temps et les manières d'écrire une attention redoublée. L'univers de la ville, en particulier de Paris, où il a son école, sans oublier Toulouse, où il séjourne durant la grève de l'université de Paris entre 1229 et 1232, est convoqué, en tant qu'objet de référence spécifique et justifiant le choix d'un signifiant adapté, dans au moins deux de ses traités que

1 Henri Denifle, Émile Chatelain, Chartularium Universitatis Parisiensis, sub auspiciis consilii generalis Facultatum Parisiensium, ex diversis bibliothecis tabulariisque collegit et cum authenticis chartis contulit Henricus Denifle auxiliante Aemilio Chatelain, t. I (1200-1286), Paris, Delalain, 1889, p. 55-56 (n° 54).

2 *Ibid.*, p. 129-131 (n° 72). Une lettre dont Jean de Garlande fut peut-être auteur ou co-auteur, ce qui justifierait qu'elle figurât à la fin du livre V de son *De Triumphis Ecclesie*, éd. Martin Hall, Turnhout, Brepols (Studia Artistarum 44), p. 290-296.

l'on considère parmi les plus précoces : la *Parisiana Poetria* (*PP*), vaste somme dédiée à la poétique au sens large – prose, vers, rythme –, bref, un art d'écrire, et le *Dictionarius*, lexique initialement conçu comme le résumé de ce qu'un écolier doit retenir de termes indispensables à ses études, et qui s'inscrit dans la tradition des manuels *de utensilibus*, décrivant les outils, objets, activités du quotidien[3].

Cette place inédite accordée à la ville comme milieu distinct justifiant des modalités d'écriture spécifiques s'insère, nous le verrons, dans une conception renouvelée, sociopoétique pourrait-on dire, des styles. Elle justifie la définition d'outils nouveaux relevant autant de l'*inventio* et de la *memoria* que d'une *copia verborum* appelant de nécessaires mises à jour lexicales. S'il réunit les outils conceptuels pour permettre l'épanouissement d'une « écriture urbaine » en langue latine, qui passe par la distinction et l'exclusion d'autres univers de référence que sont la cour et la campagne, l'auteur néanmoins œuvre lui-même au dépassement de ces catégories au profit d'une vision plus distinctive encore d'un corps social varié, et enseigne l'art de préserver une juste mesure, de transgresser les frontières au bénéfice d'une écriture qui jamais ne verse dans la caricature de soi.

UNE ROUE DE VIRGILE RÉACTUALISÉE À L'AUNE DE RÉALITÉS SOCIALES NOUVELLES

GENÈSE DES TROIS STYLES

Un des grands enjeux des arts poétiques est de transmettre les principes de l'art oratoire depuis Cicéron et la *Rhétorique à Hérennius* en tenant compte des modes d'expression et de communication propres aux besoins et aux pratiques contemporaines – où le poids de l'épistolaire l'emporte largement sur celui du discours ou du plaidoyer par exemple.

---

3 Jean de Garlande, *Parisiana Poetria*, éd. Traugott Lawler, New Haven, Yale University Press, 1974 [rééd. Dumbarton Oaks Medieval Library 65, Cambirdge Mass., Harvard University Press, 2020]. *Trois traités de lexicographie latine du* XIIe *et du* XIIIe *siècle*, éd. Auguste Scheler, Leipzig, F.A. Brockhaus, 1865.

Penser le lien entre signifié et signifiant consiste d'abord à distinguer, selon la *Rhétorique à Hérennius* trois genres d'écriture qui déterminent trois grands registres : élevé, moyen et humble.

> Il y a trois genres, que nous appelons figures, parmi lesquelles est comprise toute manière exempte de défauts : nous appelons une de ces figures grave, l'autre moyenne, la troisième faible. Est grave celle qui consiste en une construction ample et ornée de mots graves ; est moyenne, celle qui consiste en un ensemble de mots d'une dignité un peu plus humble, mais non pas infime et propre au vulgaire ; est faible celle qui s'abaisse jusqu'à user de manière tout à fait commune d'une langue sans aucun apprêt[4].

Cette « théorie des trois styles » innerve toute la tradition rhétorique au sens large de la latinité, de l'Antiquité à l'époque moderne, reprise et commentée par différents auteurs qui s'emploient à préciser les règles de cohérence entre mots et choses pour chacun des registres[5].

Mais jusqu'à la fin du XIIe siècle, rien n'est dit des situations d'énonciation respectives dans lesquelles il est légitime ou pas d'employer chacun de ces *genera*.

MISE EN RELATION ENTRE SIGNIFIÉ ET SIGNIFIANT

Geoffroy de Vinsauf introduit le premier (ca 1200) l'idée que ce qu'il nomme styles grave, moyen et humble s'applique respectivement aux personnes et aux sujets sérieux, moyens et humbles, et introduit ce que l'on a coutume d'intituler « roue de Virgile », à savoir l'assimilation extrêmement schématique des trois grands poèmes virgiliens à ces trois registres d'écriture.

> Il y a donc trois styles, humble, moyen, grandiose. Et ces trois styles reçoivent leur nom en fonction des personnes ou des objets dont il est question. Quand en effet on traite de personnages importants, alors on use du style grandiose, quand on traite de personnages humbles, on utilise le style humble, quand on traite de personnages de médiocre importance, on use du style moyen.

---

4 *Rhétorique à Herennius* IV, 8.

5 Edmond Faral, *Les arts poétiques du XIIe du XIIIe siècle. Recherche et documents sur la technique littéraire au Moyen Âge*, Paris, Champion, 1924, spéc. p. 86-98. Erich Auerbach, *Mimésis, la représentation de la réalité dans la littérature occidentale*, trad. Cornélius Heim, Paris, Gallimard, 1968 ; nous nous permettons de renvoyer à notre article intitulé « La théorie des styles selon Jean de Garlande et sa mise en application dans l'œuvre poétique », *Centaurus. Studia classica et mediaevalia*, t. 7, 2010, p. 27-43.

> Virgile se sert de chacun d'eux : de l'humble dans les *Bucoliques*, du moyen dans les *Géorgiques*, du grandiose dans l'*Énéide*[6].

Selon Geoffroy, les trois styles tirent leur nom même des personnes et des objets dont ils ont vocation à traiter : c'est l'univers de référence qui détermine le positionnement de l'écriture.

Jean de Garlande reprend et développe cette notion de triple style en plusieurs endroits de la *PP*, en mettant l'accent sur la condition des acteurs auxquels chacun est adapté : bergers, agriculteurs, princes. Il précise ensuite sa définition en mettant l'accent sur les ressources propres à chacune de ces catégories, en l'occurrence les troupeaux de bêtes, la culture de la terre, en ce qui concerne pasteurs et paysans, mais également sur la façon dont les princes en disposent en les redistribuant à leurs affidés.

> *Sur le quatrième vice et les trois styles.* Il existe ainsi trois styles qui suivent les trois statuts de l'humanité. Le style humble convient à la vie pastorale, aux agriculteurs le style médian, aux personnages graves, qui sont au-dessus des bergers et des agriculteurs, le style grave. Les bergers puisent leur ressource chez les animaux, les agriculteurs augmentent leurs revenus en cultivant la terre, les princes quant à eux possèdent ces richesses et en font don à leurs subordonnés. Suivant ces trois types de personnes, Virgile a composé trois œuvres, les *Bucoliques*, les *Géorgiques*, l'*Énéide*[7].

Les *graves personae* reçoivent donc une définition distincte, non pas fondée sur le mode de revenu qui les fait vivre, mais selon un genre de vie spécifique qui les lie à leurs sujets par une relation de libéralités. En arrière-plan, c'est une définition de la classe noble qui se dessine, une classe exempte du labeur qui revient aux deux autres.

À cette définition qui tend, on le voit, à devenir topique, s'en ajoute une autre qui ne coïncide pas entièrement, sinon par son caractère tripartite, avec la roue de Virgile, quoiqu'en dise l'auteur de la *PP*.

---

6 Geoffroi de Vinsauf, *Documentum*, éd. E. Faral, *op. cit.*, p. 312. Nous traduisons.

7 Jean de Garlande, *Parisiana Poetria*, éd. citée, p. 86 (V, 45-52). Nous traduisons.

ATTENTION NOUVELLE AUX PERSONNAGES, CLASSÉS EN PREMIER LIEU SELON LA TRIPARTITION COUR/VILLE/CAMPAGNE

Si la catégorie supérieure parmi les trois « statuts de l'humanité » précédemment évoqués peut se retrouver aisément au sommet des *trois genres de personnages et d'hommes* que définit la *Parisiana Poetria* dans son premier chapitre (« De inventione »), les deux autres niveaux procèdent d'une actualisation vigoureuse, qui rompt avec la distinction pasteurs/laboureurs pour introduire une partition nouvelle entre *urbains* et *rustiques*.

> *Trois genres de personnages et trois genres d'hommes.* On doit ici considérer trois genres de personnes qui correspondent à trois genres d'hommes, à savoir les gens de cour, les gens des villes, les ruraux. Les gens de cour sont ceux qui tiennent la curie ou s'occupent des célébrations, comme le seigneur le pape, les cardinaux, les légats, les archevêques, les évêques et leurs suffragants, comme les archidiacres, les diacres, les officiaux, les maîtres, les écoliers. D'autre part, il y a les empereurs, les rois, les marquis et les ducs. Les gens des villes sont le consul, le prévôt, et toutes les autres personnes qui habitent dans une cité. Les ruraux sont ceux qui habitent la campagne, comme les veneurs, les agriculteurs, les vignerons, les oiseleurs. Suivant ces trois genres d'hommes, Virgile invente un triple style dont on traitera plus loin[8].

On voit bien que l'objectif de Jean de Garlande est de faire adhérer cette nouvelle partition à l'échelle des styles *grave, moyen, humble* introduite d'après la *Rhétorique à Hérennius* dans le *Documentum*, puis dans un autre passage de la *Poetria.* Il s'emploie ainsi à identifier une élite, à laquelle il rattache au reste, par une forme évidente de corporatisme, les maîtres et les écoliers, et à la distinguer tout à la fois du corps politique en charge de l'administration de la cité ainsi que de ses habitants, mais aussi de l'ensemble des métiers qui s'exercent à la campagne.

Ce faisant, il entre dans un degré de détail qui témoigne du caractère opératoire de ces prescriptions. Elles sont en effet à considérer à l'aune des règles qui président aux échanges épistolaires entre personnes de rangs et de conditions asymétriques, l'épistolographie constituant tout à la fois un moyen de communication prépondérant et, en conséquence, un genre

---

8 *Ibid.*, p. 10 (I, 124-134). Nous traduisons. Sur la roue de Virgile, sa tradition, et l'originalité de l'approche garlandienne, voir Franz Quadlbauer, *Die antike Theorie der genera dicendi im lateinischen Mittelalter*, Vienne, Böhlau, 1962, p. 113-125.

littéraire dont la poétique de Jean de Garlande traite abondamment[9]. Elles ont également pour arrière-plan les revendications des clercs de l'université qui entendent affirmer leur privilège de for ecclésiastique face aux bourgeois des villes et aux Sergents du roi, dans le cadre de l'éternel conflit entre *town and gown* qui ensanglante cycliquement les grandes villes universitaires : Paris, Oxford[10]. Cela permet d'expliquer que maîtres et écoliers soient rangés à l'enseigne des archidiacres, diacres et officiaux. À ce premier ordre privilégié, et qui tire son privilège de l'épée ou de la robe, s'en opposent deux autres, qu'à leur tour distinguent des caractéristiques à la fois politiques et économiques. Les urbains comptent parmi eux à la fois des officiers consulaires chargés de veiller à l'organisation et aux intérêts économiques de la cité, mais aussi l'ensemble des personnes qui y habitent – sans plus de distinction – et qu'unit donc un ensemble de libertés et de droits, écrits ou non écrits, reconnus ou non par l'autorité souveraine. Marqué par l'octroi à certaines villes de son royaume de chartes communales qui prévoient la délégation de pouvoirs régaliens – justice, police, perception –, le règne de Philippe Auguste, qui s'achève au moment où Jean de Garlande ébauche sa *Poetria*, a également très largement favorisé le développement économique, politique et intellectuel de la capitale parisienne à laquelle le traité, dans son titre même, fait référence[11]. Les ruraux en revanche sont présentés uniquement à l'aune de l'activité qui les fait vivre, en relation étroite avec l'exploitation des ressources naturelles de la terre, des bois et du ciel.

Jean de Garlande s'emploie, dans la suite, à préciser ce que cette division implique de devoirs, et, *a contrario*, de réprobation si les personnes issues de chacun de ces groupes viennent à y manquer :

> *Subdivision. Ce que l'on doit trouver chez les personnes.* Il arrive que l'on trouve ce que l'on cherche chez des personnages, dans des exemples, dans des étymologies.

---

9 Alain Boureau, « La norme épistolaire, une invention médiévale », dans *La correspondance. Les usages de la lettre au* XIX*e siècle*, Roger Chartier dir., Paris, Fayard, 1991, p. 127-157.

10 Jacques Verger, *Les universités et la ville au Moyen Âge. Cohabitation et tension*, Brill, 2007 (Education and Society in the Middle Ages and Renaissance, vol. 30), p. 235-255.

11 John W. Baldwin, *Paris, 1200*, traduit de l'anglais (États-Unis) par Béatrice Bonne, Paris, Aubier, 2006, p. 31-65, montre l'impact socio-économique de la sédentarisation politique et des grands chantiers entrepris ou soutenus par Philippe Auguste à Paris, mais aussi, p. 66-104, l'organisation déployée pour assurer l'approvisionnement de la ville et la cohabitation parfois insolite de différentes classes sociales et professionnelles.

> En ce qui concerne les personnages, cela revêt un aspect double, comme par exemple chez les rois : bien gouverner son royaume ou déchirer son royaume par sa tyrannie ; de même chez les prélats : être assidu à la contemplation de Dieu, ou se dissiper dans les affaires du siècle ; chez les gens des villes : traiter les affaires de la ville, accroître le bien public ou le dissiper ; de même chez les ruraux, il arrive que l'on travaille aux tâches rurales ou qu'on les abandonne[12].

À chacune de ces catégories incombe une fonction, un *officium*, et les devoirs qui s'y attachent, qu'ils fassent l'objet d'une stricte observance ou au contraire de transgressions. Les responsabilités et les manquements correspondants varient bien sûr d'une classe à l'autre : suivant des principes qui rappellent le *Policraticus* de Jean de Salisbury, ils se situent au niveau de l'éthique gouvernementale pour les princes, de la contemplation divine pour les clercs, du bien public et de sa gestion pour les citadins, enfin, d'une activité purement économique pour les ruraux – le degré d'implication politique et morale décroissant à mesure que l'on avance du plus élevé au plus humble. Si une telle conception fait écho, en effet, à la définition des *officia* qui constituent les membres d'un corps politique ordonné dans un texte comme le *Policraticus*[13], elle reflète aussi la réalité d'une organisation sociale et politique qui accorde aux villes une autonomie croissante dans la gestion des affaires locales, mais voit la subordination des campagnes aux grandes cités autant qu'aux seigneuries laïques et ecclésiastiques.

La « poétique parisienne » de Jean de Garlande s'inscrit donc dans un cadre actualisé, censé correspondre à une réalité politique et sociale dont l'écriture latine reste un vecteur, une voie d'expression prépondérante. Pour répondre aux besoins spécifiques des trois styles qu'il s'est employé à définir, l'auteur développe, à plusieurs niveaux, des ressources qui tiennent à la fois de l'art de trouver (*inventio*) et de mémoriser (*memoria*), en conformité avec les attendus traditionnels de l'art oratoire, mais aussi de la *copia verborum*.

---

12 Jean de Garlande, *Parisiana Poetria*, éd. citée, p. 10 (I, 140-146).

13 Pour une généalogie de la notion et de ses usages au Moyen Âge central, *via* la revue approfondie des sources, nous renvoyons à Frédérique Lachaud, *L'Éthique du pouvoir au Moyen Âge. L'Office dans la culture politique (Angleterre, vers 1150vers 1330)*, Paris, Éditions Classiques Garnier, 2010 (Bibliothèque d'histoire médiévale), p. 179-216.

ART DE TROUVER ET LEXIQUE

ART DE TROUVER DES NOMS SUBSTANTIFS SELON LE REGISTRE STYLISTIQUE

Car une fois défini à quelle matière on se réfère, parmi les trois registres « sociopoétiques » définis auparavant, il reste à trouver les voies d'expression concrètes qui leur correspondent, soit, en premier lieu, nous dit Jean de Garlande, les noms, adjectifs et verbes qui siéent à l'évocation de ces trois univers :

> *Sur l'art de trouver des noms substantifs.* S'ensuit l'art de trouver des noms substantifs, adjectifs et verbes, une fois acquise et imaginée la matière. Sont imaginables tous les noms qui appartiennent à une telle matière ; si bien que, quand la matière concerne un berger, il faut imaginer des noms de ce genre : pâturages, troupeau, bélier, loup ; ce que nous pouvons faire à l'exemple de Virgile, qui dit de l'épitaphe de Jules César :
>
> Moi Daphnis dans les forêts, connu d'ici jusqu'aux étoiles,
> gardien d'un beau troupeau, moi-même encore plus beau.
>
> Parce que Virgile a disposé ici le nom du pasteur, à savoir Daphnis, il parle de « beau troupeau », etc. C'est de la même façon qu'il nous arrive de trouver sur le Sauveur incarné :
>
> Le pasteur marche au-devant de son troupeau, le chef bélier marche au-devant de l'agnelle, la laine mystique engendre l'agneau.
>
> Ainsi se manifeste ce que sont les mots en lien et appropriés à la matière. Des mots en lien avec la matière sont rassemblés dans l'exemple qui suit, c'est-à-dire un poème élégiaque, amœbée, bucolique. Élégiaque, parce qu'il est tissé du malheur de l'amour ; amœbée, parce qu'il représente les propriétés de ceux qui aiment ; bucolique, *apo tou bucolou*, c'est-à-dire d'après le nom *bucolon*, ce qui signifie « garde des bœufs ». En conséquence, selon l'ordre que préserve Virgile, ce poème doit venir en premier, parce qu'on y observe le style humble, que suit le style moyen et le grave[14].

Tout est affaire, on le voit, de champ lexical. En référence directe à l'univers des trois grands poèmes de Virgile, chaque univers, celui des bergers, des *agricolae* et des héros, se trouve associé à une série d'objets, d'éléments de décor, mais aussi d'actions qui le caractérisent, et que le lecteur du traité est censé connaître. Cela n'empêche pas Jean de Garlande

14 Jean de Garlande, *Parisiana Poetria*, éd. citée, p. 22-24 (I, 381-409).

de se livrer à l'exercice de l'imitation en livrant un essai de chant amœbée contenant l'ensemble des marqueurs propres au genre. C'est l'unité de ton et la concordance, *convenientia*, qui priment, y compris lorsque l'on sort du champ de référence propre aux œuvres virgiliennes. Ainsi, au Sauveur incarné, présenté sous la forme du Bon Pasteur, s'applique tout aussi bien le lexique propre à l'univers des bergers. Il revient donc à celui qui assume la fonction d'écrire de s'assurer, quel que soit le contexte, de cette cohérence sémantique entre signifié et signifiant. Encore faut-il procéder avec méthode, en prenant garde de n'oublier aucun élément.

AUX STYLES CORRESPONDENT DES OUTILS, ET AUX PERSONNES (*PERSONAE*) DES ATTRIBUTS : EXERCICE DE SPATIALISATION

Quand il s'agit d'enseigner à son lecteur, suivant le modèle cicéronien, l'art de structurer sa matière et d'en mémoriser les attributs pour mieux les convoquer, Jean de Garlande fait retour à son schéma actualisé des *genera personarum* en remplaçant le héros, le paysan et le berger virgiliens par gens de cour, citadins et ruraux.

> *Sur l'art de mémoriser.* [...] suivant Cicéron, nous devons disposer mentalement un certain espace, dans un lieu ni trop obscur ni trop clair, parce l'un et l'autre sont durs à la mémoire et à l'élection. Cet espace doit se comprendre, se diviser en trois parties principales, qui sont ses colonnes. Dans la première partie ou colonne se répartissent trois groupes, les gens de cour, les gens des villes, les ruraux, avec leurs armes et leurs instruments propres, leurs affaires et leurs charges. Si de la bouche d'un maître sort une parole dont le sens regarde l'un des trois types de personnages susdits, c'est ici qu'on devra la trouver et l'élire. Dans la seconde partie ou colonne, doivent se comprendre, se distinguer les exemples, les dits et les faits authentiques et les maîtres de la bouche desquels nous les avons entendus, et les livres que nous avons lus. Si quelque chose a échappé à notre mémoire, nous devons reconstituer le moment, clair ou obscur, où nous l'avons appris, le lieu où nous l'avons appris, le maître dont nous l'avons appris, la disposition dans laquelle nous nous trouvions, nos gestes, les livres dans lesquels nous l'avons étudié, la page blanche ou noire, les dispositions et les couleurs des lettres ; parce que tous ces procédés permettront d'introduire les choses qu'il nous faut nous rappeler et élire. Dans la troisième colonne, devons-nous comprendre, sont inscrits tous les genres de langues, de sons, de mots désignant les diverses sortes d'êtres vivants, ainsi que les étymologies, les interprétations, les différences, suivant l'ordre de l'alphabet ; et que chacun considère l'esprit joyeux quel mot convient à sa langue. Mais parce que nous ne connaissons pas toutes

les langues, que nous n'avons pas entendu tous les mots, nous recourons à ceux que nous avons déjà entendus ; et si un maître a dit quelque chose au cours d'un exposé littéral ou étymologique, nous devons le placer dans cette troisième colonne avec la chose de la nature que doit désigner ce qui est dit ; et par son signe nous pourrons nous rappeler cela et l'élire pour nos discours.

De même nous devons noter que dans la roue de Virgile, que nous tenons en main, sont ordonnées trois colonnes et que dans son pourtour, formé de nombreux cercles concentriques, sont répartis les trois styles. Dans la première colonne sont contenues les comparaisons, les analogies, et les noms des choses qui appartiennent au style humble ; dans la seconde ce qui appartient au style médian ; dans la troisième ce qui appartient au style grave. Et qu'une pensée s'exprime en un de ces styles alors qu'on la retrouve dans le style voisin, il est manifeste qu'il s'agit d'une transgression par rapport à ce style ; et c'est pourquoi l'on a trouvé pour chacun des styles des mots qui leur appartiennent en propre[15].

Jean de Garlande achève ici de faire coïncider l'ancienne tripartition des styles avec les nouvelles catégories qu'il introduit.

Il insiste particulièrement, ici encore, à côté de la notion d'instrument, sur le caractère distinctif des affaires et des charges, qui justifie les subdivisions de la première colonne (voir *supra*). Après quoi il engage le lecteur, pour mettre pleinement à profit ses capacités mnémoniques, de noter les sources et les moyens d'acquisition des connaissances dont il dispose concernant chacune de ces classes. La troisième colonne adopte plus nettement la forme d'un classement par champs lexicaux distincts des choses et des bêtes qui s'attachent à chacune des catégories socio-poétiques et des mots qui les désignent, avec une attention portée à leur étymologie.

Dans cette troisième colonne, Jean de Garlande procède donc des choses aux mots, du registre au lexique, du signifié au signifiant, allant jusqu'à préciser que le poète doit disposer ces ressources dans l'ordre alphabétique. Il précise alors que les mots correspondant à chacun des styles de cette nouvelle roue sont d'ores et déjà trouvés. S'il ne précise pas où le lecteur peut les trouver, il répond cependant à la question qu'il soulève implicitement en rédigeant deux traités lexicographiques qui couvrent en grande partie les besoins propres à ces trois champs lexicaux.

15 *Ibid.*, p. 36-38 (II, 87-123). La source antique de ce chapitre sur la *memoria* et bien sûr la *Rhétorique à Hérennius* III, 16, 28-III, 24, 40. Jean néanmoins ramène à trois les « lieux » de la mémoire en les faisant correspondre à sa définition des *genera personarum* précédemment définis.

OÙ TROUVER CES OUTILS ET INSTRUMENTS QUE SONT LES MOTS ?

Le *Dictionarius*, achevé sans doute au début des années 1230, puis le *Commentarius*, plus tardif (ca 1240-1250) entendent répondre, successivement, à cette question.

Jean de Garlande justifie la rédaction du *Dictionarius* en ce qu'il constitue un « lexique indispensable » aux écoliers. Il est en effet consacré, écrit-il, « aux mots les plus nécessaires qu'un écolier est tenu de mémoriser[16] ».

Pour autant, et après quelques paragraphes liminaires sur la terminologie propre à l'anatomie humaine, le traité se concentre, suivant une organisation socio-professionnelle autant que topographique, sur l'exposé des lieux, maisons, échoppes et métiers qui constituent le paysage parisien – et accessoirement, à titre comparatif, toulousain – de son temps[17].

Car bien qu'ils relèvent selon Jean de Garlande lui-même de la « classe curiale » au nom des privilèges cléricaux qui sont les leurs, le monde où évoluent les maîtres et les étudiants, et qu'ils doivent en premier lieu pouvoir dire, c'est bien la ville – une ville dont Paris constitue, en raison de son étendue, de sa prospérité et de son renom académique, l'archétype ou le modèle idéal.

Avec le *Dictionarius*, Jean de Garlande s'inscrit dans une tradition inaugurée par Adam de Balsham (*De utensilibus*) puis représentée par Alexandre Neckam (*De nominibus utensilium*). Un point essentiel le distingue malgré tout de son devancier immédiat : il inscrit son lexique dans la ville (et une ville nommée, identifiée : Paris, Toulouse), et présente son traité comme une promenade, une déambulation, à la faveur d'une topographie urbaine qu'il contribue à reconstruire en partie. Cette organisation l'amène à classer par métiers, par fonctions socio-professionnelles son texte, et non par catégories d'instruments (*utensilia*), comme le faisait Neckam. Balsham procédait encore différemment, puisque

16 Jean de Garlande, *Dictionarius*, dans *Lexicographie latine du* XIIe *et du* XIIIe *siècle. Trois traités de Jean de Garlande, Alexandre Neckam et Adam du Petit-Pont*, éd. Auguste Scheler, Leipzig, F. A. Brockhaus, 1867, p. 20 ; nouvelle édition dans *Teaching and Learning Latin in 13th-Century England*, Tony Hunt éd., Cambridge, D. S. Brewer, 1991, t. I, p. 191-203.

17 Voir Frédérique Lachaud, « La première description des métiers de Paris : le *Dictionarius* de Jean de Garlande (vers 1220-1230) », *Histoire urbaine*, t. 16, 2006, p. 91-114. L'auteur revient notamment sur d'anciennes traditions lexicographiques insulaires fondées sur ce qu'elle nomme avec bonheur la « description ambulatoire » des *realia*.

son traité se présentait comme une lettre décrivant les *utensilia* de sa demeure natale, description entrecoupée d'éléments dialogiques, mais au sein de laquelle ne sont jamais distingués les instruments relevant de fonctions proprement urbaines.

Le *Dictionarius* ne se présente pas, de prime abord, comme un traité de lexicographie spécialisé mais comme une somme autosuffisante, ce que révèle le traitement liminaire accordé au lexique de l'anatomie, qui par essence concerne tous les états de la société (chapitres 2 à 7 du traité) :

> si je veux au bénéfice de mon enseignement dévoiler les secrets de la nature humaine, c'est à la raison et non à la connaissance vulgaire des paysans que la tâche doit être assignée[18]…

L'exposé des parties du corps et des « secrets de la nature humaine » ne saurait donc se fonder sur une forme de science empirique, propre aux « rustiques » (*rusticitati*) mais bien sur la *ratio*, à comprendre ici comme sens de la mesure et des distinctions. La raison, en effet, est du côté du maître et du soin qu'il apporte à fournir à ses élèves les outils descriptifs nécessaires à la connaissance du monde, du corps physique au corps social en quelque sorte.

Pour autant, intervient assez tôt dans le texte une distinction entre des instruments nécessaires à la vie corporelle qui relèvent respectivement de la ville et du village. Et en la matière, la préséance est accordée aux « choses parisiennes » :

> Après avoir nommé tout cela, il faut nommer les instruments nécessaires au corps, pour la ville, le village et avant tout seront nommées les choses que j'ai remarquées en parcourant la cité de Paris[19].

Les chapitres suivants sont en effet consacrés à la description de commerces, activités et maisons, à la faveur de laquelle se dégagent des éléments de topographie parisienne : les quartiers où se concentrent certains des métiers cités sont en effet clairement identifiés et situés dans le paysage urbain. À Paris vient s'ajouter l'exemple toulousain, à l'appui d'un exposé sur les fortifications et les machines de guerre (siège).

18 Jean de Garlande, *Dictionarius*, éd. Hunt, p. 196 (§ 3).

19 *Ibid.*, p. 197 (§ 8).

> Dans la cité de Toulouse, alors que règne le tumulte point encore apaisé de la guerre, j'ai pu voir des barbacanes, des lices, des doubles fosses profondes, des tours et des meurtrières, des entablements[20]...

L'un des chapitres du *Dictionarius* donne enfin à l'auteur l'occasion de détailler le mobilier et les commodités qu'un « preudhome » digne de ce nom doit posséder en son logis pour y accueillir des hôtes :

> Dans l'auberge d'un homme de bien, il doit y avoir : une digne table, une nappe d'un blanc éclatant[21].

Faut-il y voir une pique à l'égard des taverniers mal famés que fréquentent les écoliers parisiens, à grand frais pour leurs bourses et parfois au péril de leur vie ?

L'on notera que, bien que les membres du clergé participent, selon la *Parisiana Poetria*, de la catégorie des *personae curiales*, leur implantation dans la ville justifie que Jean de Garlande consacre quelques paragraphes de son lexique aux objets dont ils s'entourent[22]. Les clercs des écoles y figurent également, entourés de leurs pupitres, livres, plumes, règles, et divers instruments dédiés à l'exercice du *quadrivium*[23]. Cette immersion dans l'univers scolaire offre au reste à l'auteur l'occasion de dresser une liste des pièces de vêtement que l'on peut trouver en son propre logis[24].

Pour autant, ces descriptions et l'énumération des objets dont usent en propre ces catégories particulières d'habitants des villes contribuent à les singulariser, à les dissocier de la foule des artisans et des marchands avec lesquels ils voisinent. Il introduit ce faisant une disjonction subtile entre condition sociale et cadre de vie, au sens matériel du terme, la ville étant le point de référence à partir duquel s'opèrent les distinctions entre des catégories qui, pour distinctes qu'elles soient, partagent un espace commun – une réalité contemporaine qu'il ne pouvait ignorer.

De la même manière, l'univers rustique n'est pas entièrement banni du *Dictionarius*, mais mis à part. La frontière se trouve en quelque sorte

20 *Ibid.*, p. 199-200 (§ 49).
21 *Ibid.*, p. 200 (§ 55).
22 *Ibid.*, p. 200-201 (§ 60-63).
23 *Ibid.*, p. 200 (§ 56-58).
24 *Ibid.*, p. 200 (§ 56-58) ; p. 200 (§ 59).

matérialisée par le chemin, *transitus*, que doit parcourir le narrateur pour parvenir « en milieu rural » :

> J'ai aujourd'hui fait un tour à travers la campagne, où j'ai vu tels animaux[25].

La conscience d'une singularité, tant des mots que des gens et des choses, propre à la ville, par opposition à la cour et à la campagne, se fait jour chez Jean de Garlande, qui innove ce faisant par rapport aux lexicographes précédents. On peut néanmoins se demander si, pour autant, l'autonomisation de styles d'écriture définis en fonction d'univers de référence bien distincts se résume à un processus de différenciation et d'exclusion mutuelle, et ce que cela dit d'une société en constante évolution.

DISTINCTIONS, STYLES ET ART D'ÉCRIRE

DIFFÉRENCIATION ET EXCLUSION

Le *Commentarius* constitue l'envers lexical du *Dictionarius*, ou plus exactement, il en est le complément, censé répondre aux besoins formulés par Jean de Garlande lui-même dans le chapitre de la *Parisiana Poetria* dédié à l'*ars memorandi* pour ce qui concerne les champs lexicaux propres au monde de la cour. Il se présente en effet en ces termes :

> Ce *Commentarius* se consacre dans l'ordre aux personnes, aux biens et aux vocables des gens de cour. Qu'il existe chez les clercs la *philargia*, c'est-à-dire l'avarice, c'est chose détestable et pour Dieu et pour les hommes. Laquelle *philargia* ne déteste pas dissimuler la science sous les richesses. À l'avarice ne suffisent pas les insignes, *crisa* et *argira*, dont l'une abonde d'or, l'autre d'argent, où sont des montagnes d'or que défendent des assauts extérieurs les dragons des avares. Ce vice écarté, c'est le peu de grains que constituent les mots, que Dieu m'a confiés, à savoir la grammaire adéquate aux besoins des riches, que je publierai[26].

Sa composition même nous dit combien cet univers de référence est étranger au monde des villes que décrivait le *Dictionarius.* Il nous

25 *Ibid.*, p. 202 (§ 73).

26 Jean de Garlande, *Commentarius* (1-13), dans *Teaching and Learning Latin*, éd. citée, t. I, p. 207.

renseigne aussi sur une demande, auquel le traité entend répondre, et qui semble émaner d'une aristocratie soucieuse de pouvoir disposer d'un signifiant latin pour (d)écrire son univers, bien éloigné tout à la fois des choses de la ville et de la campagne. L'*accessus* au texte est explicite, et la dédicace qu'elle contient en dit long sur le lectorat visé :

> La matière de ce livre est l'ordre qui préside à la vie du genre humain, à savoir tant des riches que des pauvres et des laïcs comme des clercs, et c'est pourquoi leurs fonctions, statuts et dignités, et les usages des personnes tant du for ecclésiastique que séculier y sont contenus, ainsi que les merveilles du monde selon Pline, et les biens terrestres qu'ils désirent posséder. De là s'ensuivent les fonctions de ceux qui servent aux riches [...] L'utilité de l'ouvrage est d'apprendre à connaître les habitudes de la cour et plus précisément des affaires curiales et de leurs vocables [...] par maître Jean de Garlande qui composa ce livre pour Adhémar, le frère du roi d'Angleterre, glorieux souverain des Anglais[27].

Jean de Garlande procède, comme il le faisait dans le *Dictionarius*, en partant du général – ici, l'ordre du monde, si l'on peut dire, au sein duquel sont distinguées classes sociales et économiques – pour aller vers l'objet précis du traité, qui porte sur la description des « fonctions, statuts, dignités, usages » des personnes curiales, ecclésiastiques comme laïques.

L'étanchéité entre les deux traités, le choix même qui consiste à traiter séparément de ces deux lexiques, témoignent de la volonté d'opposer la ville, associée à un ensemble d'activités industrieuses, et la cour, que caractérisent des modes de vie et de consommation liés à une forme d'opulence, voire de luxe. Face à cela, le caractère plus secondaire du monde rural se lit dans le moindre intérêt lexical qu'il suscite – relégué dans les tous derniers paragraphes du *Dictionarius* – de la part de Jean de Garlande, à la mesure d'un moindre niveau de *literacy* des campagnes face aux cours et aux villes[28]. Jean de Garlande considère au reste que ce dernier état ne saurait décemment prétendre à se mêler aux autres :

> *Sur un paysan parvenu.* Qu'un paysan s'élève, et il foule ceux que la naissance illustre et rejette ceux dont les mœurs sont pures.

À partir de là, rien de plus aisé que d'imaginer une poétique prompte à bannir toute forme d'hybridation stylistique au profit de voies

27 Jean de Garlande, *Commentarius*, *accessus* [MS Bruges 546, f°83vb], *ibid.*, p. 204.
28 Michael Clanchy, *From Memory to Written Record, 1066-1307*, Londres, Wiley-Blackwell, 2012 (3ᵉ éd.).

d'expressions très nettement séparées pour évoquer les trois univers de référence : cour, ville, campagne. La réalité du texte est plus complexe.

DISTINCTIONS À PLUSIEURS ÉCHELLES

Le système stylistique développé par la *PP* semble engendrer lui-même son propre dépassement, en poussant le principe de distinction, au-delà de la tripartition ville/cour/campagne, pour cerner l'individu dans sa singularité. Il ne suffit pas en effet de connaître le cadre de vie et la situation sociale des personnages, mais aussi leur âge, leur sexe, leur origine.

> *Sur l'introduction des personnages.* Cette espèce de narration qui consiste à disposer les personnages, pour qu'elle ne soit pas défectueuse, requiert l'attribution de six propriétés, tirées de six choses, qui sont : la condition de fortune, l'âge, le sexe, la fonction, la naissance, la langue. C'est ce qui est signalé dans les vers de la *Poétique* que voici :
>
> Il importera beaucoup de savoir si c'est Dave ou un héros qui s'exprime,
> ou un homme mûr ou un vieillard ou un personnage d'âge encore tendre,
> ardent, ou une puissante matrone, ou une nourrice zélée,
> ou un marchand errant, ou le cultivateur d'une petite terre verdoyante,
> Cholcus ou Assyrius, ou un enfant de Thèbes ou d'Argos[29].

De même, le *Dictionarius* consacre plusieurs paragraphes aux objets nécessaires tant aux clercs (§ 56, 60, 61, 62) qu'aux églises (§ 63), mais également aux femmes (§ 65-69), en les accompagnant de commentaires nettement sexistes. L'auteur introduit ici des catégories qui ne relèvent pas à proprement parler du seul univers urbain, mais qui se rapprochent de celles visées par l'*ars praedicandi*[30]. De manière plus générale, l'exercice homilétique impose de cerner tout à la fois les conditions matérielles de vie des personnes que l'on cherche à toucher, conditions qui tiennent de leur niveau d'aisance et de fortune, tout autant que les caractéristiques qui

29 Jean de Garlande, *Parisiana Poetria*, éd. citée, p. 102 (V, 373-381). Jean s'appuie ici, entre autres, sur Cicéron, *De inventione* I, 24, 34-I, 25, 36 (sur les onze attributs des personnes).

30 Sur cette stratégie prédicatoire inaugurée par Grégoire le Grand, nous nous référons à Nicole Bériou, « Le petit peuple dans les sermons ad status du XIIIe siècle », dans *Le petit peuple dans l'Occident médiéval : Terminologies, perceptions, réalités*, Pierre Boglioni, Robert Delort, Claude Gauvard dir., Paris, Éditions de la Sorbonne, 2002, p. 19-39, « https://journals.openedition.org/peme/40124#ftn4 » (consulté le 24/4/2022). L'auteur met l'accent sur la distinction qu'introduisent les *artes praedicandi* entre ce que l'on peut qualifier de classe bourgeoise et de menu peuple, qui vient nettement scinder l'unité – très théorique – des *personae civiles*.

s'attachent à leur existence singulière. Si la recherche du narrateur est autre, puisqu'il s'agit non tant de cerner son auditoire que les personnages qu'il met en scène, les outils de caractérisation, pour ainsi dire, sont les mêmes.

POROSITÉ DES UNIVERS DE RÉFÉRENCE

> Et qu'une pensée s'exprime en un de ces styles alors qu'on la retrouve dans le style voisin, il est manifeste qu'il s'agit d'une transgression par rapport à ce style ; et c'est pourquoi l'on a trouvé pour chacun des styles des mots qui appartiennent à leur propre style[31].

Ce passage de la *Parisiana Poetria* porte, comme l'indique le contexte plus large dans lequel il s'insère, sur le choix des termes et non la qualité de l'écriture proprement dite. C'est au lexique que renvoie exclusivement la notion de *stylus* selon Jean de Garlande. Pour cette raison, lorsqu'il traite des vices d'écriture, l'auteur tend à effacer les frontières et laisse entrevoir la possibilité d'échanges inter-stylistiques : il s'agit avant tout, quel que soit le registre adopté, de ne pas s'y laisser enfermer au point d'en caricaturer les traits les plus saillants.

> La matière grave peut être rendue humble suivant l'exemple de Virgile qui appelle César Tityr – ou lui-même, Rome un hêtre. La matière humble peut aussi être exhaussée, comme, dans le contexte d'une matière grave, quand l'on nomme les quenouilles des femmes « lances pacifiques ». Voici un exemple de style grave :
>
> Charles, bouclier de l'Église et colonne de la paix,
> dompte les armes par ses armes et les cruels par sa cruauté.
>
> Dans ce style il faut choisir des noms qui signifient des outils rangés dans l'ordre supérieur ; en style médian, des outils rangés dans l'ordre médian ; en style humble, des outils rangés dans l'ordre humble.
>
> *Sur les vices à éviter qui sont le corollaire des styles.* Le style grave comporte deux vices corollaires, savoir la grandiloquence et l'enflure. La grandiloquence appartient aux verbes, l'enflure aux phrases, comme dans ce qui suit :
>
> Le haut sommet des guerres, l'épée belliqueuse de Roland
> était la main et la massue de la paix.
>
> Le style médian comporte en lui deux défauts corollaires, à savoir le flottement et le délitement : le flottement concerne le verbe ou le mot, le délitement la phrase, du fait que, si le style médian emprunte aux extrêmes, le grave ou l'humble,

---

31 Jean de Garlande, *Parisiana Poetria*, éd. citée, p. 38 (II, 121-123).

le poète tantôt flotte quant au choix du mot, tantôt laisse la phrase se déliter. Voici un exemple de style médian qui revêt l'apparence de la correction :

> Charles veillait sur l'Église, protégeait la plèbe,
> cultivait la justice, aimait la paix.

Et à la suite voici des vers qui présentent un exemple du défaut qui frappe ce style :

> Le roi est le bâton de la milice et l'amant caressant
> de son épouse ; il recommande aux siens d'être braves.

L'aspect de la correction en style humble est conforme à l'exemple que présentent les vers suivants :

> Le berger porte dans son dos sa massue ; il en frappe
> le prêtre avec lequel sa femme a coutume de folâtrer.

Ce style comporte deux défauts collatéraux, savoir l'aridité et le manque de chair : l'aridité en ce qui concerne les phrases qui manquent de suc et de saveur, le manque de chair en ce qui concerne les mots dont l'aspect n'est pas coloré, comme dans ce qui suit :

> Le rustique traîne dans son dos sa massue et en trois fois il ôte
> les testicules de son ouaille qu'il a tondue ; il fait de joyeux repas[32].

Le vice d'écriture ne consiste donc pas, pour Jean de Garlande, à transgresser les frontières entre deux styles, à user pour l'un de ressorts qui relèvent d'un autre, mais au contraire à aggraver les caractéristiques propres à chacun, à produire une forme de caricature stylistique. Si un effort de distinction doit porter sur la caractérisation des personnages, de leurs attributs, d'une matière en somme, l'écriture poétique doit quant à elle s'autoriser une forme d'unité de ton correspondant à l'outil unique que constitue le *stilus* dans la main du poète : qualité, fonction d'écrire et plume tout à la fois.

Il faut noter que « style » se dit au sens figuré. En effet le style est la moitié d'une colonne, qui supporte l'épistyle, et sa partie inférieure se nomme base. Ici donc « style » désigne la qualité d'un poème ou sa correction, qui se trouve dans le corps de la matière. On parle parfois de style pour le poème lui-même. On appelle parfois style la fonction du poète, comme dans l'*Anticlaudianus* :

> Je mendie le style d'un auteur et les phalères d'un poète.
> Le style se dit aussi de la plume avec laquelle nous écrivons[33].

32 *Ibid.*, p. 86-88 (V, 51-85).
33 *Ibid.*, p. 88 (V, 86-93).

Le style est donc tout à la fois le poème et l'art du poète, sa fonction d'écrire propre. Il est ce par quoi un auteur se saisit d'une matière qu'il informe en respectant des principes de cohérence tels qu'ils sont prescrits et actualisés dans le traité. Pour ce faire, l'écrivain doit réunir les *utensilia* propres à décrire les personnes et les choses dans le cadre qui est le leur. Le style conçu comme fonction sociopoétique nécessite donc des instruments qui sont de nature proprement lexicale et que le poète doit avoir à sa disposition. D'un traité à l'autre, Jean de Garlande définit des besoins auxquels il entreprend de répondre, en jouant de la polysémie, au reste avouée, du terme style, comme ensemble terminologique en prise avec un univers de référence aux frontières strictement définies, mais aussi comme profession, *officium*, qui distingue le poète et le rend apte à embrasser toute matière au moyen de sa plume, de son *stylus*.

Une partie de l'œuvre garlandienne consiste en l'actualisation d'une poétique qui embrasse tous les genres et les formes d'écriture, en prose, en vers, en rythme, épistolaire ou poétique, sacrée et profane. Suivant les principes de la rhétorique qu'il développe et qu'il actualise, Jean intègre dans *l'ars inveniendi* la prise en compte d'une matière sociale structurée par la distinction nette entre gens et choses des villes, par opposition à ceux des cours et ceux des campagnes. En conséquence, son *ars memorandi* consiste en un ensemble de moyens propres à rassembler pour chaque registre des instruments appropriés, adaptés aux réalités du monde : des mots comme outils, *utensilia* nécessaires à l'appréhension et la compréhension de chaque univers de référence. La *Parisiana Poetria* fait ainsi état de besoins que son auteur lui-même entreprend de satisfaire, mettant ses compétences de lexicographe au profit d'une mise à jour terminologique indispensable à la description de l'univers urbain. On peut à cet égard considérer que le *Dictionarius* s'inscrit, pour partie, dans un projet poétique plus vaste initié dans la *Parisiana*, et que viendront plus tard compléter d'autres traités – lexicographique tel le *Commentarius*, poétique également, comme en témoignent les tardifs *Exempla honestae vitae* qui reviennent sur l'art de composer et promeuvent pour modèle de poète de cour Henri d'Avranches, versificateur proche du roi Plantagenêt[34].

34 Jean de Garlande, *Exempla Honestae Vitae*, hrsgb. Edwin Habel, *Romanische Forschungen*, Bd. 29, 1911, S. 131-154.

Lorsqu'il entreprend de traiter des voies d'expression propres aux *realia* de son temps, Jean de Garlande, partant d'une distinction principielle entre ville, cour et campagne, conçoit un projet à plusieurs étages. Il prétend en effet répondre aux aspirations d'une littérature médiolatine qui ne se contente pas d'imiter les modèles classiques mais prétend embrasser les réalités d'une société fondée sur un système complexe de distinctions, et au cœur de laquelle la ville s'impose, dans sa consistance et sa singularité, comme un espace où s'affirment des identités politiques, sociales et économiques : il incombe au théoricien qu'il est de se saisir de catégories socio-poétiques renouvelées pour fournir les moyens lexicaux et rhétoriques d'en rendre compte.

Elsa Marguin-Hamon
École nationale des Chartes

ANNEXE
Jean de Garlande, *Dictionarius*, éd. A. Scheler, *op. cit.*, p. 30-48 ; éd. T. Hunt, *op. cit.*, p. 191-203. Trad. E. Marguin-Hamon[35]

[...]

18. Les marchands qui habitent sur le Grand Pont vendent des courroies, des ceintures, des lanières, des bourses de cuir de cerf, de veau ou de porc.

19. Les gantiers séduisent les écolâtres de Paris en leur vendant des gants simples ou fourrés de peau d'agneau, de lapin, de renard et des mitaines en cuir.

[...]

21. À la porte Saint-Lazare demeurent les armuriers, qui fabriquent des arbalètes et des arcs, à partir de bois d'érable, de viorne et d'if, mais aussi des lances et des flèches, ainsi que des javelots de frêne.

[...]

33. Les boulangers de Paris, fabriquent la pâte et façonnent des pains, qu'ils cuisent en un four préalablement nettoyé à l'aide d'un écouvillon. Quant aux pains qu'ils vendent, ils sont de froment, de seigle, d'orge, d'avoine, de méteil, et aussi souvent de son. Les boulangers ont aussi des domestiques qui tamisent la farine grossière avec un tamis fin et ajoutent le ferment à la pâte afin de faire lever le pain dans sa panière, et qui de temps à autre raclent les huches avec un grattoir.

34. Les pâtissiers s'enrichissent grandement en vendant aux clercs des pâtés de viande de porc, de poulet ou d'anguille mêlée de poivre, en exposant leurs tartes et leurs flans farcis de fromages tendres et d'œufs, frais, mais aussi souvent avariés.

[...]

36. Les banquiers comptent, sur une table, la monnaie de paris et les livres de Londres, ainsi que les besants, et autres monnaies brillantes,

35 Pour une étude approfondie du texte et de ce qu'il apporte à la topographie des activités parisiennes, nous renvoyons à Frédérique Lachaud, « La première description des métiers de Paris : le *Dictionarius* de Jean de Garlande (vers 1220-1230) », *Histoire urbaine*, vol. 16, no. 2, 2006, p. 91-114.

sur le Grand Pont <*aussi nommé et pour cette raison Pont-au-Change*>, et ils le font par goût du lucre. Aussi encourent-ils le risque de se rendre coupables du crime d'usure.

37. Les fondeurs qui fabriquent la monnaie semblent riches, mais ne le sont pas. Bien qu'en effet ils frappent les deniers, ce ne sont pas leurs deniers, mais ils sont envoyés au change, pour être changés par des changeurs et des banquiers qui en espèrent un profit.

[...]

49. Dans la cité de Toulouse, alors que règne le tumulte point encore apaisé de la guerre, j'ai pu voir des barbacanes, des lices, des doubles fosses profondes, des tours, des bretèches, des entablements, palissades en fascinage érigées sur des claies, des écus de poing ronds, des boucliers, des targes < *i. petit bouclier*>, des braceroles <*i. petits écus qui adhèrent au bras*>, ainsi que des pierrières, instruments balistiques dont un a coûté la vie à Simon comte de Montfort, des mangonneaux, des frondes, des trébuchets, des béliers, des truies, des tourelles d'assaut et des chats mobiles, qui sont tous des machines de guerre ; des haches, des dagues, des poignards, des gèses <*i. épées*> de France, des sabres d'Espagne, des cateias <*sortes de boomerangs utilisés par les Germains*>, et des pointes qui arment les dolons <*i. bâtons ferrés*> des Allemands, des coutelas d'Angleterre, des javelots romains, des lances macédoniennes dites sarisses, des peltes d'Amazones <*i. petit bouclier en forme de croissant*>, des arcs troyens, des pieux et des maillets de bois et de fer, des massues de fer, des armes de jet et des catapultes, des coiffes et des cimiers, des plastrons et des pourpoints, des heaumes, des cuirasses, des jambières et des cuissardes, des genouillères ferrées, des lances, des piques et des épieux, des chaînes, des cippes et des barres de clôture, des barrières et du feu grégeois, du verre en fusion, des balles et des lingots de plomb, des arbalètes à mécanisme avec des traits à boulon épais, toutes ces choses qui sont faites pour détruire le corps des malheureux hommes. Le reste des armes qui servent aux chevaliers se trouve dans un autre chapitre[36].

[...]

70. Sur la place neuve devant le parvis de Notre-Dame on trouve à vendre des oiseaux, tels que : oies, coqs et poules, canards, perdrix, faisans, alouettes, moineaux, pluviers, hérons, grues, cygnes, paons, tourterelles et étourneaux.

[...]

---

36 Sur tout le passage, voir Servius, *Comm. In Aen.* VII, 632 *sq.*

LEYS D'AMORS ET LOIS JURIDIQUES

La place du poète dans la ville idéale

Les *Leys d'Amors* – traité de poétique, écrit par Guillaume Molinier au milieu du XIVe siècle à Toulouse – propose une réponse à la question de savoir comment l'influence de la cité médiévale se manifeste dans le domaine littéraire. Comme nous le verrons, il porte l'empreinte des valeurs d'une couche des citadins et, en ce sens, répond à la définition de la littérature urbaine proposée par Herman Pleij[1].

Rappelons que ce traité a été créé par Molinier dans le cadre du Consistoire du Gai Savoir et est connu par trois rédactions : celle en prose, en cinq livres, conservée dans deux manuscrits, l'un à Toulouse, l'autre à Barcelone ; celle en vers, en six livres ; et, enfin, une autre version en prose en trois livres, datée de 1356[2]. Durant les dernières décennies, Béatrice Fedi a beaucoup contribué à l'étude des rédactions du traité. Comme elle l'a montré, le manuscrit de Toulouse qui conserve la première rédaction en prose des *Leys d'Amors* comporte

---

1 Herman Pleij, « The Rise of Urban Literature in Low Countries », dans *Medieval Dutch Literature in its European Context*, Erik Kooper dir., New York, Cambridge University Press, 1994, p. 62-77 ; voir l'introduction de ce volume. – Cet article est écrit avec le soutien de la Fondation du développement de l'Université orthodoxe Saint-Tikhon de Moscou dans le cadre du projet « Genèse du texte littéraire à la fin du Moyen Âge et au début de la Modernité : interaction des styles et des genres ».

2 La première rédaction en prose : *Las Flors del Gay Saber estier dichas Las Leys d'Amors*, éd. Adolphe-Félix Gatien-Arnoult, t. I-III, Toulouse, J.-B. Paya, 1841-1843. L'édition partielle est celle de Beatrice Fedi, « Per un'edizione critica della prima redazione in prosa delle *Leys d'amors* », *Studi medievali*, Ser. 3, v. 40, 1999, p. 43-118, ici p. 92-98. La nouvelle édition complète de cette rédaction a paru récemment : *Las Leys d'Amors. Redazione lunga in prosa*, edizione critica a cura di Beatrice Fedi, Firenze, Edizioni del Galuzzo per la fondazione Ezio Franceschini, 2019 (Archivio romanzo, 35) ; voir le compte rendu de Walter Meliga : *Perspectives médiévales*, t. 42, 2021, p. 1-10 « https://journals.openedition.org/peme/40124#ftn4 » (consulté le 12/08/2021). La publication de la rédaction en vers : *Las Flors del gay saber*, éd. Joseph Anglade, Barcelona, Camí, 1926. La publication de la seconde rédaction en prose : *Las Leys d'Amors*, éd. Joseph Anglade, t. I-IV, Toulouse, Privat, 1919-1920 (New York, London, Johnson Reprint Corporation, 1971).

plusieurs corrections d'époques diverses ; c'est l'exemplaire de travail du Consistoire qui y apporta des amendements entre 1324 et 1355, lorsque Guillaume Molinier reçut la directive d'écrire la seconde rédaction en prose du traité. Le manuscrit de Barcelone de la première rédaction en prose, qui conserve une partie des corrections enregistrées dans celui de Toulouse, contient le texte dans son stade d'élaboration. Le travail sur la première rédaction en prose fut parallèle à celui de la rédaction en vers, conçue comme une version abrégée du même texte, plus facile à retenir.

Parmi les traits distinctifs les plus importants de la seconde rédaction en prose, se distingue le préambule consacré à la création du Consistoire du Gai Savoir où il est aussi question de la demande faite à Guillaume Molinier de compléter et de corriger l'ancienne rédaction. À part le préambule, le premier livre de celle-ci contient un vaste traité au centre duquel se trouve le récit du système médiéval du savoir, de la philosophie, et où une large place est accordée à la rhétorique et à l'éthique, auxquelles l'art poétique se joint. Le second livre de cette rédaction est consacré principalement à la versification, le troisième à la grammaire. Comparés à la première rédaction, ils sont tous deux des abrégés de celle-ci[3].

La seconde rédaction en prose, celle de 1356, est le seul texte que le Consistoire fit circuler officiellement. Toutefois, le manuscrit qui nous est parvenu n'en conserve pas le texte définitif ; il est probable qu'une partie, consacrée aux figures rhétoriques, soit perdue. En effet, cette rédaction ne contient pas de livre sur les figures, alors que, suivant le préambule du traité, les membres du Consistoire prièrent Molinier d'en parler ; et l'*explicit* en est absent[4]. Aussi Alfred Jeanroy ne manque-t-il pas de souligner l'incohérence du premier livre de cette rédaction où s'accumulent informations et thèses contradictoires[5].

3 *Las Leys d'Amors*, éd. Joseph Anglade, éd. citée, t. IV, p. 71-86 ; 126-127 ; plus loin nous renvoyons à cette édition.

4 Beatrice Fedi, « Per un'edizione critica della prima redazione in prosa delle *Leys d'amors* », art. cité ; Beatrice Fedi, « Il canone assente : l'esempio metrico nelle "Leys d'Amors" fra citazione e innovazione », dans *Interpretazioni dei trovatori. Atti del convegno*, Andrea Fassò, Luciano Formisano dir., Bologna, Pàtron, 2001, p. 159-186, surtout p. 159-161, 170, n. 24 ; Beatrice Fedi, « Le « Leys d'Amors » ed il « Registre de Galhac : frammenti di une tradizione "extravagante" ? » *Medioevo e rinascimento*, v. 12, 1998, p. 183-204, surtout p. 183-184 et n. 1. – Pour les rédactions des *Leys d'Amors* voir aussi, *Las Leys d'Amors*, éd. citée, t. IV, p. 121-126.

5 « Les *Leys d'Amors* », dans *Histoire littéraire de la France*, t. XXXVIII, Paris, Imprimerie Nationale, 1949, p. 139-233, surtout p. 219-233.

Malgré leurs contradictions, les deux parties de la rédaction de 1356 qui la distinguent des autres – le préambule et le traité de philosophie – permettent de mettre en rapport les *Leys d'Amors* avec l'idéologie de la cité communale telle qu'elle se forme en Italie au milieu du XIIIe siècle.

Le préambule du traité témoigne non seulement des liens entre le milieu des poètes et la structure de la ville médiévale, mais aussi des goûts littéraires des milieux érudits de la ville de Toulouse. Il est formé par des textes en vers et en prose dont la plupart présentent un caractère documentaire, comme les épîtres officielles et les ordonnances, où est exposée l'histoire du Consistoire annonçant la création du concours poétique annuel du 1er mai et apportant des informations sur les fonctions et les rites officiels de cette institution.

Les ordonnances en prose pouvaient, en effet, être des documents composés par le Consistoire, comme celles qui réglementent l'attribution du titre de baccalauréat, ou qui annoncent la création du statut de bedeau[6], etc. Les épîtres en vers furent probablement composées par Molinier lui-même spécialement pour le préambule et, dès lors, elles sont des documents fictifs. Il en est ainsi, en autres, de l'épître des mainteneurs informant sur les concours[7]. Certains documents en vers répètent le contenu des ceux en prose, ce qui témoigne encore une fois de leur caractère fictif, preuve que les épîtres furent composées probablement afin de rendre le texte du préambule plus recherché et plus subtile[8].

En dépit de la présence de ces documents, le préambule reflète un dessein dont le sens social est incontestable : les poètes reçoivent le statut professionnel et se voient dotés de grades scientifiques dont les rites d'attribution sont décrits en détail dans le préambule et, comme on l'a noté, dans l'esprit et sur le modèle des cérémonies universitaires[9].

Ces documents forment donc le règlement de la corporation des poètes, par lequel l'identification de leur travail à un métier, donnée sous-entendue depuis longtemps dans les textes méta-poétiques, acquiert

6 *Las Leys d'Amors*, éd. citée, t. I, p. 15-16, 18.

7 Voir, parmi d'autres épîtres en vers, celles de Molinier sur la nécessité d'élire les conseillers, sur les conseils qu'il a à demander, ainsi que la réponse des mainteneurs à ses épîtres. La conclusion en vers clôt le préambule (*ibid.*, p. 9-11, 14, 28-31, 35).

8 *Ibid.*, p. 14, 20-21, 24-26. – Quelques épîtres, suppose Anglade, furent composées par d'autres membres du Consistoire (*Las Leys d'Amors*, éd. citée, t. I, p. 31 ; t. IV, p. 29-30 et n. 2).

9 Sur les analogies entre le Consistoire et l'Université, voir *Las Leys d'Amors*, éd. citée, t. IV, p. 28, 33-34, n. 2.

une dimension sociale : les poètes forment une congrégation, identique à d'autres corporations professionnelles de la cité médiévale, cette composante soulignant les liens des *Leys d'Amors* avec l'époque des villes et des ouvrages qui réglementent l'activité des diverses communautés.

D'autre part, le préambule informe sur le milieu auquel appartiennent les mainteneurs du Consistoire et, en particulier, sur ceux d'entre eux qui confièrent à Molinier la tâche d'écrire la seconde rédaction des *Leys*. Le Consistoire fut créé en 1323 par sept mainteneurs, dont les noms sont assortis d'une dénomination sociale : un noble, un citadin, deux changeurs, deux commerçants et un notaire du prévôt royal de la ville de Toulouse[10]. Molinier précise qu'à la première réunion du Consistoire sont présents les membres du Capitoulat, Conseil de la ville de Toulouse auxquels se joignent d'autres honnêtes gens – « docteurs, licenciés, commerçants, citadins[11] ».

À l'époque de Molinier, comme plus tard encore, la ville de Toulouse est gouvernée par le Conseil, le Capitoulat, dont les membres sont élus tous les ans. Les poètes qui gagnent le concours du Consistoire recevant le prix versé par la ville, le préambule relie donc les *Leys d'Amours* avec le milieu des citadins aisés et les pouvoirs administratifs de Toulouse. Par ailleurs, le nombre de juristes se trouve augmenté dans le Consistoire de 1355 : parmi les mainteneurs, Molinier énumère un docteur, un licencié et deux bacheliers de droit ; parmi les protecteurs du Consistoire, des prélats, des docteurs de théologie, de nouveau des juristes auxquels s'ajoute un médecin – maître Philip, surnommé Elefan, « connaisseur subtil » de la doctrine d'Aristote et d'Avicenne, cité dans le traité de philosophie[12].

En outre, le préambule permet de cerner l'image du destinataire visé par les *Leys*. D'une part, Molinier s'y adresse à tous les poètes de la langue d'oc les invitant aux concours poétiques ; d'autre part, plusieurs passages y indiquent qu'il s'adresse à un destinataire suffisamment érudit. Deux épîtres rimées, étroitement liées à la poésie scolaire, en témoignent, notamment celle par laquelle Molinier est sollicité pour écrire une nouvelle rédaction et celle qui contient la réponse de Molinier[13]. Les mainteneurs

---

10 *Las Leys d'Amors*, éd. citée, t. I, p. 13. Voir, aussi, le commentaire d'Anglade, *Las Leys d'Amors*, éd. citée, t. IV, p. 17-18.

11 *Las Leys d'Amors*, éd. citée, t. I, p. 13-14.

12 *Ibid.*, p. 15 et 35-37.

13 *Commissio dels VII Mantenedors del Gay Saber per metre Leys d'Amors en bona forma* (« Commission des sept mainteneurs du Gai Savoir pour mettre les *Lois d'Amours* en bonne forme »). *Ibid.*, p. 25-30.

y prient Molinier de veiller à ce que son discours soit correct et laissent entendre, sous une forme ironique, les risques qu'il encourt si les défauts y abondent, défauts que l'épître prend le temps de définir, comme, par exemple, de couper la fin du mot[14], et qui sont énumérés et désignés par leurs noms grecs. Ce sont là autant de marques de faiblesses auxquelles Molinier doit livrer bataille et qu'il est appelé à maîtriser :

Fam vos saber
Que nos las Leys del Gay Saber
Volem complir
Et emendar e corregir,
En esta guiza
Que, segon la vostra deviza,
D'Auferezis,
Vulhatz far patz am Prothezis,
Quar de la testa
Si fiero fort, si lor tempesta
Hom no refrena.
E quar Sincopa s'aremena
En lo mieg loc,
E Penthezis, feren d'estoc,
La sobranceja,
Per que faytz tant que lor peleja
Cesse del tot[15].

« Nous vous annonçons
Que nous voulons compléter,
Amender et corriger
Les Lois du Gai Savoir
De telle sorte que, comme vous le souhaitez,
L'aphérèse fasse la paix avec la prothèse,
Car de leurs têtes
Elles se portent des coups acharnés,
Si on ne les retient pas.
Puisque la syncope s'arrête au milieu,
Et l'épenthèse s'élève avec orgueil,
Elles entrent en collision,
Mais l'auteur fait cesser leur conflit. »

Pour apprécier l'érudition scolaire du poète et sa prétention à faire de l'esprit, il faudrait appartenir à un public universitaire, imprégné

14 *Ibid.*, p. 25. C'est le poème qu'Anglade attribue à Pierre de Lunel de Montech ; voir n. 8, p. 429.
15 *Las Leys d'Amors*, éd. citée, t. I, p. 25.

par la même culture. Il est connu que les vers, depuis l'Antiquité et, ensuite, durant tout le Moyen Âge, sont utilisés dans l'enseignement de la grammaire et de la rhétorique. Les poèmes de Molinier sont proches du *Grécisme* d'Évrard de Béthune, et notamment du premier chapitre de ce poème grammatical où les figures sont nommées en grec et où sont données leurs définitions. Ils sont proches également des *Derivationes* d'Uguccione da Pisa, dictionnaire ancien où presque tous les noms des figures mentionnées par Molinier sont expliqués[16]. John Marshall et Catherine Leglu notent que ces deux ouvrages furent les sources de l'exposé de la rhétorique dans la première rédaction en prose des *Leys*[17] ; il est par conséquent légitime de croire qu'ils inspirent à Molinier l'idée d'écrire les poèmes grammaticaux du préambule.

Dans l'*Instructif de seconde rhétorique*, signé par l'Infortuné (années 1460), les vers conservent les mêmes fonctions en facilitant la mémorisation par de brèves formules : sont citées les définitions de la rhétorique, des vices du discours, des figures, des diverses sortes de rimes, etc. En raison de leur forme strophique, ces formules associent, parfois avec une certaine finesse, une définition et les exemples qui l'illustrent, et allient composante pédagogique et composante ludique. Le public de l'Infortuné est proche de celui des *Leys* : l'*Instructif*, comme son auteur l'avoue, fut écrit en réponse à la prière d'« aucuns licenciez en loix[18] ».

16 Évrard de Béthune, *Graecismus*, éd. Johann Wrobel, Vratislavae, 1887 (Corpus grammaticurum Medii aevi, vol. I), *Cap. 1. De figuris*, p. 3-6 ; Uggucione da Pisa, *Derivationes*, éd. Enzo Cecchini, Guido Arbizzoni, Settimo Lanciotti, Giorno Nonni, Maria Grazia Sassi, Alba Tontini, 2 vol., Firenze, Sismel, Edizioni Galluzzo, 2004. Voir en particulier les définitions de l'aphérèse, de la syncope et de l'apocope dans l'article « ellipse » : *Hec eclipsis, idest defectus, ut solis vel lune vel alterius rei. In dictamine vero si fiat defectus dictionis vel orationis dicitur eclipsis, sed defectus littere vel sillabe non dicitur eclipsis, sed aferesis vel sincopa vel apocopa* (*Derivationes*, éd. citée, t. I, p. 359, E 13 [1]). – « Ellipse, c'est-à-dire "défaut", comme le défaut de la lune ou du soleil ou bien d'une autre chose. Si dans une œuvre manque un mot ou une phrase, on parle de l'ellipse, mais s'il manque une lettre ou une syllabe, on dit "aphérèse", "syncope" ou "apocope" ». Seulement trois figures mentionnées par Molinier (paragoge, pléonasme et tapinose) sont absentes de ce dictionnaire.

17 John Marshall, « Observations on the Sources of Treatment of Rhetoric in the *Leys d'Amors* », *Modern Language Review*, t. 64, 1969, p. 39-52 ; Catherine Leglu, « Languages in Conflict in Toulouse : las *Leys d'Amors* », *Modern Language Review*, t. 103, 2008, p. 383-396 (à part le *Grécisme*, Leglu signale les *Derivationes* comme source de la partie rhétorique de la première rédaction des *Leys*).

18 « Instructif de seconde rhétorique », éd. Emmanuel Buron, Olivier Halévy, Jean-Claude Mühlethaler, dans *La Muse et le Compas : poétiques à l'aube de l'âge moderne. Anthologie*, Jean-Charles Monferran dir., Paris, Classiques Garnier, 2015, p. 68, v. 18.

La ressemblance des publics visés fait supposer que ce n'est pas un hasard si leurs auteurs ont un goût commun pour les vers à thématique grammaticale et rhétorique, et l'intérêt pour la poésie scolaire peut être un signe de l'appartenance des textes à la littérature urbaine.

Cette vision de la poésie est complétée par d'autres définitions du rôle que Molinier (et, peut-être, le Consistoire) lui attribue. Sa fonction didactique et sociale est soulignée de la façon la plus évidente dans la première épître du préambule où Molinier annonce :

Mas tant es grans l'ensenhamens
De cels que fan vers e chansos
Qu'altresi quo-l religios
Mostran la vida sperital,
Et ilh mostran la temporal,
Francamen, si cum vos sabetz[19].

« L'enseignement des ceux qui font des vers et des chansons
Est aussi grand
Que celui des religieux
Qui nous montrent la vie spirituelle ;
Les poètes nous montrent honnêtement
La vie temporelle, comme vous le savez. »

La fonction de la poésie – définir les règles de vie des laïcs – s'accorde avec le rôle dont le préambule dote les poètes dans la ville de Toulouse, celui de les subordonner au conseil municipal.

La place que l'art poétique reçoit dans le système médiéval des sciences – la philosophie – est également en harmonie avec cette vision.

Joseph Anglade signale, dans son édition, certaines sources, parmi les plus importantes, de cette partie des *Leys d'Amors* – notamment le *Tresor* de Brunet Latin, le *Liber de doctrina dicendi et tacendi* et le *Liber consolationis et consilii* d'Albertano da Brescia, et, selon lui, cette partie du traité est indépendante de la partie suivante portant sur la description des formes et des règles poétiques[20]. Plus tard Alfred Jeanroy souligne que le trait distinctif de la seconde rédaction des *Leys* est son orientation religieuse, expliquant que Molinier veut établir avec le clergé des liens plus étroits et veut manifester son orthodoxie[21]. Par la suite, Guy Beaujouan et Paul Cattin caractérisent

19 *Las Leys d'Amors*, éd. citée, t. I, p. 10.
20 *Ibid.*, t. IV, p. 52-62.
21 Alfred Jeanroy, « Les Leys d'Amors », art. cité, p. 225-227.

avec plus de précision les emprunts faits par Guillaume Molinier à la somme encyclopédique du médecin toulousain Philippe Éléphant[22], et, plus tard, N. Pasero relève plusieurs défauts de l'appareil critique de l'édition d'Anglade, et signale des sources, inconnues auparavant, de cette partie des *Leys*. Le plus important est le discours du même Albertano da Brescia, prononcé devant la réunion des juristes de Brescia et intitulé le *Sermon fait pour savoir ce qui est nécessaire au banquet*[23]. Enfin, tout récemment, Ana Celestino Montenegro développe dans sa thèse une discussion sur le système philosophique de Molinier dans la seconde rédaction en prose du traité et sur certaines de ses sources[24].

22 Pour cet auteur qui fut probablement d'origine anglaise, ainsi que pour son œuvre conservée en partie sous forme manuscrite voir Guy Beaujouan, Paul Cattin, « Philippe Éléphant (mathématique, alchimie, éthique) », dans *Histoire littéraire de la France*, t. XLI, Paris, Imprimerie Nationale, 1981, p. 285-363, ici p. 286.

23 *Sermo factus ad cognoscendum que sint necessaria in convivio et quomodo debemus intelligere, secundum Profetam dicentem : « Beatus qui intelligit super egenum et pauperem »*. Nicolò Pasero, « Sulle fonti del libro primo delle Leys d'Amors », *Studj romanzi*, v. 34, p. 125-185. – Plus tard, Imre Majorossi accorde une attention aux sources des citations des Pères de l'Église de cette partie des *Leys* (Imre Majorossy, *« Amors es bona volontatz ». Chapitres de la mystique de la poésie des troubadours*, Budapest, Akadémiai Kiadó, 2006, p. 178-204 ; chapitre « La morale des *Leys d'Amors* : le grand jeu ? »). À l'aide des sentences morales, puisées dans les ouvrages de saint Augustin, croit-il, Molinier met en relief la signification de la doctrine de la *fin'amor* des troubadours et, en même temps, il contribue à ce que cette doctrine soit acceptée par l'Inquisition de Toulouse (*ibid.*, p. 193 ; 227). Il est difficile d'accepter ces conclusions. Il est important que les sentences des théologiens citées par Molinier, comme le montre, en particulier, N. Pasero, ne sont pas extraites des ouvrages des théologiens, mais des compilations connues, dont certaines sont des sources essentielles des *Leys* ; d'autres citations, sans aucun doute, remontent aux florilèges – chez Molinier lui-même, elles sont classées selon le critère thématique, ce qui indique clairement cette provenance (Nicolò Pasero, « Sulle fonti del libro primo delle *Leys d'Amors* », art. cité, p. 155-156 ; 161-184). L'érudition de Molinier fut, sans aucun doute, beaucoup plus réduite que celle que lui attribue ce chercheur, qui croit que Molinier et son entourage connaissaient très bien les ouvrages de saint Augustin (Imre Majorossy, « La morale des *Leys d'Amors* : le grand jeu ? », *op. cit.*, p. 192). Il faut tenir compte également du fait que dans toutes les rédactions des *Leys*, Molinier accorde très peu d'attention aux troubadours de l'époque classique et, comme Beatrice Fedi le note, il n'en mentionne que quatre, pratiquement sans citer leurs poèmes (voir l'analyse détaillée des citations dans toutes les rédactions des *Leys d'Amours* : Beatrice Fedi, « Il canone assente : l'esempio metrico nelle "Leys d'Amors" fra citazione e innovazione », art. cité, p. 159-186 (il n'y a que quelques poètes de l'époque classique qui y figurent de façon non anonyme : Arnaut Daniel, Rigaut de Barbezieux, Peire Vidal). En ce qui concerne la rédaction tardive des *Leys*, les noms des troubadours de l'époque classique en disparaissent totalement, souligne Sarrah Kay ; le seul poète cité de façon non anonyme est N'At de Mons (Sarah Kay, *Parrots and Nightingales : Troubadour Quotations and the Development of European Poetry*, Pennsyvania, University of Pennsyvania Press, 2013, p. 181-188).

24 Ana Cristina Celestino Montenegro, « La réorganisation des sciences dans la division de la philosophie du *Tresor* : de la rhétorique à la théologie à travers les *Leys d'Amors* et

le *Livre de la Mutacion de Fortune* » (thèse inédite, New York University, 2018), p. 117-191. A. Celestino Montenegro signale, en particulier, le livre de Hugues de Saint-Victor *De institutione noviciorum* que Molinier devait avoir en vue lorsqu'il mentionne cet auteur en discutant les circonstances dans lesquelles le discours peut avoir lieu (thèse cit., p. 155). – Pourtant, à notre avis, l'auteure de la thèse exagère l'unité conceptuelle de cette partie des *Leys*, en essayant de présenter l'exposé des diverses doctrines comme un développement logique et continue. À la suite d'Alfred Jeanroy, nous croyons, de notre côté, que dans ce livre diverses doctrines se superposent –, doctrines extraites par Molinier des sources nombreuses et qu'il n'a pas su réunir (Alfred Jeanroy, « Les Leys d'Amors », dans *Histoire littéraire de la France*, art. cité, p. 219-220, 224-225 ; voir plus bas p. 439-440, n. 34-35, 40). – En comparant les *Leys* et le *Tresor* de Brunet Latin l'auteure exagère aussi l'originalité de Molinier, en la voyant, en particulier dans le fait que la théologie apparaît chez lui comme la science la plus importante ; selon A. Celestino Montenegro, à cet égard, Molinier modifie considérablement la présentation des sciences proposée par Brunet Latin (thèse cit., p. 147-148). Pourtant, Brunet lui-même considère la théologie comme la science la plus importante des sciences théoriques et de *ses parties* (*Tresor*, I, iii, 2). Il est non moins important que Molinier reproduit entièrement le passage du *Tresor* où la politique est appelée la science la plus noble, en ajoutant toutefois qu'elle l'est parmi toutes les sciences pratiques, alors que chez Brunet elle l'est parmi les sciences « ki soit entre les homes » (voir *Tresor*, I, iv, 5 ; *Leys*, I, p. 80-81). Ainsi, il est impossible d'affirmer que Molinier trahit radicalement sa source directe. Il s'agit peut-être plutôt pour lui de mettre l'accent sur les points qui l'intéressent ; à moins qu'il ne s'agisse, comme dans d'autres cas, d'une absence de cohérence entre les parties de sa compilation qui remontent à des sources diverses. Soulignons, de plus, que la thèse de la primauté de la théologie par rapport aux autres sciences n'est pas nouvelle chez les auteurs chrétiens. Ainsi, selon Alcuin, les sciences libérales permettent d'accéder à la plus haute connaissance des Saintes Écritures (*ad culmina Sacrarum scripturarum* ; *Grammatica*, dans *PL*, t. CI, col. 854). Alcuin reconnait ainsi l'excellence de la théologie par rapport aux autres « arts » ; plus tard Hugues de Saint-Victor définit la théologie comme une philosophie véritable tournée vers Dieu et vers l'âme (*Didascalicon*, III, iii), et même s'il ne la désigne pas comme la science la plus importante, sa définition laisse clairement entendre sa primauté. À cet égard également, nous partageons l'avis d'A. Jeanroy selon qui l'orthodoxie « affectée » de Molinier « à l'égard de la religion », caractéristique de cette rédaction, s'explique plutôt par le contexte politique du pays et par le souci de mériter l'approbation de l'Inquisition (Alfred Jeanroy, « Les Leys d'Amors », art. cité, p. 225). – Nous ne pouvons pas partager l'affirmation d'A. Celestino Montenegro selon qui « Les préceptes pour la composition de vers et chansons étaient originellement tirés de la rhétorique cicéronienne classique » (thèse cit., p. 149). Cette affirmation ne peut nullement être appliquée à la poésie rythmique latine du XIVe siècle (et des époques précédentes), ainsi qu'à la poésie des langues romanes. Ce sont les traités latins spécialement consacrés à la poésie rythmique latine qui constituaient, pour ainsi dire, le fondement théorique pour ces deux traditions poétiques liées entre elles, latine et vernaculaire, et parmi eux la *Parisiana Poetria* (1220-1230) de Jean de Garlande et le *Laborintus* (entre 1212 et 1280) d'Évrard l'Allemand ; dans ces traités, la poésie est souvent définie comme une espèce de musique (voir Giovanni Mari, *I trattati medievali di ritmica latina*, Bologna, Forni, 1971, 1re éd. 1899 ; pour l'édition de *Laborintus* voir Edmond Faral, *Les arts poétiques du* XII*e et* XIII*e siècle*, Genève, Slatkine, 1982, p. 370-376, 1re éd. 1924 ; et pour Jean

Bien que cette partie des *Leys* abonde en contradictions, il est possible de saisir un fil conducteur unissant le texte à l'exposé des règles poétique. De fait, Molinier crée cette rédaction des *Leys* à l'imitation des auteurs italiens qui s'adressaient à l'administration des cités, aux *podestà*, et leur apprenaient à maîtriser la rhétorique tout en leur donnant des leçons de bon gouvernement. Car, comme plusieurs chercheurs l'ont constaté, les ouvrages de cette sorte (dont notamment le *Tresor* de Brunet Latin et le *Liber de doctrina dicendi* d'Albertano – sources les plus importantes de Molinier) forment un groupe à part parmi les versions médiévales de la rhétorique classique, à côté des *artes dictaminis* et *artes praedicandi*[25].

---

de Garlande, *Parisiana Poetria*, éd. Traugott Lawler, New Haven, Yale University Press, 1974). Chez Jean de Garlande et chez Évrard l'Allemand en particulier on trouve une opposition très nette entre la prose et la poésie rythmique qui exerce son influence sur la formation de la « seconde rhétorique » au XIVe ; grâce à cette distinction, cette dernière acquiert au siècle suivant le statut d'une discipline quasi autonome. Ce n'est pas un hasard si le plan général des traités consacrés à la « poésie rythmique » latine exerce une influence, lui aussi, sur le plan des traités analogues en français (classement de poèmes qui dépend du type de vers et de rime qu'ils utilisent) et que certains termes désignant les espèces des vers se retrouvent plus tard chez Guillaume Molinier et, ensuite, chez Machaut, Deschamps et dans plusieurs traités de « seconde rhétorique » (ainsi, le *versus retrogradus*). (Pour cette influence voir en particulier Giovanni Mari, « Prefazione », dans *I trattati medievali*, *op. cit.*, p. 9-10). Molinier a dû connaître un des traités de ce type et l'utiliser déjà dans la première rédaction de son ouvrage. Pour cette raison il n'est pas tout à fait juste d'affirmer, comme le fait A. Celestino Montenegro, que la distinction entre la première rhétorique (celle de la prose) et la seconde rhétorique (celle de la poésie) apparaît pour la première fois chez Molinier (thèse cit., p. 120, 150) : Molinier l'emprunte à des auteurs latins mentionnés. Soulignons, de plus, qu'il n'emploie pas les termes de « première rhétorique » et de « seconde rhétorique », mais parle de *primiere maniera* et de *seconda* (*Leys*, éd. citée, t. II, p. 13). Enfin, la distinction de la rhétorique de la prose et de celle de la poésie n'est pas aussi nette chez lui, puisque tout ce qui est dit de la rhétorique dans le traité de philosophie (*Leys*, éd. citée, t. I) s'applique non seulement à la prose, mais aussi à la poésie, comme en témoignent notamment plusieurs mentions des chansons et des vers. Ajoutons enfin qu'A. Celestino Montenegro, dans la partie de sa thèse consacrée aux *Leys*, ne tient pas compte des articles cités d'A. Jeanroy, de N. Pasero (et donc des sources des *Leys* qu'ils y discutent), ainsi que de plusieurs publications de B. Fedi consacrées aux rédactions des *Leys* (voir p. 427-428, n. 2 et 4).

25 Pour ces traités comme un groupe particulier (ou un « genre »), ainsi que son lien avec la situation politique des cités communales de l'Italie, voir notamment Fritz Hertter, *Die Podestàliteratur Italiens im 12. und 13. Jahrhundert*, Lepzig, Berlin, 1910 ; Aldo Checchini, « Un giudice del secolo decimoterzo : Albertano da Brescia », dans *id.*, *Scritti giuridici e storico-giuridici*, t. I, Padova, A. Milani, 1958, p. 185-235 ; Enrico Artifoni, « Sull'eloquenza politica nel Duecento italiano », *Quaderni medievali*, t. 35, 1993, p. 57-78 ; Enrico Artifoni, « Un politico professionale del Duecento, il podestà cittadino », *Storia e dossier*, 5 mar. 1987, p. 22-25 ; Delphine Carron (Faivre), « Le héros de la liberté. Les aventures philosophiques de Caton au Moyen Âge latin, de Paul Diacre à Dante » (thèse inédite,

Albertano qui, on le suppose, fit ses études à Bologne et, peut-être, à Padoue, fut juriste, membre de la corporation des chargés d'affaires (*causidici*) de la ville de Brescia, où, on le sait, il fut syndic en 1231 avant d'être, en 1243, conseiller du maire (*podestà*) de la ville de Gênes[26]. Son *Liber de doctrina dicendi et tacendi* expose les règles qui gèrent les discours dans des situations administratives. Il y explique en particulier comment dialoguer avec les ambassadeurs, écrire les lettres ou composer les lois, et quelles sont les règles générales de la conversation. Quant à Brunet Latin qui, dans les années 1250-1260, fut secrétaire et notaire de la commune de Florence, il consacre le dernier livre de son *Tresor* à la manière de gouverner la cité, où il résume le traité de Giovanni da Viterbo *Le liber de regimine civitatum* (1237), un des textes adressés aux dirigeants de la ville[27].

Avec son traité où au moins deux plans différents se superposent, Molinier est, sans aucun doute, beaucoup moins doué qu'Albertano et Brunet Latin. Toutefois l'idée du bien commun, du « profit humain »

Université Paris-Sorbonne (Paris-IV), Neuchâtel, 2010), p. 662-666 ; Andrea Zorzi, « Bien Commun et conflits politiques dans l'Italie communale », dans *De Bono Communi. The Discourse and Practice of the Common Good in the European City (13th-16th c.)*, Élodie Lecuppre-Desjardin, Anne-Laure Van Bruaene dir., Turnhout, Brepols, 2010, p. 267-296. Voir également : Paola Navone, « Introduzione », Albertano da Brescia, *Liber de doctrina dicendi et tacendi : la parola del cittadino nell'Italia del Duecento*, a cura di Paola Navone, Firenze, SISMEL-ed. del Galuzzo, 1998, p. XII-XL. – Luís Marchili, pour sa part, essaye de trouver les origines de ce type de traité – réunissant l'art de bon gouvernement et la rhétorique – dans l'Antiquité, ce qui ne nous semble pas fondé : Luís Marchili, *How to Legislate with Wisdom and Eloquence. The Art of Legislation Reconstructed from the Rhetorical Tradition*, Buenos Aires, Author's Edition, 2016 (édition originale : *Cómo legislar con sabiduría y elocuencia : el arte de legislar reconstruido a partir de la tradición retórica*, Buenos Aires, Dunken, 2009).

26 Aldo Checchini explique le sens du terme « causidicus » – conseiller professionnel, *assessor* ; l'administration urbaine, ainsi que les juges et les personnes privées les invitaient dans les cas difficiles. Ces conseillers avaient le droit de devenir juges, d'assurer l'accusation ou la défense dans un procès. Albertano est qualifié de « juge » dans certaines de ces œuvres ; pourtant lui-même se nomme « causidicus ». Pour la biographie et les vues juridiques d'Albertano da Brescia voir Aldo Checchini, « Un giudice del secolo decimoterzo : Albertano da Brescia », art. cité, p. 185-235. Voir également Paola Navone, « Introduzione », Albertano da Brescia, *Liber de doctrina dicendi et tacendi*, éd. citée, p. XII-XL. Pour les caractéristiques de l'éloquence civile du XIIIe siècle, qui sont manifestes dans les discours d'Albertano voir Enrico Artifoni, « Sull'eloquenza politica nel Duecento italiano », art. cité, p. 57-78.

27 Fritz Hertter, *Die Podestàliteratur Italiens im 12. und 13. Jahrhundert*, *op. cit.*, p. 72-75, surtout p. 72-73 ; Andrea Zorzi, « Bien Commun et conflits politiques dans l'Italie communale », art. cité, p. 265-290, surtout p. 274-277.

comme valeur sociale la plus haute, caractéristique des auteurs italiens, se fait clairement entendre dans la dernière rédaction des *Leys d'Amors* où, comme chez les Italiens, la défense du bien commun est placée presqu'au même niveau que le service de Dieu, et où ceux qui se soucient du bien commun sont opposés à ceux qui ne pensent qu'à leurs propres intérêts. On l'a constaté, Brunet Latin emprunte cette idée à Aristote, se fondant sur une des versions anciennes de l'*Éthique à Nicomaque* – la « traduction Alexandrine[28] ». Or, l'écho des mêmes idées est perceptible chez Molinier.

S'inspirant des auteurs italiens, Molinier essaye de créer une sorte de fondement philosophique pour une vision spécifique de la poésie qui définit, chez lui, les lois de la vie sociale, les poètes s'intégrant, d'après les *Leys*, aux élites politiques de la cité. Cette partie des *Leys*, dans la rédaction de 1356, porte l'empreinte évidente des idéaux sociaux et politiques formés en milieu urbain, d'autant que, derrière l'exposé des doctrines théologiques et les témoignages d'orthodoxie, transparaît parfois une certaine réserve de Molinier vis-à-vis du clergé, ainsi que son désir d'opposer les pouvoirs laïcs de la cité, qui la gouvernent en accord avec les lois et pour le bien des citadins, au pouvoir de l'Église.

Il est évident que ce n'est pas un hasard si Molinier se fonde sur les sources italiennes. Sarrah Kay a souligné récemment que la situation de Toulouse, gouvernée par un conseil disposant d'une certaine autonomie, était analogue à celle des cités communales de l'Italie. Le Consistoire, composé de laïcs, fut une institution officielle de la cité ; il était opposé à l'Université de Toulouse, centre de l'Inquisition, et leurs oppositions « furent semblables à celles qui déchiraient les cités communales de l'Italie[29] ».

La place importante que la ville et la manière de la gouverner occupe chez Brunet Latin se reflète dans ses idées sur la « division de philosophie » et sur le système du savoir, et ces mêmes idées passent chez Molinier. Selon Brunet, la philosophie se divise en sciences théoriques et pratiques.

---

28 Voir, en particulier, l'analyse excellente des œuvres de Brunet Latin dans la thèse de Delphine Carron (Faivre), « Le héros de la liberté », thèse cit., p. 666-675. Pour la « traduction Alexandrine » de l'*Éthique à Nicomaque* comme source du *Tresor* de Brunet Latin voir Francis J. Carmody, « Introduction », dans *Li livres dou Tresor de Brunetto Latini*, Berkeley and Los Angeles, 1948, p. XXLIII. – La « Translatio Alexandrina », traduction abrégée et simplifiée de l'*Éthique à Nicomaque* (de l'arabe en latin) est datée de 1243-1244 et est attribuée à Hermannus Alemannus.

29 Sarah Kay, *Parrots and Nightingales : Troubadour Quotations and the Development of European Poetry*, *op. cit.*, p. 176-188, ici p. 180.

Ces dernières comprennent l'éthique, l'économie et la politique qui, à son tour, comprend les sciences mécaniques (les métiers) et les sciences logiques (qu'on pourrait également appeler les « sciences du discours », *artes sermocinales*) que sont la grammaire, la rhétorique, la dialectique[30].

Ce système de philosophie remonte au *Didascalicon* d'Hugues de Saint-Victor, auquel est apportée une modification radicale : contrairement à Hugues, la ville médiévale, les façons de la gouverner et d'y vivre ensemble sont au centre du système philosophique de Brunet. La politique chez lui devient la science la plus noble puisqu'elle enseigne à gouverner des règnes, des cités et des communes en accord avec les lois, cette évocation du gouvernement légitime de la ville et de la commune renvoyant, sans aucun doute, à l'expérience italienne[31]. À la suite de Brunet, Molinier définit la politique comme la science pratique la plus importante et met en valeur le travail des artisans dans la vie de la communauté. Il est significatif que chez Molinier, comme chez Brunet, les métiers des artisans se trouvent au même niveau que la grammaire et la rhétorique, et que, autrement dit, ils sont « nobles » au même degré[32]. Cette configuration de la politique répond à la composition du Consistoire, où les représentants des milieux érudits se mêlent aux commerçants : à la suite de Brunet, Molinier dessine donc l'unité de la communauté des citadins et la donne pour un idéal.

Il est curieux de constater que, quelques pages plus haut, Molinier décrivait les sciences mécaniques différemment. De fait, il suit la somme du médecin toulousain Philippe Éléphant dont le système des sciences était bien particulier en comparaison des autres[33], en associant la mathématique aux sciences du *trivium* (grammaire, rhétorique, logique) –, classement qui, à ce que nous savons, ne se rencontre pas ailleurs. Bien plus – ce qui nous intéresse davantage encore –, il affirme, à la suite du même auteur, que les sciences mécaniques, même si elles profitent à l'homme, sont fausses et illégitimes, et moins nobles que les arts libéraux, car les artisans changent constamment la forme des leurs produits

30 Nous résumons d'une manière très schématique la description de ce système, privilégiant les sciences pratiques, importantes pour notre sujet.

31 Voir *Didascalicon*, II, xix.

32 *Li livres dou Tresor de Brunetto Latini*, éd. citée, p. 21 (I, iv) ; *Las Leys d'Amors*, éd. citée, t. I, p. 80-81.

33 Guy Beaujouan, Paul Cattin, « Philippe Éléphant (mathématique, alchimie, éthique) », art. cité.

en raison de leur manque de constance. Dans cette vision des sciences mécaniques que Molinier hérite de Philippe Éléphant on perçoit l'écho du *Didascalicon* de Hugues de Saint-Victor selon qui, rappelons-le, ces arts sont « faux » car ils empruntent leur forme à la nature[34].

C'est après avoir exposé les idées de Philippe Éléphant, que Molinier passe au système de Brunetto Latini. Il est vraisemblable, à notre avis, qu'au cours du travail sur cette rédaction des *Leys d'Amors* l'auteur découvrît le manuscrit du *Tresor* de Brunet Latin qui changea radicalement sa vision de la philosophie et le plan général de son ouvrage. Pourtant, entre le début et la suite de l'ouvrage, il n'a pas levé la contradiction et, peut-être, faut-il supposer qu'il n'a pas eu le temps de le faire[35] ?

Après en avoir fini avec les définitions des sciences philosophiques, Molinier trouve l'opportunité d'insérer l'art poétique :

> *Aras es a vezer sobre qual partida de philozophia es fondada la nostra prezens sciensa de las Leys d'Amors. E dizem que aquesta sciensa, en quant que toca bel ornat e bo de parlar, se fonda sobre rethorica. E quar en aytal parlar, coma en verses, chansos et en autres dictatz hom pauza e ditz bos essenhamens e doctrinas bonas e vertuozas per esquivar vicis e peccatz e per essenhar bos costums e vertutz, per so la prezens sciensa se pot fondar sobre ethica de laqual havem lassus parlat assatz, mas non ges de rethorica per que d'aquela parlam per esta maniera*[36].

> « Maintenant il faut voir, sur quelle partie de philosophie est fondée notre science des Lois d'Amours. Disons que cette science, en ce qui concerne les beaux ornements et le beau discours se fonde sur la rhétorique. Et puisque dans de tels discours, notamment les vers, chansons et autres dits, on met et écrit de bons enseignements et bonnes et vertueuses doctrines pour échapper aux vices et péchés et enseigner de bonnes coutumes et vertus, cette science se fonde sur l'éthique, dont nous avons déjà assez parlé, mais non pas de la rhétorique, dont nous allons parler de cette façon. »

À la différence des autres définitions du traité, celle-ci n'est pas une traduction, mais est propre à Molinier. Elle évoque certaines définitions plus complexes de l'époque de la scolastique qui, elles aussi, lient l'art

34 Voir *Didascalicon*, II, xx : *hae mechanicae appellantur, id est, adulterinae, quia de opere artificis agunt, quod a natura formam mutuatur*, « http://www.intratext.com/IXT/LAT0506/_PW.HTM » (consulté le 24/4/2022). – « Ces sciences sont appelées mécaniques, c'est-à-dire fausses, puisqu'elles concernent l'œuvre de l'artisan qui emprunte la forme à la nature ». Voir *Las Leys d'Amors*, éd. citée, t. I, p. 73.

35 La date de la mort de Molinier est inconnue, pourtant en 1356 il ne devait pas être jeune, puisqu'en 1324 il a déjà écrit la première rédaction en prose des *Leys d'Amours*.

36 *Las Leys d'Amors*, éd. citée, t. I, p. 82.

poétique à la rhétorique et à l'éthique, et aussi parfois à la logique et à la musique[37]. Celle de Molinier s'en distingue puisque, dans son système, l'art poétique – par l'intermédiaire de la rhétorique – est subordonné également à la politique, à la science de gouverner. De plus, en accord avec les arts poétiques médio-latins, Molinier inclut dans le domaine de la rhétorique la poésie en tant que telle, alors que Brunet Latin subordonne uniquement à cette science les textes où il y a « demoustrement, conseil et jugement » et non pas les « fables ou anciennes istores » (II, ii). Par conséquent, Molinier parle de la poésie beaucoup plus que Brunet qui, d'ailleurs, entend quelquefois par rhétorique la littérature au sens large du terme, en évoquant, par exemple, le sujet de Tristan et d'Iseut[38].

Cette partie des *Leys d'Amors* propose donc une explication, permettant de limiter les thèmes de la poésie par la didactique, la satire et la religion, qui sont, elles, les plus utiles pour la société et pour le bon gouvernement.

La suite du traité de philosophie est consacrée aux deux sciences essentielles, auxquelles l'art poétique est subordonné : la rhétorique et

37 Elle évoque, en particulier, celle de Roger Bacon qui, dans son *Opus tertium*, oppose deux types de rhétorique et de poétique : le premier apprend à construire les arguments et à argumenter et dépend de la logique ; le second apprend à utiliser les arguments et dépend de l'éthique. Se référant à Aristote, Al-Fârâbî et saint Augustin, Bacon souligne aussi l'effet médicinal de la « musique » – de la belle forme poétique – qui utilise les « arguments éthiques » ; grâce à cet effet, l'âme humaine, pour ainsi dire, ravie du corps, se remplit de l'amour pour le bien et du dégoût pour le mal (*Opus tertium*, cap. 75, *Fr. Rogeri Baconi opera quaedam hactenus inedita*, éd. John S. Brewer, t. I, London, 1859, p. 306 ; cap. 64, éd. citée, p. 266). Le contemporain de Molinier Jean Buridan, dans son commentaire sur l'*Éthique à Nicomaque*, considère la rhétorique et la poétique comme deux parties de l'« éthique instrumentale » ; la rhétorique et la poétique forment « une logique morale », *logica moralis* (pour la théorie de Roger Bacon et de Jean Buridan voir Gilbert Dahan, « Notes et textes sur la poétique au Moyen Âge », *Archives doctrinales et littéraires du Moyen Âge*, t. 47, 1981, p. 171-239, surtout p. 181-183). Dans la traduction du commentaire d'Averroès sur la *Poétique* d'Aristote par Hermann l'Allemand, la poétique est aussi définie comme une partie de la logique. En même temps, elle se rapproche à plusieurs reprises de la rhétorique (ainsi, la tragédie comporte trois parties, dont la première est semblable à l'exorde rhétorique, alors que la troisième, à la conclusion du discours). D'autre part, la poétique est proche de l'éthique : en accord avec les arts poétiques médio-latins, Hermann définit deux sortes des poèmes consacrés à l'éloge et au blâme ; la compassion et la peur réveillées dans l'âme de l'auditeur par le sort des hommes dignes, décrits par les poèmes élogieux, l'incitent aux faits vertueux. (*Averrois Expositio poeticae, interprete Hermanno Alemanno*, éd. Laurentius Minio-Paluello, dans *Aristoteles latinus.* 33, *De arte poetica*, Bruxelles, Paris, Desclée de Brouwer, 1968, 2e éd., p. 40-74 ; surtout p. 43, 54 [1re éd. 1953]).

38 *Li Livres dou Tresor de Brunetto Latini*, éd. citée, p. 23, 331.

l'éthique. Dans les pages consacrées à la rhétorique Molinier souligne son lien avec le droit et la participation des juristes au gouvernement des cités, et il rapproche également la poésie didactique des actes de paroles des ceux qui gouvernent les peuples.

Tresor
La tierce science est retorique, cele noble science ke nous ensegne trover et ordener et dire paroles bonnes et bieles et plaines de sentences selonc ce que la nature requiert. C'est la mere des parliers, c'est l'ensegnement des diteours, c'est la science ki adrece le monde premierement a bien fere, et ki encore l'adresce par les predications des sain homes, par les divines escriptures, et par la loi ki les gens governe a droit et a joustice. C'est la science de qui Tulles dit en son livre que celui a hautisme chose conquise ki de ce trespasse les homes dont li home trespassent tous les autres animaus, c'est de parleure[39].

Leys d'Amors
Rethorica, segon Yzidori, es sciensa de dir be e loquencia copiosa en questios civils per requerir e amonestar cauzas justas e bonas. Aquesta es aquela nobbla sciensa per laqual hom sab trobar, dictar et ordenar e dire paraulas ornadas, bonas e plazens e fondadas e be assetiadas en dreg et en razo e plenas de sentensa segon que la natura requier, so es la mayres de parlar, so es l'esenhamens de dictadors, so es la sciensa que essenha lo mon a be far e governar e predicadors a predicar la Santa Scriptura e la ley de Nostre Senhor e reys, princeps, comtes, jutges et autres justiciers e bos e leyals avocatz a drechura defendre, sostener e far, so es la sciensa de laqual Tullis ditz en son libre que aquel conquier sobrenauta et excellen cauza per laqual passa e sobremonta totz animans, so es bona e bela parladura[40].

« Selon Isidore, la rhétorique est la science de bien parler, l'éloquence abondante pour traiter les questions civiles, pour rechercher et signaler les causes justes et bonnes. C'est une science noble à l'aide de laquelle on peut inventer, composer, disposer et prononcer *les paroles ornées, bonnes et plaisantes, bien fondées et établies sur le droit et sur la raison*, pleines de sentences, comme la nature, c'est-à-dire la mère de la parole, le requiert. *C'est la science qui enseigne* aux auteurs, c'est-à-dire, enseigne au monde, à bien faire et *à gouverner*, et aux prédicateurs – à prêcher la Sainte Écriture et Lois de Notre Seigneur, *rois, princes, comtes, juges et autres magistrats, ainsi qu'aux bons et loyaux avocats à défendre la justice, la soutenir et la faire*. C'est la science dont Tulle dit en son livre qu'avec

39 *Ibid.*, p. 21 (I, iv). Voir Cicéron, *De Oratore*, I, VIII, 32-33.

40 *Las Leys d'Amors*, éd. citée, t. I, p. 82-83. – Voir Isidore, II, i, [1]. La définition de la rhétorique formulée par Isidore, citée dans ce cas, fait revenir le lecteur à ce qui était déjà dit à la page précédente (*Las Leys d'Amors*, éd. citée, t. I, p. 81) : Molinier a déjà traduit ce paragraphe d'Isidore, en omettant pourtant la mention des questions civiles. Dans ce cas, comme dans bien d'autres, Molinier essaye de compiler plusieurs sources, et il retourne aux mêmes définitions, sans pourtant les coordonner ; cela confirme la thèse de B. Fedi, selon laquelle le texte de la seconde rédaction des *Leys d'Amors* qui nous est parvenu n'était pas définitif.

son aide celui reçoit la très noble excellence qui surmonte et dépasse tous les animaux, c'est-à-dire la parole bonne et belle » (nous soulignons).

L'attention portée au milieu des juristes et à la législation est manifeste également par la suite. Un des ajouts, parmi les plus importants, de Molinier à l'exposé du *Liber de doctrina dicendi et tacendi* d'Albertano da Brescia s'inscrit dans le paragraphe consacré aux causes pour lesquelles il est légitime de parler, selon Albertano, pour le service de Dieu et pour le bien commun. Ayant résumé ces thèses, auxquelles se joint la citation de l'épître de saint Augustin qui les appuie (épître CLIII, vi, 23)[41], Molinier amplifie la liste des sujets dont on peut parler et accompagne le tout de l'éloge émouvant des juristes. Il y intercale, de surcroît, une paraphrase de *Digeste* (lib. I, tit. 1, 10), seconde partie du *Code de Justinien*, sur les serviteurs de la loi, qui « font justice et rendent à chacun ce qui lui revient » (*fazen drechura e redden a cascu so que sieu es*) :

Albertano da Brescia, *Liber de doctrina dicendi et tacendi*
Causa igitur dicti tui sit aut pro Dei servitio aut pro humano commodo aut pro utroque aut forte pro amico aut etiam pro omnibus predictis.
Pro Dei servitio, ut faciunt fratres Predicatores et Minores.
Pro humano commodo, ut causidici et alii oratores faciunt. Nam secundum beatum Augustinum licet advocato vendere iustam advocationem, et iurisperito vendere iustum consilium[42].

« Tu parleras donc soit pour le service de Dieu, soit pour le commun profit, soit pour les deux à la fois ou bien pour un ami ou encore pour tout ce qui a été mentionné. Pour le service de Dieu, comme font les Frères Prêcheurs et les Frères Mineurs. Pour le profit humain, comme les conseillers le font, ainsi que d'autres orateurs. Car, selon saint Augustin, il est légitime qu'un avocat soit rémunéré pour sa juste défense et le conseiller de justice pour son juste conseil. »

---

41 Voir Augustin : *Sed non ideo debet judex vendere justum judicium, aut testis verum testimonium, quia vendit advocatus justum patrocinium et jurisperitus verum consilium : illi enim inter utramque partem ad examen adhibentur ; isti ex una parte consistunt* (PL, t. XXXIII, col. 663). – « Pourtant le juge ne doit pas vendre son juste jugement et le témoin – son témoignage véritable, si l'avocat est payé pour sa juste défense et le connaisseur du droit – pour son conseil utile ; les premiers participent à l'examen de l'affaire qui divisent les deux parties ; les seconds travaillent pour une seule partie ». Sous une forme abrégée, la même citation est reprise dans le *Decret de Gratien* (Pars secunda, causa XI, questio III, canon LXXI, « https://geschichte.digitale-sammlungen.de/decretum-gratiani/kapitel/dc_chapter_1_1968 » (consulté le 24/4/2022). Et, à part le *Liber de doctrina dicendi et tacendi*, dans un sermon du même Albertano (Sermo Januensis, *Sermone inedito di Albertano di Brescia*, éd. Luigi Francesco Fè d'Ostiani, Brescia, 1874, p. 42-43).

42 Albertano da Brescia, *Liber de doctrina dicendi et tacendi*, éd. citée, p. 28.

Leys d'Amors
Las cauzas especials entre las autras que devon e podon moure et endure a bon parlar son aquestas : lauzors divinals, profieytz humanals, o tot essems ; defensa de si meteysh, de son amic et de son pruesme, o tot essems ; divinals, so es per lo servezi de Dieu, cum fan li bon religios et autras personas devotas que am bonas paraulas lauzon Dieu nostre Salvayre ; humanals, cum fan li franc, nobble reys poderos, li princep bo, li comte pro, duc, baro valoros e li fizel naut justicier, juge leyal e drechurier, liqual am lors reyals, excellens et justz mandamens governo, gardo e teno en defensa lor pahys e la cauza publica e singularmen lors somezes, fazen drechura e redden a cascu so que sieu es ; e cum fan ysshamen li savi, discret, et leyal avocat e li altre bon clerc et alqun layc be enparlat et en razo natural be fondat, tractan acortz e patz fazen, las gens a be far enduzen, aconsselhan e de mals retrazen. Sant Augusti ditz dels avocatz que « ad aytals bos avocatz es causa leguda vendre sa bona e justa avocatio, et a savi en dreg son drechurier coselh[43]*. »*

« Entre autres, les causes spéciales qui doivent et peuvent pousser et déterminer à bien parler sont les suivantes : la louange divine, le profit humain ou les deux en même temps ; la défense de soi-même, de son ami ou de son prochain ou tout cela à la fois. La louange divine, c'est-à-dire le service de Dieu, comme font les bons religieux et autres personnes dévotes qui louent Dieu Notre Sauveur en bonnes paroles. Le profit humain, c'est celui dont se soucient les francs, nobles et puissants rois, les comtes preux, ducs, barons vaillants et les fidèles nobles magistrats, juges loyaux et justes, qui, par leurs mandements hautement importants, excellents et justes, gardent et défendent leurs pays et la cause publique et, en particulier, leurs subordonnés, faisant justice et *rendant à chacun ce qui lui revient* ; ainsi agissent également les avocats sages, discrets et loyaux et d'autres bons clercs et certains laïcs ayant le don de parole et une bonne raison naturelle –, ils établissent les accords et la paix, conseillent les gens et leur apprennent à bien agir et les retiennent du mal. Saint Augustin dit des avocats qu'"il est légitime que de bons avocats vendent sa bonne et juste défense, et les experts en droit leur juste conseil". »

Il est évident que cet éloge des juges et des avocats n'est pas fortuit : il répond parfaitement à la vision de la cité médiévale, gouvernée d'une manière juste et équitable, telle qu'elle est exprimée par Brunet Latin dont hérite Molinier, ainsi qu'à l'attention particulière accordée au rôle des juristes dans l'administration urbaine que nous avons déjà remarquée. Il est en harmonie, enfin, avec le milieu, par lequel le Consistoire a été créé et, surtout, avec sa composition de 1355, qui fut à l'origine de cette nouvelle rédaction des *Leys*. Il n'y a pas de doute que Molinier, ainsi que d'autres membres du Consistoire et leur entourage insistent

43 *Las Leys d'Amors*, éd. citée, t. I, p. 94-95.

sur le fait que ce sont eux qui constituent le groupe de citoyens le plus utile pour Toulouse, ce sont eux qui sont capables d'assurer à la ville le meilleur gouvernement ; ainsi, les *Leys d'Amors* apparaissent comme une sorte de manifeste politique et social qui définit le rôle auquel ce groupe prétend.

Non moins importante est la suite de cet éloge des juristes qui comprend un passage remontant en définitive à un article de *Code de Justinien*, reproduisant la comparaison de l'orateur et du guerrier, utilisé par Cicéron et Quintilien et, plus tard, par saint Augustin[44] :

> *Codex Juris Civilis*, lib. 2, 7. 14.
> *Imperatores Leo, Anthemius*
> *Advocati qui dirimunt ambigua fata causarum suaeque defensionis viribus in rebus saepe publicis ac privatis lapsa erigunt, fatigata reparant, non minus provident humano generi, quam si proeliis atque vulneribus patriam parentesque salvarent. nec enim solos nostro imperio militare credimus illos, qui gladiis clupeis et thoracibus nituntur, sed etiam advocatos : militant namque causarum patroni, qui gloriosae vocis confisi munimine laborantium spem vitam et posteros defendunt*[45].
>
> « Les avocats qui expliquent les paroles ambiguës des causes qu'ils défendent – publiques ou privées – corrigent les erreurs et réparent le dommage qui a été fait aux gens, profitent non moins au genre humain que ceux qui sauvent leur patrie dans les combats et sauvent leurs parents des plaies qu'ils ont reçues. Nous croyons que non seulement combattent pour notre empire ceux qui sont armés de glaives, de boucliers et de cuirasses, mais aussi des avocats : cachés derrière les remparts, par leurs voix glorieuses, ils mènent le combat pour l'affaire de leur patron, défendent la vie des ceux qui sont en difficulté et de leurs successeurs et leur rendent l'espoir. »
>
> *Leys d'Amors*
> *L'Emperadors lauza bos e leyals avocatz e ditz que « li bon avocat am lor glorioza votz en cauzas publicas e dels privatz, so es dels singulars, los faytz escurs e doptozes declaro, definisho et determeno, so es fan definir et determenar per jutge competen » ; ditz mays que « las cauzas mal faytas, biayshadas, cazutas et fatigadas dresso e reparo ; e no remens l'esperansa e la vida de cels que son en trebalh e de lors successors restauro e defendo, si que ayssi be o miels son militan, so es fan fayts de cavalaria, cum si defendian la cauza publica guerras seguen, plagas prenden e sufertan autras grans malenansas, o cum son aycil que de fag defendo amb armas lo pahys, els payros e la*

---

44 Cicero, *De Oratore*, II, LXXII, 294 ; II, LXXLVIII, 316-317 ; *Orator*, XXXVII, 128-129 ; Quintilianus, *De Institutione oratoria*, X, 7, 16 ; X, 1, 30 ; XII, 5, 1 ; XII, 5, 2 ; XII, 9, 20-21 ; Augustinus, *De doctrina christiana*, IV, XX, 42.

45 *Corpus Iuris Civilis*, v. 2. *Codex Iustinianus*, éd. Paulus Krüger, Weidmann, 2008 (Unveränderte Neuausgabe de 11. Auflagz, Berlin 1954), p. 99.

> *cauza publica », en tan que per aquestas paraulas de l'Emperador pot hom sentir e reportar que-l bes fructuos que-l singular e la cauza publica prendo dels bos avocatz es tan grans que no-s pot estimar. Donx, segon qu'es etat dig dessus, aquest humanal profieg fan li Rey, princep, comte, baro, naut justicier e li bon jutge drechurier, fazen drechura, car ses drechura poders no dura. Trop es grans le poders de drechura, quar segon le dig de nostre actors, totas cauzas per drechura son governadas e destruchas*[46].

> « L'Empereur loue les bons et loyaux avocats et dit que "les bons avocats par leurs voix glorieuses expliquent, définissent et déterminent les faits obscurs et douteux en causes publiques et privées, c'est-à-dire, singulières" ; autrement dit, les avocats permettent qu'un juge compétent puisse définir et déterminer ces faits ». L'Empereur dit, de plus, que les avocats introduisent de l'ordre et des corrections dans « les affaires difficiles, comportant des erreurs, embrouillées et faisant dommage à certaines personnes. Les avocats nous rendent l'espoir et rendent la vie à ceux qui souffrent, en défendant les héritiers et en leur restituant leurs droits. Ainsi, ils participent courageusement au combat, c'est-à-dire commettent les faits guerriers, comme s'ils défendaient la cause publique en faisant la guerre, en recevant des plaies et supportant plusieurs autres souffrances – tout à fait comme ceux qui, les armes en main, défendent leur pays, leurs pères et l'État ». Grâce à ces paroles de l'Empereur chacun peut comprendre et apprécier quel grand bien vient des bons avocats pour les personnes privées et pour l'État –, il est impossible de le sous-estimer. Ainsi, comme il a été dit, les rois, les princes, les barons, les nobles magistrats, les juges équitables se soucient du profit humain et font justice, car sans justice il n'y a pas de pouvoir. Le pouvoir de justice est très grand, car selon les paroles de notre auteur, toutes choses sont gouvernées et détruites par la justice. »

À son époque, J. Anglade n'a pas prêté une attention spéciale aux citations des sources juridiques présentes dans ce livre des *Leys d'Amors* croyant que toutes ces sentences étaient « empruntées à Albertano da Brescia[47] ». Pourtant, en l'occurrence, ce n'est pas cet auteur qui fut la source de Molinier. La citation peut provenir des commentaires médiévaux sur le *Code de Justinien*, dont la connaissance au XIIe siècle se développa dans les régions du Midi de la France, grâce au travail des commentateurs et à l'apparition de sa version adaptée – le *Codi*, conservée en provençal et en latin. Placentin, fondateur de l'école juridique de Montpellier, est, semble-t-il, le premier à mentionner les « voix glorieuses » des avocats dans son exposé du *Code de Justinien* (la *Summa Codicis*, années 1170), alors que l'éloge des avocats est absent d'un commentaire plus ancien, la *Summa Trecensis* (vers 1140), également écrit en Provence, ainsi que du

46 *Las Leys d'Amors*, éd. citée, t. I, p. 95.
47 *Ibid.*, t. IV, p. 67, n. 4.

Codi. Plus tard, au milieu du XIIIe siècle, c'est encore par l'éloge amplifié des avocats que Bonaguida d'Arrezzo, juriste italien, commence son exposé du droit canonique, également basé sur le *Code de Justinien*[48]. Il n'est pas exclu, d'autre part, que Molinier emprunte cette citation à une source intermédiaire qui nous est encore inconnue.

Quoi qu'il en soit, le désir de Molinier de s'appuyer sur une autorité juridique est évident : et, dès lors, son éloge des juristes trouve un argument. Cette référence au code des lois qui fait autorité et le contexte, dans lequel elle est placée, légitiment la façon de gouverner, présentée comme la meilleure, et laissent entendre que c'est le milieu des juristes qui est appelé à la réaliser.

Il est curieux que la citation amplifiée du *Code de Justinien* soit introduite par le mot « Empereur » renvoyant, selon toute évidence à Justinien (bien que le *Code* l'attribue aux empereurs romains Léon et Anthémius). Pourtant Molinier modifie, peut-être, l'attribution du texte originel, en liant l'éloge des avocats à l'empereur du Saint-Empire romain germanique. À une époque, les chercheurs qui étudiaient la version latine du *Codi* supposaient, en effet, que les mentions fréquentes de l'« empereur »

48 *Corpus Iuris Civilis*, v. II. *Codex Iustinianus*, éd. Paulus Krüger, Weidmann, 2008 (Unveränderte Neuausgabe de 11. Auflagz, Berlin 1954), p. 99. – Pour l'éloge des avocats chez Placentin voir Henri Vidal, « Les premiers avocats à Montpelier aux XIIe et au XIIIe siècles », dans *Études Offertes à Pierre Jaubert, Liber amicorum*, Gérard Aubin dir., Bordeaux, Presses universitaires de Bordeaux, 1992, p. 719-733, ici p. 721. Voir également : *Bonaguidae Summa introductoria super officio advocationis in foro ecclesiae, Anecdota quae processum civilem spectant. Bulgarus. Damasus. Bonaguida*, éd. Agathon Wunderlich, Gottingae, Vandethoeck et Rupercut, 1841, p. 133-134. – Voir également l'édition de *Summa Trecensis* : *Die Summa Codicis des Irnerius*, éd. Hermann Fitting, Berlin, 1894, p. 31-34 (dans cet ouvrage, le chapitre 7 du livre II du *Code de Justinien*, intitulé dans l'original *De advocatibus diversorum iudiciorum* est remplacé par le chapitre *Des procuratoribus* ; le texte du livre II est considérablement abrégé). *Lo Codi* en latin omet le chapitre consacré aux avocats (*Lo Codi. Eine Summa Codicis in provenzalischer Sprache aus der Mitte des* XII *Jahrhunderts*, hrsgb. von Hermann Fitting und Hermann Suchier. Erster Teil. *Lo Codi in der lateinnischen Übersetzung des Ricardus Pisanus*, Halle, Verlag von Max Niemeyer, 1906). L'édition du texte provençal du *Codi* (*Lo Codi, Eine Summa Codicis in provenzalischer Sprache aus dem* XII *Jh. Die provenzalische Fassung der Handschrift A* (Sorbonne 632), hrsgb. Félix Derrer, Juris Zurich, 1974) nous est restée inaccessible. Pour la *Summa Trecensis*, son contenu, son auteur (probablement, le juriste provençal Geraldus), ainsi que sa datation et ses rapports avec *Lo Codi* voir André Gouron, « La science juridique française aux XIe et XIIe siècles : diffusion du droit de Justinien et influences canoniques jusqu'à Gratien », dans *Études sur la diffision des doctrines juridiques médiévales*, v. III, London, Variorum Reprints, 1987, p. 1-117, surtout : p. 89-104 (plusieurs paginations dans le volume ; première publication 1978).

dans ce texte s'expliquaient par le désir des commanditaires de cette traduction de faire appel à l'empereur de l'Empire germanique qui était alors Frédéric Ier, dont ils recherchaient la protection[49]. Même si plus tard leur hypothèse sur le contexte historique, où le *Codi* a été créé, fut contestée, cette supposition, me semble-t-il, peut être légitime par rapport à Molinier. Derrière sa référence à l'« Empereur » peut se cacher une tentative voilée de s'opposer au pouvoir du Vatican et le désir de l'administration de Toulouse d'acquérir la protection de son rival traditionnel.

Ainsi, derrière les *Leys d'Amors* on devine les lois de la ville idéale, dont le gouvernement équitable est tenu par les magistrats urbains et notamment par le milieu des juristes, les lois de la poésie devenant une part intégrale de ce système. Plus loin dans le texte, Molinier rapproche d'ailleurs ceux qui gouvernent la cité et d'autres « sages personnes », douées du don d'éloquence, qui se soucient du bien commun :

> *No solamen per Reys, princeps, comtes, dux, baros, nautz justiciers, jutges drechuriers e per leyals avocatz es sostengutz aquest profieytz humanals, ans ho es be per autras savias e discretas personas que am lors bonas, plazens, pauzadas et enductivas paraulas e fondadas en gran razo natural sabon tractar et ordenar e far patz et acort*[50].

> « Non seulement les rois, les princes, les comtes, les ducs, les barons, les nobles magistrats, les juges équitables et les avocats loyaux se soucient de l'humain profit, mais aussi d'autres personnes sages et discrètes qui, grâce à leurs paroles bonnes, plaisantes, convenables, probantes et fondées en grande raison naturelle savent négocier, ordonner et établir la paix et les accords. »

Il est clair que cette dernière catégorie – les « sages personnes » ayant le don de la parole – comprend les poètes, associés à tous ceux qui maîtrisent la rhétorique. Une citation du *Décret de Gratien*, texte qui rassemble les lois du droit canonique, témoigne du même désir que celui de Molinier de s'appuyer sur les autorités juridiques et de créer un art poétique qui intègre les définitions et les sentences de droit. Comme la citation précédente du *Code de Justinien*, elle ne provient pas des livres d'Albertano da Brescia, la source intermédiaire à laquelle Molinier pourrait l'avoir empruntée, nous étant pour le moment également inconnue :

49 Robert Caillemer, « Le Codi et le droit provençal au XIIe siècle », *Annales du Midi : revue archéologique, historique et philologique de la France méridionale*, t. 18, 1906, p. 494-507.

50 *Las Leys d'Amors*, éd. citée, t. I, p. 97-98.

Hom vertat no deu rescondre, quar, segon que ditz le Decretz, ayssi cum aquel es colpabbles que dezira mal far e nozer, ayssi meteysh es colpabbles aquel que rescon vertat, car calan vertat no vol aproficbar[51].

« On ne doit pas cacher la vérité, car, comme dit le Décret, celui qui veut cacher la vérité est coupable, tout comme celui qui désire faire le mal et nuire, car cacher la vérité ne peut pas être profitable. »

C. LXXX. De iis, qui metu potestatis veritatem occultant. Item Augustinus ad Casulanum. Quisquis metu cuiuslibet potestatis veritatem occultat, iram Dei super se provocat, quia magis timet hominem quam Deum. Et post pauca : § 1. Uterque reus est, et qui veritatem occultat, et qui mendacium dicit, quia et ille prodesse non vult, et iste nocere desiderat[52].

« Canon LXXX. Des ceux qui cachent la vérité par peur des puissants. De nouveau saint Augustin à Casulan. Celui qui cache la vérité par peur d'un puissant, provoque sur lui la colère de Dieu, car il craint plus un homme que Dieu. Et encore : § 1. Il est coupable celui qui cache la vérité, comme celui qui dit un mensonge, puisque le premier ne veut pas être profitable, et le second veut nuire. »

Enfin, comme le montre N. Pasero, quelques références au *Code de Justinien* que Molinier cite en rapport avec la définition de « justice » (*drechura*), ainsi qu'avec la thèse selon laquelle les juges doivent être prudents lorsqu'ils prononcent un verdict, proviennent du discours mentionné d'Albertano, prononcé durant le banquet de la corporation des juristes (*causidici*) de la ville de Brescia[53]. L'intérêt de Molinier pour les notions de droit et le désir de les inclure dans le traité de poétique, en créant une synthèse des deux disciplines sont également évidents dans ces cas.

---

51 *Ibid.*, p. 126.

52 Voir *Corpus juris canonici emendatum et notationibus illustratum Gregorii XIII. P. M. jussu editum.* Post Justi Henningii Boehmeri curas brevi adnotatione critica instructum ad exemplar romanum denuo edidit Æmilius Ludovicus Richter. *Opus uno volumine absolutum*, Lipsiae, Franciscus Beyer, 1833, Decreti secunda pars Causa XI. Quaest. III, col. 570. Une sentence analogue est attribuée à saint Augustin par certains théologiens (voir *PL*, t. CLXIII, col. 676), pourtant, comme on l'a noté, elle est absente de ses ouvrages. Voir Hugh Latimer, *Sermons and Remains of Hugh Latimer, Sometime Bishop of Worcester, Martyr, 1555*, éd. George Elwes Corrie, Cambridge, Cambridge University Press, 1845, p. 298, n. 1.

53 Voir Nicolò Pasero, « Sulle fonti del libro primo delle Leys d'Amors », art. cité, p. 172, 179, 181 : emprunté à la *Digesta*, lib. I, tit. 1, 10 (définition de la justice), ainsi qu'au lib. L, tit. 17, 206 (il n'est pas équitable de s'enrichir au dommage d'autrui) ; au *Codex Iustinianus*, lib. III, i, 9 (l'obligation du juge d'interroger les deux parties à plusieurs reprises) par l'intermédiaire des deux ouvrages d'Albertano (*Sermo factus ad cognoscendum que sint necessaria in convivio*, ainsi que le *Liber de doctrina dicendi et tacendi*, pour la seconde citation de *Digeste*) cités dans les *Leys d'Amors*, t. I, p. 129 ; 99 ; 136).

Il est curieux que lorsque Molinier emprunte une citation juridique à Albertano da Brescia, il allègue la « loi de l'empereur » (*la ley del Emperador*) –, alors que l'auteur italien ne parle que de la loi ou des lois[54]. *Leys de l'emperador* – tel était le titre d'une version provençale du *Codi*[55], et peut-être, même si Molinier ignorait le contenu exact de ce texte, il en a entendu le titre et il essayait de mieux fonder la composante juridique de son traité.

L'aspect juridique de son traité apparaît manifestement dans l'une des définitions de la rhétorique. Après avoir énuméré les parties du discours, bien connues de la rhétorique classique (introduction, récit, argumentation, conclusion), Molinier, en accord avec la pratique discursive de l'époque scolastique, en ajoute une autre, déclarant que cette science est basée sur « cinq choses » : « la première est l'élocution, c'est-à-dire

54 (1) *E segon la ley del Emperador : « drechura es ferma e perdurabbla voluntatz son dreg donans a cascu »* (*Las Leys d'Amors*, éd. citée, t. I, p. 129). – « Selon la loi de l'Empereur : "la justice est une volonté ferme et permanente de rendre à chacun ce qui lui revient" » ; Albertano da Brescia : *Secundum Leges vero diffinitur : « Iusticia est constans et perpetua voluntas ius suum cuique tribuens »* (*Sermo factus ad cognoscendum que sint necessaria in convivio*, Albertanus Brixiensis, *Sermones quattuor*, éd. Marta Ferrari, Lonato, Fondazione Ugo da Como, [1955], p. 45). – « Selon les Lois on définit : "La justice est la volonté constante et permanente de rendre à chacun son droit" » ; (2) [...] *et per so ditz la leys de l'Emperador que jutjes deu donar sentensas ponderadas, so es justas e balansadas, e soen enterrogar las partidas, si re volon dire ni prepauzar de noel* (*Las Leys d'Amors*, éd. citée, t. I, p. 136). – « [...] c'est pourquoi dit la loi de l'Empereur que le juge doit donner les sentences bien pesées, c'est-à-dire justes et équilibrées, et interroger souvent les parties, pour qu'ils ne veuillent rien dire ni ajouter de nouveau ». Albertano da Brescia : *Unde eciam Lex dicit quod iudex ponderatas debet ferre sententias et « frequenter partes interrogare an novi aliquid addere velint »* (Albertanus Brixiensis, *Sermo factus ad cognoscendum*, éd. citée, p. 47). – « C'est pourquoi la Loi dit que le juge doit donner les sentences pesées et "souvent interroger les parties pour qu'elles ne veuillent ajouter rien de nouveau" ». (3) *E per so ditz la leys de l'Emperador que « d'engaltat natural es que lunhs homs no-s fassa rix am l'autru dan »* (*Las Leys d'Amors*, éd. Joseph Anglade, éd. citée, t. I, p. 99). – « C'est pourquoi la loi de l'Empereur dit qu'il "est équitable par nature que nul ne s'enrichisse en faisant dommage à autrui" ». Albertano da Brescia : *Ait enim lex : « Natura equum est neminem cum alterius jactura fieri locuplectiorem »* (Albertano da Brescia, *Liber de doctrina dicendi et tacendi*, éd. citée, p. 29 [18]). – « La loi dit : "il est équitable par nature que personne ne devienne plus riche en faisant dommage à autrui" ».

55 André Gouron, « La science juridique française aux XIe et XIIe siècles : diffusion du droit de Justinien et influences canoniques jusqu'à Gratien », art. cité, p. 103. Selon André Gouron, 162 articles de ce texte remontent aux livres III, IV, VI-VIII du *Codi*. A. Gouron cite l'édition partielle de ce texte (Jean-Auguste Hatoulet, « Leys de l'emperador », *Revue d'Aquitaine*, t. V, 1861, p. 545-555), et pourtant elle est absente de ce volume de la revue en question. Nous n'avons pas pu obtenir son édition complète (Jean-Baptiste Brissaud et Pierre Rogé, « Textes additionnels aux anciens Fors de Béarn », *Bulletin de l'Université de Toulouse. Mémoires originaux des Facultés de droit et des lettres*, série B, n° 3, Toulouse, 1905, p. 6-59).

la prononciation des paroles [...] ; la seconde est vérité ; la troisième est justice ; la quatrième est jugement bon et véritable ; la cinquième est persévérance de bien juger[56] ».

Comme N. Pasero l'a montré, Molinier emprunte cette définition au même discours d'Albertano da Brescia prononcé lors de la réunion de la corporation des juristes[57]. Devant un tel public cette définition de la rhétorique semble, en effet, naturelle ; la nouveauté de la définition de Molinier tient à ce qu'il essaye d'en faire un des fondements de l'art poétique. Au Moyen Âge l'art poétique et le droit ne sont pas opposés aussi radicalement que de nos jours, tous deux étant fondés sur l'étude de la rhétorique. A. Gouron note qu'en Provence le mot *grammaticus* sert souvent à désigner les avocats, et les ornements littéraires ne sont pas absents des ouvrages juridiques – comme, par exemple, les allégories ou les poèmes intercalés[58]. Molinier, quant à lui, rapproche plus encore les deux domaines, en suggérant qu'ils sont absolument identiques.

Comme nous l'avons déjà noté, Molinier laisse entendre parfois que ce ne sont pas les ecclésiastiques qui assurent le gouvernement parfait de la cité. Ainsi, en abordant la question de savoir s'il est permis ou non d'acquérir les richesses, Molinier se garantit de l'autorité de Salomon selon qui les richesses peuvent être profitables entre les mains des hommes bons – de ceux notamment qui défendent le bien commun, en mentionnant parmi eux les « les princes, les rois et les nobles magistrats ». Ce sont eux, assure-t-il, qui se soucient également du service divin plus que les ecclésiastiques. Aussi Molinier oppose-t-il les pouvoirs laïcs à ces derniers en affirmant qu'ils ne peuvent pas être riches.

---

56 *Segon la opinio d'alcus, Rethorica se fonda principalmen en cinq cauzas. La primiera es locucios, soes pronunciados de paraulas, de laqual havem dig ; la segonda es vertatz ; la tersa es drechura ; la quatra es bos e verays jutjamens ; la quinta es perseveransa de ben jutjar* (*Las Leys d'Amors*, éd. citée, t. I, p. 122).

57 Nicolò Pasero, « Sulle fonti del libro primo delle *Leys d'Amors* », art. cité, p. 141-146. A. Jeanroy note que cette définition de la rhétorique semble convenir à un juge ou à un avocat. Voir Alfred Jeanroy, « Les *Leys d'Amors* », art. cité, p. 223 et n. 2.

58 André Gouron, « L'auteur et la partie de la *Summa Trecensis* », dans *Études sur la diffusion des doctrines juridiques médiévales*, v. III, London, Variorum Reprints, 1987, p. 1-38, ici p. 35. Pour les aspects littéraires des ouvrages de Placentin voir, en particulier : Hermann Kantorowitz, « The Poetical Sermon of a Mediaeval Jurist : Placentinus and his "Sermo de legibus" », *Journal of the Warburg Institute*, v. 2, 1938, p. 22-41, surtout p. 24-25. Voir également la publication d'un ouvrage juridique de Placentin (*Placentini Summa Cum essem Mantue*, hrgb. Gustav Pescatore, Greifswald, Abel, 1897), qui s'ouvre sur la conversation de l'Auteur et de Jurisprudence.

> *Salamos en sos proverbis ditz : « bonas riquezas temporals, per lasquals gran re de bes fam, si per bona persona son possezidas, bonas son ». Et aysso ditz en respieg dels mals homes possezens riquezas, quar adoux aytals riquezas malas son.* [...] *Donx que direm de riqueza ? digam segon la oppinio d'alcus que thezaurizar, so es ajustar riquezas de bon gazanh, es cauza leguda als seglars coma als payros, per noyrir lors efans e per maridar lors filhas segon lor estat e lor conditio, non pas per lor enrequezir en exces ; e si otra aysso han sobras, aquelas devo dar per Dieu. Encaras es cauza leguda thezaurizar per lo be public e per defensa del regne. E mays es leguda cauza thezaurizar per creysher e ampliar lo servizi de Dieu, coma als princeps et als reys et als autras nautz justiciers. A personas ecclesiasticas propriamen non es donat thezaurizar ni tener peccunia per gardar, mas per donar ; per so ditz Sant Ambrosi : « aur ha la Gleyza, no per gardar, mas per donar*[59] ».

> « Salomon dit dans ses Proverbes : "les richesses temporelles peuvent être bonnes, si elles servent à faire du bien ; si elles sont possédées par une bonne personne, elles sont bonnes également" (voir Prov., 8, 18). Il parle, de plus, des mauvais qui possèdent les richesses, car alors les richesses sont mauvaises. [...] Ainsi, que dirons-nous des richesses ? Selon l'avis des certains, nous dirons qu'il est permis aux laïcs d'acquérir les richesses, c'est-à-dire, de les accumuler, si elles sont gagnées honnêtement – comme, par exemple, aux pères pour nourrir leurs enfants et pour marier leurs filles à un âge convenable et en accord avec leur condition. Mais il ne faut pas accumuler les richesses sans mesure ; s'il y a plus, nous devons les donner à Dieu. Il est légitime encore d'acquérir les richesses pour le bien public et pour la défense du règne. Et surtout il est légitime de les acquérir pour accroître et amplifier le service de Dieu, comme aux princes, aux rois et aux autres nobles magistrats. Pourtant les ecclésiastiques ne doivent pas acquérir les richesses, ni les posséder pour les conserver, ils doivent seulement les distribuer ; voilà pourquoi saint Ambroise dit : "L'Église possède l'or non pas pour le conserver, mais pour le donner". »

Ainsi, Molinier semble défendre le pouvoir laïc dans son opposition à l'Église ; il est significatif qu'il mentionne les « hauts magistrats » à côté des rois et des princes. Plus bas, en résumant un passage d'Albertano, il le transforme : chez le premier, les prêtres et les clercs parlent pour le commun profit et pour leurs propres biens – les prébendes ; chez Molinier, ils ne visent que leur propre revenu. Il joint ensuite à cette affirmation une longue tirade contre le clergé avide, comprenant plusieurs citations des Pères de l'Église, et absente de chez Albertano.

---

59 *Las Leys d'Amors*, éd. citée, t. I, p. 101. – Voir Ambroise, *De officiis ministrorum*, lib. II, cap. XXVIII, 137 : *Aurum Ecclesia habet, non ut servet, sed ut eroget, et subveniat in necessitatibus* (*PL*, t. XVI, col. 140). Ce chapitre de l'ouvrage de saint Ambroise est presque entièrement cité dans le *Decret de Gratien* (Causa XII, Quaestio 2, canon LXX), « https://geschichte.digitale-sammlungen.de/decretum-gratiani/kapitel/dc_chapter_2_2108 » (consulté le 24/4/2022).

Albertano da Brescia, Liber de doctrina dicendi et tacendi
Pro utroque autem, id est pro Dei servitio et humano commodo, dicunt verba alii sacerdotes et clerici seculares : principaliter pro Dei servitio, secundario pro suo commodo. Vivere enim debent de altari, ut decreta clamant. Et etiam Paulus in epistola prima ad Corinthios ubi dicit : « Qui de altari deserviunt, cum altari participant. Ita et Deus ordinavit hiis qui evangelium annuntiant de evangelio vivere ». Quidam tamen clerici causam convertunt, quia principaliter dicunt verba pro humano commodo et pro bonis prebendis et secundario pro Dei servitio, quod facere non deberent[60].

« Pour l'un et pour l'autre, c'est-à-dire pour le service de Dieu et pour le profit humain parlent les prêtres et les clercs séculiers : principalement pour le service de Dieu, ensuite pour leur profit. Ils doivent vivre de l'autel, comme le disent les décrétales. Et Paul dit dans sa Première épître aux Corinthiens : "Ceux qui servent à l'autel ont part à ce qui est offert sur l'autel" (I Cor., 9, 1). Et Dieu a ordonné que ceux qui annoncent l'Évangile, vivent de l'Évangile. Pourtant les clercs invertissent les causes, puisque principalement ils prononcent les paroles pour le profit humain et pour les bonnes prébendes et ensuite pour le service de Dieu, ce qu'ils ne devaient pas faire. »

Las Leys d'Amors
Alberta ditz que « per aquest dos profieytz divinals et humanals essems li capela et li clerc seglal dizon lors paraulas ordenadas per Santa Gleyza, messas, oratios e las horas ordenadas principalmen per lo servizi de Dieu, segondamen per lo humanal profieyt don puescan viure, quar segon las decretals aytal capela e clerc de l'autar devo viure » ; e per so ditz Sant Paul : « qui ad autar servish am l'autar deu participar » (I Cor., 9, 1) [...] *mas huey vezem ad huelhs que viesto lor vestimenta so devan detras, quar mays bado e regardo a la renda que al servizi de Dieu ni al profieyt ni a la salvacio de l'humanal linhatge, mas solamen per lors meteyshes engrayshar et enrequir lors parens*[61].

« Albertano dit que les prêtres et les clercs séculiers, "pour obtenir ces deux biens – humain et divin – prononcent leurs beaux discours pour la Sainte Église, messes, oraisons et heures, composées principalement pour le service de Dieu, et, ensuite, pour le profit humain, dont ils peuvent vivre, car, selon une décrétale, ces prêtres et ces clercs doivent vivre de l'autel" ; c'est pourquoi saint Paul dit : "ceux qui servent à l'autel ont part à ce qui est offert sur l'autel" (I Cor., 9, 1) [...] Mais aujourd'hui nous voyons de nos propres yeux qu'ils portent leurs vêtements sens devant derrière, car plus se soucient et plus regardent au revenu qu'au service de Dieu, ni au profit humain, ni ne veulent sauver le genre humain, mais veulent seulement s'enrichir et enrichir leurs parents. »

Dans notre rédaction des *Leys d'Amors*, la vision du poète et de la poésie s'est formée sous l'influence de la ville médiévale et, à la fois,

60 Albertano da Brescia, *Liber de doctrina dicendi et tacendi*, éd. citée, p. 30.
61 *Las Leys d'Amors*, éd. citée, t. I, p. 109-110.

de la situation politique et sociale de Toulouse, ainsi que du rôle que les magistrats de cette ville, notamment les juristes, s'y réservent. La communauté des poètes apparaît dans ce traité comme une corporation professionnelle, intégrée dans la structure urbaine et analogue par sa structure à d'autres communautés ; la composition des poèmes devient une profession. S'inspirant des ouvrages italiens destinés à l'administration urbaine qui réunissent les sciences de bon gouvernement et de la rhétorique, Molinier compose un traité de contenu analogue et en fait la préface à l'exposé des règles de la grammaire et de la versification. À la suite de Brunet Latin il met au premier plan l'idée du « profit humain », du bien commun, comme valeur suprême, dont la défense apparaît comme la tâche la plus importante de l'administration urbaine ; ce sont les juristes qui peuvent la résoudre de la meilleure façon, assure Molinier –, milieu auquel appartient son entourage comme, probablement, lui-même.

En accord avec cette idée, Molinier intègre dans le récit de la rhétorique les notions juridiques, en essayant de créer la synthèse des deux disciplines. Comme Albertano da Brescia, il allègue plusieurs sources de droit et les cite à de nombreuses reprises. Sans aucun doute, les *Leys d'Amors* permettent-ils de constater que l'art poétique subit l'influence sociale de la ville et des élites urbaines. Cet ouvrage appartient à la littérature urbaine puisqu'il exprime les intérêts d'un milieu de citadins. Il répond aussi à la définition de la littérature urbaine, proposée notamment par Herman Pleij[62].

En même temps, les *Leys d'Amors* permettent de noter que l'influence sociale de la ville incite les poètes à s'intéresser aux thèmes spécifiques – par exemple, à ceux de la grammaire ou de la rhétorique, exposés en vers. Cette thématique est également présente chez Deschamps, auteur d'une ballade sur la rhétorique (n° 1367).

Il est intéressant de noter que Deschamps fut auteur d'un poème intitulé *D'un beau dit de ceuls qui contreuvent nouvelles bourdes et mensonges* (n° 1404 ; 1400) qui présente des analogies avec le préambule des *Leys d'Amors*. Le poème de Deschamps est une sorte de rhétorique et d'art poétique, où le chef des « fumeux » (c'est-à-dire, des mélancoliques) convoque ses sujets – des poètes – à une assemblée[63]. Dans les deux

---

62 Herman Pleij, « The Rise of Urban Literature in Low Countries », art. cité, p. 62-77.

63 Eustache Deschamps, *Œuvres complètes*, éd. Gaston Raynaud, Paris, Firmin Didot, 1891, t. VII, p. 349-350, 354. Pour l'analyse de ce dit, voir Ludmilla Evdokimova, « L'art de la parole et la gradation des styles dans les poèmes lyriques de Deschamps », dans *Les arts*

œuvres, il s'agit de la communauté des poètes et de leur réunion ; toutes deux formulent les règles de la rhétorique et de l'art poétique ; toutes deux contiennent les noms précis des membres ; toutes deux utilisent la forme littéraire de l'épître. Comme les mainteneurs du Consistoire toulousain, chez Deschamps, le chef des « fumeux » s'adresse à tous les poètes ; sous une forme bouffonne, il déclare ses prétentions à un pouvoir civil dans son pays, promettant de faire « instruction / Comment l'en devra gouverner », ainsi que de nommer « baillis, prevost, sergens, / [...] procureurs et maires [...] / Grans consillers et advocas[64] ».

Pourtant le poème de Deschamps est surtout ironique, bien qu'il comporte un élément sérieux ; dans le préambule aux *Leys d'Amors*, les rapports entre les composantes ludique et sérieuse sont inversés. Est-ce que l'écho de l'existence du Consistoire et de son traité est parvenu jusqu'à Deschamps, voulait-il tourner en ridicule les *Leys d'Amors* ? Chez Deschamps lui-même, ce dit – le pseudo-art poétique en vers – contraste avec l'*Art de dictier*, privé d'élément ironique et adressé à un seigneur[65]. Des éléments juridiques, présents dans bien des textes à la fin du Moyen Âge, chez Deschamps lui-même, peuvent, sans doute, aussi être mis en rapport avec l'influence de la ville[66]. L'exemple de Deschamps montre que la thématique et l'imaginaire qui deviennent à la mode sous l'influence des milieux citadins (notamment, des juristes, des universitaires, des écoliers) ne coïncident pas nécessairement avec la défense de leurs intérêts.

Ludmilla EVDOKIMOVA
Institut de littérature mondiale
Université orthodoxe Saint-Tikhon
(Moscou)

poétiques du XIIIe au XVIIe siècles. Tensions et dialogue entre théorie et pratique, Grégory Ems, Mathieu Minet dir., Turnhout, Brepols, 2017, p. 219-223.

64 Eustache Deschamps, *Œuvres complètes*, t. VII, *op. cit.*, p. 349-350, 354.

65 Eustache Deschamps, L'*Art de dictier*, éd. Deborah M. Sinnreich-Levy, East Lansing, 1994, p. 102-104.

66 Pour la thématique et la coloration juridiques chez Deschamps voir Karin Becker, *Le Lyrisme d'Eustache Deschamps. Entre poésie et pragmatisme*, Paris, Classiques Garnier, 2012, p. 43-58, 184-190. Voir également son article : « La mentalité juridique dans la littérature française (XIIIe-XVe siècles) », *Le Moyen Âge*, t. 103, 1997, p. 309-327.

LE PUY DE LONDRES

Poésie française et bourgeoisie anglaise à la fin du XIIIe siècle

Parmi les manifestations poétiques urbaines de la fin du Moyen Âge, le Puy est une des plus fréquentes et une des moins bien documentées : en dehors des Puys d'Amiens[1] et de Rouen[2], dont nous avons conservé un nombre certain d'œuvres et d'attestations, les traces sont toujours éparses et peu éclairantes. Ainsi du Puy d'Abbeville[3], qui nous a laissé quelques tableaux comparables à ce qui se proposait à Amiens au cours du XVe siècle[4]. Ainsi également du Puy de Dieppe, dont nous avons gardé, malgré la disparition de l'essentiel des archives de la ville, un certain nombre de poésies intégrées dans les recueils palinodiques rouennais, et de cette querelle littéraire dont Émile Picot a retrouvé la trace et les pièces correspondantes[5].

Plus anciens, mais toujours aussi fragilement documentés, les concours d'Arras et les jeux floraux de Toulouse[6] constituent là encore des indices

---

1 Sur l'ensemble de la question des puys, on renverra bien sûr aux travaux de Gérard Gros et à ses synthèses essentielles *Le Poète, la Vierge et le prince du puy, étude sur les puys marials de la France du Nord du XIVe siècle à la Renaissance*, Paris, Klincksieck, 1992.

2 Denis Hüe, *La Poésie palinodique à Rouen, 1486-1550*, Paris, Champion, 2002.

3 Pour Abbeville, voir Henri Macqueron, Émile Delignières, *Essai sur l'histoire de la confrérie de Notre-Dame du Puy d'Abbeville, publié d'après les notes recueillies par M. Em. Delignières mises en ordre et complétées par M. Henri Macqueron*, Abbeville, F. Paillard, 1917.

4 François-Xavier Maillart, *La Confrérie du Puy Notre-Dame d'Amiens et sa production artistique et littéraire de 1389 à 1525 (Histoire médiévale et archéologie*, t. 24), Amiens, CAHMER, 2011. On renverra au remarquable catalogue de l'exposition du Musée de Picardie *Les Puys d'Amiens, Chefs d'œuvre de la cathédrale Notre-Dame*, Dijon, Faton, 2021.

5 Émile Picot « Une querelle littéraire au Puy de Dieppe au XVe siècle », *Mélanges de philologie romane et d'histoire littéraire offert à Monsieur Maurice Wilmotte, professeur à l'université de Liège*, Paris, Champion 1910, 2 vol. t. II, p. 457-484.

6 Outre l'ouvrage de Michèle Gally, *Parler d'amour au puy d'Arras. Lyrique en jeu*, Orléans, Paradigme, 2004, voir Roger Berger, *Littérature et société arrageoises au XIIIe siècle. Les chansons et dits artésiens*, Arras, Commission départementale des monuments historiques du Pas-de-Calais, 1981 (Mémoires de la Commission départementale des monuments

assez déceptifs : on peut encore en lire certaines pièces, et pour Toulouse, le mieux documenté, un art poétique relativement développé et une anthologie intéressante, sans qu'apparaisse le détail de leurs cérémonies et de leur fonctionnement. Les historiens de la littérature française ont parfois parlé de ces Puys, mais ont toujours à ma connaissance omis le Puy de Londres, lui-même peu étudié par les chercheurs anglais. Une publication majeure cependant, l'article d'Anne F. Sutton[7], en a dressé un bilan historique très nourri. C'est sur cette institution, plus délaissée encore que les précédentes, que je souhaite me pencher ici.

Du Puy de Londres, nous n'avons que peu de chose, essentiellement des statuts[8] qui ont été publiés en 1860. Ils proviennent de ce qu'on est convenu d'appeler le *Livre de Horn*, une sorte de compilation sur la ville composée à l'aube du XIVe siècle et léguée par son auteur au Guildhall de Londres ; ce bâtiment au cœur de la City était tout à la fois l'Hôtel de Ville et le siège des guildes, corporations de commerçants qui dirigeaient la ville. L'éditeur a bien montré comment Horn a essayé de rassembler les éléments organiques de l'identité de la cité : le Puy en fait partie au moins à ses yeux quand il compose ce recueil.

Comment évoquer un Puy de poésie dont nous semblons n'avoir aucune pièce, dont nous ne connaissons aucun nom de poète, dont nous ne savons pas exactement quand ni combien de temps il s'est tenu ? Il est certain que trop de manques interdiront de brosser un tableau précis de l'institution londonienne ; mais la présence de ce témoignage nous donnera des informations diverses que nous essaierons de rassembler et mettre en perspective. Ténues et parcellaires, elles peuvent éclairer par comparaison le statut qu'a pu avoir le Puy dans la cité et, en contrepoint, nous faire percevoir certaines des originalités des Puys français, pour l'essentiel postérieurs. Commençons par présenter et résumer le contenu de ces statuts.

---

historiques du Pas-de-Calais, 21), p. 86-88, 111-114, 435-442. On pourra également consulter avec profit Hans Spanke « Zur Geschichte des altfranzösischen Jeu Parti », *Zeitschrift für französische Sprache und Literatur*, Bd. 52, 1929, S. 29-63. – Voir *Les Joies du Gai Savoir, recueil de poésies couronnées par le Consistoire de la Gaie Science (1324-1484)*, éd. Alfred Jeanroy, Toulouse, Privat, 1914, ainsi que *Las Leys d'Amors*, éd. Joseph Anglade, t. I-IV, Toulouse, Privat, 1919-1920 (New York, London, Johnson Reprint Corporation, 1971).

7 Anne F. Sutton, « Merchants, Music and Social Harmony : the London Puy and its French and London Contexts, circa 1300 », *The London Journal*, t. 1, 1992, p. 1-17.

8 *Munimenta Gildhallæ Londoniensis, Liber Albus, Liber Custumarum, et Liber Horn*, éd. Henry Th. Riley, v. II., part I, London, Longman, Green, Longman, and Roberts, 1860, p. xlviii-liv, p. 216-228. Dorénavant *Munimenta.*

Aucune date n'est donnée dans le texte qui nous est conservé, que l'on peut dater approximativement entre la fin du XIIIe et le début du XIVe siècle, sous le règne d'Édouard Ier. Les statuts occupent le f° 174a du manuscrit pour s'achever au f° 179b.

En dehors du nom de Londres, peu de noms propres sont évoqués, ce qui donne au texte une certaine apesanteur. Trois noms émergent, celui du 3e prince du Puy, Johan de Chesthounte (John Cheshunt). On ne sait pas grand-chose de lui, sinon qu'un marchand de plume porte ce nom :

> *John of Cestrehunte (Cheshunt), Plumer, and called "Fether' mongere," is named in 1281 (A 18) ; and Richard of Cestrehunte, of the same trade, in 1283, 7 (A 29, 46)*[9].

On peut penser que la profession est passée du père au fils entre 1281 et 1283, et que c'est avant cette date que John Cheshunt a été prince du Puy. Les statuts qui nous sont conservés ne sont pas les premiers, et témoignent de la nécessité de les refondre et compléter. L'insistance à diverses reprises sur les *premiers statuts* dans le texte en est la marque et explique certains silences étonnants. On peut supposer que ce Puy de Londres a vu le jour entre 1260 et 1281 au plus tard.

Deux autres pièces d'archives intéressent incidemment le Puy ; l'une mentionne la figure de Henry le Waleys qui en 1299 fait une donation importante à la Confrérie[10] : le personnage est de première importance,

9 « John of Cestrehunte (Cheshunt), plumassier, et nommé *Fether' mongere* (marchand de plumes) est mentionné en 1281 (A 18) ; et Richard of Cestrehunte, du même négoce, en 1283, 7 (A 29, 46) » — « Introduction », dans *Memorials of London and London Life in the 13th, 14th and 15th Centuries*, éd. Henry Thomas Riley, London, Longmans, Green, 1868, p. vii-li, « http://www.british-history.ac.uk/no-series/memorials-london-life/vii-li » (consulté le 24/4/2022). Anne F. Sutton développe ce que l'on sait sur John de Cheshunt, qui apparaît comme juré (« Merchants, Music and Social Harmony », art. cité, p. 2-3).

10 *Donation to the Brethren of the Puy, for a Chaplain at the new Chapel of the Guildhall.* (27 Edward I, A.D. 1299. *Letter-book E. first fly leaf : Common pleas holden on Monday the morrow of the Holy Trinity in the 27yh year of King Edward, son of King Henry*). – *At this Court, Henry le Waleys gave and granted unto the Brethren of the Puy 5 marks of yearly quit-rent, to be receveid from all his tenements in London, towards the support of one Chaplain celebrating divine service in the new Chapel at the Guildhall of London.* » (*Memorials of London and London life, op. cit.*). – *Donation aux frères du Puy, pour un chapelain dans la nouvelle chapelle du Guildhall* (27 Edward I, A.D. 1299. Letter-book E. première feuille volante : procès courants tenus le lundi qui suit la fête de la Sainte Trinité, la 27e année du roi Édouard, fils du roi Henri) *:* « À cette cour, Henry le Waleys a donné et reconnu auprès des Frères du Puy une rente annuelle de 5 marcs, sur ses biens de Londres, afin de subvenir à un chapelain célébrant le service divin dans la nouvelle chapelle du Guildhall de Londres » — le désir pour la confrérie d'avoir sa propre chapelle et son chapelain semble avoir été comblé.

enrichi dans le commerce des vins, et chargé d'activités diplomatiques avec la France par le roi Édouard Ier pendant plus de vingt ans. Il a été à diverses reprises maire de Londres et même de Bordeaux[11].

L'autre nous indique qu'en 1304 John le Mirourer est condamné à payer une amende destinée à la construction de Notre-Dame du Puy au Guildhall[12]. Ce sont là toutes les sources, ténues, qui attestent de l'existence du Puy. Elles permettent de connaître les noms d'une douzaine de bourgeois et de marchands membres de la confrérie.

Autres noms propres dans ces statuts – mais nom de lieu – celui de l'église *Saint Martin le Graunt, en la Chapele de Nostre Dame*, où la confrérie offre tous les ans un cierge de cire de cinquante livres[13] ; et celui du *Priorie Seinte Eleine*[14], prieuré de bénédictines à Bishopsgate qui, transformé en église évangélique anglicane, a traversé les siècles. Cette église, comme Saint-Martin-le-Grand, est à une dizaine de minutes à pied du Guildhall : nous nous trouvons dans le centre de l'ancien Londres. Le dernier nom propre évoqué de façon incidente est la Foire de Saint Yves[15], qui accapare les membres de la confrérie au point qu'ils ne peuvent être à Londres à cette date, raison pour laquelle la tenue du Puy est reportée au dimanche suivant la Trinité, quinze jours après la Pentecôte, soit entre le 25 mai et le 30 juin[16]. Ces simples éléments matériels, tout comme la conservation de ces statuts dans les archives municipales nous situent dans le monde de la bourgeoisie londonienne, près du centre du pouvoir, mais surtout au cœur d'activités économiques essentielles, et prioritaires ; il y a de l'argent, les donations sont importantes, il y a une localisation au cœur du pouvoir de la ville et non loin du pouvoir royal.

Le texte même des statuts est très éclairant, dès l'ouverture :

> En le honour de Dieu, Madame Seinte Marie, touz Seinz, e toutes Seintes ; e en le honour nostre Seignour le Roy e touz les Barons du païs ; e por loial

11 Voir Gwyn A. Williams, *Medieval London*, Routledge, Routledge Library Editions-the City, 2007, p. 245-246 (1re éd. 1963).

12 Voir Anne Sutton, « Merchants, Music and Social Harmony », art. cité, p. 4-5.

13 *Munimenta*, éd. citée, p. 219.

14 *Ibid.*, p. 222.

15 Je n'ai pu consulter l'ouvrage de William Addison *English Fairs and Markets*, Londres, Batsford, 1953, apparemment non accessible en France, qui détaille cette foire de Saint Yves. Selon Anne Sutton, la fête de saint Yves tombait le 24 avril – il ne peut s'agir du saint Yves mort en 1303.

16 *Munimenta*, éd. citée, p. 228.

amour ensaucier. Et por ceo qe la ville de Lundres soit renomee de touz biens en tuz lieus ; et por ceo qe jolietés, pais, honestéz, douceur, deboneiretés, e bon amour, sanz infinité, soit maintenue. E pur ceo qe touz biens soient mis avaunt, e touz maus ariere. – Li amerous compaignoun qui sont demoraunt e repairaunt en la bone cite de Lundres ount ordinee, confermé, et establie une feste ke hom apele « Pui[17] ».

Première et nécessaire remarque, le texte est en français ; c'est certes de l'anglo-normand ou plus précisément de l'anglo-français[18], mais il marque d'office une distinction entre le petit peuple anglophone et une élite habituée aux échanges internationaux. On sait que le français, jusqu'au milieu du XIVe siècle est la langue courante d'une partie de la population ; nous nous trouvons dans la grande bourgeoisie urbaine, commerçante certes, mais instruite, frayant avec les grands et voyageant fréquemment. On relèvera de très nombreuses fois dans le texte l'article *le* pour des noms féminins, ce qui dénote une influence du nord de la France, picarde ou artésienne[19]. Plus que le Puy-en-Velay dont les chercheurs anglais ont autrefois cherché à trouver une influence, il faut penser à Arras ou à des villes de cette région, avec lesquelles les échanges économiques étaient soutenus.

L'invocation assez traditionnelle à Dieu, Marie et aux saints ne suffit pas à faire considérer cette assemblée comme particulièrement religieuse ; nul attribut qui mettrait Marie spécifiquement en valeur, du type « bienheureuse Vierge Marie », pourtant passe-partout. S'ensuit l'invocation aussi traditionnelle à « nostre Seignour le roy et tous les Barons du païs », qui met sur le même plan le patronage religieux et le patronage politique. Le troisième élément de la phrase, qui introduit la finalité de la confrérie, parle de « loial amour ensaucier » : une formule sur laquelle on reviendra. Immédiatement après est évoquée la renommée de la ville de Londres, avec un subjonctif de souhait qui montre que le Puy en est un acteur.

17 *Ibid.*, p. 216. Faute d'avoir vu le manuscrit, je suis la transcription proposée par l'éditeur ; je me suis permis toutefois d'accentuer certaines voyelles comme l'usage des éditions modernes le réclame.

18 C'est ainsi que l'on nomme l'anglo-normand à partir du XIIIe siècle. Voir Serge Lusignan, « Le français d'Angleterre et les formes continentales de la langue », dans *Les Formes de l'échange, Communiquer, diffuser, informer, de l'Antiquité au XVIIIe siècle*, François Brizay dir., Rennes, Presses Universitaires de Rennes, 2012, p. 41-54.

19 Ce trait linguistique me semble plus pertinent que la référence au cierge offert (voir *infra*) qu'Anne Sutton rapproche de celui d'Arras pour rapprocher les deux puys, voir la note 23.

La composition de l'association n'est précisée que par deux points : le premier adjectif est *amerous* et renvoie donc à l'affection mutuelle des *compaignun*, dans la continuité de ce qui était énoncé dans la première phrase, juste après Dieu et le roi. Il s'agit donc, et clairement avant tout, d'une *amicale*, et le mot utilisé pour parler des membres de ce Puy sera *confrarie*. On présente une association fraternelle, dont les critères ne sont pas dictés par une profession ou par un statut social – on verra qu'il y a des riches et des pauvres – mais par une communauté d'intérêt. Le deuxième trait est la résidence : les compagnons *demeurent*, résident dans Londres ; ils y sont aussi *repairant* : on peut considérer le mot comme synonyme du précédent, et c'est le sens que propose l'*Anglo-Norman Dictionary* en donnant précisément cet exemple. J'ai cependant le sentiment qu'il construit une distinction avec les résidents, et désigne probablement les marchands qui, même s'ils sont établis dans la ville, ne peuvent y passer tout leur temps ; en français continental, le verbe *repairier* (lat. *repatriare*) implique un mouvement, un retour.

À deux reprises, la profusion des appositions amplifie la période : « por ceo qe jolietés, pais, honestéz, douceur, deboneiretés, e bon amour, sanz infinite[20] », soit maintenue. Si *jolieté* ouvre la gradation ascendante, elle est close par le *bon amour* qui semble une constante à son tour.

Le paragraphe se conclut sur la mention du mot *Pui*. Ce qui paraît une évidence n'en est pas vraiment une. Si l'on regarde les dictionnaires, les attestations du mot pour renvoyer à une manifestation festive sont rares ; on connaît depuis la *Chanson de Roland* le *pui* comme sommet, mais les plus anciennes attestations relevées sont celles d'Adam de la Halle dans le *Jeu de la Feuillée* :

> Se che non, Robers Sommeillons,
> Ki est nouviaus prinches du pui[21].

Et un peu plus loin :

> Je sui mieus prinches k'il ne soit.
> A sen pui canchon faire doit[22].

---

20 Le mot pose difficulté, et l'*Anglo-Norman Dictionary* ne propose pas de traduction satisfaisante. On peut supposer une mauvaise lecture du mot *infirmité*.

21 *Le Jeu de la Feuillée*, éd. Jean Dufournet, Paris, Garnier-Flammarion 1989, v. 405.

22 *Ibid.*, v. 408.

Il semble qu'après ces deux exemples, l'attestation que nous fournissent les statuts du *Puy* de Londres constitue le plus ancien : tous les exemples relevés dans les dictionnaires[23] sont sensiblement postérieurs, et c'est à partir d'Eustache Deschamps que le mot semble courant. De la même façon, on pourra souligner que si nous croyons connaître le fonctionnement du Puy d'Arras – au point que personne ne revient sur la reconstitution qu'en a proposée Henri Guy – c'est parce que ce chercheur a largement extrapolé sur les statuts du Puy d'Amiens qui nous sont conservés, mais qui datent de la deuxième moitié du XVe siècle[24], et reprennent des documents de la fin du XIVe siècle. De fait, les statuts du Puy de Londres semblent bien les plus anciens *statuts authentiques* que nous connaissions, et méritent à ce titre un examen attentif.

On peut poser que la rédaction des statuts donne une idée des attentes de la confrérie : le premier point qui est mis en avant est la prospérité et le nombre de ses adhérents, avec cette formule qui fait que, dès qu'il y a cinq compagnons, il doit y en avoir un sixième, suivant les commandements *bons et loiaus*[25]. Juste après sont évoquées les cotisations, assez importantes : six deniers de droit d'entrée, douze deniers par an pour être membre de la confrérie, quatre si on est absent et qu'on ne peut participer au banquet. Seuls les membres *dela la mier* sont dispensés s'ils ne rentrent de toute l'année[26]. Parmi les obligations des membres on relèvera celle de laisser de ses biens « pur Dieu et por aumosne a la confrarie du Pui » ; mais on précise que ce sera selon ses moyens, et « par sa volunté, nun par force », dans le but de chanter des messes pour les morts et de prier pour les vivants.

On évoque dans cette perspective le don d'un cierge de 50 livres : c'est un poids considérable[27] et c'est un cadeau d'une grande valeur. Je ne crois

---

23 On a consulté, outre le *Dictionnaire du Moyen Français*, le Godefroy, le Tobler-Lommatzsch, et le *Corpus de la littérature médiévale*.

24 « Ces statuts datent de 1470, mais la charte nous apprend qu'ils remontent beaucoup plus haut. La rédaction que nous possédons n'est que la "renovation des ordonnances jadis introduites pour l'entretenement de la feste du Puy Notre-Dame fondée [...] l'an de grâce 1388" » (Henri Guy, *Essai sur la vie et les œuvres littéraires du trouvère Adan de Le Hale*, Paris, Hachette, 1898, t. I, p. xxxix, n. 1).

25 Voir plus bas.

26 C'est ainsi que je comprends « Et sil ia nul compaignun qui sen voit dela la mier, e demore dela la mier sanz repasser, il est quites de son serement e des arrerages » (*Munimenta*, éd. citée, p. 218).

27 Pour donner un point de comparaison, un grand cierge pascal pèse aux alentours de 6 kg.

pas qu'il s'agisse, comme le suggère Anne Sutton[28], d'une référence claire au cierge de la chapelle des Ardents célébré à Arras. Certes le cierge est destiné à brûler dans la chapelle Notre-Dame de Saint-Martin-le-Grand, mais c'est pour « qe Dieux e Nostre Dame voille sauver et garder tute la compaignie ou quil soient ». Il ne semble pas que la dévotion mariale soit plus particulièrement privilégiée dans le Puy de Londres, et le don de cierges en cire d'abeille faisait fréquemment partie des offrandes[29]. Le poids en revanche, plus de 22 kg, montre l'ampleur du don, très onéreux. Il est probable qu'il faille le comprendre ici comme un don stratégique à une communauté très puissante[30], et également comme le désir de se faire identifier et reconnaître par les acteurs politiques.

Cet aspect est développé à diverses reprises, et la confrérie, selon l'usage, scande la vie de ses membres : c'est souvent dans l'accompagnement des funérailles que se manifestent les membres de la confrérie ; quatre situations sont évoquées, celle des noces est formalisée en premier, avec l'obligation, sauf excuse valable, d'inviter tous les membres de la confrérie, et de leur donner « chapiaus touz d'une maniere, e deivent tuit li compaignoun aler avoec lespouse au moustier, et offrir, et revenir du mouster al hostel[31] ». Cette mention des noces implique que les membres de la confrérie n'étaient pas tous des notables arrivés, mais pour certains de jeunes gens. Vient ensuite, de façon attendue, le décès :

> Et sil ia nul des compaignouns de la confrarie qui voist de vie a mort, tuit li compaignoun i doivent estre, et porter le corps au monster, par congié du lignage, et offrir[32].

28 Anne F. Sutton, « Merchants, Music and Social Harmony », art. cité, p. 2.

29 On retrouvera par exemple la même obligation dans les statuts de la Confrérie de la Conception de Rouen, pour honorer un prince défunt par exemple « le prince qui lors sera fera porter par aucun devant le corps ung cierge ardant fait de cire blanche du poids de quatre livres ou environ [...] et avec ce seront portez audit convoy par telz personnages qui seront advisez huyt grosses torches de six livres la piece faictes de cire blanche garnyes des escuchons dudict Puy... » (*Approbation et confirmation par le pape Léon X des statuts et privilèges de la confrérie de l'Immaculée conception*, éd. Édouard Frère, Rouen, Boissel, 1864 [non paginé, vue 65 du document numérisé sur Gallica)]).

30 « *Its canons were often close to the royal court and its deans prominent clerics, appointed by the king, with quasi-episcopal power.* » (A. Sutton, « Merchants, Music and Social Harmony », art. cité, p. 2).

31 *Munimenta*, éd. citée, p. 218.

32 *Ibid.*

Dans ces deux cas, on insiste sur la nécessité pour les membres de la confrérie d'*offrir*, de donner à l'église pour les messes au nom des mariés ou du défunt. Les deux autres occurrences sont plus étonnantes, et renvoient au cas de rébellion contre le pouvoir, dont la confrérie se désolidarise entièrement, pour éviter le blâme :

> ne sil ia nul qui ne vult estre obeissaunt a la pais Dieu, ne a la *pais* nostre Seignour le Roi – qe Dieu gard – li commun des compaignouns ne voillent mie avoir lui no ses fez, por quei la bone compaignie en soit rettee[33] ne diffamee[34].

L'engagement est cependant de soutenir un membre de la confrérie qui se trouve en conflit ouvert, et de chercher à rétablir la paix « sauve la droiture le Roi e la citee de Lundres ».

Le mot *confrarie* revient souvent, après qu'on a présenté le Puy comme regroupement de gens mus par un commun amour. Deux éléments sont essentiels, d'abord cette bonne entente que les lignes précédentes ont soulignée, et plus encore, le souci de donner à la confrérie une visibilité, une importance accentuée par son effectif. Il est révélateur que la première obligation des membres du Puy, juste après la présentation du premier paragraphe, soit :

> Et por ceo qe la devaunt dite feste soit maintenue en pais e en amour, se doit chescoun obliger par sa fiaunce, fermement, come prodoms, qe tant com il i aura .v. compaignouns, il doit estre le sisme, e doit obeier a touz les comaundemens, bons et loiaus, dou Pui[35].

Quel que soit le détail de l'obligation, elle est clairement qu'un groupe de cinq puisse recruter un sixième, visant à la croissance de la confrérie. Anne Sutton souligne à juste titre l'absence de mission du Puy, dont la finalité poétique est plus ornementale qu'organique, et qui fonctionne plus comme un club d'hommes que comme une confrérie rassemblée autour d'une même dévotion[36]. D'ailleurs, après que ces premiers nombres ont été donnés, la suite des statuts suppose des effectifs plus importants, puisqu'on statue que le Prince est entouré d'une

33 *Retter* : accuser (*Anglo-Norman Dictionary*).

34 *Munimenta*, éd. citée, p. 218. Je comprends *ne voillent mie avoir lui no ses fez* comme « ne veuillent être en rien associés à lui et à ses actions ».

35 *Ibid.*, p. 216.

36 Anne Sutton, « Merchants, Music and Social Harmony », art. cité, p. 4.

douzaine de membres élus qui l'aideront à administrer la confrérie[37]. Ce bureau exécutif ne peut être élu que si la confrérie comprend bien davantage de membres, ce que prouve aussi la constitution du jury du concours de poésie : on considère qu'il peut se monter à « .xv. au pluis[38] », parmi lesquels « .ii. ou .iii. qi se conoisent en chaunt et en musike, pur les notes el les poinz del chant trier et examiner, auxi bien com la nature de la reson enditee[39] ». Si on extrapole, le prince, les douze assesseurs qui l'accompagnent dans la gestion du Puy, on va le voir, le prince de l'année précédente et celui de l'année suivante constituent au maximum le jury de ce Puy ; outre que le nombre de 15 n'a rien de spécifique, on notera plutôt que la richesse symbolique est centrée sur le nombre d'assesseurs : il fait évidemment écho à celui des apôtres, et simultanément, il n'est pas apparemment question de limiter le nombre des membres de la confrérie.

Cela lui donne un caractère différent par exemple de ce que se fixe la confrérie du Puy de Rouen :

> C'est assavoir a ladicte confraternité seront associez le nombre de soixante et douze personnes oultre et avec lesdicts princes en memoire et recordacion des soixante douze disciples de nostre seigneur Jesu Christ et des soixante et douze interpretateurs et translateurs des sainctes et sacrees escriptures[40].

Nous conservons le registre des cotisants du Puy de Rouen, qui semble ne jamais avoir atteint le nombre de 72 membres[41], et dont l'organisation vise à regrouper l'élite de la ville – on y voit des évêques, des présidents au Parlement, des échevins : tout ce que Rouen peut regrouper de très grands bourgeois, dans un club somme toute assez privé. Par comparaison, on voit que l'ambition du Puy de Londres est bien davantage de faire masse : s'il y a un nombre symbolique, il est dans le bureau de la confrérie, qui a pour mission première de veiller à sa prospérité.

---

37 « Ke xii des mieuz vaillaunz, suffisaunz, et reseiaunz en la Cité do Lundres de la compaignie, qe sachent, voelent, et puissent, a les bosoignes du Pui entendre, soient noméz et eslu par assent des compaignouns, le jour du grant siege du Pui, pur la confraternité governer et consailler, en eide du prince. » (*Munimenta*, éd. citée, p. 220).

38 *Ibid.*, p. 217.

39 *Ibid.*, p. 225.

40 *Approbation et confirmation*, *op. cit.* [vue 63 du document numérisé sur Gallica].

41 Bibliothèque municipale de Rouen, ms. Y 186.

Cette prospérité est atteinte par le nombre de membres, et montrée par diverses manifestations. Il en est ainsi du Puy lui-même, sur lequel on n'aura somme toute que peu de renseignements, mais aussi du désir ostentatoire de construire un sanctuaire :

> Autresi, q'il i eit un chapelein chauntaunt tut les jours pur les vifs et les mortz en la compaignie ; une chapele fundee en le honour Dieu e Nostre Dame, si tost com ly emprowement de la compaignie, al eide Dieu et bone genz, purront a ceo suffire[42].

Nulle part il n'est précisé où devra se tenir cette chapelle projetée, sinon qu'elle est proche du Guildhall et par conséquent du centre du pouvoir ; les statuts soulignent l'importance du budget prévu :

> E pur ceo qil ad done une Chapele fundee e comencee en le honour Dieu et Nostre Dame pres de la Gihalle, pur tote la compaignie du Pui, la quele Chapele ne poet estre parfete saunz graunt aide des aumosnes des bone genz, est il ci ordine qe chascun de la compaignie doune du seen, et face ses aumosnes al overaine de cele Chapele fournir, cest assavoir, les pluis riches chascun Samedi un dener, et les autres chescun obole, ou ceo qe lui plerra, soulom ses aises et sa richesse[43].

Les plus riches donnent donc 52 deniers par an pour la construction de la chapelle, qui s'ajoutent aux 12 deniers de cotisation annuelle, somme importante, si on la multiplie par le nombre de membres. Il semble qu'au tournant du XIVe siècle, cette ambition ait été comblée, puisqu'on a vu Henry le Waleys et John le Mirourer participer à son entretien et au financement d'un chapelain.

C'est la puissance financière de la confrérie qui est très largement détaillée : la nécessité de recruter un clerc qui va établir et surveiller les comptes, sous le contrôle du prince et de ses douze assesseurs, l'impossibilité pour le prince de prendre une décision s'il n'est accompagné de trois ou quatre d'entre eux, la nécessité de rendre des comptes annuel lors de chaque cérémonie : la *huche*, le coffre où sont gardés le numéraire et les pièces d'archive du Puy, « en la quele les remembraunces et les enprowemenz de la compaignie soient mis en sauve garde ». La rétribution du clerc qui gère les comptes de la communauté, vingt

---

42 *Munimenta*, éd. citée, p. 223.
43 *Ibid.*, p. 227.

shillings par an, est importante et suppose un travail abondant[44]. En même temps, les dispositions prises dans ces nouveaux statuts laissent deviner en filigrane des abus antérieurs.

On a vu que l'essentiel des statuts tournait autour de dispositifs économiques : il s'agit de collecter des fonds pour instaurer une chapelle et son chapelain, des messes pour les défunts et les vivants, un cierge votif dans un prieuré influent. L'autre élément central est celui de la fête du Puy, à laquelle on va s'attacher à présent.

La fête, on l'a vu, est fixée au dimanche qui suit la Trinité, à un moment où les grandes foires commerciales – insulaires et continentales – semblent moins nombreuses. Les directives la concernant et concernant le concours sont éparpillées dans les statuts : la tradition apparaît établie et connue dès les statuts antérieurs, et ne mérite pas autant de précision que la dimension économique et administrative.

C'est au cours du repas que le nouveau prince est investi :

> Quant le viel prince e si compaignoun devront faire novel prince, en plein manger, li viel prince et ses compaignouns irrount par la sale, outre en outre, chauntaunt ; e portera le viel prince la coroune dou Pui sor son chief, e une coupe dorree en ses mains, pleine de vin. Et quant il averount ale en tour, le viel prince dorra a boivre celui quil auroount esleu, e li dorra la coroune ; et cil serra prince[45].

Il est manifeste que l'intronisation du prince est un grand moment, marqué par les trois éléments du chant, de la couronne et de la coupe dorée portée en procession. Un élément supplémentaire survient incidemment un peu plus loin dans le texte, le manteau :

> E doit lui princes a ses custages demeyne estre queinti de cote[46] et surcote[47], saunz maunches, e mauntel de une suyte, des queles armes qil pleise, a sa

44 « E doit le commun clerke du Puy prendre chescun an pur son trival, de tote la compaignie, sur la acounte le viel prince, vint soutz desterlings » (*ibid.*, p. 222) : la confrérie doit avoir au moins vingt membres pour rétribuer le clerc, ce qui la suppose bien plus nombreuse.

45 *Ibid.*, p. 217.

46 « [...] la cotte des hommes nobles, pendant le XIIIe siècle, descend au-dessous des genoux ; elle est à manches étroites, un peu fendue sur le devant du cou pour faciliter le passage de la tête, et des deux côtés de la jupe jusqu'à la hauteur des hanches, pour permettre de monter à cheval. » (Eugène Viollet-le-Duc, *Dictionnaire raisonné du mobilier français*, t. III, Paris, Gründ, s. d., p. 287).

47 Le surcot se mettait sur la cotte, vêtement avec ou sans manche. Voir Viollet-le-Duc, *Dictionnaire raisonné du mobilier français*, *op. cit.*, t. IV, *ad verb.*, p. 343.

volunte ; ici qe a la elleccioun de novel prince, al graunt feste du Pui, doyne son mantel e sa coroune a novel prince, si tost come il serra eslu[48].

C'est à ses propres frais que le prince doit être vêtu, surcote et manteau assortis, aux armes de son choix ; le geste d'offrir son manteau en même temps que la couronne souligne le côté solennel d'une passation de pouvoir, et on devine que plus le manteau sera opulent et aux armes du prince, plus noble sera cette passation ; on devine également les relations de dépendance symbolique qu'entraîne ce geste de revêtir son successeur de son propre manteau[49].

Une fois ce cérémonial accompli, il semble que l'on passe au concours à proprement parler, sur lequel les statuts sont elliptiques :

> Et le viel prince e le novel doivent les chançons jugier, e les mielz entendanz des compaignouns dekes a XV au pluis. Et doivent jugier le meillour des chancons, a lour escient, sour lour serment kil nel leront por amour, por hayne, por doun, por promesse, por vynage, por lignage, ne pur nule aqueyntaunce, viele ne novele ; ne pur chose nule qi soit. Et le meillour des chaunçons doit estre corounee, e la coroune doit estre a celui qui corounez serra[50].

En plus de ces informations sur le nombre des juges l'accent est porté sur leur nécessaire compétence en musique, au moins pour certains d'entre eux[51] :

> Kar saunz le chaunt ne doit om mie appeler une resoun endite chaunçoun, ne chaunçoun reale corounee ne doit estre saunz douçour de melodies chaunte[52].

Retenons les deux éléments de la formulation : il s'agit d'abord de textes chantés, qui nous inscrivent dans la continuité de la lyrique courtoise, aristocratique aussi bien qu'urbaine. La tendance qui s'affirmera sur la fin du Moyen Âge, dissociant la musique de la poésie lyrique, semble déjà assez à l'œuvre pour qu'on insiste sur la nécessité de la musique.

---

48 *Munimenta*, éd. citée, p. 226.

49 Le manteau est partie inhérente du sacre des empereurs (voir Jacques Paul « Le Manteau couvert d'étoiles de l'empereur Henri II », dans *Le Soleil, la lune et les étoiles*, Aix-en-Provence, Presses universitaires de Provence, 1983 (*Senefiance*, 13), p. 261-291).

50 *Munimenta*, éd. citée, p. 217.

51 « E qe il ieit a les chaunçouns juger eslu ii ou iii qi se conoisent en chaunt et en musike, pur les notes et les poinz del chaunt trier et examiner, auxi bien com la nature de la reson enditee. » (*ibid.*, p. 225).

52 *Id.*

Mais retenons surtout de ces lignes l'appellation « chaunçoun reale ». La formule varie, on trouve « royals chaunsouns », « chaunsoun reale », « chaunçons royaus », « chaunçoun roiale », « chaunçouns reals[53] », mais il s'agit bien et de façon récurrente d'un genre lyrique connu, dont nous avons ici probablement la toute première attestation – s'il y avait quelques occurrences on l'a vu du mot *Puy* auparavant pour désigner une compétition poétique, la seule qui puisse entrer en rivalité pour l'ancienneté de la forme se trouve chez Nicole de Margival :

> De vrai cuer entier et loial
> S'en dirai en cest chant royal[54].

Et la datation de la *Panthère d'Amours* est au moins contemporaine du Puy de Londres[55] et probablement postérieure. Toutes les occurrences sont plus tardives, et datent ou de Guillaume de Machaut, auteur de chants royaux, ou d'Eustache Deschamps qui en a également composé[56].

On pourrait attendre de ce dernier qu'il présente dans son *Art de dictier* des modèles de chants royaux : il n'en est rien, et si on le voit donner des exemples de ballades, rondeaux, lays et virelais, il évoque à diverses reprises les chants royaux sans jamais en donner d'exemple, comme si la forme en était parfaitement évidente.

> Serventois sont faiz de cinq couples comme les chançons royaulx ; et sont communement de la Vierge Marie, sur la Divinité ; et n'y souloit on point faire de refrain, mais a present on les y fait, servens comme en une balade ; et pour ce que c'est ouvrage qui se porte au Puis d'amours, et que nobles hommes n'ont pas acoustumé de ce faire, n'en faiz cy aucun autre exemple[57].

---

53 *Ibid.*, p. 221, 224, 225.

54 Nicole de Margival, *Le Dit de la Panthère d'Amours*, éd. Henry A. Todd, Paris, Didot, 1883 (SATF), p. 96, v. 2552-2553.

55 « Il est certain que la *Panthère* a été composée un certain nombre d'années après la mort de Drouart La Vanche, lequel terminait en 1290 sa version d'André le Chapelain, et quelque temps avant 1328, année de la mort de Clémence de Hongrie, dont la bibliothèque en possédait deux exemplaires » (Henry A. Todd, « Introduction », dans *Le Dit de la Panthère d'Amours*, *op. cit.*, p. xxvij).

56 Voir Lorna Stewart, « The *Chant Royal*, a Study of the Evolution of a Genre », *Romania*, t. 96, 1975, p. 481-496 ; ce sont évidemment des modèles du grand chant courtois, mais on ne voit jamais apparaître les mots « chant royal » sous quelque forme que ce soit.

57 Eustache Deschamps, « Art de dictier », dans *Œuvres complètes*, éd. Gaston Raynaud, t. VII, 1891 (SATF), p. 281.

Si l'on suit Deschamps et son propos un peu snob, soulignant son appartenance fragile à une élite aristocratique, la chanson royale est à la fin du XIVe siècle un genre considéré comme vil, interdit de ce fait à l'aristocratie. Elle est de surcroît profane, à la différence du serventois qui a une vocation religieuse. On voit comment les mots avec le temps et le passage d'une région à l'autre peuvent glisser : le sirventès occitan était polémique, le voici dévot, le chant royal était courtois à la fin du XIIIe siècle, il devient populaire un siècle plus tard ; on verra le mot désigner plus tard ce qui est pour Deschamps le *serventois.* Quant à l'envoi des ballades, il est selon Deschamps issu des chants royaux :

> *Envoy.* Et ne les souloit on point faire anciennement fors es chançons royaulx, qui estoient de cinq couples, chascune couple de .x., .xi. ou .xii. vers ; et de tant se puevent bien faire, et non pas de plus, par droicte regle. Et doivent les envois d'icelles chançons, qui se commencent par Princes, estre de cinq vers entez par eulx aux rimes de la chançon sanz rebrique[58]...

Deschamps est le premier à préciser qu'ils doivent commencer par le mot *Prince,* ce qui n'est généralement pas le cas pour les envois des chansons arrageoises. On doit pouvoir déduire de ces témoignages tardifs que le chant royal pratiqué au Puy de Londres à la fin du XIIIe siècle est une forme lyrique, probablement hétérométrique, en cinq strophes de dix à douze vers, n'ayant pas de refrain mais sans doute un envoi[59]. Il ne s'agit à coup sûr pas d'une pièce religieuse, les statuts l'indiquent clairement :

> E tuit soit ensi qe honeste pleisaunce de bone dame soit droite matire et principale enchesoun de chaunt roiale, e chauncoun roiale trover e fornir, ja tardais est il ici purvu qe nule dame ne autre femme ne doit estre a la graunt siege du Pui, par la resoun ke om doit de ceo ensaumple prendre, e droit aveyement, de honurer, cheir, et loer trestotes dames, totes houres en touz lieus, au taunt en lour absence come en lour presence. E ceo voet noreture e tote bone afferaunce[60].

58 *Ibid.*, p. 278.

59 La mention de Deschamps selon laquelle « n'y souloit on point faire de refrain, mais a present on les y fait » est confortée par ce que l'on voit des chants royaux de Machaut : seul le dernier comporte un refrain (*Poésies lyriques*, éd. Vladimir Chichmaref, Paris, Champion, t. I, 1909, p. 223).

60 *Munimenta*, éd. citée, p. 225.

Il est question de louer les dames, même si elles sont bannies de la réunion. Les statuts du Puy de Rouen ne disent rien à ce propos, et comme les séances du Puy sont publiques, il est bien probable que les femmes ont pu y assister : on a même un cas, unique il est vrai, d'une femme concourant au Puy de la Conception.

La thématique à la louange des dames montre que nous nous trouvons ici dans une dynamique aristocratique plus que bourgeoise. Le Puy de Londres est donc un puy courtois plus que religieux, proposant des chansons amoureuses dont nous ne saurons rien, et que l'on peut imaginer comparables à celles des trouvères champenois du XIIIe siècle ; un modèle vraisemblable si l'on se souvient que de nombreux membres de la confrérie pouvaient participer aux foires champenoises et y entendre les chansons d'alors[61] ; c'est sans doute leur modèle qu'il faut avoir en tête.

Anne Sutton, en note, signale un texte tout à fait étonnant de Renaud de Hoilande, publié en 1844 au milieu d'autres textes dans les *anecdota literaria* de Thomas Wright[62], il s'agit d'une chanson en anglo-normand, une des seules conservées outre-Manche. A. Långfors, quand il publie à nouveau cette pièce, reprend le détail du premier éditeur, Thomas Wright.

> Cette note nous apprend que la pièce a été copiée sur un petit carré de parchemin ; mais elle ne dit pas si le verso du parchemin était en blanc. Ce serait alors la seule pièce lyrique conservée à l'état isolé, pour ainsi dire en original. La musique était notée. Une couronne était dessinée au milieu du nom de l'auteur. Ce dernier détail, mis en relation avec les indications que nous fournit la pièce elle-même, renverse cette hypothèse de Wright qu'on aurait affaire à un trouvère anglo-normand[63]…

Långfors montre par ces remarques qu'il n'a pas vu le manuscrit. C'est avec autorité qu'il dénie toute insularité à ce texte, le rapprochant d'un Puy continental ; il ajoute :

61 Même si la poésie des trouvères champenois est aristocratique, le fait que Gautier de Coinci compose des contrafactures de ces chansons pour ses poésies mariales montre qu'elles étaient largement diffusées.

62 Thomas Wright, *Anecdota literaria, a collection of short poems in english, latin and french, illustrative of the literature and history of England in the thirteenth century…*, London, Russell Smith, 1844, p.

63 Arthur Långfors, « Mélanges de poésie lyrique française », *Romania*, t. 52, 1926, p. 417-444. J'ai pu retrouver le document mentionné, conservé aux Archives Nationales de Grande-Bretagne sous la cote E 163/22/1/2. J'en propose une édition à la fin de ces pages.

> Le texte lui-même a une empreinte picarde qu'on ne saurait méconnaître ; mais il est vrai que les picardismes y sont entremêlés (tout au moins dans la copie de Wright) de formes qui pourraient passer pour anglonormandes[64].

Ce que nous savons du Puy de Londres et de l'affichage des pièces couronnées porte à penser qu'il s'agit bien là d'une pièce couronnée au Puy – nul besoin alors de corriger la lecture de Wright *Hoiland* vers un *Hollande*, déjà saugrenu pour un poète arrageois : la proposition de Wright semble bien préférable – *Hoiland* renvoyant à un toponyme du Lincolnshire. La présence d'une chanson française au milieu d'un paquet *of miscellaneous Exchequer documents in her Majesty's Remembrancer's Office*[65] s'explique plus aisément si elle provient de pièces juridiques concernant les affaires de la ville, où un membre du Puy peut l'avoir oubliée ou placée à dessein.

Le texte a la particularité de comporter cinq strophes, comme la plupart des chants artésiens, ET un envoi, ce qui l'en distingue radicalement. La forme strophique est élaborée : $a^{10}b^{10}a^{10}b^{10}b^{7}c^{7}c^{7}d^{7}d^{10}$ et renvoie manifestement à une œuvre musicale. Quant à l'envoi :

> Loés que ma cançons oïe
> Ert a ce Pui envoïe
> Sara ma dame par qui
> Amours me tient amoureus et joli[66].

Il porte toutes les marques d'une performance, un locuteur et un destinataire, et évoque « ma cançon », envoyée « a ce Pui » : le déictique implique non seulement un auditoire, mais le statut de celui-ci. On pourra souligner de plus que les traits anglo-normands du texte le disqualifieraient auprès d'un auditoire artésien ou généralement picard, et que la petite couronne associée au nom du poète semble le valoriser : il s'agit probablement d'une pièce couronnée au Puy de Londres.

Il faut cependant moduler la dimension roturière du Puy, moins éclatante que ce qu'en dit Deschamps ; on sait qu'un certain nombre d'aristocrates ont participé au Puy d'Arras au cours du XIIIe siècle, et qu'ils n'ont pas dédaigné de se mêler à la bourgeoisie urbaine ; il semble que, pour ce qui concerne le Puy de Londres, les élites urbaines qui sont concernées sont très proches du pouvoir. Ce sont en tout cas des

---

64 *Id.*

65 Thomas Wright, *Anecdota literaria*, London, John R. Smith, 1844, p. 88.

66 Si le manuscrit propose bien *sera*, la correction de Långfors en *sara* semble préférable.

hommes capables de composer une œuvre poétique élaborée : les cinq strophes d'un chant royal demandent une belle maîtrise rhétorique, et il ne s'agit certes pas de poésie fugitive ; cela au point que celui qui se présente au banquet du Puy sans argent peut payer son repas et sa cotisation annuelle s'il apporte un chant royal :

> Et apres, chescuns compains, au jour dou siege, paiera xii deniers ; e cil qui aura chaunçun novele, sa chancon la quitera[67].

Il s'agit assurément pour des bourgeois amateurs mais peu doués d'accueillir des pièces et d'attirer des trouvères de bonne tenue, mais les statuts insistent sur le fait qu'ils ne sont pas dispensés pour autant de composer et concourir selon leurs moyens :

> E por ceo qe la feste roiale du Pui est maintenue e establie principaument pur un chaunsoun reale corouner ; de ci cum ele est par chansoun honoré e enhaunsiee, sont tuit luy gentil compaignoun du Pui par dreite raisoun tenuz des chaunçons roiaus avauncer a lur pouair, et especiaument cele qe est corouné par assent des compaignouns le jour de la graunt feste du Pui[68].

Ce sont donc, dans un premier temps, les membres de la confrérie qui proposent des œuvres ; d'une certaine façon cette disposition explique qu'on ne les ait pas conservées provenant d'amateurs, elles n'étaient sans doute pas inoubliables. Si l'on en juge, encore, par le Puy de Rouen, c'est après vingt à vingt-cinq ans d'existence du Puy que l'on commence à rassembler les pièces mémorables, les textes antérieurs nous étant connus uniquement par les procès-verbaux du Puy. La distinction attachée au chant royal couronné rejaillit sur son auteur :

> Et le meillour des chaunçons doit estre corounee, e la coroune doit estre a celui qui corounez serra[69].

Pour que la phrase ne soit pas pléonastique, il faut, je pense, comprendre que la couronne sera attribuée à l'auteur ; couronne dont on indique la valeur : 1 marc[70], soit 160 deniers, les deux-tiers d'une livre sterling :

67 *Munimenta*, éd. citée, p. 216.
68 *Ibid.*, p. 224.
69 *Ibid.*, p. 217.
70 « E la coroune du Pui soit trové du commun, de pris de un marke e nient meins » (*ibid.*, p. 226).

il s'agit d'une somme relativement importante – on n'indique pas en revanche la nature de la couronne des princes ; on n'indique pas non plus si la couronne est un prix conservé par le lauréat ou s'il doit la remettre ultérieurement. Il semble cependant que si l'on insiste sur le prix de la couronne – « e nient meins » (voir n. 71) – c'est qu'elle doit constituer la récompense du concours.

L'honneur attaché à l'auteur du chant royal couronné semble directement associé – et peut-être équivalent – à celui de la dignité princière. Deux dispositions en font foi. La première associe aux armes du prince le chant royal couronné :

> chascun prince novel, le jour qil portera la coroune, et governera la feste du Pui, e si tost com il avera fait pendre son blasoun de ces armes en la sale ou la feste du Pui serra tenue, [...] maintenaunt face atacher de souz son blazon la chaunçoun qe estoit corounee le jour qil fut eslu novel prince[71].

On notera que c'est le blason qui désigne le prince, et non pas, comme à Abbeville ou Amiens, un tableau comportant un refrain obligé imposé aux poètes – tableau généralement plus important que la pièce primée, souvent perdue. Nous sommes encore dans des *Puys d'amour* comme les nomme Deschamps, et le double affichage du blason et du chant royal donne à chacun prestige égal, égale visibilité. À défaut de tableau, la présence des armes des princes a semblé la norme dans les églises qui accueillaient les confréries, si l'on en juge par ce qui se passait à Rouen[72] ; mais il ne semble pas que la pièce primée ait été affichée : on a ici une valorisation inhabituelle de l'œuvre poétique.

La seconde associe dans une même chevauchée l'auteur élu aux deux princes du Puy – le prince sortant et le prince entrant :

> Qe celui qi serra corouné de sa chaunsoun a la journee, puisse chevaucher par entre le viel prince e le novel a la chevaucee qe il irount parmi la citee aprés mauger, com puisse avoir conisaunce de lun prince e del autre prince par la suite des queyntise[73].

71 *Ibid.*, p. 224.

72 « Ces armoiries, dit l'abbé Guiot, l'historien des Palinods, étaient rangées dans le chœur et la nef de l'église ; celles qu'on voyait tour à tour à la porte du chœur appartenaient au dernier seigneur qui avait géré la principauté de l'Académie et elles y restaient attachées jusqu'à ce qu'il eût un successeur. (*Approbation et confirmation*, *op. cit.*, p. XIV).

73 *Munimenta*, éd. citée, p. 226.

Apparemment égaux aux princes, les lauréats du Puy de Londres reçoivent des égards qui semblent ne pas s'être conservés dans les confréries poétiques ultérieures : on donnera par exemple le cas pour Rouen du manuscrit BnF fr. 25535, offert par Nicolas de Coquainvilliers à Mademoiselle de Graville ; il rassemble trois séries de 12 chants royaux, ballades et rondeaux présentées au Puy en 1522, sans qu'aucun nom d'auteur soit mentionné.

Davantage, deux éléments pour finir semblent montrer l'importance attachée à ces chants royaux. Souvent les banquets de confrérie rivalisaient d'abondance et de luxe, et l'exemple de celui qu'avait offert Jean-Baptiste le Chandelier, prince du Puy en 1546 – deux siècles et demi plus tard il est vrai – montre à quel luxe on pouvait prétendre, car ici, l'ordonnance du repas est précisée dans les statuts :

> E de service de la mangerie est ausi ordiné, qe tuit lui compaignoun soient servi eiseement, ausi bien lui pluis povres come li pluis riches, en ceste forme ; cest assavoir, qil soient servi de bon pain, bone cerveise, et bon vyn ; et puis qil soient servi de potage, e de un cours de grosse char ; et puis apres, de dubble rost en un esquele, et furmage, saunz pluis. E qe apres qe lui compaignoun averount tut mangé, ke nul des princes, ne viel ne novel, ne teigne soper cele iournee, ne diner a lendemein[74].

Potage, bouilli, rôti, fromage : si le repas est certes copieux, il est limité, et la règle impose ensuite une diète sans doute nécessaire. Mieux, les statuts précisent ce que l'on doit faire des reliefs du banquet, octroyés aux pauvres et aux prisonniers[75], des dispositions plus charitables que ce que nous proposeront d'autres confréries.

Ce souci de limiter le luxe se prouvera également par la sobriété des décorations[76]. Nous sommes certes à un grand banquet :

74 *Ibid.*, p. 227.

75 « Le relef qe demorra apres le manger, e tote la purveiaunce qe est fete pur la mangerie de la feste du Pui entere, e autre qe remeindra e qe pas ne est despendue, soit sauvement garde tresqes a lendemain, e a donke soit cel relef departi e done e les prisones de Newegate, as ospitaus povers, e as autres bosoignes de la citee, en aumosne pur tote la compaignie. » (*Ibid.*)

76 Là encore, Jean-Baptiste le Chandelier avait jonché les tables de fleurs artificielles en soie, et organisé des entremets spectaculaires. Voir Baptiste Le Chandelier, *La Parthénie, ou Banquet des palinods de Rouen en 1546, poème latin du XVIe siècle par Baptiste Le Chandelier* (avec une introduction et des notes par François Bouquet), Rouen, Imprimerie de E. Cagniard, 1883, p. cxxiii.

> Endroit de la sale ou la festu du Pui serra serve, est assentu qe desore ne soit drap de or ne de saye pendu, ne la sale cortinee ; sauve qe ele soit honestement florie des foillez, enjunchee, apparile des banqers, ausi come il appent a tele feste roiale ; sauve qe li siege ou li chauntour chaunterount les chaunçouns soit covert de un drap de or[77].

Dans ce dispositif, c'est bien la poésie lyrique qui est mise à l'honneur, l'alliance du vers et du chant, sans doute, qui relève du divertissement *royal*. L'ordonnancement de la salle du banquet, « honestement florie » est en retrait de l'estrade où concourront les chanteurs, qui elle seule mérite les draps d'or.

Il y a, dans cette bourgeoisie qui fraie avec l'aristocratie et les grands de ce monde, un désir d'exalter les mêmes valeurs, au premier rang desquelles se retrouveront la courtoisie – et les chansons à la gloire des dames en sont le parangon – et la largesse – les dons aux pauvres sont partie intégrante de cette représentation du pouvoir. Bons citoyens de Londres, bons chrétiens, bons sujets, les princes de ce Puy valorisent l'art et le raffinement, et comme tous les évergètes aiment à se montrer. À rassembler les élites urbaines, ce Puy représente une étape importante du *cursus honorum* de toute une bourgeoisie dominante. Il participe de ce que Catherine Vincent avait montré naguère dans les confréries rouennaises[78], et instaure une confrérie qui n'est pas une corporation : c'est un rang social plus qu'une profession qui légitime l'appartenance au Puy. La poésie est alors appréciée parce que l'on est raffiné, pratiquée parce que l'on est un homme de goût : elle est un divertissement de classe, un peu à la façon de ce que seront plus tard le tennis, le golf et le bridge qui se démarquent du football et de la belote.

Il n'est pas certain que la poésie ait été dans le Puy de Londres autre chose qu'un marqueur de classe. Mais en tant que telle, elle nous apprend beaucoup de ce que l'art oratoire et la rhétorique pouvaient peser dans la vie de la cité et l'exercice du pouvoir. Il importait que les élites pussent à la fois apprécier la maîtrise des uns et rivaliser avec les autres, et la poésie amoureuse avait le rôle essentiel d'une propédeutique à la vie politique. Le poète couronné, par sa simple valeur, est reconnu comme l'égal des princes, et chevauche avec eux.

---

77 *Munimenta*, éd. citée, p. 226.

78 Catherine Vincent, *Des Charités bien ordonnées, les confréries normandes de la fin du XIIIe siècle au début du XVIe siècle*, Paris, École normale supérieure, 1988.

> Mes tantost apres qil averount done la coroune a celui qi mieuz chauntera, mountent lour chivaux, et facent lour chevauchee par mi la citee, e puis convenent lour novel prince a soun hostel, et illoke descendent trestuz, e facent illoke une daunce pur lei departir ; et beyvent une foiz et sen revoysent chascun a soun ostel demeine tut a pe[79].

L'adjectif *demeine* est inhabituel et absent de l'*Anglo-Norman Dictionary* ; si l'on en croit le *Dictionnaire du Moyen Français*, il renvoie à ce qui est personnel, et cette conclusion de la fête du Puy est somme toute assez mélancolique : prince sortant, prince entrant, poète couronné chevauchent de concert avec toute l'assemblée, reconduisant le nouveau prince à son domicile : une dernière collation, une dernière danse pour la séparation ; et chacun certes s'en retourne chez soi, dans sa riche demeure, mais *à pied.* Les bourgeois de Londres sont de riches *marchands*, ce ne sont pas des chevaliers – tout au plus des *cavaliers* : on peut jouer au grand seigneur, mais on ne peut usurper sa valeur.

Denis HÜE
Université Rennes 2

79 *Munimenta*, éd. citée, p. 227.

APPENDICE
Le chant royal de Renaud de Hoilande, Manuscrit National Archives E 163/22/1/2

Il s'agit d'une feuille de parchemin grossièrement carrée, découpée de façon irrégulière, écrite côté poil ; le cliché fourni sans règle latérale ne permet pas d'avoir les dimensions du feuillet. Seul le recto est manuscrit, le verso est vierge : on n'y relève qu'une cote *E.A.R.* 55 et un tampon *public record office*. Les traces d'un pliage irrégulier et de salissures sont bien visibles, moins perceptibles au recto. Le titre est rubriqué, avec le dessin d'une couronne entre les mots *Renaus de* et *Hoilande*. Le texte est écrit tout au long en dessous d'une portée qui se développe sur près de trois lignes. À la fin de la notation musicale, une accolade permet de passer au texte de la 2e strophe. Chaque début de strophe est marqué par une initiale rubriquée, les vers sont séparés par des points, plus irrégulièrement au long du manuscrit. On discerne dans l'angle supérieur droit du recto du feuillet la fin d'une ligne, les trois lettres finales *-ent* étant bien lisibles, le reste plus incertain. La disposition du manuscrit correspond à ce que l'on sait des feuilles affichées (voir, plus haut, note 72).

Agostino Magro a eu l'amabilité de transcrire la musique présente sur le manuscrit. Il la commente ainsi :

« Il s'agit d'une notation assez simple de la seconde moitié du XIIIe siècle. C'est une notation *cum littera*, c'est à dire principalement syllabique. Cette pièce monodique comporte deux interprétations possibles : rythmique (en suivant la tradition des parties supérieures des motets, selon les règles de la notation franconienne) ou en déclamation libre (à mon avis plus probable).

La pièce est principalement en *notae simplices*, c'est à dire en notes individuelles sans ligatures (la présence des ligatures impliquerait forcement une interprétation rythmique). Les notes sont toutes des longues (je ne vois pas de brèves) avec des petits passages de deux à quatre notes sur une seule syllabes en semibrèves (*conjunctura*). Les semibrèves sont utilisées donc comme des courtes décorations mélismatiques sur une seule syllabe.

Il n'y a pas de barres verticales qui séparent les phrases musicales. Leur présence indique le mode rythmique (les barres correspondent à des silences qui complètent la section rythmique appelée *ordo*). L'absence de ces barres semblerait confirmer qu'il faut privilégier une interprétation non mesurée, c'est à dire en déclamation libre (comme pour le plain-chant ou les mélodies des trouvères). »

Ces indications montrent qu'on est effectivement en présence de bons musiciens amateurs, capables de lire et composer des mélodies, ce que confirme A. Magro : « La conduite mélodique n'est certainement pas un chef d'œuvre et elle est même un peu maladroite (alternance de si bémol et si bécarre un peu rude). La notation, quant à elle, est vraiment élémentaire. Mais l'ensemble fonctionne, un bon amateur [...] aurait pu faire ça. »

Renaus de Hoilande

Si tost c'amis entant a ben amer,
Prant garde Amours, si doit merchi avoir
Qui se garde por a celi donner
Qui servi l'a, si qu'il i doit paroir.
Pour çou ai jou tel voloir
Que je ne voel mie
Que ma dame eüst m'amie
Esté, lors que je le vi,
Pour autre tour, s'estre pooit ensi.

Car on peut ben a le fois trop haster,
Et se doit ben cascons amans savoir
C'Amours ne veut nus des siens oublïer
Mais selonc chou que cascons a d'espoir
A amours d'aidier pooir ;
Et se fait ele partie,
Quant ele entant c'amis prie
Con cieus qui ben a servi,
Amours le fait nommer de dame ami.

En çou me doi adés reconforter,
Car nus ne peut parfaitement voloir
S'il ne li plaist autant a endurer
Çou dont Amours fait les siens endoloir
Con de merchi recevoir.
Car, puis c'Amours le maistrie,
Pour son profit le castie
Et pur ben savoir ensi
S'amours vauroit pour riens metre en oubli.

Ceste raison me fait si lié porter
Çou dont Amours fait les siens esmouvoir
Qu'il m'est avis seulement dou pensser
C'a paines mieux doit fins amis voloir;
Et quant celi puis veoir
Vers qui mes cuers s'umelie
Il couvient ten[...]t qu'il rie
Ains qu'il se taingne a gari,
Car je ne vis fors d'amours et de li.

Dame por tous nices cuers dotriner,
Sage de droiste onnesté concevoir,
Je ne vus os de moi merchi rouver,
Mais s'ensi est qu'en face mon devoir,
Moi voele ramentevoir
Amours par sa cortoisie,
Tant qu'en vous pités nourie
Soit par Amours, que j'em pri
Si qu'ele soit avoec Amours pour mi.

Loes que ma cançons oïe
Ert a ce Pui envoïe
Sara ma dame par qui
Amours me tient amoureus et joli.

v. 3 : le texte porte *por a a* ; mais il est à la fin d'une ligne, et le *a* est répété au début de la ligne suivante sous la deuxième note qui le porte. C'est bien *por a* qu'il faut comprendre.

v 20 : « Il faut probablement corriger en *valoir.* » (Långfors, *op. cit.*)

v. 29 : le manuscrit porte *les siens en doleur esmouvoir*, *doleur* est biffé ; Wright avait reporté *en esmouvoir* ; nous suivons la correction de Långfors, correcte pour la métrique

v. 34 : le manuscrit taché est illisible. Wright lit *il convient ten..ist qu'il rie.* La correction de Långfors en *tenist* ne résout rien.

v. 49 : ms *Amours me tient amours amoureus, amours* est biffé.

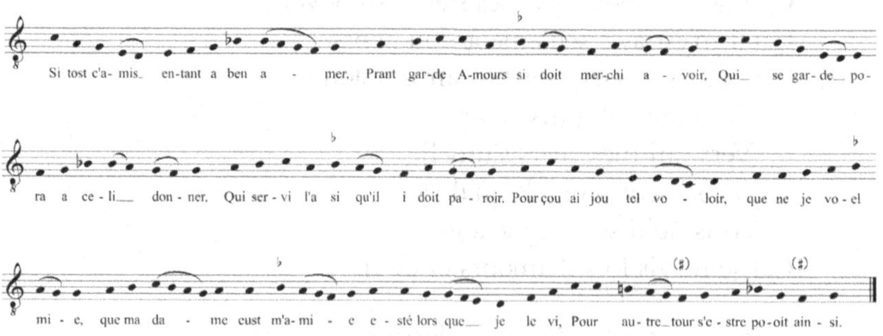

Consultée juste avant l'édition de ces lignes, la musicologue Anne Ibos-Augé a relevé un air de famille avec une chanson anonyme avec refrains, RS 597a : « Pour moi renvoisier ferai chançon novele ». « La formule initiale, précise-t-elle, qui génère l'ensemble de la chanson, est bien trop proche pour qu'il s'agisse d'un hasard. Dans l'anonyme, elle est aussi "génératrice" de l'ensemble de la composition, jusqu'au refrain, qui en sort directement. Cette anonyme est elle-même calquée (musicalement) sur une chanson du comte d'Anjou, RS 423 : Trop est destroiz qui est desconfortez. Le calque s'arrête à la mélodie : la métrique des deux chansons est différente, ce qui a nécessité quelque adaptation et la chanson du comte d'Anjou ne possède pas de refrain. Mais ces pratiques étaient monnaie courante : les trouvères puisaient sans vergogne, adaptaient de même un air à un texte… C'est le sens large du contrafactum. »

QUATRIÈME PARTIE

LA VILLE ET SES LECTEURS

LA BIBLIOTHÈQUE DES ÉCHEVINS DE ROUEN AU XVe SIÈCLE

Quelle littérature pour une élite urbaine laïque ?

La bibliothèque des échevins de Rouen semble être l'une des plus anciennes bibliothèques liées à une institution urbaine laïque en France. À la différence des bibliothèques ecclésiastiques, elle privilégie les ouvrages écrits en français, sans exclure néanmoins le latin. Les conditions exactes de sa création et de son développement au XVe siècle ne sont pas connues. Nous conservons un inventaire partiel de son fonds, mais il est tardif puisqu'il date de 1647. Il a en effet été dressé au moment du don à Colbert, cette même année, d'une part très importante de ce fonds par Claude Pellot, le premier président au Parlement de Rouen. Il répertorie 21 manuscrits et 28 imprimés[1]. Un certain nombre de ces manuscrits ont été identifiés par la critique et je voudrais aujourd'hui développer des analyses sur les plus anciens que les échevins ont réunis, et les choix et les goûts de cette élite urbaine qu'ils semblent refléter. L'échevinage de Rouen est une institution ancienne qui date du milieu du XIIe siècle, mais on ne garde pas trace de l'existence de sa bibliothèque avant le XVe siècle. Sa création est associée aux Établissements de Rouen, une charte accordée aux Rouennais par le duc de Normandie en 1149-1150. Suite à plusieurs conflits avec la royauté française et, en 1382, à la révolte de la Harelle, la commune de Rouen a perdu son autonomie et les Établissements de Rouen ont été abrogés[2], la charge de maire supprimée : les échevins ont

1 Cet inventaire a été édité par Charles Richard, *Notice sur l'ancienne bibliothèque des échevins de la ville de Rouen*, Rouen, Alfred Péron, 1845. Sur les bibliothèques médiévales, voir Monique-Cécile Garand, « Les anciennes bibliothèques du XIIIe au XVe siècle », dans *Histoire des bibliothèques françaises*, t. I, *Les bibliothèques médiévales du VIe siècle à 1530*, André Vernet dir., Paris, Cercle de la Librairie, 2008 (Ière édition 1989), p. 66-86.

2 Sur les institutions urbaines rouennaises, voir Michel Mollat, *Histoire de Rouen*, Toulouse, Privat, 1979.

de fait été dépossédés par la royauté de tout pouvoir exécutif, au profit du bailli et des fonctionnaires royaux, et ils ne jouent plus qu'un rôle consultatif. Les premières décennies du XVe siècle ont ensuite été, on le sait, marquées par l'occupation anglaise, avant la reconquête de la Normandie par la royauté française et l'entrée de Charles VII à Rouen en 1449.

Si on ignore les circonstances exactes selon lesquelles les échevins ont décidé de créer une bibliothèque, il semble en revanche attesté que c'est dans ce contexte de la fin de l'occupation anglaise et de la reconquête par la royauté française. La fondation d'une bibliothèque pourrait leur être apparue comme un moyen d'affirmer leur prestige et leur autorité, et aussi, plus précisément, de reconquérir la confiance de la monarchie française et de sceller l'alliance retrouvée avec elle à la fin de la guerre de Cent Ans. Les questions sont alors multiples. Quels livres les échevins ont-ils assemblés et choisis ? Ont-ils joué un rôle de mécène pour les auteurs et/ou pour des copistes et des artistes ? Ont-ils commandé des œuvres ou assuré le succès de certaines œuvres ? Quels types de manuscrits ont-ils reçus ou commandés ? Quelles marques de propriété ont-ils pu vouloir faire figurer sur ces objets ? Quels intérêts et quelles préoccupations reflètent à la fois le contenu des textes copiés dans les premiers manuscrits réunis et la matérialité même des manuscrits, leur format, leur illustration ?

La création de cette bibliothèque semble avoir été précédée ou initiée par quelques dons de manuscrits à l'échevinage. On garde trace de deux d'entre eux, qui émanent d'un riche marchand et changeur rouennais, Jean Marcel. Il s'agit de l'un des notables les plus importants de la ville de Rouen, peut-être fils d'un prévôt des marchands, qui s'était beaucoup enrichi des affaires menées avec les Anglais, qui avait été nommé changeur par les rois anglais Henry V et VI. Il avait obtenu d'eux des biens immobiliers et avait spéculé sur la monnaie et sur le sel : c'est d'ailleurs l'un des pauvres orphelins qu'attaque François Villon dans son *Lais* et son *Testament*[3]. Des témoignages sont conservés de sa grande proximité avec les échevins de Rouen, auxquels il prêtait de l'argent, et l'on sait qu'il a gardé sa position de premier plan même après la reconquête de Rouen par la monarchie française, jusque dans les années 1460. Il possédait un riche hôtel au centre de la ville, près du Vieux-Marché, et les Archives communales de Rouen indiquent que « c'est chez lui, dans une chambre

3 François Villon, *Lais*, huitains XXV-XXVI ; *Testament*, huitains CXXVII-CXXVIII, éd. J.-C. Mühlethaler, Paris, Champion, 2004.

« molt decoree », que tout le conseil de ville, voulant voir le spectacle à l'aise, s'assemble pour assister, le 2 juin 1454, à la représentation du *Mystère de sainte Catherine*, donnée sur la place du Marché-aux-Veaux ». Sa fortune se retourne dans les années 1460, son premier procès date de 1461, il est emprisonné et meurt en 1468[4].

Jean Marcel est aussi connu pour son achat de deux manuscrits, qu'il offre aux échevins. Son premier don, dont on ne connaît pas la date exacte (entre 1420 et 1449), est celui d'un exemplaire de la *Cité de Dieu* traduite par Raoul de Presles, en deux volumes : il s'agit des manuscrits de Paris, BnF, français 23 et 24. Le f° 288r° du manuscrit français 24 porte la mention : « Ce livre fu a Jehan Marcel et l'a achesté de maistre Etienne Gaultier et lui en cousta en premier achat quatre vins et dix salus d'or et l'a donné a cest hostel. » Cet « hostel » désigne l'hôtel de ville des échevins de Rouen. Puis Jean Marcel achète un manuscrit du *Des cas des nobles hommes et femmes* de Boccace traduit par Laurent de Premierfait, qu'il offre également aux échevins. Ce manuscrit est conservé lui aussi à Paris et à la BnF, sous la cote français 131. On constate ainsi que les textes de ces manuscrits sont deux traductions, l'une appartenant au large programme de vulgarisation de textes savants impulsé par le roi Charles V, l'autre s'inscrivant dans les échanges entre la France et l'Italie sous le règne de Charles VI et appartenant à ce que l'on qualifie habituellement de premier ou de pré-humanisme français[5]. Le manuscrit de la traduction de Boccace par Laurent de Premierfait date de 1415 et a eu pour premier possesseur l'humaniste Gontier Col. Non seulement il lui a appartenu, mais Gontier Col a supervisé sa réalisation et son illustration, et il a ajouté ses commentaires et ses annotations. Dans son étude sur les manuscrits des œuvres de Laurent de Premierfait, Anne Hedeman le présente comme un manuscrit humaniste et insiste sur son caractère exceptionnel dans la tradition manuscrite du *Des cas des nobles hommes et femmes*[6]. Ces deux manuscrits que les échevins reçoivent en dons

---

4 Michel Mollat, « Un "collaborateur" au temps de la guerre de Cent Ans : Jehan Marcel, changeur à Rouen », *Annales, Économies, Sociétés, Civilisations*, t. 1/1, 1946, p. 35-42, p. 39 pour la citation.

5 *Préludes à la Renaissance. Aspects de la vie intellectuelle en France au* XVe *siècle*, Carla Bozzolo et Ezio Ornato dir., Paris, CNRS Éditions, 1992 ; Carla Bozzolo, *Un traducteur et un humaniste de l'époque de Charles VI, Laurent de Premierfait*, Paris, Publications de la Sorbonne, 2004.

6 Anne Hedeman, *Translating the Past : Laurent de Premierfait and Boccaccio's* De casibus, Los Angeles, Paul Getty Museum, 2008, « A Humanist's Manuscript : Gontier Col's Copy of *Des cas* », p. 154-165.

contiennent donc deux traductions savantes liées, par leurs auteurs et leurs mécènes, à la cour royale française, attachées à la promotion de la langue française et à l'essor de l'humanisme pour un large public de laïcs.

Dans quelles circonstances et pour quelles raisons exactes Jean Marcel a-t-il donné aux échevins ces manuscrits, qui semblent constituer le premier noyau de leur bibliothèque ? Nous l'ignorons. Quoi qu'il en soit et d'après les connaissances dont nous disposons, le projet bibliophile des échevins a peut-être été initié par ce riche marchand. Les deux œuvres copiées correspondaient déjà aux goûts des échevins de Rouen ou bien les ont orientés, puisque les commandes auxquelles ils procèdent ensuite eux-mêmes attestent d'un intérêt particulier pour les traductions et pour les premiers humanismes en langue française.

Les premières commandes des échevins dont nous gardons trace portent sur cinq manuscrits. Le premier est l'actuel manuscrit de Paris, BnF, français 126. Il est constitué de deux parties codicologiques distinctes qui ont été assemblées et illustrées vers 1450 à l'intiative des échevins de Rouen : la première réunit une traduction du *De regimine principium* de Gilles de Rome par Jean Golein, qui, comme Raoul de Presles et Nicole Oresme, travaille au service du roi Charles V, et les traductions par Laurent de Premierfait du *De senectute* et du *De amicitia* de Cicéron. La deuxième partie est constituée par trois œuvres d'Alain Chartier : le *Quadrilogue invectif*, le *Dialogus familiaris amici et sodalis super depploracionem galice calamitatis* et le *Curial*. Depuis les travaux de Léopold Deslisle[7], on estime la première partie (les folios 1 à 190) copiée vers 1420 et la seconde (les folios 191 à 263) vers 1440-1450. L'illustration a été réalisée vers 1450 à Rouen par le Maître de Sir John Talbot et son atelier. Le Maître de Sir John Talbot est un peintre qui a travaillé à Rouen pour les Anglais pendant leur occupation de la ville et quatre des cinq miniatures de ce manuscrit lui sont attribuées. C'est un manuscrit très luxueux dont les échevins de Rouen lui ont confié l'illustration, à lui et à son atelier[8].

Le second manuscrit commandé par les échevins de Rouen est actuellement conservé à la Bibliothèque municipale de Rouen sous la cote I 2.

7 « L'auteur du *Liber de Informatione principum* », *Histoire littéraire de la France*, t. XXXI, 1893, p. 47.

8 François Avril et Nicole Reynaud, *Les manuscrits à peintures en France, 1440-1520*, Paris, 1993, Bibliothèque nationale, Flammarion, p. 170-171.

Il réunit trois traductions en français réalisées par Nicole Oresme. Ce sont des traductions d'œuvres d'Aristote ou attribuées à Aristote, l'*Éthique*, la *Politique* et les *Économiques*. La réalisation de ce manuscrit a été commandée par la ville en 1454 et achevée en 1455[9].

Le troisième manuscrit contient la *Bouquechardière* de Jean de Courcy, une chronique de la Grèce ancienne depuis ses origines mythiques, l'édification des cités d'Argos et d'Athènes et les exploits des héros fondateurs jusqu'à l'histoire d'Alexandre le Grand et de ses descendants indirects au Proche-Orient. Elle se termine par des annonces de la naissance du Christ. C'est l'actuel manuscrit de Paris, BnF, français 2685, réalisé entre 1457 et 1461.

Les échevins font produire à peu près au même moment, sans doute vers 1460, un manuscrit des *Chroniques de Normandie*, qui est lui aussi conservé à Paris et à la BnF, sous la cote français 2623. Enfin, le cinquième manuscrit que j'évoquerai, le manuscrit de Paris, BnF, français 129 est un témoin de la traduction française du *Décaméron* de Boccace par Laurent de Premierfait. Il a été exécuté pour les échevins, sans doute dans le troisième quart du XVe siècle, peut-être avant.

Nous savons que ces manuscrits sont des commandes des échevins parce que nous conservons pour certains d'entre eux des documents d'archives qui l'attestent et/ou parce que les armes de la ville de Rouen sont apposées sur certains de leurs folios, marquant ainsi la destination et la propriété des échevins de Rouen. Ces documents d'archives sont les registres des délibérations des échevins de Rouen, même si la perte d'un bon nombre de ceux antérieurs à 1450 nous prive d'une source de connaissance majeure pour la création de la bibliothèque. Concernant l'année 1454, ces registres consignent que le 6 avril les échevins ont vendu un manuscrit des *Économiques* d'Aristote qu'ils détenaient (et dont nous ne savons rien par ailleurs), car il était d'un format plus petit que celui d'un manuscrit de l'*Éthique* et de la *Politique* qu'ils possédaient également : ils ont ainsi souhaité faire réaliser une nouvelle copie des *Économiques* de la même taille que ce dernier pour assembler les deux manuscrits en un recueil harmonieux. Le registre porte ensuite la mention de la commande de la reliure le 31 août 1455. Actuellement conservé à la Bibliothèque municipale de Rouen, comme indiqué plus haut, le manuscrit a d'ailleurs gardé sa reliure originale, qui porte trace

9 François Avril et Nicole Reynaud, *Les manuscrits à peintures en France*, *op. cit.*, p. 92.

de l'emplacement de clous qui permettaient d'attacher par des chaînes le manuscrit dans la salle de l'hôtel de ville des échevins.

Les registres indiquent plus loin la commande en 1457 de 53 cahiers de parchemin au parcheminier Louis de Bavent et de la copie de la « Boucachardiere » par le copiste Raoulet Bellefosse :

> Mémoire que il a esté marchandé avec Louys de Bavent, parcheminier, pour fournir plusieurs kayers de parchemin de vellin, à huit feulles le kaier, pour faire le livre de la *Boucachardière*, pour la ville, par VIII s. t. [12 fr.] chacun kaier. Item, le IIe jour de juillet IIII^c^ LVII, par Messeigneurs, marchandé fu chiez Raoulet Bellefosse, de escripre ledit livre de la *Boucachardière*, par XIX s. III d. t. [28 f. 60 c.] chacun cayer, et pour le faire régler de roze[10].

On remarque ici que le nom de l'auteur, Jean de Courcy, seigneur de Bourg-Achard, n'apparaît pas, mais on lit le titre de l'œuvre, forgé sur le toponyme normand Bourg-Achard. Les données du registre correspondent à l'actuel manuscrit de Paris, BnF, français 2685[11].

Avec les mentions des noms d'un parcheminier et d'un copiste, du prix des commandes et aussi, pour le manuscrit des œuvres d'Aristote, du souci du format et de l'assemblage harmonieux dans un manuscrit recueil, les registres nous donnent ainsi plusieurs informations précises sur les préoccupations des échevins. Rien n'est en revanche dit dans ces registres sur les peintres qui illustrent les manuscrits. Pour le manuscrit de Paris, BnF, français 126, et pour la *Politique* du manuscrit de Rouen, les échevins se sont adressés à un artiste déjà établi à Rouen pendant l'occupation anglaise, le Maître de Sir John Talbot. Pour l'*Éthique* et les *Économiques* d'Aristote, ils ont sans doute eu recours à un peintre du nord de la France : son style a parfois été rapproché de celui de Loyset Liédet et de celui de Simon Marmion[12]. Puis, pour les trois manuscrits suivants, ils ont fait travailler un peintre rouennais, qui illustre leurs témoins de la *Bouquechardière*, des *Chroniques de Normandie* et de la traduction du *Décaméron*. La recherche moderne a d'abord appelé cet artiste le « Maître du Brunet Latin de Genève », car il est l'auteur des peintures du manuscrit du *Livre du Trésor* de Brunet Latin conservé à Genève (Bibliothèque de Genève, français 160). Puis elle l'a baptisé « Maître de l'échevinage

10 Charles Richard, Notice sur l'ancienne bibliothèque des échevins, *op. cit.*, p. 163-165.

11 Sur ce manuscrit, voir François Avril et Nicole Reynaud, *Les manuscrits à peintures en France*, *op. cit.*, p. 171.

12 *Ibid.*, p. 92-93.

de Rouen », tant ses liens sont étroits avec cette institution. Ce peintre a en effet reçu des commandes importantes des échevins de Rouen, au moins cinq, pour les manuscrits de la *Bouquechardière*, des *Chroniques de Normandie* et du *Décaméron* que je viens d'évoquer, mais aussi pour des témoins de l'*Estoire d'outremer* et de la *Chronique de Charles VI*. Très prolifique, le Maître de l'échevinage de Rouen s'est aussi fait connaître par de nombreuses œuvres liturgiques, puisque son atelier s'est également spécialisé dans la production en série de livres d'heures. Parmi les œuvres profanes qu'il a illustrées entre 1450 et 1490, au-delà des commandes pour les échevins et du *Livre du Trésor* de Brunet Latin, on compte des traductions de Cicéron, de Valère Maxime et de la *Cité de Dieu* d'Augustin. Dans la cité de Rouen il succède ainsi à des artistes anglais installés dans la capitale normande sous la domination anglaise, le Maître de Sir John Fastolf et le Maître de Sir John Talbot[13].

Les œuvres copiées dans les manuscrits dont les échevins ont demandé et payé la production ne sont pas des œuvres nouvelles qu'ils auraient commandées eux-mêmes aux auteurs, elles existaient antérieurement à la constitution de leur bibliothèque. Quand elles contiennent une dédicace, cette dernière ne leur est jamais adressée en tant que groupe ni à l'un d'entre eux, même si plusieurs des auteurs de ces œuvres sont normands d'origine. C'est au roi de France ou à des princes de la maison royale française que les auteurs des textes envoient leur dédicace. En choisissant un tel contenu pour les manuscrits, les échevins de Rouen s'approprient ainsi des textes qui sont liés avant tout à la cour royale française et à la haute aristocratie française, parfois aussi à la Normandie, par leurs auteurs ou, plus exceptionnellement, par leur contenu. Seules les *Chroniques de Normandie* et, dans les manuscrits suivants du fonds de la bibliothèque, la *Coutume de Normandie* relèvent de ce dernier cas. Jean de Courcy, même si le titre de son œuvre, la *Bouquechardière*, a été forgé à partir du toponyme normand Bourg-Achard, même si lui-même

13 *Ibid.*, p. 169-173 ; Claudia Rabel, « Artiste et clientèle à la fin du Moyen Âge : les manuscrits profanes du Maître de l'échevinage de Rouen », *Revue de l'Art*, t. 84, 1989, p. 48-60 ; Isabelle Delaunay, Jean-Baptiste Lebigue, Sylvie Lefèvre, Claudia Rabel, Nicole Reynaud, Patricia Stirnemann et Emmanuelle Toulet, *L'enluminure en France au temps de Jean Fouquet*, Paris, Somogy, 2003, p. 56-59 ; Nicole Reynaud, « Rouen, Maître de l'échevinage de Rouen » dans *Les enluminures du Louvre, Moyen Âge et Renaissance*, François Avril, Dominique Cordellier et Nicole Reynaud dir., Paris, 2011, p. 208-211 (avec étude de sa contribution à un volume de l'*Histoire romaine* de Tite Live).

se présente comme un « chevalier normand » dans le prologue de son œuvre, choisit en effet de consacrer son texte à l'histoire antique. Il écrit des « moralisations » après chaque chapitre, mais il n'établit que très rarement des analogies avec l'époque médiévale, et n'évoque jamais la ville de Rouen[14]. Sa mise à distance du présent et du lieu de l'écriture est frappante lorsque, dans son livre III, il évoque la diaspora des Troyens en Europe occidentale et les différentes cités qu'ils auraient fondées : on aurait pu attendre qu'il rapporte la légende des origines troyennes de la ville de Rouen qui était bien diffusée à son époque[15], mais il n'en est rien.

La production de ces manuscrits a été commandée à partir de 1450-1460, c'est-à-dire peu après la libération de la ville et la fin de l'occupation anglaise. La motivation des échevins était peut-être de célébrer cette libération, comme François Avril l'a indiqué, et la richesse de la ville[16]. J'émettrai également l'hypothèse qu'il s'agissait pour eux à la fois de promouvoir le rôle de leur institution urbaine et d'attester de leur volonté de soumission à l'autorité royale française, après le temps de l'occupation anglaise et vraisemblablement, pour certains d'entre eux à l'image de Jean Marcel, après le temps de liens plus ou moins étroits avec l'occupant anglais. Les deux premiers manuscrits commandés montrent un goût pour les œuvres didactiques et politiques savantes, et ces dernières sont soit des traductions d'auteurs antiques, Aristote, Cicéron,

14 Voir l'édition collective sous ma direction en cours de publication chez Brepols : Catherine Gaullier-Bougassas, *La Bouquechardière de Jean de Courcy*, t. I, *Introduction générale. Des origines de la Grèce jusqu'à Hercule, édition critique et commentaire du livre I (ch. 1-27)*, Turnhout, Brepols, 2020 ; Elena Koroleva, t. II, *Jason, Thésée et Œdipe, édition critique et commentaire du livre I (ch. 28-84)*, Turnhout, Brepols, 2021 ; Sandrine Hériché-Pradeau, t. IV, *La diaspora européenne des Troyens, édition critique et commentaire du livre III*, Turnhout, Brepols, 2021 ; Sarah Baudelle-Michels, t. V, *De l'Assyrie à la Perse, édition critique et commentaire du livre IV*, Turnhout, Brepols, 2020 ; Catherine Gaullier-Bougassas, t. VI, *Philippe II et Alexandre le Grand, édition critique et commentaire du livre V*, Turnhout, Brepols, 2021. Deux autres tomes sont à venir, l'édition du livre II par Delphine Burghgraeve et l'édition du livre VI par Catherine Gaullier-Bougassas, Sarah Baudelle-Michels, Sandrine Hériché-Pradeau et Elena Koroleva.

15 La légende de l'origine troyenne des Normands, par l'intermédiaire d'Anténor, est attestée depuis Dudon de Saint-Quentin. Voir Pierre Bouet, « De l'origine troyenne des Normands », *Cahier des Annales de Normandie*, t. 26, 1995, p. 401-413 ; Colette Beaune, *Naissance de la nation France*, Paris, Gallimard, 1985, p. 25-34 ; Jacques Poucet, « Le mythe de l'origine troyenne au Moyen Âge et à la Renaissance : un exemple d'idéologie politique (Anténor, fondateur de Venise. II) », *Folia Electronica Classica*, t. 5, 2003, « http://bcs.fltr.ucl.ac.be/FE/05/anthenor2.html » (consulté le 24/4/2022).

16 François Avril et Nicole Reynaud, *Les manuscrits à peintures en France*, *op. cit.*, p. 169.

et d'auteurs médiévaux, Gilles de Rome, soit des textes politiques qui appellent à l'unité pour le relèvement de la France après la Guerre de Cent Ans – les traités d'Alain Chartier. Les échevins ont ainsi choisi de financer la réalisation de manuscrits recueils pour assembler des textes très appréciés à la cour royale française et, pour certains d'entre eux, écrits par des auteurs normands d'origine, Jean Golein, Alain Chartier, Nicole Oresme, et proches de la cour française. Leur projet bibliophile peut ainsi s'interpréter comme un moyen de concilier la célébration de la Normandie à une forme d'allégeance à la royauté. Par ces deux premières commandes ils cherchent de surcroît à s'imposer comme une élite savante, très intéressée par la réflexion politique, les traductions de textes savants et le pré-humanisme, et comme une élite très riche. Ces deux premiers manuscrits sont en effet de luxueux manuscrits de grande dimension.

Les trois manuscrits suivants ne contiennent chacun qu'un seul texte, la *Bouquechardière*, les *Chroniques de Normandie* et la traduction française du *Décaméron* par Laurent de Premierfait. Ils sont eux aussi très précieux, de très grand format et richement illustrés. Parmi les éléments de l'illustration, c'est d'abord l'importance accordée au décor héraldique qui frappe le lecteur. Les échevins ont en effet fait apposer sur les manuscrits les armes de la ville de Rouen, comme marques de propriété de l'échevinage, en les associant souvent à celles de la Normandie et à celles de la monarchie française.

Dès les premiers manuscrits commandés, qui sont des manuscrits recueils, on remarque ainsi les armes de la ville de Rouen. Dans le manuscrit de Paris, BnF, français 126 (f° 1, fig. 1), elles sont apposées au bas du folio frontispice de la traduction de Gilles de Rome par Jean Golein : c'est l'écu avec l'agneau pascal. La rubrique sous l'enluminure inscrit le nom de Gilles de Rome et ceux du roi de France Philippe le Bel et de son fils Louis, auquel l'ouvrage est adressé, tandis que l'enluminure représente, dans la partie supérieure, un roi idéalisé, assis sur son trône, entouré de ses conseillers et occupé à l'action politique, et dans la partie inférieure les activités de marchands arrivant par bateaux à l'intérieur d'une ville fortifiée traversée par un fleuve, et les travaux des champs à l'extérieur d'une cité figurée à l'arrière-plan. Le nom de Jean Golein n'apparaît pas, mais les armes de la ville de Rouen sont représentées au milieu de la marge décorée inférieure, sur le folio même qui rappelle la dédicace du livre latin de Gilles de Rome au fils du roi de France et qui magnifie, dans l'enluminure, une royauté idéale. Le peintre figure en effet à la fois un gouvernement royal exemplaire et une cité marchande traversée par un fleuve et proche de la campagne, cité dans laquelle il est tentant de voir une figuration possible de la ville de Rouen. L'image peut ainsi se lire comme un signe positif de liens étroits entre le roi et la cité[17].

Dans le manuscrit de la Bibliothèque municipale de Rouen I 2, au folio 426, c'est-à-dire au début des *Économiques* dont les échevins ont commandé une nouvelle copie, les armes de la ville de Rouen ont là aussi été apposées, cette fois au milieu de la marge latérale décorée de droite. L'enluminure frontispice des *Économiques* représente une cité et nous laisse voir l'intérieur d'une salle d'apparat, avec un seigneur assis et entouré de ses conseillers. Le prologue introduit le livre des *Économiques* en le présentant comme un complément du « grant noble livre de *Politiques* ouquel Aristote traite du bon gouvernement des citez », puisqu'il est consacré au « gouvernement d'une chacune particuliere maison » :

> Touteffoiz ce present livre selon droit ordre precede ledit livre de *Politiques* qui est fait pour le droit et bon gouvernement des citez, chasteaux et villes qui contiennent plusieurs maisons, et la science yconomique contient et regarde seulement le gouvernement d'une chascune particuliere maison. Or est vray que des parciales maisons sont composees les citez raemplies des multitudes et pluralitez d'ommes et de maisons plusieurs. (f° 126)

Les textes choisis témoignent ainsi d'un intérêt particulier pour la chose publique et l'organisation des cités.

Les marques héraldiques en signes de propriété deviennent beaucoup plus présentes dans les deux manuscrits suivants, ceux de la *Bouquechardière* et des *Chroniques de Normandie*, dont la production tout entière est le résultat de la commande des échevins. Parmi la trentaine d'exemplaires conservés de la *Bouquechardière*, le manuscrit de Paris, BnF, français 2685, celui de la commande des échevins, est le seul qui porte les armes de

---

17 On sait par ailleurs que plusieurs autres manuscrits des traductions du traité de Gilles de Rome ont appartenu à des marchands « soucieux de détenir, en possédant une copie du traité de Gilles de Rome, l'instrument d'une possible promotion intellectuelle et sociale » (Noëlle-Laetitia Perret, « Lecteurs et possesseurs des traductions françaises du *De regimine principum* (vers 1279) de Gilles de Rome (XIIIe-XVe siècles) », *Le Moyen Âge*, t. 116, 2010, p. 561-576.

Rouen et de la Normandie. Ces mêmes armes se retrouvent dans leur manuscrit des *Chroniques de Normandie*, l'actuel manuscrit de Paris, BnF, français 2623. Les décors héraldiques sont en effet extrêmement importants dans la décoration de ces deux manuscrits.

Sur le témoin de la *Bouquechardière*, ils signalent à celui qui ouvre et feuillette le manuscrit, au premier regard et ensuite continument, que ce manuscrit appartient à l'institution urbaine normande, puisque dans tous les encadrements des feuillets enluminés mais aussi sur tous les folios, dans toutes leurs initiales peintes, les armes de la ville de Rouen sont représentées et alternent avec celles de la Normandie, avec parfois aussi la figuration d'une banderole portant la devise latine de la ville *Agnus Dei qui tollis peccata mundi, miserere nobis* (« Agneau de Dieu, qui enlève le péché du monde, prends pitié de nous »). Ces marques héraldiques si répétées constituent ainsi les signes visuels d'une appropriation très insistante du manuscrit par la ville de Rouen.

Dès le folio 1 (fig. 2), où commence le prologue et dont les décorations sont malheureusement un peu endommagées, on relève ainsi, dans les marges latérales et inférieure, un encadrement de médaillons, avec les armes de France aux quatre coins. La marge inférieure présente en son centre les armes du Dauphiné et au-dessous d'elles celles de la ville de Rouen, et des deux côtés, à droite et à gauche, elles sont entourées d'une alternance des armes de Rouen et de celles de la Normandie. Dans la marge de droite une disposition similaire apparaît, avec en haut et en bas les armes de France, au milieu les armes du Dauphiné et pour le restant, sur toute la longueur du folio et en alternance, les armes de Rouen et de la Normandie. Le texte est disposé en deux colonnes et l'entre-colonne contient un philactère qui porte déjà la devise *Agnus Dei qui tollis peccata mundi, miserere nobis*. Un décor héraldique similaire apparaît dans les folios frontispices de chacun des livres et/ou au début de la table de leurs rubriques, avec parfois certains ajouts ou des dispositions différentes. Au folio 3, début du livre I, les mêmes armes apparaissent dans l'encadrement et l'entre-colonne. La lettre intiale P contient aussi deux petits écussons, l'un portant les armes de Rouen, l'autre celles de Normandie. Au folio 97r°, table des rubriques du livre II, les armoiries de Rouen et de France sont figurées dans l'encadrment du haut et du bas, tandis que celles de Normandie le sont dans la lettrine. Dans le folio frontispice du livre II (f° 98r°), on retrouve le philactère et la devise de Rouen comme ornements de l'entre-colonne, et dans l'encadrement l'alternance des armes de Rouen, de Normandie, de France et du Dauphiné.

Le décor héraldique du folio qui porte le début de la table des rubriques du livre III est plus complexe encore (f° 159, fig. 3). En effet, si le même encadrement d'armoiries apparaît, tout en haut de la marge latérale de droite les armes de France sont figurées couronnées et portées par deux cerfs ailés, et la critique a montré leur similitude avec celles qui décoraient la grande porte du Palais de justice de Rouen[18]. Puis si l'on suit les écussons en allant vers le bas du folio, toujours dans cette même marge latérale de droite, on voit les armes des fils du roi de France Charles VII, d'abord celles de Louis, dauphin du Viennois, futur Louis XI, puis celles de Charles, duc de Berry, suivies des armes de Normandie et, tout en bas de celles de Rouen. L'entre-colonne offre une nouvelle fois les armes de Rouen et la devise de la ville inscrite sur un philactère. Je ne détaillerai pas ici les décors héraldiques comparables du début du livre IV (f° 160r°) et du début de la table des rubriques du livre V (f° 279v°), mais m'arrêterai brièvement sur celui du début du livre V, consacré à Alexandre le Grand, car il offre une variante dans la figuration (f° 280v°) : dans la marge latérale gauche sont figurés trois écussons – les armoiries de France, du Dauphiné, de la Normandie – et dans la marge inférieure, au centre, les armoiries de Rouen, ici entourées d'un philactère avec la devise. Quant aux armoiries de la Normandie, elles apparaissent dans la lettrine.

C'est grâce à la précision de ces décors héraldiques que François Avril a daté la réalisation du manuscrit entre 1457 et 1461, date de la mort de Charles VII :

> […] à côté des armoiries de Normandie et de Rouen […], on trouve, répétés avec insistance, l'écu de France (soutenu au f. 159 r par deux cerfs-volants), celui de France écartelé avec Dauphiné et celui de Berry, des écus ne pouvant se rapporter qu'à Charles VII et à ses deux fils, Louis, alors dauphin de Viennois (le futur Louis XI), et Charles de France, duc de Berry[19].

Dans le même temps, la donnée qui m'apparaît très frappante et significative, c'est cet entrelacement des armoiries de Rouen et de la

18 Charles Richard, *Notice sur l'ancienne bibliothèque des échevins*, art. cité, p. 145 ; ces dernières sont conservées au Musée des Antiquités de Rouen.

19 François Avril et Nicole Reynaud, *Les manuscrits à peintures en France*, *op. cit.*, p. 171.

Normandie avec celles de la monarchie française et des deux fils du roi : la marque de propriété des échevins s'associe à un signe du rapprochement voulu de l'échevinat et de la Normandie avec la monarchie française. Le décor héraldique n'est pas seulement un signe de propriété, il a un sens politique précis. Les échevins utilisent ainsi l'héraldique à la fois pour accroître leur prestige avec la réalisation et l'exposition d'un tel manuscrit d'apparat et pour signifier leur volonté d'alliance avec la royauté française.

Ce manuscrit de Paris, BnF, français 2685, est proche par son décor héraldique d'un autre manuscrit des échevins réalisé à une date proche par le même atelier du Maître de l'échevinage de Rouen : le manuscrit des *Chroniques de Normandie*, l'actuel manuscrit de Paris, BnF, français 2623. Or ce dernier exalte lui aussi l'alliance de Rouen et de la Normandie, à la fois dans son récit, qui se termine par la reddition de Rouen au roi français en 1204, et par l'entrelacement de ces mêmes armoiries dans son décor héraldique. Si l'on observe l'encadrement du folio 89v° (fig. 4), certes plus simple que ceux du manuscrit de la *Bouquechardière*, on voit les armes de France et du Dauphiné dans la marge latérale de gauche, les armes de la Normandie et de Rouen dans la marge du bas. Si ces quatre écus sont bien ainsi rapprochés dans le même folio, ils ne s'entrelacent pas comme dans la *Bouquechardière*. Au folio 106 bis (fig. 5) une disposition similaire se voit, avec les armes de France et du Dauphiné dans la marge de droite. Ce folio est aussi très important car l'enluminure figure la ville de Rouen et sa reddition au roi français en 1204.

L'examen de la fin du manuscrit de Paris, BnF, français 2623 montre en outre deux ajouts écrits de plusieurs mains différentes de celles du copiste du texte (f° 113v° et 114). Le premier est un poème latin d'éloge de la ville de Rouen, qui renvoie à des faits historiques du XIIe siècle, à l'impératrice Mathilde et à Geoffroy Plantagenêt, ainsi qu'à Roger II. Le second consiste en une liste de chronogrammes relatifs à des événements du XVe siècle, de 1407 à 1476, identifiés dans des mentions en regard[20].

La richesse et la beauté de ces manuscrits semblent avoir assuré la notoriété de la bibliothèque des échevins de Rouen. Les manuscrits ont d'abord été gardés dans le « chartrier », puis exposés dans leur salle du conseil. Ils y étaient enchaînés, de peur du vol, et les traces des clous auxquels ces chaînes étaient attachées sont encore visibles sur certains

20 Ils ont été édités par Charles Richard, *Notice sur l'ancienne bibliothèque des échevins*, *op. cit.*, p. 163-165.

d'entre eux, notamment sur la reliure du manuscrit des *Chroniques de Normandie*. On sait que les échevins pouvaient exceptionnellement prêter leurs manuscrits, en veillant attentivement à leur bonne restitution. Un témoignage nous est ainsi conservé du prêt du manuscrit des *Chroniques de Normandie* à Charles de France, le frère de Louis XI, en 1465[21]. Les enluminures réalisées pour l'institution urbaine de l'échevinat accordent une place importante aux représentations des villes. Ces dernières sont liées à un discours politique sur l'organisation des cités comme je l'ai mentionné pour les manuscrits BnF, français 126 et son folio (fig. 1) et pour le manuscrit de Rouen, Bibliothèque municipale I 2, au folio 426. Elles peuvent aussi être associées à l'histoire de la ville de Rouen, représentée notamment au folio 106 bis du manuscrit Paris, BnF, français 2623, ou à bien à l'acte de fondation de cités antiques dans la *Bouquechardière*. Le folio 1 du manuscrit de Paris, BnF, français 2685 (fig. 2) représente ainsi la construction de la ville d'Argos et celle de la ville d'Athènes. Son folio 159r° (fig. 3) figure les fondations de Venise et de Sycambre par les Troyens, et celles de Carthage et de Rome[22].

Cette exposition dans l'hôtel de ville et la salle du conseil est un signe supplémentaire et très fort de l'instrumentalisation de l'objet matériel qu'est le manuscrit. Si les témoignages précis de la lecture ou de la contemplation de ces manuscrits nous manquent, on constate que les commandes des échevins et l'exposition de leurs manuscrits ont permis la diffusion de modèles iconographiques. Certaines de leurs enluminures ont ainsi été reproduites dans d'autres manuscrits : la scène de la construction de la tour de Babel par Nemrod a par exemple été réutilisée dans le manuscrit de Paris, BnF, français 27 de la traduction de la *Cité de Dieu* par Raoul de Presles (f° 122r°). Les commandes des échevins ont aussi contribué à assurer le succès de certaines œuvres. Le cas le plus net est celui de la *Bouquechardière*. Ce sont leur bibliothèque et leur manuscrit qui ont fait connaître la chronique de Jean de Courcy.

---

21 François Avril et Nicole Reynaud, *Les manuscrits à peintures en France*, *op. cit.*, p. 171 (au sujet du BnF, fr. 2623).

22 Voir Sophie Cassagnes-Brouquet, « L'image du fondateur dans les manuscrits de la *Bouquechardière* », dans *Ab urbe condita. Fonder et refonder la ville : récits et représentations (second Moyen Âge-premier* XVI*e* *siècle)*, Véronique Lamazou-Duplan dir., Presses universitaires de Pau, 2011, p. 261-274 ; et mon article intitulé « La mise en scène de la ville dans les manuscrits de la *Bouquechardière* de Jean de Courcy », *Studi Francesi*, t. 192, 2020, p. 508-514.

Nous ne conservons pas de manuscrit autographe de la *Bouquechardière*, ni de manuscrit « original » au sens de manuscrit autorisé par l'auteur. Le manuscrit des échevins est probablement le plus ancien de tous ceux qui sont conservés du texte[23]. Au moment de sa réalisation, Jean de Courcy est mort depuis plus de vingt ans. Malgré l'absence de trace conservée de l'œuvre depuis son achèvement en 1422 jusque dans les années 1450, la commande des échevins de la ville de Rouen indique qu'elle était encore connue, mais ce sont eux qui, grâce à ce manuscrit luxueux, sont à l'origine de son succès. Leur manuscrit de la *Bouquechardière* semble en outre être le plus luxueux de leur collection, comme s'ils érigeaient cette œuvre au titre forgé à partir d'un toponyme normand en un symbole de la grandeur normande. Elle a ensuite été copiée dans une trentaine de manuscrits jusque dans les années 1490. L'artiste auquel ils ont confié son illustration, le Maître de l'échevinage de Rouen, a décoré une douzaine de manuscrits de la *Bouquechardière*, en reprenant les mêmes sujets iconographiques, et des artistes d'autres régions se sont emparés de l'œuvre et de ce programme iconographique pour l'imiter et le transformer[24]. La *Bouquechardière* a en effet été copiée dans une trentaine de manuscrits jusque dans les années 1490.

Si l'on remarque l'importance de plusieurs auteurs normands dans le fonds de la bibliothèque et la présence de quelques œuvres liées à la Normandie, il faut néanmoins bien insister sur le fait que leur bibliothèque n'est en rien une bibliothèque spécialisée sur la Normandie et limitée à des préoccupations normandes. Les auteurs normands dont les œuvres sont copiées, à l'exception de Jean de Courcy, ont tous travaillé à la cour royale française. Les textes assemblés montrent un grand intérêt pour les traductions récentes d'œuvres antiques latines et grecques, ces dernières étant connues par l'intermédiaire du latin, et d'œuvres

23 Il n'est pas du tout certain que les manuscrits de Paris, BnF, fr. 62-63 soient antérieurs. Voir ma présentation de la tradition manuscrite de la *Bouquechardière* dans le tome I de mon édition.

24 Catherine Gaullier-Bougassas, « La *Bouquechardière* de Jean de Courcy : des énigmes d'une écriture solitaire aux énigmes du succès de l'œuvre et de ses usages politiques, sociaux et commerciaux de ses manuscrits », dans *Aspects sociaux des littératures médiévales. Texte et situation communicative au Moyen Âge*, Ludmilla Evdokimona et Alain Marchandisse dir., Paris, Classiques Garnier, 2019, p. 95-106, et « La diffusion de la *Bouquechardière* de Jean de Courcy à Rouen au XVe siècle », dans *La Renaissance à Rouen : l'essor artistique et culturel dans la Normandie des décennies 1480-1530*, Sandra Provini, Xavier Bonnier et Gérard Milhe Poutingon dir., Rouen, Presses universitaires, p. 257-273.

médiévales, notamment celles de Boccace. Les textes savants, surtout politiques et historiques, mais aussi religieux avec la *Cité de Dieu*, ainsi rendus accessibles à un public laïc, sont privilégiés, et on remarque l'absence de textes de fiction excepté le *Décaméron*. Avec ces nouvelles œuvres écrites en langue française à la fin du XIVe siècle et au début du XVe siècle, la bibliothèque manifeste la volonté des échevins de s'illustrer comme élite savante et riche et aussi de se rapprocher de la monarchie française par le partage de mêmes lectures.

Catherine GAULLIER-BOUGASSAS
Université de Lille-Alithila
Membre honoraire
de l'Institut universitaire de France

FIG. 1 – Paris, BnF, français 126, f° 1,
traduction du *De regimine principium* de Gilles de Rome par Jean Golein ;
roi idéalisé, cité marchande, travaux des champs près de la cité.

FIG. 2 – Paris, BnF, français 2685, f° 1, la *Bouquechardière* de Jean de Courcy ; constructions des cités d'Argos et d'Athènes.

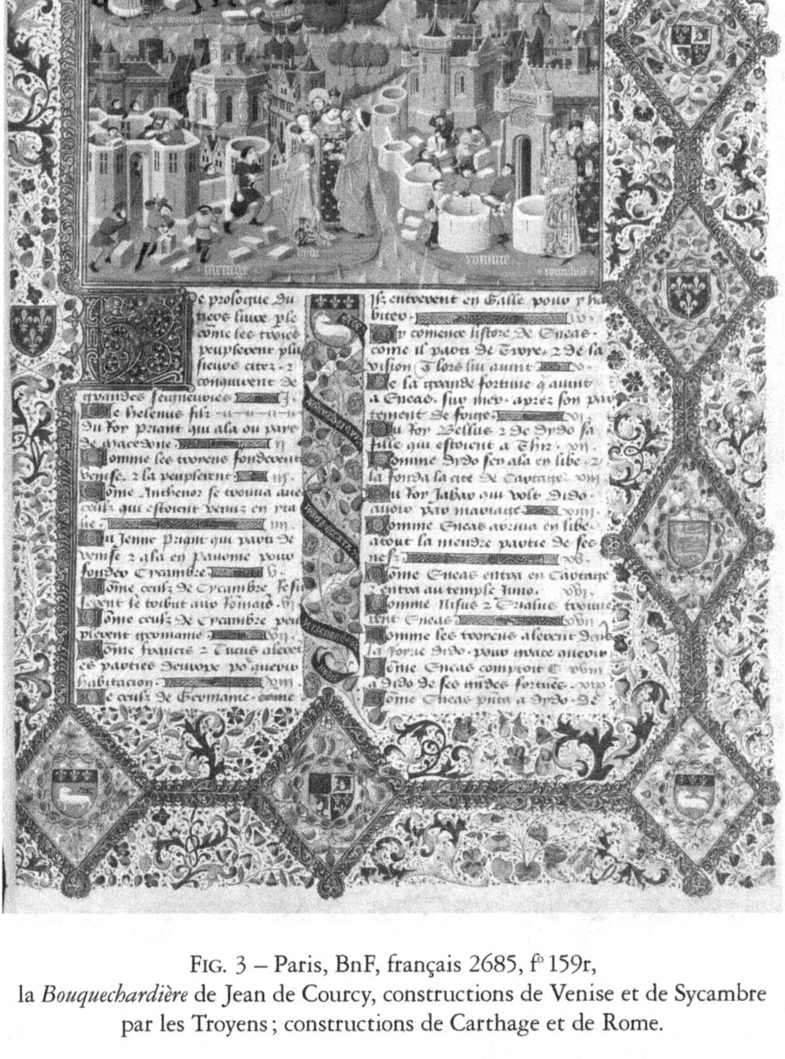

FIG. 3 – Paris, BnF, français 2685, f° 159r,
la *Bouquechardière* de Jean de Courcy, constructions de Venise et de Sycambre par les Troyens ; constructions de Carthage et de Rome.

FIG. 4 – Paris, BnF, français 2623, f° 89v,
Chroniques de Normandie; Louis VII et Henri II.

FIG. 5 – Paris, BnF, français 2623, f° 106 bis, *Chroniques de Normandie* ; reddition de la ville de Rouen au roi français en 1204.

DE LA COUR À LA VILLE

Art du résumé et usage des textes dans le catalogue de Perot de Neele (Paris, BnF, fr. 375)

Le manuscrit Paris, BnF, fr. 375 est l'un des représentants de la vogue des manuscrits-recueils qui se développe dans la seconde moitié du XIIIe siècle[1]. Il doit sa célébrité au succès de bon nombre des œuvres qu'il contient : les romans d'Antiquité, les récits consacrés à Alexandre ou encore certains romans de Chrétien de Troyes. Il a été copié dans le Nord de la France à la fin du XIIIe siècle, autour de 1289 ou après cette date, selon l'interprétation que l'on donne du colophon indiquant le nom du scribe Jean Madot, neveu d'Adam de la Halle (f° 119v°). Si la localisation précise de production du *codex* n'est pas assurée[2], ce manuscrit se caractérise par de nombreux autres indices de son ancrage dans le milieu arrageois : en atteste par exemple la présence d'œuvres attribuées à Jean Bodel et Robert le Clerc d'Arras, ou encore la suppression d'une dédicace qui rattache *Ille et Galeron* de Gautier d'Arras à une autre région[3].

Les folios 34r° à 35 r° comportent une série de courts textes en octosyllabes à rimes plates, traditionnellement appelés « sommaires rimés », dont le début est perdu, et qui présentent les pièces contenues dans la seconde unité codicologique du recueil, probablement réuni dans sa forme actuelle

1 Olivier Collet, « Les collections vernaculaires entre diversité et unité. À propos d'une nouvelle recherche sur la mise en recueil des œuvres littéraires au Moyen Âge », dans *L'Écrit et le manuscrit à la fin du Moyen Âge*, Tania Van Hemelryck et Céline Van Hoorebeeck dir., Turnhout, Brepols, 2006, p. 57-66.

2 Annette Brasseur précise que si le manuscrit a toutes les chances de présenter un lien avec Arras, la nature de ce lien n'est pas assurée et relève d'une hypothèse qu'elle juge recevable : Robert le Clerc d'Arras, *Li Loenge Nostre Dame*, éd. Annette Brasseur, Genève, Droz, 2013, p. 28.

3 Keith Busby, *Codex and Context. Reading Old French Verse Narrative in Manuscript*, Amsterdam, New-York, Rodopi, 2002, vol. II, p. 516.

au XIVe ou au XVe siècle[4]. Cet ensemble, attribué à Perot de Neele, constitue un autre témoignage du lien avec Arras[5] : leur auteur est en effet une figure des « communautés[6] » culturelles caractéristiques de cet univers urbain et il est recensé parmi les poètes du Puy, en tant que partenaire de jeux-partis de Jean Bretel : les pièces LXIX et LXX du *Recueil général des jeux-partis* l'identifient comme le poète répondant à la question dilemmatique posée par Jean Bretel, tout comme la pièce LXXI, d'attribution probable, tandis que dans le jeu-parti XCII, Perot pose la question[7]. Il a composé aussi une chanson en l'honneur de la Vierge (« Douce vierge, roïne nete et pure[8] »), faisant écho, comme plusieurs des textes copiés dans le manuscrit BnF, fr. 375, au rôle joué par le culte marial à Arras au XIIIe siècle[9].

Il est possible que Perot de Neele ait participé à la copie du *codex*, qui résulte de la collaboration de plusieurs scribes : Françoise Gasparri, Geneviève Hasenohr et Christine Ruby considèrent que cinq copistes, dont Perot de Neele et Jean Madot, y ont contribué[10]. Charles François,

4 Françoise Gasparri, Geneviève Hasenohr et Christine Ruby, « De l'écriture à la lecture : réflexion sur les manuscrits d'*Érec et Énide* », dans *Les Manuscrits de Chrétien de Troyes / The Manuscripts of Chrétien de Troyes*, Keith. Busby, Terry Nixon, Alison Stones et Lori Walters dir., Amsterdam, Atlanta, Rodopi, 1993, vol. I, p. 97-148, p. 119-125 sur ce manuscrit, et p. 119 sur l'assemblage des deux unités codicologiques.

5 Leo Jordan, « Peros von Neele's gereimte Inhaltsangabe zu einem Sammelcodex », *Romanische Forschungen*, Bd. 16, 1903, S. 735-755 ; Adolf Tobler, « Zu Perrots gereimter Inhaltsübersicht in der Pariser Handschrift Frç. 375 », *Zeitschrift für romanische Philologie*, Bd. 28, 1904, S. 354-357.

6 Michèle Gally, *Parler d'amour au puy d'Arras. Lyrique en jeu*, Orléans, Paradigme, 2004, chap. I – Communautés.

7 *Recueil général des jeux-partis français*, éd. Arthur Långfors, Paris, Champion, 1926, tome I, p. XXXII pour la présentation de Perot de Neele et p. 255 *sq.*, 259 *sq.*, 263 *sq.* et 335 *sq.* pour les jeux-partis.

8 *Recueil de chansons pieuses du XIIIe siècle*, éd. Edward Gustaf Järnström, Helsingfors, Imprimerie de la société de littérature finnoise, 1910, p. 149-152.

9 On peut penser à légende de la chandelle offerte par la Vierge à deux jongleurs, ayant donné lieu, à la fin du XIIe siècle, à la création de la Confrérie des jongleurs et des bourgeois, puis à la construction d'une tour sur la place du Petit Marché (Roger Berger, *Littérature et société arrageoises au* XIIIe *siècle. Les chansons et dits artésiens*, Arras, Mémoires de la Commission Départementale des Monuments Historiques du Pas-de-Calais, 1981, p. 86 *sq.* ; Paul Verhuyck, « Et le quart est à Arras. Le roman de *La Belle Hélène de Constantinople* et la légende du Saint Cierge d'Arras », dans *Arras au Moyen Âge. Histoire et littérature*, Marie-Madeleine Castellani et Jean-Pierre Martin dir., Arras, Artois Presses Université, 1994, p. 111-124 ; Pierre-Yves Badel, « Introduction » aux *Œuvres complètes* d'Adam de la Halle, Paris, Librairie générale française, 1995 (Lettres gothiques), p. 5-9.

10 F. Gasparri, G. Hasenohr et Ch. Ruby, « De l'écriture à la lecture », art. cité, p. 121-122. Voir aussi Alexandre Micha, *La Tradition manuscrite des romans de Chrétien de Troyes*, Genève, Droz, 1966, p. 29-32 ; ce dernier identifiait deux copistes seulement.

identifiant quant à lui six mains distinctes, avait auparavant émis l'hypothèse que le manuscrit n'était pas l'original, et que le colophon et la signature du catalogue étaient hérités d'un modèle, peut-être destiné à être diffusé en plusieurs exemplaires[11]. Quoi qu'il en soit, Perot de Neele est reconnu comme l'auteur des présentations des œuvres et sa signature figure dans l'*explicit* du catalogue : « Explicit. Ce fist Peros de Neele / qui en trover tos s'escervele » (f° 35r°c).

Les textes, appelés « branches », y sont numérotés selon un système repris dans les *incipit* et *explicit* de chacun d'entre eux au sein du manuscrit. L'ensemble qui nous est parvenu s'ouvre sur la fin de la partie consacrée au *Conte de Floire et de Blancheflor*, dont n'ont été conservés que les 18 derniers vers, le texte étant lui-même copié aux folios 247v°b-254v°a. Suivent les résumés de *Blancandin ou l'orgueilleuse d'amour* (11e branche, f° 254v°a-267r°), de *Cligès* (12e branche, f° 267v°-281v°a), d'*Érec et Énide* (13e branche, f° 281v°b-295v°a), du fabliau de la *Vieille truande* (14e branche, f° 295v°a-296r°a), d'*Ille et Galeron* de Gautier d'Arras (15e branche, f° 296r°a-309-v°), de la version du *Miracle de Théophile* composée par Gautier de Coinci (16e branche, f° 310r°a-314r°), d'*Amadas et Ydoine* (17e branche, f° 315r°-331-v°a), de la *Châtelaine de Vergy* (18e branche, f° 331v°b-333-v°a), de l'*Épître farcie de saint Étienne* (19e branche, f° 333-v°b-334-v°), des *Vers de la mort* de Robert le Clerc d'Arras (20e branche, f° 335-r°a-342-v°c), de la *Louange Nostre Dame* du même auteur (21e branche, f° 342-v°d-344-r°q)[12], enfin de plusieurs *Miracles* attribués à la Vierge (branche sans numérotation dans les résumés, f° 344-v°a-346-v°). Une main moderne ajoute une table des matières du contenu du *codex* à partir du folio 36, intitulée « Table des romans et morceaux de poésie dont on vient de lire l'argument », ce qui laisse supposer qu'il existait bien des résumés du *Roman de Thèbes*, du *Siège d'Athènes* (*Athis et Prophilias*), des *Congés* de Jean Bodel, du *Roman d'Alexandre*, de la *Généalogie des comtes de Boulogne*, du *Roman de Rou* et de *Guillaume d'Angleterre*, copiés avant le *Conte de Floire et de Blancheflor*.

Si ces présentations en vers sont souvent citées à propos de la collaboration des scribes ou du lieu de fabrication du manuscrit, leur texte n'a

11 Charles François, « Perrot de Neele, Jehan Madot et le ms. B.N. fr. 375 », *Revue belge de philologie et d'histoire*, t. 61, 1963, p. 761-779, sur les sommaires, p. 777-778.

12 Le manuscrit comprend ici une seconde fois le fabliau de la *Vieille truande*, sans que les résumés de Perot n'en tiennent compte.

que très peu attiré l'attention pour son contenu, sauf pour souligner le caractère oralisé de son style, dessinant la figure d'un auteur qui assume la performance, avec un objectif probablement publicitaire[13]. Prologue de l'ouvrage, outil d'un jongleur présentant son répertoire ou catalogue à destination d'un professionnel[14], les résumés sont liés à la circulation du livre et à ses usages dans le cadre urbain qui est aussi celui de sa production. F. Gasparri, G. Hasenohr et Ch. Ruby considèrent ainsi le volume comme un « manuscrit de métier ou de confrérie, dans lequel chacun pouvait apprendre (lire, copier) le ou les textes qu'il désirait adjoindre à son répertoire ; où chacun, grâce à Perot de Nesle, trouvait non seulement le texte mais son mode d'emploi[15] ». Le contenu du texte de Perot lui-même atteste la conscience du *codex*, perçu dans sa matérialité, tout en envisageant la diffusion orale des œuvres. Chacun des résumés commence par la présentation de la « branche », sujet du verbe *parler*, comme au début du passage consacré à *Blancandin* :

> Par Dieu qui fist toute parole
> Li onsime branque parole
> et raconte de Blancandin (f° 34r°a[16]).

La numérotation indique qu'il est fait référence au texte copié dans le manuscrit et le « livre » est en outre désigné à plusieurs reprises (« Li dousime branque del livre », *Cligès*). Mais les résumés sont scandés par la formule « s'orés », qui souligne la succession des épisodes et envisage une transmission orale à venir :

> S'orés coment a Rome vint
> S'orés coment il li avint
> S'orés coment fu seneskaus
> L'empereor [...] (*Ille et Galeron*, f° 34r°d).

L'ambivalence culmine au début du résumé du *Miracle de Théophile* :

---

13 Silvia Huot, *From Song to Book. The Poetics of Writing in Old French Lyric and Lyrical Narrative Poetry*, Ithaca and London, Cornell University Press, 1987, p. 26.

14 Il s'agit des hypothèses formulées par Ch. François : « Perrot de Neele, Jehan Madot et le ms. B.N. fr. 375 », art. cité.

15 F. Gasparri, G. Hasenohr et Ch. Ruby, « De l'écriture à la lecture », art. cité, p. 146.

16 Le catalogue de Perot de Neele a été édité par Leo Jordan, « Peros von Neele's gereimte Inhaltsangabe zu einem Sammelcodex », art. cité J'en propose cependant, dans les citations données ici, une transcription et une ponctuation personnelles.

Vous qu'el livre lire vaurés
En la sessime[17] branque orrés (f° 34v°a).

La récurrence des formules comprenant le verbe *oïr* au futur et à la deuxième personne du pluriel laisse supposer que les résumés s'adressent à un public plus qu'aux jongleurs ; ou, si le destinataire est un collectif de jongleurs, il s'agirait peut-être de leur livrer un modèle de promotion de leur répertoire.

Dans l'ensemble du *codex*, et en particulier dans la section comprenant les textes résumés par Perot, la variété générique, alliant romans d'inspirations diverses, récits brefs courtois ou comiques et textes religieux, peut être perçue comme la preuve que le manuscrit était destiné à un public issu de milieux divers, à l'image de la société arrageoise du temps[18] : la copie de ce que l'on peut considérer comme une « véritable bibliothèque dominée par les romans[19] », mais qui les mêle à d'autres textes, aboutirait ainsi, selon K. Busby, à un phénomène d'« *estrangement of romance*[20] ». Les résumés composés par Perot de Neele permettent de prendre la mesure de ce dépaysement subi par la mouvance courtoise, intégrée à un ensemble destiné à un public urbain. L'analyse du contenu du catalogue engage alors une réflexion sur le type d'usage des textes dont il témoigne ; il s'agira ainsi de se demander dans quelle mesure les présentations créent, à partir d'un ensemble divers, ce que l'on pourrait appeler un corpus de « littérature urbaine ».

---

17 Le manuscrit note « sepzime » ; je corrige d'après la rubrique.

18 K. Busby, *Codex and* Context, *op. cit.*, vol. II, p. 532-533.

19 Gabriele Giannini, « Les "petits recueils" de fabliaux : présence, composition, perspectives », dans *Actes du XXVIIe Congrès international de linguistique et de philologie romanes*, David Trotter, Andrea Bozzi, Cédrick Fairon dir., 2016, p. 162, « http://www.atilf.fr/cilpr2013/actes/section16.html » (consulté le 24/4/2022).

20 K. Busby, *Codex and* Context, *op. cit.*, vol. II, p. 532.

DU TEXTE À SA PRÉSENTATION
La mémoire (in)fidèle de Perot de Neele

La comparaison du contenu du catalogue et des œuvres elles-mêmes permet de distinguer trois modèles de présentations. Parfois, celles-ci scandent les étapes du texte, auquel elles restent relativement fidèles. Ce procédé n'empêche pas les écarts, mais le catalogue conserve alors la structure d'ensemble de l'œuvre et il en présente, comme l'indique la table des matières, « l'argument ». Ainsi, l'essentiel du déroulement du fabliau de la *Vieille truande* est repris, avec une présentation des personnages, la poursuite du jeune homme par la vieille, le dialogue et les avances de cette dernière, l'arrivée du chevalier, un nouveau dialogue et la traversée de la rivière. On retrouve aussi, à propos du roman *Ille et Galeron*[21], l'union avec Galeron, le tournoi dans lequel le héros perd un œil, son séjour à Rome lors duquel il est promis à Ganor, l'arrivée de la première épouse le jour prévu des noces puis sa retraite dans une abbaye. Le *Miracle de Théophile* est, de même, restitué dans ses principales étapes : la renommée initiale du clerc, sa chute lorsqu'il se détourne de Dieu, puis l'intercession de la Vierge qui lui rend la lettre qu'il avait écrite pour s'engager à servir le mal, la reconnaissance des événements comme un miracle par l'évêque, puis la mort du saint. Perot conserve la trajectoire spirituelle de Théophile, ainsi que la circulation de l'écrit au centre du miracle, qui fait la singularité de cette pièce hagiographique[22]. Le résumé d'*Amadas et Ydoine* présente de manière assez fidèle une partie de la trajectoire des amants, évoquant la constitution du couple, puis la séparation, la quête, l'intervention du chevalier *faé* et l'épisode de la fausse mort, pour se conclure sur la joie du mariage. Plusieurs épisodes ne sont pas évoqués, mais le résumé scande les étapes du roman en en donnant une vision d'ensemble[23]. Il en est de même pour les vers que Perot consacre à la *Châtelaine de Vergy*, évoquant la relation secrète et le

21 Gautier d'Arras, *Ille et Galeron*, éd. Yves Lefèvre, Paris, Champion, 1999 (Classiques français du Moyen Âge).

22 Gautier de Coinci, *Les Miracles de Nostre Dame*, éd. V. Frederic Koenig, Genève, Droz, 1966, tome I.

23 *Amadas et Ydoine*, éd. Christine Ferlampin-Acher et Denis Huë, Paris, Champion, 2020 (Classiques Moyen Âge).

petit chien qui permet les rencontres, le rôle de la duchesse et du duc, puis la fin tragique de l'intrigue.

Certains passages du catalogue procèdent au contraire à une sélection d'épisodes ou une compilation de motifs. Du roman *Blancandin et l'orgueilleuse d'amour*, Perot retient, après une brève évocation des aventures accomplies par le héros, l'épisode du baiser volé à l'Orgueilleuse et ses conséquences, puis il retrace l'apprentissage de l'amour par l'héroïne, ce qui aboutit au mariage ; les longs passages du texte consacrés aux obstacles à l'amour, aux batailles et à la séparation des amants ne sont pas mentionnés. Le couple formé par Fénice et Cligès est aussi au centre de la présentation du roman de Chrétien de Troyes, réduit au seul épisode de la fausse mort – omettant lui-même le rôle de Thessala et de Jean – et qui se conclut par les retrouvailles dans la joie. De même, Perot met en avant l'union d'Érec et Énide, la force de l'amour qui conduit au mariage, avant de ne résumer qu'en ces quelques vers la suite du roman, sans que l'on puisse identifier véritablement de quelle aventure il est question :

> Erec fu de bone nature,
> il acieva mainte aventure :
> Erec la pucele rescoust,
> Mais de son sanc i mist grant cost (f° 34 r° c).

Le résumé du *Conte de Floire et Blancheflor* tend vers ce modèle aussi, même si le début manquant ne permet pas de statuer définitivement : trois vers seulement sont consacrés à la quête de Floire alors qu'elle constitue une part importante du récit, puis on lit une évocation relativement précise de l'épisode de la tour de Babylone où le héros entre dissimulé dans une corbeille de fleurs. Enfin, le passage se clôt sur la réunion des amants, sans évoquer les épisodes finaux du *Conte*.

La fin du catalogue passe quant à elle sous silence les caractéristiques des textes présentés. À propos de l'*Épître farcie de saint Étienne*, Perot rappelle en 18 vers la bonne vie du premier saint martyr et ses prières, ce qui n'est pas en contradiction avec l'œuvre, mais ne rend pas compte de la composition de cette pièce notée : l'œuvre, faisant alterner les parties en latin et les vers français chantés par les clercs évoque en effet en détails l'épisode de la lapidation[24]. Plus encore le long poème des

24 Cette version de l'*Épître farcie de saint Étienne* est éditée par Theodor Link, « Altfranzösisches aus Handschriften », *Zeitschrift für romanische Philologie*, Bd. 11, 1887, S. 22-41.

Vers de la Mort de Robert le Clerc d'Arras, n'est évoqué qu'en dix vers consacrés au motif de la mort et à une prière à la Vierge. Si le poème comporte bien une invocation à Marie, en particulier à la fin, Perot ne dit rien de sa dimension satirique et des critiques des mauvaises pratiques arrageoises qu'il contient[25]. L'évocation de la *Louange Nostre Dame* est centrée elle aussi sur la topique mariale, même si elle présente un intérêt plus grand, puisque, comme le poème lui-même, la présentation relie l'appel à la louange et la situation personnelle du Je poétique ; la figure de Perot semble alors se confondre avec l'instance poétique du texte de Robert le Clerc d'Arras :

> Douce Verge, mere Dieu sage,
> ne puet metre a millor usage
> nus hom sen tans k'a loer vous.
> Tristes et pales est me vous
> de çou que j'ai tant de maus fais. (f° 35r°b)
>
> Tristes et pensius
> De le mort doutius,
> Vieng por vo secours (*Li Loenge Nostre Dame*[26]).

Enfin, les neufs miracles qui concluent le manuscrit, dont chacun est pourtant encadré par un *incipit* et un *explicit*, sont traités ensemble ; Perot résume le principe de l'intercession de la Vierge sans entrer dans le détail des miracles racontés :

> Ele a fait tant de biaus miracles
> aue se ses miracles ne fuissent
> tot cil del monde dausné fuissent.
> Ele acorde les pecëours[27]
> et fait sobres les lecëours
> a non poissans poisance done
> et ses dous fiex por li pardonne
> as pecëours les peciés grans (f° 35r°b-c).

Si l'action efficace de la Vierge est au cœur des récits des miracles, on ne peut reconnaître dans les vers cités ici les récits consacrés respectivement

25 Robert le Clerc d'Arras, *Les Vers de la Mort*, éd. Annette Brasseur et Roger Berger, Genève, Droz, 2003.

26 Robert le Clerc d'Arras, *Li Loenge Nostre Dame*, éd. citée, v. 115-117.

27 Le manuscrit note « peceuours ».

à « un petit enfant », « un moine », « un clerc », « un soucrestain », « le soucretaine », « une grosse feme », « une ymage Nostre Dame » et « la nativité Nostre Dame », pour reprendre les désignations données dans les rubriques.

Le catalogue de Perot ne comporte pas de citations littérales, mais semble reposer sur le souvenir d'expressions ou de procédés. Ainsi, la reprise de l'intrigue du fabliau de la *Vieille truande* joue, comme le récit bref lui-même, sur le double sens de l'apostrophe « mes dous enfens » (f° 34r°c[28]), compris d'abord comme un tour hypocoristique, puis doté de son sens propre lorsque la vieille femme fait passer le jeune homme pour son fils. De même, l'évocation de la *Châtelaine de Vergy* suscite un écho avec le texte source. Perot écrit ainsi, au moment où l'épée du duc s'abat sur la duchesse :

> A tout s'espee de grant eslais
> la ducoise en coupa la teste :
> adont fu tourblee la feste. (f° 35r°a)

Le contraste entre le cadre festif et la violence de la scène est souligné aussi dans le récit originel. Tandis que la leçon du manuscrit BnF, fr. 375 donne le vers « Lors fu la cours toute torblee » (f° 333v°a), d'autres manuscrits présentent un vers plus proche de la version de Perot : « lors fu la feste mout troublee[29] ». Ceci tendrait à montrer que le souvenir de l'auteur du catalogue ne tient pas à une lecture immédiate du *codex* qu'il introduit, du moins tel qu'il se présente dans sa forme actuelle. Cette mémoire approximative conduit parfois à la surinterprétation, voire au contre-sens. Ainsi, Perot s'attarde sur le désespoir de l'Orgueilleuse après le baiser donné sans son consentement par Blancandin ; le résumé évoque, comme le roman, le départ précipité du héros, puis il montre comment la douleur causée par l'affront conduit finalement à la naissance de l'amour :

---

28 On lit dans le fabliau « mes enfes dous » : *Nouveau Recueil complet des fabliaux*, éd. Willem Noomes et Nico Van den Boogaard, t. IV, Assen, Maastricht, Van Gorcum, 1988, p. 313-344, v. 67. Il s'agit de la leçon attestée dans les deux copies du texte dans le manuscrit BnF, fr. 375 (f° 295v°-296r° et f° 344r°a-344v°b).

29 Leçon du manuscrit BnF, nouv. acq. fr. 13521 : « La Châtelaine de Vergy », dans *Nouvelles courtoises occitanes et françaises*, éd. Suzanne Méjean-Thiolier et Marie-Françoise Notz-Grob, Paris, Librairie générale française, 1997 (Lettres gothiques), v. 927.

Si se prist a desconforter
que nus ne le puet conforter,
nis meismes ses seneskaus.
Ele vausist c'uns fus fust kaus
si se laissast kaïr dedens ;
souvent ciet et puis adens
moult laidement s'est deportee.
Ses seneskaus l'en a portee
entre ses bras dedens sa tente.
En li conforter mist s'entente,
mais conforter ne le peut point.
Amors si de sen dart la point,
ains riens ne fu si fort apointe,
con amors l'a de sen dart pointe. (f° 34r°a-b)

Le passage recompose et déplace plusieurs éléments présents dans le roman. En effet, dans *Blancandin*, la douleur laisse vite place au désir de vengeance et, si la suivante de l'héroïne lui adresse des paroles de réconfort – « ne vos ocïez mie[30] » –, le seul bûcher envisagé par l'héroïne est destiné à Blancandin :

Le matinet le ferai pendre
U ardoir u en mer noier (v. 800-801)[31].

Si la métaphore topique du dard d'amour est bien présente dans le roman également (« Amors l'a ferue d'un dart / Qui les autres esprent et art », v. 1375-1376), le rôle du sénéchal est lui aussi modifié ou traité pour le moins sur le mode de l'euphémisme : il est, à la fin du roman, l'un des obstacles à la réunion des héros et retient l'Orgueilleuse prisonnière dans son château, d'où Blancandin la délivre avant de l'épouser.

Il est difficile de fournir une interprétation univoque de ces différents degrés de fidélité de Perot aux œuvres qu'il présente. Les liens plus ou moins directs entretenus par ces dernières au milieu arrageois peut fournir quelques pistes de réflexion. De fait, les présentations sélectives, ne retenant que quelques motifs, concernent des textes courtois – produits et destinés à un public de cour – ou du moins sans lien avec le milieu arrageois ; il se pourrait aussi que Perot connaisse mal les romans.

30 *Blancandin et l'Orgueilleuse d'amour*, éd. Franklin P. Sweester, Genève, Paris ; Droz, Minard, 1964, v. 738.

31 Leçon du manuscrit BnF, fr. 375 (*ibid.*, variantes), de même que pour la citation suivante.

À l'inverse, sa familiarité avec les récits brefs, notamment le fabliau de la *Vieille truande*, qu'on lui a parfois attribué[32], ainsi que le *Miracle de Théophile*, peut s'expliquer par une pratique de jongleur ancrée localement et reliée à la fois au divertissement et à la promotion du culte marial. Cependant, l'explication ne rend pas compte des évocations très rapides des derniers textes du manuscrit, qui sont les plus directement reliés aux pratiques culturelles et littéraires arrageoises. Une présentation détaillée a peut-être été jugée inutile, du fait justement de la proximité des textes avec le public visé ; mais l'on pourrait aussi mettre en avant le fait que Perot ne s'attache à résumer, au sens propre, que des œuvres au contenu narratif : cela exclut, de fait, l'*Épître farcie* et les deux poèmes de Robert le Clerc d'Arras, et l'évocation rapide des miracles s'attache tout de même au rebondissement au cœur du récit. Peut-être la rapidité des derniers moments du catalogue s'explique-t-elle enfin par la place finale des textes, par la lassitude de l'auteur du catalogue, voire par un manque de place dans la page, si du moins l'on considère que le manuscrit BnF, fr. 375 n'est pas la copie originale, puisque notre *codex* comporte près de deux colonne vides après l'*explicit*.

Quoi qu'il en soit, la composition du catalogue fait apparaître des séries, deux groupes de textes au résumé peu fiable ou peu détaillé encadrant un groupe central que l'on pourrait juger plus fidèle. Or, le rapprochement de ces séries et de l'identification des mains des copistes dans le *codex* s'avère suggestif. Selon G. Hasenohr, Ch. Ruby et F. Gaspari[33], le scribe responsable de l'écriture du catalogue est distinct de ceux qui ont copié les textes présentés. Un même copiste aurait travaillé sur *La Vieille Truande*, *Ille et Galeron* et le *Miracle de Théophile*, qui ont pour point commun d'être résumés fidèlement par Perot. Il en est de même pour *Amadas et Ydoine* et *La Châtelaine de Vergy*, que les chercheuses attribuent à la main de Jean Madot, et dont le catalogue donne une vision synthétique, alors que les textes de la fin du *codex*, comme les œuvres évoquées au début de ce qui nous est parvenu du catalogue, seraient copiées par un même copiste, distinct des deux autres. Il est alors possible que la plus ou moins grande familiarité de Perot avec certains textes soit liée à la nature des

32 Elizabeth W. Poe, E, « *La Vielle Truande* : A Fabliau among the Romances of B.N., fr. 375 », dans *Por le soie amisté : Essays in Honor of Norris J. Lacy*, Keith Busby et Catherine M. Jones dir., Amsterdam, Atlanta, Rodopi, 2000, p. 405-424.

33 G. Hasenohr, Ch. Ruby, F. Gaspari, « De l'écriture à la lecture », art. cité.

réseaux de scribes, voire à l'existence de copies antérieures des différents cahiers auxquelles Perot aurait pu participer. Toutefois, dans l'état de ce qui nous est parvenu, le cas d'*Érec et Énide* semble en contradiction avec l'hypothèse présentée ici : en effet, les scènes menant au mariage, sur lesquelles Perot s'attarde, sont copiées de la même main que *Floire et Blancheflor*, *Blancandin* et *Cligès*, tandis que la fin du roman – à partir de l'épisode de la fausse mort d'Érec[34] –, évoquée par Perot dans une mention peu reconnaissable, est attribuée au même copiste que la série suivante, que l'auteur du catalogue semble au contraire bien connaître.

Malgré ces incertitudes, il semble possible de conclure que Perot de Neele n'est pas un lecteur du *codex* qu'il introduit : il est peu probable qu'il ait composé ses présentations après lecture ou en lisant le manuscrit lui-même. L'image de celui qui « en trover tos s'escervele », dans l'*explicit* du catalogue, joue de la polysémie du verbe[35] en superposant à la prise de congé ludique d'un auteur privé de raison, une représentation d'un travail d'invention, qui est peut-être aussi une réactivation de la mémoire. Perot se constitue ainsi en figure liée à l'usage et à la circulation des œuvres. Sa mémoire sélective et l'évocation d'un fragment d'intrigue, dans certains résumés comme celui d'*Érec et Énide*, peut en effet se rapprocher de la pratique des jongleurs que Chrétien de Troyes dénonce dans le prologue de ce même roman, comme une activité de démembrement[36]. Perot possédait sans doute une connaissance des textes extérieure au *codex*, liée à une diffusion orale, assurée par lui-même ou par d'autres. Ce rapport à l'usage des œuvres est aussi à envisager du point de vue de la réception, programmée par le catalogue, des pièces réunies dans le *codex*.

---

34 Sur le partage de la copie d'*Érec et Énide*, voir Carleton W. Carroll, « One Text, Two Scribes : Manuscript P of *Erec et Enide* (Paris BnF fr. 375) », dans *"De sens rassis". Essays in Honor of Rupert T. Pickens*, Keith Busby, Bernard Guidot, Logan E. Whalen dir., Amsterdam, New York, Rodopi, 2005, p. 109-124.

35 Si les dictionnaires attestent le sens de « perdre la tête », faisant du verbe un synonyme de *afoler*, le sens figuré de « se creuser la tête » est attesté, dans le dictionnaire de Tobler et Lommatzsch, seulement avec l'exemple du catalogue de Perot, tandis que le *Dictionnaire du moyen français* en donne un autre exemple au XIVe siècle. Adolf Tobler et Erhard Lommatzsch *Altfranzösisches Wörterbuch*, Wiesbaden, Steiner, 1952 ; *Dictionnaire du Moyen Français*, version 2015 (*DMF* 2015), ATILF – CNRS & Université de Lorraine, « http://www.atilf.fr/dmf » (consulté le 24/4/2022).

36 « D'Erec, le fil Lac, est li contes, / que devant rois et devant contes / depecier et corronpre suelent / cil qui de conter vivre vuelent. », Chrétien de Troyes, *Érec et Énide*, éd. Bénédicte Milland-Bove et Vanessa Obry, Paris, Champion, à paraître en 2022, v. 19-22.

UNIFORMISATION, PUBLICITÉ ET ACCULTURATION
Le catalogue au miroir de l'usage urbain

Le contenu du catalogue témoigne de l'intention d'orienter la lecture des textes en les adressant à un public. Dans cette perspective, les références à une situation d'oralité sont associées à des procédés de *captatio benevolentiae*[37], impliquant aussi une adaptation aux attentes de l'auditoire.

Les présentations ne relèvent pas d'un processus de strict abrègement : d'une part, la longueur du résumé n'est jamais proportionnelle à la longueur de l'œuvre, de sorte que 60 vers donnent une vision synthétique du roman *Ille et Galeron*, tandis que le résumé de la *Châtelaine de Vergy* occupe par exemple 92 vers ; d'autre part, le catalogue ne cherche pas l'économie ou la densité de l'expression. En cela, il n'a pas recours aux procédés de l'*abreviatio* tels qu'ils sont présentés dans les arts poétiques médio-latins : Perot ne pratique pas l'allusion (*emphasis*) et l'on ne peut déceler d'indices d'une recherche de simplicité syntaxique par exemple[38]. Au contraire, il use de procédés de mise en valeur que l'on peut rattacher aux techniques de l'amplification, si l'on s'accorde avec Jean-Yves Tilliette pour y voir, plus que le seul principe d'allongement qu'y associait Edmond Faral[39], une manière de présenter la matière pour qu'elle soit plus propre à toucher le destinataire[40]. Perot a le goût de la comparaison, de la description, notamment dans les portraits des personnages, ou encore de l'anaphore[41] (voir *Ille et Galeron*, f° 34r°d, cité plus haut).

---

37 G. Hasenohr, Ch. Ruby, F. Gaspari, « De l'écriture à la lecture », art. cité, p. 146.

38 Sur ces procédés, voir Edmond Faral, *Les Arts poétiques du* XII*e et du* XIII*e siècle. Recherches et documents sur la technique littéraire du Moyen Âge*, Paris, Champion, 1924, 2e partie, Chapitre II « De l'amplification et de l'abréviation ».

39 *Ibid.*

40 Jean-Yves Tilliette, *Des mots à la Parole. Une lecture de la* Poetria nova *de Geoffroy de Vinsauf*, Genève, Droz, 2020, chap. 5 « Donner à voir ».

41 Cette dernière relève, selon Edmond Faral, de la *frequentatio* mentionnée dans les arts poétiques. Sur les liens entre *brevitas* et ornementation, voir Séverine Abiker, « L'écho paradoxal. Étude stylistique de la répétition dans les récits brefs en vers, XIIe-XIVe siècles » (thèse inédite, Université de Poitiers, 2008).

De plus, les présentations ne se privent pas du recours au discours direct : l'évocation de la *Vieille truande* repose sur la succession de scènes dialoguées, tandis que le résumé de la *Châtelaine de Vergy* use de la prise de parole et des cris de la demoiselle ayant découvert le corps de l'héroïne comme d'un procédé de dramatisation :

S'orés conment ele cria
au duc : Con grant dolor i a,
sire, par la foi que vos doi !
En no cambre sont mort andui
vo nieche qui tant estoit bele
et cil qui amoit la pucele. (f° 35r°a)

De plus, certaines images sont récurrentes, comme la comparaison à l'oiseau, employée à propos de Floire, d'Ille et d'Amadas. La mention de la blancheur de teint des héroïnes, repris à l'idéal de beauté courtois, scande aussi les résumés : elle est évoquée à propos de Blancheflor, d'Ydoine ou encore de l'Orgueilleuse, plus « blance que fleurs d'ante » (f° 34r°a). Parfois, cette représentation idéale de la beauté féminine s'associe à une comparaison à la laine : ainsi, Fénice est « Cele qui blance fu con laine » (f° 34r°b), de même que la châtelaine de Vergy (« qui plus ert blance que n'est laine », f° 34v°d). Cette analogie peut être lue comme un discret élément de couleur locale, rappelant la spécialisation commerciale d'Arras dans l'exportation de draps, même si, par ailleurs, les résumés ne mentionnent pas de détails concrets de la vie arrageoise. On ne peut de fait pas parler d'une rencontre des registres courtois et prosaïque, comme c'est le cas dans la lyrique arrageoise[42]. Si Perrot cite en effet l'Artois aux côtés de la France dans le résumé d'*Érec et Énide*, ou encore les Picards invités à prier sur le modèle de la *Louange Nostre Dame*, les indices explicites d'un ancrage local sont rares. Le passage consacré à *Érec et Énide* s'attarde sur les enjeux sociaux de l'alliance de la fille d'un vavasseur qui, de fait, est assimilable à un bourgeois, et du fils d'un roi :

Ses peres fu d'afaire gent,
il n'ot en France n'en Artois
ne plus large ne plus cortois.
Se il eüst la main ou metre,

42 M. Gally, *Parler d'amour au puy d'Arras*, *op. cit.*, p. 137.

il se sëust bien entremetre
de cortoisie e d'onor faire,
con cil qui fu de bon afaire.
Por la bonté del vavasor
vuet[43] Erec sa fille a oisor :
nequedent il fu fiex de roi. (f° 34r°a)

Mais on ne trouve pas d'allusions économiques par exemple et l'on peut rappeler que Perot passe sous silence la dimension satirique des *Vers de la Mort*.

Si les images contribuent à une uniformisation de l'ensemble, sensible aussi dans le choix d'épisodes privilégiés, le clerc se plaisant à l'évocation de l'union des couples[44], l'essentiel de l'acculturation des textes de provenances diverses au milieu urbain est d'un autre ordre. D'un point de vue stylistique, le catalogue rend compte d'un goût pour les rimes fondées sur des figures de dérivations qui, outre une dimension mnémotechnique probable, ne sont pas sans rappeler la littérature mariale, dont on connaît le succès dans les milieux urbains du Nord de la France, et en particulier les caractéristiques de l'écriture de Gautier de Coinci. En témoigne le début du résumé du *Miracle de Théophile* :

Fortue qui le roe torne
en pau d'eure si le destorne
que de Diu l'a tot destorné
tant l'a Fortune tost torné (f° 34v°a).

Un passage de l'évocation de *Cligés* se fonde quant à lui sur une rime équivoquée :

Fenisse cui bone amor mort
fist aussi que s'eüst la mort (f° 34r°b).

Plus encore, l'unité du catalogue de Perot est morale : en proposant des modèles et contre-modèles de vie, il met les œuvres en débat. Toutes

---

43 Le manuscrit donne *E vet*, avec un vers hypermétrique.

44 Sur le processus d'uniformisation à l'échelle de la séquence inaugurée par *Floire et Blancheflor*, je me permets de renvoyer à Vanessa Obry, « Les versions françaises de *Floire et Blancheflor* en contexte manuscrit : lectures médiévales et infléchissements génériques », *Cahiers de recherches médiévales et humanistes*, n° 38, 2019 (*Itinéraires de Floire et Blancheflor du* XII*e* *au* XVI*e* *siècle. Mise en livre, diffusion et réception*, Sofia Lodén, Vanessa Obry et Anne Réach-Ngô dir.), p. 243-263.

les présentations convergent alors vers des conclusions qui se répondent, appelant au salut des âmes dans une prière finale, comme à la fin du résumé de *Floire et Blancheflor* :

> Or nos doinst Dius si demener
> et nos vies a droit mener
> ains que mort hors del mont nos maint,
> k'es ciex soions la ou il maint. (f° 34r°a)

Au terme de chaque présentation, le catalogue implique le public à qui il est destiné, fondu avec le Je de Perot dans le pronom « nous ». Cette convergence vers un même but culmine dans l'appel final à la prière collective : « Or dison tot amen, amen ! » (f° 35r°c). La lecture morale se fonde sur des glissements interprétatifs qui remotivent des éléments narratifs contenus dans les textes sources. Ainsi, dans l'exemple ci-dessus, la quête de Floire est resémantisée en quête de la vie menée « a droit » ; le rapport des amants et de la communauté formée par le public et l'auteur repose sur une comparaison, faisant du récit un *exemplum*. Le résumé de *Blancandin* retient quant à lui l'apprentissage amoureux de l'héroïne qui n'était pas « eskolee d'amor » ; or la conclusion morale reprend le motif de l'apprentissage, faisant de l'Orgueilleuse le modèle d'une trajectoire qui, passée par le philtre de la moralisation, acquiert une portée générale :

> Or nos doinst Dius si bien aprendre
> qu'il ne nos voelle reprendre
> au Jugement de nos peciés
> de coi cascun est entechiés. (f° 34r°b)

Plusieurs passages évoquent ainsi un parcours qui se solde par un retournement, faisant du modèle hagiographique, ou de celui de l'intercession de la Vierge, un schéma fondateur, appliqué à des œuvres où il n'a pas cours. Ainsi, la fin de la présentation de *Cligès* insiste sur le retour à la vie de l'héroïne qui avait feint la mort, ce qui provoque la joie :

> Vive la trueve, grant joie ot
> et ele aussi, quant ele l'ot
> et voit, fu toute respasee.
> Toute ot sa grant dolor pasee.
> Dius, qui tous maus fait respaser,

nos otroit si bien trespaser,
K'el lieu soions, ou il a mis
ses amies e ses amis. (f° 34r°b)

L'épisode merveilleux est ainsi remotivé, le vocabulaire amoureux (« amies », « amis ») acquiert un nouveau sens et les éléments de la sphère courtoise sont détournés de leur signification première, pour être orientés vers le salut. On pourrait ajouter à ces exemples le résumé de la *Vieille truande* qui, s'il respecte les étapes du fabliau, quoi qu'en opérant une nette euphémisation, se conclut en montrant l'écuyer qui recommande l'âme de la vieille au diable et devient ainsi un modèle de résistance au péché.

Ces glissements interprétatifs, associés à la convocation du public impliqué dans le « nous » qui clôt chaque présentation, peuvent s'apparenter à ce que Friedrich Wolfzettel appelle, à propos de la poésie mariale, lorsqu'elle prend pour modèle la lyrique courtoise, une « refonctionnalisation[45] ». Les motifs perdent leur fonction initiale, au bénéfice d'un langage moralisateur adapté à un nouveau contexte : cela permet ainsi un élargissement du public par rapport au destinataire des pièces courtoises, le « nous » convoqué pouvant tout aussi bien référer à la communauté du public qu'à l'ensemble de l'humanité. Par de tels jeux de déplacements, Perot acclimate l'ensemble du *codex* à un usage urbain, qui tend à une vocation universelle.

Si on le compare au rapport critique qu'entretiennent les jeux-partis arrageois à l'héritage lyrique[46], et alors même que Perot de Neele a participé à ces jeux poétiques, on ne peut que constater la relative sagesse et la mesure des déplacements opérés par le catalogue. La collection d'œuvres qui suit ne s'en trouve pas moins acclimatée à un environnement divers, par l'élargissement de la portée de chaque texte pris individuellement. À la variété de la composition du *codex* répond une présentation qui tend à l'uniformisation, satisfaisant peut-être les attentes d'un public dont l'oreille est habituée à la littérature mariale,

45 Friedrich Wolfzettel, « À propos de la poésie religieuse au Nord de la France : piété, poétique et fonction sociale », dans *La Poésie lyrique du Moyen Âge au Nord de la France*, Paris, Champion, 2015, p. 103-118, ici p. 113-114.

46 Voir par exemple M. Gally, *Parler d'amour au puy d'Arras*, *op. cit.*, chap. IV « Foloier ».

ou reflétant les habitudes de Perot lui-même. Le catalogue est ancré dans un usage des textes : outre quelques éléments de couleur locale urbaine, les procédés qui le caractérisent se font le reflet d'une pratique de diffusion orale, qui conserve la mémoire des textes, en cherchant moins la fidélité que l'appropriation.

Vanessa OBRY
Université de Haute-Alsace

LA PHILOSOPHIE DISCRÈTE DE LA BOURGEOISIE COURTOISE

Lire des *traités d'amour* à la fin du XIIIe siècle dans le nord-est de la France

L'ensemble de textes en ancien français qui abordent la matière amoureuse et/ou érotique sous un angle théorique – généralement désignés comme *traités d'amour* – est assez hétérogène dans les contenus. La présente contribution envisage d'étudier une manifestation particulière de cette tradition. Il s'agit d'un groupe de textes essentiellement rédigés – d'après les données à notre disposition – dans le Nord-Est de la France à partir de la seconde moitié du XIIIe siècle, voire à la toute fin de ce siècle.

Dans ce cadre, le *discours amoureux* connaît une manifestation non seulement cléricale mais aussi, nous le verrons, urbaine. Au sein d'un ensemble de textes assez diversifiés, les œuvres érotiques conservées dans le manuscrit 2200 de la Bibliothèque Sainte-Geneviève de Paris occupent une place fondamentale, que ce soit du point de vue herméneutique, sociologique ou de l'étude du genre textuel[1]. D'autres œuvres sont assimilables à ces dernières par le type de textualité et par leurs contenus, qui présentent une localisation, une datation, ainsi qu'un agencement dans le contexte manuscrit, comparables.

Les nombreuses données textuelles, para-textuelles et matérielles que nous avons tirées de l'étude de ces œuvres et de leur tradition manuscrite nous permettent de dessiner, si ce n'est le profil des auteurs de ces textes, le dessein littéraire et l'objectif idéologique qu'elles recèlent.

1 Dans une autre contribution (« Le discours amoureux dans le contexte manuscrit (à partir du *Vrai chiment d'amours*) », *Medioevi*, t. 5, 2019, p. 59-94), nous nous sommes concentrée sur l'analyse du *Vrai chiment d'amours*, à travers l'étude de l'ensemble des textes contenus dans le manuscrit 2200 de la Bibliothèque Sainte-Geneviève. Les essors méthodologiques de cette étude – concernant notamment la valeur herméneutique du contexte manuscrit et toutes ses implications pour l'interprétation de l'œuvre littéraire – seront exploités dans le présent article.

C'est en suivant cette direction que nous allons tenter de contribuer à l'investigation du concept de « littérature urbaine ».

La rédaction de ces textes, en effet, semble s'inscrire dans un milieu clérical-urbain septentrional (ou à tout le moins d'un milieu proche), socialement étranger aux dynamiques formatives et performatives de la cour. La doctrine amoureuse engendrée dans ce milieu s'associe et s'intègre à la culture savante et encyclopédique (composante cléricale), mais adhère aussi au modèle *néo*-orthodoxe du couple marié, qui se voit complètement enraciné dans la pratique (composante urbaine). Dans ces œuvres on saisit bien entendu l'héritage du *discours amoureux*, didactique et théorique, de descendance ovidienne et dérivant des écoles, en particulier du point de vue formel. La réflexion qui est propre au traité « ovidien » en est en revanche absente, c'est-à-dire celle qui se concentre sur la phénoménologie de l'amour dans et pour l'individu, telle que la littérature appelée courtoise la contient de façon souvent assimilable (ou confondue) avec la doctrine amoureuse issue des monastères.

À travers l'étude de ces œuvres – généralement appréhendées à travers le spectre générique des *traités d'amour* – nous envisageons de dégager les composantes théoriques fondatrices et les stratégies rhétoriques d'un *discours amoureux* qui diverge des traités « ovidiens ». Nous tenterons, ensuite, de comprendre dans quelle mesure les éléments doctrinaux et stylistiques de matrice cléricale-scolastique de ces traités se conjuguent avec des enseignements nettement pratiques. Nous évaluerons, enfin, la possibilité d'attribuer à ce *discours amoureux* une destination *urbaine*, à travers les données textuelles et extratextuelles qui relient ces œuvres au milieu bourgeois.

LES *TRAITÉS D'AMOUR* : GENRE, TRADITION, ÉCARTS INTERNES
Un bilan critique

De nombreuses études et d'importants chantiers de recherche ont été consacrés depuis bien des années à la production littéraire galloromane de caractère théorique sur l'amour. Le répertoire élaboré par Cesare Segre constitue un point de référence pour l'étude d'ensemble de cette tradition[2] : 31 textes sont classifiés dans ce catalogue[3], pour la plupart anonymes, écrits entre le XIIe et le XIVe siècle, presque tous en ancien français. Cette étude a fondé et figé des critères généraux pour l'identification du *traité d'amour* comme genre textuel. À l'intérieur de cet ensemble de textes, partageant un caractère génériquement didactique dans le domaine amoureux, il existe de nombreuses dissemblances : il s'agit en premier lieu de différences formelles (vers/prose, registres, longueur), mais aussi de différences dans le contenu, voire dans le traitement de la matière érotique, dictées principalement par la présence ou, au contraire, par l'absence de l'hypotexte ovidien.

Segre propose une ébauche de sous-catégorisation[4], qui n'a d'ailleurs jamais véritablement été développée à l'issue de cette dernière[5]. Le groupe des quatre *volgarizzamenti* de *l'Ars amatoria* (Maître Élie, la *Clef d'amour*, *l'Art d'Amors* de Guiart et celle de Jakes d'Amiens) fait exception,

2 Cesare Segre, « *Ars amandi* classica e medievale », dans *Grundriss der romanischen Literaturen des Mittelalters*, vol. 6 : *La littérature didactique, allégorique et satirique*, Hans Robert Jauss dir., Heidelberg, C. Winter Universitätsverlag, 1968-1970, t. I : p. 109-116, t. II : p. 162-167.

3 *Ibid.*, p. 162-167, n° 3136-3252.

4 Segre propose une brève histoire de cette tradition littéraire sur une base chronologique et formelle : « Le prime teorizzazioni dell'amore in volgare fanno tutt'uno con le poesie e liriche o i romanzi che le applicano » ; « V'è poi un gruppo di *débats*, scritti tra la fine del XII e quella del XIII » ; « Nel sec. XIII, in rapporto con l'accentuarsi dell'attività letteraria di tipo didattico e col progressivo prevalere di una visione del mondo più borghese, i due principali teorizzatori dell'amore, Ovidio [...] e Andrea Cappellano [...] vengono più volte volgarizzati e imitati » ; dans d'autres traités du XIIIe s., enfin, « l'arte d'amare diventa [...] una materia d'insegnamento preciso e rigoroso » (*ibid.*, p. 109-116). Les traités que nous analyserons ne sont considérés que marginalement par Segre, placés qu'ils sont à mi-chemin entre ces deux dernières catégories.

5 Nous allons nous référer à l'étude fondamentale d'Alfred Karnein, « La réception du *De Amore* d'André Le Chapelain au XIIIe siècle », *Romania*, t. 102, n° 407 et 408, 1981, p. 324-351 (première partie) ; p. 501-542 (deuxième partie). Karnein opère une sous-catégorisation clairvoyante à l'intérieur du corpus étudié par Segre, ayant toutefois comme but l'analyse de la réception du *De Amore* (art. cité, p. 502) : « [...] on considérera que dans le domaine français le genre que constitue l'enseignement d'amour est issu d'une tradition à l'intérieur de laquelle on peut distinguer au moins quatre courants. Il y a d'abord le débat (type : *Phyllis et Flora*), qui provient de la littérature latine médiévale, puis la transposition didactique du "roman" français (type : le *Donnei des Amanz*), ensuite l'*Art d'amors*, adaptation médiévale de l'*Ars Amatoria* d'Ovide, et enfin le traité en prose consacré à une réflexion sur l'amour (type : les *Commenz d'amours*), dérivé de la littérature savante latine portant sur le même thème. » En note Karnein souligne toutefois que « cette classification ne prétend pas être autre chose qu'une hypothèse de travail conçue dans le cadre de la présente étude » (art. cité, n. 1, p. 502).

ces textes ayant été rassemblés – depuis un certain temps déjà – dans l'édition/compendium de Finoli[6]. Parmi les autres, ces dernières œuvres sont d'ailleurs les plus intéressantes (du point de vue de la réception et de la réélaboration de l'héritage classique) et, par conséquent, les plus fouillées par la critique moderne[7]. En l'absence de paramètres ultérieurs de classification, la didactique amoureuse galloromane a pu se plier aisément au constat critique d'un genre textuel assez uniforme – une standardisation qui déclenche souvent sur une *ovidianisation* générale de ce type de textes. L'exploitation de cette perspective, nous semble-t-il, n'est que le revers de la médaille d'un manque d'enquêtes systématiques sur les sous-groupes internes au répertoire général : la nature monographique des éditions et des articles consacrés à ce sujet a aussi joué un rôle décisif en ce sens. Du reste, on ne peut pas oublier que le répertoire de Segre se fonde uniquement sur les textes indexés dans les catalogues (et parfois édités) à l'époque.

Une conséquence essentielle de cet état de fait est qu'il subsiste une lacune théorique sur la distinction (générique, stylistique, rhétorique, idéologique) entre trois productions didactiques : en premier lieu, celle de filiation ovidienne ; ensuite, celle qui se place directement ou indirectement en continuité avec le *De Amore* d'André le Chapelain[8] ; enfin, les autres enseignements d'amour, restés plutôt cachés au milieu d'autres textes. Parmi ces derniers textes quelque peu isolés, on se retrouve face à une série d'œuvres (certaines plus connues que d'autres) rédigées à une époque et dans une région précise : en Picardie au XIIIe siècle.

---

6 Anna Maria Finoli, *"Artes amandi". Da Maître Élie ad Andrea Cappellano*, Milano, Cisalpino, 1969.

7 Par souci d'espace et de pertinence par rapport à notre contribution, on ne saurait pas rassembler ici toutes les études publiées récemment sur le sujet. Par ailleurs, étant donné que la présente contribution entend justement exclure – pour les raisons qui seront exposées par la suite – les traductions ovidiennes du corpus, nous nous permettons de renvoyer au numéro monographique de la revue *Medioevi*, t. 4, 2018 : *Ovidio duemila anni dopo*.

8 Comme nous l'avons dit, il existe en revanche une riche bibliographie sur la présence d'Ovide dans ses traductions vernaculaires déjà mentionnées ci-dessus et dans d'autres *traités d'amour* – affiliés, comme dans le cas de *Li livres d'amours* de Drouart de la Vache, au *De Amore* et à sa *Reprobatio*. Voir la riche étude de Jean-Yves Tilliette, « Savants et poètes du Moyen Âge face à Ovide : les débuts de l'*aetas ovidiana* (v. 1050 – v. 1200) », dans *Ovidius redivivus. Von Ovid zu Dante*, Michelangelo Picone, Bernhard Zimmermann dir., Stuttgart, 1994, p. 63-104. Voir aussi Karnein, « La réception du *De Amore* », art. cité, p. 523-528.

À la suite de l'analyse de ces textes, des impressions saillantes émergent. D'abord, la notion de *traités d'amour* n'est pas strictement liée au prisme du genre textuel ; il s'agit plutôt d'un laboratoire po(ï)étique et scolastique (avec tout ce que ce terme implique). Parfois influencé par l'exercice d'interprétation et d'imitation de l'exemple ovidien, il ne l'est pas toujours. En effet, il est possible de constater qu'un ensemble d'exigences idéologiques, mais aussi sociales, mènent à la configuration d'une production littéraire de caractère didactique très flexible. Ces éléments permettent de déduire l'existence d'une *tradition* liée au *discours* multiforme qu'est le *discours amoureux*. Ce dernier s'entend, à son tour, comme toute manifestation et réélaboration de la pensée érotique à l'intérieur d'une même tradition littéraire, c'est-à-dire à partir de la même matière primaire qui subit dans chacune de ses représentations une interprétation unique mais assimilable à d'autres.

Dans le cadre spécifique du *discours amoureux* dans la littérature didactique, la présence d'Ovide constitue assurément l'un des éléments fondateurs. La critique s'accorde sur le fait de lui attribuer, d'un côté, la propension au développement de ce qui peut être appelé (par simplicité) de « *indagine psicologica*[9] » et, de l'autre, le traitement des motifs et des thèmes liés à la réalisation charnelle du rapport amoureux conjugal et/ou illégitime[10]. Ces champs thématiques s'avèrent être des critères assez solides (bien que, là aussi, variables) pour l'identification du courant *classique* de l'*enseignement d'amour*. Il s'agit, en d'autres mots, des composantes qui déterminent l'essor précoce de la réflexion théorique sur l'amour en littérature, voire dans la seconde moitié du XIIe siècle, en correspondance de la traduction perdue de l'*Ars amatoria* par Chrétien de Troyes[11] et de la rédaction du *Tractatus* latin de Chapelain[12]. Ces constituants thématiques s'affichent d'emblée comme *traditionnels* dans le cadre de la *courtoisie* de la première période.

9 « Enquête psychologique », Anna Maria Finoli, *"Artes amandi"*, *op. cit.*, p. 47.

10 Sur ce sujet, nous nous référons à Leo Pollmann, *Die Liebe in der hochmittelalterlichen Literatur Frankreichs*, Frankfurt, Klostermann, 1966 (voir surtout le chapitre « Ovid und die physische Liebeskonzeption »). Afin d'expliquer les différentes conceptions de l'amour entre le Nord et le Sud de la France, Pollmann insiste sur l'influence des textes ovidiens sur la littérature septentrionale (et ses conséquences idéologiques et thématiques) par rapport à leur absence dans la poésie lyrique des troubadours.

11 À ce propos, voir surtout Foster Erwin Guyer, *The influence of Ovid on Crestien de Troyes*, New York, University of Chicago Libraries, 1921.

12 Pour la datation, voir Francesca Colombo, « La struttura del *De Amore* di Andrea Cappellano », *Rivista di Filosofia Neo-Scolastica*, t. 89, 1997, p. 553-624.

Il ne faut cependant pas attendre longtemps pour que ces prémisses éclatent[13]. De plus, pendant que l'idéologie cléricale, d'un côté, et l'influence ovidienne, de l'autre[14], affichent à partir du XIIIe siècle leur nature inconciliable, une nouvelle forme de *discours amoureux* théorique semble faire son apparition. En effet, les *traités d'amour* sont, depuis les origines, caractérisés par « una *cortesia* di levatura borghese », enracinée en Picardie[15]. Cependant, cette « generica ispirazione *cortese* che ha all'inizio il tema, lascia sempre più il terreno a un gusto borghese o persino popolare[16] ».

LE TRAITEMENT DE LA MATIÈRE AMOUREUSE
La perspective interne

Cette troisième voie d'apparition du discours amoureux théorique semble émerger en correspondance avec les textes que nous avons isolés dans le corpus de Segre. La lecture de ces *traités d'amour* – que nous nous permettons de définir *mineurs*, étant données la nature de leur textualité et leur réception contemporaine – permet de saisir l'existence d'une tradition indépendante de discours littéraire sur l'amour.

Analysons dans les détails le contenu de ces œuvres, en commençant par celles qui se trouvent dans le manuscrit 2200 de la Bibliothèque Sainte-Geneviève de Paris ([art. 1277])[17]. Ce manuscrit est divisé en deux sections thématiques interdépendantes, dont une première constituée

---

13 Dans le cadre du corpus des *traités d'amour*, il suffit de mentionner la tentative de Drouat de « réintégration » du discours d'André Le Chapelain « dans la tradition [...] ovidienne et érudite », que la pensée cléricale fondant le *De Amore* voulait originairement déconstruire (voir Karnein, « La réception du *De Amore* », art. cité, p. 527-528 ; voir aussi Michèle Gally, « Quand l'art d'aimer était mis à l'index... », *Romania*, t. 113, 1992, p. 421-440, ici p. 436-437).

14 Sur la complémentarité entre les éléments issus de la *courtoisie* laïque et les aspects « cléricaux » étrangers mais incorporés à l'idéologie *courtoise* traditionnelle, voir Rüdiger Schnell, *Andreas Capellanus. Zur Rezeption des römischen und kanonischen Rechts in "De amore"*, München, Fink, 1982.

15 C. Segre, « *Ars amandi* classica e medievale », *op. cit.*, p. 110.

16 *Ibid.*, p. 110.

17 Pour la datation et la localisation des textes, nous suivrons les données fournies par les éditeurs de ces œuvres et par Segre dans le *Grundriss*, confirmées par le *DEAFBiblÉl.*

par des textes à caractère scientifique et encyclopédique[18] ; un texte « charnière » (Robert de l'Orme, *Miroir de vie et de mort*) ouvre la voie à la deuxième section, offrant un inventaire d'œuvres allégoriques, didactiques et lyriques à sujet amoureux[19]. Les données externes concernant ce codex n'indiquent aucune piste sur le public visé, mais de nombreuses informations contenues à l'intérieur du ms. – comme nous le verrons – l'enracinent dans une pratique du savoir amoureux qui est ici élaboré.

La « section amoureuse » de ce manuscrit s'ouvre avec *La biauté d'une dame*[20]. Ce court traité est en réalité un fragment de l'*Hystore de Julius Cesar* en prose de Jean de Thuin[21]. L'extraction de ce fragment de son contexte original est révélatrice du dessin intellectuel et de la stratégie bien pondérée que le compilateur applique dans la réalisation de ce *codex*. Dès lors, en raison de son caractère extrapolé, la portée de cette œuvre est dictée moins par son contenu que par son rôle dans la mosaïque du recueil qui le transmet. Dans l'œuvre de Jean de Thuin, la réflexion sur l'amour – consacrée à la naissance et à la nature de ce sentiment – s'inscrit dans le récit de la liaison entre Cléopâtre et César. En ce sens, le compilateur du ms. 2200 de Sainte-Geneviève a sans doute réussi le pari de déceler – voire d'exploiter – un excursus théorique extraordinaire par rapport au cadre historiographique qui le recèle. Par son contenu, également, cette digression s'accorde avec une autre manière d'enseigner et de représenter l'amour – qui caractérisera toute cette famille de traités –, différente par rapport au traitement romanesque du sujet érotique au sein de la matière antique.

18 Guillaume de Conches, *Philosophia mundi*, suivi du *De anima* ; Gossuin de Metz, *Image du Monde* ; des lapidaires ; Simon de Compiègne, *Comput* ; *Algorithme* et *Géométrie* anonymes.

19 Richard de Fournival, *Bestiaire d'amour* ; *Biauté d'une dame* ; *Arbre d'amour*, anonyme ; *Vrai chiment d'amour*, anonyme ; *Druerie du villart*, anonyme). Voir, sur les arts d'amour de ce ms., Amy Suzanne Heneveld, « "Chi commence d'amours", ou commencer pour finir : la place des arts d'aimer dans les manuscrits-recueils du XIIIe siècle », dans *Le recueil au Moyen Âge*, vol. 1, *Le Moyen Âge central*, Yasmina Foehr-Janssens, Olivier Collet dir., Turnhout, 2010, p. 139-156 ; dans le même volume, voir aussi Christopher Lucken, « Les manuscrits du "Bestiaire d'Amours" de Richard de Fournival », dans *Le recueil au Moyen Âge*, *op. cit.*, p. 113-138.

20 *Incipit* : « La biauté d'une dame de no païs ». Index *Grundriss* : n° 3248, *Traité sur l'amour.*

21 Voir *Li Hystore de Julius Cesar. Eine altfranzösische Erzählung in Prosa von Jehan de Tuim*, éd. Franz Settegast, Niemeyer, 1881. En tant que texte autonome, *La biauté d'une dame* a été édité par Arthur Långfors, « Deux traités sur l'amour tirés du ms. 2200 de la Bibliothèque Sainte-Geneviève », *Romania*, t. 61, 1930, p. 362-388, ici p. 362-373. Trois ans plus tard, la nature et la source de ce fragment ont été reconnues par Louis-Fernand Flutre, « Sur un traité d'amour courtois du ms. 2200 de la Bibliothèque Sainte-Geneviève », *Romania*, t. 59, 1933, p. 270-276.

Le *traité d'amour* qui résulte de cette opération est une réflexion tripartie sur les critères esthétiques (ch. I : « Chi commenche d'amours et devise primirement la biauté d'une dame »), sur les coordonnées sociales et morales du rapport amoureux (ch. II : « La deffinition d'amours ») et sur « la jalosie » (ch. III). D'une part, la dissertation suit une structure traditionnelle, confirmée par l'argumentation interne : la *descriptio puellae* pour la fixation du modèle physique féminin ; la défense de la sincérité des vrais amants contre les ruses et les mensonges des faux amis ; l'amour naît du regard et l'image perçue agit sur l'âme de l'amant parvenant jusqu'à son cœur ; les valeurs fondamentales, inconnues par le « vilain », sont le « sens » et la « mesure » ; le rapport doit être vécu dans la discrétion, voire dans le secret (« celeement »).

D'autre part, l'auteur anonyme du traité révèle souvent l'exigence d'intégrer ces thèses classiques (très appropriées dans leur cadre originaire) par des reformulations moins positivistes, ainsi que par des recommandations concrètes et opératoires. Ainsi, l'amant ne doit pas surestimer la beauté féminine, qui doit constamment user de bonnes manières, praticables en société, car

> [...] biautés sans savoir ne vaut riens, ja soit ensi ke on s'i peust deliter par esgart. Mais ke vaut che ? Toutes celes ke on veut amer samblent beles. Car amours ne voit goute. Mais nepourquant, ki bien en veut dire le voir, amors ou on ne puet trover biauté ne bonté est f[ier]e et ameire. Biautés est une okoisons qui plusours amaine a amours et esmeut, et cortoisie et honors i amaine les autres. Et les brunes avenans ki de beaus cors sont soprengnans vaintent mainte fois les autres par leur esgars. Toutes ces okoisons sont droites a maintenir amors (*La biauté d'une dame*, éd. Långfors, éd. citée, p. 367).

Aucun amour ne peut se passer de la souffrance, mais celle-ci doit être contrôlée, modérée et tempérée, afin de ne pas gâcher – sous le poids du désespoir – de précieuses occasions :

> Raisons est en amours quant li homme se seit si maintenir ke il ne se despoire de s'amours [...] Nus ne puet che faire sans grant sens ne sans grant raison. Car [...] ki souffrir ne sevent ne ne poent [...] il en sont si durement effr[e]é et trespensé qu'il ne sevent en quel point il se pussent maintenir, ains decovrent lour amour par lour fol samblant (*ibid.*, p. 368).

De même, il faut éviter de tomber dans les liens des femmes entrainant des relations parallèles, puisque leur « doublece » de cœur est dangereuse, mais la jalousie n'est pas non plus une solution durable et avantageuse :

> Quant li hom mescroit s'amie et il lui deffent k'ele ne parolt a autrui, par che fait il entendre ke il est jalous et ke cele aime autrui ke lui. Et pour chu vous di jou ke li amans ki de si faite jalousie se poroit tenir et garder devroit estre tenus por sages, et d'autre part, se s'amie veoit ke il ne fust jalous de lui, elle le cremeroit plus et ameroit (*ibid.*, p. 373).

L'auteur de cet excursus, en d'autres termes, semble bien déterminé à organiser le matériau d'un code amoureux classique, mais il le fait constamment suivre par des prises de position moins abstraites. Ses conseils se révèlent plus applicables et, en un mot, quotidiens[22]. Il serait d'ailleurs difficile de croire que le compilateur du *codex* ignore la portée des reformulations théoriques qui accompagnent la topique classique de ce *discours amoureux*. Dans les textes suivants de ce recueil, en effet, se retrouvent de nombreux enseignements porteurs de valeurs sociales et quotidiennes engagées en marge de la théorie *traditionnelle*. Långfors lui-même avait signalé la présence de véritables remplois des concepts caractéristiques de l'exposé de *La biauté d'une dame* dans l'œuvre suivante, l'*Arbre d'Amour* anonyme, qui semble à son tour avoir un écho dans le *Dou vrai chiment d'amours*[23]. Du reste, cette évidence ne surprend pas si l'on tient compte des ambitions éditoriales, ainsi que de la précision intellectuelle de ce compilateur[24], qui fait de la section amoureuse de ce recueil un compendium idéologique cohérent[25].

22 Pour l'emploi de cette notion, nous nous référons notamment à Donald Maddox, « La quotidienneté et le texte narratif courtois », dans *L'imaginaire courtois et son double*, Giovanna Angeli, Luciano Formisano dir., Naples, 1991, p. 441-452.

23 « [...] il y a de nombreux passages où il y a concordance d'idées entre les deux textes, même si les concordances verbales font défaut » (A. Långfors, « Deux traités sur l'amour », art. cité, p. 364). Les passages en question sont signalés dans l'édition de *La biauté d'une dame.*

24 Sur ce point, il n'est pas sans intérêt de postuler que le compilateur du ms. 2200 de Sainte-Geneviève soit aussi l'auteur des deux textes anonymes suivants. L'opération d'extrapolation du fragment et le remploi du matériel de *La biauté d'une dame* procéderait en ce sens d'une visée précise : celle de chercher un fondement théorique solide pour la rédaction d'autres « enseignements d'amour », différents par leur forme allégorique, mais équivalents par leur portée idéologique aux égards de la source. Sur ce point, voir V. Russo, « Le discours amoureux », art. cité, p. 88.

25 L'*explicit* de *La biauté d'une dame* est d'ailleurs une véritable formule de liaison entre les différentes parties de la section amoureuse dans le *codex*, dans le cadre d'un exposé strictement subjectivisé (nous soulignons en italique) : « Ore vous ai dit *une partie* de chu ki

Le contenu des textes suivants témoigne d'une stricte adéquation aux préceptes codifiés par ce nouveau code éthique réglant la *pratique* de l'amour et sa phénoménologie au sein de la société. La structure allégorique appliquée à la didactique amoureuse dévoile, derrière l'*Arbre d'Amour*[26] et *Dou vrai chiment d'amours*[27], l'exemple du *Bestiaire d'amour* de Richard de Fournival, placé en tête de ce même manuscrit en qualité d'*auctoritas* incontournable en matière de tropes et d'argument érotiques.

L'*Arbre d'Amour* est un petit traité (656 octosyllabes) qui suit la structure iconographique de l'arbre, un modèle littéraire qui se greffe au traitement théorique de l'amour précisément à l'époque de la compilation du ms. 2200 de Sainte-Geneviève. On retrouve en effet d'autres *arbres d'amour* à cette période (dans le BnF fr. 24432[28] et dans le BnF fr. 847[29]) qui n'ont aucune relation textuelle explicite avec l'*Arbre d'Amour* en question ici. Dans le manuscrit de Sainte-Geneviève, en outre, un autre poème allégorique, mais d'argument moral (*Miroir de vie et de mort* de Robert de l'Orme[30]), emprunte le modèle d'exposition didactique de l'arbre. Ce groupe de textes dévoile en soi l'existence d'une tradition établie (ou en train de s'établir) basée sur la réflexion théorique d'argument amoureux, qui trouvera un aboutissement exemplaire dans l'œuvre de Matfre Ermengau.

Ce traité proclame un code de convenance et des règles de conduite en société sous le déguisement d'un lexique qui peut paraître parfois très traditionnel, visant cependant à exposer des recommandations moins

---

me samble d'amors, et comment sages hom doit amer » (A. Långfors, « Deux traités sur l'amour », art. cité, p. 373).

26 *Incipit* : « Ki auques s'entent de clergie ». Index *Grundriss* : n° 3148. L'édition est donnée par A. Långfors à la suite de *La biauté d'une dame* dans le même article : « Deux traités sur l'amour », art. cité, p. 373-388.

27 *Incipit* (selon la copie) : « Ausi com vrais chimens joint deus quariaus ensamble » / « Quant uns grant manoire se commenche a desfaire ». Index *Grundriss* : n° 3252. Le texte est édité encore une fois par Arthur Långfors, « "Dou vrai chiment d'amours", une nouvelle source de *Vénus la déesse d'amour* », *Romania*, t. 45, 1918-1919, p. 205-219.

28 Raimond Badaut, *"L'Arbre d'Amour"*, éd. Cserepfalvi Galligan, Yvonne Katalin, University of North Carolina, 1968.

29 *Li romans du vergier et de l'arbre d'amors*, en vers octosyllabes [traits pic. 1er m. XIVe s.]. Arthur Långfors, « *Li Romans du Vergier et de l'Arbre d'Amors* », *Neuphilologische Mitteilungen*, t. 29, 1928, p. 3-33.

30 Arthur Långfors, « *Le Miroir de vie et de mort* par Robert de l'Orme (1268), modèle d'une moralité wallonne du XVe siècle », *Romania*, t. 47, 1921, p. 511-531 et t. 50, 1924, p. 14-53.

morales que pratiques. Par exemple, si l'amant aspire à faire fleurir son arbre d'amour, il doit faire attention, entre autres, à l'heure et à la situation des rencontres amoureuses :

> Et quant il veut a lui parler,
> li covient de liu esgarder,
> k'en la maison n'a trop de gent
> ki aparchoivent son talent ;
> et si esgart cele ente bien
> ke il n'i face nule rien
> qu'il ne voille faire en apert,
> voiant le gent a descovert.
> Che devés vous bien retenir
> k'il a tele eure i puet venir,
> s'il li faisoit nul destorbier,
> qu'il li porroit tost anoier ;
> trop n'i viengne, de che se gart,
> et si i puet venir trop tart.
> (*L'arbre d'amour*, éd. Långfors, éd. citée, p. 381-382, v. 242-256)

L'auteur insiste largement sur le rôle secondaire des moyens économiques : un amant pauvre peut être un amant parfait, s'il présente d'autres vertus primordiales comme la mesure, la modestie et la bonne volonté.

À travers une série d'arguments teintés d'un caractère assez ovidien, l'auteur anonyme – qui se déclare expert en science amoureuse[31] – ne se borne pas à mettre la vie au service de l'art. Ce qu'il offre à son public, en revanche, est sa propre maîtrise littéraire, dans le but de transmettre une doctrine érotique légitimée, prouvée et, surtout, praticable.

L'importance de ces arguments à l'intérieur du ms. 2200 est confirmée par *Dou vrai chiment d'amours*, avant-dernier texte de ce recueil. Ce traité (qui se définit « lais » dans l'*explicit*), plus court que le précédent (315 quatrains de longueur variable), se fonde sur la comparaison métaphorique entre l'amour et la maçonnerie : l'amour bien cultivé peut créer une seule unité à partir de deux âmes, à l'instar de deux briques soudées par le ciment. L'auteur du *Vrai chiment d'amours* prône – une fois encore, dans ce contexte – la monogamie, mais surtout la sincérité et la cohérence :

31 Voir M. Gally, « Quand l'art d'aimer… », art. cité, p. 430.

[...] on doit mout miex croire l'uevre ke le parole [...]
Biau sanblant et paroles sont ore mout en cours,
de chou s'antraimment mais les gens en toutes cours [...]
Si rest une maniere de si tres soutiu gent
ki dient au dehors kenke talens lor prent
et pensent en leur cuers les coses autrement,
si c'on ne puet savoir qant on dist voir u ment.
(*Dou vrai chiment d'amour*, éd. Långfors, éd. citée, p. 211, v. 89-100)

Certes, sans tourments et souffrances il n'y a pas d'amour car « amors est li més plus dous a engloutir » (v. 197) mais aussi « li plus grans doleurs ke cuers puisse souffrir » (v. 200). La jalousie est la cause primaire du malheur en amour, qu'il faut pourtant contrôler pour ne pas chagriner sa dame, sans oublier que « Diex si ne vieut mie c'on tormente nelui / ne c'on destruisse un cuer por conforter autrui » (v. 241-242). Enfin, il ne faut pas manquer de suivre ces préceptes amoureux dans le but de satisfaire la volonté divine, afin de mériter une place au Paradis (« en lai fin a sa mort paradis av[oir] », v. 292). Rien d'étonnant, si l'on pense que « l'amors dou siecle s'en va avoec le vent » (v. 283), tandis que dans l'« amour por Diu, [...] toute est la vitoire » (v. 285).

Il faut remarquer, en outre, que ce texte contient des références géographiques qui ne semblent pas fortuites. Le théoricien du « ciment amoureux » explique : « uns cuers puet d'un seul liu par tout le mont amer / et chi et en Espaingne, a Rains et outre mer » (v. 69-70). Les lieux indiqués ne sont évidemment pas porteurs d'informations concernant la localisation du texte (au contraire, l'*ici* n'est qu'une allusion indéterminée). Ces références décrivent plutôt la place de l'auteur par rapport à sa propre géographie, comme le démontre le fait qu'il ne s'agit pas d'un cas isolé dans ce *codex*. En effet, les traités d'amour anonymes ici conservés suivent (en passant par le *Bestiaire d'amour* de Richard de Fournival) un seul texte attribué (et, semble-t-il, signé) : le *Miroir de vie et de mort*. Robert de l'Orme, auteur picard dont l'activité est contemporaine à la rédaction du ms., fait parler l'allégorie de l'avarice, qui raconte : « A Arras, a Miès en Lorraine / ai je presté mainte semaine, / En Romenie, en Lombardie / ai usuré toute ma vie, / en mainte vile en Picardie / par terminer sui essauchie [...] ». L'*abstractum agens* du péché déclare ainsi son succès dans des milieux qui sont aussi clairement « urbains ». Nous y reviendrons.

L'IDENTIFICATION D'UN AUTRE PARADIGME AMOUREUX

Des paramètres externes

Dans le catalogue des enseignements d'amour on compte encore trois textes localisés en Picardie, ou plus précisément dans l'Artois, et datés vers la fin du XIIIe siècle[32].

L'*Amistiés de vraie amour*[33] est un court traité sur l'amour qui réécrit le *tractatus* théologique sur l'amour *De amicitia christiana et de dilectione Dei et proximi* de Pierre de Blois (*ca* 1185-1195). Si une rencontre entre l'œuvre de cet auteur et la littérature didactique d'argument amoureux en langue vulgaire du XIIIe siècle a lieu, c'est sans doute du fait d'une contamination plus profonde entre ces deux pôles idéologiques. La production de Pierre de Blois se rattache aux événements artistiques fondamentaux de la seconde partie du XIIe siècle et abrite les noyaux géographiques et sémantiques de la tradition *courtoise* des origines (les études de théologie à Paris, le contact avec Chartres, avec les archevêques de Canterbury, avec Henri II, ainsi qu'avec les goliards, d'où la présence de son nom parmi les auteurs des *Carmina Burana*). Le sens et la forme de ce rapport doivent indubitablement faire l'objet d'une enquête approfondie mais, dans le cadre de la présente analyse, un élément éloquent à retenir est que le *tractatus* de Pierre de Blois a pour hypotexte le *De Amicitia* de Cicéron[34], un texte qui se dévoile d'emblée

---

32 Au vu des nombreux liens intertextuels, des analogies formelles et théoriques qui les relient, ces trois textes semblent former, comme nous le verrons, un groupe presque autonome au sein des traités. Il faut exclure donc de ce groupe deux autres textes assimilables par localisation et datation : *Li confrere d'Amours*, poème composé de quatrains, avec refrains, édité par Arthur Långfors, « "Li confrere d'Amours" », *Romania*, t. 36, 1907, p. 29-35 ; *Li flours d'amours*, un bref débat de 384 octosyllabes entre le cœur et le corps, édité par Joseph Morawski, « La Flours d'amour », *Romania*, t. 53, 1927, p. 187-197. Il n'est pas anodin de souligner que ce dernier texte – à notre connaissance – n'a plus fait l'objet d'études à la suite de Morawski. L'analyse de la langue du texte pourrait aboutir à des résultats différents par rapport aux datation/localisation actuellement retenues. Nous signalons par ailleurs son absence dans la bibliographie du *DEAF*.

33 Index *Grundriss* : 3186. Le texte est édité par Jacques Thomas, « Un art d'amour du XIIIe siècle (*L'Amistiés de vraie amour*) », *Revue belge de philologie et d'histoire*, t. 36, 1958, p. 786-811. Réimprimé dans Anna Maria Finoli, *Artes Amandi*, *op. cit.*, p. 447-453.

34 Comme le remarque l'éditeur du texte : « Or Pierre, qui s'inscrit dans toute une lignée d'auteurs chrétiens traitant de l'amour, charité ou amitié, est un imitateur d'Aelred de

comme une sorte de contre-auctoritas de l'*Ars amatoria* d'Ovide. L'œuvre de Pierre de Blois communique, en ce sens, son message sur un double plan : celui, d'une part, de sa rédaction originaire, en latin, étroitement liée à un contexte de rédaction qui cerne l'établissement du discours amoureux profane dans ses composantes laïques et aristocratiques à travers des modèles classiques et théologiques ; celui, de l'autre, de son remaniement, au sein duquel l'entreprise même de la traduction révèle que l'adaptation de modèles alternatifs à celui de la cour était de nouveau nécessaire, mais pour un public nouveau par rapport à celui du siècle précédent.

Si la traduction-remaniement française présente un caractère clairement picard, sa datation ne peut qu'être fixée approximativement courant XIIIe siècle, tandis que ses témoins manuscrits permettent de rétrécir vraisemblablement la date de rédaction vers la seconde moitié de ce siècle, voire à la toute fin[35]. Cette possibilité est soutenue par l'attribution incertaine à Richard de Fournival qui, par ailleurs, est le signe évident de l'appartenance de *L'Amistiés de vraie amour* à une tradition précise du *discours amoureux*[36].

L'argumentation semble suivre une structure ordinaire : comment l'amour « est engenree », ses vertus (« de queles vertus on le doit nourrir »), les douze signes de « vraie amour ». La définition de l'amour qui en résulte se rattache, comme on pouvait s'y attendre, à l'orthodoxie religieuse en cette matière, d'où les mentions (authentiques ou apocryphes) aux autorités des prophètes, aux évangélistes et aux Pères de l'Église. La mise en avant d'un modèle amoureux monogame n'implique pas l'exclusion des éléments *courtois*, mais elle les intègre dans un code de perfection sentimentale et de couple qui s'applique à la vie quotidienne de tout lecteur. Ainsi, l'argument clérical-ovidien de la naissance de l'amour à travers le regard s'accompagne aux motifs de l'« esperance » et de la « boine volenté », deux sujets-clef des traités du ms. 2200 de Sainte-Geneviève :

> Amours est engenree par resgart, et resgars est li premiers degrés pour monter a le perfection d'amistié. Car quant li oeilg donnent un resgarder, il denoncent au cuer l'occoison de son embrasement [...].

Rye, qui ne faisait lui-même que christianiser le *De amicitia* de Cicéron », J. Thomas, « Un art d'amour », art. cité, p. 791.

35 Ms. de Dijon 526 (299) [pic. fin XIIIe siècle] ; ms. de Manchester Univ. John Rylands Libr., Fr. 66 [déb. XIVe siècle]. La copie conservée à Dijon, est utilisée comme ms. de base de l'édition de J. Thomas.

36 Voir Michèle Gally, « Le huitième art. Les clercs du XIIIe siècle nouveaux maîtres du discours amoureux », *Poétique*, t. 75, 1988, p. 279-295.

> Li sisimes degrés si est esperance, qui est engenree par désir, selon le Sage qui dist : « Nuls ne doit desirer chou qui ne loist esperer ». [...] Et li Sages dist : « Ferme esperance abonneurist le cose désirée, et donne au foible vigeur et perseverance de souffrir ».
>
> Li septimes degrés si est volentés, car par boine volenté de souffrir les contrariétés des anuis qu'il estuet souffrir ains ke on ait les degrés parmontés, avient il souvent k'amours l'enrichist dou don d'amie ains qu'il ait deservi, et amours li fait grace ains terme. Dame doit l'otroi ressoignier, car a l'escondit recouvrier a loial amant, mais li ottrois est fors a rappeler. Pour chou doit estre volentés bien esprouvee (*L'Amistiés de vraie amour*, éd. Thomas, éd. citée, p. 799-800).

À cela s'ajoute la superposition entre les couches religieuse-édifiante et élitiste de ce modèle amoureux. Dans la liste des vertus dont un aspirant amant doit disposer avant de devenir un « especial ami[37] », émerge une hiérarchie d'aptitudes sentimentales et morales (« sens », « bontés », « deboinnairetés », « humilités », « loiautés », « cremeurs », « patience »). Toutes ces vertus sont gouvernées par une valeur effective supérieure, selon une thèse tout à fait traditionnelle, dans laquelle agit pourtant une dichotomie fonctionnelle (nous soulignons) :

> Li witime vertus si est courtoisie, qui sen liu tient entre les autres vertus. Et par li sont toutes enluminées. Et plus font a prisier les courtoisies del cuer houneste ke les courtoisies de l'avoir. Car courtois cuers ne daigneroit vilonnie penser. Et doit courtois cuers avoir volenté de son ami aidier espirituelment et temporelment, sans faintise et sans escusance (*ibid.*, p. 802).

Dans ce double soutien (temporel et spirituel), sollicité chez l'amant parfait, l'auteur semble anticiper une condition essentielle liée à la « vraie amour » qui est « fine » et « pure » :

> Mais je ne tieng mie amour a vraie s'il i a deshonnesté, faintise, n'atente de bien temporel. Car vraie amours est si pure et si fine ke ele ne quiert en guerredon ke soi meisme. Amours qui vient par carnele ou mondainne couvoitise est fausse et pau durans (*ibid.*, p. 803-804).

L'absence d'ambitions charnelles implique qu'aucune récompense n'est recherchée dans l'amour en dehors de l'amour en soi. En effet, la réalisation physique annihile le rapport amoureux, parce qu'il en réduit la durée, au lieu d'alimenter la persévérance de l'amant.

37 Ici l'auteur s'adresse directement à son lecteur, qui n'est pas celui qui doit acquérir les sept vertus, mais plutôt celui (ou celle ?) qui doit les reconnaître.

Parmi les traités isolés dans le répertoire de Segre pour la présente enquête, deux textes restent encore à signaler, qui ne sont pas partie intégrante du phénomène littéraire et idéologique que nous étudions, mais qui en représentent en quelque sorte les prémisses, voire la base.

Li houneurs et li vertus des dames de Jean Petit d'Arras[38] figure aussi dans le catalogue des enseignements d'amour, desquels il s'écarte par sa forme dialoguée plus proche du modèle antique de traité moral. Jean Petit d'Arras présente, à travers une structure questions-réponses entre maître et élève, une liste d'arguments que l'on pourrait qualifier d'anti-misogynes. Loin de construire un discours par antiphrase, le maître explique pourquoi et comment aimer les femmes, à travers de longs commentaires visant la célébration des qualités, des tourments et des actions vertueuses accomplies par ces dernières. Certaines thèses subissent une influence (directe ou indirecte) du *De Amore* d'André le Chapelain, mais elles semblent surtout récupérer la structure et les thèmes de *La Poissance d'Amours* de Richard de Fournival[39].

La Poissance d'Amours est aussi construit sous forme de dialogue entre maître et élève. Ce traité semble s'adresser à tous ceux qui désirent comprendre l'amour ou chercher à l'apprendre ; l'auteur lui-même déclare que cet « enseignement » ne convoque aucun interlocuteur en particulier, mais qu'il regroupe un public de clercs et de laïcs. Deux éléments dominants caractérisent cette œuvre et se fondent en elle : les enseignements d'amour de dérivation ovidienne et classique (Segre signale l'influence du *De Amore*), d'un côté, et des notions scientifiques, de l'autre[40]. Par le biais des motifs élaborés par la tradition littéraire, des arguments paralittéraires et des thèses physiologiques, le « maistres » parvient à expliquer à son élève les raisons pour lesquelles une femme est amenée à aimer et les moyens permettant à l'homme de conquérir un amour sûr et durable.

En ne prenant en compte que ces données essentielles, le traité de Jean Petit d'Arras et *La Poissance d'Amours* fournissent une sorte d'aperçu sur

---

38 Index : 3216 [art. 3e q. XIIIe siècle]. Rudolf Zimmermann, « *Li houneurs et li vertus des dames* par Jean Petit d'Arras », *Archiv für das Studium der neueren Sprachen*, Bd. 108, 1902, S. 380-388.

39 Index : 3244. Composé entre 1248 et 1260. *"La poissance d'Amours" dello pseudo-Richard de Fournival*, éd. Gian Battista Speroni, Florence, La Nuova Italia, 1975.

40 Christopher Lucken, « Richard de Fournival, ou le clerc de l'amour », dans *Le clerc au Moyen Âge*, Université de Provence, CUER MA, *Senefiance*, t. 37, 1995, p. 401-416.

la genèse d'un nouveau *discours amoureux*. Localisées encore une fois dans le Nord-Est, tout en étant légèrement plus récentes que les premières œuvres analysées (milieu / 3e quart du XIIIe siècle), elles semblent en effet regrouper, tout en les esquissant en germe, les éléments fondateurs des *traités d'amour* des années suivantes.

Le choix de la forme dialoguée, en premier lieu, pourrait se révéler significative en deux sens : comme résultat de la mise en scène d'une « leçon vive » sur l'amour, dont le dialogue littéraire serait une reproduction (le *clergé* qui parle à son *public*), mais aussi comme lien idéologique que la production théorique sur l'amour essaie de nouer – à partir de la seconde moitié du XIIIe siècle – avec la doctrine ancienne. La présence d'*auctoritates* latines, comme Cicéron, dans les *traités d'amour* ne détermine pas l'éviction de l'*Ars amatoria* des modèles de cette tradition. Ovide est toujours présent, tout comme les composantes essentielles des traités en langue vulgaire qui s'en inspirent ; ces facteurs sont toutefois constamment recalculés et mélangés, d'abord avec les savoirs scientifiques (en suivant l'exemple de Richard de Fournival), puis en se greffant à l'érudition encyclopédique (avec laquelle l'amour se confond)[41], et à la doctrine chrétienne (qui constitue à la fois le ciment et l'idéal de substrat motivant l'entreprise du « dialogue » sur l'amour). Dans le ms. 2200 de Sainte-Geneviève – étape ultime de ce parcours de formalisation d'un autre *discours amoureux* – tous ces éléments coexistent, à savoir l'œuvre et le modèle de Richard de Fournival, l'ambition encyclopédique et l'orthodoxie religieuse appliquées à l'amour.

Cet art d'aimer vise à se distinguer (moins dans le style, que dans les objectifs et dans les effets) par rapport à la tradition didactique strictement ovidienne (représentée par les *volgarizzamenti*). Mais le périmètre de cette tradition est tracé aussi par les cordonnées chronologiques et géographiques que nous avons retenues au début du présent examen : ces textes ont été rédigés (langue des copies), s'adressent (mentions internes aux réalités sociales et aux villes picardes) et se lisent (lieu de rédaction/ diffusion des copies) dans le Nord-Est de la France entre la seconde moitié et la fin XIIIe siècle. Or, les villes picardes à cette époque prospèrent du point de vue économique et culturel, surtout dans la couche de la société

41 Voir, à titre de comparaison, les conclusions de M. Gally, « Quand l'art d'aimer… », art. cité, p. 439-440.

que l'on peut qualifier de bourgeoise[42]. La « mentalité bourgeoise[43] » s'intéresse aux pratiques culturelles des cours afin de les imiter, mais cette émulation débouche sur un divorce. Il en est ainsi pour les traités de matière amoureuse. Par ailleurs, s'il est évident que cette « science amoureuse », pratique et bourgeoise, est partiellement issue d'une émulation et d'un antagonisme avec le savoir des traités ovidiens, il est peu probable qu'il s'agisse d'un savoir engendré à l'intérieur même de la bourgeoisie, étant donné que les milieux culturels de référence à cette époque pour la bourgeoisie sont les écoles cléricales[44].

Or, une « histoire du genre », qui prenne en compte les événements culturels et géographiques cruciaux et distinctifs de cette tradition littéraire, de sa naissance à ses mutations, est de toute évidence souhaitable[45]. Sur la base des données disponibles, cependant, il est d'ores et déjà possible de distinguer – dans le vaste ensemble des enseignements d'amour – un groupe de textes bien circonscrit, dans lequel le *discours amoureux* se lie aux instances sociologiques et aux tendances intellectuelles liées à l'urbanité.

42 Serge Lusignan, *Essai d'histoire sociolinguistique. Le français picard au Moyen Âge*, Paris, Classiques Garnier, 2012, surtout p. 129-138.

43 Karnein remarque que le public intéressé par les relectures du *De Amore* était justement un public bourgeois : « Après une première période, au cours de laquelle le *De Amore* reste entouré de silence ou est rattaché par les théologiens aux écrits traitant de la *cupiditas*, on voit se manifester une curiosité véritable, déjà révélatrice d'une *mentalité bourgeoise*, envers le traité, une forme de sympathie qui était totalement étrangère à la confrontation initiale », A. Karnein, « La réception du *De Amore* », art. cité, p. 541.

44 Dans lesquelles, comme on le sait, Ovide « incarnait l'auteur classique par excellence », Clara Wille et Richard Trachsler, « Les traductions vernaculaires d'Ovide au Moyen Âge et les commentaires latins. Le cas de l'*Ars amatoria* », *Medioevi*, t. 4, 2018, p. 173-191, ici p. 176.

45 Comme semble le suggérer A. Karnein, « La réception du *De Amore* », art. cité, p. 503.

L'ANCIEN RÉGIME DE L'*ÉROS* ET LE *DISCOURS AMOUREUX* CLÉRICAL-URBAIN
Des conclusions

Décomposés et réorganisés, les pivots théoriques et stylistiques de la réflexion *courtoise* sur l'amour sont recatégorisés dans des nouveaux schémas édifiants, dans le but de transformer le savoir théorique en une *technè* praticable. La morale concrète et « réaliste » des traités que nous avons analysés semble par conséquent viser des lecteurs bourgeois, voire urbains : peu intéressés, en apparence, par le traitement « ovidien » de la matière (focalisé sur la phénoménologie du sentiment amoureux et sur sa manifestation chez l'individu), ce public s'attache à des fondements théoriques de caractère religieux. Ces textes semblent à la fois susciter et flatter le respect de ces lecteurs pour des concepts prêchés sur la fidélité conjugale, d'où procède le potentiel d'applicabilité de ces préceptes amoureux. Il en résulte une véritable tradition d'abrégés sur le *bon amour*, scientifiquement entendu, systématiquement rangé parmi les autres savoirs encyclopédiques, exploitant des sources antiques autres qu'Ovide, conçu par une classe cléricale experte en la matière amoureuse[46], visant un public qui se place à la fois en lien et en discontinuité avec le public *courtois*.

La mise en avant d'un idéal d'amour urbain se relie – dans les œuvres analysées – à une esthétique du genre, conçu non seulement dans ses aspects stylistiques, mais aussi et surtout dans la tendance de ces composantes formelles (d'ailleurs assez diversifiées) à répondre aux critères homogènes essentiels pour la formation d'une tradition littéraire. En reconnaissant le *discours amoureux urbain* comme élément structurel de ces œuvres, on découvre l'existence d'une voie littéraire parallèle à celle des *traités d'amour* de descendance strictement ovidienne.

Valeria Russo
Université de Lille

46 Sur la figure du « clerc amoureux » au XIIIe siècle, voir M. Gally, « Quand l'art d'aimer… », art. cité, p. 434.

BIBLIOGRAPHIE

SOURCES PRIMAIRES

ALBERTANO DA BRESCIA, *Liber de doctrina dicendi et tacendi : la parola del cittadino nell'Italia del Duecento*, a cura di Paola Navone, Firenze, SISMEL-ed. del Galuzzo, 1998.

Aliscans, texte établi par Claude Régnier, présentation et notes de Jean Subrenat, traduction revue par Andrée et Jean Subrenat, Paris, Champion, 2007.

Artus de Bretagne, éd. Christine Ferlampin-Acher, Paris, Champion, 2017.

BERTHOLD DE RATISBONNE, *Péchés et vertus. Scènes de la vie du XIIIe siècle*, textes présentés, traduits et commentés par Claude Lecouteux et Philippe Marcq, Paris, Desjonquères, 1991.

BERTHOLD VON REGENSBURG, *Vollständige Ausgabe seiner Predigten*, mit Anmerkungen von Franz Pfeiffer und Joseph Strobl, Wien, W. Braumüller, 1862-1880 (reprint : Berlin, Walter de Gruyter, 1965), Bd. I.

BÈZE, Théodore de, *Abraham sacrifiant*, éd. Keith Cameron, Kathleen Hall et Francis Higman, Genève, Droz, 1967.

BOCCACCIO, *Decameron*, a cura di Vittore Branca, Milano, Mondadori, 1985.

BOCCACE, *Le Décaméron, traduction (1411-1414) de Laurent de Premierfait*, éd. critique par Giuseppe Di Stefano, Montréal, CERES, 1998.

BONAGUIDAE *Summa introductoria super officio advocationis in foro ecclesiae, Anecdota quae processum civilem spectant. BULGARUS. DAMASUS. BONAGUIDA*, éd. Agathon Wunderlich, Gottingae, Vandethoeck et Rupercut, 1841.

Chansons et Dits artésiens du XIIIe siècle, éd. Alfred Jeanroy, Henri Guy, Genève, Slatkine Reprints, 1976 (1re éd. 1898).

Chartularium Universitatis Parisiensis, sub auspiciis consilii generalis Facultatum Parisiensium, ex diversis bibliothecis tabulariisque collegit et cum authenticis chartis contulit Henricus Denifle auxiliante Aemilio Chatelain, éd. Heinrich Denifle, Émile *Chatelain*, Paris, Delalain, t. I (1200-1286), 1889.

CHRISTINE DE PIZAN, *Le Livre des Trois Vertus*, éd. Charity C. Willard, avec la collaboration d'Eric Hicks, Paris, Champion, 1989.

CHRISTINE DE PIZAN, *Le Livre du corps de policie*, éd. Angus J. Kennedy, Paris, Champion, 1998.

Chronique dite de Jean de Venette, trad. Colette Beaune, Paris, Le Livre de poche, 2011.

Codi (Lo). Eine Summa Codicis in provenzalischer Sprache aus der Mitte des XII Jahrhunderts, hrsgb. von Hermann Fitting und Hermann Suchier. Erster Teil. *Lo Codi in der lateinnischen Übersetzung des Ricardud Pisanus*, Halle, Verlag von Max Niemeyer, 1906.

DHUODA, *Manuel pour mon fils*, éd. Claude Mondésert et Pierre Riché, Paris, Cerf, 1997.

EUSTACHE DESCHAMPS, *Œuvres complètes*, éd. Auguste-Henri-Édouard Queux de Saint-Hilaire, Gaston Renaud, 11 vol., Paris, Firmin Didot, 1878-1903.

GASTON PHÉBUS, *Livre de chasse*, éd. Gunnar Tilander, Karlshamn, Johansson, 1971.

GEOFFROI DE LA TOUR LANDRY, *Le Livre du Chevalier de La Tour Landry pour l'enseignement de ses filles*, éd. Anatole de Montaiglon, Paris, P. Jannet, 1854.

GEOFFROI DE VINSAUF, *Documentum*, éd. Edmond Faral, *Les arts poétiques du XIIe du XIIIe siècle. Recherches et documents sur la technique littéraire du Moyen Âge*, Paris, Champion, 1924, p. 263-320.

GÉRAUD, Hercule, *Paris sous Philippe-le-Bel d'après des documents originaux*, Paris, Crapelet, 1837 (en appendice p. 568-579 le texte du dit des rues du manuscrit de Londres).

GUILLEBERT DE METS, *Description de la ville de Paris 1434* : Medieval French Text with English Translation, Text, Translation, and Notes by Evelyn Mullally, Turnhout, Brepols, 2015 (Textes vernaculaires du Moyen Âge, 14).

GUILLOT DE PARIS, *Le Dit des rues de Paris*, Préface et notes topographiques par Edgar Mareuse, édition, traduction, notes et glossaire par Catherine Nicolas, Paris, Les Éditions de Paris, 2012.

HANS ROSENPLÜT, *Reimpaarsprüche und Lieder*, hrsgb. von Jörn Reichel, Tübingen, Niemeyer, 1990 (Altdeutsche Textbibliothek, 105).

Heiligen (Der) Leben. Band I : Der Sommerteil, hrsgb. von Margit Brand, Kristina Freienhagen-Baumgardt, Ruth Meyer, Werner Williams-Krapp, Tübingen, Walter de Gruyter, 1996 (Texte und Textgeschichte, 44).

HEINRICH VON VELDEKE, *Eneasroman. Die Berliner Bilderhandschrift*, hrsgb. von Hans Fromm, mit den Miniaturen der Handschrift und einem Aufsatz von Dorothea und Peter Diemer, Frankfurt am Main, Deutscher Klassiker Verlag, 1992 (Bibliothek des Mittelalters, 4).

HUGO, Victor, *Notre-Dame de Paris* [1831], *Romans*, éd. Jacques Seebacher, Paris Gallimard, 1975.

HUGUES DE FOUILLOY, *De Nuptiis libri duo, Patrologia latina*, éd. Jacques Paul Migne, t. CLXXVI, 1854, col. 1201-1218.

Instructif de seconde rhétorique, éd. Emmanuel Buron, Olivier Halévy, Jean-Claude Mühlethaler, dans *La Muse et le Compas : poétiques à l'aube de l'âge moderne*. Anthologie, dir. Jean-Charles Monferran, Paris, Classiques Garnier, 2015, p. 15-194.

JEAN DE GARLANDE, *De Triumphis Ecclesie*, éd. Martin Hall, Turnhout, Brepols (Studia Artistarum, 44).

JEAN DE GARLANDE, *Dictionarius, Lexicographie latine du XIIe et du XIIIe siècle. Trois traités de Jean de Garlande, Alexandre Neckam et Adam du Petit-Pont*, éd. Auguste Scheler, Leipzig, F. A. Brockhaus, 1867, p. 18-38.

JEAN DE GARLANDE, *Dictionarius, Teaching and Learning Latin in 13th-Century England*, éd. Tony Hunt, Cambridge, D. S. Brewer, 1991, t. I, p. 191-203.

JEAN DE GARLANDE, *Exempla Honestae Vitae*, hrsgb. Edwin Habel, *Romanische Forschungen*, Bd. 29, 1911, S. 131-154.

JEAN DE GARLANDE, *Parisiana Poetria*, éd. Traugott Lawler, New Haven, Yale University Press, 1974 (2e éd. Cambirdge Mass., Harvard University Press, 2020 [Dumbarton Oaks Medieval Library, 65]).

Jeu (Le) d'Adam, éd. Véronique Dominguez, Paris, Champion, 2012.

Leys (Las) d'Amors, éd. Joseph Anglade, t. I-IV, Toulouse, Privat, 1919-1920 (New York, London, Johnson Reprint Corporation, 1971).

Leys (Las) d'Amors. Redazione lunga in prosa, edizione critica a cura di Beatrice Fedi, Firenze, Edizioni del Galuzzo per la fondazione Ezio Franceschini, 2019 (Archivio romanzo, 35).

Livres (Li) dou Tresor de Brunetto Latini, éd. Francis J. Carmody, Berkeley and Los Angeles, University of California Press, 1948.

Ludi e spettacoli nel Medioevo : I tornei di dame, éd. Andrea Pulega, Milano, Istituto editoriale cisalpino-La Goliardica, 1970.

Marques, li senechaus de Rome, romanzo francese del 13. secolo, a cura di Bruno Panvini, Soveria Mannelli, Rubbettino, 1993 (Medioevo romanzo e orientale. Testi, 1).

Ménagier (Le) de Paris, traité de morale et d'économie domestique composé vers 1393, par un bourgeois parisien, éd. Jérôme Pichon, 2 vol., Paris, L'imprimerie de Crapelet pour la Société des bibliophiles françois, 1846.

Mesnagier (Le) de Paris, éd. Georgina E. Brereton et Janet M. Ferrier, trad. et commentaires Karin Ueltschi, Paris, Le Livre de Poche, 1994 (Lettres Gothiques) ; 2e éd. revue et corrigée 2010.

MICHELET, Jules, *L'Étudiant*, Paris, Calmann Lévy, 1877.

« Miracles (Les) de Sainte Geneviève ». Ein Beitrag zur Geschichte des Heiligenspieles im mittelalterlichen Frankreich, hrsgb. Clotilde Sennewaldt, Frankfurt am Main, M. Diesterweg, 1937.

Monstiers (Les) de Paris et les Eglises et monastères de Paris en 1325, éd. Henri Léonard Bordier, Les églises et monastères de Paris, pièces en prose et en vers des IXe, XIIIe et XIVe siècles, Paris, Auguste Aubry, 1856.

Moralité (La) en foulois du Chastiement du Monde, éd. Jonathan Beck, *Recueil de moralités d'expression française*, t. II, Paris, Classiques Garnier, 2019.

Munimenta Gildhallæ Londoniensis, Liber Albus, Liber Custumarum, et Liber Horn, éd. Henry Th. Riley, v. II., part I, London, Longman, Green, Longman, and Roberts, 1860.

Mystère (Le) de saint Clément de Metz, éd. Frédéric Duval, Genève, Droz, 2011.

Parodies de thèmes pieux dans la poésie française du Moyen Âge : Pater – Credo – Ave Maria – Laetabundus, textes critiques précédés d'une introduction, éd. Eero Ilvonen, Helsingfors, Imprimerie de la Société de littérature finnoise, 1914.

PELAEZ, Mario, « *Le tornoiement as dames de Paris*, poemetto in antico francese di Pierre Gencien », *Studj romanzi*, t. 14, 1917, p. 5-68.

PETRI CELLENSIS, « Epistolae », *Patrologia Latina*, éd. Jacques Paul Migne, Paris, 1855, t. CCII, col. 405-637.

PHILIPPE DE VIGNEULLES, *Les Cent Nouvelles Nouvelles*, éd. critique par Charles H. Livingston, Genève, Droz, 1972.

Poésies (Les) des goliards, groupées et traduites avec le texte latin en regard, éd. Olga Dobiache-Rojdesvensky, préface de F. Lot, Paris, Les éditions Rieder, 1931.

Privilège (Le) général et les privilèges régionaux de Marie de Bourgogne pour les Pays-Bas, 1477. 1477. Het algemene en de gewestelijke privilegiën van Maria van Bourgondië voor de Nederlanden, éd. Wim Blockmans, Courtrai-Heule, UGA, 1985.

Roman (Le) d'Énéas. Édition bilingue. Édition et traduction d'après le manuscrit A, présentation et notes par Wilfrid Besnardeau et Francine Mora-Lebrun, Paris, Champion, 2018.

Roman (Le) de Laurin, fils de Marques le sénéchal, Text of MS. B.N. f. fr. 22548, éd. Lewis Thorpe, Cambridge, Heffer, 1959 (University of Nottingham Research Publications, 2).

Roman (Le) de Marques de Rome, hrsgb. Johann Alton, Tübingen, Literarischer Verein in Stuttgart, 1889 (Bibliothek des Litterarischen Vereins in Stuttgart, 187).

Roman (Il) des sept sages : edizione critica del gruppo β/a della redazione A, edizione critica. Stefano Coco, Dottorato di ricerca in Italianistica e filologia romanza, Parma, Università di Parma, 2016. « https://www.academia.edu/28729809/Il_Roman_des_sept_sages_Edizione_critica_del_gruppo_%CE%B2_a_della_redazione_A ».

ROUBAUD, Jacques, *Churchill 40 et autres sonnets de voyage (2000-2003)*, Paris, Gallimard, 2004.

Thalamus parvus. Le Petit Thalamus de Montpellier, éd. Société archéologique de Montpellier, Montpellier, Jean Martel Aîné, 1840.

Tristan et Yseut. Les premières versions européennes, édition publiée sous la direction de Christiane Marchello-Nizia, Paris, Gallimard, 1995 (Bibliothèque de la Pléiade).

Urkunden (Die) der deutschen Könige und Kaiser, 14. Band, Teil III : *Die Urkunden Friedrichs II. (1218-1220)*, bearbeitet von Walther Koch, unter Mitwirkung von Klaus Höflinger, Joachim Spiegel und Christian Friedl, Hannover, Hahn, 2010 (MGH).

Vie (La) et Passion de monseigneur sainct Didier, martir et evesque de Lengres… par maistre Guillaume Flamang, éd. Jean Carnandet, Paris, Librairie de Techener, 1855.

Wace's Roman de Brut : A History of the British, Text and Translation by Judith Weiss, Exeter, University of Exeter Press, 1999.

WATRIQUET DE COUVIN, *Les .III. dames de Paris*, *Fabliaux français du Moyen Âge*, éd. Philippe Ménard, Genève, Droz, 1979.

Wine, Women and Song : Students' Songs of the Middle Age, éd. John Addington Symonds, Mineola, New York, Dover Publications, 2001 (1re éd. 1884).

WOLFRAM VON ESCHENBACH, *Willehalm*, Text der Ausgabe von Werner Schröder, völlig neubearbeitete Übersetzung, Vorwort und Register von Dieter Kartschoke, Berlin / New York, Walter de Gruyter, 1989.

SOURCES SECONDAIRES

ABRAHAMS, Phyllis, « The Mercator-Scenes in Mediæval French Passion-Plays », *Medium Ævum*, t. 3, 1934, p. 112-123.

ALAMICHEL, Marie-Françoise, « Introduction », dans *Les villes au Moyen Âge en Europe occidentale (ou comment demain peut apprendre d'hier)*, dir. Marie-Françoise Alamichel, Laboratoire du LISAA, 2018 (Collections numériques du LISAA. Mémoire et territoire), https://lisaa.upem.fr/fileadmin/Fichiers/LISAA/LISAA_editeur/Memoire_et_territoire/Ville_au_Moyen_Age/ouvrage_complet_villes_v18-06.pdf, p. 9-26.

ALEXANDRE-BIDON, Danièle, « À cor et à cri. La communication marchande dans la ville médiévale », *Communications*, t. 90, 2012, p. 17-34.

ALTER, Jean V., *Les Origines de la satire anti-bourgeoise en France. Moyen Âge – XVIe siècle*, Genève, Droz, 1966.

ARTIFONI, Enrico, « Sull'eloquenza politica nel Duecento italiano », *Quaderni medievali*, t. 35, 1993, p. 57-78.

ARTIFONI, Enrico, « Un politico professionale del Duecento, il podestà cittadino », *Storia e dossier*, 5 mar. 1987, p. 22-25.

« *A tant m'en vois* ». *Figures du départ au Moyen Âge*, dir. Nelly Labère et Luca Pierdominici, Fano, Aras, 2020.

Actus de Bretagne. Du manuscrit à l'imprimé (XIVe-XIXe s.), Christine Ferlampin-Acher dir., Rennes, PUR, 2015.

ATTALI, Arlette ; MONSONÉGO, Simone, « L'emploi des adjectifs dans *Le Mesnagier de Paris* (1394). Les adjectifs de couleur », *Le moyen français : philologie et linguistique, Approches du texte et du discours*, dir. Bernard Combettes et Simone Monsonégo, Paris, Didier Erudition, 1997, p. 211-232.

AUERBACH, Erich, *Mimésis, la représentation de la réalité dans la littérature occidentale*, trad. Cornélius Heim, Paris, Gallimard, 1968.

AVRIL, François ; REYNAUD, Nicole, *Les manuscrits à peintures en France, 1440-1520*, Paris, Bibliothèque nationale, Flammarion, 1993.

BALAVOINE, Claudie, « Bouquets de fleurs et colliers de perles : sur les recueils de formes brèves au XVIe siècle », dans *Les formes brèves de la prose et le discours discontinu (XVIe-XVIIe siècles)*, dir. Jean Lafond, Paris, Vrin, 1984, p. 51-71.

BAKHTINE, Mikhaïl, *Esthétique et théorie du roman*, trad. Daria Olivier, Paris, Gallimard, 1978.

BAKHTINE, Mikhaïl, *L'œuvre de François Rabelais et la culture populaire au Moyen Âge et sous la Renaissance*, trad. Andrée Robel, Paris, Gallimard, 2010 (1re éd. 1970).

BAR, Francis, « Un cas de style "humanistique" : le Mystère de saint Didier », *Actes du Xe congrès international de linguistique et philologie romanes, Strasbourg, 1962*, Paris, Klincksieck, 1965, t. II, p. 589-604.

BARTUSCHAT, Johannes, « La *Rettorica* de Brunetto Latini. Rhétorique, éthique et politique à Florence dans la deuxième moitié du XIIIe siècle », *Arzanà. Cahiers de littérature médiévale italienne*, t. 8, 2002 (*La science du bien dire. Rhétorique et rhétoriciens au Moyen Âge*, dir. Marina Marietti et Claude Perrus), p. 33-59.

BAYLESS, Martha, *Parody in the Middle Ages. A Latin Tradition*, Ann Arbor, University of Michigan Press, 1996.

BEAUJOUAN, Guy ; CATTIN, Paul, « Philippe Éléphant (mathématique, alchimie, éthique) », *Histoire littéraire de la France*, t. XLI, Paris, Imprimerie Nationale, 1981, p. 285-363.

BEC, Christian, *Les marchands écrivains. Affaires et humanisme à Florence : 1375-1434*, Paris, La Haye, Mouton, 1967.

BECKER, Karin, *Le Lyrisme d'Eustache Deschamps. Entre poésie et pragmatisme*, Paris, Classiques Garnier, 2012.

BECKER, Karin, « La mentalité juridique dans la littérature française (XIIIe-XVe siècles) », *Le Moyen Âge*, t. 103, 1997, p. 309-327.

BERGER, Roger, *Littérature et société arrageoises au XIIIe siècle. Les chansons et dits artésiens*, Arras, Commission départementale des monuments historiques du Pas-de-Calais, 1981 (Mémoires de la Commission départementale des monuments historiques du Pas-de-Calais, 21).

BÉRIOU, Nicole, *L'avènement des maîtres de la parole. La prédication à Paris au XIIIe siècle*, Paris, Institut d'Études Augustiniennes, 1998, 2 vol.

BIET, Christian, « Le théâtre *et* la ville, le théâtre *est* la ville », dans *La Ville en scène en France et en Europe (1552-1709)*, Berne, Peter Lang, 2011, p. 11-30.

BLANCHARD, Joël ; MÜHLETHALER, Jean-Claude, *Écriture et pouvoir à l'aube des temps modernes*, Paris, PUF, 2002.

BOHLER, Danielle, « Civilités langagières : le *bon taire* ou le *parler hastif.* Brèves réflexions sur la fonction sociale et symbolique du language », dans *Norm und Krise von Kommunikation. Inszenierungen literarischer und sozialer Interaktion im Mittelalter*, hrsgb. von Alois Hahn, Gert Melville und Werner Röcke, Berlin, Lit, 2006, S. 115-133.

BONICEL, Matthieu ; LAVÉANT, Katell, « Le théâtre dans la ville : pour une histoire sociale des représentations dramatiques », *Médiévales*, n° 59 (*Théâtres du Moyen Âge*), 2010, p. 91-105.

BORDIER, Jean-Pierre, « La ville et le poète au XIIIe siècle », dans *Précis de littérature médiévale*, dir. Daniel Poirion, Paris, PUF, 1983, p. 161-166.

BOUCHERON, Patrick, « Espace public et lieux publics : approche en histoire urbaine », dans *L'Espace public au Moyen Âge. Débats autour de Jürgen Habermas*, dir. Patrick Boucheron et Nicolas Offenstadt, Paris, PUF, 2011, p. 99-118.

BOUCHERON, Patrick, « Introduction générale », dans *Marquer la ville. Signes, traces, empreintes du pouvoir (XIIIe-XVIe siècle)*, dir. Patrick Boucheron et Jean-Philippe Genet, Paris, Rome, Publications de la Sorbonne-École française de Rome, 2013 (Histoire ancienne et médiévale), p. 9-19.

BOUET, Pierre, « De l'origine troyenne des Normands », *Cahier des Annales de Normandie*, t. 26, 1995, p. 401-413.

BOUET, Pierre, « L'image des villes normandes chez les écrivains normands de langue latine des XIe et XIIe siècles », dans *Les villes normandes au Moyen Âge*, dir. Pierre Bouet et François Neveux, Caen, Presses universitaires de Caen, 2006, p. 319-336.

BOUHAÏK-GIRONÈS, Marie ; LAVÉANT, Katell, « Le Mandement de froidure de Jean Molinet : la culture joyeuse, un pont entre la cour de Bourgogne et les milieux urbains », dans *Jean Molinet et son temps. Actes des rencontres internationales de Dunkerque, Lille et Gand (8-10 novembre 2007)*, dir. Jean Devaux, Estelle Doudet, Élodie Lecuppre-Desjardin, Turnhout, Brepols, 2013, p. 67-82.

BOUHAÏK-GIRONÈS, Marie, *Les clercs de la Basoche et le théâtre comique* (Paris, 1420-1550), Paris, Champion, 2007.

BOUHAÏK-GIRONÈS, Marie, « Le théâtre de l'Église (XIIe-XVIe siècles) », dans *Le théâtre de l'Église (XIIe-XVIe siècles)*, Paris, LAMOP, 2011, p. 2-13. https://

lamop.pantheonsorbonne.fr/sites/default/files/inline-files/Theatre_Eglise_totalite_2009.pdf.

BOUTET, Dominique, *Poétique médiévales de l'entre-deux, ou le désir d'ambiguïté*, Paris, Champion, 2017.

BOVE, Boris, « Aux origines du complexe de supériorité des parisiens : les louanges de Paris au Moyen Âge », dans *Être Parisien*, dir. Claude Gauvard, Jean-Louis Robert, Paris, Éditions de la Sorbonne, 2004, p. 423-443.

BOVE, Boris, *Dominer la ville, Prévôts des marchands et échevins parisiens de 1260 à 1350*, Paris, Comité des Travaux Historiques et Scientifiques, 2004.

BOVE, Boris, « Les joutes bourgeoises à Paris, entre rêve et réalité (XIIIe-XIVe s. », dans *Le tournoi au Moyen Âge*, *Cahiers du centre d'histoire médiévale*, n° 2 (*Le tournoi au Moyen Âge*), 2003, p. 135-163.

BOVE, Boris, « Les rois médiévaux sont-ils Parisiens ? Essai de synthèse des itinéraires royaux médiévaux de Philippe Auguste à Louis XI (1180-1483) », dans *Paris, ville de cour (XIIIe-XVIIIe siècle)*, dir. Boris Bove, Murielle Gaude-Ferragu et Cédric Michon, Rennes, Presses Universitaires de Rennes, 2017, p. 25-49.

BRAGANTINI, Renzo, « Apologie del vero : poetiche novellistiche, da Boccaccio al Cinquecento », *Italianistica*, v. 46, 2017, p. 29-42.

BRERETON, Georgina E., « Deux sources du *Ménagier de Paris* : le *Roman des sept sages de Rome* et les *Moralitez sur le jeu des eschecs* », *Romania*, t. 74, 1953, p. 338-357.

BRERETON, Georgina E., « "Seulement pour vous endoctriner" : the Author's Use of *Exempla* », *Medium Ævum*, t. 48, 1977, p. 77-89.

BRERETON, Georgina E., « Titres et termes d'adresse dans *Le Ménagier de Paris* », *Romania*, t. 79, 1958, p. 471-484.

BRERETON, Georgina E., HASENOHR, Geneviève, « Le Ménagier de Paris », *Dictionnaire des lettres françaises : le Moyen Âge*, dir. Geneviève Hasenohr et Michel Zink, Paris, Fayard, 1992, p. 1010-1011.

BRIDGE, Frederick, *The Old Cryes of London*, London, Novello, 1921.

BURGER, Glenn, « Laboring to Make the Good Wife Good in the *Journées chrétiennes* and *Le Ménagier de Paris* », *Florilegium*, t. 23, 2006, p. 19-40.

BUSBY, Keith, *Codex and Context. Reading Old French Verse Narrative in Manuscript*, Amsterdam, New-York, Rodopi, 2002.

CARRETO, Carlos F. Clamote, *Contez vous qui savez de nombre… Imaginaire marchand et économie du récit au Moyen Âge*, Paris, Champion, 2014.

CARRON (Faivre), Delphine, « Le héros de la liberté. Les aventures philosophiques de Caton au Moyen Âge latin, de Paul Diacre à Dante » (thèse inédite, Université Paris-Sorbonne (Paris-IV), Neuchâtel, 2010).

CASSAGNES-BROUQUET, Sophie, « L'image du fondateur dans les manuscrits de la *Bouquechardière* », dans *Ab urbe condita. Fonder et refonder la ville : récits et *représentations (second Moyen Âge-premier XVIe siècle)*, dir. Véronique Lamazou-Duplan, Presses universitaires de Pau, 2011, p. 261-274.

CELESTINO MONTENEGRO, Ana Cristina, « La réorganisation des sciences dans la division de la philosophie du *Tresor* : de la rhétorique à la théologie à travers les *Leys d'Amors* et le *Livre de la Mutacion de Fortune* » (thèse inédite, New York University, 2018).

CERQUIGLINI-TOULET, Jacqueline, « La ligne et le cercle : l'imaginaire de la ville chez Eustache Deschamps », dans *Et c'est la fin pour quoy sommes ensemble. Hommage à Jean Dufournet*, dir. Jean-Claude Aubailly, Paris, Champion, 1993, v. I, p. 341-348.

CERQUIGLINI-TOULET, Jacqueline, « Poétique de la ville chez Eustache Deschamps », dans *Un'idea di città. L'imaginaire de la ville médiévale*, dir. Rosanna Brusegan, *50 rue de Varenne : supplemento italo-francese di Nuovi argomenti*, Paris, Instituto di cultura di Parigi, Milano, Mondadori, 1992, p. 116-122.

CERQUIGLINI-TOULET, Jacqueline, « La ville chez Christine de Pizan : de vertus, de pierres et de mots », dans *Le Verbe, l'image et les représentations de la société urbaine au Moyen Âge*, dir. Marc Boone, Élodie Lecuppre-Desjardin, Jean-Pierre Sosson, Anvers/Apeldoorn, Garant, 2002, p. 17-27.

CERQUIGLINI [TOULET], Jacqueline, « Le Dit », *Grundriss der romanischen Literaturen des Mittelalters*, v. VIII/1, Heidelberg, Carl Winter, 1988, p. 86-94.

CHALLET, Vincent, « Émouvoir le prince. Révoltes populaires et recours au roi en Languedoc vers 1380 », *Hypothèses*, t. 5, 2002, p. 325-333.

CHAMPION, Pierre, *La vie de Paris au Moyen Âge. Splendeurs et misères de Paris (XIVe-XVe siècles)*, Paris, Calmann-Lévy, 1934.

CHÂTELAIN, Émile, « Notes sur quelques tavernes fréquentées par l'Université de Paris aux XIVe et XVe siècles », *Bulletin de la société d'Histoire de Paris*, Paris, t. 25, 1898.

CHECCHINI, Aldo, « Un giudice del secolo decimoterzo : Albertano da Brescia », *Id.*, *Scritti giuridici e storico-giuridici*, t. I, Padova, A. Milani, 1958, p. 185-235.

City and Spectacle in Medieval Europe, dir. Barbara A. Hanawalt, Kathryn L. Reyerson, Minneapolis, University of Minnesota Press, 1994 (Medieval Studies at Minnesota).

CODINA MIR, Gabriel, *Aux sources de la pédagogie des jésuites, le « modus parisiensis »*, Rome, Institutum Historicum S.I., 1968.

CORBELLARI, Alain, *Des fabliaux et des hommes. Narration brève et matérialisme au Moyen Âge*, Genève, Droz, 2015.

CORBELLARI, Alain, *La Voix des clercs. Littérature et savoir universitaire autour des dits du XIIIe siècle*, Genève, Droz, 2005.

COWLING, David, *Building the Text. Architecture and Metaphor in Late Medieval and Early Modern France*, Oxford, Clarendon Press, 1998.

CROIZY-NAQUET, Catherine, *Thèbes, Troie et Carthage. Poétique de la ville dans le roman antique au XIIe siècle*, Paris, Champion, 1994.

CROMBIE, Laura, « Craft Guild Ideology and Urban Literature : the *Four Crowned Martyrs* and the *Lives of Saints Nazarius and Celsus* as Told by the Masons' Guild of Fifteenth-Century Ghent », *Urban History*, v. 45, 2018, p. 404-425.

CROUSAZ, Karine, *L'Académie de Lausanne, entre humanisme et Réforme (ca 1537-1560)*, Leiden, Brill, 2012.

CROUZET-PAVAN, Élisabeth, « Des traces invisibles : quand les sources parlent des pas et des mouvements dans la ville (Italie, fin du Moyen Âge) », dans *Marquer la ville. Signes, traces, empreintes du pouvoir (XIIIe-XVIe siècle)*, dir. Patrick Boucheron, Jean Philippe Genet, Paris-Rome, Éditions de la Sorbonne, École française de Rome, 2013, p. 231-251.

CURSI, Marco, *Il Decameron : scritture, scriventi, lettori. Storia di un testo*, Roma, Viella, 2007.

DAUPHANT, Clotilde, « Le Cycle de l'avènement de Charles VI dans le manuscrit des *Œuvres complètes* d'Eustache Deschamps (pièces 164 à 172) », dans *Eustache Deschamps témoin et modèle. Littérature et société politique (XIVe-XVIe siècles)*, dir. Thierry Lassabatère et Miren Lacassagne, Paris, Presses universitaires de Paris-Sorbonne, 2008, p. 49-66.

DELOGU, Daisy, « En quoi la ville est-elle un espace féminin et féministe ? Les corps politiques de Christine de Pizan », dans *Cités humanistes, cités politiques : 1400-1600*, dir. Élisabeth Crouzet-Pavan, Denis Crouzet, Philippe Desan, Paris, 2014, p. 89-108.

DELUZ, Christiane, « Quelques aspects de la nouvelle clergie dans la société des XIVe et XVe siècles », dans *Le clerc au Moyen Âge*, Aix-en-Provence, Presses universitaires de Provence, 1995 (Senefiance, 37), p. 134-147.

DEMEILLIEZ, Marie ; DOUDET, Estelle ; FERRAND, Mathieu ; SYSSAU, Éric, *Le Théâtre au collège, European Drama and Performance Studies*, n° 11, 2018.

DI LEGAMI, Flora, « Novellistica del tardo Trecento. Studi e questioni critiche », dans *I cantieri dell'italianistica. Ricerca, didattica e organizzazione agli inizi del xxi secolo. Atti del XVIII congresso dell'ADI – Associazione degli Italianisti* (Padova, 10-13 settembre 2014), éd. Gabriele Baldassarri *et al.*, Roma, Adi editore, 2016, p. 1-10.

DOLGORUKOVA, Natalia, « Les cris de Paris ou "la publicité médiévale". De la fonction sociale à la fonction littéraire », dans *Le Texte médiéval dans le processus de communication*, dir. Ludmilla Evdokimova, Alain Marchandise, Paris, Classiques Garnier, 2019, p. 361-373.

DOUDET, Estelle, *Moralités et jeux moraux, le théâtre allégorique en français (XVe-XVIe siècle)*, Paris, Classiques Garnier, 2018.

DOUDET, Estelle, « Pédagogie de l'énigme, le *Lyon Marchant* de Barthélemy Aneau (1541) », *Théâtre et pédagogie au XVIe siècle, les jeux scolaires de Barthélemy Aneau, Cahiers de recherche médiévales et humanistes*, n° 22, 2011, p. 129-144.

DRAGONETTI, Roger, « *Le Jeu de saint Nicolas* de Jean Bodel », *The Craft of Fiction. Essays in Medieval Poetics*, Rochester (MI), Solaris Press, 1984, p. 369-391 [2e éd. « *La Musique et les Lettres* ». *Études de littérature médiévale*, Genève, Droz, 1986, p. 465-487].

Du bruit à l'œuvre. Vers une esthétique du désordre, dir. Christopher Lucken, Juan Rigoli, Genève, MetisPresses, 2013.

DUFOURNET, Jean, « Variations sur un motif. La taverne dans le théâtre arrageois du XIIIe siècle », *Hommage à Jean-Charles Payen* : Farai chansoneta novele. *Essais sur la liberté créatrice au Moyen Âge*, Centre de Publications de l'Université de Caen, 1989, p. 161-174.

DUMOLYN, Jan, « *Le Povre peuple estoit moult opprimé.* Elite Discourses on "The People" in the Burgundian Netherlands (Fourteenth to Fifteenth Centuries) », *French History*, t. 23, 2009, p. 171-192.

DUMOLYN, Jan ; HAEMERS, Jelle, « "Let Each Man Carry on with his Trade and Remain Silent". Middle-Class Ideology in the Urban Literature of the Late Medieval Low Coutries », *Cultural and Social History*, v. 10, 2013, p. 169-189.

DUMONT, Jonathan « Burgundian-Habsburg Monarchic Culture between the Low Countries and the Spanish Kingdoms (1501-20) », *Bibliothèque d'Humanisme et Renaissance*, t. 82, 2020, p. 25-64.

DUTOUR, Thierry, *La ville mediévale : origines et triomphe de l'Europe urbaine*, Paris, Le Grand livre du mois, 2003.

DUTOUR, Thierry, « Les nobles et la ville dans l'espace francophone à la fin du Moyen Âge. État de la question et proposition de réflexion », dans *Les nobles et la ville dans l'espace francophone*, dir. Thierry Dutour, Paris, PUPS, 2010, p. 17-56.

Élites (Les) urbaines au Moyen Âge, Paris-Rome, Publications de la Sorbonne-École française de Rome, 1997.

EPURESCU-PASCOVICI, Ionuț, « From Moral Agent to Actant : Conduct in *Le Ménagier de Paris* », *Exemplaria*, t. 24, 2012, p. 214-237.

EVDOKIMOVA, Ludmilla, « Friedrich Wolfzettel, La Poésie lyrique du Moyen Âge au Nord de la France (en annexe : France et Italie). Études choisies. Paris, Champion, 2015 », *Moyen Âge*, t. 124, 2018, p. 192-200.

Faire société au Moyen Âge. Histoire urbaine des anciens Pays-Bas, dir. Claire Billen, Bruno Blondé, Marc Boone et Anne-Laure van Bruaene, Paris, Garnier, 2021.

FARAL, Edmond, *Les arts poétiques du XIIe du XIIIe siècle. Recherches et documents sur la technique littéraire du Moyen Âge*, Paris, Champion, 1924 (Genève, Slatkine, 1982).

FAVIER, Jean, *Le Bourgeois de Paris au Moyen Âge*, Paris, Éditions Tallandier, 2012.

FEDI, Beatrice, « Il canone assente : l'esempio metrico nelle "Leys d'Amors" fra citazione e innovazione », dans *Interpretazioni dei trovatori. Atti del convegno*, dir. Andrea Fassò, Luciano Formisano, Bologna, Pàtron, 2001, p. 159-186.

FEDI, Beatrice, « Le « Leys d'Amors » éd. il « Registre de Galhac : frammenti di une tradizione "extravagante" ? » *Medioevo e rinascimento*, v. 12, 1998, p. 183-204.

FEDI, Beatrice, « Per un'edizione critica della prima redazione in prosa delle *Leys d'amors* », *Studi medievali*, Ser. 3, v. 40, 1999, p. 43-118.

FERLAMPIN-ACHER, Christine, « Grandeur et décadence du clerc Estienne dans *Artus de Bretagne* », dans *Le clerc au Moyen Âge*, Aix-en-Provence, Presses universitaires de Provence, 1995 (Senefiance, 37), p. 167-195.

FERLAMPIN-ACHER, Christine, « La présence des chansons de geste dans *Artus de Bretagne*, entre réminiscence et récriture », dans *Le souffle épique. Mélanges Bernard Guidot*, dir. Muriel Ott, Orléans, Paradigme, 2010, p. 407-424.

FERLAMPIN-ACHER, Christine, « Le *locus horribilis* dans *Artus de Bretagne* (XIVe s.) : de l'Enfer au moulin, le renouvellement d'un topos », dans *Le locus terribilis : topique et expérience de l'horrible*, dir. Julian Muela Ezquerra, Berne, Peter Lang, 2013, p. 49-72.

FERRAND, Mathieu, « *Et de ne jouer n'en peut venir que bien.* L'interdiction et le contrôle du théâtre universitaire à Paris (1450-1550) », dans *La Permission et la Sanction. Théories légales et pratiques du théâtre (XIVe-XVIIe siècle)*, dir. Marie Bouhaïk-Gironès, Jelle Koopmans et Katell Lavéant, Paris, Classiques Garnier, 2017, p. 85-109.

FERRAND, Mathieu, « Le théâtre des collèges, la formation des étudiants et la transmission des savoirs aux XVe et XVIe siècles », *Camenulae*, n° 3, 2009 https://lettres.sorbonne-universite.fr/camenulae-ndeg3-juin-2009.

FERRAND, Mathieu, *Le Théâtre des collèges parisiens au début du XVIe siècle*, Genève, Droz, 2021.

FERRIER, Janet M., « A Husband's Asides : the Use of the Second Person Singular in *Le Ménagier de Paris* », *French Studies*, t. 31, 1977, p. 257-267.

FINOLI, Anna Maria, *« Artes amandi ». Da Maître Élie ad Andrea Cappellano*, Milano, Cisalpino, 1969.

FLUTRE, Louis-Fernand, « Sur un traité d'amour courtois du ms. 2200 de la Bibliothèque Sainte-Geneviève », *Romania*, v. 59, 1933, p. 270-276.

FOEHR-JANSSENS, Yasmina, « La Trahison des Sages : évolution de la clergie dans le *Roman des Sept Sages* et ses continuations », *Les Cahiers du C.R.I.S.I.M.A.*, t. 3 (*Félonie, trahison, reniements au Moyen Âge*), Montpellier, C.R.I.S.I.M.A., 1997, p. 291-303.

FOEHR-JANSSENS, Yasmina, « La filiation comme principe de l'amplification ? Les continuations du *Roman des sept sages de Rome* ou l'écriture par génération », dans *Faire Long. L'amplification médiévale*, dir. Michèle Szkilnik et Catherine Croizy-Naquet, Paris, Presses de la Sorbonne Nouvelle, 2021, p. 179-199.

Force (La) des liens faibles, dir. Alexandre Gefen et Sandra Laugier, CNRS Éditions, 2020.

FOURNEL, Victor, *Les Cris de Paris. Types et physionomies d'autrefois*, Paris, Didot, 1888.

FRANÇOIS, Charles, « Perrot de Neele, Jehan Madot et le ms. B.N. fr. 375 », *Revue belge de philologie et d'histoire*, t. 61, 1963, p. 761-779.

FRANKLIN, Alfred, *La Vie privée d'autrefois. Arts et métiers. Modes, mœurs, usages des parisiens du XIIe au XVIIIe siècle. L'annonce et la réclame. Les cris de Paris*, Paris, Plon, 1887.

FRITZ, Jean-Marie, *La Cloche et la lyre. Pour une poétique médiévale du paysage sonore*, Genève, Droz, 2011, p. 88-95.

GALLY, Michèle, *Parler d'amour au puy d'Arras. Lyrique en jeu*, Orléans, Paradigme, 2004.

GALLY, Michèle, « Quand l'art d'aimer était mis à l'index… », *Romania*, v. 113, 1992, p. 421-440.

GARAND, Monique-Cécile, « Les anciennes bibliothèques du XIIIe au XVe siècle », *Histoire des bibliothèques françaises*, t. I, *Les bibliothèques médiévales du VIe siècle à 1530*, dir. André Vernet, Paris, Cercle de la Librairie, 2008 (1re éd. 1989), p. 66-86.

GASPARRI, Françoise, HASENOHR, Geneviève et RUBY, Christine, « De l'écriture à la lecture : réflexion sur les manuscrits d'*Érec et Énide* », dans *Les Manuscrits de Chrétien de Troyes / The Manuscripts of Chrétien de Troyes*, dir. Keith. Busby, Terry Nixon, Alison Stones, Lori Walters, Amsterdam, Atlanta, Rodopi, 1993. v. I, p. 97-148.

GAULLIER-BOUGASSAS, Catherine, « La *Bouquechardière* de Jean de Courcy : des énigmes d'une écriture solitaire aux énigmes du succès de l'œuvre et de ses usages politiques, sociaux et commerciaux de ses manuscrits », dans *Aspects sociaux des littératures médiévales. Texte et situation communicative au Moyen Âge*, dir. Ludmilla Evdokimona et Alain Marchandisse, Paris, Classiques Garnier, 2019, p. 95-106.

GAULLIER-BOUGASSAS, Catherine, « La diffusion de la *Bouquechardière* de Jean de Courcy à Rouen au XVe siècle », dans *La Renaissance à Rouen : l'essor artistique et culturel dans la Normandie des décennies 1480-1530*, dir. Sandra Provini, Xavier Bonnier, Gérard Milhe Poutingon, Rouen, Presses universitaires, 2019, p. 257-273.

GAULLIER-BOUGASSAS, Catherine, « La mise en scène de la ville dans les manuscrits de la *Bouquechardière* de Jean de Courcy », *Studi Francesi*, t. 192, 2020, p. 508-514.

GAUVARD, Claude, « Crimes et châtiments à Paris aux derniers siècles du Moyen Âge », dans *Le Paris du Moyen Âge*, dir. Boris Bove, Claude Gauvard, Paris, Belin, 2014, p. 213-235.

GAUVARD, Claude, *« De grace especial ». Crime, État et Société en France à la fin du Moyen Âge*, Paris, Publications de la Sorbonne, 1991.

GAUVARD, Claude, « Grâce et exécution capitale : les deux visages de la justice royale française à la fin du Moyen Âge », *Bibliothèque de l'École des Chartes*, t. 153, 1995, p. 275-290.

GAUVARD, Claude, « Violence citadine et réseaux de solidarité. L'exemple français aux XIVe et XVe siècles », *Annales ESC*, n° 5, 1993, p. 1113-1126.

GENDT, Anne-Marie de, *L'art d'éduquer les nobles damoiselles. Le Livre du Chevalier de la Tour Landry*, Paris, Champion, 2003.

Genre (Le) des territoires, Féminin, masculin, neutre, dir. Christine Bard, Angers, Presses universitaires d'Angers, 2004.

GEREMEK, Bronisław, *Les Fils de Caïn. L'image des pauvres et des vagabonds dans la littérature européenne du XVe au XVIIe siècle*, Paris, Flammarion, 1991 (1re éd. 1980).

GONTHIER, Nicole, *Cris de haine et rites d'unité. La violence dans les villes, XIIIe – XVIe siècle*, Turnhout, Brepols, 1992.

GOURON, André, « L'auteur et la partie de la *Summa Trecensis* », *Id.*, *Études sur la diffusion des doctrines juridiques médiévales*, v. III, London, Variorum Reprints, 1987, p. 1-38 (plusieurs paginations dans le volume).

GOURON, André, « La science juridique française aux XIe et XIIe siècles : diffusion du droit de Justinien et influences canoniques jusqu'à Gratien », *Id.*, *Études sur la diffision des doctrines juridiques médiévales*, v. III, London, Variorum Reprints, 1987, p. 1-117 (plusieurs paginations dans le volume).

GOUTTEBROZE, Jean-Guy, « L'image de la ville dans l'œuvre romanesque de Chrétien de Troyes », *Razo*, 1979 (*L'image de la ville dans la littérature et l'histoire médiévale*), p. 38-46.

GRANDCAMP, Gabrielle, « Enjeux de mise en scène dans les "Miracles de Nostre Dame par personnages" » (thèse inédite, Université du Havre, 2017).

GREEN, Karen ; MEWS, Constant J., *Healing the Body Politic*, Turnhout, Brepols Publishers, 2005.

GUESNON, Adolphe-Henri, *La satire à Arras au XIIe siècle; La bataille d'enfer et de paradis*, Genève, Slatkine Reprints, 1977 (1re éd. 1900).

GUTTON, Jean-Pierre, *Bruits et sons dans notre histoire. Essai sur la reconstitution du paysage sonore*, Paris, PUF, 2000, p. 19-27.

HABERMAS, Jürgen, *Strukturwandel der Öffentlichkeit. Untersuchungen zu einer Kategorie der bürgerlichen Gesellschaft*, Neuwied am Rhein / Berlin, Luchterhand, 1962.

Haro ! Noël ! Oyé ! Pratiques du cri au Moyen Âge, dir. Didier Lett, Nicolas Offenstadt, Paris, Publications de la Sorbonne, 2003.

HEDEMAN, Anne, *Translating the Past : Laurent de Premierfait and Boccaccio's* De casibus, Los Angeles, Paul Getty Museum, 2008.

HAEMERS, Jelle, *For the Common Good. State Power and Urban Revolts in the Reign of Mary of Burgundy (1477-1482)*, Turnhout, Brepols, 2009.

HEERS, Jacques, *La Ville au Moyen Âge en Occident : Paysages, pouvoirs et conflits*, Paris, Hachette, 1990.

HENTSCH, Alice, *De la littérature didactique du Moyen Âge s'adressant spécialement aux femmes*, Cahors, 1903 (Genève, Slatkine reprints, 1975).

HERTTER, Fritz, *Die Podestàliteratur Italiens im 12. und 13. Jahrhundert*, Lepzig, Berlin, 1910.

HILL, Raymond Thompson, « The *Enueg* and *Plazer* in Medieval French and Italian », *Publications of the Modern Language Association*, v. 30, 1915, p. 42-63.

HINDLEY, Charles, *A History of the Cries of London, Ancient and Modern*, London, Reeves and Turner, 1881.

Histoire de la France urbaine, sous la direction de Georges Duby, t. II *: La ville médiévale des Carolingiens la Renaissance*, dir. André Chédeville, Jacques Le Goff et Jacques Rossiaud, Paris, Éditions du Seuil, 1980.

Histoire des modes et du vêtement, du Moyen Âge au XXI*e* *siècle*, dir. Denis Bruna et Chloé Demey, Paris, Textuel, 2018.

HORVATH, Christina, *Le Roman urbain contemporain en France*, Paris, Presses de la Sorbonne Nouvelle, 2007.

Identität. Poetik und Hermeneutik VIII, dir. Odo Marquard und Karlheinz Stierle, München, Wilhelm Fink, 1979.

IOGNA-PRAT, Dominique, *Cité de Dieu, cité des hommes. L'Église et l'architecture de la société*, Paris, Presses universitaires de France, 2016.

IOGNA-PRAT, Dominique, « L'Église, la ville et la morphologie de l'espace urbain (1200-1600) », dans *Marquer la ville. Signes, traces, empreintes du pouvoir (*XIII*e-*XVI*e siècle)*, dir. Patrick Boucheron et Jean-Philippe Genet, Paris, Rome, Publications de la Sorbonne-École française de Rome, 2015 (Histoire ancienne et médiévale), p. 127-162.

JEANNERET, Michel, *Perpetuum mobile. Métamorphoses des corps et des œuvres, de Vinci à Montaigne*, Paris, Macula, 1997.

JEANROY, Alfred, « Les *Leys d'Amors* », *Histoire littéraire de la France*, t. XXXVIII, Paris, Imprimerie Nationale, 1949, p. 139-233.

JEAY, Madeleine, « Eustache Deschamps ou la "belligérance du texte" », dans *Les "Dictez vertueulx" d'Eustache Dechamps. Forme poétique et discours engagé à la fin du Moyen Âge*, dir. Miren Lacassagne et Thierry Lassabatère, Paris, Presses universitaires de Paris-Sorbonne, 2005.

JEAY, Madelaine, *Le Commerce des mots. L'usage des listes dans la littérature médiévale (XIIe-XVe siècles)*, Genève, Droz, 2006.

JULIEN, Jean-Rémy, *Musique et publicité. Du Cri de Paris… aux messages publicitaires radiophoniques et télévisés*, Paris, Flammarion, 1992.

Jérusalem, Rome, Constantinople. L'image et le mythe de la ville au Moyen Âge, Colloque du département d'Études médiévales de l'Université de Paris-Sorbonne (Paris IV), dir. Daniel Poirion, Presses Paris-Sorbonne, 1986.

JORDAN, Leo, « Peros von Neele's gereimte Inhaltsangabe zu einem Sammelcodex », *Romanische Forschungen*, Bd. 16, 1903, S. 735-755.

KANTOROWITZ, Hermann, « The Poetical Sermon of a Mediaeval Jurist : Placentinus and his "Sermo de legibus" », *Journal of the Warburg Institute*, v. 2, 1938, p. 22-41.

KARIMBHAY, Tamim, « Société, mentalités, et vie quotidienne à Paris, de la fin du XIVe siècle à la première moitié du XVe siècle : étude menée à travers *Le Mesnagier de Paris* (1393) et *Le journal d'un bourgeois de Paris* (1405-1449) et illustrée par des sources iconographiques de l'époque » (Mémoire de maîtrise, Université de la Réunion, faculté des lettres et des sciences humaines, 1998).

KARNEIN, Alfred, « La réception du *De Amore* d'André Le Chapelain au XIIIe siècle », *Romania*, v. 102, n° 407 et 408, 1981, p. 324-351 et p. 501-542.

KASTNER, Georges, *Les Voix de Paris. Essai d'une histoire littéraire et musicale des cris populaires de la capitale depuis le Moyen Âge jusqu'à nos jours, précédés de Considérations sur l'origine et le caractère du cri en général et suivi de Les cris de Paris, grande symphonie humoristique, vocale et instrumentale*, Paris (G. Brandus, Dufour et Cie), Bruxelles (J. Renouard et Cie) ; Lepzig (Hofmeister) ; Londres (Barthès et Lowell) ; Saint-Pétersbourg (Maison Brandus), 1857.

KAY, Sarah, *Parrots and Nightingales : Troubadour Quotations and the Development of European Poetry*, Pennsyvania, University of Pennsyvania Press, 2013.

KLEIN, Rony, « Le mythe de la ville de Baudelaire à Brecht. Lecture de Walter Benjamin », *Bulletin du Centre de recherche français à Jérusalem*, n° 26, 2015.

KLEINSCHMIDT, Erich, « Literatur und städtische Gemeinschaft. Aspekte einer literarischen Stadtkultur in der Frühen Neuzeit », dans *Literatur in der Stadt, Bedingungen und Beispiele städtischer Literatur des 15. bis 17. Jahrhunderts*, hrsgb. Horst Brunner, Göppingen, Kümmerle Verlag, 1982, S. 73-93.

KOOPMANS, Jelle, « Les parties du discours ou les mots pour le dire », dans *Vers une poétique du discours dramatique médiéval*, dir. Xavier Leroux, Paris, Champion, 2011, p. 289-323.

KOOPMANS, Jelle, « Le présent d'un cat nonne ou un texte ludique », dans *Jean Molinet et son temps. Actes des rencontres internationales de Dunkerque, Lille et Gand (8-10 novembre 2007)*, dir. Jean Devaux, Estelle Doudet, Élodie Lecuppre-Desjardin, Turnhout, Brepols, 2013, p. 59-66.

KOOPMANS, Jelle, « Le théâtre dans l'église : mythes et réalités », *Le théâtre de l'Église (XIIe-XVIe siècles)*, Paris, LAMOP, 2011, p. 14-51.

KOOPMANS, Jelle, « Polémiques universitaires sur la scène », *Le Théâtre polémique français (1450-1550)*, dir. Marie Bouhaïk-Gironès, Jelle Koopmans et Katell Lavéant, Rennes, PUR, 2008, p. 77-87.

KOTIN, Armine Avakian, *The Narrative Imagination. Comic Tales by Philippe de Vigneulles*, Lexington, University Press of Kentucky, 1977.

KRUEGER, Roberta L., « Identity Begins at Home : Female Conduct and the Failure of Counsel in *Le Ménagier de Paris* », *Essays in Medieval Studies*, t. 22, 2005, p. 21-39.

LABÈRE, Nelly, *Défricher le jeune plant. Étude du genre de la nouvelle au Moyen Âge*, Paris, Champion, 2006.

LACASSAGNE, Miren, « Poétique et politique de la "médiocrité" chez Eustache Deschamps », *Autour d'Eustache Deschamps*, dir. Danielle Buschinger, Amiens, 1999, p. 115-126.

LACASSAGNE, Miren, « Poétique et politique du corps dans l'œuvre d'Eustache Deschamps », dans *Le geste et les gestes au Moyen Âge*, Aix-en-Provence, 1998 (Senefiance, 41), p. 319-337.

LACHAUD, Frédérique, « La première description des métiers de Paris : le *Dictionarius* de Jean de Garlande (vers 1220-1230) », dans *Histoire urbaine*, t. 16, 2006, p. 91-114.

LÅNGFORS, Arthur, « Deux traités sur l'amour tirés du ms. 2200 de la Bibliothèque Sainte Geneviève », *Romania*, v. 61, 1930, p. 362-388.

LÅNGFORS, Arthur, « *Dou vrai chiment d'amours*, une nouvelle source de *Vénus la déesse d'amour* », *Romania*, v. 45, 1918-1919, p. 205-219.

LÅNGFORS, Arthur, « *Le Miroir de vie et de mort* par Robert de l'Orme (1268), modèle d'une moralité wallonne du XVe siècle », *Romania*, v. 47, 1921, p. 511-531 et v. 50, 1924.

LASSABATÈRE, Thierry, La Cité des Hommes. Eustache Deschamps, expression poétique et vision politique, Paris, Champion, 2011.

LASSABATÈRE, Thierry, « Le *Miroir de mariage* d'Eustache Deschamps et ses sources. Exemple de transmission et d'utilisation de la culture au Moyen Âge », dans *Le Texte médiéval dans le processus de communication*, dir. Ludmilla Evdokimova et Alain Marchandisse, Paris, Classiques Garnier, 2019, p. 425-448.

LASSABATÈRE, Thierry, « Théorie et pratique de la charité individuelle à la fin du Moyen Âge : l'exemple d'Eustache Deschamps », dans *Fondations et œuvres charitables au Moyen Âge*, dir. Jean Dufour et Henri Platelle, Paris, Éditions du CTHS, 1999, p. 129-141.

LAURIE, Ian S., « Eustache Deschamps : 1340 (?) – 1404 », dans *Eustache Deschamps French Courtier-Poet. His Work and His World*, dir. Deborah M. Sinnreich-Levi, New York, AMS Press, 1998, p. 1-72.

LAURIOUX, Bruno, « Entre savoir et pratiques : le livre de cuisine à la fin du Moyen Âge », *Médiévales*, t. 14, 1988, p. 59-71.

LAVÉANT, Katell, « Le théâtre dans la formation oratoire des écoliers au XVIe siècle », *Revue de synthèse*, t. 133, 6e série, n° 2, 2012, p. 235-250.

LE BRUN-GOUANVIC, Claire, « Christine de Pizan et l'édification de la cité éternelle », *Études françaises*, t. 37, 2001, p. 51-65.

LECUPPRE-DESJARDIN, Élodie, « L'autre et la ville : l'apport des témoignages étrangers dans la connaissance des villes des anciens Pays-Bas à la fin du Moyen Âge », dans *Le verbe, l'image et les représentations de la société urbaine au Moyen Âge. Actes du colloque international tenu à Marche-en Famenne du 24 au 27 octobre 2001*, dir. Marc Boone, Élodie Lecuppre-Desjardin, Jean-Pierre Sosson, Garant, Antwerpen-Apeldoom, 2002, p. 55-74.

LECUPPRE-DESJARDIN, Élodie, « La ville. Creuset des cultures urbaine et princière dans les anciens Pays-Bas bourguignons », dans *La Cour de Bourgogne et l'Europe. Le rayonnement et les limites d'un modèle culturel. Actes du colloque international tenu à Paris les 9, 10 et 11 octobre 2007*, dir. Werner Paravicini, Torsten Hiltmann, Franck Viltart, Ostfildern, Thorbecke, 2013, p. 289-304.

LE GOFF, Jacques, « Guerriers et bourgeois conquérants. L'image de la ville dans la littérature française du XIIe siècle », dans *Culture, Science et Développement. Mélanges en l'honneur de Charles Mozaré*, Toulouse, Privat, 1979, p. 113-136.

LEGUAY, Jean-Pierre, *Un réseau urbain au Moyen Âge : les villes du duché de Bretagne aux XIVe et XVe siècles*, Paris, Maloine, 1981.

LEVER, Maurice, *Les bûchers de Sodome. Histoire des « infâmes »*, Paris, Fayard, 1985.

LISTA, Giovanni, *Futurisme. Manifestes, proclamations, documents*, Lausanne, L'Âge d'Homme, 1973.

LOBA, Anna, *Le réconfort des dames mariées. Mariage dans les écrits didactiques adressés aux femmes à la fin du Moyen Âge*, Poznan, Université Adam Mickiewic, 2013.

LÖFSTEDT, Leena, « À propos du livre de cuisine du *Ménagier de Paris* », *Neuphilologische Mitteilungen*, t. 107, 2006, p. 323-333.

LUCKEN, Christopher, « Le cri de la femme. Bris de langue, scènes de ménage et poétique de la farce médiévale », *Équinoxe*, t. 14, 1995 (*Bruits*, dir. Christopher Lucken, Juan Rigoli), p. 83-98.

LUCKEN, Christopher, « *Mirlifiques oberliques*. Charles d'Orléans marchand de chansons », dans *L'Offrande lyrique*, dir. Jean-Nicolas Illouz, Paris, Hermann, 2009, p. 109-140.

LUSIGNAN, Serge, *Essai d'histoire sociolinguistique. Le français picard au Moyen Âge*, Paris, Classiques Garnier, 2012.

MARCHAND, Michel, « Le personnage du marchand de parfums dans le théâtre médiéval en France. Contribution à l'étude des débuts du théâtre comique », *Le Moyen Âge*, t. 74, 1968, p. 39-71.

Marquer la ville. Signes, traces, empreintes du pouvoir (XIIIe-XVIe siècle), dir. Patrick Boucheron, Jean-Philippe Genet, Paris-Rome, Publications de la Sorbonne-École française de Rome, 2013.

MASSIN, Robert, *Les Cris de la ville. Commerces ambulants et petits métiers de la rue*, Paris, Gallimard, 1978.

Matière arthurienne tardive en Europe 1270-1530 / Late Arthurian Tradition in Europe, dir. Christine Ferlampin-Acher, Rennes, PUR, 2020.

MAZOUER, Charles, *Le Théâtre au Moyen Âge*, Paris, SEDES, 1998.

MÉNARD, Philippe, « Réflexions sur les cris des petits métiers de Paris à travers les siècles », dans *Das Schöne im Wirklichen – Das Wirkliche im Schönen. Festschrift für Dietmar Rieger zum 60. Geburstag*, hrsgb. Anne Amend-Söchting, Kirsten Dickhaut, Walburga Hülk, Claudia Knabel, Gabriele Vickermann, Heidelberg, Winter, 2002 (Studia Romanica, 108), S. 463-470.

MÉNARD, Philippe, « Un reflet de la vie quotidienne : le dit des *Crieries de Paris* », dans *Plaist vos oïr bone cançon vallant ? Mélanges de Langue et de Littérature offerts à François Suard*, dir. Dominique Boutet, Marie-Madeleine Castellani, Françoise Ferrand, Aimé Petit, Villeneuve d'Ascq, Université de Lille, 1999, t. II (UL3 Travaux et recherches), p. 607-615.

Mettre en livre. Pour une approche de la littérature médiévale, v. 53, Presses de l'Université de Montréal, 2017.

MEYERS, Jean, « La comtesse Dhuoda et son *Liber manualis* (IXe siècle) : portrait d'une mère dans la solitude », dans *Autour de Nîmes et de sa région*, dir. Catherine Bernié-Boissard et Danièle Julien, Paris, L'Harmattan, 2004, p. 191-224.

MILLAND-BOVE, Bénédicte, « Lectures croisées du *Tournoiement as Dames de Paris* », *Cahiers de Recherches Médiévales et Humanistes*, t. 14 spécial, 2007, p. 259-275.

MILLIOT, Vincent, « La ville à travers la littérature de colportage, XVIe-XIXe : images urbaines et "usages" du livre », dans *Bibliothèque bleue* et *littératures de colportage*, dir. Thierry Delcourt, Élisabeth Parinet, Paris, Publications de l'École Nationale des Chartes, 2000, p. 93-108.

MILLIOT, Vincent, *Les Cris de Paris ou le peuple travesti. Les représentations des petits métiers parisiens (XVIe-XVIIIe siècles)*, Paris, Publications de la Sorbonne, 1995.

MILLIOT, Vincent, « Les Cris et les Rues de Paris ou les "malheurs" d'un texte. Production, circulation et appropriations d'un livre de colportage (XVIe-XVIIIe siècle) », dans *Colportages et lecture populaire. Imprimés de large circulation en Europe (XVIe-XIXe siècle)*, dir. Roger Chartier, Hans Jürgen Lüsebrink, Paris, IMEC, 1997, p. 49-70.

MINET-MAHY, Virginie, « Récupération lyrique et courtoise d'un genre : observations sur quelques "congés d'amour" en moyen français », *Les Lettres romanes*, v. 55, 2001, p. 19-37.

MOEGLIN, Jean-Marie, *Les Bourgeois de Calais. Essai sur un mythe historique*, Paris, Albin Michel, 2002.

MOLLAT, Michel, *Histoire de Rouen*, Toulouse, Privat, 1979.

MUCHEMBLED, Robert, *Le Temps des supplices. De l'obéissance sous les rois absolus, XVe-XVIIIe siècle*, Paris, Armand Colin, 1980.

MÜHLETHALER, Jean-Claude, *Fauvel au pouvoir : lire la satire médiévale*, Paris, Champion, 1994.

MÜHLETHALER, Jean-Claude, « La nouvelle et la "petite histoire" : de Boccace à Marguerite de Navarre », *Écrire l'histoire*, v. 17, 2017, p. 31-38.

MUSSO, Daniela, « Réminiscences mythiques dans les "Miracles de Nostre Dame par personnages" : La mise en scène d'un imaginaire chrétien du XIVe siècle » (thèse inédite, Université de Grenoble, 2013).

NAEGLE, Gisela, « Garder la porte du diable : "Mengier deux fois le jour est vie humaine" », dans *Boire et manger en pays bourguignons (XIVe-XVIe siècles)*, dir. Jean-Marie Cauchies, Neuchâtel, Publication du Centre européen d'études bourguignonnes, 2007, p. 323-338.

NOVAK, Veronica, « Parcours urbain – représentation de l'espace aux XIIIe-XVIIe siècles à travers les rues de Paris », *Historia urbana*, v. 19, 2011, p. 85-103.

NEVEUX, François, « La constitution d'un réseau urbain en Normandie », dans *Les villes normandes au Moyen Âge*, dir. Pierre Bouet et François Neveux, Caen, Presses universitaires de Caen, 2006, p. 45-60.

NEWMAN, Karen, « The Medieval and Early Modern City in Literature », dans *The Cambridge Companion to the City in Literature*, dir. Kevin R. McNamara, New York, Cambridge University Press, 2014, p. 42-56.

NUH, Ilsiona, « Le texte dans le codex : émergence poétique et images sociales (Marie dans le théâtre du Moyen Âge) » (thèse inédite, Université Clermont Auvergne, 2020).

OBRY, Vanessa, « Les versions françaises de *Floire et Blancheflor* en contexte manuscrit : lectures médiévales et infléchissements génériques », *Cahiers de Recherches Médiévales et Humanistes*, n° 38, 2019 (*Itinéraires de Floire et Blancheflor du XIIe au XVIe siècle. Mise en livre, diffusion et réception*, dir. Sofia Lodén, Vanessa Obry et Anne Réach-Ngô), p. 243-263.

OFFENSTADT, Nicolas, « Crieur », dans *Dictionnaire du Moyen Âge*, dir. Claude Gauvard, Alain de Libera, Michel Zink, Paris, PUF, 2002, p. 365-366.

OFFENSTADT, Nicolas, « Le Moyen Âge de Jürgen Habermas. Enquête sur une réception allemande », dans *L'Espace public au Moyen Âge. Débats autour de Jürgen Habermas*, dir. Patrick Boucheron et Nicolas Offenstadt, Paris, PUF, 2011, p. 77-96.

OFFENSTADT, Nicolas, « Les crieurs publics à la fin du Moyen Âge. Enjeux d'une recherche », dans *Information et société en Occident à la fin du Moyen*

Âge, dir. Claire Boudreau, Kouky Fianu, Claude Gauvard, Michel Hébert, Paris, Publications de la Sorbonne, 2004, p. 203-217.

OIRY, Goulven, *La comédie française et la ville (1550-1650). L'Iliade parodique*, Paris, Garnier, 2015.

OZOUF, Mona, *La Fête révolutionnaire (1789-1799)*, Paris, Gallimard, 1976.

PAOLI, Guy, « Taverne et théâtre au Moyen Âge », *Théâtre et spectacles hier et aujourd'hui. Moyen Âge et Renaissance*, Paris, CTHS, 1991, p. 73-82.

Parisiennes (Les) : des femmes dans la ville (Moyen Âge-XVIIIe siècle), dir. Jeanne Chiron, Nathalie Grande, Ramona Herz-Gazeau, Julie Pilorget et Julie Piront, Arras, Artois Presses Université, 2020.

Paris, ville de cour (XIIIe-XVIIIe siècle), dir. Boris Bove, Murielle Gaude-Ferragu et Cédric Michon, Rennes, Presses Universitaires de Rennes, 2017.

Parisian Confraternity Drama of the Fourteenth Century, The miracles de "Nostre Dame par personnages", dir. Donald Maddox and Sara Sturm-Maddox, Turnhout, Brepols, 2008.

PARKER, Geoffrey, *Emperor. A new Life of Charles V*, New Haven-London, Yale U.P., 2019.

PARSONS, Ben ; JONGENELEN, Bas, « "Many Tongues He Must Acquire" : Anthonis de Roovere and Public Voice in the Four Rondelen », *Dutch Crossing. Journal of Low Countries Studies*, 2016, p. 1-9. « https://www.tandfonline.com/doi/full/10.1080/03096564.2016.1139780 ».

PARUSSA, Gabriela, « Le manuscrit 1131 de la Bibliothèque Sainte-Geneviève de Paris : un montage signifiant ? », dans *Mouvances et jointures, du manuscrit au texte médiéval*, dir. Milena Mikhaïlova, Orléans, Paradigme, 2005, p. 22-51.

PASERO, Nicolò, « Sulle fonti del libro primo delle Leys d'Amors », *Studj romanzi*, v. 34, p. 125-185.

PAUL, Jacques, « Le prophétisme autour de Jeanne d'Arc et de sa mission », dans *Il profetismo gioachimita tra Quatrocento e Cinquecento. Atti del III Congresso Internazionale di Studi Gioachimiti, S. Giovanni in Fiore, 17-21 settembre 1989*, a cura di Gian Luca Potestà, Genoa, Marietti, 1991, p. 157-182.

PAYEN, Jean-Charles, « Les éléments idéologiques dans le *Jeu de saint Nicolas* », *Romania*, t. 94, 1973, p. 484-504.

PAYEN, Jean-Charles, « Théâtre médiéval et culture urbaine », *Revue d'histoire des textes*, t. 35, 1983, p. 233-250.

Paysages (Les) sonores du Moyen Âge à la Renaissance, dir. Laurent Hablot, Laurent Vissière, Rennes, PUR, 2016.

Performance, Drama, Spectacle and the Medieval City, dir. Adrian P. Tudor, Mario Longtin, Catherine Emerson, Louvain, Peeters, 2010.

PETERS, Ursula, *Literatur in der Stadt : Studien zu den sozialen Voraussetzungen und kulturellen Organisationsformen städtischer Literatur im 13. und 14. Jahrhundert*, Tübingen, M. Niemeyer Verlag, 1983.

PETIT DE JULLEVILLE, Louis, *Histoire de la langue et de la littérature françaises des origines à 1900*, Paris, A. Colin, 1896.

PETIT DE JULLEVILLE, Louis, *Les Comédiens en France*, Paris, 1885.

PHILIPPART, Guy, « Hagiographes et hagiographie, hagiologues et hagiologie : des mots et des concepts », *Hagiographica*, t. 1, 1994, p. 1-16.

PIBIRI, Eva, *Sous la férule du maître. Les écoles d'Yverdon (XIVe-XVIe s.)*, Lausanne, 1998 (Cahiers lausannois d'histoire médiévale, 23).

PICHON, Jérôme, « Introduction », *Le ménagier de Paris, traité de morale et d'économie domestique composé vers 1393, par un bourgeois parisien*, éd. Jérôme Pichon, Paris, L'imprimerie de Crapelet pour la Société des bibliophiles françois, 1846, t. I, p. XVII-LXIII.

PLEIJ, Herman, « La littérature dans les villes aux XVe et XVIe siècles », dans *La ville en Flandre : culture et société, 1477-1787*, dir. Jan Van der Stock, Bruxelles, Crédit communal, 1991, p. 172-182.

PLEIJ, Herman, « La représentation du travail dans la littérature néerlandaise du Moyen Âge », dans *Le verbe, l'image et les représentations de la société urbaine au Moyen Âge*, dir. Marc Boone, Élodie Lecuppre-Desjardin, Jean-Pierre Sosson, Antwerpen, Garant, 2003, p. 239-250.

PLEIJ, Herman, « The Rise of Urban Literature in Low Countries », dans *Medieval Dutch Literature in its European Context*, dir. Erik Kooper, New York, Cambridge University Press, 1994, p. 62-77.

POE, Elizabeth W., « *La Vielle Truande* : A Fabliau among the Romances of B.N., fr. 375 », dans *Por le soie amisté : Essays in Honor of Norris J. Lacy*, dir. Keith Busby et Catherine M. Jones, Amsterdam, Atlanta, Rodopi, 2000, p. 405-424.

POIRION, Daniel, *Le poète et le prince. L'évolution du lyrisme courtois de Guillaume de Machaut à Charles d'Orléans*, Paris, Presses universitaires de France, 1965.

Prince (Le) au miroir de la littérature politique de l'Antiquité aux Lumières, dir. Frédérique Lachaud, Lydwine Scordia, Rouen-Le Havre, Publications des Universités de Rouen et du Havre, 2007.

RABEL, Claudia, « Artiste et clientèle à la fin du Moyen Âge : les manuscrits profanes du Maître de l'échevinage de Rouen », *Revue de l'Art*, t. 84, 1989, p. 48-60.

RAMEIX, Suzanne, « Corps humain et corps politique en France. Statut du corps humain et métaphore organiciste de l'État », *Laval théologique et philosophique*, t. 54, 1998, p. 41-61.

RANKE, Friedrich, « Von der Ritterlichen zur Bürgerlichen Dichtung (1230-1430) », *Annalen der Deutschen Literatur*, hrsgb. Hanz Otto Burger, Stuttgart, J. B. Metzler, 1952 « https://doi.org/10.1007/978-3-476-99181-2_4 ».

RASSE, Marie de, « Le vêtement féminin à Paris chez les non-nobles, XIVe-XVe siècles » (thèse inédite, l'Université de Paris I, 2014).

RAULT, Jean Constant, « Eustache Deschamps, poète bourgeois » (thèse inédite, Université de Toronto, 1973).

REIX, Delphine, « *La Cité des Dames* de Christine de Pizan : figures mythologiques et historiques, une utopie ? », dans *Vérité poétique, vérité politique. Mythe, modèles et idéologies politiques au Moyen Âge*. Actes du colloque de Brest, 22-24 septembre 2005, dir. Jean-Christophe Cassard, Élisabeth Gaucher, Jean Kerhervé, Brest, Centre de Recherches bretonne et celtique-Université de Bretagne occidentale, 2007, p. 343-361.

Religion et société urbaine au Moyen Âge. Études offertes à Jean-Louis Biget par ses anciens élèves, réunies par Patrick Boucheron et Jacques Chiffoleau, Préface de Pierre Toubert, Paris, Publications de la Sorbonne, 2000.

RETAILLAUD, Emmanuelle, *La Parisienne. Histoire d'un mythe. Du siècle des Lumières à nos jours*, Paris, Seuil, 2020.

RIBÉMONT, Bernard, « Arras, le vin, la taverne et le "capitalisme". Le théâtre profane du XIIIe siècle et la question de l'argent », *Le Moyen Âge*, t. 111, 2005, p. 59-70.

RIBÉMONT, Bernard, « De l'architecture à l'écriture : Christine de Pizan et la *Cité des Dames* », dans *La Ville : Du Réel à l'Imaginaire*, dir. Jean-Marc Pastré, Rouen, Presses Universitaires de Rouen et du Havre, 1991, p. 27-35.

RICHARD, Charles, *Notice sur l'ancienne bibliothèque des échevins de la ville de Rouen*, Rouen, Alfred Péron, 1845.

RIGBY, Stephen H., « The Body Politic in the Social and Political Thought of Christine de Pizan (Abridged Version). Part I : Reciprocity, Hierarchy and Political Authority », *Cahiers de Recherches Médiévales et Humanistes*, t. 24, 2012, p. 461-483 ; Part II : « Social Inequality and Social Justice », *Cahiers de Recherches Médiévales et Humanistes*, t. 25, 2013, p. 559-579.

ROBERT, Clark, « The "Miracles de Nostre Dame par personnages" of the Cangé Manuscript and the Sociocultural Function of Confraternity Drama » (thèse inédite, Université de l'Indiana, 1994).

ROUSE, Richard ; ROUSE, Mary, « *The Sept Sages de Rome* », dans *Der Codex im Gebrauch*, dir. Christel Meier, Dagmar Hüpper, Hagen Keller, München, Wilhelm Fink Verlag, 1996, p. 127-141.

ROUX, Simone, « Les Parisiennes au Moyen Âge », dans *Le Paris du Moyen Âge*, dir. Boris Bove, Claude Gauvard, Paris, Belin, 2014, p. 157-172.

ROY, Émile, *Études sur le théâtre français du XIVe et du XVe siècles. La comédie sans titre et les Miracles de Notre Dame par personnage*, Paris, E. Bouillon, 1902.

RUH, Kurt, « Versuch einer Begriffsbestimmung von "städtischer Literatur" im deutschen Spätmittelalter », dans *Über Bürger, Stadt und städtischer*

Literatur. Bericht über Kolloquien der Kommission zur Erforschung der Kultur des Spätmittelalters 1975-1977, hrsgb. Joseph Fleckenstein und Karl Stackmann, Göttingen, 1980, S. 311-328.

RUNNALLS, Graham A., « Mediaeval Trade Guilds and the Miracles de Nostre Dame par Personnages », *Medium Aevum*, t. 39, 1970, p. 257-287.

RUNTE, Hans R. ; WIKELEY, J. Keith ; FARRELL, Anthony J., *The Seven Sages of Rome and the Book of Sindbad : An Analytical Bibliography*, New York, Garland, 1984.

RUSSO, Valeria, « Le discours amoureux dans le contexte manuscrit (à partir du *Vrai chiment d'amours*) », *Medioevi*, v. 5, 2019, p. 59-94.

SALY, Antoinette, « Les oiseaux dans l'alimentation médiévale d'après *le Viandier de Taillevent* et *le Menagier de Paris* », dans *Manger et boire au Moyen Âge*, dir. Denis Menjot, Paris, Belles Lettres, 1984, t. I, p. 173-179.

SANSOT, Pierre, *Poétique de la ville*, Paris, Payot, 2004.

SASAKI, Shigemi, « Le conte d'Apollo et de son lévrier », *Romania*, t. 123, 2005, p. 51-79.

SCHEFER, Jean-Louis, *L'Hostie profanée*, Paris, P.O.L., 2007.

SCHLEGEL, August Wilhelm, *Vorlesungen über schöne Litteratur und Kunst. Dritter Teil (1803-1804), Geschichte der romantischen Litteratur*, Heilbronn, Henninger, 1884, t. II, « https://digi.ub.uni-heidelberg.de/diglit/schlegel1884bd3/0001 ».

SCHILPEROORT, Gijsbert, *Le Commerçant dans la littérature française du Moyen Âge (caractère, vie, position sociale)*, Groningue, La Haye, Batavia, Wolters, 1933.

SCULLY, Terence, « The Menus of the *Menagier de Paris* », *Le moyen français*, t. 24/25, 1990, p. 215-242.

SEGRE, Cesare, « *Ars amandi* classica e medievale », dans *Grundriss der romanischen Literaturen des Mittelalters*, v. VI : *La littérature didactique, allégorique et satirique*, dir. Hans Robert Jauss, Heidelberg, C. Winter Universitätsverlag, 1968-1970, t. I, p. 109-116, t. II, p. 162-167.

SINTIC, Bruno, « Les élites sociales et politiques dans les petites villes de Normandie orientale (1450-1540) », dans *Les villes normandes au Moyen Âge*, dir. Pierre Bouet et François Neveux, Caen, Presses universitaires de Caen, 2006, p. 289-304.

SOUMILLION, Daniel, « *Le Mesnagier de Paris* ou l'art culinaire médiéval », dans *Boire et manger en pays bourguignons (XIVe-XVIe siècles)*, dir. Jean-Marie Cauchies, Neuchâtel, Publication du Centre européen d'études bourguignonnes, 2007, p. 307-325.

Spatial (The) Turn. Interdisciplinary perspectives, dir. Barney Warf, Santa Arias, London and New York, Routledge, 2009.

SPANKE, Hans, « Zur Geschichte des altfranzösischen Jeu Parti », *Zeitschrift für französische Sprache und Literatur*, Bd. 52, 1929, S. 29-63.

SPEER, Mary B., « Recycling the Seven Sages », *Zeitschrift für romanische Philologie*, Bd. 99, 1983, S. 288-303.

SPINA, Olivier, *Une ville en scène, pouvoirs et spectacles à Londres sous les Tudors (1525-1603)*, Paris, Garnier, 2013.

STEIN, Robert, *Magnanimous Dukes and Rising States. The Unification of the Burgundian Netherlands, 1380-1480*, Oxford, Oxford U.P., 2017.

STIERLE, Karlheinz, *La Capitale des signes. Paris et son discours*, trad. Marianne Rocher-Jacquin, Paris, Éditions de la Maison des sciences de l'homme, 2001.

STRUBEL, Armand, *La Rose, Renart et le Graal. La littérature allégorique en France au XIIIe siècle*, Genève-Paris, Slatkine, 1989, p. 70-76.

SUTTON, Anne F., « Merchants, Music and Social Harmony : the London Puy and its French and London Contexts, circa 1300 », *The London Journal*, t. 1, 1992, p. 1-17.

SYMES, Carol, *A Common Stage, Theater and Public Life in Medieval Arras*, Ithaca (N. Y.), Cornell University Press, 2007.

Théâtre (Le) et la cité dans l'Europe médiévale, dir. Jean-Claude Aubailly, Edelgard DuBruck, *Fifteenth-Century Studies*, t. 13, 1988.

Textes de dévotion et lectures spirituelles en langue romane (France, XIIe-XVIe siècle), assemblés et revus avec la collaboration de Marie-Clotilde Hubert, Sylvie Lefèvre, Anne-Françoise Leurquin-Labie, Christine Ruby et Marie-Laure Savoye, Brepols, Turnhout, 2015 (Textes, Codex & Contextes, 21).

THIRY, Claude, « "Tournay tournee ou ung fol te tourna" : le regard de Jean Molinet sur Tournai, Gand et Valenciennes », dans *Le verbe, l'image et les représentations de la société urbaine au Moyen Âge. Actes du colloque international tenu à la Marche-en-Famenne du 24 au 27 octobre 2001*, dir. Marc Boone, Élodie Lecuppre-Desjardin, Jean-Pierre Sosson, Antwerp, Garant, 2002, p. 29-54.

THONON, Sandrine, « Le peuple de la farce. Jalons pour une approche littéraire des activités urbaines à la fin du Moyen Âge », dans *Le Petit Peuple dans l'Occident médiéval. Terminologies, perceptions, réalités*, dir. Pierre Boglioni, Robert Delort, Claude Gauvard, Paris, Éditions de la Sorbonne, 2002, p. 213-232.

THUM, Bernd ; RAGOTZKY, Hedda ; WENZEL, Horst, *Höfische Repräsentation. Das Zeremoniell und die Zeichen*, Tübingen, Niemeyer, 1990.

TOBLER, Adolf, « Zu Perrots gereimter Inhaltsübersicht in der Pariser Handschrift Frç. 375 », *Zeitschrift für romanische Philologie*, Bd. 28, 1904, S. 354-357.

TOGOEVA, Olga, « Lieux de mémoire. Le pouvoir judiciaire à Reims en 1431 », dans *Bilder der Macht in Mittelalter und Neuzeit. Byzanz – Okzident – Russland*, hrsg. von Otto Gerhard Oexle und Michail Bojcov, Göttingen, Vandenhoeck & Ruprecht, 2007, S. 461-474.

TRACHSLER, Richard ; WILLE, Clara, « Les traductions vernaculaires d'Ovide au Moyen Âge et les commentaires latins. Le cas de l'*Ars amatoria* », *Medioevi*, v. 4, 2018, p. 173-191.

TRICARD, Jean, « Le livre du chevalier de la Tour Landry et ses lecteurs : hypothèses sur un succès », dans *Pour une histoire sociale des villes : Mélanges offerts à Jacques Maillard*, dir. Philippe Haudrère, Rennes, Presses universitaires de Rennes, 2006, p. 281-295.

UELTSCHI, Karin, « La digression dans l'économie du discours didactique vernaculaire du Moyen Âge français : manifestations et enjeux dans *Le Mesnagier de Paris* », dans *La digression*, dir. Chantal Connochie-Bourgne, Aix-en-Provence, Publications de l'Université de Provence, 2005, p. 391-408.

UELTSCHI, Karin, « Les enseignements d'un mari à sa femme (1393) : catéchisme et savoir-vivre », dans *Éducation et éducateurs chrétiens*, dir. Hervé Pasqua, Paris, L'Harmattan, 2013, p. 75-97.

UNGUREANU, Marie, *La bourgeoisie naissante. Société et littérature bourgeoises d'Arras au XIIe et XIIIe siècles*, préface de M. Lucien Febvre, Arras, Imprimerie centrale de l'Artois, 1955 (Mémoires de la Commission des monuments historiques du Pas-de-Calais).

VARVARO, Alberto, « Tra cronaca e novella », dans *La novella italiana. Atti del Convegno di Caprarola*, 14-24 settembre 1988, Roma, Salerno editrice, 1989, p. 155-171.

VELISSARIOU, Alexandra, *Aspects dramatiques et écriture de l'oralité dans les* Cent nouvelles Nouvelles, Paris, Champion, 2012.

VERGER, Jacques, *Les universités et la ville au Moyen Âge. Cohabitation et tension*, Brill, 2007 (Education and Society in the Middle Ages and Renaissance, 30).

VIET, Nora, « Du Decameron de Boccace au Cameron d'Antoine Vérard : les mutations de la nouvelle au début de la Renaissance française » (thèse inédite, Université Paris-Sorbonne (Paris-IV), 2008).

VINCENT, Catherine, « Donner à voir et à entendre la gloire du saint patron : Guillaume Flamang et les confrères de Saint-Didier de Langres », dans *Théâtre et révélation : donner à voir et à entendre au Moyen Âge, Hommage à Jean-Pierre Bordier*, études réunies par Catherine Croizy-Naquet, Stéphanie Le Briz-Orgeur, Jean-René Valette, Paris, Champion, 2017, p. 385-399.

VINCENT, Catherine, « Fraternité rêvée et lien social fortifié : la confrérie Notre-Dame des Ardents à Arras (début du XIIIe siècle – XVe siècle) », *Revue du Nord*, t. 82, 2000, p. 659-679.

VINCENT, Catherine, « La mémoire de saint Médard aux XIVe et XVe siècles à travers ses trois Vies françaises », *Revue d'histoire de l'Église de France*, t. 106, 2020, p. 81-93.

VISSIÈRE, Laurent, « Des cris pour rire ? Dérision et autodérision dans les cris de Paris (XIIIe-XVIe siècles) », dans *La Dérision au Moyen Âge. De la pratique sociale au rituel politique*, dir. Élisabeth Crouzet-Pavan, Jacques Verger, Paris, PUPS, 2007, p. 85-106.

VISSIÈRE, Laurent, « Goûter la ville. Réflexions sur la poésie ambulatoire de Paris au Moyen Âge », dans *L'Œuvre littéraire du Moyen Âge aux yeux de l'historien et du philologue*, dir. Ludmilla Evdokimova, Victoria Smirnova, Paris, Classiques Garnier, 2014, p. 277-292.

VISSIÈRE, Laurent, « La bouche et le ventre de Paris », *Histoire urbaine*, t. 16, 2006, p. 71-89.

VISSIÈRE, Laurent, « Le paysage sonore parisien aux XIIIe et XIVe siècles ou la naissance des cris de Paris », *Bulletin de la Société Nationale des Antiquaires de France*, 2015, p. 136-158.

VISSIÈRE, Laurent, « Les cris de Paris. Naissance d'un genre littéraire et musical (XIIIe-XVIe siècles) », dans *Clément Janequin. Un musicien au milieu des poètes*, dir. Olivier Halévy, Isabelle His, Jean Vignes, Paris, Société française de musicologie, 2013, p. 87-116.

VISSIÈRE, Laurent, « Les métamorphoses des cris de Paris au Moyen Âge », dans *Littérature et publicité. De Balzac à Beigbeder*, dir. Laurence Gellec, Françoise Hache-Bissette, Marseille, Gaussen, 2012, p. 23-35.

WAGNER, Pierre-Édouard, « Culte de saint Clément », dans *Le chemin des reliques*, Metz, Musées de la Cour d'Or – Éditions Serpenoise, 2000, p. 107-110.

WALSH, Patrick Gerard, HUSCH, Christopher, *One Hundred Latin Hymns. Ambrose to Aquinas*, Cambridge, MA, London, Harvard University Press, 2012.

WOLFZETTEL, Friedrich, « André Eskénazi, trad. et Corinne Pierreville, éd. introd. – *Gautier d'Arras, Éracle*, Paris, Champion, 2002 », *Cahiers de civilisation médiévale*, t. 200, 2007, p. 417-419.

WOLFZETTEL, Friedrich, « Au carrefour des discours lyriques. Le trouvère Richard de Fournival », *Romania*, v. 115, 1997, p. 50-68.

WOLFZETTEL, Friedrich, *La Poésie lyrique du Moyen Âge au Nord de la France (en annexe : France et Italie). Études choisies*, Paris, Champion, 2015.

WOLFZETTEL, Friedrich, « La recherche de l'universel. Pour une nouvelle lecture des romans de Gautier d'Arias », *Cahiers de civilisation médiévale*, t. 130, 1990, p. 113-131.

YON, Jean-Claude, « Le théâtre et la ville au XIXe siècle, quelques réflexions sur le cas parisien », dans *Théâtre et ville, espaces partagés*, dir. Florence Fix, Dijon, Éditions universitaires de Dijon, 2018, p. 119-129.

ZHANG, Xiangyun, « L'idée de "deux cités" », *Cahiers de recherches médiévales*, n° 11, 2004 (*Entre Moyen Âge et Renaissance. L'héroïque*), p. 121-132.

ZIMMERMANN, Margarete, « Curieuse bible domestique et texte-seuil de la prose narrative en France : *Le Menagier de Paris* (vers 1393) », dans *Actes du XVIIIe Congrès international de linguistique et de philologie romanes*, dir. Dieter Kremer, Tübingen, Niemeyer, 1988, t. VI, p. 385-394.

ZIMMERMANN, Rudolf, « *Li houneurs et li vertus des dames* par Jean Petit d'Arras », *Archiv für das Studium der neueren Sprachen*, Bd. 108, 1902, S. 380-388.

ZINK, Michel, *Littérature française du Moyen Âge*, Paris, Presses universitaires de France, 1992.

ZORZI, Andrea, « Bien Commun et conflits politiques dans l'Italie communale », *De Bono Communi. The Discourse and Practice of the Common Good in the European City (13th-16th c.)*, dir. Élodie Lecuppre-Desjardin, Anne-Laure Van Bruaene, Turnhout, Brepols, 2010, p. 267-296.

INDEX DES AUTEURS[1]

1 Les patronymes des auteurs et des personnages vivant jusqu'en 1500 sont classés par l'initiale de leurs prénoms.

INDEX DES CRITIQUES

INDEX DES PERSONNAGES HISTORIQUES, BIBLIQUES ET MYTHOLOGIQUES

RÉSUMÉS

Ludmilla EVDOKIMOVA et Françoise LAURENT, « Introduction »

Les contributions s'inscrivent dans le cadre des études consacrées aux œuvres destinées aux citadins et des ouvrages sur la ville médiévale et sa culture. Elles montrent que, loin d'être enfermée dans les limites de genres spécifiques et de refléter une image urbaine, la littérature urbaine s'origine d'une tradition antérieure et, dans le même temps, touche à ce qui lui est contemporain, jusqu'à se faire porteuse d'une poétique et de données culturelles et sociales dont la Renaissance héritera.

Estelle DOUDET, « Le théâtre, art des villes. Du récit des évolutions à l'exploration numérique des espaces »

Dès le XIXe siècle, les historiens du théâtre ont pensé différemment son développement dans le cadre des villes médiévales : interprétée dans la perspective de la laïcisation en France, la notion de théâtre urbain a été utilisée pour éclairer la *bürgerliche Weltsanchauung* en Allemagne. Depuis la fin du XXe siècle, *spatial turn* et humanités numériques imposent un paradigme nouveau. L'article en étudie les enjeux à travers la géolocalisation des sources et le *reenactment* en réalité virtuelle.

Christine FERLAMPIN-ACHER, « *Artus de Bretagne* et la ville. L'embourgeoisement du roman arthurien ? »

La ville est peu présente dans les romans arthuriens. Au XIIIe siècle cependant, l'essor urbain fait « effet » sur les romans néo-arthuriens comme *Artus de Bretagne*. La ville y est double : l'auteur tient à l'écart la « commune » dans les épisodes de la Roche et la Broce, mais la ville d'Argençon est édifiée en haut lieu du récit, comme ville idéale, avec le personnage d'Aimeri le Bourgeois. On pourrait parler d'embourgeoisement du roman, mais une étude précise invite à nuancer cette hypothèse.

Madeleine JEAY, « Mises en scène de l'oligarchie urbaine à Arras et Paris au XIIIe siècle »

Dans les *Chansons et Dits artésiens du XIIIe siècle*, édités par A. Jeanroy et H. Guy pour Arras, et le *Tournoi des dames de Paris* de Pierre Gencien pour Paris, les familles dominantes sont mises en scène. Associée à des scandales fiscaux et à l'usure, l'oligarchie d'Arras est la cible de dénonciations, alors que, dans le *Tournoi des dames de Paris*, la joute parodique entre les épouses ou les filles des dynasties bourgeoises célèbre la réussite des familles concernées.

Patrick DEL DUCA, « L'image de la ville dans la littérature allemande médiévale (XIIe-XVe siècles) »

Tandis que de nombreux textes des XIIe et XIIIe siècles ne font de la ville qu'un symbole abstrait de pouvoir ou, dans une autre perspective, condamnent la mentalité mercantile des citadins, il faut attendre le XVe siècle pour qu'apparaisse une littérature urbaine dans laquelle s'affirment le sens du bien commun, la revendication à incarner la science et la culture, ainsi qu'une forme de gouvernement juste et sage.

Irina STAF, « La nouvelle et la chronique urbaine au Moyen Âge tardif. Franco Sacchetti et Philippe de Vigneulles »

Les *Trecento novelle* et les *Cent nouvelles nouvelles* sont une étape importante de l'évolution du *novelliere* post-boccaccien, marquée par l'interaction du récit bref et de la chronique urbaine renouvelée par Giovanni Villani. Le caractère local des événements exposés, l'accent mis sur le témoignage personnel de l'auteur, le *je* omniprésent du narrateur qui devient un élément essentiel de la structure du livre et de sa véridicité, sont dus à l'influence de cette forme neuve de la chronique.

Catherine VINCENT, « Y a-t-il un "théâtre hagiographique urbain" à la fin du Moyen Âge ? Exemples à Langres, Metz et Paris »

Fondée sur trois textes dramatiques du XVe siècle, l'étude y examine la place de la ville. Nés en ville et pour la ville, ils s'adressent à un vaste public : bourgeois, gens de loi et de métier, miséreux, et glorifient la ville en ses monuments, en son histoire et en ses origines prestigieuses, et plus encore en son mode de gouvernement collégial nourri de l'idéal du bien commun. Mais la cité, évoquée dans de brefs passages stéréotypés, y reste avant tout le chef-lieu du diocèse.

Nelly LABÈRE, « Quitter la ville... Des *Cent Nouvelles* aux *Cent Nouvelles Nouvelles* : la nouvelle urbaine »

Quitter la ville, le geste est fondateur, non seulement pour la littérature urbaine inscrite dans un chronotope contemporain (Bakhtine), mais plus encore pour la nouvelle qui se revendique « genre de l'actualité urbaine ». De Boccace aux *Cent Nouvelles Nouvelles* de Philippe de Vigneulles, en passant par les *Cent Nouvelles Nouvelles* anonymes, la nouvelle questionne les espaces sociaux et symboliques par la fabrique de son propre récit et invite à penser la ville comme un espace citoyen.

Ilsiona NUH, « Performances théâtrales et formes littéraires dans les *Miracles de Nostre Dame par personnages* »

La littérature urbaine est étudiée comme une donnée culturelle propre au théâtre, à partir du recueil des *Miracles de Nostre Dame par personnages* (BnF, fr. 819-820) du XIVe siècle. L'article s'attache à montrer que la capitale du royaume est au centre de l'écriture des textes dramatiques comme motif et comme instance politique et religieuse. Son influence est sensible dans le traitement des sermons destinés à la scène, dont la forme est tributaire des pratiques oratoires de l'Université.

Claire DONNAT-ARACIL, « De la courtoisie à la bourgeoisie. La première *Vie des Pères*, une œuvre religieuse urbaine ? »

La première *Vie des Pères* reflète l'une des questions posée par la bourgeoisie émergente du XIIIe siècle : comment concilier gain et salut ? Tout en différenciant marchand et usurier, le conteur appelle à une conversion de la vie citadine sur le modèle du monastère. La ville héberge ainsi une tension emblématisée par deux figures : l'usurier, incarnation du règne de l'argent dans un espace né des échanges monétaires ; le reclus, représentant d'une spiritualité nourrie par l'oubli de soi en Dieu.

Karin UELTSCHI, « Le livre de la parfaite bourgeoise. La discrétion comme urbanité (*Le Mesnagier de Paris*) »

Le *Mesnagier de Paris* se donne pour un manuel pratique qu'un bourgeois vieillissant adresse à sa jeune femme pour l'aider à devenir une bonne épouse et à éviter de commettre des impairs en société. La ville fait irruption dans le discours littéraire, et lui fournit sa matière, son esthétique et surtout son éthique dans une articulation originale avec les traditions et codes littéraires traditionnels.

Olga TOGOEVA, « La ville comme *spelunca latronum* dans le traité didactique *Le Mesnagier de Paris* »

L'article s'attache à analyser la figure de l'auteur du *Mesnagier de Paris*, son statut de citadin ou de villageois, sa relation à la ville, et sa connaissance de la topographie de Paris, qui est son habitat supposé. Compte tenu de la particularité des descriptions qu'offre l'ouvrage, il interroge la pertinence de classer celui-ci dans un corpus littéraire relevant de la littérature dite « urbaine ».

Yasmina FOEHR-JANSSENS, « Culture urbaine et quête de sagesse. Rome, Constantinople et les mutations de la clergie dans le *Roman des Sept Sages* et ses continuations »

Rome et Constantinople jouent un rôle d'importance dans le cycle des *Sept Sages*. L'espace urbain y est associé à la sagesse, par opposition aux espaces extra-urbains, dévolus aux prouesses guerrières et aux vocations érémitiques. Cette étude vise à montrer comment cette représentation de la ville, lieu de la culture écrite, forge une sociabilité lettrée à laquelle se conforment les personnages, tant masculins que féminins, et informe les modèles politiques à l'œuvre dans le cycle.

Natalia DOLGORUKOVA, « *In taberna quando sumus.* Chronotope de la taverne dans les textes des XIIe-XIVe siècles »

Dans la ville médiévale, comme dans la littérature médiévale, deux espaces sont confrontés et opposés : celui sacré de l'église, celui profane de la taverne, qui se présente comme un temple renversé aux traits carnavalesques. La taverne, lieu emblématique urbain, gagne peu à peu en réalisme dans les fabliaux, les dits et les jeux dramatiques des XIIIe et XIVe siècles.

Jonathan DUMONT, « Le prince et l'*ethos* marchand dans la littérature curiale des Anciens Pays-Bas »

Entre le XVe et le XVIe siècle, la littérature curiale des Anciens Pays-Bas absorbe une part de l'*ethos* marchand. Le portrait du souverain vertueux, propre aux miroirs au prince, est complété par celui du régulateur économique. Cette transformation, qui se comprend au regard de l'évolution du rapport de force entre le prince et les villes, s'inscrit dans un discours curial visant à rationaliser la production de richesses pour le prince, à mesure que se constitue la monarchie des Habsbourg.

Dominique DEMARTINI, « Christine de Pizan, la reine, les nobles dames et les Parisiennes »

Replaçant Christine de Pizan à l'intersection de la ville et de la cour, cette contribution tente de mettre en évidence, à travers les jeux de reflets et d'anamorphoses, de distinction et de brouillage qu'entretiennent la reine, les nobles dames et les Parisiennes dans le *Livre des Trois Vertus*, les interactions complexes qui structurent la cour et la ville au début du XVe siècle.

Fabienne POMEL, « L'architecte et l'oiseleur. Usages genrés de la ville et métaphore de la cité chez Christine de Pizan »

La définition aristotélicienne de la cité comme communauté de vie placée sous le signe de la raison et de la vertu dans le *Livre des faits et bonnes mœurs du roi Charles V*, éclaire le diptyque formé par *La Cité des Dames* et *Le Livre des trois Vertus.* Christine de Pizan y met en cause ou inversement reconduit des « territoires genrés » ou des « espaces sexués ». La métaphore matrice de la cité vient soutenir une esthétique allégorique qui appelle un décryptage.

Jacqueline CERQUIGLINI-TOULET, « Géopoétique. Le dit et la ville »

Les œuvres qui prennent la ville comme sujet au XIIIe siècle ne se livrent ni à un éloge ni à un récit ou description, mais à un dénombrement. Construites sur le nombre et le nom, sur l'énumération et le discontinu, elles relèvent du *dit.* Qui dit *je* ? L'auteur du *Dit des rues* se campe dans une posture moqueuse de fonctionnaire ; celui du *Dit des moutiers* se donne comme attaché à un commanditaire. Diversité de fonctions pour des textes où la ville et ses noms sont matière de poésie.

Françoise LAURENT, « Le salut du lépreux. Les *Congés* de Jean Bodel, une expression de la poésie urbaine ? »

Au tournant des XIIe et XIIIe siècles, Arras, capitale économique et politique de l'Artois, est un exemple du nouveau panorama de la société du temps, soucieuse d'élévation et de reconnaissance culturelle. La coïncidence entre les changements sociaux et la création de formes littéraires neuves s'illustre dans les *Congés* de Bodel dont l'écriture se fond dans l'entrelacs des codes issus de la production lyrique du temps qu'il adapte aux valeurs et à l'imaginaire du milieu urbain qui fut le sien.

Thierry LASSABATÈRE et Miren LACASSAGNE, « Expression littéraire et sentiment politique de la ville. Pour une poésie urbaine d'Eustache Deschamps »

Eustache Deschamps, officier des rois et des princes, fut un poète prolixe qui participe de l'expression d'une « littérature urbaine », au sens où la bibliographie récente définit ce concept. Son œuvre déploie un arsenal rhétorique pour susciter l'émotion : énumérations de noms et de lieux ; scènes satiriques ou grivoises ; apostrophes de villes en langage amoureux ; prosopopées plaintives des villes victimes de la guerre ou révoltées, auxquelles Deschamps prête son « je » de poète intercesseur.

Christopher LUCKEN, « Bruits et cris de la ville. Le "paysage sonore" de la "littérature urbaine" »

Jeu de saint Nicolas, *Courtois d'Arras*, *Trois aveugles de Compiègne*, *Dit de l'Herberie*, *Dit du mercier*, *Dit des crieries de Paris* et *Dit des paintres*, la « littérature urbaine » est « bruyante » si l'on en juge par les cris des marchands vantant leurs produits dans les rues. Ces textes qui sont le témoignage d'un « paysage sonore » urbain mettent aussi en scène la vacuité du discours publicitaire dont la prolixité verbale fait entendre les privations et la pauvreté dont la ville est le cadre.

Elsa MARGUIN-HAMON, « La ville, ses mots et ses choses selon Jean de Garlande (XIIIe siècle). Pour une sociopoétique de l'écriture médiolatine »

Entre 1220 et 1240, Jean de Garlande rédige des ouvrages à portée lexicographique et théorique, parmi lesquels figurent la *Parisiana Poetria*, art d'écrire en vers, prose et rythme, et le *Dictionarius*, lexique fournissant les moyens de décrire le monde. La poétique garlandienne développe une approche des styles indexée sur une partition sociale distinguant gens de cour, gens de ville et gens de la campagne, auxquels trois formes d'expression sont associées, suivant la tripartition des styles.

Ludmilla EVDOKIMOVA, « *Leys d'Amors* et lois juridiques. La place du poète dans la ville idéale »

Les *Leys d'Amors* de Guillaume Molinier comportent un traité de philosophie où une large place est accordée à la rhétorique, à l'éthique et à l'art poétique. Inspiré des ouvrages italiens destinés à l'administration urbaine qui réunissent science du bon gouvernement et art rhétorique, ce texte valorise l'idée du « profit humain », essentielle pour l'administration, et intègre des notions juridiques, de façon à créer une synthèse entre la rhétorique, l'art poétique et la science juridique.

Denis HÜE, « Le Puy de Londres. Poésie française et bourgeoisie anglaise à la fin du XIIIe siècle »

S'est tenu à Londres au tournant du XIIIe et XIVe siècle un concours de poésie en français dont ont été conservés les statuts et, vraisemblablement, un poème primé. Ces documents permettent de comprendre le fonctionnement d'une institution bourgeoise qui s'efforce de s'intégrer dans l'évergétisme urbain, sur le modèle des Puys continentaux. Ce travail met en lumière un élément oublié de la poésie anglo-normande, et éclaire le fonctionnement de ce type d'institution, qui reste encore à découvrir.

Catherine GAULLIER-BOUGASSAS, « La bibliothèque des échevins de Rouen au XVe siècle. Quelle littérature pour une élite urbaine laïque ? »

Le présent article est consacré à la naissance, au XVe siècle, de la bibliothèque des échevins de Rouen, l'une des plus anciennes bibliothèques liées à une institution urbaine laïque en France, et aux premiers manuscrits qu'ils ont reçus en dons puis commandés. Il analyse la volonté des échevins de s'illustrer comme élite savante et riche et aussi de se rapprocher de la monarchie française.

Vanessa Obry, « De la cour à la ville. Art du résumé et usage des textes dans le catalogue de Perot de Neele (Paris, BnF, fr. 375) »

La seconde unité codicologique du manuscrit Paris, BnF fr. 375 s'ouvre sur des résumés en vers attribués à Perot de Neele. Alors que le *codex* de contenu hétérogène présente de nombreux indices de son ancrage dans le milieu arrageois, l'étude des relations entre les résumés écrits par Perot et les œuvres contenues dans le manuscrit montre comment les présentations créent, à partir d'un ensemble divers, ce que l'on pourrait appeler un corpus de « littérature urbaine », adapté à un public élargi.

Valeria Russo, « La philosophie discrète de la bourgeoisie courtoise. Lire des *traités d'amour* à la fin du XIIIe siècle dans le nord-est de la France »

Dans l'ensemble de textes qui abordent la matière amoureuse sous un angle théorique, une sous-catégorie de *traités d'amour* semble faire son apparition dans le nord-est de la France dans la seconde moitié du XIIIe siècle. Dans ce cadre, seront analysés les enseignements d'amour contenus dans le ms. 2200 de la Bibliothèque Sainte-Geneviève, en relation avec *L'Amistiés de vraie amour*, *Li houneurs et li vertus des dames* de Jean Petit d'Arras et *La Poissance d'Amours* de Richard de Fournival.

TABLE DES FIGURES

TABLE DES MATIÈRES

DEUXIÈME PARTIE

IMAGINAIRES ET MENTALITÉS URBAINES

TROISIÈME PARTIE

VERS UN STYLE ET UNE POÉTIQUE DE LA LITTÉRATURE URBAINE

QUATRIÈME PARTIE

LA VILLE ET SES LECTEURS

IMPRIM'VERT®

Achevé d'imprimer par Corlet,
Condé-en-Normandie (Calvados), en août 2022
N° d'impression : 22080353 - dépôt légal : août 2022
Imprimé en France